Reihe
Germanistische
Linguistik   233

Herausgegeben von Helmut Henne, Horst Sitta
und Herbert Ernst Wiegand

Jörg Kilian

Lehrgespräch und Sprachgeschichte

Untersuchungen zur
historischen Dialogforschung

Max Niemeyer Verlag
Tübingen 2002

Für Lea und Susi

Die Deutsche Bibliothek – CIP-Einheitsaufnahme

Kilian, Jörg:
Lehrgespräch und Sprachgeschichte : Untersuchungen zur historischen Dialogforschung /
Jörg Kilian. – Tübingen : Niemeyer, 2002
 (Reihe Germanistische Linguistik ; 233)

ISBN 3-484-31233-5   ISSN 0344-6778

© Max Niemeyer Verlag GmbH, Tübingen 2002
Das Werk einschließlich aller seiner Teile ist urheberrechtlich geschützt. Jede Verwertung außerhalb der engen Grenzen des Urheberrechtsgesetzes ist ohne Zustimmung des Verlages unzulässig und strafbar. Das gilt insbesondere für Vervielfältigungen, Übersetzungen, Mikroverfilmungen und die Einspeicherung und Verarbeitung in elektronischen Systemen.
Printed in Germany.
Gedruckt auf alterungsbeständigem Papier.
Druck: Gulde-Druck GmbH, Tübingen
Buchbinder: Nädele Verlags- und Industriebuchbinderei, Nehren

Inhalt

Vorwort IX
Abbildungsnachweise XI
Schreibweisen XII

I. ANREDE 1
1. Historische Dialogforschung: Wege einer
   linguistischen Disziplin 4
2. Erziehungswissenschaftliche Beobachtungen zur
   Vereinbarkeit von Gespräch und Lehre 14
3. Abgrenzungen: Problemstellungen und Erkenntnisinteressen 21

II. ERKUNDUNGEN IM RAHMEN DER HISTORISCHEN
    SPRACHPRAGMATIK – ZUR THEORIE UND
    METHODOLOGIE HISTORISCHER DIALOGFORSCHUNG 27

1. Ansätze der historischen Dialogforschung 27
1.1. Historische Gesprächsanalyse/Konversationsanalyse 29
1.2. Historische Dialoggrammatik 36
1.3 Mentalitätsgeschichtliche Dialogforschung und historische
    Diskursanalyse 46
1.4 Dialog und Sprachwandel 54

2. Methoden und Kategorien der historischen Dialogforschung 63
2.1. Normen im Gesprächsbereich: Zur Rekonstruktion von
     Konventionen der Gesprächsethik und Gesprächsrhetorik 65
2.2. Wörter und Sachen: Historische Dialogtypologie als
     Rekonstruktion historischer Sprachhandlungsbegriffe 72
2.3. Gespräch – Akt – Geschichte: Zur historischen
     (An)wendbarkeit gesprächsanalytischer Kategorien 84

3. Zur Quellenkunde und Quellenkritik der historischen
   Dialogforschung 90

III. LEHREN UND LERNEN IM GESPRÄCH – ZUR SPRACHGESCHICHTE
     DES LEHRGESPRÄCHS IM FRÜHEN NEUHOCHDEUTSCHEN 115

1. Institutionelles Lehren und Lernen in Deutschland
   im 17. und 18. Jahrhundert 115

2. Deutsch als Gesprächssprache in Wissenschaft und Unterricht .. 140

VI

3.	Zur Kultur- und Sozial-, Ideen- und Mentalitätsgeschichte des deutschen *Lehrgesprächs* im 17. und 18. Jahrhundert	155
3.1.	Anfänge des deutschen *Lehrgesprächs* im frühen Neuhochdeutschen	159
3.2.	Die Entfaltung des deutschen *Lehrgesprächs* zwischen Schulhalten, Katechetik und Sokratik	181
Exkurs	Deutsche Fachgespräche im 17. und 18. Jahrhundert	213
3.3.	Aufklärung und Philanthropismus: Auf dem Weg zum Unterrichtsgespräch	220
4.	Historisch-pragmatische Untersuchungen	249
4.1.	Gesprächssorten des Lehrens und Lernens im 17. und 18. Jahrhundert	249
4.1.1.	Sorten des *katechetischen Gesprächs*	256
4.1.1.1.	Das *examinierende Gespräch* oder: das *Verhören*	260
4.1.1.2.	Das *darbietende Gespräch* oder: das *einflössende Abfragen*	270
4.1.1.3.	Das deduktiv *zergliedernde Gespräch* oder: das *Durchfragen*	284
4.1.1.4.	Das *epagogische Gespräch* oder: das *Ausfragen*	298
4.1.2.	Sorten des *sokratischen Gesprächs*	310
4.1.2.1.	Das *maieutische Gespräch* oder: das examinierende *Ablocken*	317
4.1.2.2.	Das *gelenkte Unterrichtsgespräch* oder: das fragend entwickelte Selbstfinden	328
4.1.2.3.	Das *freie Unterrichtsgespräch* oder: zwischen *Kolloquium* und *Schülergespräch*	343
4.1.2.4.	Das *Neben-Gespräch* als dialogische Störung der Lehre oder: *plappern* und *plaudern*	355
4.2.	Historische Gesprächshandlungen	358
4.2.1.	*Einer – dem anderen*: Soziale Beziehungen im Lehrgespräch	360
4.2.1.1.	Gesprächseröffnungen und -beendigungen	360
4.2.1.2.	„So ist recht!" – LOBEN und TADELN	366
4.2.1.3.	„Kind, sage mir einmal" – Formen des Sprecherwechsels und des Rückmeldens	376
4.2.2.	*Über die Dinge*: Themenentfaltung im Lehrgespräch	391
4.2.2.1.	FRAGEN und ANTWORTEN	395
4.2.2.2.	AUFFORDERN und (sprechend) FOLGE LEISTEN	410
4.2.2.3.	ERKLÄREN und EINWENDEN	417
4.3.	Gesprochene Sprache und Gesprächserziehung	425
4.3.1.	Gesprächserziehung als Sprecherziehung zum Hochdeutschen: Facetten der historischen gesprochenen Sprache	426
4.3.1.1.	Aussprachenormierung: Zwischen Mundart und Hochsprache	429
4.3.1.2.	Gesprächswörter	437
4.3.1.3.	Zur Syntax des historischen Lehrgesprächs	445

4.3.2.	Gesprächserziehung als Verhaltenslehre: Facetten der Sozialdisziplinierung durch Formung des Sprechers	450
IV.	ERWIDERUNG	459
V.	QUELLEN UND LITERATUR	467
VI.	SACHREGISTER	501

Vorwort

Auch Dichter können irren. Als Peter Handke jüngst in etwas galligem Ton die Dialogforschung als *frischetablierte und sich sofort eines massenhaften Zulaufs rühmende wissenschaftliche Disziplin* charakterisierte (Der Bildverlust, 2002, 138), mag ihm entgangen sein, dass diese Disziplin schon seit knapp dreißig Jahren „frischetabliert" ist. Und auch was den „massenhaften Zulauf" anbelangt, mag Handkes Blick von der durchaus reichen Vielfalt der Forschungsliteratur, die in diesen dreißig Jahren den Weg in die Bibliotheken gefunden hat, etwas geblendet worden sein. Die arme (aber doch edle) Einfalt der in einer staubig-dunklen Regalecke in dieser Bibliothek abgelegten Titel der historischen Dialogforschung hat er wohl übersehen: Die historische Dialogforschung ist weder „frischetabliert" noch kann sie sich eines Zulaufs, gar eines „massenhaften", rühmen.

Vielleicht hätte Handke im anderen Fall auch weniger emphatisch von einer *Frage-Antwort-Antwort-Frage-Antwort-Antwort-Frage-Form* (ebd., 140) geschwärmt. Die historische Dialogforschung, zumal zum Lehrgespräch, kann ihm nämlich vor Augen führen, dass ähnliche Formen in schulischen Institutionen keineswegs seinem *Zwiegesprächs*-Ideal nahe kommen, sondern eher seiner *Dialog*-Abneigung Nahrung böten.

Historische Dialogforschung im Rahmen einer pragmatischen Sprachgeschichte soll das Werden des dialogischen Seins beschreiben und dessen Gewordensein erklären; sie soll sodann das dialogisch Gewesene erhellen und verständlich machen und der Gegenwart historische Dialogkompetenz vermitteln. Wenn man einmal den Bereich der historischen Korrespondenz beiseite lässt und den Bereich des historischen Gesprächs fokussiert, heißt dies also, Gesprächskompetenz zu vermitteln, und zwar nicht allein in Bezug auf die historische gesprochene Sprache im Gespräch, die historische Aussprache, den historischen (Gesprächs)wortschatz und die historische sprechsprachliche Syntax, sondern auch und vornehmlich in Bezug auf das historische Interaktionswissen, auf die historischen Gesprächsnormen und die historische Gesprächsrhetorik. Ein Gespräch wie das folgende aus einem Anekdoten-Lexikon von 1843/44 – kein Lehr-, aber ein Schulgespräch – kann selbst ein Dichter der Gegenwart wohl kaum erfinden, wenn er nicht weiß, (dass und) wie man um 1800 einem Lehrer eine Leberwurst aus der Hausschlachtung zu überreichen hatte – nicht einmal der Schüler Fritz wusste, dass hier kein „Compliment" gewünscht war:

(Mehrere Knaben treten zugleich ein mit Fritz, der, ohne daß der Schulmeister es gewahr wird, ein Packet bei der Thüre niederlegt)

Fritz. (Fängt an zu stottern) Ich soll – ich soll ein schönes Compliment und ein schönes –
Schulmeister. Willst du Schlingel mit deinem Stottern! (Prügelt ihn.)
Fritz. (Weinend.) Ich soll ein schönes, soll ich Compliment ausrichten, an den schönen Schulmeister, sie hätten gestern geschlachtet und sie schickten ihm eine schöne Leberwurst.
Schulmeister. Nun, was du doch für ein dummer Junge bist! Das hättest du ja nur sagen können, du hättest es gar nicht mal sagen dürfen, hättest sie nur auf das Pult legen dürfen, so wußte ich schon, was es zu bedeuten hätte.

Historische Dialogforschung vermag zwar, schon aufgrund der Quellenlage, nicht in allen Fällen die Gesprächsgeschichte aufzudecken und zu zeigen, „wie es eigentlich gewesen ist" (Ranke); sie kann aber mit ihren Mitteln, philologischer Sorgfalt und einer guten Portion „Ahndungsvermögen" und „Verknüpfungsgabe" (Humboldt) historische Gespräche beschreiben und innerhalb ihres historischen Kommunikationsbereichs erklären, „was es zu bedeuten hätte".

Die nachfolgenden Untersuchungen zum Gespräch im Kommunikationsbereich der Lehre im 17. und 18. Jahrhundert sind im Sommersemester 2001 vom Fachbereich für Geistes- und Erziehungswissenschaften der Technischen Universität Carolo-Wilhelmina zu Braunschweig als Habilitationsschrift angenommen worden. Für den Druck wurden sie leicht überarbeitet. Für die vielen Lehr- und Lerngespräche, die ich mit meinem Lehrer Prof. Dr. Helmut Henne (nicht nur, aber auch) über diese Untersuchungen geführt habe, sage ich ihm Dank. Er versteht es, seinen (sprach)historischen Weitblick, seine linguistischen Überzeugungen und seine philologische Beschlagenheit ins Gespräch zu führen und in fortwährender dialogischer Kritik andere daran teilhaben zu lassen. Vornehmlich sein Oberseminar erwies sich ein weiteres Mal als dialogisch-kritische Schmiede linguistischer Forschung, wofür den Teilnehmerinnen und Teilnehmern, namentlich Dr. Jan Eckhoff und Dr. Helmut Rehbock, gedankt sei. Prof. Dr. Helmut Henne, Prof. Dr. Gotthard Lerchner und Prof. Dr. Johannes Schwitalla sei ferner Dank gesagt für die anregenden Hinweise zur Überarbeitung der Druckfassung. Dem oft geäußerten Wunsch, die Gesprächsquellen in längeren Auszügen sprudeln zu lassen, konnte im Rahmen dieser Publikation aus Raumgründen indes nicht entsprochen werden; doch auch dieser „Anrede" soll in anderem Rahmen eine „Erwiderung" folgen.

Helmut Henne, Horst Sitta und Herbert Ernst Wiegand danke ich für die Aufnahme meiner Untersuchungen in die *Reihe Germanistische Linguistik*.

Besonderen Dank schulde ich meiner Frau Susanne Kuchheuser-Kilian und unserer Tochter Lea Kilian – auch für die vielen schönen (Lehr-Lern-) Gespräche.

Braunschweig, im Frühjahr 2002, J.K.

Abbildungsnachweise

Abb. 1, Seite 123	Häusliche Privaterziehung; Daniel Chodowiecki, Städelsches Kunstinstitut Frankfurt; aus: Fertig 1984, 128.
Abb. 2, Seite 124	Häusliche Erziehung in einem Philanthropin; aus: Campe 1779/80, Frontispiz.
Abb. 3, Seite 127	Jan Steen: „Jungen- und Mädchenschule"; National Galleries of Scotland, Cat. No. 2421; aus: Schiffler/Winkeler 1991, 79.
Abb. 4, Seite 128	Das Verhör; Abraham de Bosse, aus: Alt, Bd. 1, 1966, 388.
Abb. 5, Seite 132	„Die Schul"; aus: Comenius 1658, 198.
Abb. 6, Seite 134	Gelehrter Unterricht; Daniel Chodowiecki; aus: Basedow 1785, Bd. 3, Tab. XLVIII.
Abb. 7, Seite 136	Hörsaal der Leipziger Juristenfakultät im 17. Jh.; aus: Müller 1990, 59.
Abb. 8, Seite 268	Dorfschule im 18. Jh.; Johann Christian Klengel; aus: Alt, Bd. 1, 1966, 429.
Abb. 9, Seite 280	Bessere Dorfschule am Ende des 18. Jhs.; aus: Alt, Bd. 2, 1965, 129.
Abb. 10, Seite 309	Johann Heinrich Pestalozzi im Unterricht (1); Gotthold Christoph Wilhelm Busolt (1809); aus: Alt, Bd. 2, 1965, 166.
Abb. 11, Seite 329	Der Lehrer als Kinderfreund (1784); aus: Alt, Bd. 2, 1965, 69.
Abb. 12, Seite 344	„Die Schulstunde"; Georg Melchior Kraus, um 1770, Freies Deutsches Hochstift/Frankfurter Goethe-Museum; aus: Schiffler/Winkeler 1991, 89.
Abb. 13, Seite 345	Johann Heinrich Pestalozzi im Unterricht (2); Hans Bendel; aus: Alt, Bd. 2, 1965, 162.
Abb. 14, Seite 353	Unterricht durch den Hofmeister; Daniel Chodowiecki; aus: Basedow, Bd. 3, 1785, Tab. XVII.
Abb. 15, Seite 354	Philanthropisches Unterrichtsidyll; aus: Fertig 1984, 48.

Schreibweisen

Typologisierende Benennungen für Gesprächssorten und -typen werden, ebenso wie andere objektsprachliche lexikalische Einheiten, kursiviert (*Lehrgespräch, examinierendes katechetisches Gespräch*).

Benennungen für pragmatische Gehalte stehen in Versalien (UNTERWEISEN); um der besseren Lesbarkeit willen findet diese Schreibweise jedoch nur dort Anwendung, wo die Herausstellung des pragmatischen Gehalts von besonderer Bedeutung ist.

Bedeutungserklärungen stehen in einfachen Anführungszeichen (*Rucku!* ‚Laut der Taube').

Umlaute und Abkürzungen in den Quellentexten sind an die heutigen Konventionen angeglichen worden (also <ä>, <ö>, <ü>, „etc."). Darüber hinaus ist nicht in die Texte eingegriffen worden, und zwar auch nicht bei offensichtlichen Druckfehlern.

I. Anrede

Gespräche haben keine Geschichte. Wo und wann immer zwei Sprecher verstummen und sich trennen, ist das von ihnen gespeiste Gesprächsfeuer für dieses Mal erloschen. Allenfalls die Erinnerung an dieses Gespräch glüht noch fort, kühlt jedoch zusehends ab und verändert zudem in den kalten Nebelschwaden des Vergessens die Gestalt dieses Gesprächs. Gespräche sind jeweils einmalig und entziehen sich dem Wandel.

Gespräche haben Geschichte. Die zwei Sprecher können bei der nächsten Begegnung wieder anknüpfen an das Gespräch, können dieses erste Gespräch in einem neuen fortsetzen, es fortführen, ihm gar einen neuen Verlauf geben, es in seiner Bedeutsamkeit steigern oder schmälern.

Oder aber sie können einander aufgrund dieses ersten Gesprächs nie wieder sprechen – Gespräche haben, mitunter, traurige Geschichten.

Man mag diese beiden angesprochenen Seiten des *„Geschichts"*-Begriffs als *Entwicklungsgeschichte* und *Wirkungsgeschichte* benennen und also feststellen: Gespräche haben keine Entwicklungs-, aber eine Wirkungsgeschichte. Damit ist das Problem indes nicht gelöst. Denn wenngleich in der Tat jedes Gespräch als interaktive Sprachhandlung mit der letzten Schallwelle ein für alle Mal beendet ist und keine Entwicklung mehr erfahren kann, so sorgt seine Wirkungsgeschichte – sozialgeschichtlich merklich für die unmittelbar Beteiligten, sprachgeschichtlich unmerklich für die Mitlebenden – gleichwohl für veränderte Bedingungen, Formen und Möglichkeiten in Bezug auf ähnliche Gespräche, darüber hinaus – für die Nachlebenden – trägt dieses Gespräch bei zu einer Entwicklung der Gesprächssorte und des Gesprächstyps und sodann der Dialogsorte und des Dialogtyps im Lauf der Sprachgeschichte.[1] Es gibt deshalb viele Gesprächs-Geschichten zu erzählen, Geschichten der Wirkung einzelner Gespräche und Geschichten der Entwicklung von Gesprächssorten und -typen; Geschichten der kommunikativen Umgebungen von Gesprächen und (Mentalitäts)geschichten der Erfahrungen und Bewertungen von Gesprächen; Geschichten der Strukturen einzelner Gesprächssorten und Geschichten der Entwicklung dialogischer Strukturen in einer Sprachgesellschaft.

Die eben bereits angedeutete Differenzierung von *Geschichte* und *Entwicklung* ist in die sprachwissenschaftlichen Termini „historisch-synchronisch" und „historisch-diachronisch" eingegangen; gemeint ist damit, dass alles Handeln und Geschehen, also das, was in der Geschichtstheorie *Res gestae* genannt wird, im Laufe der Zeit zwar historisch – und insofern „Geschichte" – wird, aber nicht notwendigerweise auch eine Entwicklung erfährt.

---

[1] Die in der vorliegenden Arbeit befolgte terminologische Differenzierung zwischen „Dialog" und „Gespräch" wird unter II.2.2. begründet.

Schon aus diesem Grund ist jede wissenschaftliche Beschäftigung mit Geschichtlichem nicht allein dadurch legitimiert, dass sie Erklärungen für die Gegenwart zu liefern vermag.[2] Denn eben dies vermag sie dann nicht, wenn ihr Gegenstand keine Entwicklung bis hin zur Gegenwart aufweist. Das einzelne Gespräch ist, wie erwähnt, so ein Gegenstand; es weist keine historische Entwicklung an sich auf, es ist historisch-synchronisch zu untersuchen und kann Aufschlüsse geben über das Gesprächshandeln und Gesprächsverhalten seiner Zeit; es kann hingegen nicht historisch-diachronisch beschrieben werden und ebensowenig kann seine Beschreibung allein Erklärungen für das Gesprächshandeln und Gesprächsverhalten der Gegenwart liefern.

Schon dem wissenschaftlich unvoreingenommenen Betrachter von Gesprächen aus vergleichbaren Kommunikationsbereichen unterschiedlicher Epochen fällt indes unschwer auf, dass es neben dem je Individuellen auch Gemeinsames festzustellen gibt, das über die universalen Basisregeln des Gesprächs hinausgeht. Ein Beispiel aus dem Kommunikationsbereich der Lehre: Der Erziehungswissenschaftler Hilbert Meyer notiert ein „gelenktes Unterrichtsgespräch" in einem Klassenzimmer der Gegenwart (1987):

> Lehrer: Ja also, wir sehen, das ist eine *Jugenderinnerung*, die er hierbei aufschreibt (schreibt das Wort an die Tafel) und ... Nun habe ich noch eine Frage: Wo, in welcher Art Bücher würdet ihr denn so eine ... Erinnerung erwarten, so eine Geschichte? ... Außer, daß es nun mal im Lesebuch drinsteht, nich?... Ja, Ralf?
> Ralf: Vielleicht in einem Tagebuch oder so?
> Lehrer: Tagebuch?... (einige Schüler sagen: Nein) ... Warum nicht, Jan?
> Jan: Weil das ja über mehrere Jahre geht.
> Lehrer: Nun, was schreibt man eigentlich in ein Tagebuch? ... Von *einem* Tag? (mehrere Schüler reden) ... Das heißt also? Ja!
> Schüler: ... daß man da nicht alle diese äußeren Handlungen da und so schreibt, sondern in einem Tagebuch das, was man empfindet, mehr dahinschreibt.
> Lehrer: Ja, und worüber empfindet man es? [...].[3]

Der Lehrer dominiert dieses Gespräch (Meyer hat errechnet, dass der Lehrer 72,7%, die Schüler 27,3% des Gesprächs bestreiten), das, hier vorerst grob charakterisiert, aus Frage-Antwort-Sequenzen besteht. Das Fragerecht obliegt, institutionell mehr oder weniger vorgegeben, dem Lehrer, die Antwort-

---

[2] Zu Legitimation, Sinn und Zweck geschichtswissenschaftlichen Forschens im Allgemeinen Kocka 1986, 123ff. Ausführlich zu „Aufgabe und Methoden der Geschichtswissenschaften" im Sinne einer, wie Hans-Ulrich Wehler es nennt, umfassenden „Historischen Sozialwissenschaft" äußert sich Hermann Paul 1920, 37f. und 51ff., der im Unterschied zu vielen jüngeren geschichtswissenschaftlichen Methodologien u.a. auch den wichtigen Aspekt der Pflege der „Kulturwerte" durch „Interpretation mit Hilfe von sprachlichen und kulturgeschichtlichen Kenntnissen" anführt.
[3] Meyer 1987, II, 283.

pflicht den Schülern, und der Zweck des Gesprächs ist die dialogisch entwickelnde Erarbeitung von Merkmalen der Textsorte „Jugenderinnerung/Memoiren" auf der Grundlage des Vorwissens der Schüler.

Gut zweihundert Jahre zuvor notiert Carl Friedrich Riemann in seiner „Beschreibung der Reckanschen Schuleinrichtung" u.a. folgendes Unterrichtsgespräch, „treu mit allen Antworten der Kinder niedergeschrieben":

> L. Sollten denn die Menschen wol zur Sünde kommen, ohne daß sie davor können?
> K. Nein.
> L. Aber bisweilen können die Neigungen zur Sünde doch so stark seyn, daß wir nicht widerstehen können.
> K. Nein.
> L. Weist du ein Exempel, daß jemand stark zur Sünde gereizt wurde?
> K. Ja, Hans und Michel.
> L. Was thaten die bey ihrer Arbeit?
> K. Sie zankten sich.
> L. Aber ohne Schimpfwörter gings wohl ab?
> K. Nein, sie schimpften sich auch aus. [...]
> L. Nun sage Du mir noch einmal, welches möchte wol die wahre Ursach der Sünde seyn? [...][4]

Auch hier lenkt der Lehrer den dialogischen Gang des Unterrichts, auch hier konstituiert sich das Gespräch aus Frage-Antwort-Sequenzen, bei denen dem Lehrer das Fragen, den einzeln aufgerufenen Schülern („K[indern]") das Antworten zukommt. Die Gemeinsamkeiten mit dem Gespräch aus dem 20. Jahrhundert sind offensichtlich. Doch schon die stichomythische Abfolge von Fragen und Antworten im Reckahner Lehrgespräch verweist auf andere Funktionen: Die Schüler der gegen Ende des 18. Jahrhunderts wohl berühmtesten deutschen Landschule, der von Friedrich Eberhard von Rochow im brandenburgischen Reckahn gegründeten Elementarschule für die Kinder seiner Untertanen, hatten eine Geschichte aus dem „Kinderfreund", einem „Lesebuch zum Gebrauch in Landschulen" aus der Feder des Schulgründers, gelesen, und werden nun nacheinander über unterschiedliche Inhaltsmomente dieser Geschichte befragt – Riemann sagt: „catechisirt" –, um „durch Fragen Kenntnisse aus Kindern heraus[zu]locken".[5]

Sind beide Gespräche für sich also ohne Geschichte, so ist doch nicht zu bezweifeln, dass auf der abstrakten Ebene des Gesprächstyps *Lehrgespräch* historisch-diachronische, entwicklungsbezogene Zusammenhänge zwischen ihnen bestehen. Auf der darunter befindlichen Ebene der Gesprächssorten aber – Meyer spricht von einem „gelenkten Unterrichtsgespräch", Riemann

---
[4] Riemann 1781, 115ff.
[5] Riemann 1781, 25.

von „Catechisiren" – sind hinwiederum nicht geringe Unterschiede zu verzeichnen, vor allem was die Formen und Funktionen der Gespräche anbelangt, aber auch was die Stellung der Gesprächssorten im sprachpragmatischen Haushalt des besagten Kommunikationsbereichs betrifft: Das „gelenkte Unterrichtsgespräch", so referiert Hilbert Meyer erziehungswissenschaftliche Studien, nehme heute knapp 50% der schulischen Kommunikation in Anspruch,[6] und solche Zahlen waren für das Lehrgespräch im 17. und 18. Jahrhundert, alle Gesprächssorten zusammen genommen, unerreichbar.

Die angedeuteten Zusammenhänge und Unterschiede zu erhellen, ist Aufgabe der historischen Dialogforschung im Rahmen einer soziopragmatischen Sprachgeschichte. Zwei Gegenstände – „Vorwürfe" im alten Wortsinne – sind ihr zugewiesen: Sie muss, erstens, ein sprachtheoretisches und, darauf aufruhend, ein methodologisches Fundament bereitstellen, die es erlauben, das Gespräch in der Geschichte sprachwissenschaftlich überhaupt zu erreichen und seine Wirkungs- und Entwicklungsgeschichte im Sinne von Fragestellungen unterschiedlicher „Geschichtswissenschaften" (Paul) zu beschreiben und zu erklären. Und sie muss, zweitens, im vorliegenden Fall für den konkreten Kommunikationsbereich der Lehre darlegen, dass und inwiefern sprachliche Strukturen, ko- und kontextuelle Bedingungen sowie funktionale Prägungen des deutschen „gelenkten Unterrichtsgesprächs" der Gegenwart historisch zu erklären sind, indem sie seine Genese und Entwicklung als Gesprächssorte und diese wiederum als eine Repräsentantin des Gesprächstyps *Lehrgespräch* vor dem Hintergrund der Geschichte des Kommunikationsbereichs der Lehre in der deutschen Sprachgesellschaft aufsucht. Diese Aufgaben werden im Anschluss an einen Überblick über den Stand der linguistischen historischen Dialogforschung und einen kurzen Blick in die erziehungswissenschaftliche Gesprächsforschung konkreter gefasst.

I.1. Historische Dialogforschung: Wege einer linguistischen Disziplin

Die Feststellung des Forschungsstandes dient grundsätzlich der Verortung und Legitimation eines konkreten Forschungsvorhabens innerhalb eines For-

---

[6] Meyer 1987, II, 61. Die von Meyer referierte Statistik weist des Weiteren folgende Kommunikationsformen auf: „betreute Schülertätigkeit" (10,68%), „Stillarbeit" (9,4%), „Katechisieren" (6,98%), „Lehrervortrag" (8,33%), „Schülervortrag" (5,55%), „selbständige Schülertätigkeit" (4,35%), „Demonstration" (3,78%), „Diskussion" (1,99%). Vgl. auch Klingberg 1972, 315f., der für das Jahr 1968 feststellt, dass „der Unterricht über etwa die Hälfte der zur Verfügung stehenden Unterrichtszeit in der Form des Unterrichtsgesprächs geführt wird."

schungsbereichs. Und so werden auch in diesem Abschnitt zunächst die im engeren Sinn sprachgeschichtlichen Untersuchungen im Rahmen der germanistischen Dialogforschung kritisch registriert, werden sodann im folgenden Abschnitt die wegweisenden allgemeiner sprachwissenschaftlichen und pädagogisch-didaktischen Untersuchungen zum Lehrgespräch sondiert, um abschließend Problemstellungen und Erkenntnisinteressen der vorliegenden Untersuchungen zur historischen Dialogforschung konkreter zu erläutern.

In Bezug auf „Untersuchungen zur historischen Dialogforschung" erhält eine Erkundung des Forschungsstands aus sprachwissenschaftlicher Perspektive jedoch zudem ein besonderes wissenschaftsgeschichtliches Gewicht aufgrund der Diskrepanz zwischen Forschungsprogrammatik und Forschungswirklichkeit. So hat zwar die vielzitierte „pragmatische Wende" Ende der siebziger bzw. zu Beginn der achtziger Jahre in der germanistischen Linguistik zögerlich auch eine historische Dimension erhalten und sodann dazu beigetragen, dass die diachronische Systemlinguistik durch neue Ansätze der Sprachgeschichtsforschung und der Sprachgeschichtsschreibung überwunden werden konnte. Im Rückblick erweist sich diese historische Dimension jedoch nur als kurz und heftig auflodernde programmatische Flamme, der im Lauf der Zeit methodologisch und theoretisch immer weniger Nahrung zugeführt wurde.[7] Die theoretischen und methodologischen Arbeiten im Bereich der historischen Sprachpragmatik, die, gleichsam als „Prinzipienwissenschaft" (Paul), einer pragmatischen Sprachgeschichte den Boden bereiten soll, sind verstreut und nehmen oft nicht einmal voneinander Notiz. Und die empirischen Forschungen, die als Bausteine zu einer pragmatischen Sprachgeschichte des Deutschen vorliegen, lassen wiederum einen methodologischen und sprachtheoretischen Zusammenhang im Sinne eines gemeinsamen sprachwissenschaftlichen Fundaments und einer gemeinsamen Forschungsanstrengung zur Rekonstruktion vergangenen sprachlichen Handelns vermissen. Mehr noch: Nach einer relativ kurzen „pragmatischen Wende" auch in der Sprachgeschichtsforschung und -schreibung scheint sich das „Programm einer historischen Sprachpragmatik" (Cherubim) zu erschöpfen bzw. in eine Vielzahl von individuellen Ansätzen zu verflüchtigen. Eine soziopragmatische Geschichte der deutschen Sprache von – wie es so oft heißt –

---

[7] Ein ausführlich kritischer Blick auf den Forschungsstand der historischen Sprachpragmatik und der pragmatischen Sprachgeschichte ist hier nicht zu leisten; vgl. dazu die grundsätzlichen Beiträge in Sitta 1980; ferner Cherubim 1984/1998; Jacobs/Jucker 1995; zusammenfassend auch Kilian 1997, 58ff. Insofern das „Gespräch" als sprachpragmatische Kategorie andere Kategorien, wie „Text" und „Sprechakt", umschließt, werden einschlägige Arbeiten zur Geschichte und Entwicklung von Textsorten und Sprechakttypen im II. Kapitel kritisch diskutiert.

den Anfängen bis zur Gegenwart blieb deshalb bislang ein methodologisch, theoretisch und empirisch bunter Flickenteppich mit nicht wenigen Löchern.[8]

Auch sprachwissenschaftliche Arbeiten zur historischen Dialogforschung im engeren Sinn, seien sie nun theoretischer, methodologischer oder empirischer Provenienz, führen nach einem kurzen Aufwallen der Forschung zu Beginn der achtziger Jahre gegenwärtig wieder ein Schattendasein in der lichten Welt der linguistischen Pragmatik und der germanistischen Sprachgeschichtsschreibung. So wurde zwar, nachdem Helmut Henne und Helmut Rehbock in ihrer „Einführung in die Gesprächsanalyse" (zuerst 1979) auch Hinweise für eine Verknüpfung von „Gesprächsanalyse und Sprachgeschichte" gegeben hatten,[9] in programmatischen Überblicksartikeln und in Forschungsberichten wiederholt auf die Notwendigkeit einer historischen Dialogforschung hingewiesen, doch blieb es selbst in dieser Phase regen Interesses bei vereinzelten, mehr oder minder verstreut publizierten Studien, die sich keinem gemeinsamen Forschungszusammenhang fügten. Daran hatte sich auch nichts geändert, als Dieter Cherubim 1984 seinen wegweisenden Handbuchartikel „Sprachgeschichte im Zeichen der linguistischen Pragmatik" veröffentlichte. Die Frage nach dem Sinn und Zweck von Untersuchungen zur historischen Dialogforschung erschien allenthalben positiv beantwortet, ohne dass daraus aber auch ein Zusammenspiel konkreter Forschungsvorhaben abgeleitet wurde. Abgesehen von sprachgeschichtlichen Arbeiten, in denen das Gespräch bzw. der Dialog eher eine Nebenrolle spielt, konnte Cherubim

---

[8] Die mittlerweile abgeschlossene, in drei Bänden vorliegende soziopragmatische „Deutsche Sprachgeschichte" von Peter von Polenz (1991/2000, 1994 und 1999) ist das Beste, was die Sprachgermanistik in dieser Hinsicht zu bieten hat.

[9] Henne/Rehbock 2001 [zuerst 1979], 228ff. Arbeiten zur Historizität des Gesprächs und zu Gesprächen in früheren Epochen der deutschen Sprach- und Literaturgeschichte hat es zwar schon vorher gegeben – ich erinnere an Rudolf Hirzels groß angelegtes Werk zur Entwicklung des literarischen Dialogs (1895) oder Andreas Heuslers Abhandlung über den „Dialog in der altgermanischen erzählenden Dichtung" (1902); an Gerhard Bauers Arbeit zur „Poetik des Dialogs" (1969) oder auch an Hans-Gerhard Winters Untersuchungen zum „Dialog und Dialogroman in der Aufklärung" (1974) –, doch handelt es sich bei diesen und ähnlichen Untersuchungen eben nicht um eine historische Dialogforschung „im Zeichen der linguistischen Pragmatik" (Cherubim 1984). Aus diesem Grund bleiben im Folgenden auch mit den genannten Untersuchungen vergleichbare Studien aus der Zeit nach 1980 weitgehend unberücksichtigt, wie beispielsweise Reinhold Zimmers Arbeit über „Dialogformen in deutschen Dramen des 17. bis 20. Jahrhunderts" (1982, Untertitel) oder Gabriele Kalmbachs Studie zum „Dialog im Spannungsfeld von Schriftlichkeit und Mündlichkeit" (1996); des Weiteren Arbeiten, die zwar sprachgeschichtliche, aber keine soziopragmatischen Erkenntnisinteressen verfolgen, wie beispieswese Bentzinger 1992 zum Reformationsdialog.

nur eine knappe Handvoll einschlägiger Untersuchungen anzeigen.[10] Seitdem ist das Forschungsfeld zwar immer wieder fleißig bestellt worden, und die Saat hat auch Früchte getragen – ich komme darauf zurück –, doch erscheint die historische Dialogforschung trotz der Wiederentdeckung der dialogischen Sprachtheorie Wilhelm von Humboldts und trotz der Renaissance der Sprachgeschichte in der germanistischen Linguistik im Ganzen gesehen als Sammlung von Einzelstudien. Dies spiegelt sich auch in Bibliographien und Forschungsberichten zur Gesprächsanalyse wider, in denen historisch angelegte Untersuchungen allenfalls in exotischen Ecken erscheinen.[11]

Als wiederum zehn Jahre später Gerd Fritz im „Handbuch der Dialoganalyse" einen Überblicksartikel zur „Geschichte von Dialogformen" präsentierte, hatte sich die Forschungslage nicht nennenswert gewandelt:

> Seit einigen Jahren zeigt sich zwar verstärkt ein historisches Interesse in der Dialogforschung [...], aber in diesen Arbeiten, die sich an neueren Entwicklungen im Bereich der Sprechakttheorie und Gesprächsanalyse orientieren, steht noch die Analyse von einzelnen sprachlichen Handlungen oder Dialogen in Texten älterer Sprachstufen im Vordergrund. Die Perspektive dieser Arbeiten ist zumeist kontrastiv, zumindest implizit, d.h. es werden die in bestimmten historischen Dialogdarstellungen erkennbaren Dialogmuster verglichen mit der heutigen Dialogpraxis. Die eigentliche Entwicklung der Dialogformen sowie deren Zusammenhänge und Bedingungen werden (noch) nicht behandelt. Was eine Geschichte von Dialogformen mit einer genuin evolutionären Perspektive und systematischen Fragestellungen angeht, so befinden wir uns noch ganz am Anfang der Forschung.[12]

Fritz' Einschätzung ist, was im Folgenden zu zeigen sein wird, auch heute noch zutreffend, wie auch sein eigener Beitrag in dem von ihm zusammen mit Andreas H. Jucker und Franz Lebsanft im Jahr 1999 herausgegebenen Sammelband „Historical Dialogue Analysis" belegt. Es ist schon bezeichnend, dass die germanistische Sektion in dem Einführungsteil zu diesem Sammelband nur wenig Platz beansprucht.[13] Drei weitere Sammelbände zur historischen Dialogforschung zeigen dasselbe Bild und sind überdies vom Schwerpunkt her ebenfalls außerhalb der Sprachgermanistik, im einen Fall sogar außerhalb der Sprachwissenschaft insgesamt angesiedelt.[14] Helmut Rehbocks

---

[10] Vgl. Cherubim 1984, 808, wo er auf (in der Zitierweise der vorliegenden Arbeit) Henne/Rehbock 2001 [zuerst 1979], Henne 1980, Schlieben-Lange 1979 und Sonderegger 1980 verweist.
[11] Vgl. z.B. Burkhardt/Kanth 1980; Kanth 1981; Mayer/Weber 1983, 74; Becker-Mrotzek 1992; Henne/Rehbock 2001, 315ff.
[12] Fritz 1994, 547.
[13] Jucker/Fritz/Lebsanft 1999, bes. 10ff.
[14] Schlieben-Langes (1989) sehr anregender Sammelband mit Studien über „Fachgespräche in Aufklärung und Revolution" ist der Romania verpflichtet; das Kapitel „II. Historische Paradigmen" in dem von Stierle/Warning (1984) herausgegebenen

aktueller Artikel „Ansätze und Möglichkeiten einer historischen Gesprächsforschung" schließlich verrät schon im Titel die vereinzelnde Streuung der Forschungstätigkeiten auf diesem Gebiet.[15] Als Ergebnis darf festgehalten werden: In den letzten Jahren sind wiederum zwar theoretisch fundierte, methodologisch anregende und empirisch fruchtbare Arbeiten vorgelegt worden, doch fehlt noch immer das diese Arbeiten einigende Band. Ein kritisch-kursorischer Überblick aus sprachgermanistischer Sicht kann denn auch durchaus noch die im engeren Sinne einschlägigen Arbeiten zur historischen Dialogforschung beim Namen nennen und sogar den Blick hie und da über diese engeren Grenzen schweifen lassen, ohne dass die Sicht durch Gebirge von Forschungsliteratur verstellt würde.[16]

Anstelle eines exhaustiven Literatur- und Forschungsberichts soll es im Folgenden jedoch darum gehen, für den vorliegenden Versuch einer methodologischen, sprachtheoretischen und empirischen Grundlegung der historischen Dialogforschung solche Arbeiten kritisch zu diskutieren, die Wege der Forschung repräsentieren und dadurch dazu beitragen, das theoretisch-methodologische Kapitel II vorzustrukturieren. Die der kursorischen Literaturschau zugeführten Arbeiten wirken insofern inhaltlich akzentuierend für Kapitel II, wo in einem ersten Schritt nach Dimensionen der historischen Dialogforschung gefragt wird und, darauf aufbauend, in einem zweiten Schritt die kritische Diskussion dialoglinguistischer Kategorien folgt. Die Literaturschau ist deshalb nicht chronologisch, sondern systematisch angelegt.

Am Beginn der germanistischen historischen Dialogforschung stand die Untersuchung historischer literarischer Gespräche im Sinne der Gesprächsanalyse.[17] Auf zwei Problembereiche, die diese Untersuchungen offenbaren, macht schon Gerd Fritz in seinem erwähnten Überblick aus dem Jahr 1994 aufmerksam: erstens die oft unbedarfte Anwendung sprechakttheoretischer bzw. gesprächsanalytischer Kategorien auf historische Korpora, und zweitens die Konzentration auf die Binnenanalyse einzelner Gespräche. Den hier zu nennenden Arbeiten ist grundsätzlich gemeinsam, dass sie sprachpragmatischen Kategorien, die ihre Beschreibungskraft und Tragfähigkeit an gegenwartssprachlichem Material unter Beweis gestellt hatten, implizit oder explizit eine historische Dimension unterstellen und gleichsam im Sinne einer

---

Sammelband widmet sich in erster Linie literarisch-ästhetischen und philosophischen Erkenntnisinteressen; der von Jucker (1995) herausgegebene Band „Historical Pragmatics" widmet sich zwar nicht ausschließlich, aber doch in erwähnenswertem Maße der historischen Dialogforschung.

[15] Rehbock 2002.
[16] Vgl. die Forschungsüberblicke in Fritz 1994; Fritz 1995; Fritz 1997; Rehbock 2002.
[17] Einen kurzen Überblick über verschiedene, hier nicht angeführte Forschungsrichtungen der Analyse literarischer Gespräche bietet Betten 1994, 538.

additiven Pragmatik die Kategorien der Gesprächsanalyse an historische Dialoge herantragen: an das Gespräch im „Hildebrandlied",[18] an ausgewählte Gespräche aus dem „Nibelungenlied", aus Wolframs „Parzival" oder dem „Gregorius" Hartmanns von Aue,[19] an ein Gespräch im Flamenca-Roman,[20] an Gespräche in Dramen Lessings,[21] Lenz'[22] oder Hofmannsthals.[23] Die Adaption ist in den meisten Fällen wohl erfolgreich gewesen, doch hat sie grundsätzlich nur zu Ergebnissen über das jeweils untersuchte Gespräch geführt – und mitunter auch dazu *ver*führt, dass Äpfel mit Birnen verglichen wurden.[24] Im Rahmen der Grundlegung einer historischen Dialogforschung wird deshalb zu prüfen sein, ob die Kategorien der Sprechakttheorie und der Gesprächsanalyse panchronisch, d.h. zeitlos in dem Sinne sind, dass sie als abstrakte Universalien des Gesprächs gelten dürfen.

Damit im Zusammenhang steht das ebenfalls schon von Fritz angesprochene Problem, dass vielen dieser Untersuchungen eine zumeist versteckte kontrastive Perspektive zugrunde liegt, die das historische Gespräch vor dem Hintergrund der Gesprächsgegenwart des Forschers in den Blick nimmt und die sprachpragmatischen Kategorien als Tertium comparationis instrumentalisiert. Es ist daher zu ermitteln, ob und inwiefern eine deszendente Perspektive den methodologischen Gewinn, den der Ausgang von der gegenwartssprachlichen Gesprächskompetenz des Betrachters verspricht, mit einem Verlust an historischer Erkenntnis erkauft.

Die genannten Untersuchungen sind, wie erwähnt, der historischen Gesprächsanalyse im engeren Sinne verpflichtet und lassen sich auf Fragen der – komplementär zu verstehenden – historisch-typologischen Dialoggrammatik nur ausnahmsweise ein. Diese Konzentration hat zweifellos zu vertieften Einsichten und Erkenntnissen in Bezug auf die jeweils untersuchten Gespräche und die gesprochene Sprache der Zeit geführt und Rückschlüsse auf

---

[18] Vgl. v. Polenz 1981; Bax 1991.
[19] Vgl. Michel 1979; Weydt 1980; v. Polenz 1981; Neuendorff 1987; Weigand 1988.
[20] Schlieben-Lange 1979; Schlieben-Lange 1983a.
[21] Ungeheuer 1980, für den jedoch weder die Literarizität noch die Historizität des Gesprächs von größerem Interesse ist, als vielmehr die Entwicklung und Erprobung einer problemtheoretischen Gesprächs- und Argumentationsanalyse; vgl. ferner Betten 1985, 150ff.; Henne 1994.
[22] Henne 1980; Betten 1985, 147ff.
[23] Hübler 1980.
[24] Vgl. exemplarisch Michel 1979, der einen „Fragekatalog" präsentiert, mit dessen Hilfe Bedingungen von Sprechakttypen ermittelt werden sollen, sodann als Überleitung schreibt: „Wer einen solchen Katalog auf Texte des Mittelalters applizieren will, wird ein Fiasko erleben" (200), und dann doch eben dieses am Beispiel von Hartmanns „Gregorius" tut, ohne einen Erkenntnisgewinn – auch nicht im Sinne einer Kritik der historischen Gesprächsanalyse – zu erzielen.

vergleichbare Gespräche derselben Sprachstufe gestattet. Allgemeinere Erkenntnisse über das konkrete Einzelgespräch hinaus ließen sich so jedoch nicht gewinnen. Die historische Gesprächsanalyse ist damit im Grunde den wissenschaftsgeschichtlichen Weg der historischen Wortforschung gegangen, insofern sie ebenso als Einzelgesprächsforschung begann wie die historische Wortforschung als Einzelwortforschung begonnen hatte. Für die Reihe der hierher zu zählenden Arbeiten gab Helmut Henne in seinem 1980 erschienen Aufsatz „Probleme einer historischen Gesprächsanalyse" den sprachtheoretischen und methodologischen Maßstab vor (s.u. II.1.2.).[25] Henne konnte am Beispiel literarischer Dialoge – die Dramensprache in Lenz' „Soldaten" und deren literaturtheoretische Grundlegung lagen der Studie als Quellenmaterial zugrunde – nachweisen, dass und inwieweit Untersuchungen von Formen des Sprecherwechsels, strukturierenden Gesprächsakten, Gesprächsschrittübernahmen und Gesprächswörtern Einblicke in vergangene Gesprächwirklichkeiten gewähren und Wege zur „Rekonstruktion gesprochener Sprache" weisen können. Er wies für diese Kategorien zudem die Anwendbarkeit auf historische Korpora nach, indem er, kantisch gesprochen, den dramatischen Dialog zwar mit modernen Begriffen anschaute, diese Begriffe selbst aber vorher auf der Grundlage der Lenz'schen Dramentheorie mit zeitgenössisch-historischer Anschauung gefüllt hatte. Die Entwicklung der untersuchten Strukturen relativ zu bestimmten Gesprächssorten sowie die Entwicklung von Gesprächs- und Dialogsorten im Zusammenhang mit Fragen des Sprachwandels ist durch solche (Einzel)gesprächsanalysen freilich nicht zu entdecken. Und so kann zwar das jeweils untersuchte Gespräch als historisch repräsentative Realisierung einer hypothetisch vorausgesetzten Gesprächssorte beschrieben werden, doch ist dies im Sinne einer historischen Dialogforschung erst die halbe Miete – wenngleich Conditio sine qua non, um die andere Hälfte zu erhalten.

Diesem einmal eingeschlagenen Weg ist die historische Dialogforschung bis heute im Wesentlichen treu geblieben. Historische Dialogforschung, wie sie sich bislang präsentiert, ist deshalb historische Gesprächsanalyse; die lange Zeit als Gegenmodell zur linguistischen Gesprächsanalyse gehandelte linguistische Dialoggrammatik hat keine historische Ausrichtung in vergleichbarem Maße entwickelt. Gleichwohl liegen einige wenige Studien vor, die die klassifikatorische Schwäche der Gesprächsanalyse zwar wettmachen, dabei aber mehr noch als diese auf eine historische Reichweite gegenwartssprachlich gewonnener Kategorien, gar gegenwartssprachlicher Kompetenzen setzen. Bernd Naumann beispielsweise hat sich unter Anwendung des dialoggrammatischen Ansatzes dem didaktischen Dialog in Joachim Heinrich Campes „Robinson der Jüngere" zugewandt, um die verschiedenen Arten der

---

[25] Henne 1980.

Belehrung zu einem Dialogtyp (in meiner Terminologie: Gesprächstyp) „Unterrichtsgespräch" zu bündeln. Dabei orientiert er sich an Franz Hundsnurschers dialoggrammatische Taxonomie des Typs „Unterrichtsgespräch", die wiederum auf Wilhelm Frankes Ansatz zurückgeht.[26] Die „kommunikative Funktion" des „Unterrichtsgesprächs" wird nun auf der Grundlage „einer hierarchisch geordneten Reihe universaler Merkmale" vorab als „kommunikative Behebung eines Defizits" definiert. Da die Gespräche in Campes „Robinson" die universalen Merkmale für das „Unterrichtsgespräch", nämlich »zweckorientiert«, »komplementär« und »praxisorientiert«, aufweisen, können sie diesem introspektiv deduzierten Dialogtyp zugewiesen werden. Der Ansatz scheint damit indes erschöpft. Denn dass das „mit Abstand wichtigste pädagogische Anliegen Campes [...] die moralische Unterweisung seiner Zöglinge" war,[27] dass oft der Vater die Kinder fragt, dann wieder aber die Kinder den Vater fragen (und somit eigentlich ganz unterschiedliche Gesprächssorten vorliegen), und dass diese Gespräche fiktional sind und doch für das Ende des 18. Jahrhunderts so natürlich – all dies vermag Naumann nicht in das taxonomische Modell zu integrieren. – Dasselbe lässt sich grosso modo auch für Edda Weigands Untersuchung der „Gesprächsstrukturen im Nibelungenlied" sagen, die ein dialoggrammatisches Gegenstück zur gesprächsanalytischen Untersuchung des Streits der Königinnen aus der Feder Peter von Polenz' darstellt.[28] Auch Weigand legt vor dem Blick auf das Nibelungenlied aufgrund ihrer eigenen Sprachkompetenz die „zugrundeliegenden typologischen Strukturen" für die Gespräche im Nibelungenlied fest, um dann ein konkretes historisches fiktionales Gespräch zu interpretieren. Mit dem klassifikatorischen Bezug auf eine Gesprächssorte schafft sie zwar Grundlagen der Vergleichbarkeit, doch verliert auch sie die historischen Besonderheiten des konkreten Gesprächs aus dem Blick.

In jüngerer Zeit erwächst der germanistischen historischen Dialogforschung schließlich ein dritter Zweig, der als mentalitätsgeschichtliche Dialogforschung benannt sein soll. Dieser Zweig begreift Sprachgeschichte als Kultur- und Sozialgeschichte, als Ideen- und Mentalitätsgeschichte und sucht entsprechend im Wege der Rekonstruktion vergangenen sprachlichen Handelns vergangene sprachlich gebundene und archivierte „Lebensformen" (Wittgenstein) zu verstehen. Die dieser neuen Richtung der historischen Dialogforschung zuzurechnenden Ansätze folgen einem pragmatischen und im weiteren Sinne soziolinguistischen Sprachbegriff und sind insoweit natürlich auch Studien zur historischen Sprachpragmatik und soziopragmatischen Sprachgeschichte. Und als solche teilen sie nicht selten die für die historische

---

[26] Naumann 1991; vgl. Hundsnurscher 1989; Franke 1986.
[27] Naumann 1991, 387.
[28] Weigand 1988.

Gesprächsanalyse genannten Probleme: Auch für die Arbeiten der mentalitätsgeschichtlichen Dialogforschung ist grundsätzlich festzustellen, dass eine historische Reichweite und Tragfähigkeit sprachpragmatischer Kategorien stillschweigend unterstellt und das gegenwartssprachlich Erprobte ohne Abstriche an historische Korpora herangetragen wird; und auch diese Forschungsrichtung arbeitet nicht selten deszendent kontrastiv, d.h. die Andersartigkeit der Vergangenheit auf der Grundlage einer gegenwartssprachlichen „Normallage" feststellend. Hinzu kommt, dass die Arbeiten der mentalitätsgeschichtlichen Dialogforschung den engeren Gegenstand dieser Forschung: das Gespräch, die Korrespondenz, den Dialog, gar nicht bzw. nicht unmittelbar in den Blick nehmen.

Am Beispiel zweier Untersuchen sei auch dieser Forschungszweig veranschaulicht. Beide Arbeiten gehören vom Selbstverständnis her nicht zwingend zum Bereich der historischen Dialogforschung im engeren Sinne, Manfred Beetz' Arbeit nicht einmal zur Sprachwissenschaft, weshalb hier nichts eingefordert werden soll, was die Autorin bzw. der Autor gar nicht zu leisten beabsichtigten. Beide Arbeiten befassen sich aber weitgehend mit dem Gespräch und seinen je historischen Erscheinungsformen, und beide liegen, was Formen und Methoden der (Sprach)geschichtsschreibung im Gefolge kultur- und sozialgeschichtlicher, ideen- und mentalitätsgeschichtlicher Ansätze anbelangt, im angedeuteten Trend, so dass sie durchaus die kritische Bestandsaufnahme der einschlägigen Studien zur mentalitätsgeschichtlichen Dialogforschung anführen können.

Angelika Linkes Untersuchung zu „Sprachkultur und Bürgertum" versteht sich als mentalitätsgeschichtliche Untersuchung des Sprechens im 19. Jahrhundert. Gleichsam aus der Außenansicht zeitgenössischer Sprachhandlungsnormen und -konventionen soll die Sprachlichkeit – und Gesprächigkeit – gesellschaftlicher Strukturen rekonstruiert werden. Zu „Gespräch" und „Conversation" findet man in dieser Arbeit denn auch eingängige begriffsgeschichtliche Studien auf der Grundlage von zeitgenössischen Anstandsbüchern und Konversationslehren, aus denen hervorgeht, was tonangebende Kreise des Bürgertums über das Gespräch bzw. über Normen des Gesprächs dachten, sprachen, schrieben, und darüber, wie das Gespräch aussehen sollte. Wie es tatsächlich aussah, erfährt man hingegen nicht, denn die sprachpragmatischen „Sachen" Gespräch und Konversation kommen nur mittelbar zur Betrachtung, was von Linke jedoch durchaus beabsichtigt ist.[29]

Dieses Urteil gilt mutatis mutandis auch für Manfred Beetz' Untersuchung zu „Komplimentierkunst und Gesellschaftsritual[n] im altdeutschen Sprach-

---

[29] Vgl. Linke 1996, 36: „Mit Bezug auf meine Untersuchung steht die Frage nach dem faktischen Sprachgebrauch [...] thematisch und methodisch an zweiter Stelle [...]."

raum", die, was die sprachgeschichtliche Chronologie anbelangt, gleichsam als Vor-Studie zu Linkes Arbeit gelten kann, insofern Beetz sich dem 17. und frühen 18. Jahrhundert zuwendet. Vom zitierten Untertitel evozierte Hoffnungen auf Analysen historischer Gespräche werden von Beetz expressis verbis zurückgewiesen:

> Der Untersuchung geht es anhand von Kommunikationslehren und gesellschaftsethischer Traktatliteratur um Annäherungen an das konkrete Interaktionsverhalten der Barockgesellschaft – über die Normen, an denen es sich orientierte. Das Hauptaugenmerk gilt dabei nicht unmittelbar dem faktischen historischen Verhalten, sondern seinen Standards und Regeln.[30]

In diesem Sinne einer mentalitätsgeschichtlichen Dialogforschung liegen bislang für unterschiedliche historische deutsche Sprechergruppen und Gesprächsbereiche Einzelstudien vor, die das Gespräch im Spiegel seiner zeitgenössischen Darstellung und Bewertung beschreiben, etwa das *Fachgespräch*[31] oder die „zweckentbundene" gesellschaftliche *Konversation*.[32] Das methodologische Verdienst all dieser Arbeiten im Rahmen der historischen Dialogforschung ist es, gezeigt zu haben, dass die Analyse einzelner Gespräche ebenso wie die Klassifikation dieser Gespräche und die Beschreibung von Gesprächssorten in sprachgeschichtlicher Sicht unbefriedigend bleibt, wenn nicht das Gesprächs-Bild der jeweiligen Zeit, der „*Gesprächs*"-Begriff der in einem historischen Gesprächs- und Kommunikationsbereich tonangebenden Sprecher(gruppen) und überhaupt das zeitgenössische Interaktionswissen der am Gespräch Beteiligten das innenperspektivische Komplement zur außenperspektivisch linguistischen Interpretation bilden.

Einen der ersten Versuche, diese drei Wege zum Ziel der historischen Dialogforschung in einer sowohl historisch-gesprächsanalytischen wie auch sozial- und kulturgeschichtlich orientierten dialogtypologischen Untersuchung zusammenzuführen, legte Hannes Kästner schon 1978 mit seiner Arbeit über „Mittelalterliche Lehrgespräche" vor. Kästner untersucht darin die „literarische Redeszene der Unterweisung in der volkssprachlichen Literatur des Mittelalters"[33] und zieht als Folie die Merkmalmatrix der Freiburger Redekonstellationstypik heran. Drei „Redetypen des literarischen Lehrgesprächs" (*Dictio, Dissensio, Interrogatio*) und sieben „Lehrgesprächstypen" (*Praeceptum, Adhortatio, Instructio, Altercatio, Explicatio, Consultatio, Examen/Aenigma*) kann er aus seinem Quellenmaterial ermitteln. Die Beschreibung der Lehrgesprächstypen verbleibt dann aber doch noch sehr im

---

[30] Beetz 1990, 7.
[31] Eichinger/Lüsebrink 1989.
[32] Vgl. z.B. Fauser 1991; Schmölders 1986; Schumacher 2001.
[33] Kästner 1978, 9.

Rahmen der herkömmlichen Analyse rhetorischer Gesprächsmuster und wird nur selten pragmatisch-gesprächsanalytisch im engeren Sinn. Lediglich in Bezug auf das – für Lehrgespräche in der Tat herausragende – Sprachhandlungsmuster FRAGE gelingt es Kästner, die Rhetorik in sprachpragmatische Beschreibungen einzubinden und das Lehrgespräch nicht nur funktional als dialogisches Muster einer Unterweisungshandlung, sondern auch formal als Gesprächstyp mit unterschiedlichen Gesprächssorten und Fragetypen zu beschreiben.

In der romanistischen historischen Gesprächsforschung hat Hartwig Kalverkämper einen vergleichbaren Weg eingeschlagen und historische Gesprächsanalyse mit historischer Gesprächstypologie und kulturgeschichtlicher Interpretation zu vereinen gewusst. So entwirft er für seine Textuntersuchung am Beispiel von Fontenelles „Entretiens sur la Pluralité des Mondes", „die sich der kolloquialen Vermittlung von Fachwissen konkret widmen wird",[34] eine Gliederung, die, ähnlich den Merkmalen der Freiburger Redekonstellationstypik und den kommunikativ-pragmatischen Kategorien von Henne und Rehbock, einen Merkmalraster für die Beschreibung abgibt, der sodann auf der Grundlage von zeitgenössischen Wortfeldern historisch gewendet wird.[35] Noch einen Schritt weiter geht Edgar Radtke in seiner Untersuchung zum „Gesprochenen Französisch und Sprachgeschichte", insofern er die Ansätze der Gesprächsanalyse zur Rekonstruktion eines historischen Gesprächstyps heranzieht und sodann im Sinne Hennes weiterführt zur Rekonstruktion historischer gesprochener Sprache im Gespräch[36] – womit ich wieder beim Ausgangspunkt angelangt bin.

Drei Wege also bietet die germanistische Linguistik der historischen Dialogforschung an, und es ist an der Zeit, diese Wege systematisch zum gemeinsamen Ziel zusammenzuführen. Zuvor aber ist noch ein – notwendigerweise kursorischer – Blick auf die erziehungswissenschaftliche Gesprächsforschung zu werfen.

I.2. Erziehungswissenschaftliche Beobachtungen zur Vereinbarkeit von Gespräch und Lehre

Die umfangreiche erziehungswissenschaftliche Forschung zum Lehrgespräch kritisch zu referieren, hieße nicht nur, sehr weit auf fremdes Terrain vorzudringen, sondern liefe auch Gefahr, die sprachgeschichtliche Fragestellung aus dem Auge zu verlieren, hat doch das Gespräch seit dem Ende des 18.

---

[34] Kalverkämper 1989, 22.
[35] Kalverkämper 1989, 22, Anm. 11.
[36] Radtke 1994.

Jahrhunderts, also seit dem Ende der hier zu behandelnden Epoche, immer wieder als an Schulen und Universitäten institutionalisiertes Lehr-Lern-Verfahren erziehungswissenschaftliche Aufmerksamkeit auf sich gezogen.

Am Beginn des 19. Jahrhunderts steht die (Gesprächs)pädagogik Johann Friedrich Herbarts noch in direktem – und kritischem – Zusammenhang mit den Idealen der aufgeklärten Philanthropen vom Ende des 18. Jahrhunderts, und sie hat, durch Herbarts Nachfolger Tuiskon Ziller und Wilhelm Rein fortgeführt, das ganze 19. Jahrhundert überdauert. Der Gesprächstyp *Lehrgespräch*, wie er im 18. Jahrhundert entfaltet worden war, erhielt hier jedoch wieder einen engeren Zuschnitt auf nur eine bestimmte Gesprächssorte, auf das so genannte *fragend-entwickelnde Gespräch* unter der Dominanz der Lehrerfrage.[37]

In kritischer Auseinandersetzung mit den Herbartianern und deren Bestimmung der Lehrerfrage definierten dann die Wortführer der Reformpädagogik, vornehmlich Berthold Otto und Hugo Gaudig, im ersten Drittel des 20. Jahrhunderts das *Lehrgespräch* wiederum neu. Schon die 1913 von Berthold Otto im Rahmen seines Entwurfs eines „Gesamtunterrichts" eingeführte Gesprächssortenbezeichnung „freies Unterrichtsgespräch"[38] symbolisiert terminologisch die Abkehr von den streng organisierten Frage-Antwort-Sequenzen der Herbartianer und die Hinwendung zu einer dialogischen Kommunikationsform, die sich von der institutionellen Lehre zunehmend entfernt und dem selbstbestimmten Lernen im natürlichen Gespräch nähert. – Die Untersuchungen zu den Gesprächssorten im 18. Jahrhundert werden zeigen, dass Ottos „freies Unterrichtsgespräch" zumindest sprachgeschichtlich in einer von den Philanthropen begründeten Tradition steht (s.u., III.4.1.2.3.).

Die Neubesinnung nach 1945 führte in der Erziehungswissenschaft ein weiteres Mal zu einer wiederum erneuerten Wertschätzung des *Lehrgesprächs*, und zwar nunmehr nicht mehr nur aus didaktischen, sondern auch aus politisch-ideologischen Erwägungen, galt das Gespräch doch – zumal bei den Westalliierten – als historisch ausgewiesene demokratische Kommunikationsform.[39] Eine Vielzahl von erziehungs- und populärwissenschaftlichen Publikationen zum *Lehrgespräch* und zur Gesprächserziehung aus der frühen Nachkriegszeit spiegelt diesen mentalitätsgeschichtlich sehr bedeutsamen Wandel.[40] Besonders bemerkenswert dabei ist, dass die institutionellen Rahmenbedingungen des *Lehrgesprächs* und die Beurteilung seiner pädagogisch-didaktischen Effizienz selbst in der erziehungswissenschaftlichen Literatur

---

[37] Vgl. dazu Bloch 1969.
[38] Vgl. Reble 1959, 272ff.; Michel 1989, 129ff.; Holstein 1976, 37ff.
[39] Vgl. Kilian 1997, 40ff. und 101ff.; ferner Stoffer/Pöggeler/Salzmann 1970, 126.
[40] Vgl. die bibliographischen Überblicke Maskus/Renard 1964; Behme 1977; ferner Michel 1989.

gegenüber Versuchen der Differenzierung von Gesprächssorten („Gesprächsformen") und Anleitungen zu dialogorientiertem Unterricht („Gesprächsführung") zunehmend ins Hintertreffen gerieten.

Seit den späten sechziger bzw. den frühen siebziger Jahren hat sich der Schwerpunkt der Forschung erneut verlagert. Erziehungs-[41] und nunmehr auch Sprachwissenschaftler[42] nähern sich aus unterschiedlichen Richtungen dem Gespräch im schulischen und universitären Unterricht: Lerntheoretische und erkenntnistheoretische, institutionelle, didaktische und methodische, sprechakttheoretische und gesprächsanalytische Blicke werden auf das *Lehrgespräch* – im weitesten Sinne als Gesprächstyp verstanden – geworfen, um dialogische Kommunikation in schulischen Institutionen mit ihrem klar definierten Lehrauftrag zu erforschen. Die Anregungen zu dieser erneut intensiveren Beschäftigung mit dem Lehrgespräch gingen wiederum von gesellschaftspolitischen Veränderungen aus: „Demokratisierung", „Mitbestimmung" und „Chancengleichheit" waren Schlagwörter der Zeit, die auch Merkmale schulischer und universitärer Kommunikationsformen benennen sollten. Didaktische Kommunikationsformen wurden vornehmlich beziehungsorientiert unter dem Aspekt der Lehrer-Schüler-Beziehung bewertet, wobei das Gespräch besonders geeignet schien, das kritisierte asymmetrische Hierarchieverhältnis in ein symmetrisches Lehr-Lern-Verhältnis zu überführen. Die Suche nach idealen Sorten des „Unterrichtsgesprächs"[43] sowie, ausgehend von Ansätzen Leonhard Nelsons und Gustav Heckmanns, die Wiederentdeckung des sokratischen Dialogs,[44] zeugen von diesem neuen Wind in der erziehungswissenschaftlichen Gesprächsforschung.

In diesen Zusammenhang ist zu stellen, dass das Gespräch endlich auch selbst als Lehr-Lern-Gegenstand intensiver in den Blick genommen wurde. Das Gespräch, so heißt es in Hermann Helmers' „Didaktik der deutschen Sprache", sei „1. Medium allen mündlichen Unterrichts, 2. Übungsform für Lernbereiche des Deutschunterrichts und 3. eigenes Lernziel."[45] Ähnlich heißt es aus erziehungswissenschaftlicher Sicht bei Thiele:

---

[41] Aus der umfangreichen erziehungswissenschaftlichen Forschungsliteratur seien hier nur die für den Überblick in diesem Abschnitt bedeutsameren Arbeiten genannt: Bellack [u.a.] 1974; Bollnow 1966; Holstein 1976; Loch 1962; Meyer 1987, II; Nürnberg 1998; Ritz-Fröhlich 1982; Rössner 1967; Siebert 1996; Thiele 1981.

[42] Aus dem Bereich der germanistischen Linguistik seien, ebenfalls nur auswählend, genannt: Bucher 1994; Ehlich 1981; Gutenberg 1979; Hanke 1989; Hundsnurscher 1989; Jost 1981; Meer 1997; Weigand 1989; Wunderlich 1969. Bibliographische Überblicke bieten Mayer/Weber 1983; Redder 1983; Becker-Mrotzek 1999.

[43] Vgl. Michel 1989.

[44] Vgl. Krohn/Horster/Heinen-Tenrich 1989; Horster 1994; Siebert 1996.

[45] Helmers 1970, 134.

Im Unterricht sind Gespräche hervorragend geeignet, Eigentätigkeit und geistige Aktivität der Schüler freizusetzen, selbständigkeitsfördernde Lernformen zu unterstützen, die Gesprächsfähigkeit zu fördern und demokratische Kommunikationsformen zu entwickeln.[46]

Die jüngste Entwicklung in der Erforschung des *Lehrgesprächs* seitens der Erziehungs- und der Sprachwissenschaft hat den Computer als Gesprächspartner in computergestützten Lehr-Lern-Verfahren ins Visier genommen. Computergestützte Programme bedienen sich, z.B. im Bereich des Fremdsprachenerwerbs, grundsätzlich dialogischer Strukturen, die von einfachen (Ab)frage-Antwort-Sequenzen bis hin zu interaktiven Mensch-Maschine-Dialogen reichen können.[47]

Die erziehungswissenschaftliche Gesprächsforschung präsentiert sich, von den steten Hinweisen auf die Dialoge Sokrates' und wenigen ausführlicheren Ausnahmen abgesehen, im großen Ganzen entweder ahistorisch oder panchronisch universal ausgerichtet. Dass beispielsweise die eben erwähnten (Ab)frage-Antwort-Sequenzen der computergestützten Lehr-Lern-Dialoge ihren Urahn im *katechetischen Gespräch* im Religionsunterricht des 16. Jahrhunderts finden, das dann im 17. und beginnenden 18. Jahrhundert vom Religionsunterricht auf fast alle Unterrichtsfächer übertragen wurde, ist bislang nicht wahrgenommen worden. In vergleichbarer Weise wird die Wiederentdeckung des *sokratischen Gesprächs* als pädagogische Leistung des 20. Jahrhunderts gefeiert, ohne den Philanthropen des 18. Jahrhunderts wenigstens Vermittlerfunktionen zuzugestehen.[48] Wie in diesen Fällen, so wird in aller Regel darauf verzichtet, eine historische Vergewisserung darüber einzuholen, ob nicht, zumindest seit dem gesellschaftspolitischen Strukturwandel der „Sattelzeit" um die Mitte des 18. Jahrhunderts, die eine oder andere Frage schon einmal gestellt, vielleicht gar bereits beantwortet wurde, ob nicht das eine oder andere Problem bereits gelöst ist, und ob nicht die Kultur des *Lehrgesprächs* im 18. Jahrhundert vielleicht auch als Modell, als Orien-

---

[46] Thiele 1981, 9.
[47] Vgl. z.B. Erdmenger 1997, 147ff.; Breindl 1998; dazu auch Kilian 1997a.
[48] Stöcker 1966, 152ff. lässt seinen Abschnitt „Das Gespräch in der Geschichte der Pädagogik" erst mit Berthold Ottos reformpädagogischen Ansätzen um 1900 beginnen; Meyers 1987, II, 75ff. „Kurz-Überblick" über die Geschichte schulischer Kommunikationsformen ist in der Tat nur ein solcher; vgl. auch Klingbergs 1972, 317ff. Abschnitt „Historische Wurzeln des Unterrichtsgesprächs" sowie das Kapitel „Zur geschichtlichen Entwicklung unterrichtlicher Sprachformen" bei Holstein 1976, 22ff. Ein besonders krasses Beispiel liefert Horsters Monographie zum sokratischen Gespräch. Das Kapitel I „Zur geschichtlichen Entwicklung der Sokratischen Methode" (Horster 1994, 9ff.) kennt nur zwei historische Stationen: die Antike (Sokrates, Platon, Aristoteles) und die Gegenwart (Nelson, Heckmann).

tierungshilfe oder wenigstens als Kontrastfolie für die Gegenwart zu dienen vermag.

Möglicherweise könnte in diesem Zusammenhang auch die in der erziehungswissenschaftlichen Gesprächsforschung seit langem schon gestellte Frage nach dem Wert der Kommunikationsform „Gespräch" im Kommunikationsbereich der Lehre einer historisch rückversicherten Antwort näher gebracht werden – die Frage selbst wurde nämlich im 17. und 18. Jahrhundert heftig diskutiert. Das Verhältnis von Gespräch und Lehre wird noch in der modernen pädagogischen Theorie der Gegenwart recht zwiespältig betrachtet. Wiederholt wird die Unterscheidung von „echtem Gespräch" einerseits und „Unterrichts-" oder „Lehrgespräch" andererseits bemüht, um den Einsatz des Gesprächs im schulischen und universitären Unterricht zu rechtfertigen oder aber kritisch zu begutachten.[49] Die gegenwärtig noch andauernde Diskussion geht zu einem guten Teil auf einen einflussreichen Aufsatz Werner Lochs zurück, der eine wechselseitige Bedingtheit von „Gespräch" und „Lehre" einräumt, nach einer phänomenologischen Betrachtung dieser beiden Seiten des Gesprächstyps *Lehrgespräch* indes zu dem Schluss kommt, dass sie grundsätzlich unvereinbar seien, gar einen Gegensatz darstellten. Dabei legt Loch seiner phänomenologischen Betrachtung von „Gespräch" und „Lehre" jedoch nur jeweils reduzierte Spielarten der beiden Phänomene zugrunde, dem „echten Gespräch" die apraktische und nicht spezifisch zweckgebundene, unverbindliche *Unterhaltung* und der „Lehre" als „Ding an sich" die monologische Form des Be-Lehrens. Auf diese Weise kommt er zu antagonistischen Merkmalpaaren, z.B.: Das Gespräch sei durch eine kreisende Wiederholung gekennzeichnet, während die Lehre linear voranschreiten müsse; das Gespräch erscheine mit einer zumindest vorübergehend hergestellten Statusgleichheit der Partner, während die Lehre ein Hierarchieverhältnis geradezu voraussetze; das Gespräch habe idealiter kein Ende, während die Lehre institutionell eingefasst sei.[50] „Gespräch" und „Lehre", so das Ergebnis, würden zwar oft zusammengeführt, aber:

> Das vollkommene Gespräch ist jedoch die vollkommene Destruktion des Lehrens und umgekehrt.[51]

In der Antike, so Loch, sei dieser Gegensatz im Begriffspaar „Rhetorik" und „Dialektik" fassbar; er tauche, strukturell gewandelt, in der Scholastik in Form von „Disputatio" und „Lectio" wieder auf und im Humanismus als

---

[49] Kritisch zu diesem Ansatz der Differenzierung jüngst Nürnberg 1998, 50ff.
[50] Loch 1962, 645ff.
[51] Loch 1962, 644. Man vergleiche damit Klingberg 1972, 298, Anm. 30: „Im Grunde genommen ist jeder gute Unterricht dialogischer Unterricht. Der Dialog liegt im Wesen [!] des Unterrichts."

„Colloquium" und „Oratio".[52] Gerade in diesem phänomenologisch gegebenen Gegensatz von „Gespräch" und „Lehre" liege jedoch „die Bedingung [...] für das Funktionieren ihrer – anthropologisch wie pädagogisch – so überaus produktiven Wechselwirkung."[53]

Die engagierte Diskussion, die in Bezug auf die Vereinbarkeit von Gespräch und Lehre innerhalb der Erziehungswissenschaft allein um den Terminus „Unterrichtsgespräch" geführt wurde,[54] belegt diese „produktive Wechselwirkung" und zeigt, dass die pädagogische Praxis sehr wohl Gespräch und Lehre zu vereinen wusste, und die pädagogische Theorie dazu aufgerufen ist, in Beziehung zum Menschenbild vom Schüler, zu Lerntheorien und bildungspolitischen Ansätzen den verschiedenen Formen dieser Vereinigung pädagogisch-didaktische Fundamente zu gießen. In der neueren Forschung dieser Disziplin wird denn auch weniger nach idealen Gesprächssorten gefahndet als vielmehr versucht, unterschiedliche didaktische Gesprächssorten kritisch zu beschreiben und im Gesamtrahmen schulischer und universitärer Lehr-Lern-Methoden zu verorten.[55] Dazu fehlt jedoch in der erziehungswissenschaftlichen Forschung weitgehend ein sprachwissenschaftlicher Begriff der „Gesprächssorte", was dazu führt, dass die Versuche der erziehungswissenschaftlichen Gesprächssortentypologie noch weitaus bunter ausfallen als die der Sprachwissenschaft, insofern in erstere auch noch verschiedene pädagogisch-didaktische Theoreme Eingang finden. Die Zahl der ermittelten Gesprächssorten – bzw. der gesammelten Benennungen für Gesprächssorten – schwankt zwischen drei „Formen des Gesprächs", die Michel aus einer Studie zum „Methoden-Repertoire von Lehrern" 1985 referiert, und 75 Benennungen für „Formen des Miteinander-Sprechens", die Lutz Rössner schon 1967 aus der neueren erziehungswissenschaftlichen Literatur zusammengetragen und davon wiederum 29 „unter pädagogischem Aspekt" gesondert gruppiert hatte.[56] Dabei ist jedoch oft nicht einmal zu klären, ob die in unterschiedlichen Arbeiten unter demselben Namen geführten Gesprächssorten wirklich identisch sind. Rössners Klage, „daß von einer terminologischen Einheitlichkeit weder im pädagogischen noch im außerpädagogischen Bereich

---

[52] Loch 1962, 641.
[53] Loch 1962, 661.
[54] Vgl. Michel 1989; Meyer 1987, II, 280ff.; Nürnberg 1998, 7ff.
[55] Vgl. z.B. Thiele 1981, 13ff., der unterschiedliche „Gesprächsformen" und „Gesprächsarten" auf der Grundlage der Kriterien „Lenkungsaktivität des Lehrers" und „Lernaktivität der Schüler" differenziert; desgleichen Ritz-Fröhlich 1982, 22ff., die schulische Gesprächsformen auf der Grundlage von „situativen Rahmenbedingungen" von außerschulischen trennt; ferner Klingberg 1972, 323ff.
[56] Vgl. Michel 1989, 125f.; Rössner 1967, 23f. Einige der von Rössner angeführten Bezeichnungen sind hier nicht mitgezählt worden, stehen sie doch schwerlich für dialogische Kommunikationsformen, z.B. „Meditieren" und „Träumen".

die Rede sein kann",[57] ist auch nach weiteren dreißig Jahren mehr als berechtigt, und zwar namentlich auch für den „außerpädagogischen Bereich" der Sprachwissenschaft (s.u., II.1.2. und II.2.2.).

Die Ansätze und Ergebnisse der Gesprächsforschung in den beiden genannten Disziplinen, so muss man festhalten, sind bislang wechselseitig kaum zur Kenntnis genommen worden, und wenn dies für die gegenwartsbezogene Gesprächs- und, darüber hinaus, Dialogforschung gilt, dann um so mehr für die historische. Vor dem Hintergrund der Prämissen der oben referierten drei Ansätze einer linguistischen historischen Dialogforschung sind deshalb die sprach- und die erziehungswissenschaftliche Gesprächsforschung bei einer sprachgeschichtlichen Rekonstruktion des deutschen *Lehrgesprächs* zusammenzuführen, soll die Rekonstruktion nicht nur diachronische Systemlinguistik, sondern Sprachgeschichte treiben. Um einen Dialog- oder Gesprächstyp „Lehrgespräch" aus dem Kontinuum dialogischer Verkehrsformen einer Gesellschaft auszugrenzen, bedarf es also, zum einen, der genauen Beobachtung der pädagogisch-didaktischen Theorie und Praxis dieser Gesellschaft in ihrer Zeit, und bedarf es, zum anderen, der linguistischen Kategorien, um festzulegen, welche Verkehrsform überhaupt als „Gespräch" anzusehen ist.

Es ist hier nicht der Ort zu diskutieren, ob und wie der oft behauptete Zusammenhang von didaktischem Dialog und Lernerfolg nachweisbar ist, ob Wilhelm von Humboldts Diktum von der Sprache als dem bildenden Organ des Gedanken zugleich das Gespräch als Bildungsfaktor erweist, ob schließlich die Beweisführung der modernen kognitionspsychologischen Studien zugunsten des Lehrgesprächs stichhaltig ist. Darüber herrscht selbst unter Erziehungswissenschaftlern keine Einigkeit.[58] Wenn indes als Konsens gelten darf, dass das Gespräch als solches von pädagogisch-didaktischem Wert ist, dann ist dies eine Rechtfertigung, zum Teil gar Rehabilitierung der Pädagogen des 17. und insonderheit des 18. Jahrhunderts, die die Formung und Etablierung des Gesprächs in deutscher Sprache an Schulen und Universitäten forderten, pflegten und lehrten. Vergleicht man den noch gegen Ende des 18. Jahrhunderts schwindend geringen Anteil dialogischer Lehr-Lern-Verfahren mit der oben referierten Dominanz des Gesprächs im Unterricht der Gegenwart, dann erscheint es geradezu verblüffend, wie feinsinnig aufgeklärte Pädagogen vor rund zweihundert Jahren didaktische Gesprächssorten unter lerntheoretischen, modern könnte man auch sagen: kognitionspsychologischen Aspekten unterschieden.

---

[57] Rössner 1967, 23f.
[58] Vgl. z.B. Thiele 1981, 48ff., der diesen Zusammenhang mit Hilfe kognitionspsychologischer Modelle zu belegen sucht, und Meyer 1987, II, 287, Anm. 2, der meint, dass „die Behauptung, das Gespräch sei besonders effektiv, ein nicht bewiesener frommer Wahn ist!"

Ich werde im folgenden Abschnitt näher begründen, warum für den Versuch der Grundlegung der historischen Dialogforschung der Kommunikationsbereich der Lehre gewählt wurde. Hier gilt es noch abschließend, vor dem Hintergrund des terminologischen Durcheinanders in der erziehungswissenschaftlichen und der sprachwissenschaftlichen Gesprächsforschung, den Terminus „Lehrgespräch" als Benennung des Gesprächstyps kurz zu rechtfertigen. Dieser Terminus wirft, aus erziehungswissenschaftlicher Sicht, das Problem auf, dass er die Lehre hervorhebt und das Lernen stillschweigend einschließt,[59] er wirft, aus sprachwissenschaftlicher Sicht, das Problem auf, dass er das (mündliche) Gespräch benennt und die (schriftliche) pädagogisch-didaktische Korrespondenz unerwähnt lässt. Obwohl man mit dergleichen Argumenta ex silentio freilich jedem Kompositum der deutschen Sprache zu Leibe rücken kann und sie deshalb nur geringe Aussagekraft besitzen, sind hier mit dem Terminus „Lehrgespräch", verstanden als Benennung für den Gesprächstyp im Kommunikationsbereich der Lehre, gerade diese Fokussierungen beabsichtigt: Mit *Lehrgespräch* ist hier ein Gesprächstyp benannt, dessen Sorten dem Zweck der Lehre dienen.

I.3. Abgrenzungen: Problemstellungen und Erkenntnisinteressen

Gegenstand der folgenden Untersuchungen ist der Versuch einer methodologischen, sprachtheoretischen und empirischen Grundlegung der historischen Dialogforschung. Diese Grundlegung erfolgt im Wege der historischen Wendung und empirischen Erprobung gesprächsanalytischer und dialoggrammatischer Ansätze der linguistischen Dialogforschung auf der Grundlage einer kultur- und sozialgeschichtlichen, ideen- und mentalitätsgeschichtlichen Erkundung der kommunikativen Rahmenbedingungen des deutschen *Lehrgesprächs* im 17. und 18. Jahrhundert.

---

[59] Thiele (1981, 29f.) versteht deshalb unter *Lehrgespräch* „alle sprachlichen Kommunikationsformen im Unterricht [...], in denen der Lehrer durch ein hohes Ausmaß an direkter Lenkung den Gesprächsverlauf entscheidend bestimmt. Die in der didaktischen Literatur anzutreffenden Termini ‚Frage-Unterricht', ‚fragend-entwickelndes Verfahren', ‚entwickelnder Frageunterricht', ‚sokratische Methode' oder ‚Erarbeitungsmuster' bezeichnen im wesentlichen die gleiche Verfahrensweise [...]." Vgl. jedoch auch Meyer (1987, II, 288ff.), der den Terminus „gelenktes Unterrichtsgespräch" ablehnt und „Lehrgespräch" für den „ehrlicheren Begriff" hält. In beiden Fällen benennt „Lehrgespräch" also keinen Gesprächstyp, sondern eine Gesprächssorte.

Das Erkenntnisinteresse ist insofern zweigeteilt: Es richtet sich, zum einen, auf theoretische und methodologische Fragen, deren Beantwortung die historische Dimension der linguistischen Dialogforschung systematisieren und operationalisieren soll. Und es richtet sich, zum anderen, empirisch auf das deutsche *Lehrgespräch* im 17. und 18. Jahrhundert, über das sprachgeschichtliche Erkenntnisse gewonnen werden sollen, die im Sinne einer soziopragmatischen Sprachgeschichtsschreibung zu einem historischen Bild zusammengeführt werden. Zu diesem empirischen Erkenntnisinteresse gesellt sich das Ziel, unser sprachgeschichtliches Wissen über die Herausbildung und Standardisierung des Deutschen als Gesprächssprache in einem bedeutsamen Kommunikationsbereich zu erweitern, zumal einem Kommunikationsbereich, der in den deutschen Territorien des 17. und 18. Jahrhunderts zu weiten Teilen der lateinischen und der französischen Sprache das Gesprächsfeld überlassen hatte.

Ich habe bereits angedeutet, dass die linguistische historische Dialogforschung die Gesprächsanalyse und die Dialoggrammatik, jeweils in ihren sprachhistorisch gewendeten Varianten, zusammenführen muss, will sie dem soziopragmatischen, gar kulturwissenschaftlichen Anspruch der neueren Sprachgeschichtsschreibung gerecht werden. Dazu werden im folgenden Kapitel (II.1.) Ansätze dieser beiden Richtungen der Dialogforschung diskutiert, die ihre Tragfähigkeit und Ergiebigkeit in synchronisch-gegenwartsbezogenen Untersuchungen bereits unter Beweis gestellt haben und die nun zu einem „Programm" der historischen Dialogforschung verdichtet werden müssen, das als theoretisches und methodologisches Gerüst auch anderen empirischen Erkenntnisinteressen der historischen Dialogforschung zu Diensten sein kann. Dazu ist zu prüfen, ob die erwähnten Ansätze und deren Kategorien auch historisch gewendet ihre analytische Schärfe und Beschreibungskraft behalten bzw. inwiefern sie neu zu definieren sind (Kapitel II.2.). Im Anschluss daran ist am Beispiel des Gesprächstyps *Lehrgespräch* zu fragen, welche Quellen für eine historische Dialogforschung zur Verfügung stehen, die nicht auf elektronisch aufgezeichnete Ton- und Bilddokumente zurückgreifen kann, und wie mit diesen Quellen umzugehen ist (II.3.).

Das vorhin genannte assoziationsreiche Wort „Programm" ist hier dementsprechend ausschließlich in diesen theoretischen und methodologischen Bezügen zu lesen und nicht im Sinne einer Projektion von „Aufgaben einer Geschichte von Dialogformen", wie Gerd Fritz sie anführt.[60] „Programme" in diesem Sinn sind in der jüngeren Sprachgeschichtsforschung, zumal der historischen Sprachpragmatik, wiederholt aufgestellt worden; sie eröffnen, wie anregend auch immer, zwar mögliche und notwendige Wege der Forschung, fassen diese Wege aber nur selten auch in systematischer und opera-

---

[60] Fritz 1994, 545f. Näheres s.u. II.2.

tionalisierbarer Form zusammen.[61] Das hier entworfene Programm soll demgegenüber die Begehbarkeit der theoretisch und methodologisch eröffneten Wege im Zuge der Empirie prüfen, ihre Qualität und Effizienz kritisch beurteilen und Irrwege verschließen.

Der empirische Gegenstand, der Gesprächstyp *Lehrgespräch* im 17. und 18. Jahrhundert, ist dafür in herausragender Weise geeignet, insofern er die für die Überprüfung der Anwendbarkeit gesprächsanalytischer und dialoggrammatischer Kategorien auf historische Korpora notwendige Vielfalt unterschiedlicher Gesprächssorten unter dem Dach der Einheit eines Gesprächstyps gewährleistet. Überdies offeriert ein Korpus mit institutionell geregelten Sprachhandlungsmustern grundsätzlich eine größere Zahl sprachreflexiver Quellen.[62] Das deutsche *Lehrgespräch* ist sodann zwar ein institutionell gebundener, gleichwohl kein speziell gruppenspezifischer Gesprächstyp, insofern potentiell alle Mitglieder einer Sprachgesellschaft an ihm teilhaben (sollten). Die im 18. Jahrhundert häufigen Ermahnungen, der Schulpflicht Folge zu leisten, zeugen zwar von weitreichender Nichtbefolgung derselben, und weil das deutsche *Lehrgespräch* zudem einen langen und mühevollen Weg bis zur leidlichen Anerkennung als didaktischer Kommunikationsform zurückzulegen hatte, haben viele Menschen im 18. Jahrhundert die institutionellen Sorten dieses Gesprächstyps nie kennen gelernt. Dennoch darf das deutsche *Lehrgespräch* am Ende des im 18. Jahrhunderts als ein Gesprächstyp gelten, dessen Sorten über die Grenzen von Institutionen, Varietäten und Sprechergruppen hinweg einer relativ einheitlichen Zweckbestimmung folgten und trotz der institutionellen Bindungen weiteste Verbreitung in der Sprachgesellschaft genossen.

Die noch darzustellenden zeitgenössischen Auseinandersetzungen über Vor- und Nachteile einzelner Sorten zeugen von der Bedeutsamkeit dieses Gesprächstyps im 17. und 18. Jahrhundert. Und wenngleich schon die Quellenlage eine Konzentration auf das institutionell eingebundene *Lehrgespräch* erzwingt – in einem engeren Sinn authentische Lehrgespräche aus dem alltagssprachlich-familiären Bereich sind kaum überliefert –, ist bei diesem Gesprächstyp eine große Wechselwirkung von institutionellen und außerinstitutionellen Varianten seiner Sorten insofern gegeben, als „natürliche" außerinstitutionelle Varianten von den Pädagogen der Zeit als Muster für die Formung institutioneller Gesprächssorten herangezogen wurden. Die Berücksichtigung unterschiedlicher Institutionen innerhalb des Kommunikationsbereichs der Lehre im 17. und 18. Jahrhundert eröffnet schließlich auch den Blick auf verschiedene Sprechergruppen und Sprecherschichten und gewähr-

---

[61] Vgl. z.B. die Programme zur historischen Sprachpragmatik von Cherubim 1980 und 1984/1998; Presch 1981.
[62] Vgl. Wodak 1987, 799f.

leistet so eine differenzierte Erkundung der Geschichte des deutschen *Lehrgesprächs*. Da ist, zunächst, die Schule in ihren verschiedenen Spielarten: die „Deutsche Schule" in der Stadt; die abschätzig als „Winkelschulen" oder „Klippschulen" bezeichneten niederen städtischen Schulen; die neu entstehende „Realschule", die dem Sachunterricht Vorrang vor dem Sprachunterricht einräumt; und natürlich das Gymnasium. Sodann auf dem Land die Elementar-, Dorf-, Küster- oder Landschule und ihre mit aufgeklärtem Anspruch reformierten Pendants, wie beispielsweise die Musterschule des Freiherrn von Rochow im brandenburgischen Reckahn; des Weiteren die ebenfalls auf dem Land errichteten „Privaterziehungsanstalten" für Zöglinge zahlungskräftiger Eltern oder förderungswilliger Fürsten, wie beispielsweise Bernhard Basedows Dessauer Philanthropin, Christian Gotthilf Salzmanns Erziehungsstätte in Schnepfenthal oder auch der Erziehungsversuch Joachim Heinrich Campes im Hamburger Vorort Billwerder.[63] In all diesen Schulen ist mit Hilfe des vorgetragenen Wortes und auch mit Hilfe des Wortes im Gespräch gelehrt worden. Wiewohl auch das vorgetragene Wort letztlich nicht anders als dialogisch seinen Zweck erfüllen kann, soll hier nur das im engeren Sinne dialogische Wort, soll das Wort im Gespräch in diesen Schulen Gegenstand sein.

Den Gesprächstyp *Lehrgespräch* in solchen Schulen des 17. und 18. Jahrhunderts aufzusuchen, heißt schließlich, die Bedeutsamkeit des Gesprächs im Unterricht der Gegenwart des 21. Jahrhunderts auf historische Füße zu stellen und zu prüfen, ob und inwiefern insbesondere das 18. Jahrhundert, das schon Zeitgenossen als „pädagogisches Jahrhundert" betitelten[64] und das heute als „Zeitalter des Gesprächs" gilt,[65] auch für den Begriff des *„Lehrgesprächs"* das Mittelalter abschüttelt und den Wandel zur Gegenwart bringt, ob und inwiefern es also auch für den Begriff des *Lehrgesprächs* „Sattelzeit" ist:

> Entsprechende Begriffe tragen ein Janusgesicht: rückwärtsgewandt meinen sie soziale und politische Sachverhalte, die uns ohne kritischen Kommentar nicht mehr verständlich sind, vorwärts und uns zugewandt haben sie Bedeutungen gewonnen, die zwar erläutert werden können, die aber auch unmittelbar verständlich zu sein scheinen.[66]

Schon der Umstand, dass das Gespräch in deutscher Sprache als Lehr-Lern-Verfahren wie als Lehr-Lern-Methode innerhalb anderer Verfahren und schließlich auch als Lehr-Lern-Gegenstand seit dem Ende des 17. und Beginn des 18. Jahrhunderts zunehmend die theoretische und praktische Aufmerk-

---

[63] Zur zeitgenössischen Ordnung der Schultypen vgl. unten, III.1.
[64] Vgl. z.B. Baur 1790, VI.
[65] Fauser 1991, 10f.
[66] Koselleck 1972, XV.

samkeit von Pädagogen auf sich zog, deutet einen grundlegenden Wandel im Sinne einer solchen „Sattelzeit" in der Ideengeschichte des *Lehrgesprächs* an, die nun als Sprachgeschichte zu schreiben ist. Die Untersuchung von Genese, Geschichte und Entwicklung des Gesprächstyps *Lehrgespräch* in der deutschen Sprache im 17. und 18. Jahrhundert vermag daher nicht nur den Ansprüchen, die in theoretischer und methodologischer Hinsicht an den Versuch einer Grundlegung der historischen Dialogforschung zu stellen sind, zu genügen, sondern auch in Hinsicht auf den empirischen Erkenntnisgewinn die Bedeutsamkeit der Untersuchung des Gegenstands „für das Leben der Gegenwart" (Hermann Paul) zu legitimieren.[67]

Zu Beginn des Empirieteils soll die Genese und Ausdifferenzierung des Gesprächstyps *Lehrgespräch* in der deutschen Sprachgesellschaft des 17. und 18. Jahrhunderts aus verschiedenen Winkeln beleuchtet werden: als Kultur- und Sozialgeschichte im Rahmen der Geschichte der Entwicklung der pädagogischen Institutionen sowie als Ideen- und Mentalitätsgeschichte im Rahmen der zeitgenössischen pädagogischen Theorie (III.1.ff.); sodann historisch-gesprächstypologisch als Entwicklungsgeschichte der Herausbildung und Etablierung didaktischer Gesprächssorten (III.4.1.ff.); schließlich historisch-gesprächsanalytisch als (Binnen)strukturgeschichte einzelner Gesprächssorten im Spiegel von Gesprächshandlungen und gesprochener Sprache im Gespräch (III.4.2.ff. und III.4.3.ff.). Es liegt auf der Hand, dass in diesem Rahmen, zumal auf der Basis nur schriftsprachlich überlieferter Gespräche, nicht alle Details des natürlichen Gesprächs, die die synchronische Gesprächsforschung unserer Tage auf der Grundlage von Ton- und Videoprotokollen entdeckt hat, zur Diskussion kommen können. Es gilt, den linguistischen Weg zur Sprachgeschichte des deutschen (Lehr)gesprächs zu finden; gründliche Untersuchungen einzelner Blumen am Wegesrand müssen der weiteren Forschung vorbehalten bleiben.

Zwei Aspekte führen weiter über diesen Versuch einer Grundlegung der historischen Dialogforschung hinaus; für sie gilt der exemplarische Charakter der Untersuchungen in besonderer Weise, und doch begleiten sie den gesamten Gang derselben zwischen „Anrede" und „Erwiderung": Es ist dies einmal die Frage nach der Rolle des Gesprächs – und zwar im engen Sinne der „sprechsprachlichen, dialogischen und thematisch zentrierten Interaktion"[68] – in einer soziopragmatischen Theorie des Sprachwandels. Dass jeder Sprachwandel den Gebrauch der Sprache zur Ursache hat, jeder Sprachgebrauch den Keim zum Sprachwandel in sich birgt, gehört zu den Grundfesten der modernen Sprachgeschichtsschreibung,[69] das Gespräch als Faktor des Sprachwan-

---

[67] Vgl. Paul 1897.
[68] Vgl. Henne/Rehbock 2001, 255.
[69] Vgl. z.B. Paul 1909, 23ff.; Coseriu 1974, 67; v. Polenz 1991, 68ff.

dels ist dabei allerdings bislang immer nur gemeint gewesen, aber nicht auch expressis verbis genannt worden: Wilhelm von Humboldt bietet nur mittelbar Hinweise auf eine Theorie des Sprachwandels im Dialog, wenn man den von ihm postulierten „Dualismus" der Sprache, nach dem alles Sprechen „auf Anrede und Erwiederung gestellt" ist, als Ursache des Wandels liest.[70] Von der „Wechselwirkung [...], welche die Individuen auf einander ausüben" durch die „gewöhnliche Sprechthätigkeit", schreibt dann Hermann Paul, nehme aller Sprachwandel seinen Ausgang.[71] Auch diese Aussage deutet dialogisches Sprechen als Grund allen Sprachwandels nur vage an. Doch immerhin: Während eine Wirkung auch monologisch zu erzielen ist, wird man Pauls Betonung der „Wechselwirkung" dialogisch zu lesen haben. Ich komme darauf zurück (II.1.4.).

Und da ist sodann die Frage nach der Verortung der historischen Dialogforschung im Kreise der – wiederum mit Paul gesprochen – „Geschichtswissenschaften".[72] Dies einmal in Bezug auf die Frage, ob und inwiefern die linguistische historische Dialogforschung im Rahmen der Geschichtswissenschaften hilfswissenschaftliche Funktionen zu übernehmen vermag, ob sie etwa als heuristisches Mittel dienen oder gar Teil einer „Grundlagenwissenschaft der Geschichtswissenschaft" werden kann, wie es Hans-Ulrich Gumbrecht seinerzeit für eine „Historische Textpragmatik" formuliert hatte.[73] – Die empirischen Ergebnisse selbst schließlich können, zum anderen, neben der sprachgeschichtlichen Erkenntnis wohl auch Bausteine liefern für eine Geschichte der pädagogischen Theorie und Praxis im 18. Jahrhundert, für eine Kultur- und Sozialgeschichte, Ideen- und Mentalitätsgeschichte der Lehre und des Lernens.

---

[70] Humboldt 1827/29 [1963], 354 und 201.
[71] Paul 1909, 12 (Anm. 1) und 33.
[72] Paul 1920.
[73] Gumbrecht 1977.

II. Erkundungen im Rahmen der historischen Sprachpragmatik – Zur Theorie und Methodologie historischer Dialogforschung

II.1. Ansätze der historischen Dialogforschung

Historische Sprachpragmatik kann, wie eingangs erwähnt, als „Prinzipienwissenschaft" begriffen werden, die der soziopragmatischen Sprachgeschichtsschreibung das theoretische und methodologische Bett zu bereiten hat.[1] Mit dieser Binnendifferenzierung der wissenschaftlichen Disziplin „Deutsche Sprachgeschichte" in einen sprachtheoretischen und methodologischen Teil einerseits und einen empirisch-anwendungsbezogenen Teil andererseits wird der Weg der integrativen Sprachpragmatik[2] gewählt und, in Bezug auf deren historischen Strang, Sprachgeschichte als Resultat der Geschichte und Entwicklung sprachlichen Handelns begriffen. Dementsprechend sind, wenn man einmal den beiden Richtungen der Integration von Sprachpragmatik und Sprachgeschichte folgen will, die Gunter Presch zur „begründung einer historischen pragmalinguistik" vor nunmehr zwanzig Jahren skizziert hat,[3] Ansätze für die historische Dialogforschung eben nicht in Form einer (additiven) „pragmatisierung der sprachgeschichte", sondern vielmehr in Form der (integrativen) „historisierung der linguistischen pragmatik" zu entwickeln. Die Dialogforschung ist Teil der linguistischen Pragmatik, und so gilt es nunmehr, historische Dimensionen derselben im Rahmen der historischen Sprachpragmatik zu erkunden und Kategorien der gegenwartsbezogen-synchronischen Dialogforschung als Kategorien der historisch-synchronischen und der historisch-diachronischen Dialogforschung zu prüfen und gegebenenfalls neu zu definieren.

Dieter Cherubim formulierte kurze Zeit nach Presch ebenfalls Ansätze einer „historisch gewendete[n] Pragmatik (= historische Sprachpragmatik)" und hat dabei im Rahmen einer Liste möglicher Forschungswege auch programmatische Schlaglichter auf die historische Dialogforschung geworfen: So fordert er eine „historische Sprechakttheorie", nennt ferner eine „histori-

---

[1] Zum Verhältnis von „Prinzipienwissenschaft" und „Geschichtswissenschaften" vgl. Paul 1909, 1ff.; Paul 1920. Zum Begriff der „Historischen Sprachpragmatik" vergleichbar auch Cherubim 1984, 807: „Historische Sprachpragmatik als Voraussetzung pragmatischer Sprachgeschichte"; mit anderer Akzentsetzung Weigand 1988, 159; Presch 1981, 231; Bax 1991, 200.
[2] Zur Unterscheidung von integrativer und additiver Pragmatik vgl. Henne 1975, 16ff.
[3] Presch 1981, 231; vgl. auch Jacobs/Jucker 1995, 4ff.

sche Partikelforschung", eine „historisch gerichtete Analyse von Konversationsmaximen", eine „Geschichte der Kommunikationsformen oder -typen", sodann „Analysen von Sprachwandel, die die Konstitution von Sprachveränderungsprozessen in Interaktionen untersuchen" und schließlich eine „historische Gesprächsanalyse, die Gesprächsstrukturen und -funktionen in früheren Phasen der Sprach-, Kultur- und Sozialgeschichte oder deren Entwicklung über bestimmte Zeiträume hin zu rekonstruieren versucht". Dass Cherubim in der zweiten Auflage dieses Artikels zwar eine stattliche Zahl neuerer Einzelstudien hinzufügen, aber immer noch keine „Gesamtkonzeption oder ein übergreifendes Modell" einer historischen Sprachpragmatik vorstellen kann, zeugt von der Grundsätzlichkeit seiner Bemerkungen – allerdings auch von dem schon festgestellten vergleichsweise geringen Fortgang der Forschung.[4]

Es kann deshalb nicht Zweck dieses Kapitels sein, das bislang vergeblich Gesuchte zu finden und eine, womöglich gar die Gesamtkonzeption einer „historisch gewendete[n] Pragmatik" vorzulegen. Und selbst bezogen nur auf den Teilbereich „Dialogforschung" innerhalb der linguistischen Pragmatik ist es wenig sinnvoll, die weit verzweigte und kaum mehr überschaubare Forschung insgesamt zu sichten und die unterschiedlichen Ansätze und Methoden kritisch auf ihre historische Wendbarkeit hin zu prüfen. Dies ist wenig sinnvoll schon deshalb, weil allein aufgrund der nur schriftlich und vielfach bruchstückhaft überlieferten Gesprächs-Quellen gar nicht sämtliche Fragestellungen der linguistischen Dialogforschung zielsicher an historische Korpora herangetragen werden können. Welche konkreten Fragestellungen verfolgt und damit auch: welche konkreten Aspekte vergangener Gespräche überhaupt erforscht werden können, ist hier so sehr von der Anzahl und Beschaffenheit der Quellen abhängig, dass nurmehr eine sprachtheoretische, methodologische und empirische Grundlegung der historischen Dialogforschung, nicht aber „eine Gesamtkonzeption oder ein übergreifendes Modell" anzustreben ist. Wiewohl also die gegenwartsbezogen-synchronische Dialogforschung im Rahmen der linguistischen Pragmatik im Laufe der Zeit verschiedene Ansätze ausgebildet hat – das „Handbuch der Dialoganalyse" aus dem Jahr 1994 verzeichnet nicht weniger als acht „Konzepte der Dialoganalyse"[5] –, soll es zur Klärung theoretischer und methodologischer Grundfragen der historischen Dialogforschung genügen, die beiden prominentesten, gleichsam stammbildenden Äste am Baum der germanistischen Dialogforschung ob ihrer historischen Dimensionen zu begutachten: die ethnomethodologisch begründete und induktiv empirisch operierende Gesprächsanalyse (bzw. Konversationsanalyse) und die an der Sprechakttheorie Searle'scher Prägung sowie an Ansätzen der Generativen Grammatik orientierte deduktiv

---

[4] Cherubim 1984, 807f., 1998, 542.
[5] Vgl. Fritz/Hundsnurscher 1994.

operierende Dialoggrammatik.[6] So verschieden diese beiden Ansätze auch sind, erweisen sie sich bei näherem Hinsehen als komplementär, in Bezug auf typologische Fragen sogar interdependent. In jüngster Zeit mehren sich ohnehin die Versuche, die Differenzen zu überwinden und einen integrativen Ansatz für die gegenwartsbezogen-synchronische Dialogforschung zu erarbeiten,[7] und es scheint lohnend, diesen Weg auch für die historische Dialogforschung einzuschlagen und ihn in der Empirie in eine mentalitätsgeschichtliche Landkarte einzutragen. Weil die beiden Ansätze selbst sehr komplex sind und eine Vielzahl von Kategorien definiert und systematisch koordiniert haben, werde ich in einem ersten, theoretischen Schritt zunächst jeden Ansatz gesondert auf seine historische Wendbarkeit hin prüfen – und Probleme zusammentragen – und sodann, nach einer Betrachtung der Rolle des Gesprächs in der Theorie des Sprachwandels, im Sinne einer integrativen Verknüpfung der je historisch gewendeten Ansätze die Methoden und Kategorien der historischen Dialogforschung entwickeln – das heißt die Probleme zu lösen suchen.

II.1.1. Historische Gesprächsanalyse/Konversationsanalyse

Den ersten – und bislang in seinen wesentlichen Elementen nicht revidierten – Entwurf einer historischen Gesprächsanalyse haben Helmut Henne und Helmut Rehbock 1979 im Rahmen ihrer „Einführung in die Gesprächsanalyse" vorgelegt. Gleichzeitig oder nur wenig später erschienene Arbeiten, beispielsweise die Arbeiten zur romanistischen historischen Gesprächsanalyse aus der Feder Brigitte Schlieben-Langes oder aber auch Hennes eigene Arbeiten zur historischen Gesprächsanalyse sind diesem Ansatz verpflichtet,[8] was für seinen Grund legenden Charakter spricht, und auch die jüngeren Arbeiten zur historischen Gesprächsanalyse haben keine Alternative zu diesem Ansatz vorgelegt, sondern ihn aufgenommen und weitergeführt. Aus diesem Grund, und weil Henne/Rehbock ihren Ansatz auch in der vierten Auflage ihrer „Einführung" (2001) in unveränderter Fassung als Einladung der Forschung unterbreiten, soll der knappe Abschnitt „Gesprächsanalyse und Sprachgeschichte" hier als Ausgangspunkt der folgenden Ausführungen dienen.

---

[6] Es führte hier zu weit, die beiden Ansätze en detail vorzustellen; vergleichende Überblicke bieten Hundsnurscher 1980; Kohrt 1986; Weigand 1988, 159ff.; Becker-Mrotzek 1994; Adamzik 1995, 38ff.; Hundsnurscher 1995, 85ff.; Luttermann 1996, 6ff.; zusammenfassend Luttermann 1997.
[7] Vgl. vor allem Weigand 1992; Adamzik 1995, 53ff.; Luttermann 1996.
[8] Vgl. Schlieben-Lange 1979; Schlieben-Lange 1983a); Henne 1980; Henne 1994.

Der Forschungszweig, der innerhalb der germanistischen Dialogforschung unter dem Signet „Linguistische Gesprächsanalyse" (oder „Konversationsanalyse") geführt wird, ist ethnomethodologisch begründet, woraus sich sein empirischer Anspruch und seine induktive Methode ableiten. Alle Untersuchungen haben demnach auszugehen von authentischen Gesprächen, wobei „*Gespräch*" definiert wird als „sprechsprachliche, dialogische und thematisch zentrierte Interaktion".[9] Im Zentrum des Erkenntnisinteresses stehen Fragen nach den Binnenstrukturen und den einzelsprachlichen Mitteln natürlicher Gespräche sowie nach kulturspezifischen historischen und gegenwartsbezogenen Formen der Konstitution von Wirklichkeit(en) im Gespräch.[10] Die ethnomethodologische Orientierung und die angeführten Erkenntnisinteressen haben die linguistische Gesprächsanalyse lange Zeit an die Untersuchung einzelner Gespräche und deren Interpretation vor dem jeweils konkreten ko- und kontextuellen Hintergrund gefesselt, wenngleich andererseits hervorgehoben wurde, dass „auch eine Analyse individueller Gespräche ohne die Kenntnis von Gesprächstypen" nicht auskomme, es gar das Ziel der Untersuchungen sei, „zur Abgrenzung und Beschreibung von Gesprächsklassen bzw. -typen" zu gelangen.[11]

Der Konzentration auf das einzelne Gespräch ist denn auch die „historisch gewendete Gesprächsanalyse", wie Henne/Rehbock sie entwerfen, grundsätzlich verpflichtet; der Bezug der Einzelgespräche zu „Gesprächsbereichen und Gesprächstypen" wird zwar methodologisch und sprachtheoretisch als notwendig erkannt, bleibt im Rahmen des „Forschungsprogramms" indes schemenhaft. Als vornehmste Aufgabe der historischen Gesprächsanalyse erscheint die „Rekonstruktion historischer gesprochener Sprache im Gespräch",[12] womit als Untersuchungsgegenstand in erster Linie das angesprochen ist, was Henne/Rehbock als „Kategorien der Mikroebene" anführen, nämlich die „syntaktische, lexikalische, phonologische und prosodische Struktur" von Gesprächen.[13] Sodann und darüber hinaus sei es Aufgabe einer historischen Gesprächsanalyse, historische „Sprache im Vollzug kommunikativen Handelns" aufzuspüren und zu beschreiben,[14] was sich auf die „Kategorien der mittleren Ebene" bezieht: auf Gesprächsschritte und Formen des Sprecherwechsels, auf Gesprächsakte und Rückmeldungsakte. Schließlich sind auch die „Kategorien der Makroebene" angesprochen, also z.B. die

---

[9] Henne/Rehbock 2001, 255.
[10] Zu Aufgaben, Erkenntnisinteressen und Methoden der linguistischen Gesprächsanalyse vgl. Kallmeyer/Schütze 1976; Henne/Rehbock 2001, 1ff.; Schank/Schwitalla 1980, 318ff.; Brinker/Sager 1996, 18ff.
[11] Henne/Rehbock 2001, 214.
[12] Henne/Rehbock 2001, 228f.; Sperrung im Original.
[13] Henne/Rehbock 2001, 14.
[14] Henne 1980, 89.

Formen der Gesprächseröffnung und -beendigung, die Einsichten in historische Gesprächsnormen versprechen. Die Notwendigkeit, die genannten Kategorien der „Mikroebene", der „mittleren Ebene" und der „Makroebene" für die Zwecke einer „historisch gewendeten Gesprächsanalyse" in sprachtheoretischer und methodologischer Hinsicht neu zu überdenken, wird im Rahmen dieses empirisch-induktiven Ansatzes sogleich offensichtlich beim Blick in die Quellen, die den strengen Ansprüchen der sozio- und pragmalinguistischen Notation von Gesprächen bei weitem nicht genügen können[15] – was mitunter dazu geführt hat, der historischen Gesprächsanalyse überhaupt eine Absage zu erteilen (s.u., II.3.). Aber auch die bislang erprobten Interpretationsverfahren, seien sie nun ethnomethodologischer oder klassisch-hermeneutischer Provenienz, stoßen bei der Anwendung auf historische Korpora offensichtlich an ihre Grenzen. So folgt beispielsweise aus dem ethnomethodologischen Ansatz, dass dem Gesprächshandeln von Menschen nur per Interpretation seitens der Handelnden oder der Beobachter, nicht aber aus sich selbst heraus, ein ontologischer Status zukomme. Die Handlungen von Menschen und die Art und Weise ihrer Wahrnehmung und Interpretation unterliegen jedoch dem historischen Wandel,[16] und dies bedeutet für den rückblickend Interpretierenden mindestens, dass bei der Interpretation historischer Gesprächshandlungen ein Wandel der Sprachhandlungsbegriffe in Rechnung zu stellen ist, der die Methode einer „introspektiven Kompetenzlinguistik" nicht zulässt. Am Beispiel: Wenn Marcel Bax seine „Untersuchungen zu pragmatischen Aspekten ritueller Herausforderungen in Texten mittelalterlicher Literatur" mit den Worten schließt,

> daß Begriffe und analytische Kategorien, die uns die Beschreibung und Erklärung zeitgenössischer Redekonventionen ermöglichen, in besonders großem Maße geeignet sind, in gleicher Weise auch auf diachrone Aspekte verbaler Kommunikation angewendet zu werden,[17]

so wird diese Feststellung durch seine eigene Studie widerlegt: Dialogeröffnende AUFFORDERUNGEN „zu Informationen oder Handlungen" erwiesen sich in Bax' Korpus im Kontext der Ritterehre stets als rituelle HERAUSFORDERUNGEN ZUM DUELL. Der gegenwartssprachlich bestimmte Sprachhandlungsbegriff *Auffordern* kann hier also gar nicht erkenntnisleitend sein, insofern diese Rahmenbedingungen der Kommunikation – gottlob –

---

[15] Vgl. allein die feinst differenzierte Übersicht über „Datentypen in Gesprächsnotaten" bei Henne/Rehbock 2001, 56; Brinker/Sager 1996, 33ff.
[16] Vgl. Bergmann 1994, 6: „Was von den Handelnden als soziale Tatsache hingenommen wird, ist nicht ein für allemal fixiert; Wirklichkeit ist ein Geschehen in der Zeit und damit transformierbar und fragil."
[17] Bax 1991, 212.

heute nicht mehr existieren. Die benennende Interpretation einer historischen Gesprächshandlung muss zwar auf der Grundlage der Kenntnis der historischen Rahmenbedingungen des Sprechens und unter Zuhilfenahme gesprächsanalytischer Kategorien „von außen", das heißt: durch den untersuchenden Linguisten, erfolgen. Die dabei verwendeten sprachhandlungsbenennenden „Begriffe" dürfen indes nicht allein der Gegenwartssprache des Untersuchenden abgelauscht, sondern müssen zur Geschichte hin geöffnet werden. Hinzu kommt, dass freilich auch in früheren Zeiten ein und dieselbe Handlung von zeitgenössisch Handelnden unterschiedlich wahrgenommen und interpretiert werden konnte und deshalb mitunter verschiedene zeitgenössische Sprachhandlungsbegriffe zur Wahl stehen. Auf dieses Problem wird im Rahmen der Diskussion des dialoggrammatischen Ansatzes und seiner historischen Wendbarkeit noch zurückzukommen sein.

Aber nicht nur die sprachhandlungsbenennenden und -interpretierenden Begriffe, sondern auch die linguistischen Kategorien bedürfen der historischen Vergewisserung. Während jedoch die Sprachhandlungsbegriffe zur Geschichte hin geöffnet werden müssen, sollen die Kategorien gerade zeitlos sein, zur Geschichte hin gleichsam geschlossen. Henne/Rehbock sprechen in Bezug auf die zugleich heuristische wie hermeneutische Funktion der Kategorien im Rahmen der historischen Gesprächsanalyse von „Rekonstruktion" und sind sich der Gefahren des linguistisch interpretierenden Rück-Blickens sehr wohl bewusst:

> Hervorzuheben ist in diesem Zusammenhang der Begriff ‚Rekonstruktion' [...], weil er von vornherein unterstellt, daß historische Sprache im Gespräch nicht als solche verfügbar ist, sondern zumindest dreifach gefiltert: 1) durch gesprächsanalytische Kategorien (innerhalb einer Gesprächstheorie); 2) durch sprachhistorische Kategorien (innerhalb einer Theorie der Sprachgeschichte); 3) durch die Interpretation des Wissenschaftlers (Sprache im Gespräch als interpretierte Sprache [...]).[18]

Hinzugefügt, aber nicht weiter ausgeführt, wird schließlich ein vierter Filter, nämlich die historische Gesprächstheorie und -praxis des durch die Quellenwahl abgegrenzten Gesprächsbereichs.

Damit scheint die linguistische Gesprächsanalyse grundsätzlich historisch wendbar, doch sind die Probleme noch nicht gelöst. Denn zum einen müssen, wie bereits erwähnt, die Kategorien selbst als universale, panchronische, dem historischen Wandel strotzende Werkzeuge der historischen Sprachpragmatik erwiesen oder aber entsprechend modifiziert werden,[19] und zum anderen ist

---

[18] Henne/Rehbock 2001, 229. Vgl. dazu Neuendorff 1986; Linke 1995, 372; sowie den Abschnitt „Rekonstruktion als Methode" in Linke 1996, 41ff.

[19] Darauf weisen Henne/Rehbock 2001, 234 selbst hin, wenn sie schreiben, „daß historische Fragestellungen ein gegenwartsbezogenes Kategorieninventar notwendig verändern"; vgl. auch Cherubim 1984, 810.

auch die kategoriengeleitete historische Gesprächsanalyse vor den Gefahren einer unpassenden Anwendung der Kategorien mit der Folge einer anachronistischen Interpretation historischer Gespräche nicht gefeit.[20] Während diese Gefahr des Anachronismus ein Korrektiv erfährt durch die Einnahme der Innenperspektive und die Rekonstruktion des Sprachhandlungswissens der historischen Sprecher, sind die beiden ersten der von Henne/Rehbock angeführten „Filter" – „gesprächsanalytische Kategorien" und „sprachhistorische Kategorien" – im Rahmen der historischen Sprachpragmatik zusammenzuführen: Die gesprächsanalytischen Kategorien müssen als zugleich sprachhistorische, das heißt hier: zeitlose bzw. panchronische Kategorien begründet werden.

Für die Empirie schließlich entwickeln Henne/Rehbock folgende „Ansätze eines Forschungsprogramms zur historischen Gesprächsanalyse":

1. Zunächst ist die Frage zu beantworten, welchen Stellenwert das Gespräch und unterschiedliche Gesprächsbereiche im öffentlichen und privaten Leben der Menschen haben. Diese Frage kann nur vergleichend angegangen werden: indem andere Formen der Kommunikation, wie Brief- und Buchwesen, auf dem Hintergrund gesellschaftlicher Zusammenhänge vergleichend skizziert werden. Zweck einer solchen Bestandsaufnahme ist: Einblick in den historischen Prozeß der Einschätzung und Ausbildung der Kategorie Gespräch zu bekommen.
2. Danach sind vorliegende [...] natürliche, fiktive und fiktionale Gespräche, jeweils in der Form vorliegender Verschriftlichung, zu einem Korpus zusammenzufassen und nach Gesprächsbereichen und Gesprächstypen zu sortieren. Dieses Korpus ist [...] hinsichtlich des Kunstcharakters (fiktionale Gespräche), des didaktischen Charakters (fiktive Gespräche) und des durch die Überlieferungsform der Verschriftlichung bedingten defizitären Charakters (natürliche Gespräche) zu bewerten und zu interpretieren.
3. Auf dieser Basis kann dann der Versuch unternommen werden, typische Gesprächsstrukturen der Zeit und deren sprachliche Mittel zu rekonstruieren: Welche sprachlichen Mittel werden in welchen Gesprächsbereichen und Gesprächstypen [...] verwendet [...]? Welche Versatzstücke, also ritualisierte Gesprächsstücke, haben institutionalisierte Gespräche, z.B. Gespräche im Unterricht und wissenschaftliche Diskussionen? Wie ist insgesamt der Zusammenhang von Gesprächen in der Literatur, im Unterricht, im öffentlichen und privaten Leben?[21]

---

[20] Dieser Gefahr erliegt mehrfach Werner Enninger in seinem Versuch, der Zürcher Disputation von 1523 gesprächsanalytisch Herr zu werden. Weil beispielsweise „theme-hopping" heute „bekanntlich ein Indiz für ein thematisch inkohärentes und damit schlecht organisiertes Gespräch (lousy conversation)" sei, wird diese Kategorie ungeachtet des zeitlichen Abstands in der erwähnten gegenwartssprachlichen Indikatorfunktion zur Erklärung des Verhaltens von „burgermeister" Röust herangezogen (1990, 154).
[21] Henne/Rehbock 2001, 230.

In ähnlicher Weise formuliert im selben Jahr (1979) Brigitte Schlieben-Lange „drei Fragestellungen einer historischen Gesprächsanalyse", die ebenfalls zitiert seien:

1. Welche Verfahren der Gesprächsführung auf verschiedenen Ebenen (Verständigung; formale Organisation; Handlungssinn; eventuell auch noch Interaktionsmodalitäten; Sachverhaltsdarstellungen) sind aus den vorliegenden Texten zu erschließen?
2. Werden in den Texten explizit Regeln für Gesprächsführung formuliert?
3. Läßt sich die gesellschaftliche Bewertung des Gesprächs oder bestimmter Formen des Gesprächs aus den zugänglichen Quellen erschließen?

Und sie fügt diesen Fragen „zwei komplementäre Fragestellungen" hinzu, nämlich die „nach allgemeinsten Techniken der Lösung komplexer verbaler Aufgaben" und die „nach kulturspezifischen und epochenspezifischen Unterschieden bei eben diesen Lösungsversuchen."[22]

Man sieht, dass beide Entwürfe nicht aus sich heraus Ansätze einer historischen Dialogforschung sind, sondern als historische interpretiert werden müssen; cum grano salis können sie auch für gegenwartssprachliche Gesprächsanalysen als Arbeitsgerüst dienen. Für beide gilt denn auch, dass Sprachgeschichte, wie es bei Henne/Rehbock heißt, als ein „Anwendungsaspekt" der Gesprächsanalyse betrachtet wird. Der Weg der Rekonstruktion vom Großen zum Kleinen, vom Gesprächs- bzw. Kommunikationsbereich bis hin zum einzelnen Gesprächsakt, gar zu prosodischen Merkmalen einzelner Sprachhandlungspartikeln, ist indes in der Tat vielversprechend, trägt er doch auch dem Erfordernis soziopragmatischer Sprachgeschichtsschreibung Rechnung, die Untersuchungsgegenstände jeweils in ihrer Einbettung in größere sprachliche und außersprachliche Zusammenhänge, ihrem „Sitz im Leben", zu betrachten. Am Beispiel: In Christian Gotthilf Salzmanns Schrift „Conrad Kiefer oder Anweisung zu einer vernünftigen Erziehung der Kinder" aus dem Jahr 1796 zeigt der etwa einjährige Conrad, auf dem Schoß des Vaters sitzend,

> mit der Hand nach dem Fenster, und rief: hu! hu! hu!
> Was hat denn das Kind vor? fragte der Herr Pfarrer.
> Ich weiß es wohl, antwortete ich. Am Fenster kriecht eine große Fliege, die soll ich dem Kinde zeigen, und ihm die Erklärung davon machen. Komm, Conrädchen! wir wollen bei die Fliege; sieh wie sie da kriecht! (ich krabbelte dazu mit den Fingern auf seinen Händen), jetzt fliegt sie fort! siehst du? immer fliegt sie da herum – rur rur rur – so schnurrt die Fliege.[23]

---

[22] Schlieben-Lange 1979, 3.
[23] Salzmann 1796, 384.

Schon an diesem nur kurzen Ausschnitt sind „Gesprächsstrukturen der Zeit und deren sprachliche Mittel" (Henne/Rehbock) im Lehrgespräch mit Kleinkindern zu beobachten. Dem Vater sind kindliche Zeigegeste und Interjektionen sofort als AUFFORDERUNG im Sinne einer Schülerfrage verständlich („die soll ich dem Kinde zeigen, und ihm die Erklärung davon machen"). Der lehrende Vater nimmt diese Aufforderung an, doch er ERKLÄRT nicht, sondern BESCHREIBT seinem Kind das Tun der Fliege, indem er sich auf das sprachliche Niveau des noch sprachohnmächtigen Kindes begibt: Das Wort *kriechen* wird in Bezug auf die Fliege ERKLÄRT durch Vormachen („krabbelte dazu mit den Fingern auf seinen Händen") und der Laut der Fliege – im 18. Jahrhundert *schnurrten* sie noch[24] – durch onomatopoetisches Nachmachen: „rur rur rur". Dieser Ausschnitt zeigt darüber hinaus, dass die gesprochene Sprache trotz Adelungs Verdikts[25] selbst im Munde literarisch – und literatursprachlich – Gebildeter die Präposition *bei* noch mit dem Akkusativ verband („bei die Fliege"), dass sie ferner das finite Verb auch im abhängigen Relativsatz an die zweite Stelle setzte („eine grosse Fliege, die soll ich dem Kinde zeigen") – und dass die alltägliche Gesprächssprache am Ende des 18. Jahrhunderts der Gegenwartssprache am Ende des 20. Jahrhunderts schon sehr nah sein konnte.

In diesem Sinne müsste eine Analyse dieses Gesprächs gemäß dem dritten Schritt im „Forschungsprogramm" von Henne/Rehbock fortgeführt werden, um die ermittelten Gesprächsstrukturen als „typische Gesprächsstrukturen der Zeit [in pädagogisch aufgeklärten Elternhäusern] zu erweisen. Dieser Erweis des Typischen ist indes erst zu erbringen, wenn man dieses fiktive Lehrgespräch als Exemplar einer bestimmten Gesprächssorte im Rahmen eines Korpus zum *Lehrgespräch* im 18. Jahrhundert analysiert und mit Exemplaren anderer Sorten dieses Gesprächstyps vergleicht (Henne/Rehbock, Schritt 2), und wenn man es zudem vor dem Hintergrund der zeitgenössischen (gesprächs)pädagogischen Theorie und Praxis interpretiert (Henne/ Rehbock, Schritt 1). Und erst dann ist dieses Gespräch im Sinne einer soziopragmatischen historischen Dialogforschung hinreichend untersucht und – so ist zu hoffen – sprachgeschichtlich verstanden.

Für die Zuordnung einzelner Gespräche zu Gesprächssorten und darüber hinaus für die Rekonstruktion eines Gesprächstyps hat die linguistische Gesprächsanalyse bislang jedoch noch kein in sich geschlossenes Konzept vorgelegt, das historisch zu wenden wäre. Das auf der Matrix der Freiburger Redekonstellationstypik aufbauende „kommunikativ-pragmatische Kategorieninventar", das Henne/Rehbock anbieten, eröffnet nur einen allerersten Zugang, insofern es zwar die Abgrenzung eines Typs *Lehrgespräch* im

---

[24] Vgl. Adelung 1793–1801, Bd. 3, 1798, s.v. *Schnurren*, Sp. 1614.
[25] Vgl. Adelung 1793–1801, Bd. 1, 1793, s.v. *Bey*, Sp. 977.

Kommunikationsbereich der Lehre von anderen Gesprächstypen in anderen Kommunikationsbereichen gestattet, nicht aber auch die Differenzierung einzelner Gesprächssorten innerhalb des Rahmens eines Gesprächstyps.[26] Dies ist ein weiteres Problem, das im Rahmen der integrativen Zusammenführung von Gesprächsanalyse und Dialoggrammatik zu lösen sein wird. Wie erwähnt, weist Hannes Kästner in seiner Unteruchung einen Weg für eine solche Zusammenführung, indem er die Merkmalmatrix der Redekonstellationstypik nicht auf das einzelne Gespräch, sondern von vornherein auf den Gesprächstyp zuschneidet.[27] Und insofern er den Gesprächstyp *Lehrgespräch* a priori auf der Basis „anthropologischer Konstanten" und „Leitintentionen der Interaktion" von anderen Gesprächstypen abgrenzt, kommt er dem dialoggrammatischen Ansatz bereits sehr nahe.[28]

II.1.2. Historische Dialoggrammatik

Die Dialoggrammatik ist der zweite prominente Ast der germanistischen Dialogforschung, dessen publizierte Zweige indes nicht immer auch unter dem Signet „Dialogforschung" geführt werden. Das Stichwort „Dialoggrammatik" sucht man überdies in neueren linguistischen Lexika immer noch vergeblich, es fehlt ebenso in einschlägigen Einführungen und Handbüchern zur Dialogforschung.[29] Wilhelm Franke, ein Vertreter dieser Forschungsrichtung, bietet im Glossar seiner Monographie über „Elementare Dialogstrukturen" immerhin folgende Information:

Dialoggrammatik [...] Ein von HUNDSNURSCHER entwickeltes dialoganalytisches Konzept, das sich in der Beschreibung von Dialogmustern und authentischen

---

[26] Darauf weisen auch Henne/Rehbock hin (2001, 25f. und 32); vgl. Neuendorff 1986.
[27] Kästner 1978, 60ff.
[28] Kästner 1978, 45.
[29] Selbst in dem vom maßgeblichen Mitbegründer der Dialoggrammatik, Franz Hundsnurscher, mitherausgegebenen „Handbuch der Dialoganalyse" (Fritz/ Hundsnurscher 1994) ist diesem Forschungsansatz kein eigener Artikel gewidmet; es wird nur en passant (etwa Hindelang 1994a, 105ff.; Weigand 1994a, 418ff.) auf dessen Existenz aufmerksam gemacht. Zur Kritik am Terminus „Dialoggrammatik" vgl. Rehbock 1993. Dass sich dieser Begriff als Benennung einer Forschungsrichtung bislang kaum etabliert hat, belegt auch Weinrich 1993, der in seine „Textgrammatik der deutschen Sprache" zwar ein umfangreiches Kapitel „Syntax des Dialogs" aufgenommen hat (819ff.), dabei aber, wie auch beim Gebrauch des Wortes „Dialoggrammatik" (vgl. Weinrich 1993, 18), ausschließlich den traditionell engeren Sinn von Grammatik meint. Auf frühere Verwendungen dieses Wortes in anderen Bedeutungen macht Hindelang 1994b, 46 aufmerksam.

Dialogen an den theoretischen und methodologischen Grundannahmen der Sprechakttheorie einerseits und der Generativen Transformationsgrammatik andererseits orientiert.[30]

Der dialoggrammatische Ansatz nähert sich seinem Gegenstand ausschließlich ausgehend von der Frage nach dem Zweck des Dialogs. „Sprecher haben Ziele, Handlungen haben Zwecke", heißt es bei Hundsnurscher,[31] und insofern dieser Ansatz unterstellt, dass es grundsätzlich kein␣zweckloses kommunikatives Sprachhandeln von Menschen gibt, Menschen sich vielmehr stets zielgeleitet auf Dialoge einlassen und in Dialogen interagieren, ist das Wesen des Dialogs in seinen Zwecken begründet. Die Ziele von Sprechern und die Zwecke von Dialogen werden dabei entweder auf der Grundlage des Searle'schen Ansatzes zur Klassifikation von Sprechakten (Franke, Hindelang) oder aber im Rahmen einer dialogischen Re-Interpretation derselben (Hundsnurscher, Weigand) aus kompetenzlinguistisch erstellten Sprechaktklassen abgeleitet; die einzelnen Richtungen innerhalb der Dialoggrammatik gehen hier also unterschiedliche Wege.[32] Der Dialog erscheint indes in jedem Fall als kommunikatives Handlungsmuster, als regulärer „Zusammenhang aller konventionellen Handlungsmöglichkeiten, unter denen wir in einer bestimmten Situation und mit einem bestimmten Ziel auswählen."[33] Der Dialog ist demnach eine regelgeleitete Abfolge von Sprechakten mindestens zweier Sprecher, wobei die Kohärenz der Sprechakte idealiter durch kooperative Abstimmung der individuellen Ziele zu einem Dialogzweck erreicht wird (womit nichts über Konsens oder Dissens ausgesagt ist).[34] Ebenso wie die Dialogzwecke, so wird auch diese Abfolge der dialogisch eingesetzten Sprechakte nicht induktiv empirisch ermittelt, sondern deduktiv auf der Grundlage der Annahme der Zielgerichtetheit allen menschlichen Handelns abgeleitet. Ziel all dieser Deduktionen ist es, relativ zu den einer Zielen menschlicher Interaktion eine Zweckhierarchie dialogischer Kommunikation zu erstellen, um schließlich zu einer Dialogtypologie zu gelangen. Franke skizziert diese Ausgangsposition dialoggrammatischer Klassifikationsansätze wie folgt:

---

[30] Franke 1990, 163.
[31] Hundsnurscher 1989, 252.
[32] Vgl. z.B. Hindelang 1994b; Weigand 1994c.
[33] Weigand 1994a, 418.
[34] Vgl. Hundsnurscher 1991, 154, wo die dialoggrammatische Prämisse formuliert wird: „Die Regelhaftigkeit von Zwei-Personen-Gesprächen beruht auf der zwecksteuerten Auswahl von Gegenzügen aus einem festen Inventar reaktiver Züge in Verfolgung der jeweiligen kommunikativen Ziele der beiden Sprecher [...]."; vgl. Hindelang 1994a, 105ff.

Was veranlaßt Menschen dazu, miteinander zu reden? Welches sind die ‚Ausgangssituationen' von Gesprächen? Mit der Zugrundelegung dieser Fragestellung wird ein Kriterium als entscheidendes für die Taxonomisierung von DTs [Dialogtypen, J.K.] angesehen, das bereits Searle (1975) bei seinem Vorschlag zur Klassifizierung einfacher Sprechakttypen als das wichtigste aufgefaßt hatte, nämlich der Zweck (‚point', ‚purpose'), zu dem Menschen kommunizieren.[35]

Die Ziele von Sprechern bzw. die Zwecke von Dialogtypen in menschlichen Gesellschaften erscheinen dabei sowohl in Bezug auf die Einzelsprachen wie auch in Bezug auf die Sprachgeschichte als Universalien; sie sind übereinzelsprachlich und panchronisch.

Auf dieser Grundlage wurde folgendes „Programm" für „eine an der SAT [Sprechakttheorie, J.K.] orientierte Dialoganalyse" erstellt:

– Ausgehend vom illokutionären Zweck der initialen Sprechakte müssen Sprechaktsequenzmuster entwickelt werden.
– Durch die Iteration einzelner Züge können daraus einfache Dialogmuster abgeleitet werden.
– Komplexe Dialogmuster, die durch mehr als ein Handlungsziel bestimmt sind, können als System von Subdialogen (Phasen) aufgefaßt werden. Für jede Phase ist das Sequenzmuster anzugeben, mit dem das jeweilige Teilziel angestrebt werden kann.
– Für die Sprechakte der Vor- und Nachfeld-Interaktion sowie für redeorganisierende und metakommunikative Sprechakte sind Musterbeschreibungen zu erarbeiten.

Erst wenn ein Überblick über diese ganzen Formen dialogischen Handelns vorliegt, ist es sinnvoll, eine vollständige Zug-um-Zug-Beschreibung transkribierter Gespräche in Angriff zu nehmen.[36]

In neueren Arbeiten haben demgegenüber vor allem Franz Hundsnurscher und Edda Weigand die sprechakttheoretische Perspektive zugunsten einer dialogaktorientierten Perspektive hinter sich gelassen.[37] Am grundsätzlich deduktiven Ansatz wurde indes nicht gerüttelt, und damit bleibt auch der Zweifel an der historischen Wendbarkeit dieses Ansatzes bestehen, denn wie schon im Zusammenhang mit dem Referat der Untersuchung von Marcel Bax festgestellt wurde, sind zwar – entsprechende Definitionen vorausgesetzt – linguistische Kategorien, nicht aber gesellschaftliche Sprachhandlungsbegriffe vor den Witterungen der Zeit geschützt, wodurch eine Deduktion historischer Sprecherziele und Dialogzwecke unmöglich wird. Gleichwohl zeigt

---

[35] Franke 1986, 87; vgl. Hundsnurscher 1995, 89.
[36] Hindelang 1994a, 110. Zu dieser Reihenfolge: Theorie vor Empirie vgl. auch Hundsnurscher 1980, 92; Weigand 1988, 159ff.; Weigand 1992.
[37] Vgl. Hundsnurscher 1995, 90, der einen „speech-act-oriented approach" von einem „dialogue-oriented approach" innerhalb der Dialoggrammatik unterscheidet; ähnlich Weigand 1994c, 60ff.; Weigand 1995, 98.

dieser dialoggrammatische Neuansatz von Hundsnurscher und Weigand auch deutliche Züge der sprachtheoretischen Annäherung an die linguistische Gesprächsanalyse. Wenn Edda Weigand das „dialogische Prinzip" der Sprache darin entdeckt, „that there is no single speech act which is communicatively autonomous",[38] dann scheint dies jedenfalls nicht weit entfernt von der sprachtheoretischen Feststellung der Gesprächsanalytiker Henne und Rehbock, dass nicht Sprech-, sondern „Gesprächsakte" die minimal-kommunikativen Einheiten der Sprache sind.[39]

Als zweites theoretisches Standbein der Dialoggrammatik ist die Generative Grammatik Chomsky'scher Prägung eingeführt. Weil aus der unüberschaubaren Menge authentischer Gespräche keine einheitlichen Regeln ermittelbar seien, und weil die Introspektion unterschiedlicher Wissenschaftler und Wissenschaftlerinnen eine Bezugsgröße haben muss, setzt die Dialoggrammatik bei der (Gesprächs)kompetenz des idealen Sprechers/Hörers an: Der ideale Sprecher verfolgt demnach seine Ziele mittels regelgeleiteter initiativer oder reaktiver Sprechakte, um wohlgeformte Exemplare von Dialogsorten zu generieren. Auf der Grundlage seines Interaktionswissens legt der ideale Sprecher mit dem initiativen Sprechakt den Hauptzweck des Dialogs und die Folgesprechakte fest und sorgt insofern für die – zweckgebundene – Kohärenz des Dialogs.[40] Dementsprechend muss es für jedes zweckgerichtete Dialogmuster wohlgeformte Sequenzen initiativer und reaktiver Züge geben.[41]

Insofern konkrete Gespräche als historisch singuläre Sprechereignisse keine Entwicklungsgeschichte haben und einer historischen Dialogforschung, die Erkenntnisse über das Einzelgespräch hinaus anstrebt, vorerst nur als repräsentative, vielleicht gar prototypische Vertreter historischer Dialogsorten dienen können, stellt der dialoggrammatische Ansatz zunächst einmal ein attraktives Angebot einer an den Zwecken dialogischen Sprechens in einer Sprachgesellschaft orientierten Methode zur Klassifikation von Gesprächen dar. Er ist insofern ein notwendiges Komplement zur ethnomethodologisch begründeten Gesprächsanalyse, die, wie erwähnt, typologischen und klassifikatorischen Fragen keinen sehr breiten Raum einräumt. Die auf den ersten Blick bestechende Plausibilität der außenperspektivisch, auf der Grundlage gegenwartssprachlicher introspektiver Kompetenzlinguistik erstellten Ziel- und Zweckhierarchien weicht jedoch schnell der Ernüchterung, wenn es darum geht, ein historisches Korpus diesen Taxonomien gefügig zu machen,

---

[38] Weigand 1995, 103; vgl. Weigand 1994c, 60ff.
[39] Henne/Rehbock 2001, 176 unf 11f.
[40] Vgl. Weigand 1989, 257ff.; Hindelang 1994a, 105ff.
[41] Vgl. dazu grundlegend Hundsnurscher 1980; Hundsnurscher 1986; kritisch Kohrt 1986.

denn dabei zeigt sich, dass eine universale, panchronische Ordnung eines Gesprächstyps, etwa des Gesprächstyps *Lehrgespräch* (oder nur des „Handlungsspiels Unterweisen" (Weigand) bzw. „jemandem etwas beibringen" (Hundsnurscher)), nicht zu erstellen ist. Schon dialoggrammatische Versuche, dem gegenwartssprachlichen *Lehrgespräch* in Bezug auf seine Zwecke und Formen Herr zu werden, führten zu keinem einheitlichen Ergebnis, und weil das *Lehrgespräch* oft Gegenstand dialoggrammatischer Bemühungen war, seien zwei Klassifikationsversuche dazu hier etwas ausführlicher erörtert:

Wilhelm Franke etabliert zur „Beantwortung der Frage, was Menschen dazu veranlaßt, eine Interaktion zu beginnen", drei „Dialogtypen": 1.) einen „komplementären Dialogtyp" mit dem Zweck der „Beseitigung eines Defizits, das bei einem der beteiligten Sprecher gegeben ist"; 2.) einen „koordinativen Dialogtyp" mit dem Zweck des Interessenausgleichs, und 3.) einen „kompetitiven Dialogtyp", „in denen die Gesprächspartner darauf bedacht sind, ihre Ansprüche einseitig durchzusetzen".[42] Das *Lehrgespräch*, wie ich es in vorliegender Arbeit als Gesprächstyp fasse[43], ist in Frankes Taxonomie als „komplementärer Typ" im „kognitiven Bereich" zu verorten, der in untergeordnete „Dialogtypen" subklassifiziert wird, z.B. „BEFRAGUNGS-" und „INFORMATIONSdialoge", „TEST-" und „ERKLÄRUNGSdialoge". Dabei wird schnell deutlich, dass Franke viel zu abstrakte Zwecke unterstellt und soziolinguistische Aspekte des Sprechens völlig außer Acht lässt, weshalb dann so unterschiedliche Unterklassen wie „WEGAUSKUNFT" und „VERNEHMUNG" im Rahmen desselben dialogtypologischen Strangs („SACHVERHALTSERKUNDIGUNG") nebeneinander zu stehen kommen.

In anderen dialoggrammatischen Versuchen, das *Lehrgespräch* („Unterrichtsgespräch", „Handlungsspiel Unterweisen") typologisch zu beschreiben, fällt die Zweckzuweisung jeweils etwas anders aus.[44] Hundsnurscher, um nur dieses Beispiel noch anzuführen, überdacht Frankes Dreigliederung der Dialogzwecke mit einer Unterscheidung von „Gesprächsarten": Es gibt demnach 1.) resultatorientierte Gespräche, 2.) beziehungsorientierte Gespräche, und 3.) tätigkeitsorientierte Gespräche.[45] Das „Unterrichtsgespräch" mit dem Hauptzweck „jemandem etwas beibringen" sei dem komplementären Typ Frankes zuzuordnen und nehme in erster Linie „resultatorientierte" oder „tätigkeitsorientierte" Gestalt an. In „neueren, zeitgenössischen Abhandlun-

---

[42] Franke 1986, 89ff.; Frankes Teilskizzen sind zu einer Skizze zusammengefasst in Hundsnurscher 1994, 234.
[43] Bei Franke erscheint das Wort *Lehrgespräch* als Benennung für eine sehr spezielle Sorte des „komplementären Dialogtyps".
[44] Vgl. Weigand 1989, Hundsnurscher 1989.
[45] Hundsnurscher 1989, 237ff.

gen über Formen und Zwecke des schulischen Unterrichts" seien allerdings „strategische Umdeutungen" des Unterrichtsgesprächs verzeichnet, die dasselbe auch „in die Nähe koordinativer Gespräche", bisweilen in die Nähe „kompetitiver Gespräche" brächten.[46] Hundsnurscher interpretiert diese Erscheinungsformen des „Unterrichtsgesprächs" als „Praxisformen" des komplementären Musters.

Eine historische Dialoggrammatik, d.h. eine Öffnung dieses Ansatzes für historische Korpora, steht noch aus. Von wenigen Ausnahmen abgesehen,[47] ist die Dialoggrammatik gegenwartsbezogen synchronisch. Dies hat viel mit ihrem Anspruch zu tun, vor der empirischen Erkundung der Gesprächswelt deduktiv einen nach Möglichkeit universal gültigen „Überblick über diese ganzen Formen dialogischen Handelns" (Hindelang) zu erstellen. Dieser Anspruch ist, wie angedeutet, auf der Grundlage von Sprechakttheorie, Generativer Grammatik und wissenschaftlicher Kompetenz schon gegenwartsbezogen-synchronisch nicht erfüllbar, umso weniger historisch-synchronisch, gar historisch-diachronisch. Es braucht hier nicht diskutiert zu werden, dass die Sprachwirklichkeit jeder Sprachtheorie und jedem Versuch, die sprachliche Vielfalt zu ordnen, Streiche spielt. Die Beschreibungskraft der vorab erstellten und von ihrem Anspruch her universalen dialoggrammatischen Typologie(n) erlischt dadurch jedoch. Für eine historische Dialoggrammatik kommt hinzu, dass die Zwecke und illokutionären Strukturen von „Dialogtypen" eben nicht mehr „durch Befragen der eigenen Kompetenz aufzufinden"[48] sind, denn eine derart umfassende historische Dialogkompetenz kann selbst bei Altphilologen und Mediävisten nicht vorausgesetzt werden.[49]

Die These, Zwecke von „Dialogtypen" seien universal und panchronisch, kann allenfalls auf einer sehr hohen anthropologischen und soziologischen Warte Bestand haben (und ist dann wenig interessant); allein einzelsprachlich konkretisiert, verstellt sie den historischen Blick und ignoriert, ja leugnet das Wirken der vielfältigen Möglichkeiten des Sprachwandels. Wenn Edda Weigand schreibt:

> Die dialoggrammatische Beschreibung kann nichts anderes zum Vorschein bringen als den präskriptiven Komponentenkanon, der die Praxis des Unterrichts über zwei

---

[46] Hundsnurscher 1989, 247ff.
[47] Vgl. Weigand 1988, Naumann 1991; siehe dazu oben, I.1.
[48] Weigand 1988, 160. Zur grundsätzlichen Kritik an diesem Verfahren vgl. Henne/Rehbock 2001, 33ff.
[49] Dies konzediert auch Fritz 1995, 472f., der dem dialoggrammatischen Ansatz sonst nicht abgeneigt ist: „And, of course, for most historical dialogue forms we also lack another important resource for dialogue analysis, i.e. our own competence to participate in dialogues of the relevant type." Vgl. auch Linke 1996, 33.

Jahrtausende geprägt hat. Darüber hinaus aber gibt sie eine Begründung dieser Praxis und eine Erklärung der Struktur nach einem verbindlichen Modell, so daß die einzelnen Gesprächstypen und deren Varianten vergleichbar beschrieben und in einer konsistenten Taxonomie aufeinander bezogen werden können,[50]
dann ist darin wohl die Vielfalt von Gesprächssorten im Rahmen eines Gesprächstyps berücksichtigt, die historische Genese dieser Vielfalt wie auch der je kulturspezifische Wandel des „präskriptiven Komponentenkanons" und seine Wirkung auf die Strukturen des Gesprächstyps werden jedoch unterschlagen.

Es soll nicht bezweifelt werden, dass die Feststellung des Zwecks von Dialogen ein Schlüssel zu ihrem Verständnis ist; ferner ist auch anzuerkennen, dass die Introspektion im Sinne „der Annahme einer die Zeitdistanz überwindenden gemeinsamen Verstehensbasis"[51] den ersten Zugang zur Interpretation historischer Gespräche leitet; und schließlich ist wohl nicht von der Hand zu weisen, dass es in menschlichen Gesellschaften über Basisregeln hinaus auch universale Zwecke dialogischer Kommunikation und daraus folgend universale dialogische Grundstrukturen gibt, die relativ unabhängig von der historischen Zeit und von sozialen Strukturen existieren. Soll jedoch darüber hinaus die einzelsprachlich und kulturell konkrete historische Entfaltung dieser Grundstrukturen im Sinne eines Gesprächstyps erforscht werden, so stellt sich, folgt man dem dialoggrammatischen Ansatz der Zweckgebundenheit allen Sprechens, als erstes die Frage nach dem jeweils historisch konkreten Hauptzweck eines Gesprächstyps, denn schon dieser unterliegt dem historischen Wandel relativ zur Theorie und Praxis des jeweiligen Gesprächsbereichs, zu politischer Herrschaftsform, gesellschaftlichen und kulturellen Normen. Am Beispiel des deutschen *Lehrgesprächs*: Das deutsche *Lehrgespräch* diente auch im 17. und 18. Jahrhundert zwar durchaus in erster Linie der WISSENSVERMITTLUNG, später dann genauer der WISSENSERZEUGUNG, doch musste dies nicht notwendigerweise die „Beseitigung eines Defizits" im engeren kognitiven Sinne zur Vorgabe haben. Sorten des *Lehrgesprächs* dienten in dieser Zeit mitunter häufiger der „Sozialdisziplinierung"[52] als der Vermittlung fachlichen Wissens, denn sie konnten als Mittel der Herrschaftsausübung und Herrschaftsstabilisierung eingesetzt werden. Solche Schattenseiten der Geschichte des *Lehrgesprächs*, die noch zu erforschen sind, werden von vornherein ausgeblendet, wenn man den Zweck des *Lehrgesprächs* – und damit mittelbar ja auch das Ziel seiner

---

[50] Weigand 1989, 259.
[51] Linke 1995, 388.
[52] Zum Terminus vgl. Gessinger 1980, 6; Wehler 1989, 283.

Initiatoren – universal und panchronisch als „Behebung eines Wissens- oder Könnensdefizits"[53] bestimmt. Der übergeordnete Zweck des Gesprächstyps *Lehrgespräch* und die konkreteren Zwecke der ihm normativ zugewiesenen Gesprächssorten müssen deshalb, wenn sie zur dialogtypologischen Ordnung herangezogen werden sollen, der historischen Zeit, den Zielen der zeitgenössischen Sprecher sowie den zeitgenössischen Zwecken der mit der Lehre beauftragten Institutionen entnommen und können nicht instrospektiv deduziert werden. Erst auf der Grundlage einer historisch-innenperspektivisch gegründeten Ermittlung der Zwecke wird denn auch der Siegeszug erklärbar, den das Gespräch in der pädagogischen Theorie und Praxis des 18. Jahrhunderts in Deutschland angetreten und, zumindest bis zum Beginn des 19. Jahrhunderts, auf Kosten monologischer Lehr-Lern-Verfahren, wie beispielsweise dem *Lehrervortrag*, erfolgreich behauptet hat. Um auch hier ein Beispiel anzuführen, das noch gar nicht im engeren Kommunikationsbereich der Lehre angesiedelt ist: In Adelungs umfangreicher Arbeit „Ueber den Deutschen Styl" findet man eine zeitgenössische Typologie des Gesprächs, in der auch das „didaktische Gespräch" berücksichtigt wird – wenngleich nur als literarisch geformtes, schriftliches:

> Das Gespräch ist eine wörtliche Unterredung zweyer oder mehrerer Personen. Es theilet sich in das mündliche, und in das künstliche oder nachgeahmte [schriftliche] Gespräch. [...] Die nachgeahmten Gespräche sind entweder wirkliche Gespräche, wo die unterredenden Personen, als in einem mündlichen Gespräche begriffen, aufgeführt werden, oder es sind erzählte Gespräche, wo nur allein der Schriftsteller erscheint, welcher hier den Geschichtsschreiber macht, und das Gespräch erzählungsweise vorträgt. [...] Die Gespräche in der erstern Form sind wieder von gedoppelter Art; sie sind entweder mit Handlung verbunden, und heissen alsdann dramatische, oder sie werden von keiner Handlung unterstützt, und sind alsdann bloß unterhaltend, oder didaktisch, philosophisch, u.s.f.[54]

Adelungs Ordnung ergibt demnach folgendes Stemma (Seite 44). Der ganze Gesprächsbaum Adelungs soll hier nicht erörtert sein;[55] bedeutsam im Zusammenhang mit dialoggrammatischen Zwecksetzungs- und Typologisierungsansätzen ist, dass hier ein zeitgenössischer Versuch vorliegt, formale und funktionale Kriterien, und das heißt: Formen und Zwecke von Gesprächen bei der – ebenfalls deduktiven! – Klassifikation zu berücksichtigen.

---

[53] Hundsnurscher 1989, 245. Vgl. z.B. Fertig 1984, 5 zu standesgebundenen Zwecken der Erziehung im 17. Jahrhundert.
[54] Adelung 1785, II, 318ff.; vgl. Sulzer 1773, 634, der zwischen „lehrenden" und „schildernden Gesprächen" differenziert.
[55] Vgl. dazu, mit leicht modifizierter Wiedergabe, Henne/Rehbock 2001, 232f.

Adelung weist damit der außenperspektisch sprachwissenschaftlichen Introspektion Wege der innenperspektivisch zeitgenössischen Interpretation.

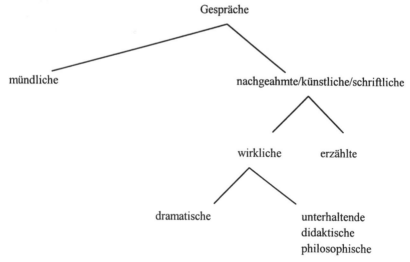

Das „didaktische" Gespräch erscheint bei ihm nur als nachgeahmtes Gespräch, womit die fiktiven Dialoge in den verschiedenen Lehrbüchern und Kinderzeitschriften der Aufklärung gemeint sind. Dazu hatte er, in pädagogisch-psychologischer Hinsicht, im ersten Teil seiner Arbeit ausgeführt, dass das Gespräch zu diesem Zweck geeigneter sei als der „*Vortrag*", denn durch den „Gespräch=Styl"

> gewinnet nicht allein die Lebhaftigkeit, indem die Einbildungskraft des Lesers gereitzet wird, sich in einer gesellschaftlichen Unterredung mit dem Schriftsteller zu denken, sondern auch das Vertrauen des Lesers gegen denselben, weil der Vortrag dadurch das Unangenehme eines Unterrichtes verliehret, und in ein freundschaftliches Gespräch übergehet.[56]

Die Vielzahl der fiktionalen und fiktiven Lehrgespräche vor Augen, nennt auch Samuel Baur in seiner „Charakteristik der Erziehungsschriftsteller Deutschlands" als vornehmsten Zweck dieser Art Dialoge, den *Lehrervortrag* aufzulockern:

> Viele haben es versucht, Kinder redend einzuführen, und den Vortrag durch ihre Fragen und Bemerkungen unterbrechen zu lassen, aber außer Campe und Salzmann ist es nur sehr wenigen gelungen.[57]

---

[56] Adelung 1785, I, 311.
[57] Baur 1790, 69.

Das *Lehrgespräch* mochte also womöglich das „Unangenehme eines Unterrichtes" mindern und den *Vortrag* unter- und damit aufbrechen, und wenn dies einer seiner Zwecke war, so muss es in die Klassifikation historischer Sorten des *Lehrgesprächs* eingehen.

Um den in der Sprechakttheorie begründeten und dialoggrammatisch fortgeführten Ansatz der Klassifikation von Gesprächen auf der Grundlage ihrer Zwecke im Rahmen der historischen Dialogforschung also einsetzen zu können und gleichwohl seinen Fallstricken zu entgehen, muss er seinen universalistischen Anspruch aufgeben – und einzelsprachlich historisch ausgerichtet werden. Wenn das kohärenzstiftende und strukturbestimmende Zentrum von Gesprächssorten und -typen im Zweck derselben begründet ist, und wenn dieser Zweck – zumindest für eine erste Interpretation authentischer Gespräche – abgeleitet werden kann vom illokutionären Zweck des initiativen Gesprächsakts, aber auch der variierenden Formen maßgeblicher benachbarter Gesprächsakte (der so genannten „adjacency pairs"), so müssen Möglichkeiten der Ermittlung historischer Gesprächsakttypen geprüft werden, um historische Zwecke des *Lehrgesprächs* rekonstruieren zu können. Und wenn dialogische Handlungsmuster, insonderheit institutionell zweckbestimmte dialogische Handlungsmuster, sowie ihre Regeln und Normen zum Interaktionswissen des idealen Sprechers/Hörers gehören, dann ist auf der Grundlage der Ergebnisse der historischen Gesprächsanalyse, und das heißt: auf der Grundlage empirischer Untersuchungen authentischer Gespräche, sowie auf der Grundlage weiterführender sprach- und sozialgeschichtlicher Beobachtungen zu versuchen, das Interaktionswissen idealer historischer Sprecher/Hörer zum Gesprächstyp *Lehrgespräch* zu ermitteln. Erst auf dieser Grundlage können sodann Beschreibungen prototypischer, wenn man so will: wohlgeformter, Muster von didaktischen Gesprächssorten des 17. und 18. Jahrhunderts ebenso wie Beschreibungen prototypischer Sequenzmuster im Gespräch zwischen Lehrer und Schüler (z.B. Formen von FRAGEN und ANTWORTEN) erfolgen. Edda Weigands strenge Trennung von authentischen Gesprächen und wohlgeformten (re)konstruierten Gesprächen ist also durchaus berechtigt, doch ist ihr methodologisches Prinzip: „theoretical reflection and empirical analysis complement each other but reflection has to point the way",[58] zumindest in der historischen Dialogforschung, nicht haltbar. Eine Voraussetzung für die Rekonstruktion historischer, Normen befolgender Gesprächsstrukturen sind vielmehr die Einzelergebnisse der historischen Gesprächsanalyse auf der Grundlage relativ großer Korpora; als eine weitere Voraussetzung ist die Rückbindung dieser Ergebnisse an die ebenfalls erwähnten sprach- und sozialgeschichtlichen Beobachtungen zur je

---

[58] Weigand 1995, 112.

untersuchten Zeit. Hierzu können mentalitätsgeschichtliche Ansätze der Dialogforschung Beiträge leisten.

II.1.3. Mentalitätsgeschichtliche Dialogforschung und historische Diskursanalyse

Die mentalitätsgeschichtliche Richtung der germanistischen Dialogforschung wendet sich, wie im Forschungsüberblick unter I.1. bereits kurz angesprochen, in gewisser Hinsicht von den strenger linguistischen Ansätzen ab, insoweit sie das Gespräch, zumeist in Form von Gesprächssorten oder Gesprächstypen, als gesellschaftliches und kulturspezifisches Erzeugnis in den Blick nimmt und es gleichsam als semiotischen Spiegel der je konkreten Gesellschaft und Kultur interpretiert. Angestrebt werden auf diese Weise Erkenntnisse über eine Sprachgesellschaft bzw. eine Sprechergruppe und deren Gesprächskultur zu einer gegebenen Zeit.[59]

Die mentalitätsgeschichtliche Dialogforschung, wenn man einmal die kultur- und sozial-, ideen- und im engeren Sinne mentalitätsgeschichtlichen Studien unter diesem Etikett zusammenfassen darf,[60] führt die Untersuchung, mehr noch als die Gesprächsanalyse und die Dialoggrammatik, in die Gesellschaft der Sprechenden und sucht den Ort von Gesprächssorten und Gesprächstypen im Denken und Handeln von Menschen vergangener Zeiten. Der Gewinn der mentalitätsgeschichtlichen Perspektive für die historische Dialogforschung liegt dabei vornehmlich in der Erhellung der Zusammenhänge zwischen authentischen Strukturen und Funktionen von Gesprächen (Gesprächsanalyse), abstrakteren Strukturen und Funktionen von Gesprächssorten (Dialoggrammatik) und soziokultureller Bewertung und Normierung von Gesprächssorten, Gesprächstypen und Gesprächsbereichen. Was in der Gesprächsanalyse mit dem Hinweis auf Gesprächstypen und Gesprächsbereichen angedeutet ist und in der Dialoggrammatik mit dem gesellschaftlich bestimmten Zweck von Gesprächssorten als Ausgangshypothese dient, ist hier ins Zentrum gestellt: Jenseits von – bzw. auf der Grundlage vorausgesetzter Kenntnis von – Binnenstrukturen und Typen des Gesprächs fragt die mentalitätsgeschichtliche Dialogforschung nach dem Wissen der Menschen vom Gespräch und der normativen Ordnung der zeitgenössischen Gesprächswelten, nach dem Denken und Urteilen der Menschen über das Gespräch an sich, über bestimmte Gesprächstypen und -sorten, über Gesprächsideale und Gesprächsrhetorik, Gesprächsnormen und die diskursive

---

[59] Grundsätzlich zum Ansatz mentalitätsgeschichtlicher Sprachgeschichtsforschung Hermanns 1995.
[60] Zur Differenzierung s.u., III.3.

Einbettung von Gesprächen. Das Gespräch erscheint hier weniger als primär linguistische Kategorie denn als anthropologische Kategorie in historisch je bestimmten sozialen, ethnischen, kulturellen Gewändern.

Insofern Mentalitäten und Einstellungen, mithin auch Sprachmoden, dem Lauf der Zeit unterliegen, und insofern insonderheit subsistente Sprachnormen sprecher-, gruppen-, kultur- und zeitspezifisch wechselhaft sind, lehnt die mentalitätsgeschichtliche Dialogforschung die Annahme von Universalien jenseits der „Basisregeln" in der Regel ab:

> Whereas philosophers tend to view basic conversational maxims as universally valid, sociologists, ethnologists, and historians of dialogue forms tend to emphasise the fact that many specific principles and their modes of application are not historically invariable and therefore not universally valid at all.[61]

An die Stelle von Universalien des Gesprächs tritt dessen Bindung an historisch je konkrete Sprachgesellschaften, Sprechergruppen, „Kollektivitäten": „Eine Mentalität", schreibt Fritz Hermanns in seinem einschlägigen Artikel „Sprachgeschichte als Mentalitätsgeschichte",

> ist die Gesamtheit von Dispositionen zu einer Art des Denkens, Fühlens, Wollens – die Gesamtheit der kognitiven, affektiven (emotiven) sowie volitiven Dispositionen – einer Kollektivität.

Und dementsprechend heißt es weiter:

> Mentalitäten sind Dispositionen auch zu sprachlichem Verhalten. Ihre Erkenntnis trägt also dazu bei, sprachliches Verhalten zu erklären, und linguistische Mentalitätsgeschichte trägt dazu bei, den Wandel sprachlichen Verhaltens zu erklären. Entsprechend läßt sich umgekehrt auch (und gerade) aus dem sprachlichen Verhalten auf Mentalitäten schließen, die ihm als Disposition zugrunde liegen.[62]

Indem Hermanns – zu Recht – von „Kollektivitäten" als Trägern von Mentalitäten spricht und sogar noch genauer ausführt, dass zum Beweis der Existenz einer Mentalität „a) der Nachweis der Gewohnheitsmäßigkeit und b) der Nachweis der sozialen Allgemeinheit der betreffenden Gedanken (und Gefühle) in der jeweiligen sozialen Gruppe" geführt werden müsse,[63] legt er den Finger auf einen der wunden Punkte der mentalitätsgeschichtlichen Dialogforschung, nämlich den der Quellenlage. Denn das Problem, aussagekräftige Quellen zu finden, stellt sich für diesen Ansatz der historischen Dialogforschung nicht nur anders, sondern noch gravierender als für die historische Gesprächsanalyse, insofern die Rekonstruktion von Mentalitäten nicht auf der Grundlage lediglich einzelner Quellen erfolgen kann, sondern großer

---

[61] Fritz 1995, 483.
[62] Hermanns 1995, 76.
[63] Hermanns 1995, 86.

Korpora bedarf. Zu diesen quantitativen Erfordernissen kommen qualitative Beschränkungen: Der Nachweis der „Gewohnheitsmäßigkeit" und der „sozialen Allgemeinheit", worunter man wohl Konventionen im Sinne der Wittgenstein'schen „Lebensform" oder auch der Saussure'schen „Kollektivgewohnheit" verstehen darf, kann, insofern er im Rahmen der historischen Dialogforschung auf der Grundlage sprachthematisierender Quellen geführt werden soll, immer wieder nur auf die Aussagen prominenter Zeitgenossen zurückgreifen: Dichter und Philosophen, Theologen, Wissenschaftler und andere Repräsentanten der gelehrten und schreibenden Zünfte. Gewiss, in diesen Quellen findet man nicht selten explizit ausformulierte Informationen über das „Denken, Fühlen, Wollen" von Menschen in Bezug auf ihre Sprache und ihren Sprachgebrauch. Und tatsächlich zeugt es auch von einem Einstellungswandel, wenn sich sprachreflexive Quellen zu einem Thema zu einer bestimmten Zeit häufen, wie beispielsweise die nach 1750 stetig anwachsende Zahl sprachreflexiver Texte über die Vorzüge und Nachteile von katechetischen versus sokratischen Gesprächssorten im Unterricht (s.u., III.3.2.). Es ist daher nicht verwunderlich, dass sprachthematisierende Quellen aus derlei Federn im Mittelpunkt mentalitätsgeschichtlicher Dialogforschung stehen.[64] Wenn jedoch nicht zumindest auch sprachthematisierende Quellen von Laien als Korrektiv zu den Quellen der Experten hinzugezogen werden,[65] sind die Aussagen der erwähnten Autorengruppen zwar aufgrund ihrer sozialen Macht zeitgenössisch normativ, sprachgeschichtlich indes noch nicht deskriptiv und repräsentativ für die soziopragmatische Mentalitätsgeschichte eines Gesprächstyps. Um beim Gesprächstyp *Lehrgespräch* zu bleiben: Vom Gros der am *Lehrgespräch* Beteiligten, vornehmlich den einfachen Lehrern und gar erst den Schülern, und von ihrem „Denken, Fühlen, Wollen" erfährt man aus den Experten-Quellen wenig bis gar nichts. Eine historische Dialogforschung, die sich ausschließlich dieser Quellen bediente, liefe deshalb Gefahr, wiederum nur „ideengeschichtliche Gipfelwanderungen" aufgrund von „Elite-Publikationen"[66] zu bieten und lediglich für Eliten-Mentalitäten zuständig zu sein. Stützte man die Untersuchung beispielsweise vornehmlich auf dialogthematisierende Passagen in den Publikationen prominenter aufge-

---

[64] Vgl. z.B. Beetz (1990): Anstandsliteratur; Fauser (1991): Literarische, philosophische und theologische Schriften; Eichinger/Lüsebrink (1989): Literarische und (sprach)philosophische Schriften; Linke (1996): Anstandsliteratur; Schmölders (1986): Anstandsliteratur und philosophische Schriften.
[65] Auch in Bezug auf die sehr eingängigen quellenkritischen Bemerkungen sei hier auf Linke 1996, 38ff. verwiesen, die zusätzlich zur Anstandsliteratur „Texte privater Schriftlichkeit" heranzieht. Vgl. ferner Kilian 2002a und unten, II.2.3.
[66] Reichardt und v. Polenz (mit Substantiv-Kleinschreibung im Original: „elitepublikationen") in Bezug auf die Quellenauswahl des Lexikons „Geschichtliche Grundbegriffe", zit. in Hermanns 1995, 85.

klärter Pädagogen, so käme man zu dem – in dieser Stringenz nicht zutreffenden – Schluss, die Wandlung des Menschenbildes vom Schüler habe im Laufe des 18. Jahrhunderts von allen im Kommunikationsbereich der Lehre Tätigen Besitz ergriffen und dazu geführt, dass das *Lehrgespräch* im pädagogischen Denken wie in der pädagogischen Praxis bis in die kleinen Landschulen hinein die Wandlung vom *examinierenden katechetischen* zum *gelenkten sokratischen Gespräch* vollzogen habe.[67] – Hielte man demgegenüber ausschließlich offizielle administrative Texte für geeignete Zeugen mentalitätsgeschichtlicher Entwicklungen, so gelangte man zu dem – widersprechenden, wenngleich nicht minder unzulänglichen – Ergebnis, die didaktischen Gesprächssorten seien im Laufe des 18. Jahrhunderts zwar zunehmend positiv bewertet, aber dem aller Aufklärung trotzenden ständischen Denken untergeordnet und dementsprechend komplementär verteilt worden: den Landschulen das streng *examinierende katechetische Gespräch*, den Realschulen, dem Gymnasium und den „Privaterziehungsanstalten" das *gelenkte sokratische Gespräch*, und den Ritterakademien die gesellige *Conversation*.[68] Beide Ergebnisse streifen zweifellos mentalitätsgeschichtliche Facetten des *Lehrgesprächs* im 18. Jahrhundert und sind insofern Bausteine für eine mentalitätsgeschichtliche historische Dialogforschung zum *Lehrgespräch*. Sie sind gleichwohl zu abhängig von der Quellenwahl und legen deshalb „die Gesamtheit von Dispositionen zu einer Art des Denkens, Fühlens, Wollens" (Hermanns) der am *Lehrgespräch* beteiligten Kollektivität gar nicht oder nur in elitären bzw. administrativ-idealnormativen Ausschnitten frei.

Das „Denken, Fühlen, Wollen" von Menschen in Bezug auf ihre Sprache und ihren Sprachgebrauch ist also nicht nur eng an die historische Zeit und die je spezifische soziale und kulturelle Ausprägung der diese Sprache und den Sprachgebrauch pflegenden Sprachgesellschaft geschmiedet, sondern auch der sozialen Differenziertheit innerhalb der Gesellschaft und der Ausübung sozialer Macht – einschließlich der Macht zur Sprachnormierung – ausgeliefert: Über Glanz und Elend des deutschen *Lehrgesprächs* auf den Landschulen beispielsweise wachten im 18. Jahrhundert namhafte Pädagogen zumeist privater Erziehungsinstitute (die oft, so Gessinger, „eine gewöhnliche Elementarschule nie von innen gesehen" hatten[69]); und es berichteten

---

[67] In die Nähe dieses Argumentationsmusters kommt z.B. noch Krecher 1929.
[68] In diesem Sinne urteilt z.B. Gessinger 1980, 14ff., „Im krassen Gegensatz zur eingleisigen Lehr- und Lernform in den Schulen für die Unterklassen, deren Möglichkeiten, sich mitzuteilen, während des Erziehungsprozesses im Nachsprechen halbverstandener Formeln und vorgefertigter Antworten auf Fragen bestand, die fremdbestimmten religiösen und moralischen Bereichen entnommen waren, wurde der freien Rede des mündigen Bürgers im Erziehungswesen zunehmend Raum gegeben."
[69] Gessinger 1980, 56.

darüber sodann fortschrittliche Leiter von Lehrerseminarien in ihren pädagogiktheoretischen Schriften einerseits, weltliche und kirchliche Würdenträger und Verwaltungsfachleute in ihren Visitationsberichten und administrativen Akten andererseits. Das ist, wenn man so will, die theoretische bzw. theoretisierende Mentalitätsgeschichte des deutschen *Lehrgesprächs*. Praktiziert – oder auch nicht – und für den Gebrauch normiert, erwartet oder auch gefürchtet, genossen oder aber auch erlitten wurde das *Lehrgespräch* hingegen von den Lehrern und Schülern, seltener auch von Professoren und Studenten, die denn ganz andere und auch untereinander verschiedene „Dispositionen zu einer Art des Denkens, Fühlens, Wollens" entwickelten. Zu klären ist demnach zu Beginn einer mentalitätsgeschichtlichen Dialogforschung zum *Lehrgespräch* im 18. Jahrhundert die Frage, wer überhaupt zu den am *Lehrgespräch* Beteiligten gehörte und wer in welcher Form zu einer Mentalitätsgeschichte des *Lehrgesprächs* einen Betrag leisten konnte. Welche Bevölkerungsgruppen etwa kamen in welchen institutionellen Formen mit welchen Handlungsbedingungen und -möglichkeiten in den Genuss (oder in den Verdruss) welcher Sorten des *Lehrgesprächs*? Welche Quellen(gattungen) geben Auskunft über deren „Denken, Fühlen, Wollen" in Bezug auf das *Lehrgespräch*?

Insgesamt also zwingt vornehmlich die mentalitätsgeschichtliche Dialogforschung zur Berücksichtigung einer möglichst breit gestreuten Quellenbasis relativ zu historisch konkreten Gesprächsbereichen, Gesprächstypen und Gesprächssorten. Darüber hinaus kann es auch in der mentalitätsgeschichtlichen Dialogforschung in keinem Fall genügen, nur Reflexionen über das Gespräch zur Kenntnis zu nehmen und dieses selbst zu ignorieren. Mentalitätsgeschichtlichen Arbeiten zum Gespräch, die ausschließlich sprachthematisierende Quellen heranziehen, gebricht es am Nachweis der Faktizität des „Denkens, Fühlens, Wollens" in Bezug auf vergangene Gesprächspraxis, obwohl doch gerade sie es ist, die mentalitätsbildend wirkt und Normierungshandlungen und die Formulierung von Idealnormen evoziert. In diesem Sinne deutet Fritz Hermanns eine Lösung des Problems an:

> Einzeltexte können individuelles Denken, Fühlen, Wollen zeigen; Sprachgebrauch zeigt kollektives Denken, Fühlen, Wollen einer Sprachgemeinschaft. Daher ist Beobachtung von Sprachgebrauch ein Königsweg der wissenschaftlichen Erkenntnis von Mentalitäten.[70]

Ganz gelöst ist das Problem damit aber noch nicht: Dass sorgfältige Beobachtung des Sprachgebrauchs eine Conditio sine qua non der wissenschaftlichen Sprachgeschichtsforschung ist, steht außer Frage; ob damit jedoch auch zugleich „ein Königsweg" für die mentalitätsgeschichtli-

---

[70] Hermanns 1995, 71.

che Dialogforschung gefunden ist, hängt davon ab, auf welche Pfeiler die Brücke gestellt wird, die diesen Königsweg vom Sprachgebrauch zu den Mentalitäten führen soll. Ob und inwiefern der Sprachgebrauch als Indikator oder als Faktor mentalitätsgeschichtlicher Entwicklungen zu betrachten ist, ist allein durch die „Beobachtung von Sprachgebrauch" nämlich noch nicht zu erweisen.[71] Eine große Gefahr für die sprachwissenschaftliche mentalitätsgeschichtliche Dialogforschung besteht im Überschreiten der (einzel)sprachlichen Grenzen und im Verzicht auf die Fokussierung des sprachwissenschaftlichen Erkenntnisinteresses. In diesem Fall entfernt sie sich nämlich zunehmend von der Sprachgeschichte und tendiert zu einer Ideengeschichte, im vorliegenden Fall beispielsweise einer europäischen Ideengeschichte des *Lehrgesprächs* aus theologischer, pädagogischer, rhetorischer oder didaktischer Sicht; die sprachgeschichtlichen Daten dienten dann nur noch als Beilage für das ideengeschichtliche Hauptgericht.

Die sprachwissenschaftliche mentalitätsgeschichtliche Dialogforschung muss hingegen das Verhältnis genau umdrehen, wiederum am Beispiel des *Lehrgesprächs*: Das Lehr- und das wissenschaftliche *Fachgespräch* als sokratische Maieutik bzw. platonische *Dialektik* in der Antike, als *Disputatio* in der Scholastik, als *Colloquium* im Humanismus,[72] die dialogische „Ars minor" des Aelius Donatus als Vorbild für dialogisch strukturierten Grammatik-Unterricht,[73] Erasmus' „Colloquia", in Teilen erstmals bereits 1545 ins Deutsche übersetzt, als Vorbild für dialogisch vermittelte Weltbildung,[74] Luthers „Kleiner Katechismus" von 1529 mit seinen „Was ist das?"-Fragen als Vorbild für den Religionsunterricht[75] sowie überhaupt die zahlreichen Reformationsdialoge als Vorbild für volkspädagogische Politik- und Religionsdidaxe[76] und nicht zuletzt natürlich Lukians *Totengespräche* als Vorbild für die vielen mehr oder minder lehrreichen, stets jedoch zum Prodesse et delectare strebenden „Gespräche im Reiche der Todten", „derer Lebendigen", „der Wahrheit", „der Verliebten", „der Weltweisen" u.a.[77] – sie alle geben Auskunft über die europäische Ideen-, mithin Kulturgeschichte des *(Lehr)gesprächs*. Als Sprachgebrauchs-Quellen für eine sprachwissenschaftliche mentalitätsgeschichtliche Dialogforschung zum deutschen

---

[71] Vgl. auch Linke 1996, 32ff.
[72] Vgl. Loch 1962, 641.
[73] Vgl. Müller 1882, 217ff.
[74] Vgl. Erasmus von Rotterdam 1533, Einleitung, bes. XXIff.; ferner Bömer 1897; Eichinger/Lüsebrink 1989, 203.
[75] Vgl. dazu den vorzüglichen Kommentar in der „Gesamtausgabe", Bd. 30/I, 426ff.
[76] Vgl. Bentzinger 1988; v. Polenz 1991, 255ff.; Kampe 1997.
[77] Ich verweise an dieser Stelle nur auf die Titel zum Stichwort „*Gespräch*" im Gesamtverzeichnis des deutschsprachigen Schrifttums (GV) 1700–1910 [...], Bd. 46, *Ges–Gess*, München [usw.] 1982.

Lehrgespräch im 17. und 18. Jahrhundert sind jedoch nicht diese Vorbilder, sondern nur ihre deutschsprachigen Nachfolger heranzuziehen. Dabei muss dann noch einmal dahingehend differenziert werden, ob diese überlieferten Gespräche als Performanzfragmente für die deutsche Gesprächssprache, für deutsche Gesprächtypen und -sorten gelesen werden können oder als Performanzarchive für das „Denken, Fühlen, Wollen" im Rahmen einer Mentalitätsgeschichte des deutschen Gesprächs im 17. und 18. Jahrhundert ausgewertet werden sollen (zu den Kategorien der Quellenkritik s.u., II.3.). Im letzteren Falle weist allein schon die Anzahl der Gespräche eines Typs in einer Epoche einen „sozialsemiotischen bzw. kultursemiotischen Informationsgehalt" (Linke, s.u.) auf, wie beispielsweise der Unmut in Bezug auf die geselligen „Totengespräche" belegt, der dem „Zedler" aus dem Jahr 1734 zu entnehmen ist:

> Unter denen Teutschen haben sich Erasmus Francisci, Christianus Thomasius mit seinen Monaths=Gesprächen, und Nicolaus Hieronymus Gundling in denen neuern Unterredungen, darinnen so wohl schertz= als ernsthafft über allerhand gelehrte und ungelehrte Bücher und Fragen, freymüthig und unpartheyisch raisonnirt wird [...] sonderlich hervorgethan. Nachdem eine gewisse Historische Feder, die Gespräche im Reiche derer Todten, allen Ungelehrten zum Troste, welche gleichwohl die Geschichte lesen wollen, zu schreiben angefangen, auch von denen meisten einen grossen Beyfall erhalten, ist unser geliebtes Vaterland, leider! von einer grossen Fluth solcher Gespräche im Reiche derer Todten überschwemmet worden, so, daß die Art dieses Vortrages bey vielen einen Eckel erwecket.[78]

Man kann allein aus diesem Text darauf schließen, dass es im ersten Drittel des 18. Jahrhunderts eine Gruppe gebildeter Zeitgenossen Zedlers gab, deren „Denken, Fühlen, Wollen" den „Todtengesprächen" abgeneigt waren. Für eine Mentalitätsgeschichte dieses Genres reicht dies indes nicht. Angelika Linke hat zu Recht darauf hingewiesen, dass der „Schluss von bestimmten Handlungsmustern und Verhaltensstrukturen auf zugrundeliegende Leitvorstellungen und Dispositionen [...] sehr heikel" sein kann.[79] Sie verweist an dieser Stelle auf Wilhelm von Humboldt, der das „Ahndungsvermögen" und die „Verknüpfungsgabe" des Geschichtsschreibers als Brücke zwischen einzelnen Fakten und der ganzen „Geschichte" anerkannte.[80] In der Tat ist eine mentalitätsgeschichtliche Dialogforschung nicht möglich, wenn der Sprachhistoriker Leopold von Rankes Ideal zu erreichen sucht, sein „Selbst

---

[78] Zedler 7, 1734, 744 (s.v. *Dialogus*); vgl. Gottsched 1727, 24.
[79] Linke 1996, 33; vgl. Schlieben-Lange 1983b, 115ff.
[80] Linke 1996, 33f.; vgl. Schlieben-Lange 1983b, 30ff. Vgl. zum Zusammenhang im Rahmen der Theorie der Geschichtsschreibung Rüsen 1982, 17ff.; Faber 1971, 183ff.

gleichsam auszulöschen"[81] und die Überlieferung für sich selbst sprechen zu lassen. „Ahndungsvermögen" und „Verknüpfungsgabe" müssen indes, sollen sie zu wissenschaftlichen Ergebnissen führen und die Interpretation von Sprachgebrauch als Spiegel von Mentalitäten leiten, intersubjektiv überprüfbar sein. Ein Weg dazu – auch dies wohl kein „Königsweg", aber methodologisch gangbar – ist, erstens, in der (Selbst)bindung des Betrachters an sozial- und kulturgeschichtlich ausgegrenzte Kommunikationsbereiche, Gesprächsbereiche und Diskurse zu sehen, für die ein bestimmter Sprachgebrauch etabliert und normativ sanktioniert wurde, und für die dieser Sprachgebrauch wiederum eine „bereichsspezifische Indikatorfunktion"[82] besitzt – und damit auf das „Denken, Fühlen, Wollen" der involvierten Menschen verweist. Darüber hinaus ist, zweitens, die (Selbst)bindung des Betrachters an sprachwissenschaftliche Kategorien und Erkenntnisinteressen ein Mittel, das „Ahndungsvermögen" und die „Verknüpfungsgabe" im Zaum zu halten.

Und damit schließt sich der Kreis vom mentalitätsgeschichtlich Großen wieder zurück zu den „kleinen" Kategorien und Methoden der historischen Gesprächsanalyse und der historischen Dialoggrammatik, die zur Beobachtung und Beschreibung von historischem Sprachgebrauch im Gespräch notwendig sind. Fragen einer mentalitätsgeschichtlichen Dialogforschung, wie sie zum Beispiel Gerd Fritz in Bezug auf eine Geschichte von Kommunikationsprinzipien aufwirft,[83] können überhaupt erst auf diesem Wege: vom sozialgeschichtlich Großen über das gesprächsanalytisch Kleine zum mentalitätsgeschichtlich Großen, ihrer Beantwortung zugeführt werden. Darüber hinaus kann als eine heuristische Stütze der mentalitätsgeschichtlichen Dialogforschung die Ausgrenzung von Diskursen im Sinne historisch-synchronisch, thematisch und personell abgegrenzter kommunikativer Handlungskonstellationen sehr hilfreich sein.[84] Die Kriterien „Zeit", „Thema" und „Handlungsbeteiligte" bilden dann gleichsam eine noematische Klammer für die innerhalb des Diskurses ein – diskursives – Geflecht bildenden Sprachhandlungsmuster.

Mentalitätsgeschichtliche Ansätze erwerben sich schließlich vornehmlich im Rahmen der sozialgeschichtlichen Erklärung des Sprachgebrauchs ihre Verdienste. Die mentalitätsgeschichtliche Dialogforschung erweist sich somit als ein notwendiges Komplement zu den linguistischen Ansätzen im engeren Sinne, zumal sie den Gang vom binnenstrukturell-analytischen Blick über

---

[81] Zit. nach Faber 1971, 196.
[82] Steger, 1986, 206; vgl. zum Zusammenhang Kilian 1997, 65ff.
[83] Fritz 1995, 485f.
[84] Vgl. Kilian 1997, 68ff.; Wichter 1999. Zum Problem mit dem „Diskurs"-Begriff in der Sprachgeschichtsforschung vgl. Becker-Mrotzek 1994; Hermanns 1995, 86ff.

den funktional-typologisierenden Blick hin zum sozialgeschichtlich synthetischen Blick auf den Gegenstand (*Lehr*)*gespräch* in seiner Gesamtheit lenkt. Aus der anderen Richtung gesehen, also vom historisch-soziokulturell Großen zum gesprächsanalytisch Kleinen, vermag die mentalitätsgeschichtliche Dialogforschung sowohl die ideelle wie auch die gewohnheitsmäßige, die gewünschte wie auch die reale Seite der historischen „Rahmenbedingungen der [dialogischen] Kommunikation" (Gumbrecht) zu erhellen und den Rohstoff für die Interpretation und Erklärung des empirischen Materials bereitzustellen. Und so kann das Problem der Beschaffung authentischer Quellen für die historische Dialogforschung durch Auswertung „bloß" sprachreflexiver Quellen und die Ermittlung des zeitgenössischen „Denkens, Fühlens, Wollens" in Bezug auf proto- und idealtypische Sorten des *Lehrgesprächs* denn gar etwas gemildert werden. Diese Quellen nämlich lassen sich gleichsam als zeitgenössisch gedachte Authentizität, das heißt: als *„Typisierungen* und *Stilisierungen* von Kommunikation [...] mit Blick auf ihren sozialsemiotischen bzw. kultursemiotischen Informationsgehalt" interpretieren:

> Denn da dieselbe kommunikative Aufgabe [...] auf verschiedene Weise sprachlich eingelöst werden kann, da selbst sprachliche *Verständlichkeit* nicht von vornherein an ganz bestimmte sprachliche Formen gebunden ist, ist sprachliches Handeln immer auch eine Frage der Wahl der Mittel – eine Wahl, die einerseits der Individualität einzelner Sprecher verpflichtet ist, die andererseits aber auch die sozialen, kulturellen und mentalitären Dispositionen einer Sprachgemeinschaft spiegelt.[85]

II.1.4. Dialog und Sprachwandel

Die Erkundung der Ansätze für eine linguistische historische Dialogforschung beschließt ein Abschnitt, dessen Gegenstand sich dem Thema „Ansätze" eigentlich nicht fügen mag. Die Frage nach der Rolle des Dialogs, insonderheit des Gesprächs, im Prozess des Sprachwandels wie auch die Frage nach dem Wandel des dialogischen Repertoires einer Sprachgesellschaft gehören indes zum ureigentlichen Erkenntnisinteresse der historischen Dialogforschung und somit auch zu jedem Ansatz, den sie hervorbringt. Sie sind darüber hinaus von besonderem sprachtheoretischen Gewicht und sollen deshalb hier im Zusammenhang mit den aus verschiedenen theoretischen Zugriffen erwachsenen Ansätzen der Forschung diskutiert werden, bevor in den folgenden Abschnitten eher kategorielle Kleinarbeit zu leisten ist.

Wann immer die Rede ist von der „Veränderung des Usus" durch „die gewöhnliche Sprechtätigkeit",[86] oder davon, dass „alles Diachronische in der

---

[85] Linke 1998, 140.
[86] Paul 1909, 32 (im Original gesperrt).

Sprache nur vermöge des Sprechens diachronisch ist" und im Sprechen „der Keim aller Veränderungen" ruht;[87] wann immer das „Werden der Sprache durch das Sprechen"[88] ergründet wird oder die „Wieder-Schöpfung und Neu-Schöpfung von Traditionen im Sprechen"[89] zur Beschreibung ansteht, so schimmert dahinter die Vorstellung vom Prozess des Sprachwandels im Wege des Gesprächs hervor, die Vorstellung also, dass Sprecher ihre eigene Sprache fortwährend zur Veränderung führen, indem „*einer – [mit] dem anderen – über die Dinge*"[90] spricht.

Es ist hier nicht der Ort, Theorien und Ansätze zur Erklärung und Beschreibung von Sprachwandel ausgiebig zu diskutieren.[91] Für die Zwecke der vorliegenden Untersuchungen muss es genügen, Sprachwandel als eine im Normengefüge einer Einzelsprache etablierte Veränderung (Verschiebung, Umstrukturierung, Hinzufügung, Tilgung usw.) zu begreifen. Diese Veränderung selbst, genauer: der Prozess des Sprachwandels von einer ersten Abweichung vom Bestehenden bis hin zur Etablierung des Neuen, wird nun innerhalb einer pragmatischen Sprachtheorie auf Veränderungen im menschlichen Sprachhandeln zurückgeführt. Der dialogisch sprechende Mensch wird damit zum Agens allen Sprachwandels. Von einer sprachwandeltheoretisch begründeten historischen Pragmatik kann zwar noch keine Rede sein. Erstaunlich – oder auch für den, der um das Wesen von Sprache weiß, gar nicht erstaunlich – ist es jedoch zu beobachten, dass die grundsätzlichen Theorien zum Sprachwandel, folgten sie auch sonst höchst unterschiedlichen sprachtheoretischen und sprachgeschichtlichen Ansätzen, wie sie beispielsweise mit den Namen Wilhelm von Humboldt und Jacob Grimm, Hermann Paul und Ferdinand de Saussure, bis hin zu Stefan Sonderegger und Rudi Keller zu verbinden sind, geeint sind in der Überzeugung, Sprachwandelprozesse unter Berufung auf dialogische Kommunikation von Sprechern einer Sprachgesellschaft erklären zu können. In der Sprachphilosophie und in sprachphilosophisch fundierten Sprachgeschichten sind derlei Erklärungsansätze denn auch nicht neu. Und doch hat erst die moderne Sprachtheorie mit der Unterscheidung von virtuellen und aktuellen Existenzweisen von Sprache diesen Erklärungsansatz plausibel gemacht und das dialogische Sprechen von Angehörigen einer Sprachgesellschaft, also das Gespräch, zugleich als Ursache, Mittel und Ort des Sprachwandels erwiesen.

Der Dialog in Form des Gesprächs, also der sprechsprachliche Dialog, ist demnach unmittelbar bzw. sprachintern Ursache des Sprachwandels, inso-

---

[87] Saussure 1916/1967, 117 (im Original gesperrt).
[88] Coseriu 1958/1974, 169.
[89] Schlieben-Lange 1983b, 35.
[90] Bühler 1934, 24.
[91] Vgl. dazu die Überblicke von Cherubim 1975, v. Polenz 1991, 24ff.; Keller 1994.

fern im Wege des Miteinandersprechens das vom einen Sprecher über die Dinge anders, wieder und neu Geschöpfte vom anderen Hörer bereits etwas abweichend vernommen, verstanden, akzeptiert – und wiederum anders, gar neu geschöpft weitergegeben wird. Nur das gehörte Gesprochene, nur das gelesene Geschriebene kann Sprachwandel bewirken, und so ist der Dialog, so ist dialogisches Sprachhandeln von Menschen die erste Ursache allen Sprachwandels. In aller nur wünschenswerten Deutlichkeit hat dies Eugenio Coseriu, fußend u.a. auf Wilhelm von Humboldt und Hermann Paul, dargelegt:

> Der Sprachwandel hat seinen Ursprung im Dialog: im Übergang sprachlicher Verfahren vom Sprechen des einen Gesprächspartners zum Wissen des anderen. All das, worin sich das vom Sprecher Gesprochene – als *sprachliches Verfahren* – von den in der Sprache, in der das Gespräch geführt wird, vorhandenen Mustern entfernt, kann *Neuerung* genannt werden. Und die Annahme einer Neuerung von seiten des Hörers als Muster für weitere Ausdrücke kann man Übernahme nennen.[92]

Man mag nun, weil diese Wirkung, durch Sprechen Veränderungen in die Sprache zu bringen, in der Regel von den Sprechern nicht intendiert ist, eine „unsichtbare Hand" bemühen, um die Unergründbarkeit der konkreten Wege des Sprachwandels doch noch „erklären" zu können;[93] man entfremdet damit allerdings den Sprachwandel von den gesellschaftlichen Bedingungen der „Traditionen des Sprechens". Denn zur unmittelbaren Ursache des dialogischen Sprechens gesellen sich die mittelbaren Ursachen des einzelnen konkreten Wandels, die zumeist außersprachlicher Natur und im Großen und Ganzen rekonstruierbar – und damit auch sichtbar – sind.

Der Dialog ist, nicht zuletzt in seiner Rolle als Multiplikator des Neuen, zugleich Mittel des Sprachwandels. Hermann Paul hat in seiner theoretischen und methodologischen Grundlegung der Erforschung und genetischen Erklärung des Sprachwandels den Weg von der individuellen „Abweichung" bis zur Eingliederung des Neuen in die bestehende Norm und darüber hinaus in das System einer Einzelsprache detailliert beschrieben. Er hat dabei die Rolle des einzelnen Sprechers als Auslöser des Sprachwandels und die Rolle der Sprachgesellschaft als Richterin über Erfolg und Misserfolg der „Abweichung" zusammengedacht in seinem Begriff von der „Wechselwirkung der Individuen auf einander".[94] In seiner Spätschrift über „Aufgabe und Methode der Geschichtswissenschaften" fasst er seine Erkenntnisse abschließend wie folgt zusammen:

---

[92] Coseriu 1958/1974, 67; vgl. auch Lerchner 1988, 282; Lerchner 1992; Keller 1994, 136ff.; Henne/Rehbock 2001, 228.
[93] Vgl. Keller 1994, bes. 109ff.; zur Kritik Cherubim 1983.
[94] Paul 1909, 7ff. und 23ff.

Aber auch, was der Einzelne für sich oder innerhalb kleinerer Gruppen tut oder leidet, vergeht nicht spurlos, so wenig es zunächst beachtet zu werden pflegt. Aus einer Summe von anscheinend unbedeutenden Vorgängen entwickeln sich bedeutsame Gesamtwirkungen. [...] Geräuschlos vollzieht sich eine Ueberlieferung von Geschlecht zu Geschlecht, wobei durch eine Häufung minimaler Abweichungen allmählich in die Augen fallende Umgestaltungen hervorgebracht werden können.[95]

Die „Ueberlieferung" erfolgt dialogisch, die „Häufung" zudem dadurch, dass einer mit und zu vielen spricht. Dies gilt insonderheit für das *Lehrgespräch*: Die Lehrer an den Schulen der verschiedenen Schultypen des 17. und 18. Jahrhunderts und, sofern auf Deutsch gelehrt wurde, die Professoren an den Universitäten waren Verursacher und Multiplikatoren der „Abweichung", wenn sie, zumindest formal, dialogisch lehrten und die Schüler, Studenten und Lehramtskandidaten dialogisch lernen ließen. Und insofern in dieser historischen Zeit die Formung der deutschen Standardsprache erfolgte und gar, beispielsweise im Falle der Hochlautung, eine Wiege der deutschen Standardsprache der Gegenwart vermutet werden darf, ist für einen konkreten Moment der Sprachgeschichte das Gespräch als Mittel des Sprachwandels sogar konkret greifbar. Schon Andreas Reyher hatte in seinem „Special=Bericht" von 1642 die sprachlenkende Kraft des Lehrers betont, wenn er fordert, dass eine falsche Aussprache sogleich korrigiert und die gewünschte Aussprache durch Wiederholung eingeprägt werde:

150. Der Praeceptor brauche die Art / wenn ein Kind etwas übel außspricht / so wiederhole er es erstlich eben also / wie es das Kind außgesprochen / jedoch daß es ohne spöttliche Verhönung geschehe / damit dergestalt das Kind den Vbelstand kennen lerne. Flugs darauff verbessere der Praeceptor solch Laster durch rechtmässiges Außsprechen / vnd heisse den Discipul es auch mit seinem Munde verbessern. Kan es der Discipul nicht flugs auff einmal recht treffen / so lasse es ihn der Praeceptor zum 2. 3. vnd 4. mal wiederholen.[96]

Den konkreten Prozess des auf den Schulen gelenkten Sprachwandels hat noch beispielsweise Wilhelm C. C. v Türk im Jahre 1806 beschrieben und man findet dabei auch den Generationenwechsel als Motor des Sprachwandels berücksichtigt. Türk konzentriert sich in seinen „Beiträgen zur Kenntniß einiger deutschen Elementar=Schulanstalten" zwar auf Schulstätten des mitteldeutschen Sprachraums („Dessau, Leipzig, Heidelberg, Frankfurt am Mayn und Berlin"[97]) und zudem auf städtische Bürger- und nicht auf Landschulen, doch darf seine Beschreibung des Sprachenwechsels und des An-

---

[95] Paul 1920, 34.
[96] Reyher 1642, §150.
[97] Im Falle Berlins und auch noch Dessaus ist freilich im 17. und 18. Jahrhundert auch das Niederdeutsche des brandenburgischen Umlands in Rechnung zu stellen.

schubs eines Sprachwandels im Wege des die Generationen übergreifenden Unterrichts durchaus für alle Mundartgebiete Deutschlands und auch für die ländlichen Schulen gelesen werden. Sie sei daher etwas ausführlicher zitiert:

> Indessen muß ich noch einer Sache erwähnen, die keinen angenehmen Eindruck auf mich machte, der jedoch nicht auf Rechnung irgend eines Mangels der Anstalt [„Leipziger Bürger=Schule", J.K.] gesetzt werden darf. Es ist das Ziehende und Singende des Leipziger Dialects. Die Ausdrücke: O je – das wird mit einem weichen? d, das mit einem harten? t geschrieben, klingen mir noch in den Ohren. In den Schulen Nieder=Sachsens findet man eine reinere Aussprache; indessen sehe ich die Schwierigkeit, welche es haben würde, wenn man in und durch öffentliche Schulen eine vollkommen reine Aussprache einführen, alle eigenthümlichen Dialecte verbannen wollte, vollkommen ein. Die Lehrer selbst haben nur selten eine vollkommen reine und richtige Aussprache – diese scheint mir eine nothwendige Bedingung zu seyn, wenn wir verlangen, daß die Kinder, denen sie den Sprach=Unterricht ertheilen, eine fehlerfreie Aussprache annehmen sollen. Ferner ist das Kind nur die wenigsten Stunden des Tages in der Schule – die meiste Zeit bringt es zu Hause, bei seinen Aeltern, seinen Gespielen, leider auch nur zu oft beim Gesinde zu. Wird es da nicht, von der Macht der Gewohnheit unwillkührlich mit fortgerissen, täglich wieder jene unreinere Aussprache annehmen? Doch aber scheint mir das Beispiel des Lehrers für die jetzige Lage der Sache das wirksamste Mittel zu seyn, um überall Provincialismen, fehlerhafte Dialecte zu verbannen und endlich eine reine deutsche Aussprache allenthalben zu verbreiten. Ist die Erziehung überhaupt nur zweckmäßig, so wird dem Kinde das Schöne, das Richtige, sey es in der Sprache, sey es in andern Dingen, immer Vorzugsweise gefallen – das Ansehen des Lehrers, in Uebereinstimmung mit dem eignen Gefühle, wird seine Wahl für das Bessere bald entscheiden – es wird die fehlerhafte Aussprache im täglichen Umgange nur bemerken, ohne sie nachzuahmen; sie wird ihm mißfallen und es wird sie absichtlich vermeiden. Einst selbst Väter und Mütter werden sie auch hierin den Zweck des öffentlichen Unterrichts durch ihr eignes Beispiel befördern, sie werden selbst sorgfältiger über die Reinheit der Aussprache ihrer Kinder wachen, da sie bei ihrer eignen Bildung einsehen lernten, daß sie ein wesentlicher Theil derselben und nicht blos Sache des Zufalls ist.[98]

Der Dialog ist schließlich zugleich Ort des Sprachwandels. Die historische Gesprächsanalyse etwa vermag im Rahmen der Rekonstruktion gesprochener Sprache im 18. Jahrhundert die Verwandtschaft, aber doch auch die Fremdheit; die Nähe, aber doch auch die Distanz; das Bewahrte, aber doch auch die Veränderung im Vergleich zur gesprochenen deutschen Standardsprache im (*Lehr*)*gespräch* der Gegenwart aufzuzeigen. So stießen beispielsweise die in Johann Paul Pöhlmanns „Versuch einer practischen Anweisung für Schullehrer, Hofmeister und Aeltern" angeführten positiven Verstärkungen *„Das war recht!"* oder *„Gut, das habt ihr getroffen!"*[99] gegenwärtig wohl selbst bei

---

[98] v. Türk 1806, 56f.
[99] Pöhlmann 1812, 79 und 117; vgl. unten III.4.2.1.2.

Grundschülern auf Zweifel des Verständnisses und würden in Lehrproben nachteilig angerechnet. Hartmut Thiele empfiehlt in seinem Buch „Lehren und Lernen im Gespräch", das fast 200 Jahre nach Pöhlmanns „Versuch" erschien, stattdessen positive Verstärker, die

> entweder als Bestätigung oder Bewertungen in Form kurzer Worte oder als Anerkennungslaute wie ‚hm – hm, Ja (-Ha/ja) – Gut – Genau – Schön – Prima' u.a. oder als gesteigerte qualitative Bewertungen und Kurzsätze gegeben werden, wie ‚Sehr fein (gut) – Ganz genau (richtig) – Ausgezeichnet – Ja, das ist richtig – Ja, das würde ich auch sagen – Das ist eine gute Möglichkeit'.[100]

„Ja, das ist richtig" kann seine kommunikativ-pragmatische und lexikalisch-semantische Verwandtschaft mit dem Pendant des 18. Jahrhunderts („Das war recht!") nicht verleugnen, ebensowenig jedoch, dass es einer anderen Generation der Lehrersprache angehört. Als VERSTÄRKUNGEN funktional sinnvoll sind indes beide gleichermaßen nur im Rahmen von Lehrgesprächen einsetzbar, nur dort können sie diese Funktion überhaupt entfalten, und so wie hier sind auch in anderen Fällen „Traditionen des Sprechens" (Schlieben-Lange), aber eben auch deren Wandlungen und Brüche allererst im Gespräch fassbar. Dies beginnt bei den kleinsten Aussprachecharakteristika der gesprochenen Sprache, deren Kontinuität und Wandel nur im Gespräch fassbar werden, und es setzt sich fort bei den kleinsten dialogpragmatischen Einheiten, den Gesprächswörtern, wie schon ein mit gegenwärtigen Verhältnissen vergleichender Blick in die „Deutsche Encyclopädie" von 1793 rasch offenbart:

> Die Empfindung des Schmerzens äussert sich durch ein ach! weh! vae; der schnellen Verwunderung durch oh! ey! des Widerwillens durch pfui! fi! pouah! der geringen Verwunderung durch hum, hom; der Freude durch ha! ho! und dergl.[101]

Auf einer nächsthöheren Ebene sind im Gespräch Veränderungen im Rahmen kleinerer syntaktischer Glieder zuerst greifbar (z.B. den von Adelung normativ gerügten und schließlich auch in der gesprochenen Sprache getilgten Gebrauch der Präposition *bei* mit dem Akkusativ, wie im oben zitierten Auszug aus Salzmanns „Conrad Kiefer": „bei die Fliege"), sodann Variationen der Wortstellung, die schließlich den Bereich der Oralität überschreiten und auch in der geschriebenen Hochsprache akzeptiert wurden (z.B. die Zweitstellung des finiten Verbs im Relativsatz, am Beispiel wiederum aus dem bereits zitierten „Conrad Kiefer": „Am Fenster kriecht eine große Fliege, die soll ich dem Kinde zeigen").

---

[100] Thiele 1981, 82.
[101] DE 17, 1793, 744 (s.v. *Interjectiones*).

Wie die gesprochene Sprache und Elemente der mittleren Ebene des Gesprächs, so unterliegen schließlich auch die Gesprächssorten und das Repertoire der Gesprächssorten eines Gesprächstyps selbst der historischen Veränderung und, langfristig, dem Wandel. Vergleicht man beispielsweise die von Hannes Kästner vorgelegte Typologie des mittelalterlichen *Lehrgesprächs*, die ihre Neigung zur antiken Rhetorik nicht verleugnen kann, und sieben „Lehrgesprächstypen" unterscheidet,[102] mit Wilhelm Frankes dialoggrammatischer Taxonomie komplementärer, kognitiver „Dialogtypen" der Gegenwart, die insgesamt 22 auch im Kommunikationsbereich der Lehre genutzte „Dialogtypen" aufführt – womit indes nur einer von drei dialogtypologischen Zweigen erschlossen wird[103] –, so wird unmittelbar deutlich, dass der Gesprächstyp *Lehrgespräch* beim Übergang vom (lateinischen) Mittelalter zur (deutschen) Neuzeit nicht nur leichte Modifikationen, sondern tiefgreifende Veränderungen erfahren haben muss. Die vornehmlich im 18. Jahrhundert anschwellende Fülle von Publikationen zum Gespräch im Allgemeinen und zum pädagogisch-didaktischen Gespräch im Besonderen ist denn auch nur ein erster Hinweis auf einen mentalitätsgeschichtlichen Wandel der Einstellungen zum *Lehrgespräch*, mithin auf eine „Sattelzeit" des *Lehrgesprächs* im letzten Drittel dieses Jahrhunderts, dem durch einen genaueren Blick auf die sortenspezifische Ergliederung dieses Gesprächstyps vertiefend nachzugehen ist.

Während es jedoch für die phonetisch-phonologische, morphologische, lexikalisch-semantische und syntaktische Sprachbeschreibungsebene eine nicht geringe Zahl von Modellen zur Beschreibung und Erklärung historischen Wandels gibt, steht die Prüfung sprachtheoretischer Ansätze zur Beschreibung und Erklärung solchen Gesprächssorten- und Gesprächstypenwandels noch aus. Diese Prüfung ist in der Tat sehr schwierig, ist doch schon die Interpretation zweier zeitlich weit auseinander liegender Gespräche als Exemplare einer identischen Gesprächssorte nicht ohne Risiko zu leisten. Schanks Vorschlag, es könnten „diachrone Textsortenlinien die Funktion der identischen Bezugsbasis übernehmen",[104] ist zwar ein Schritt in die richtige Richtung, doch muss, da letztlich alles an einer Text-, Gesprächs- oder Dialogsorte dem Wandel unterliegen kann,[105] definiert werden, was eine Sorte und ihre diachronische „Linie" zusammenhält. Erfolgversprechender scheint es, Sprachhandlungsmuster, also auch Dialog- und Gesprächssorten (zur Unterscheidung s.u., II.2.2.), als abstrakte Konfigurationen ko- und kontextueller (Handlungsbedingungen), funktionaler (Handlungszwecke) und struktu-

---

[102] Vgl. Kästner 1978, 78 (s.o., I.1.).
[103] Franke 1986.
[104] Schank 1984, 762.
[105] Darauf weist zu Recht auch Fritz 1995, 470 hin.

reller (Handlungsmittel und -formen) Merkmale aufzufassen und die sprachgeschichtlich eher konservative einzelsprachliche Lexikalisierung des dazugehörigen Sprachhandlungsbegriffs als heuristische Klammer zu nutzen.[106] Durch die Differenzierung der Merkmalfelder ist die Gefahr, in diachronischer Sicht Äpfel mit Birnen zu vergleichen, erheblich verringert, insofern relativ zur Konfiguration konkreter Merkmale entschieden werden kann, ob es sich bei einer Veränderung um die Entstehung einer Variante einer bestehenden Gesprächssorte handelt oder um die Ausgliederung einer neuen Gesprächssorte. Damit ist auch eine weitere Gefahr gebannt, nämlich die Gefahr, als diachronisches Nacheinander zu werten, was in Wirklichkeit bereits als synchronisches Varianten-Nebeneinander existiert.[107] Auf der Grundlage einer merkmalorientierten Beschreibung kann dann die Qualität des Wandels selbst differenzierter erfasst werden, beispielsweise wie Schank es empfohlen hat:

> Als Mikrowandel sollen jene Sprachwandelprozesse gelten, durch die sich Textsorten nur in einzelnen sprachlichen Elementen auf der Ausdrucksseite ändern. Von Textsortenwandel ist zu sprechen, wenn das kommunikative Handlungsmuster von Textsorten sich ändert. Hand in Hand damit kann natürlich auch Mikrowandel auftreten. Mit dem Terminus Makrowandel ist Stadienwechsel gemeint, also kumulativer Wandel in den Bereichen Mikrowandel sowie Textsortenwandel.[108]

Die Differenzierung gestattet darüber hinaus auch, unterschiedliche Erklärungsmodelle zu nutzen: genetische Erklärungsmodelle, die die Wege des historischen Werdens in den Blick nehmen,[109] oder kausale, die die Gründe des Wandels in den Mittelpunkt rücken. In beiden Fällen wird ein besonderes Augenmerk auf den Bereich der Sprachnormen im Rahmen einer Varietät zu richten sein, zumal die Geschichte des deutschen *Lehrgesprächs* zunächst die Sprache in einem Kommunikationsbereich betrifft und erst dann die deutsche Hoch- bzw. Standardsprache, die ja selbst nicht „das Sprachsystem" des Deutschen, sondern eine, und zwar die herausragende, Varietätennorm und damit selbst ein Subsystem des Sprachsystems ist.

Die Sorten des Gesprächstyps *Lehrgespräch* sind im frühen Neuhochdeutschen, wie oben erwähnt, als institutionelle Gesprächssorten im Zuge der Institutionalisierung der (Aus)bildung und der Säkularisierung der gesellschaftlichen Lebensformen herausgebildet worden, nicht ohne Rückgriffe auf lateinische und französische Vorbilder. Von alters her gab es aber freilich Sorten des Lehr- und Erziehungsgesprächs, die im Kommunikationsbereich

---

[106] Vgl. die entsprechenden Merkmalfelder in Kilian 1997, 78ff.
[107] Auf diese Gefahr weist auch Schank 1984, 762 hin.
[108] Schank 1984, 764; vgl. Steger 1984, 191; Schenker 1977.
[109] Vgl. Presch 1981, 214ff.

des Alltags geformt und lediglich durch institutionelle Sprachnormen bis weit in die Neuzeit hinein vom Kommunikationsbereich der Lehre ferngehalten worden waren. Die Veränderungen, die, nach ersten Anstößen im 15. Jahrhundert, im 17. Jahrhundert deutlich spürbar werden und im 18. Jahrhundert das institutionelle *Lehrgespräch* auch von diesen natürlichen Verwandten profitieren lassen, sind deshalb kein Wandel des Systems der deutschen Sprache, sondern ein Normenwandel im Rahmen der Varietät des Kommunikationsbereichs der Lehre. In diesem Sinne darf Gerd Fritz' Feststellung zur Geschichte dialogischer Sprachhandlungsmuster auch auf die Geschichte der Sorten des deutschen *Lehrgesprächs* bezogen werden:

> Generally speaking, the invention of completely new speech act patterns seems to have been rather rare in historical times for which we have records. By the time written documents were produced, all the basic patterns known to us today already seem to have been in practice. What is obviously much more frequent is the modification of strategies and the adaption of existing basic patterns to specific purposes.[110]

Insofern Gesprächs- und Dialogsorten als abstrakte Konfigurationen ko- und kontextueller, funktionaler und formal-struktureller Merkmale überhaupt nur als normativ etablierte Sprachhandlungsmuster existieren, und insofern diese Muster im Gespräch des „Einen" mit dem „Anderen" normiert werden, gilt zudem Schanks Aussage zur Rolle von Textsorten in einer Theorie des Sprachwandels uneingeschränkt auch für die Rolle von Gesprächs- und Dialogsorten (die Schank ohnedies dem „Textsorten"-Begriff subsumiert):

> Über die Textsorte als Zwischenglied wird damit eine direktere Linie zwischen externen Faktoren und Sprachwandel deutlich. – Demnach kann festgestellt werden, daß der Textsortenbegriff in erheblichem Maße zur Pragmatisierung des Sprachwandelkonzepts beitragen kann.[111]

Wenn der Dialog – vornehmlich als Gespräch, aber auch als Korrespondenz – in unmittelbarem Sinn Ursache, Mittel, Ort und zugleich auch Gegenstand des Sprachwandels ist, und wenn der Begriff der „Dialogsorte" als linguistische Klammer Sprachgeschichte und Sozialgeschichte zusammenzubinden erlaubt, müsste die historische Dialogforschung auch „Einsicht in den Kausalzusammenhang des Geschehens"[112] eröffnen und im Rahmen der Empirie zu Erklärungen des Sprachwandels ohne Zuhilfenahme einer „Black box" oder einer „unsichtbaren Hand" vordringen können.

Die Untersuchungen in Kapitel III werden dies im Einzelnen zu prüfen haben.

---

[110] Fritz 1995, 480.
[111] Schank 1984, 762; vgl. Cherubim 1984, 805f.
[112] Paul 1920, 15.

II.2. Methoden und Kategorien der historischen Dialogforschung

Nachdem nunmehr die wichtigsten Wege der (germanistischen) historischen Dialogforschung erkundet und Ansätze derselben kritisch diskutiert worden sind, besteht die nächste Aufgabe darin, auf der Grundlage dieser Ansätze das methodische und kategorielle Werkzeug für die empirische Erforschung historischer Gespräche zusammenzustellen. Dies erfolgt im Wege der systematischen Zusammenführung der diskutierten Ansätze in Bezug auf das theoretische und methodologische Erkenntnisinteresse der historischen Dialogforschung im Allgemeinen und das empirische Erkenntnisinteresse der vorliegenden Untersuchungen zum Gesprächstyp *Lehrgespräch* im Besonderen; aus diesem empirischen Bereich stammen denn auch im Folgenden die Beispiele.

Die Zusammenführung selbst ist nun nicht deshalb systematisch, weil aus jedem der Ansätze Anregungen zur Beantwortung konkreter Fragen bzw. zur Lösung konkreter Probleme aufgegriffen werden; diese Art Eklektizismus ist mittlerweile – legitimer- und notwendigerweise – Usus in der empirischen linguistischen Dialogforschung, nichtsdestotrotz aber nicht per se auch systematisch. Die folgende Zusammenführung ist vielmehr systematisch insofern, als ihr, zum einen, die makro- und mikrostrukturelle Organisation des Gesprächs in einem phänomenologischen, wenn man so will: universalen, Sinn zugrunde gelegt ist. Und sie ist, zum anderen, systematisch insofern, als sie der grundlegenden Prämisse der historischen Sprachpragmatik folgt, nach der jede sprachliche Handlung in ihrer historisch je besonderen soziopragmatischen Einbettung aufzusuchen ist: Menschen kommunizieren mündlich und schriftlich dialogisch innerhalb gesellschaftlich ausgewiesener, mithin institutionell gerahmter Kommunikations- und Praxisbereiche, denen in Bezug auf den schriftlichen Dialog *Korrespondenz*bereiche, in Bezug auf den mündlichen Dialog *Gesprächs*bereiche korrespondieren. Im schriftlichen wie im mündlichen Dialog orientieren sich Menschen mehr oder weniger bewusst an relativ zu diesen Bereichen etablierten sprachlich-kommunikativen kultur- und bereichsspezifischen Normen, die sie im Verlauf ihrer sprachlichen Sozialisation erlernen und die zu ihrem Sprach(gebrauchs)wissen gehören; die mentalitätsgeschichtliche Dialogforschung hat die Bedeutung dieses Wissens auch für sprachgeschichtliche Prozesse, gar für Prozesse des Sprachwandels überzeugend dargelegt. Sprachnormen steuern, als systematische Konfigurationen konventioneller Regeln,[113] die Wahl sprachlicher

---

[113] Vgl. Kilian 1997, 64 (mit weiterführender Literatur zum linguistischen „Norm"-Begriff).

Mittel und sind als Elemente (Maximen oder Regeln im engeren Sinne) der je zeitgenössischen Gesprächsethik und Gesprächsrhetorik beschreibbar (II.2.1.).

Sodann beziehen sich Sprachnormen, zweitens, natürlich auch auf einzelne Sprachhandlungsmuster und sogar deren mikrostrukturelle Organisation. Historische Sprachhandlungsmuster sind in einem ersten Zugriff ermittelbar, indem die in einer Sprachgesellschaft positiv wie negativ sanktionierten Sprachhandlungsbegriffe rekonstruiert werden, geben diese doch Auskunft über das historisch verfügbare Repertoire an Sprachhandlungsmustern und -möglichkeiten innerhalb eines Kommunikationsbereichs. Mit „rekonstruieren" ist bereits angedeutet, dass hierfür nicht der dialoggrammatische Weg der introspektiven Kompetenzlinguistik, sondern ein ethnomethodologisch begründeter und sprachtheoretisch auf einen pragmatisch-semantischen „Handlungs"-Begriff gestützter Zugriff gewählt wird. Die Rekonstruktion soll zu den historischen Benennungen für die Gesprächssorten im Kommunikationsbereich der Lehre im 17. und 18. Jahrhundert führen, die sodann als handlungsleitende Begriffe für die Sachen, nämlich die Gesprächssorten selbst, empirisch zu entfalten sind (II.2.2.).

Schließlich und drittens: Wenn Menschen Gespräche führen oder schriftlich miteinander korrespondieren, orientieren sie die Wahl und binnenstrukturelle Organisation ihrer Gesprächshandlungen und Gesprächsakte, ihrer Gesprächssequenzen und Gesprächsschritte an den makrostrukturellen Rahmen, die die Gesprächssorten eines Gesprächstyps für einen Kommunikationsbereich vorgeben; die linguistische Gesprächsanalyse und vor allem die Dialoggrammatik haben dies für verschiedene Gesprächssorten der Gegenwart belegt. Damit ist nicht gemeint, dass dialogisch schreibende und sprechende Menschen Gefangene der Vorgaben solcher Rahmen oder auch nur besonderer Gesprächszwecke sind; gemeint ist vielmehr, dass sie Nutznießer derselben sind, insofern die Rahmen eine konventionelle Orientierung über gesellschaftlich sanktionierte Mittel des dialogischen Sprachhandelns bieten, gleichsam ein Angebot von Rezepten für wiederkehrende Gesprächsereignisse (II.2.3.).

Der Sprachwandel im Dialog wie auch der Wandel des Dialogs selbst im Lauf der Sprech- und Schreibgeschichte sind nur erklärbar als Produkte fortwährender Abweichungen von diesen angebotenen Rezepten, fortwährender Überschreitungen der musterhaften Rahmen, fortwährender Verschiebungen der Grenzen. Die Kategorien der historischen Dialogforschung dürfen daher nicht statische Stabilität suggerieren, wo dynamischer Zustand, wo Werden im Sein zu beschreiben ist. Ich werde im Folgenden die Kategorien im voranstehenden Dreischritt: von den Normen des (großen) Gesprächsbereichs über die Normen der (mittleren) Gesprächssorten bis zu den Normen der (kleinen) Gesprächshandlungen und -akte einführen.

II.2.1. Normen im Gesprächsbereich: Zur Rekonstruktion von Konventionen der Gesprächsethik und Gesprächsrhetorik

Im Anschluss an seine Schulschrift „Luthers Katechismus, mit einer katechetischen Erklärung zum Gebrauch der Schulen" aus dem Jahr 1798 hat Johann Gottfried Herder „Lebensregeln" für die Schüler (der gelehrten Schulen) formuliert. Regel Nummer acht lautet:

> Gott hat dir als Mensch die Sprache gegeben; lerne also verständig, deutlich und angenehm reden. Dies lernest du, wenn du auf andre, die verständig, deutlich und angenehm sprechen, merkst. Falle Niemanden in die Rede: denn dies ist das Zeichen eines ungesitteten Menschen. Antworte nicht eher, als bis du gefragt wirst, und dann sprich überlegt, anständig und bescheiden.[114]

Als „Lebensregel" erheben diese Sätze Anspruch auf allgemeine Gültigkeit innerhalb des Kreises „gesitteter" Menschen, unabhängig von besonderen Normen für einzelne Kommunikations- und Gesprächsbereiche. Die Diktion der Sätze kann gleichwohl deren Charakter als Lehr-Sätze nicht verleugnen. Und auch in Bezug auf den Inhalt – der Angesprochene darf wohl „reden", soll aber in erster Linie nur reden, um zu „antworten" – fällt es nicht schwer, in ihnen Anweisungen für das dialogische Wohlverhalten von Kindern, Schülern, Studenten, Lehrlingen gegenüber Vertretern der Erwachsenenwelt: Lehrern, Elternteilen, Meistern, zu erblicken. Die allgemeine Gültigkeit wird somit also doch eingeschränkt auf bestimmte Konstellationen der Gesprächspartner und Zwecke des Gesprächs, wie sie typischerweise im Kommunikationsbereich der Lehre mit asymmetrischer Redekonstellation und einem Zweck im Sinne der UNTERWEISUNG anzutreffen sind. Es gilt daher zu klären, welcher Art die Kategorie „Gesprächsbereich" ist, welche Beziehungen kategoriell zwischen „Gesprächsbereich" und „Gesprächstyp" bestehen und wie beide der historischen Dialogforschung nutzbar zu machen sind, um gesprächsethische und gesprächsrhetorische Normen vergangener Gesprächswelten zu rekonstruieren.

Während die Beschreibungsgröße „Kommunikationsbereich" – verstanden als außersprachlicher Praxisbereich, der gesellschaftlich besondere Funktionen zu erfüllen und dafür besondere sprachkommunikative Formen ausgebildet hat[115] – ob ihres hohen Abstraktionsgrades keine besondere Handhabung in Bezug auf historische Korpora erfordert, bedarf die Kategorie „Gesprächs-

---

[114] Herder; Werke 30, 391; vgl. auch ebd., 223ff.
[115] Vgl. auch Steger 1984, der von „kommunikativen Bezugsbereichen" spricht und dazu ausführt: „Solche funktionalen Bezugsbereiche stellen demnach sachlich, gedanklich und sprachlich den Rahmen dar, in dem das konkrete Kommunizieren in je auf sie bezogenen Situationen stattfindet."

bereich" als terminologische Fassung des durch Gespräche ausgewiesenen Teiles von Kommunikationsbereichen schon einer etwas genaueren Bestimmung. Denn die historische Gesprächsforschung als Teil der historischen Dialogforschung hat es, wie erwähnt, zum einen fast ausschließlich mit schriftlich überlieferten authentischen Gesprächen zu tun; sie will bzw. muss gar, zum anderen, auch die fiktiven und fiktionalen, nie jemals wirklich gesprochenen Gespräche, die dementsprechend keinen angestammten Gesprächsbereich kennen, einbeziehen; und sie wird schließlich, zumindest partiell, auch nicht darauf verzichten können, den dialogischen Schriftverkehr zu bestimmten historischen Zeiten zu berücksichtigen.

Was unter „Gesprächsbereich" zu verstehen ist, wird von Henne/Rehbock wie folgt definiert:

> Gesellschaftliche Praxis begründet unterschiedliche Ausprägungen von Gesprächen, für die der Terminus *Gesprächsbereich* stehen soll. Gesprächsbereiche erfüllen für die Mitglieder der Gesellschaft je spezifische Funktionen (Zwecke) und sind demnach finalistisch, d.h. durch die Ziele und Zwecke der Gesprächsteilnehmer begründet. Man kann sagen: In der Handlungsgrammatik einer Gesellschaft sind Gesprächsbereiche als Typisierungen der sprachlichen Interaktionen festgelegt.[116]

Die Leistung dieses Terminus und des damit verknüpften Konzepts besteht also offenkundig darin, auf einer Ebene oberhalb einzelner Gesprächssorten und gar oberhalb einzelner Gesprächstypen[117] das dialogische Sprechen in gesellschaftlichen Kommunikations- und Praxisbereichen auf der Grundlage der Zwecke des Sprechens zusammenzufassen und auf diesem Wege außersprachliche, historisch je besonders organisierte bzw. institutionalisierte Kommunikationsrahmen mit bestimmten sprachlichen Interaktionsformen, nämlich einem konkreten Repertoire dialogischer Sprachhandlungsmuster, zu verknüpfen. Insofern der Begriff des „Zwecks" bzw. der „Funktion" hier eng an die zur Untersuchung anstehende Sprachgesellschaft bzw. Sprechergruppe und deren Ziele gebunden wird, entgeht das Konzept der „Gesprächsbereiche" der Gefahr, dass Zwecke und Funktionen ahistorisch vom Betrachter vordefiniert werden. Das Konzept ist insofern geeignet für historische Erkenntnisinteressen, offen für historische Korpora. Und mehr noch: Wenn Gesprächsbereiche sodann als „Typisierungen der sprachlichen Interaktio-

---

[116] Henne/Rehbock 2001, 22f.
[117] Letzteres ist bei Henne/Rehbock nicht ganz so deutlich auszumachen. Wenn beispielsweise unter den zusammengestellten „Gesprächsbereichen der deutschen Standardsprache" nur allgemein „Beratungsgespräche" aufgeführt werden (Henne/ Rehbock 2001, 24), so ist eigentlich ein Gesprächstyp angesprochen, der in unterschiedlichen Gesprächsbereichen (Parlament, Medizin, Psychiatrie u.a.) Anwendung findet.

nen" bezeichnet werden, so ist damit auch die Tür zur Erforschung historischen dialogischen Schriftverkehrs geöffnet. Je nach Reichweite kann das Konzept also im Rahmen der historischen Dialogforschung sowohl im engeren Sinn ausschließlich auf Gespräche Anwendung finden wie auch im weiteren Sinn – gleichsam als „Dialogbereiche" – auf alle innerhalb eines ausgewiesenen gesellschaftlichen Kommunikations- und Praxisbereichs zu einer gegebenen Zeit üblichen Formen dialogischer Kommunikation.

Historische Gesprächsbereiche als die sprechsprachlichen dialogischen Teilbereiche von Kommunikations- und Praxisbereichen sind dialoglinguistisch zu beschreiben – bzw., wie Henne/Rehbock formulieren: zu veranschaulichen –, indem die ihnen korrespondierenden „Gesprächstypen" festgestellt und sodann diese selbst in Gesprächssorten ergliedert werden auf der Grundlage der überlieferten Gespräche. Dem Gesprächsbereich der Lehre korrespondiert vornehmlich der Gesprächstyp des *Lehrgesprächs*; dieser wiederum konstituiert sich aus verschiedenen Gesprächssorten, die abstrakte, internalisierte Muster konkreter Gespräche widerspiegeln. Diese Such- und Arbeitsrichtung: vom hypothetisch und theoretisch Abstrakten (und Großen) zum empirisch Konkreten (und Kleinen) und von dort rekonstruierend zum empirisch Abstrakten, d.h. vom Gesprächsbereich zum Gesprächstyp, sodann zu den ihn konstituierenden Gesprächssorten und deren Gesprächsexemplaren, und von dort auf empirischer Grundlage wieder zurück zur Rekonstruktion historischer Gesprächssorten, historischer Gesprächstypen und historischer Gesprächsbereiche – diese Richtung beansprucht für die empirische historische Dialogforschung im „Zeichen der linguistischen Pragmatik" (Cherubim) allgemeine Gültigkeit.

Der Gesprächsbereich, der im Zentrum des empirischen Teils der folgenden Untersuchungen stehen wird, ist der im 17. und 18. Jahrhundert geformte, sprechsprachlich dialogisch organisierte Teilbereich des Kommunikationsbereichs der Lehre. Dieser Gesprächsbereich wurde zwischen 1600 und 1800 in zunehmendem Maße institutionell gefasst (s.u., III.1.),[118] was sich schon an der sortenspezifischen Ausgestaltung des korrespondierenden Gesprächstyps *Lehrgespräch* sehr schön beobachten lässt: Steht am Anfang des 17. Jahrhunderts kaum mehr als die lutherische Form des *katechetischen Gesprächs* zur Verfügung, so hat das deutsche *Lehrgespräch* um 1800 eine differenzierte Sortenfülle erhalten, die noch heute institutionell gepflegt wird.

---

[118] Ich folge dem Begriff der „Institution", wie Wodak (1987, 800) ihn im Anschluss an Wunderlich bestimmt: „Institutionen sind historisch gestaltete Systeme von – unter Umständen kodifizierten – Regeln, die Tätigkeiten von Personen in mehr oder weniger präziser Festlegung aufeinander abstimmen sollen, und zwar in Ausrichtung auf Zwecke, die jeweils im Zusammenhang der gesellschaftlichen Produktion und Reproduktion stehen."

Mit der Gründung von Lehrinstitutionen unterschiedlicher Art und Zwecksetzung – von der Elementar- oder Landschule bis hin zur Universität – ist das natürliche deutsche *Lehrgespräch* zwischen Eltern(teil) und Kind der institutionellen Normierung unterworfen worden und hat die am *Lehrgespräch* Beteiligten immer mehr in institutionelle Rollen geführt. Wolfgang Ratke benennt diese (Gesprächs)rollen in seiner Schrift „Schuldieneramtslehr" von 1631/32, geordnet nach Schultypen, wie folgt: Die „Lehrmeister" heißen

1. auf den hohen Schulen: Professores und Praeceptores, welche einen Rectorem und auch bisweilen Prorectorem haben,
2. auf den niedrigen Stadtschulen: Praeceptores, Schulcollega, Schuldiener und Lehrmeister, Rectores, Con- oder Subrectores, Cantores und Untercollega,
3. auf den Dorfschulen: Schulmeister, welche gemeiniglich auch das Kirchenamt zugleich zu versehen pflegen.

Und bei den „Lehrjüngern" werden unterschieden:

1. auf den hohen Schulen: Studenten und Diszipel,
2. auf den niedrigen Stadtschulen: Schüler, Schulknaben oder -jungen, Diszipel, item Primaner, Secundaner, Tertianer und so fortan nach der Zahl und Ordnung der Klassen,
3. auf den Dorfschulen: Schüler, Schulknaben oder -jungen und Diszipel.[119]

Das prototypische *Lehrgespräch* wird also von zwei Parteiungen geführt und ist asymmetrisch strukturiert. Daran haben auch die Wechselwinde in der pädagogisch-didaktischen Ideengeschichte nichts geändert. Allen Wandlungen des Menschenbildes vom Kind und vom Schüler, vom Lehrling und vom Studenten zum Trotz blieb diese Konstellation grundsätzlich bestehen, blieb auch bei den deutschen Gefolgsleuten Rousseaus und den Philanthropen im 18. Jahrhundert der Lehrer „der König".[120] Die wechselhafte Geschichte pädagogisch-didaktischer Ideen hat sich vielmehr darin niedergeschlagen, dass jeweils unterschiedliche kommunikativ-pragmatische Normen, auch in Bezug auf das Verhältnis der Gesprächspartner, idealiter gesetzt und realiter – zumeist modifiziert – umgesetzt wurden, Normen also, die leichter dem Wechsel der Zeiten unterlagen als die achte „Lebensregel" Herders. Diese Normen können sich auf den ganzen Gesprächsbereich beziehen oder aber auch nur auf einen korrespondierenden Gesprächstyp und sogar nur auf einzelne Gesprächssorten; in jedem Fall geben sie insgesamt aber dem Gesprächsbereich sein Profil.

---

[119] Wolfgang Ratke: „Schuldieneramtslehr (Scholastica)" (1631/32), abgedruckt in Ratke/Hohendorf 1957, 171–246, hier 172f.
[120] Vgl. den Titel der Untersuchung Meers 1998: „Der Prüfer ist nicht der König", die für das 20. Jahrhundert in der Tat differenziertere Verhältnisse feststellen kann.

Sprachnormen sind als historisch-diachronisch variable, synchronisch aber relativ stabile konventionelle Regelbündel zu begreifen. Das Zusammen- und Widerspiel von synchronischer Stabilität und diachronischer Variabilität der Normen ist bei den Sorten des deutschen *Lehrgesprächs* im 17. und 18. Jahrhundert vornehmlich durch die metakommunikativ und sprachthematisierend tätigen Handlungsbeteiligten gut dokumentiert. Das Regel- und Normengefüge war in Bezug auf das *Lehrgespräch* selbst im Gespräch, war in besonders deutlicher Bewegung – und musste zugleich für die Sprecher verlässlich sein, denn:

> Gelingende Interaktion bedarf [...] einer längerfristigen Konsistenz des Verhaltens, bedarf wechselseitiger durch Normen gesicherter Verhaltenserwartungen. Diese sind in der Regel nicht universal, sondern gelten spezifisch für Kulturen, Schichten, Institutionen, Interaktionsgruppen, und sie sind nicht in gleicher Weise fundamental, sondern reichen von Basisregeln bis zu speziellsten Konventionen.[121]

Wenngleich es auch universale, panchronische Basisregeln des Gesprächs gibt, so sind die Normen für Gesprächssorten, Gesprächstypen und Gesprächsbereiche doch kulturell und historisch wandelbare gesprächsethische und gesprächsrhetorische Regelbündel. So enthält Herders „Lebensregel" Nummer acht zunächst zwar lediglich ein individuelles und zudem sehr allgemeines Ideal asymmetrischer dialogischer Kommunikation zwischen Elternteil und Kind, Lehrer und Schüler aus der Feder eines gelehrten Schulmannes am Ende des 18. Jahrhunderts. Es beansprucht Gültigkeit für den Gesprächsbereich des Alltags sowie den der institutionellen Erziehung und Lehre seiner Zeit und für Gesprächstypen wie das private *Erziehungsgespräch* und das institutionelle *Lehrgespräch*. Dass dieses Ideal noch zu Beginn des 21. Jahrhunderts zumindest bekannt ist, zeugt davon, dass es im Sinne wechselseitiger Erwartbarkeit auf Übereinkunft beruht, d.h. also: konventionell und zudem historisch sehr dauerhaft ist. Es scheint, als habe Herder eine mentalitätsgeschichtliche Konstante oder gar eine Konversationsmaxime formuliert.[122] – Dennoch aber ist Herders achte „Lebensregel" nicht universal, da sie sich auf deutsche Gesprächsverhältnisse bezieht; und sie ist nicht panchronisch, insofern sie als eine gesprächsethische Norm des 18. Jahrhunderts intendiert ist.

Diese Feststellung führt zu der Frage, wie die historische Dialogforschung solche Normen für Gesprächssorten, Gesprächstypen und ganze Gesprächsbereiche zu erfassen vermag. Will man nicht lediglich, wie es in der mentali-

---

[121] Henne/Rehbock 2001, 195f.
[122] Zu Konversationsmaximen vgl. die klassische Arbeit von Grice 1975, ferner, in Bezug auf die historische Wendbarkeit dieses Ansatzes Fritz 1994, 556ff., Fritz 1995, 483ff.

tätsgeschichtlichen Dialogforschung nicht selten der Fall ist, explizit formulierte Regeln wie die „Lebensregel" Herders oder ähnliche Regelformulierungen aus der Feder seiner Zeitgenossen, etwa Rochows oder Basedows,[123] zusammentragen und daraus ein Bild der idealen Sprecher des idealen historischen *Lehrgesprächs* komponieren, sondern diese Regeln mit dem Interaktionswissen der zeitgenössischen Sprecher und schließlich dem tatsächlich gepflegten Sprachgebrauch in Beziehung setzen, so muss aus den vielen von Individuen formulierten Regeln und den überlieferten Gesprächen als Quellen des Sprachgebrauchs das Konventionelle, das Übliche, der Usus, und das heißt auch: das sanktioniert Erwartbare, nämlich die Norm, extrahiert werden.[124] Sodann ist weiter zu differenzieren zwischen einem idealnormativen Anspruch an die Wohlgeformtheit von Gesprächen und der realnormativen Einlösung oder aber Modifikation dieses Anspruchs, d.h.: Im Bereich der Normen selbst ist zu differenzieren zwischen einer präskriptiven Idealnorm und einer – oft nicht minder präskriptiven – dem Gebrauch abgewonnenen Realnorm. Wenn, um ein Beispiel anzuführen, Johann Christoph Adelung in seiner Schrift „Ueber den Deutschen Styl" im Jahre 1785 „zu einem guten mündlichen Gespräche" die „Vermeidung aller Dunkelheit und Weitschweifigkeit" einfordert[125] – eine Formulierung, die sich übrigens fast gleichlautend in Grice' Untermaximen der „Modalität" wiederfinden wird[126] –, so ist dies zunächst nur eine individuell formulierte Idealnorm für den gesellschaftlichen Umgang. Sie ist nun in überlieferten Gesprächen aufzusuchen und auf dieser Grundlage in eine Realnorm zu überführen.

Das *Lehrgespräch* und seine Sorten sind zweckbestimmt und wirkungsbezogen im Sinne einer verhaltenssteuernden, persuasiven bzw. – in neutralem Sinne – manipulativen Absicht. Sie sind, insofern sie zum Zweck haben, „*Primärintentionen* [auch] *gegen antizipierte Aufnahme-, Verarbeitungs- oder Reaktionshindernisse elaborativ durchzusetzen*",[127] in einem sprachpragmatischen Sinne immer rhetorisch. Das deutsche *Lehrgespräch* und seine Sorten sind im 17. und 18. Jahrhundert aber auch, als sprachliche Kompositionen zum Zweck der Sprachlehre betrachtet, kunstvoll und insofern auch im klassischen Sinne rhetorisch. Gerade weil sie Normen (be)folgen, die nicht allein der Wirkungskraft, sondern auch der Wohlgeformtheit des sprachlichen

---

[123] Vgl. z.B. Rochow 1772, 85ff.; Basedow 1785, II, 522f.; s.u., III.4.3.2.

[124] Vgl. Fritz 1995, 488, der Lewis' Begriff der „Konvention" für die historische Dialogforschung als Erklärungsansatz fruchtbar zu machen sucht.

[125] Adelung 1785, II, 320ff.

[126] Vgl. Grice 1975, 46: „Avoid obscurity of expression" und „Be brief (avoid unnecessary prolixity)."

[127] Rehbock 1980, 298.

71

Ausdrucks gewidmet sind, darf man in ihnen einen Spiegel zeitgenössischer Gesprächsrhetorik erblicken.

Die Benennungen „Gesprächsethik" und „Gesprächsrhetorik" sind erst im 20. Jahrhundert entstanden, die Sachen, genauer: die Begriffe, sind indes sehr alt.[128] Im Zuge der Entdeckung der deutschen Sprache als Kultursprache im 17. und 18. Jahrhundert wurde auch die deutsche Gesprächssprache in ethischer und rhetorischer Hinsicht auf den Prüfstand gestellt – und schnitt zumeist schlecht ab.[129] Herder beklagt in einer Schulrede des Jahres 1796, dass die Deutschen „bei andern Nationen so oft stumme, oder ungeschickt sprechende, grobe Barbaren" hießen, und dies wohl zu Recht:

> Entweder antworten wir wie Unterofficiere mit dem Knittel: ‚Hum! ham!' ohne zu fragen, ob der andre daraus klug werde; oder wir sprechen wie dienstbare Lakaien – complimentenvoll, herumgehend um die Wahrheit.[130]

Und er formuliert wiederum Normen, die eine kleine Ethik und Rhetorik des Gesprächs ergeben, und weil er dies vor Schülern tut, darf man in diesem Falle gar von einer Gesprächslehre für den Kommunikationsbereich des Alltags sprechen:

> Um zu dieser Nüchternheit in Reden des Umgangs und zu einem guten Styl der Gesellschaft überhaupt zu kommen, hat man einige Regeln der Vorsicht nöthig: 1) Man falle niemandem in die Rede; ein Mensch, der dem andern in die Rede fällt, ist ein Wahnsinniger, wie die Indianer sagen [...]. 2) Man hüte sich vor gewohnten Eigenheiten und Lieblingsausdrücken, dadurch man entweder lächerlich oder eintönig wird, weil man sie gemeiniglich zur Unzeit wiederholet. [...] 3) Man hüte sich vor allem Despotismus im Umgang und seinen Gesprächen. [...].[131]

Es wird zu prüfen sein, inwiefern derlei allgemeine Regeln und Normen subsistent, also durch Vormachen, oder statuiert, also als reflektierter Unterrichtsgegenstand oder als Gegenstände der Schulordnungen, das deutsche *Lehrgespräch* in seiner Entfaltung begleiteten.

„Gesprächsethik" und „Gesprächsrhetorik" sind keine heuristischen Begriffe und keine panchronischen Kategorien im Rahmen der historischen Dialogforschung, sondern Benennungen für je zeitgenössische subsistente oder statuierte Regelbündel. Im überlieferten Gespräch erscheint Gesprächs-

---

[128] Vgl. HWbRh 3, 1996, 953ff. (s.v. *Gesprächsrhetorik*); Rehbock 2002 sowie – für die gesellschaftliche Konversation – Fauser 1991, 147ff.

[129] Vgl. Fauser 1991, 101ff.

[130] Herder: [„Von der Ausbildung der Rede und Sprache in Kindern und Jünglingen"] (1796), Werke 30, 217–226, hier 225; vgl. auch Kleists Brief an Luise von Zenge (16. August 1801), Werke 2, 687; dazu auch Fauser 1991, 164ff.

[131] Herder: [„Von der Ausbildung der Rede und Sprache in Kindern und Jünglingen"] (1796), Werke 30, 217–226, hier 224.

rhetorik als (Gesprächs)stil, genauer: als Stil des zweckgebundenen Gesprächshandelns; Gesprächsethik wiederum erscheint als (Gesprächs)konvention, und beide finden im Begriff der „Norm" ihre Beschreibungsgröße in der historischen Dialogforschung: Insofern Normen oben als **konventionelle Regelbündel** definiert wurden, sind gesprächsethisch begründete Gesprächskonventionen expressis verbis dem Definiens von „Norm" zugeführt; Konventionen mit Anweisungscharakter, also etwa Konversationsmaximen, füllen hierbei die präskriptiven Fächer des „Norm"-Begriffs. Und indem Sprachnormen als Regelbündel, wie erwähnt, relativ zu historischer Zeit und Gesprächsbereich die je spezifische **Auswahl** sprachlicher Mittel und deren Gebrauch steuern, wohnt ihnen auch der Begriff des (Gesprächs)stils inne. Mit dieser Hervorhebung des Begriffs der „Norm" als Bezugs- und Beschreibungsgröße der historischen Dialogforschung soll der Eigenwert und Nutzen der Erforschung historischer Gesprächsrhetorik und historischer Gesprächsethik also nicht bestritten werden; die Wirkung und die Schönheit eines Gesprächs ebenso wie seine Verortung im ethischen Anspruch einer Gesellschaft bedürfen jedoch der historischen Vergewisserung in Form ihrer Rückführung auf Normen – was auch heißen kann, dass sie als Normbrüche erkennbar werden. Aus der Sicht eines vornehmlich **sprachgeschichtlichen** Erkenntnisinteresses erscheinen Gesprächsrhetorik und Gesprächsethik, bezogen auf einen konkreten historischen Gesprächsbereich, denn gar nurmehr als zusätzliche Blickrichtungen auf den historischen Gegenstand, das historische Gespräch, die für sich genommen noch keinen Bezug zwischen der Sprachgesellschaft auf der einen und dem in den Quellen beobachtbaren Sprachverkehr auf der anderen Seite herzustellen vermögen. Auch dazu ist wiederum die Rückführung gesprächsrhetorischer und gesprächsethischer Ansätze auf die Kategorie der Sprachnorm notwendig, die in historischer Sicht diese verschiedenen Blickrichtungen zusammenbindet und Sprachliches mit Außersprachlichem zu verknüpfen erlaubt.

II. 2.2. Wörter und Sachen: Historische Dialogtypologie als Rekonstruktion historischer Sprachhandlungsbegriffe

In den voranstehenden Abschnitten war schon viel die Rede vom „Gespräch" und vom „Dialog", von „Gesprächssorten" und „Dialogsorten", „Gesprächstypen" und „Dialogtypen", ohne dass eine Erklärung erfolgt ist darüber, wie diese Wörter als terminologische Fassungen von Konzepten der germanistischen historischen Dialogforschung zu verstehen sind. Es wird leider immer wieder als Übel vermerkt, dass die (germanistische) Dialogforschung kein feststehendes, gleichsam normativ geformtes terminologisches Inventar habe und deshalb fast jede Untersuchung mit neuen Begriffsbestimmungen daherkomme. Diese Klage mag berechtigt sein, übersieht indes, zum einen, dass die verschiedenen Terminologien durchaus eine gemeinsame Wurzel haben und die Verschiedenheit der Termini eben unterschiedliche Blicke auf denselben Gegenstand repräsentieren soll: Es heißt, z.B., *Gesprächsanalyse* und *Dialoggrammatik, Konversationsanalyse* und *Diskursforschung*,[132] und all die damit verknüpften Ansätze haben es mit der Erforschung und Beschreibung dialogischer Kommunikation von Menschen zu tun. Sie bringen dazu ihre unterschiedlichen Sichtweisen terminologisch zum Ausdruck und spiegeln einen Wettbewerb um die Gewinnung wissenschaftlicher Erkenntnis. Die genannte Klage übersieht, zum anderen, dass der Gegenstand selbst so vielfältig ist, dass seine Erfassung der verschiedenen Blicke und deren begrifflicher Fassungen bedarf, und dies gilt umso mehr, wenn die Blicke in die Geschichte ausgreifen. Die historische Dialogforschung muss diese Vielfalt der heuristischen und hermeneutischen Konzepte, die in den verschiedenen Termini gebunden sind, nutzen, zumal sie aufgrund der Quellenlage ein wesentlich höheres Maß philologischer Vorsicht und interpretatorischer Leistung zu erbringen hat als die synchronisch-gegenwartsbezogene Dialogforschung. Die historische Dialogforschung hat die Vielfalt zu nutzen – und muss gleichwohl eine eigene systematische Ordnung dieser Zugriffe erarbeiten, die den besonderen historischen Erkenntnisinteressen gerecht werden. Dies gilt in besonderer Weise für die Interpretation historischer Sprachhandlungen in Form ihrer Zuordnung zu einem Sprachhandlungsbegriff.

„Gespräch" und „Dialog", „Gesprächssorte" und „Dialogsorte", „Gesprächstyp" und „Dialogtyp" werden in der vorliegenden Arbeit im Sinne von Spezies und Gattung begriffen. Bezieht man die geschriebenen Varianten unter der Benennung „Korrespondenz"[133] mit ein, so ist folgende terminologische (und konzeptuelle) Struktur für die (historische) Dialogforschung zu veranschlagen (die Kanten indizieren ‚Abstraktion' (von oben nach unten) und ‚Konkretion' (von unten nach oben); der Ausgang vom konkreten *Gespräch* bzw. der konkreten *Korrespondenz* folgt der empirischen Grundhaltung der historischen Dialogforschung, wie sie hier entworfen wird):

---

[132] Vgl. zu dieser Benennungsvielfalt Henne/Rehbock 2001, 1; Kanth 1981, 205; Weigand 1994c, 49f.; Adamzik 1995, 36f.; Kilian 2002b.
[133] Ich folge hierin dem Benennungsvorschlag Weigands 1986, 121.

74

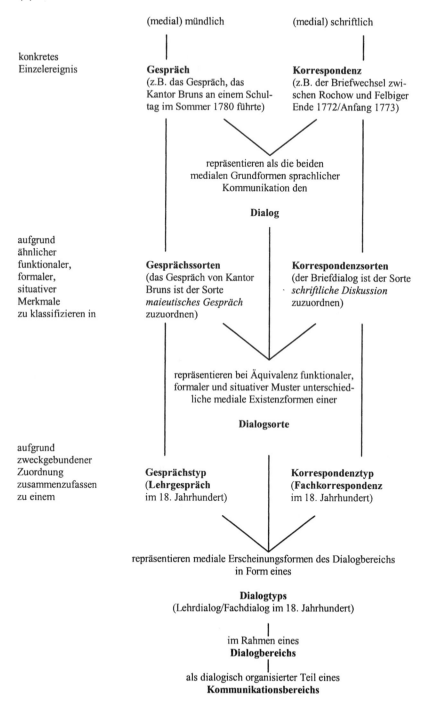

Der „Dialog"-Begriff erscheint hier als terminologisches Dach für „Gespräch" und „Korrespondenz", dementsprechend „Dialogsorte" als Oberbegriff für „Gesprächssorte" und „Korrespondenzsorte" sowie „Dialogtyp" als Oberbegriff für „Gesprächstyp" und „Korrespondenztyp". Unter „Dialog" ist in diesem terminologischen Zusammenhang eine im Medium der Sprache geführte, thematisch gebundene Interaktion mit mindestens zwei in den Rollen von Sprecher/Schreiber und Hörer/Leser einander abwechselnden Beteiligten zu verstehen.[134] „Gespräch" benennt dann diese Interaktion für den gesprochenen, „Korrespondenz" für den geschriebenen Teilbereich. Dabei ist nicht nur mit Bezug auf die Quellenlage der historischen Dialogforschung zu beachten, dass „schriftlich" und „mündlich" nicht notwendigerweise identisch sind mit „geschriebener Sprache" und „gesprochener Sprache", und dass diese Kategorien auch aus diesem Grund nicht ohne Weiteres auf die Differenzierung zwischen „Korrespondenz" und „Gespräch" abgebildet werden dürfen.[135] Das Prädikat »mündlich« kann im Rahmen der historischen Dialogforschung zum 17. und 18. Jahrhundert nur die konzeptionelle Mündlichkeit meinen, denn es handelt sich um Dialoge, die als sprechsprachlich, zeitlich simultan und räumlich nah geführte oder zu führende Gespräche schriftlich überliefert sind. Und in diesem Zusammenhang ist es dann unerheblich, ob das konkrete Gespräch oder die konkrete Korrespondenz authentisch, fiktiv oder fiktional ist: Das fiktive Fachgespräch Gelehrter, das dem Studenten Wissen vermitteln soll, das in Frage und Antwort gehaltene Lehrbuch, das dem Schüler den Stoff in lernbare Portionen gliedert, das fiktive Modell-Gespräch, das dem Lehrer Exempel und Anregung für eine Unterrichtsstunde sein soll – all diese Dialoge sind zwar schriftlich abgefasst, doch sind es keine Korrespondenzen, wie beispielsweise die Korrespondenzsorten des Prüfungsdialogs mit zeitversetzten schriftlichen Fragen des Lehrers, schriftlichen Antworten des Schülers und darauf folgender schriftlicher Korrektur des Lehrers. Vielmehr handelt es sich bei den fiktiven und fiktionalen Lehrgesprächen um Kreuzungen aus medialer Schriftlichkeit und konzeptioneller Mündlichkeit, um schriftliche Varianten mündlicher Gespräche, die innerhalb desselben Kommunikationsbereichs weitgehend vergleichbaren Normen folgen und nicht selten sogar das gesprochene Wort nachzubilden trachten (was sie als Quellen um so attraktiver macht).

In den nachfolgenden empirischen Untersuchungen wird die Gesprächs-Seite des Dialogs im 17. und 18. Jahrhundert am Beispiel des Gesprächstyps *Lehrgespräch* im Zentrum stehen. Dieser Gesprächstyp bindet alle in-

---

[134] Vgl. Henne/Rehbock 2001, 6ff. und 255; Schank/Schwitalla 1980, 318; Brinker/Sager 1996, 9ff.; Techtmeier 1984, 47ff.; Dittmann 1979, 3f.

[135] Zur Unterscheidung von konzeptioneller und medialer Mündlichkeit und Schriftlichkeit vgl. Koch/Oesterreicher 1985; zusammengefasst auch Kilian 2001b, 58ff.

nerhalb der deutschen Sprachgesellschaft des 17. und 18. Jahrhunderts im institutionellen Kommunikationsbereich der Lehre normativ sanktionierten Gesprächssorten unter der Ägide der im zeitgenössischen Begriff der „Lehre" enthaltenen Rahmenbedingungen der Kommunikation (Handlungszwecke, -bedingungen, -formen) zusammen. Die Gesprächssorten wiederum sind prototypisch standardisierte[136] virtuelle Muster für situativ, formal-strukturell und funktional äquivalente Gespräche im Kommunikationsbereich der Lehre, und zwar in historischer Sicht relativ zur jeweiligen pädagogisch-didaktischen Theorie und Praxis, zu den Institutionen der Lehre, zu Lehr- und Lerngegenständen (z.b. „Anweisung zum Singen", „Schreiben", „Buchstabiren", „Rechnen", „Uebungen im Wohlanstand" u.a.[137]). Gesprächssorten sind im Interaktionswissen von Sprechern als Merkmalkonfigurationen niedergelegt und ermöglichen es, ein Gespräch mit bestimmtem Handlungsplan zu produzieren bzw. ein Gesprächsexemplar kommunikativ sinnvoll verstehend zu rezipieren.

Damit sind die terminologisch gebundenen konzeptuellen Voraussetzungen für eine Klassifikation überlieferter historischer Gespräche gegeben: „Gespräch" und „Gesprächssorte", „Gesprächstyp" und „Gesprächsbereich" stehen terminologisch für unterschiedliche Abstraktionsgrade der sprachwissenschaftlichen Analyse und Interpretation mündlicher, dialogischer und themenzentrierter Interaktion. Die Klassifikation eines konkreten historischen Gesprächs folgt nun Anregungen der beiden maßgeblichen Ansätze der Dialogforschung, die indes dafür historisch zu wenden sind:[138] Insoweit die Ordnung der historischen Gesprächswelt, wie im Schema angedeutet, ihren Ausgang von überlieferten (natürlichen, erinnerten, fiktiven, fiktionalen) Gesprächen nimmt und zudem zeitgenössische Sprachhandlungsbegriffe zur Interpretation heranzieht, folgt sie im Wesentlichen dem Ansatz der ethnomethodologisch begründeten, empirischen linguistischen Gesprächsanalyse. Weil dieser Ansatz sodann bei der außenperspektivischen Klassifikation von Gesprächen jedoch fast ausschließlich auf situative und formal-strukturelle

---

[136] Zur Rolle der Standardisierung bei der Herausbildung von Dialogsorten vgl. Fritz 1997, 52.

[137] Vgl. z.B. die „Lections=Pläne" bei Riemann 1781, 165ff.; Felbiger 1775/1892, 312ff.; Gilow 1906, 37, 115, 315ff.

[138] Die Diskussion über Wege der Klassifikation und Typologie von Gesprächen und Gesprächssorten ist noch nicht zu einem befriedigenden Abschluss gekommen, und so muss auch die historische Gesprächsforschung aus mehreren Ansätzen schöpfen (vgl. oben II.1.1. und II.1.2.). Zur pädagogischen Gesprächstypologie siehe oben I.2. Einen instruktiven Überblick über linguistische Ansätze zur „Dialog-Typologie" bietet Hundsnurscher 1994; einen gewissen Neuansatz legt Adamzik 2000a vor.

Merkmale von Redekonstellationen zurückgreift,[139] wird er den Zwecken historischer Gespräche und Gesprächssorten nicht gerecht. Er ist deshalb um einen historisch gewendeten dialoggrammatischen Ansatz zu ergänzen, der Gespräche nach ihren Zwecken zu klassifizieren sucht. Beide Ansätze gelangen auf diese Weise integrativ und systematisch im Rahmen der historischen Gesprächsklassifikation zur Anwendung.[140] Der dialoggrammatische Weg der Klassifikation kommt dabei dem gesprächsanalytischen im wahrsten Sinne des Wortes entgegen, nimmt er doch seinen Ausgang vom institutionell gerahmten Zweck des Gesprächstyps und ergliedert denselben sodann in Sorten. Das dialoggrammatische methodologische Fundament der introspektiven Kompetenzlinguistik muss im Rahmen der historisch-induktiven Methode freilich der historischen Rekonstruktion weichen: Das konkrete historische Gespräch ist einer historischen Gesprächssorte zuzuordnen, die ihren spezifischen Wert im Sortenrepertoire eines historischen Gesprächstyps in einem historischen Gesprächsbereich erhält. Dass in diese Rekonstruktion die Sprachkompetenz des Sprachhistorikers einfließt, ist unvermeidlich, vermag er es doch nicht, sein „Selbst gleichsam auszulöschen";[141] die Zuordnung des historischen Gesprächs zu einer historischen Gesprächssorte erfolgt jedoch im hermeneutischen Wechselspiel zwischen Innenperspektive und Außenperspektive des Sprachhistorikers und ist dadurch vor introspektiver Fehlinterpretation weitgehend gefeit.

Die innenperspektivische Interpretation der in den Quellen vorfindlichen Gespräche kann maßgeblich geleitet werden durch Benennungen für Sprachhandlungen als lexikalisch gefasste Sprachhandlungsbegriffe, mit denen die Zeitgenossen auf das Sprachhandeln ihrer Zeit referierend und

---

[139] Vgl. Henne/Rehbock 2001, 25ff., die in kritischem Anschluss an die „Freiburger Redekonstellationstypik" zehn „kommunikativ-pragmatische Kategorien" zur Verortung faktischer Gespräche zusammenstellen und feiner untergliedern: 1. Gesprächsgattungen, 2. Raum-Zeit-Verhältnis, 3. Konstellation der Gesprächspartner, 4. Grad der Öffentlichkeit, 5. Soziales Verhältnis der Gesprächspartner, 6. Handlungsdimensionen des Gesprächs, 7. Bekanntheitsgrad der Gesprächspartner, 8. Grad der Vorbereitetheit der Gesprächspartner, 9. Themafixiertheit des Gesprächs, 10. Verhältnis von Kommunikation und nichtsprachlichen Handlungen. „Ein faktisches Gespräch zwischen Gesprächspartnern ist dann dadurch gekennzeichnet, daß es durch jeweils eine Subkategorie der kommunikativ-pragmatischen Kategorien zu belegen und damit einem Gesprächstyp zuzuweisen ist." (31f.) Vgl. zur Kritik dieses Ansatzes Franke 1986, 86, und, für die Wendbarkeit und Anwendung redekonstellativer Merkmale im Rahmen der historischen Gesprächsforschung, Kästner 1978, 64ff.; Neuendorff 1986.

[140] Auch Franke 1986, 87 schlägt für die Klassifikation vor, einen „terminologischen", einen „empirischen" und einen „deduktiven" Ansatz miteinander zu verknüpfen, widmet dann aber dem deduktiven allein die Aufmerksamkeit.

[141] Leopold von Ranke, zitiert nach Faber 1971, 196.

prädizierend Bezug nahmen, und die, zumindest in abstrahierender Auswahl, in zeitgenössischen Wörterbüchern, Grammatiken, Stilistiken u.a. registriert sind. Dieser Weg der Interpretation folgt einer Theorie des sprachlichen Handelns, die dieses innenperspektivisch an die Interpretationsleistung von kompetenten Sprechern und Hörern, Schreibern und Lesern knüpft, zugleich aber diese Interpretationsleistung außenperspektivisch durch systematische und kategoriell gestützte Beschreibung der Sprachhandlungsbegriffe wendet:

> Handlungen setzen Handlungsbegriffe voraus, d.h. sie werden als Handlungen erst durch den Begriff konstituiert, der die Merkmale und Folgen festlegt, die ein von einem Subjekt verursachtes Ereignis aufweisen muß, um unter den betreffenden Handlungsbegriff fallen zu können (der einzelsprachlich z.B. durch Verben und weitere Spezifizierungen benannt wird).[142]

Das heißt auch: Sprachhandlungen setzen Sprachhandlungsbegriffe voraus; Sprachhandlungen existieren danach überhaupt nur als Interpretationsleistungen, insofern Menschen Akte des Sprechens und Schreibens als Handlung eines bestimmten Handlungstyps interpretieren, und Menschen tun dies, indem sie diese Akte einem Begriff zuordnen und mit einem Wort oder einem Wortgruppenlexem ihrer Einzelsprache benennen,[143] dessen semantische Merkmale den enzyklopädischen Merkmalen der Sache, also des Aktes, weitestgehend korrespondieren. Wenn Ferdinand de Saussure schreibt, es sei „eine verkehrte Methode, von Wörtern auszugehen, um Sachen zu definieren",[144] so ist das für die Definition wissenschaftlicher „Sachen" – bei ihm geht es um „*Sprache*" und „*Rede*", „*Langue*" und „*Parole*" – zutreffend. Soll indes das Denken, Fühlen, Wollen, gar das Wissen historischer Sprecher in Bezug auf die von ihnen verwendeten Sprachhandlungsmuster rekonstruiert werden, so vermögen die – sprachthematisierend oder metakommunikativ gebrauchten – Wörter als lexikalisch geronnenes Interaktionswissen sehr wohl den Weg zu weisen. Die sprachwissenschaftliche Ordnung historischer Gespräche unter Zuhilfenahme lexikalisch-semantischer und enzyklopädischer Merkmale historisch verbürgter Sprachhandlungsbegriffe folgt zudem, wie erwähnt, methodisch der kognitiv-semantischen Ordnung des Gesprächshandelns, wie sie Sprecher und Hörer alltäglich vornehmen, wenn sie Gespräche im Wege der – bewussten oder unbewussten – Benennung verste-

---

[142] Burkhardt/Henne 1984, 339; vgl. Schlieben-Lange 1976, 114; zusammenfassend Kilian 1997, 61f. Zu diesem hermeneutisch-interpretativen Verfahren als Weg der historischen Erkenntnis vgl. auch Mommsen 1961, 87.
[143] Dass es sich dabei nicht nur um performative Verben handeln muss, sondern auch, beispielsweise, um Nominalisierungen (*Aufforderung*), nicht-deverbale Nomina (*Ehrenwort*) u.a., zeigt Holly 1989, 814f.
[144] Saussure 1916/1967, 17.

hend interpretieren.[145] Diese Ordnung ist freilich noch keine systematische im Sinne einer wissenschaftlichen Klassifikation, doch legt sie lexikalisch-semantische Spuren dafür.

Die historische Dialogforschung muss daher, will sie Wörter als Quellen zur Erkenntnis der Sachen nutzen, Anleihen bei der historischen Lexikologie, insonderheit der historischen Semantik und der historischen Lexikographie, machen.[146] Der metakommunikative Wortgebrauch in Performanzfragmenten (Primärquellen, wie z.b. Gesprächsprotokolle) sowie die sprachthematisierenden Wortverwendungen in Performanzarchiven (Sekundärquellen, wie z.b. Anstandsbücher) dürfen dabei nicht als lexikalisch-semantische, sondern müssen als lexikgebundene enzyklopädische sprachpragmatische Informationen gelesen werden, denn nicht die Wörter, sondern die Sachen gilt es zu rekonstruieren.[147] Die sprachhandlungsbenennenden Wörter sind, insofern ihre lexikalischen Bedeutungspotentiale zeitgenössisches Handlungswissen semantisch repräsentieren, sprachliche Spuren, die zu den Sachen leiten, die aber, würden sie mit den Sachen gleichgesetzt, zu Fehlinterpretationen verleiten könnten. Die Benennungen für die Sorten des deutschen *Lehrgesprächs* im 17. und 18. Jahrhundert, die im empirischen Teil heranzuziehen sind, sind daher nur als beschreibungsleitende heuristische Klammern für die Rekonstruktion der Sachen: der Gesprächssorten und dem auf sie bezogenen zeitgenössischen Handlungswissen sowie den Mentalitäten, dem Denken, Fühlen und Wollen, zu instrumentalisieren. Die aus dem lexikalischen Befund ermittelten semantischen, enzyklopädischen und daraus abzuleitenden kommunikativ-pragmatischen Merkmale sollen den Blick auf die Performanzfragmente, die überlieferten Gespräche, orientierend leiten, aber nicht vorab festlegen (wie es eine dialoggrammatisch orientierte Dialogforschung erforderte). Die überlieferten Gespräche sind der Maßstab für die Zuordnung der lexikalisch gefassten Sprachhandlungsbegriffe und nicht umgekehrt. Dass dieser Maßstab heterogen konstituierte Gesprächssorten hervorbringt, insofern das eine Mal mehr die Form, das andere Mal die Funktion als Benennungsmotiv in den Vordergrund rückt, ist der Preis, den

---

[145] Vgl. dazu auch Steger 1984, 186ff.; Heinemann/Viehweger 1991, 66ff., 93ff.

[146] Vgl. v. Polenz 1981, 250; Burke 1993, 95; zur lexikographischen Beschreibung von sprachhandlungsbenennenden Ausdrücken vgl. ferner Holly 1983; Holly 1989.

[147] Darauf hat mit Nachdruck Brigitte Schlieben-Lange hingewiesen, vgl. Schlieben-Lange 1983b, 140ff.; Schlieben-Lange 1976, 117: „Nicht die semantische Beschreibung performativer oder sprechaktbezeichnender Verben sollte im Vordergrund stehen, sondern die Beschreibung der Bedingungen und der Formen sprachlichen Handelns unter anderen gesellschaftlichen Voraussetzungen." Zum „Problem des lexikalischen Befundes als Klassifikationsgrundlage" vgl. auch Hundsnurscher 1994, 230ff; Franke 1986, 87; Holly 1989, 816; Adamzik 2000b.

der innenperspektivische Blick auf zeitgenössische Sprachhandlungsbegriffe fordert.

Die innenperspektivische, zeitgenössische Sicht der Dinge bewahrt den Sprachhistoriker vor Anachronismen und sprachgeschichtlich groben Fehlinterpretationen. So steht dem oben entworfenen außenperspektivischen Modell der Differenzierung von „Dialog", „Gespräch" und „Korrespondenz" beispielsweise die zeitgenössische – und damit innenperspektivische – Begriffsbestimmung Joachim Heinrich Campes gegenüber:

> **Dialog.** In den meisten Fällen, vielleicht in allen, ist **Gespräch** dafür hinreichend. Denn wenn gleich nicht jedes Gespräch, sondern nur ein nach den Regeln der Wohlredenheit schriftlich ausgearbeitetes, ein Dialog genannt zu werden pflegt: so ergibt sich diese nähere Bestimmung doch gewöhnlich von selbst aus dem Zusammenhange, z.B. ein Aufsatz, ein Buch oder Werk in **Gesprächen**. Wo dis nicht hinreichend scheint, da kann man **Gesprächsform** dafür sagen, z.B. es ist wider die Gesetze der Gesprächsform, so verwickelte und lange Gliedersätze (Perioden) zu machen. In älteren Deutschen Schriften findet man auch **Zwiesprache** dafür [...]. Diese Verdeutschung ist zwar der Abstammung des Grichischen Worts, aber nicht dem heutigen Sprachgebrauche gemäß; weil nach diesem der Dialog nicht bloß zwischen zwei, sondern auch zwischen mehren Personen Statt findet.[148]

Campe reserviert den Begriff des „*Gesprächs*", ebenso wie sein lexikographischer Rivale Adelung es in seiner Arbeit „Ueber den deutschen Styl" getan hatte (II.1.2.), keineswegs allein für den mündlichen Dialog, wenngleich er umgekehrt die Benennung *Dialog* für das „nach den Regeln der Wohlredenheit schriftlich [!]" ausgearbeitete Gespräch vorbehält. Die Unterscheidung zwischen gesprochener und geschriebener Sprache als den beiden jeweils eigenen Gesetzen gehorchenden herausragenden medialen Existenzformen von Sprache ist im 18. Jahrhundert noch nicht durchgängig getroffen – und träfe hier auch nicht das Gemeinte. Denn bei den schriftlichen Dialogen handelt es sich nicht um dialogischen Schriftverkehr, sondern, wie Adelung es nannte, um schriftlich „nachgeahmte" Gespräche oder, laut Campe, um den „Regeln der Wohlredenheit" folgende schriftlich geformte Gespräche. Sodann nimmt Campe eine Unterscheidung vor in Bezug auf die Zahl der Beteiligten, die bei Adelung nicht zu finden ist: *Gespräch* und *Dialog* benennen kommunikative Ereignisse mit mindestens zwei Beteiligten, während *Zwiesprache*, wie der Name schon sagt, auf zwei Beteiligte festgelegt ist. Struktur, Form und, zumindest mittelbar, Inhalt bilden bei Campe je eigene Merkmalfelder zur Bestimmung des „*Dialog*"-Begriffs.

Bei Johann August Eberhard, dem Synonymiker des 18. Jahrhunderts, liest sich diese Einteilung in Merkmalfelder genauer – und wieder etwas anders:

---

[148] Campe 1801, s.v. *Dialog.*; vgl. auch Campe 1807–1811, Bd. 2, 346, s.v. *Gespräch.*

Unterredung. Gespräch. Dialog
I. Üb. Die wechselseitige Mittheilung der Gedanken mehrerer Personen unter einander.
II. V. Unterredung bezeichnet diese Mittheilung bloß von Seiten der Handlung, Gespräch auch von Seiten des Inhalts; Dialog von Seiten der Form. [...] Seitdem Plato in seine Dialogen einen so schönen dramatischen Plan gebracht und sie dem Verstande, der Phantasie und [...] dem Herzen in so hohem Grade interessant gemacht hat, und seitdem insonderheit die dramatischen Dichter das Gemeine in ihren Werken zu einem Kunstwerk verschönert haben, hat der Dialog seine eigenen Kunstgesetze erhalten, wodurch er sich von dem Gespräche der gemeinen Wirklichkeit unterscheidet, und ein eigenes Kunstwerk ausmacht. [...][149]

Unterredung, *Gespräch* und *Dialog* erhalten bei Eberhard als gemeinsames Merkmal („Üb." steht hier für „Übereinstimmung") die Paraphrase „wechselseitige Mittheilung der Gedanken mehrerer Personen unter einander", und sodann wird dieses Merkmal in Bezug auf die Kriterien „Handlung", „Inhalt" und „Form" differenziert („V." steht bei Eberhard für „Verschiedenheit") und den Benennungen zugewiesen. Die bei Adelung und Campe angelegte, wenngleich terminologisch noch nicht stringent befolgte Differenzierung zwischen mündlichem *Gespräch* und schriftlichem *Dialog* erscheint auch hier bei Eberhard, doch hebt er viel mehr auf das Kunstschöne des *Dialogs* ab, das der schriftlichen Form bedarf, und unterscheidet es von der formalen Anspruchslosigkeit des alltäglichen *Gesprächs*. Der *Dialog* gilt somit als eine besonders herausragende Gattung des schriftlich geformten *Gesprächs* – Campe spricht vergleichbar von „Regeln der Wohlredenheit", die dem *Dialog* innewohnten –, und dass diese besondere Form besonderen Inhalten vorbehalten ist, macht Eberhard deutlich, indem er auf philosophische und literarische Zusammenhänge verweist. Der *Dialog* steht gleichsam zum Ausdruck des Genus grande dem *Gespräch* als Werkzeug des Genus humile gegenüber.

So anmutig sich diese innenperspektivischen Differenzierungen auch lesen: Die sprachwissenschaftliche historische Dialogforschung muss mit ihren terminologisch zugespitzten Begriffen außenperspektivisch Ordnung schaffen, und die oben definierten Termini „Gesprächsbereich", „Gesprächstyp", „Gesprächssorte" und „Gespräch" leisten einen Beitrag dazu. Denn um zu wissenschaftlich überprüfbaren Ergebnissen zu kommen, muss um diese innenperspektivischen Ordnungsversuche, handle es sich nun um die alltagssprachlichen Zuordnungen der Laien oder um die lexikographischen Sortierungen der Experten, ein außenperspektivischer, sprachtheoretisch gestützter, konzeptueller Rahmen gelegt werden, der den historischen Gegenstand „Dialog" in seinen Erscheinungsformen „Gespräch" und „Korrespondenz" als solchen überhaupt erst (be)greifbar macht. Ein rein innenper-

---
[149] Eberhard 1795–1802, Bd. 6, 220f.

spektivischer Zugriff, d.h. eine Orientierung ausschließlich an den historisch-zeitgenössischen Begrifflichkeiten, kann dies nicht leisten. Dies einmal aus Gründen des wissenschaftlichen Erkenntnisgewinns, der zwangsläufig begrenzt bleiben muss, wenn der Sprachhistoriker sich seines wissenschaftlichen Kategorienwerkzeugs und seines historischen Wissens begibt und ausschließlich die Innenperspektive einnimmt. Er sieht in diesem Falle nicht mehr als die Zeitgenossen gesehen haben (können) und vermag die Historizität seines Gegenstandes aufgrund des Fehlens der außenperspektivisch-distanzierenden Systematisierung nicht zu erkennen. Sodann führte der bloß innenperspektivische Blick aber nicht einmal historisch-synchronisch zum Ziel, denn den „Gesprächs"-Begriff gab es, wie man sieht, in der Sprachforschung des 17. und 18. Jahrhunderts ebensowenig wie es ihn in der Dialogforschung der Gegenwart gibt.

Wie diese übergeordneten Beschreibungskategorien, so müssen auch die innenperspektivisch gewonnenen semantischen, enzyklopädischen und kommunikativ-pragmatischen Merkmale von Benennungen für einzelne Gesprächssorten außenperspektivisch systematisch geordnet werden, um mittels Klassifikation auf der Grundlage eines Korpus prototypische Normalformen derselben zu ermitteln, vor deren Hintergrund dann das einzelne Gespräch in seiner Gepflogenheiten folgenden Einmaligkeit aufscheint.[150] Die Ermittlung der erwartbaren prototypischen Normalformen ist für historisch-entwicklungsbezogene Untersuchungen unumgänglich. Denn das einzelne überlieferte Gespräch, wie beispielsweise das Gespräch, das der Reckahner Kantor Bruns an einem Schultag im Sommer 1780 über die Rochowsche Kindergeschichte „Der Tagelöhner" führte und das Carl Friedrich Riemann in seiner „Beschreibung der Reckanschen Schuleinrichtung" 1781 überliefert,[151] hat, wie eingangs erwähnt, keine Geschichte. Es wird sprachgeschichtlich erst bedeutsam als Repräsentant einer historisch verbürgten und vom Sprachhistoriker zu rekonstruierenden Gesprächssorte. Doch zeigt sich hier die Kluft zwischen teilnehmender Innenperspektive und wissenschaftlich systematisierender Außenperspektive: Riemann weist dieses Gespräch der Gesprächssorte „Catechisation" zu, wiewohl es sich von der Normalform der Sorten des *katechetischen Gesprächs* in jenen Tagen fundamental unterscheidet – aus diesem Grund war die Rochow'sche Schule gerade so be-

---

[150] In diesem Sinne heißt es auch bei Henne/Rehbock 2001, 214: „Das Individuelle und Spezifische eines Gesprächs tritt erst hervor, wenn man dagegen hält, was in einem so beschaffenen Gespräch als normal und als normiert erwartbar ist." Vgl. auch Schank 1984, 762, der von der Notwendigkeit einer „identischen Bezugsbasis" für die (historisch) adäquate Interpretation von Gesprächen spricht.
[151] Vgl. das Gesprächsprotokoll bei Riemann 1781, 27ff., der im Frühjahr und Sommer 1780 den Unterricht in Reckahn protokollierend begleitete.

rühmt. Die außenperspektivische Klassifikation erweist dieses Gespräch als Exemplar des *maieutischen sokratischen Gesprächs* (s.u., III.4.1.2.1.), und diese Gesprächssorte stand innerhalb des Kommunikationsbereichs der Lehre im 18. Jahrhundert gerade in Konkurrenz zu den Sorten des *katechetischen Gesprächs*, konstituierte mit diesen aber den historischen Gesprächstyp *Lehrgespräch*.

Zusammengefasst ergeben diese Ansätze der Rekonstruktion von Gesprächssorten einen Wegweiser der systematischen klassifikatorischen Ordnung, der die drei oben (II.1.4.) bereits erwähnten Merkmalgruppen als Konstituenten von Gesprächssorten begreift: die Redekonstellation spiegelt sich in ko- und kontextuellen Merkmalen (Handlungsbedingungen), der Gesprächsverlauf, und zwar sowohl in gesprächsanalytischer Sicht auf der Makro-, mittleren und Mikroebene wie in dialoggrammatischer Sicht in Bezug auf die Verzahnung von Sprech- bzw. Dialogaktsequenzen, wird greifbar in strukturellen Merkmalen (Handlungsmittel und -formen), und der Gesprächszweck wird sichtbar in funktionalen Merkmalen (Handlungszwecke). Abstrakte Kategorien, wie sie verschiedentlich in Arbeiten zur Dialogforschung zusammengestellt wurden,[152] beispielsweise redekonstellative Merkmale wie „Grad der Öffentlichkeit" und „Grad der Vorbereitetheit der Gesprächspartner", funktionale Merkmale wie „Illokutions- und Perlokutionsstrukturen einzelner Gesprächsschritte" oder auch strukturelle Merkmale wie „Formen des Sprecherwechsels", müssen für jedes einzelne Gespräch konkretisiert werden und so die Zuweisung des historischen Gesprächs zu einer Gesprächssorte stützen. Derlei abstrakte Merkmale vermögen jedoch nur dann als Zuordnungshilfen zu dienen, wenn sie von historischer Zeit und kulturellen Gegebenheiten relativ unabhängige kategorielle Prinzipien der Gesprächsorganisation beschreiben – was keineswegs auf alle Merkmale gleichermaßen zutrifft. Zumindest solche subtilen Analysekategorien wie beispielsweise die Typen des „glatten" Gesprächsschrittwechsels: fugenloser, überlappender oder zäsurierter Wechsel[153] unterliegen dem Normenwandel zwischen Gesprächszeiten und Gesprächskulturen: Was gegenwärtig in Lehrgesprächen an gemeinbildenden Schulen als „überlappender Wechsel" gilt und wechselseitig akzeptiert werden mag, beispielsweise wenn die Schülerin dem Lehrer ins Wort fällt, beide kurze Zeit simultan sprechen, und dann die Schülerin allein weiterredet, war im *Lehrgespräch* im 17. Jahrhundert undenkbar und wurde im *Lehrgespräch* im 18. Jahrhundert grundsätzlich als rüde Unterbrechung empfunden, galt mithin als „Zeichen eines ungesitteten Menschen" (Herder). Ein Überlappen der Gesprächsschritte von Lehrer

---

[152] Vgl. Henne/Rehbock 2001, 14ff., 32ff., 253ff.; Franke 1990, 108ff.; Brinker/Sager 1996, 171ff.
[153] Henne/Rehbock 2001, 187ff.

und Schüler ist in den authentischen Quellen des Korpus nie belegt, eine Unterbrechung des Lehrers nur äußerst selten angedeutet (durch „Hemmstrich" (Adelung), also Gedankenstrich als Anzeichen für den Gesprächsschrittabbruch).[154] Das abstrakte Merkmal „überlappender Wechsel" scheint also für den Gesprächstyp *Lehrgespräch* im 17. und 18. Jahrhundert nur mit negativer Beschreibungskraft gesegnet. Unterschiedliche Konkretionen einer abstrakten Kategorie innerhalb des Korpus können demgegenüber entweder auf Gesprächssortenwandel oder aber auf zwei unterschiedliche Gesprächssorten hinweisen; ich erinnere hier an Schanks Unterscheidung von Mikrowandel, (Text)sortenwandel und Makrowandel.

Ich komme damit zu den Kategorien der binnenstrukturellen Rekonstruktion historischer Gespräche und Gesprächssorten.

II.2.3. Gespräch – Akt – Geschichte: Zur historischen (An)wendbarkeit gesprächsanalytischer Kategorien

Am Beispiel der Kategorie des überlappenden Sprecherwechsels ist soeben ein Problem in den Blick gekommen, das in Arbeiten zur historischen Dialogforschung, insbesondere zur historischen Gesprächsanalyse, zwar hin und wieder gestreift, aber noch nicht grundsätzlich zum Gegenstand der historischen Sprachpragmatik erklärt wurde: das Problem der Historizität gesprächsanalytischer Kategorien. Es handelt sich hierbei zunächst um dasselbe Problem aus dem Bereich der geisteswissenschaftlichen Hermeneutik, wie es im Zusammenhang mit den Sprachhandlungsbegriffen zu diskutieren war, nämlich um das Problem, „die Erkenntnis des Gegenstandes nicht dadurch zu verdunkeln, daß inadäquate Begriffe an ihn herangetragen werden."[155] In der Gesprächsanalyse ist dieses Problem wohl auch deshalb lange Zeit unbeachtet geblieben, weil im Rahmen ethnomethodologischer Ansätze Gesprächsabläufe registriert, aber nicht rekonstruiert werden sollten und überdies theoretischen und methodischen – und damit auch kategoriellen – Vorgaben mit starken Vorbehalten begegnet wurde.[156]

Gesprächsanalytische Kategorien sollen dadurch ausgezeichnet sein, dass sie „sprachtheoretisch und methodologisch" fundiert sind und „sprachwissenschaftliche Gegenstände als pragmatische auch erfassen können".[157] Im Rahmen der historischen Dialogforschung müssen sie darüber hinaus den Ver-

---

[154] Vgl. Bahrdt 1776, 125; s.u., III.4.2.1.3.
[155] Mommsen 1961, 87.
[156] Vgl. Bergmann 1981, 16ff. und 20ff., wo die historische Variabilität der Kategorie „Redezug" konstatiert wird; vgl. auch Bergmann 1994, 9ff.
[157] Henne 1980, 90.

führungskünsten des historischen Gegenstands standhalten; sie müssen beschreibungs- und erklärungskräftig sein und zugleich geschmeidig genug, um auf verschiedene Quellen aus unterschiedlichen Zeiten angewandt werden zu können. Sie müssen, mit anderen Worten, panchronisch und universal sein, unabhängig von Zeit, Raum und Einzelsprache erkenntnisleitend für das, was da „Gespräch" heißt. Eben dies unterscheidet wissenschaftliche Kategorien grundlegend von Sprachhandlungsbegriffen, die dem historischen Material gehören, der kulturellen und historischen Variabilität unterliegen und die, wie oben bei der Kritik des dialoggrammatischen Ansatzes deutlich wurde, einen panchronischen und universalen Anspruch gerade nicht erfüllen (dürfen).[158]

Die Frage nach der Historizität der Kategorien betrifft gesprächsanalytische wie dialoggrammatische Ansätze gleichermaßen, insofern die zentrale Kategorie der Dialoggrammatik, der *Sprechakt*, in der Gesprächsanalyse im *Gesprächsakt* aufgeht und im konkreten Fall als Sprachhandlungsbegriff – etwa als Sprechakt/Gesprächsakt des AUFFORDERNS – dem historischen Wandel unterliegt. Am Beispiel von Marcel Bax' Studie zum mittelalterlichen Herausforderungsritual ist ja bereits deutlich gemacht worden, dass auch Sprechakttypen in Bezug auf ihre Realisierungsformen und Illokutionsindikatoren im Laufe der Zeit und unter veränderten kulturellen Bedingungen historisch werden. Im Rahmen der historischen Sprachpragmatik ist deshalb zu prüfen, ob und inwiefern dies auch auf die Kategorie *Sprechakt* selbst zutrifft, ob also, in den Worten Christian Stetters gefragt, die „Sprechakttheorie eine historische Dimension" hat[159] – und ihr folgend das sprachpragmatische Kategorieninventar der Dialogforschung.

Es kann nun nicht darum gehen, für jede einzelne Kategorie der linguistischen Gesprächsanalyse und Dialoggrammatik die Anwendbarkeit auf historische Korpora zu erweisen.[160] Insofern die Kategorien, also beispielsweise „Gesprächsakt", „Gesprächsschritt" und „Gesprächshandlung"; „Gesprächssequenz", „Hörerrückmeldung" und „Sprecherwechsel"; „initiativer Sprechakt" und „reaktiver Sprechakt", im Rahmen von terminologischen und kategoriellen Systemen entwickelt und für die Analyse gegenwartssprachlicher Gespräche erprobt wurden, soll es genügen, generell Möglichkeiten und Grenzen der sprachgeschichtlichen (An)wendung sprechakt-, text- und gesprächsanalytischer Kategorien exemplarisch zu erörtern. Die – allerdings noch nicht sehr zahlreichen – empirischen Arbeiten zu einer pragmatischen

---

[158] Vgl. auch Jacobs/Jucker 1995, 24.
[159] Stetter 1991.
[160] Vgl. die „systematische Übersicht" in Henne/Rehbock 2001, 247ff.; ferner das „Glossar" in Franke 1990, 163ff. sowie die „Synopse der verwendeten Begriffe" in Brinker/Sager 1996, 171ff.

Sprachgeschichte des Deutschen, die sich der Erforschung des historischen Werdens und Gewordenseins von Sprechakttypen, Textsorten und Dialogsorten widmen, arbeiten in der Regel zwar historisch unreflektiert, gleichwohl im großen Ganzen erfolgreich mit diesem für die Gegenwartssprache etablierten Kategorieninventar,[161] was als Nachweis für die grundsätzliche historische (An)wendbarkeit dienen mag. Weil es aber kein einheitliches, geschweige denn stringentes Kategorieninventar der Sprachpragmatik gibt und, wie erwähnt, annähernd jede Untersuchung mit eigens gefassten Kategorien oder zumindest terminologischen Fassungen vorhandener Kategorien daherkommt, darf sich die pragmatische Sprachgeschichte nicht mit solchen Plausibilitätsnachweisen begnügen, sondern muss im Rahmen der historischen Sprachpragmatik grundsätzlich klären, welcher Qualität ihre Kategorien sein müssen.

Die Suche nach Vorarbeiten für eine solche Klärung trägt indes nur geringe Früchte; und selbst vorbereitende sprachtheoretische und methodologische Überlegungen sind, wie erwähnt, rar. Dies ist wohl darauf zurückzuführen, dass auch bei den „Klassikern" der linguistischen Pragmatik, insonderheit der Sprechakttheorie, also bei Austin und Searle, der Blick nicht in die (Sprach)geschichte reicht.[162] Allenfalls bei Austin mag man eine historische Facette erkennen, wenn er „primär performative" von „explizit performativen" Ausdrucksformen für Sprechakte unterscheidet und das „Primäre" dahingehend erklärt, „daß historisch, also im Laufe der Sprachentwicklung, die explizit performative Äußerung später entstanden sein muß als gewisse ihr gegenüber primäre Äußerungen".[163] Darüber hinaus aber konzentrierten sich die sprachphilosophischen Frühschriften der Sprachpragmatik auf die Feststellung sprachlicher Universalien, wodurch die Frage nach der Historizität (im Sinne von historischer Abhängigkeit und Gebundenheit) oder aber Ahistorizität (im Sinne von Panchronizität) wissenschaftlicher Kategorien obsolet erschien. Dies ist sie aber keineswegs, und zwar nicht zuletzt deshalb, weil „universal" und „panchronisch" nicht identisch sind. Sieht man einmal von Universalien menschlichen Sprachhandelns ab, so gibt es bereits innerhalb von Einzelsprachen Entwicklungen neuer sprachlicher Phänomene, die erst post festum kategoriell zu fassen sind. Die Kategorien mögen dann im einen oder anderen Fall wohl Universalien erfassen, sind aber nicht panchro-

---

[161] Vgl. z.B. Schwarz 1984 zur „Sprechaktgeschichte"; ebenso methodisch unreflektiert z.B. Lötscher 1981.
[162] Vgl. Austin 1962/1972; Searle 1969/1971; zum Gesamtbild Stetter 1991. Baumann 1986, 10, spricht denn gar von einer „anti-historischen Sprechakttheorie". Ansätze einer historisch gewendeten Sprechakttheorie bieten Schlieben-Lange 1976; Schlieben-Lange/Weydt 1979; Stetter 1991; Wagner 1994.
[163] Austin 1962/1972, 92; Auf diese „historische Dimension" weist auch Stetter 1991, 78 hin.

nisch im engeren Sinne. Am Beispiel der Liste, die Peter v. Polenz zu „Typen des ausdrucks von sprachhandlungen und sprechereinstellungen" zusammengestellt hat:[164]

- „typ des explizitesten sprachhandlungsausdrucks mit performativ verwendetem sprachhandlungsverb",
- „grammatikalisierte formen: imperativ, fragesatzformen, konjunktive, wortstellung",
- „ausdruck von sprachhandlungen und sprechereinstellungen durch modalverben",
- „ausdruck von sprachhandlungen durch konjunktionen",
- „partikelwörter"
- „die syntaktisch isolierten idiomatischen wendungen",
- „der indirekte ausdruck von sprachhandlungen"
- „einen metakommunikativen gebrauch von sprachhandlungsausdrücken".

Modale Hilfsverben, um dieses Beispiel herauszugreifen, sind zwar bereits im Althochdeutschen zu belegen, doch wird das differenzierte funktionale System erst in der mittelhochdeutschen Periode deutlich herausgebildet.[165] Damit hängt zusammen, dass „modalisierte Sprechakte", also pragmatische „Hedges", sich entsprechend erst seit dem Mittelhochdeutschen belegen lassen.[166] Für die historische Dialogforschung zum Althochdeutschen steht die Kategorie „Modalverben" bzw. „ausdruck von sprachhandlungen und sprechereinstellungen durch modalverben" damit offenbar nur sehr eingeschränkt zur Verfügung. Dies heißt natürlich nicht, dass diese Kategorie für die Zwecke der historischen Dialogforschung zum Althochdeutschen verloren ist; es bedeutet aber, dass nur sehr behutsam mit ihr gearbeitet werden darf. Unterstellte man nämlich in kontrastiver Sicht vorschnell die empirische Existenz aller in der modernen Dialogforschung kategoriell gefassten Möglichkeiten des „ausdrucks von sprachhandlungen und sprechereinstellungen", so führte dies zu sprachhistorisch anachronistischen Fehleinschätzungen oder aber, weil sich bestimmte Kategorien empirisch nicht nachweisen lassen, zu Beurteilungen der historischen Gesprächssprache als defizitär im Vergleich zur Gegenwartssprache. Fazit: Die moderne wissenschaftliche Kategorie des modalen Hilfsverbs scheint historisch wendbar; sie soll den Blick auf das historische Gespräch lenken, darf ihn aber nicht beherrschen.

Wieder anders liegt der Fall, wenn moderne sprachpragmatische Kategorien im untersuchten Zeitraum selbst bereits als Kategorien gefasst wurden, wenn auch nur mittelbar als sprachpragmatische und im großen Ganzen anders als in der modernen Sprachwissenschaft. So finden sich Ansätze einer

---

[164] v. Polenz 1981, 256ff.
[165] Vgl. Wells 1990, 174, 268ff.
[166] Vgl. Fritz 1994, 555.

lexikologischen Erfassung und sprachpragmatischen Subkategorisierung der Wortart „Gesprächswort" auch im Quellenmaterial aus dem 17. und 18. Jahrhundert. Wolfgang Ratke beispielsweise spricht in seiner „SPRACHKVNST" aus den Jahren 1612/15 von der „Bewegung" und definiert:

> Ein wort das vnbiegig, vnd allein die Bewegung des gemüthes bedeutet, oder das für sich selbest das gemüth des zuhörers, Jn der rede erfüllet.

Es folgen zwanzig semantisch-pragmatisch differenzierte Funktionsklassen solcher „Bewegwörter" mit Beispielen; ein Auszug:

1. Frewige, alß: Jo, Jauch, hoschaho etc.
2. Trawrige, alß: ach ach, o wee, wee, o Gott etc. [...]
13. Anreitzige, alß: nu doch, Jch bitte dich, ey doch etc. [...]
18. Stillige, alß: st, still, schi etc. [...]
20. Schwerige, alß: warlich, auff mein trew etc.[167]

Die semantisch-pragmatischen Interpretationen der historischen Gesprächswörter, die Ratke hier bietet, sind den zeitgenössischen Sprachhandlungsbegriffen (s.o., II.2.2.) gleichzusetzen: Es handelt sich bei Benennungen wie „Frewige", „Trawrige" usw. um zeitgebundene Benennungen und Ordnungen, die jeweils Ansichten und Einsichten der Zeitgenossen repräsentieren und die dem Sprachwandel ebenso unterliegen wie die Gesprächswörter selbst, die einst das „Frewige" und das „Trawrige" anzeigten. Als historische Kategorien mögen sie deshalb zwar den sprachtheoretisch und methodologisch fundierten Kategorien der historischen Sprachpragmatik assistierend und illustrierend zur Seite gestellt werden; sie dürfen indes keine beschreibungsleitende Funktion im Rahmen der historischen Dialogforschung erhalten.

Dies gilt jedoch nicht für die Kategorie „Bewegwort" selbst, die, einmal abgesehen von der terminologischen Einfassung, historisch und kulturell unabhängig zu sein scheint, und es ist bei der Lektüre der entsprechenden Abschnitte in zeitgenössischen Grammatiken und der Artikel zu Gesprächswörtern in zeitgenössischen Wörterbüchern geradezu erstaunlich, wie nah die Sprachforschung des 17. und 18. Jahrhunderts der modernen Bestimmung dieser Wortart als „Gesprächswort" kam – und doch immer wieder in seiner Fixierung auf die Schriftsprache vor dem gesprochenen Wort zurückschreckte. Diese Wortart, benannt zumeist als „Interiectiones", sodann synonym oder aber bereits semantisch-pragmatisch differenzierend, als „Zwischenwörter" (Schottelius 1663), „Triebwörter" (Stieler 1691), „Empfin-

---

[167] [Wolfgang Ratke:] Sprachkunst (1612–1615), abgedruckt in Ratke/Ising 1959, II, 7–22, hier 21f.; vgl. auch [Wolfgang Ratke:] Die WortschickungsLehr [...] (um 1630), abgedruckt in Ratke/Ising 1959, II, 96–268, hier 208ff.

dungswörter" (Adelung 1782) oder „Ausrufungswörter" (Campe 1801), wird in den großen Grammatiken und Wörterbüchern des 17. und 18. Jahrhunderts fast durchgängig aufgeführt und erhält durch die erwähnten Benennungen, Subklassifizierungen und sprachpragmatischen Kommentare durchaus schon den Anstrich einer sprachpragmatischen Kategorie.[168] Wenn beispielsweise Gottsched schreibt, manche Provinzen seien mit „Zwischenwörtern so reichlich versehen, daß man sich in der guten Schreibart [!] hüten muß, sie nicht alle anzunehmen", und hinzufügt:

> Z.E. Man spricht hier in Meißen oft: Je nu! Ey nun ja doch! Ich dachte! Ich dächte, was mich bisse! u.d.m. Diese kann man anderwärts kaum aussprechen, viel weniger verstehen,[169]

so ist offensichtlich, dass er Schriftsprache und gesprochene Sprache voneinander scheidet und die „Zwischenwörter" ausschließlich der letzteren zuweist; der Begriff des „Gesprächsworts" schimmert bereits hervor.

Und auch die moderne Untergliederung des Gesprächsworts in kategorielle „Funktionsklassen", wie sie von Henne entworfen und von Burkhardt fortgeführt wurde, lässt sich schon in Grammatiken und Wörterbüchern des 17. und 18. Jahrhunderts erkennen. Henne unterscheidet „Rückmeldungspartikeln", „Gliederungspartikeln" und „Interjektionen",[170] Burkhardt erweitert diese Dreiheit um die „Sprechhandlungspartikeln" und die „Abtönungspartikeln".[171] Zu den „Gliederungspartikeln", um diese „Funktionsklasse" einmal herauszuheben, schreibt Burkhardt:

> Gliederungspartikeln haben zumindest
> 1. eine Kontaktfunktion,
> 2. leiten einen eigenen Gesprächsschritt oder Gesprächsakt ein, aus oder gliedern ihn intern,
> 3. referieren anaphorisch oder kataphorisch auf vorher Gesagtes, Getanes und/oder auf Folgehandlungen oder -gesprächsakte und
> 4. beanspruchen die Aufmerksamkeit eines Hörers, d.h. fungieren gleichsam als Bitten um (weitere) Aufmerksamkeit."[172]

---

[168] Vgl. z.B. Schottelius 1663, 666ff.; Stieler 1691, III, 194; Adelung 1782, II, 200ff.; Gottsched 1762, 159, 397ff. und 529ff.; Aichinger 1754, 125 und 366ff.; Bödiker/Frisch/Wippel 1746, 254ff.; vgl. auch Herders „Abhandlung über den Ursprung der Sprache" (1772); Werke 5, 1–154, hier 8; zusammenfassend Jellinek II, 1914, 100 und 371f.; Burger 1980; Ehlich 1986; Burkhardt 1989, 824ff.; v. Polenz 1994, 203ff.
[169] Gottsched 1762, 530f.
[170] Henne 1978.
[171] Burkhardt 1982.
[172] Burkhardt 1982, 149.

In den grammatischen Erklärungen und den lexikographischen Artikeln zu einzelnen „Zwischenwörtern" aus dem 18. Jahrhundert begegnet man durchaus Vorformen dieses Begriffs der „Gliederungspartikel", etwa wenn es bei Campe im Wörterbuchartikel zum Lemma *Nun* u.a. heißt:

> Oft dient es nur in der vertraulichen Sprechart, eine Frage zu begleiten, wo es immer voran stehet. Nun, was sagen Sie dazu? Nun, fragen Sie doch, wie es mit der Sache ging? Besonders wenn man eine Antwort etc. zu erwarten berechtigt ist, z.B. nun, wie lange soll ich warten? oder auch, wenn gewisser Maßen ein Warten vorangegangen ist, z.B. wenn einer den andern sprechen wollte, dieser aber nicht gleich anhören konnte und nachher fragt: nun, was haben Sie mir denn zu sagen?[173]

Einer wollte „sprechen", der andere sollte „anhören" und beginnt sodann seinen Gesprächsschritt mit einer Gliederungspartikel, die hier lediglich nicht terminologisch, sondern gleichsam operational gefasst wird.

Die historische Dialogforschung zum frühen Neuhochdeutschen tut den Quellen daher keine Gewalt an, wenn sie gegenwartssprachlich erprobte Kategorien der Gesprächsanalyse und Dialoggrammatik auf sie legt, dabei aber im Blick behält, dass diese Kategorien Suchhilfen sind und keine Schubladen, und dass der Blick offen bleiben muss für alles historisch Besondere.

II.3. Zur Quellenkunde und Quellenkritik der historischen Dialogforschung

Die linguistische historische Dialogforschung, dies dürfte nach den voranstehenden Erörterungen hinreichend deutlich geworden sein, ist eine empirische Wissenschaft und bedarf daher, wie alle Empirie, konkreter Daten, aus denen sie Erkenntnis schöpfen kann. In den Geschichtswissenschaften heißen solche Daten „Quellen", und es ist nun, die sprachwissenschaftlichen Zugriffe im Rücken und die Pforte zur Sprachgeschichte vor Augen, an der Zeit, die Quellen der historischen Dialogforschung am Beispiel der Quellen zum Gesprächstyp *Lehrgespräch* im 17. und 18. Jahrhundert zusammenzustellen und kritisch zu würdigen. Eine solche kritische Würdigung ist in den Arbeiten zur historischen linguistischen (Dialog)forschung bislang allenfalls en passant erfolgt, wobei die Urteile nicht selten geradezu desillusionierend ausfielen. Ernest W. B. Hess-Lüttich beispielsweise beginnt den Abschnitt „Historische Gesprächsforschung" in seinem Artikel „Gespräch" im „Historischen Wörterbuch der Rhetorik" mit folgenden Fragen:

---

[173] Campe 1807–1811, Bd. 3, 523, s.v. *Nun*.

Ist historische Gesprächsanalyse überhaupt möglich? Ist das Vorhaben, Formen von Gesprächen in Epochen zu rekonstruieren, in denen ihre technische Aufzeichnung noch nicht möglich war, nicht ein Widerspruch in sich selbst?

Und er gibt, bezogen auf literarische Dialoge, folgende – wenig befriedigende – Antwort:

> Das methodologische Dilemma läßt sich nicht prinzipiell aufheben, aber in seinen Auswirkungen mildern, wenn wir literarische Dialoge als eine Klasse von Dokumenten historischer Gesprächsauffassung und konversationeller Konventionen annehmen und ihre Autoren als vortheoretische ‚Gesprächsanalytiker' akzeptieren [...].[174]

Werner Enninger kommt demgegenüber in seiner Untersuchung einer nichtliterarischen Gesprächsquelle, dem Protokoll der „Zweiten Züricher Disputation 1523" gar zu einer Absage an die historische Gesprächsforschung sowohl als sprachwissenschaftliche Disziplin wie auch als Hilfswissenschaft für die Geschichtswissenschaft im engeren Sinne:

> Eine nur kursorische Lektüre der Akten der Zweiten Züricher Disputation zeigt, daß die Akten sich fundamental von einem konversationsanalytischen Transkript unterscheiden: Es gibt keine Überlappungen von Redezügen; es gibt keine Anakoluthe; es gibt weder Selbst- noch Fremdreparaturen von Redebeiträgen; es gibt keine ‚upgrading'-Mechanismen wie größere Lautstärke, langsameres Redetempo, gedehnte Vokale, mit denen Redner das Rederecht halten oder erlangen wollen [...]. [Daraus sei zu schließen,] daß die Anwendung konversationsanalytischer Verfahren auf historische Dokumente [...] methodologisch nicht nur fragwürdig, sondern fahrlässig ist. Das liegt am verfügbaren Rohmaterial. Historische Dokumente sind nie als Transkripte im Sinne der Konversationsanalyse konzipiert. Die Qualität der Protokolle, Akten usw. läßt schlicht keine Anwendung des vollen Instrumentariums der Konversationsanalyse zu.[175]

Verglichen mit den technischen Möglichkeiten heutiger Gesprächsprotokollanten sind Enningers Beobachtungen nicht von der Hand zu weisen und als Ermahnung zur umsichtigen Quellenkritik durchaus berechtigt. Die Arbeit historischer Gesprächsprotokollanten am Maßstab einer erst viele Jahrhunderte später entwickelten – und bislang noch keinesfalls ausgereiften – Technik gesprächsanalytischer Transkriptionen zu messen,[176] ist freilich unange-

---

[174] HWbRh 3, 1996, 933. Vgl. auch Brinker/Sager 1996, 13, die in diesem Sinne ausführen: „Einer historischen Gesprächsanalyse sind somit sehr enge Grenzen gesetzt; ihre Ergebnisse bleiben letztlich hypothetisch." Zum Literaten als Gesprächsanalytiker Henne 1980, 94.

[175] Enninger 1990, 159.

[176] Zu den Schwierigkeiten, die heute noch bestehen, und zu den Bemühungen um ein einheitliches Transkriptionsverfahren vgl. Henne/Rehbock 2001, 33ff.; Brinker/Sager 1996, 39ff.; Biere 1994, 169ff. Margret Selting hat noch im Jahr 1997

bracht. Ebenso ungerechtfertigt ist es, der historischen Gesprächsforschung – und letztlich allen empirischen Geschichtswissenschaften – die Anwendung moderner Analyseverfahren auf ihre Quellen zu verwehren, hieße dies doch mit letzter Konsequenz, das wissenschaftliche Buch der Geschichte zu schließen. Enningers Folgerungen erweisen sich denn auch bei näherem Hinsehen als unnötiges Ausweichen vor der Lösung eines Problems. Unnötig deshalb, weil nicht die Quellen modernen methodologischen Ansprüchen genügen sollen, sondern umgekehrt moderne Methoden den Quellen gerecht (gemacht) werden müssen. Dabei ist auch in Rechnung zu stellen, dass bereits Quellenauswahl und Quellenkritik jeweils abhängig sind vom konkreten wissenschaftlichen Erkenntnisinteresse. Um beim Beispiel der Zürcher Disputation zu bleiben: Dass die historische Gesprächsanalyse zu ungeahnt neuen Erkenntnissen in Bezug auf ein historisches Ereignis gelangt, ist nicht zu erwarten – und ist auch allenfalls mittelbar ihr Zweck. Demgegenüber sind geschichtswissenschaftliche Erkenntnisinteressen hinsichtlich kulturhistorischer Erklärungen des Verlaufs von Ereignissen, auch und gerade des Verlaufs von Sprachereignissen wie beispielsweise einer Disputation, sehr wohl zu befriedigen, und auch sprachwissenschaftliche Erkenntnisinteressen in Bezug auf Annäherungen an die gesprochene Sprache der Zeit. Und dafür gilt Brigitte Schlieben-Langes Feststellung uneingeschränkt:

> Wir müssen nehmen, was wir von den Quellen bekommen. Wir können nicht soziale Variablen, Situationen, Themen systematisch variieren und dann signifikante Korrelationen feststellen. Die Quellen geben uns vor, was wir erforschen können.[177]

Was wir erforschen können und wie wir dies tun, grenzen die Quellen ein, doch geben sie nicht von sich aus sprachgeschichtliche Erkenntnisse preis, sondern wollen befragt und sprechend gemacht werden. Der Sprachhistoriker, zumal der Historiker gesprochener Sprache, kann angesichts der nur schriftlichen Quellen deshalb noch viel weniger dem Rankeschen Ideal gerecht werden und erkunden, „wie es eigentlich gewesen ist",[178] als der Ereignishistoriker, und er bedarf mehr noch als dieser einer kritischen Sichtung und Ordnung der Quellen. Für die Quellenkunde und Quellenkritik stellt die Geschichtswissenschaft seit langem Ansätze bereit, die für die Sprachgeschichtsforschung fruchtbar gemacht werden müssen. Ich habe dies

---

eine „Diskussionsvorlage Gesprächsanalytisches Transskriptionssystem (GAT)" verschickt mit dem Ziel, „unsere Transkriptionsweise zu vereinheitlichen".
[177] Schlieben-Lange 1983b, 38; vgl. auch Schlieben-Lange 1979, 1f.
[178] Zit. nach Faber 1971, 80 u. 150.

andernorts ausführlicher dargelegt[179] und beschränke mich deshalb im Folgenden nur auf Grundsätzliches und sodann konkret auf die Erkenntnisinteressen und Quellen der historischen Gesprächsforschung am Beispiel des deutschen *Lehrgesprächs* im 17. und 18. Jahrhundert. Die historische *Korrespondenz*, also der Teilbereich der schriftlichen Dialoge, bleibt dabei weitestgehend außer Acht.

Einer ersten Quellenkritik im Rahmen der historischen Gesprächsforschung eröffnet beispielhaft die von Johann Gustav Droysen und Ernst Bernheim eingeführte Unterscheidung zwischen „Überrest"-Quellen und „Traditions"-Quellen einen Weg:[180] Danach sind „Überrest"-Quellen alles, „was unmittelbar von den Begebenheiten übrig geblieben ist", während unter „Traditions"-Quellen all das versammelt wird, „was von den Begebenheiten übrig geblieben ist, hindurchgegangen und wiedergegeben durch menschliche Auffassung".[181] Bliebe die Intention des Überlieferns das wichtigste Unterscheidungskriterium, so wären die durchgehend schriftlich überlieferten Gespräche aus dem 17. und 18. Jahrhundert sämtlich als „Traditions"-Quellen zu bewerten, denn jede schriftliche Fixierung eines Gesprächs ist „hindurchgegangen und wiedergegeben durch menschliche Auffassung". Dies gilt indes auch für moderne Transkriptionen von Gesprächen aus Video- oder Tonprotokollen, ohne dass deshalb die Authentizität des Gesprächs in Frage gestellt würde. Da ein Bewusstsein, dass jede schriftsprachliche Produktion grundsätzlich eo ipso die Produktion einer potentiellen Quelle der Sprachgeschichtsforschung ist, beim Produzenten nicht unterstellt werden kann, ist Walter Hoffmann Recht zu geben, wenn er ausführt:

Zunächst müssen alle Texte als unbewußte, d.h. nicht durch Exploration hervorgerufene Sprachdaten angesehen werden, wenn man von der möglichen vorgängigen Sprachenwahl, z.B. Latein oder Deutsch, einmal absieht. Lediglich über die schwierige Ermittlung der Intention von Texten, die über die außersprachlichen, etwa den Produzenten betreffenden Daten erfolgen kann, könnten hinsichtlich des Sprachgebrauchs Aspekte eines bewußten Varietätengebrauchs positiv festgestellt werden.[182]

Die überlieferten Lehrgespräche aus dem 17. und 18. Jahrhundert sind deshalb grundsätzlich als „Überrest"-Quellen zu betrachten, „soweit aus ihnen

---

[179] Grundsätzlich dazu Kilian 2002a; spezieller zu den Quellen der historischen Dialogforschung: Schlieben-Lange 1983b, 38ff.; Fritz 1994, 549f.; Fritz 1997, 54; Rehbock 2002.

[180] Zur Einführung: v. Brandt, 1966 [u.ö.], 58ff.; siehe ferner die Abschnitte „Briefe, Tagebücher, Gesprächsaufzeichnungen" und „Literarische Überreste" im Rahmen der Quellenkunde von Boshoff/Düwell/Kloft, 1973 [u.ö.], 251ff.

[181] Bernheim, zit. nach v. Brandt, 1966, 62.

[182] Hoffmann 1998, 878.

nur immer (vom Autor gar nicht beabsichtigte) Erkenntnisse über einen historischen Zustand oder Vorgang geschöpft werden können."[183]

Das Kriterium der Intentionalität der Überlieferung ist bezogen auf die Quellen der Sprachgeschichtsschreibung indes nicht hinreichend, sondern muss ergänzt werden durch das der Authentizität der in den Quellen überlieferten (mitteilenden oder mitgeteilten[184]) historischen Sprache: Historische Quellen, die mittelbar oder gar ungefiltert historische gesprochene und geschriebene Sprache, d.h. die Performanz vergangener Zeiten, überliefern, sind als Performanzfragmente zu fassen, die zumindest bruchstückhaft sprachliche „Überreste" präsentieren. Historische Quellen, die diese Performanz nur intentional gefiltert, nämlich „hindurchgegangen und wiedergegeben durch menschliche Auffassung" präsentieren und „tradieren", sind demgegenüber als Performanzarchive bzw -archivalien einzuordnen.[185] Bezieht man sodann die geschichtswissenschaftliche Differenzierung zwischen Primärquellen, also solchen, die von den Sprechern selbst oder zumindest von Mitlebenden über ihre Sprache aufgesetzt wurden, und Sekundärquellen, also solchen, die nur aus zweiter oder dritter Hand über die Sprache anderer zu berichten wissen, mit ein, so ist der sprachgeschichtlichen Quellenkritik ein viergliedriger Kriterienraster als Orientierungshilfe zugrunde zu legen (Seite 95 mit ausgewählten Beispielen):

Die durch die Gitternetzlinien der Tabelle suggerierte Abgrenzbarkeit des Quellenwerts ist freilich relativ. So stellen beispielsweise die überlieferten Schriftprotokolle zum *Lehrgespräch* im 17. und 18. Jahrhundert ein großes quellenkritisches Problem dar. Sie sind schriftliche Quellen, nicht notwendigerweise aber auch durchgehend schriftsprachliche Quellen, sondern spiegeln konzeptionelle Mündlichkeit; sie sind in Bezug auf die sprachliche Erscheinungsform der Gespräche in der Tat „Belege einer unabsichtlichen Zeitaussage",[186] d.h. für den Sprachhistoriker Quellen, die „unmittelbar von den Begebenheiten übrig geblieben" sind: Carl Friedrich Rieman etwa wollte den Zeitgenossen die Neuartigkeit des Unterrichts auf Rochows Reckahner Schule veranschaulichen, wohl auch die Natürlichkeit der Gesprächssprache darbieten; sein Protokoll diente aber in erster Linie pädagogischen, nicht spracharchivierenden Zwecken, und so präsentiert er uns, unbeabsichtigt, authentische Sprech- und Gesprächsbrocken der Zeit. Die Sprache der Kinder stellte für ihn überdies nichts Besonderes dar, so dass er durchaus im Sinne

---

[183] v. Brandt, 1966, 64.
[184] Vgl. dazu Kilian 2002a.
[185] Ausführlich zur Herleitung dieser Ordnungskategorien und zur Begründung, weshalb sprachreflexive und sprachnormative Quellen hier nicht als „Kompetenzarchive" geführt werden, vgl. Kilian 2002a.
[186] Boshoff/Düwell/Kloft, 1973, 255.

einer „unbeabsichtigten Zeitaussage" Performanzfragmente überliefert. Wenn hingegen nicht das sprachliche Kleid allein, sondern die didaktische Gesprächsführung untersucht werden soll, so ist Riemanns Protokoll unter quellenkritischem Aspekt freilich nicht mehr so frei von der „menschlichen Auffassung" als Filter der Wiedergabe.

	Performanzfragmente	Performanzarchive/ -archivalien
Primärquellen	*Tonband-*, *Videoprotokoll;* unter Vorbehalten auch das *Schriftprotokoll* (z.B. Riemann 1781).	metasprachliche oder sprachthematisierende Äußerungen von beobachtenden Beteiligten oder Gesprächspartnern, z.B. in *Berichten* über Schulvisitationen (z.B. v. Türk 1806).
Sekundärquellen	*Gesprächsnotate*: *Protokolle* erinnerter Gespräche (z.B. Michelsen 1781/82); fiktive Gespräche, z.B. in *Lehrbüchern* für Lehrer (z.B. Walkhof 1795); fiktionale Gespräche, z.B.in zeitgenössischen Kinderbüchern (z.B. Campes „*Robinson*" 1779/80).	deskriptive sprachthematisierende Äußerungen Mitlebender, die nicht beteiligte Gesprächspartner waren, z.B. in *Briefen* und *Tagebüchern*; ferner fiktionale sprachthematisierende Äußerungen (z.B. im Briefwechsel v. Rochows (Päd. Schriften, Bd. IV)); sprachreflexive und sprachnormative (und also von der Performanz auf die Kompetenz schließende oder schließen lassende) Informationen, z.B. in *Grammatiken* und *Wörterbüchern*, Anstandsbüchern, Konversationsbüchern, Schulordnungen, päd. Schriften (z.B. Dinter 1800).

Ebenso wie die moderne Transkription von Tonprotokollen durch eine umsichtige Interpretation gestützt wird, ist auch die Analyse schriftlich überlieferter authentischer historischer Gespräche in Form einer mehrfach gefilterten Rekonstruktion (s.o., II.1.1.) möglich, ohne dass sogleich die Authentizität der Daten in Frage gestellt werden muss.[187] Vielmehr ist der Begriff der Authentizität graduell zu modifizieren: Authentische Gespräche im engsten Sinne des Wortes sind für das 17. und 18. Jahrhundert nicht zu haben, und selbst Aufzeichnungen von natürlichen authentischen Gesprächen sind, je weiter der Blick in die Sprachgeschichte schweift, rar:

> Die meisten dieser Quellen sind zwei bis drei Stufen von authentischen Dialogen entfernt, so daß wir bei der Einschätzung der Quelle Gesichtspunkte wie das Wissen und die Darstellungsintentionen des Autors, die Überlieferungslage der betreffenden Quelle und viele andere, vor allem hermeneutische Fragen berücksichtigen müssen.[188]

Intentionalität der Überlieferung und (graduell abgestufte) Authentizität der Gesprächssprache sind deshalb die maßgeblichen Kriterien, die relativ zu konkreten Erkenntnisinteressen der Sprachgeschichtsschreibung über den Wert einer Quelle als (primäres oder sekundäres) Performanzfragment oder als (primäres oder sekundäres) Performanzarchiv entscheiden.

Das Korpus für die folgenden Untersuchungen zur historischen Gesprächsforschung soll Aufschluss geben über gesprochene Sprache im Gespräch, über Gespräche und Gesprächssorten im Rahmen des Gesprächstyps *Lehrgespräch* im 17. und 18. Jahrhundert sowie über das damit verknüpfte zeitgenössische Interaktionswissen, über Einstellungen zum Gespräch im Kommunikationsbereich der Lehre und über dessen idealnormative Fassungen. Legt man als wichtigstes Kriterium der Sortierung die oben genannte Unterscheidung in Performanzfragmente und Performanzarchive zugrunde und interpretiert sie für die Zwecke der historischen Gesprächsforschung als Pole einer Skala, die von den Performanzfragmenten im Sinne von Gesprächsnotaten bis zu den Performanzarchiven im Sinne von Quellen über das Gespräch reicht, so lassen sich folgende Quellengruppen zum Gesprächstyp *Lehrgespräch* unterscheiden (mit ausgewählten Beispielen aus dem Korpus):[189]

---

[187] Vgl. auch Hoffmann 1998, 877f.
[188] Fritz 1994, 550; vgl. auch Fritz 1995, 472.
[189] Rehbock 2002 unterscheidet bei den „gegenüber der originalen Mündlichkeit sekundären Quellen" in ähnlicher Weise fünf Gruppen: „1. schriftliche Wiedergaben realer Gespräche als Stenogramm, Protokoll, Erinnerungsnotat, Zusammenfassung, Anekdote; 2. fiktionale Gespräche als Schöpfungen einer literarischen, philosophischen oder didaktischen Einbildungskraft; 3. mehr oder weniger kritische Besprechungen typischer Gesprächsverläufe und Strukturen; 4. normative Festsetzungen (Verbote, Gebote, Regelungen) für das Gesprächsverhalten; 5. gesprächstheoretische Abhandlungen und praktische Anleitungen."

Zur Ordnung der Quellen der
historischen Gesprächsforschung –
am Beispiel des Gesprächstyps *Lehrgespräch*

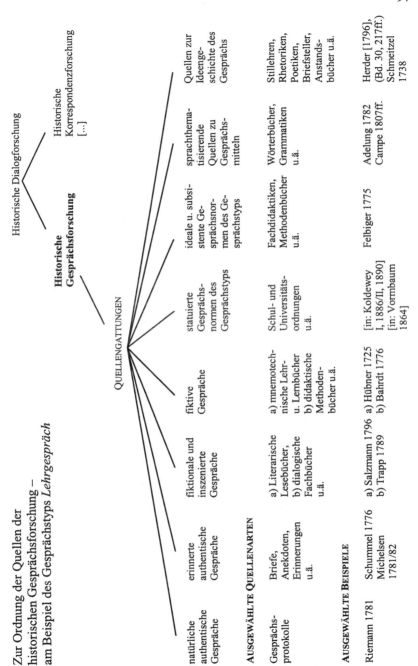

Die ersten vier Quellengattungen vereinen Aufzeichnungen von Gesprächen, begonnen mit den natürlichen authentischen Gesprächen bis hin zu den zu bestimmten Zwecken erfundenen fiktiven Gesprächen; diese Quellengattungen werden in den folgenden Untersuchungen im Vordergrund stehen. Es folgen die Quellengattungen, die in der Forschung bislang den Vorzug genossen und in denen über das Gespräch gehandelt wird, also Metasprachliches und Sprachthematisierendes, genauer: Metadialogisches zu finden ist. Insofern dies aber durchaus in Form inszenierter Gespräche erfolgen konnte, empfiehlt es sich nicht, eine zu starre Grenze zu ziehen zwischen dem ersten und dem zweiten Gattungen-Quartett. Die einzelnen Gattungen seien im Folgenden an Beispielen aus dem Korpus zum deutschen Gesprächstyp *Lehrgespräch* etwas näher betrachtet und dabei das Korpus einführend vorgestellt.

Zum Zweck der Werbung für das eigene Erziehungsinstitut sowie zum Nachweis der pädagogisch-didaktischen Stichhaltigkeit des in Methodenbüchern Gesagten wurden vornehmlich im 18. Jahrhundert Unterrichtsprotokolle angefertigt. Berühmtheit erlangten die von Carl Friedrich Riemann 1781 in seinem „Versuch einer Beschreibung der Reckanschen Schuleinrichtung" präsentierten Gespräche. Für diese Quellen zum **natürlichen authentischen Gespräch**, die in Form von Gesprächsprotokollen vorliegen, die von beobachtenden Dritten simultan zur Gesprächsführung angefertigt wurden, gilt, wie erwähnt, grundsätzlich dasselbe Problem „des Beobachtereinflusses, der medien- und notationsspezifischen Datenselektion und -interpretation", wie es auch für die Aufzeichnung und Transkription moderner Tonprotokolle existiert.[190] Dieses Problem betrifft im Rahmen der historischen Gesprächsforschung allerdings nicht mehr unmittelbar den Sprachwissenschaftler, denn dieser hat es mit bereits verschrifteten und im Wege der Verschriftlichung zumindest medial interpretierten Gesprächen zu tun. Die Gesprächsprotokolle zum *Lehrgespräch* im 17. und 18. Jahrhundert berücksichtigen darüber hinaus selbstredend nicht einmal annähernd den Bestand an Datentypen, die „in einem maximal informativen Korpus der Gesprächsanalyse aufgezeichnet und notiert werden müßten."[191] Dies wird sofort einsichtig, wenn man sich die Notationssituation vergegenwärtigt:

> Da ich versprochen, auch eine Catechisation mit den älteren Kindern über eine Geschichte aus dem zweyten Theil des Lesebuchs zu liefern; so will ich durch beygehende mein Versprechen erfüllen, welche ebenfalls wieder treu mit allen Antworten der Kinder niedergeschrieben ist. Ich habe so wohl beym Nachschreiben dieser,

---

[190] Henne/Rehbock 2001, 55.
[191] Henne/Rehbock 2001, 55; vgl. auch Schank/Schwitalla 1980, 313ff.

als auch der vorigen aus dem ersten Theil einen Gehülfen gehabt, mit dem ich mich in die Fragen und Antworten getheilt.[192]

Zwei Protokollanten teilen hier also die Notation der Gesprächsschrittabfolge untereinander auf, der eine notiert die Fragen, der andere die Antworten. Das Ergebnis erhält in diesem Fall zum Beispiel folgendes Aussehen: Kantor Bruns hatte mit den Kindern die Geschichte Nummer 41: „Die Tagelöhner" aus Rochows „Kinderfreund" gelesen und befragt die Kinder nun über den Tagelöhner Trägemann:

> L. Von Trägemann könnt ihr wol nichts lernen? K. (Einige:) Ja; (Einige:) Nein. L. Wünscht ihr, daß es euch auch so gehe wie Trägemann? K. Nein. L. Aber wie müßt ihr es denn machen, wenn es euch nicht so gehen soll? K. Nicht so faul seyn. L. Könnt ihr euch schon itzt zur Faulheit gewöhnen? K. Ja. L. Könnt ihr in der Schule auch faul seyn? K. Ja. L. Aber zu Hause wol nicht? K. Auch. L. Z. E. Wenn dir deine Mutter etwas zu thun befiehlt, und hast nicht Lust dazu, wie bist du dann? K. Faul. L. Wenn dir nun ins künftige was gesagt wird, was du thun sollst? K. Will ich es thun. L. Warum denn? K. Damit es mir nicht übel gehe. L. An wen wilst du nun denken, wenn du faul seyn wilst? K. An Gott. L. Das ist wol wahr; aber kannst du nicht noch an jemand denken? K. An Trägemann.[193]

Man erfährt hier zwar nichts über parasprachliche und nonverbale Gesprächsmittel, doch immerhin etwas über die Gesprächsführung an einer Vorzeigeschule, etwa das, dass die Kinder nicht nacheinander abgefragt werden, sondern ein Klassengespräch geführt wird. Durch die günstige Protokollsituation gewähren die von Riemann überlieferten Lehrgespräche manchen Einblick in die schulische Gesprächswirklichkeit am Ende des 18. Jahrhunderts, angefangen bei der institutionellen Gesprächsorganisation und der Form der Frage-Antwort-Progression bis hin zu Besonderheiten der gesprochenen Sprache.

In den meisten Fällen war eine solche Protokollsituation jedoch nicht gegeben, und die Autoren tun nicht selten ihre Unzufriedenheit darüber kund, etwa der spätere Generalsuperintendent von Halberstadt und Herausgeber der pädagogischen Zeitschrift „Der deutsche Schulfreund", Heinrich Gottlieb Zerrenner, der ebenfalls Reckahn besuchte:

> Nun wurde aus des Herrn v. Rochow Kinderfreund 1. Th. Nro. 60. der sterbende Jüngling vorgenommen. Ich habe mir folgende wenige Fragen aus dem Gespräch angemerkt. Wie gern hätt ich alles nachgeschrieben![194]

Wenn man bedenkt, dass es durchaus vorkommen konnte, dass in „zwey, drey Minuten [...] ohngefähr acht bis zehn Fragen über die ganze Geschichte

---

[192] Riemann 1781, 115; vgl. auch Petrat 1996, 45ff.
[193] Riemann 1781, 33f.
[194] Zerrenner 1788, 16.

aufgeworfen"[195] wurden, wird das Protokollantendilemma offenbar. Zu einem nicht geringen Teil liegen deshalb nur Gesprächstorsi vor, wie hier das Protokoll Zerrenners, das oft mitten im Notat abbricht und den Fortgang des Gesprächs mit „etc.", „etc. etc.", „u.s.w." andeutet. Insonderheit die für die adäquate Interpretation kaum verzichtbaren gesprächsbegleitenden Kommunikationsmittel finden, wie erwähnt, so gut wie nie Eingang ins Protokoll. Nur ab und an begegnet ein „Hemmstrich" als Zeichen zur Anzeige von Anakoluthen oder Pausen, etwa, wenn ein Schüler eine Antwort verzögert oder ganz schuldig bleibt. Mitunter erscheinen in einigen Quellen auch Hinweise auf nonverbales Handeln oder auf parasprachliche Eigenschaften der Sprecher („Lächelnd" antwortet z.B. ein Schüler bei Michelsen).[196] Ob das grundsätzliche Fehlen dieser Phänomene in den Quellen stets mit der Protokollsituation zusammenhängt oder aber auch in der Bewertung parasprachlicher und nonverbaler Elemente seitens des Protokollanten seine Begründung findet, ist nicht mit letzter Sicherheit zu entscheiden; ein Wandel in den Einstellungen der Zeitgenossen gegenüber der Relevanz parasprachlicher und nonverbaler Elemente ist jedenfalls in Rechnung zu stellen. Dass die Protokolle in dieser Hinsicht restringiert sind, ist indes nicht erst auf der Grundlage der modernen Gesprächsanalyse erkennbar, sondern war schon dem zeitgenössischen Protokollanten bewusst. Der eben genannte Berliner Gymnasialprofessor Michelsen klagt explizit darüber:

> Die folgenden Gespräche sind größtentheils so, wie sie da stehen, mit Kindern, die noch gar nicht in der Mathematic unterrichtet waren, gehalten worden. [...] Ton und Mienen lassen sich nicht beschreiben, und wie sehr kommts auf sie an? Ueberdem wer kann dergleichen Gespräche ohne alle Veränderung hinterher aufsetzen?[197]

Michelsens Gespräche sind denn auch nur noch mittelbar authentisch, was schon darin zum Ausdruck kommt, dass sie einander stark gleichen, bis in die Wortwahl hinein. Zudem werden die Grenzen zum erinnerten Gespräch schließlich fließend – bei Michelsen heißt es ja: „hinterher aufsetzen" –, und nicht immer ist mit letzter Sicherheit anzugeben, ob die Authentizität, wenigstens im oben eingeschränkten Sinn, wirklich gewährleistet ist. Wenn beispielsweise in den von Johann Bernhard Basedow und Joachim Heinrich Campe herausgegebenen „Pädagogischen Unterhandlungen" ein „Wörtlich nachgeschriebenes Gespräch eines Vaters mit seinem dreijährigen Kinde"[198]

---

[195] Riemann 1781, 26.
[196] Michelsen 1781, 8.
[197] Michelsen 1781, Vorrede.
[198] Campe 1778a.

abgedruckt wird, so verschwimmt schon aufgrund des Titels („nachgeschrieben") die Grenze zwischen authentischem, erinnertem und fiktionalem Gespräch. Und wenn Johann Paul Pöhlmann in seinem „Versuch einer practischen Anweisung für Schullehrer, Hofmeister und Aeltern" aus dem Jahr 1801 (3. Aufl. 1812) schreibt, er habe alle dort versammelten Gespräche wirklich geführt, „und es kommt keine Antwort darin vor, die nicht, wenigstens dem I n h a l t e nach, wirklich gegeben worden wäre",[199] so müssen wir es ihm glauben – wenngleich schon der einschränkende Hinweis auf die „Inhalte" an der sprachlichen Authentizität Zweifel weckt.

Die Kategorie des „erinnerten Gesprächs" wird, soweit ich sehe, erstmals in der „Einführung in die Gesprächsanalyse" von Helmut Henne und Helmut Rehbock 1979 präsentiert,[200] doch wurde ihr bislang nicht die erforderliche Aufmerksamkeit im Rahmen der germanistischen Gesprächsforschung zuteil. Dies scheint erstaunlich angesichts des Arsenals erinnerter Gespräche, die in wohlfeilen Ausgaben und in Anekdotenbüchern,[201] in Memoiren und in Briefen überliefert sind. Goethe ist, was die literarischen Größen der Zeit angeht, auch hierin führend, des Weiteren liegen erinnerte Gespräche von Lessing, Kant, Fichte und vielen anderen vor. Bezogen auf den Gesprächstyp *Lehrgespräch* im engeren Sinne findet man erinnerte Gespräche in Visitationsberichten, und zwar sowohl den obrigkeitlich geforderten wie auch den privaten (s.u.). Erinnerte authentische Gespräche sind freilich nicht mehr das, was sie in actu einmal waren. So gilt für historische erinnerte Gespräche um so mehr, was Henne/Rehbock über unmittelbar erinnerte Gespräche ausführen:

Sicherlich ist in der Praxis die Aufzeichnung aus u n m i t t e l b a r e r Erinnerung ein oft unentbehrliches Verfahren, insbesondere um ‚seltene Ereignisse' der wissenschaftlichen Untersuchung zugänglich zu machen. [...]. Andererseits lassen sich die meisten der Äußerungen [in der erinnerten Aufzeichnung, J.K.] als Sprechhandlungen nicht eindeutig interpretieren, da die begleitenden stimmlich-mimisch-gestischen Ausdruckszeichen nicht notiert sind und auch nicht mit hinreichender Genauigkeit erinnert werden konnten. Deutlich wird auch die Perspektivität der Aufzeichnung [...]; doch auch ein völlig unparteiischer, geübter und mit einem hervorragenden Gedächtnis begabter Beobachter bleibt gebunden an die Notwendigkeit, seine Aufmerksamkeit auf Ausschnitte und Teilaspekte der zu beobachtenden Kommunikationsprozesse zu konzentrieren.[202]

Insofern die Protokollsituation (s.o.) keine minutiöse Aufzeichnung von Gesprächen gestattete, muss man annehmen, dass auch den meisten natürli-

---
[199] Pöhlmann 1812, XVIII.
[200] Henne/Rehbock 2001, 233f.
[201] Vgl. Henne 1994, 34.
[202] Henne/Rehbock 2001, 37f.

chen authentischen Gesprächen im Akt der Nachschrift Erinnertes hinzugefügt wurde. Darüber hinaus ist aber das erinnerte authentische Gespräch als selbstständige Gattung anzuführen, insofern diese Gespräche ganz aus der – interpretierenden bis hin zur fiktional verklärenden – Erinnerung heraus niedergeschrieben sind und sich dadurch qualitativ von protokollierten natürlichen authentischen Gesprächen als primären Performanzfragmenten entfernen. So berichtet beispielsweise der Halberstädter Domprediger Streithorst im „Journal für Prediger" von seinem Besuch in Reckahn und zitiert in diesem Zusammenhang eine „Unterredung mit dem ersten dieser neuen Schulkinder, so wie es mir noch vorschwebt".[203] So detailliert auch immer es ihm „noch vorschwebt": Es weicht von der Gesprächswirklichkeit zumindest graduell ab.

Dazu noch ein Beispiel: Am 27. Dezember 1774 wird das Philanthropin in Dessau durch Basedow eröffnet. Da der Erfolg ausblieb, lud Basedow 17 Monate später zu einer öffentlichen Prüfung ein (13. bis 15. Mai 1776). Auf Wielands Bitte hin hat niemand Geringerer als Freiherr von Rochow über diese Prüfung im „Teutschen Merkur" berichtet und u.a. folgende Szene erinnert:

> Nach der Endigung dieses vortreflichen Gottesdienstes, ward mit den Kindern eine Socratische Uebung vorgenommen; nehmlich man wählte die so beschriene Materie von der Geburt des Menschen zum Gegenstand. [...] Herr Wolke bereitete in einer anständigen Rede Kinder und Zuhörer auf die nöthige Ernsthaftigkeit bey dieser Verhandlung. Als aber auf die Frage des Lehrers, warum dort auf dem Tische zweyerley (nehmlich Knaben= und Mägdlein=) Mützen lägen? die kleine Emilia Basedow mit großer Naïveté antwortete: ‚Sie wissen ja nicht was es seyn wird', da lachte laut ein großer Theil des Publici. Aber Herr Wolke erhielt den guten Ton sogleich wieder, da er die Versammlung ohngefehr also anredete: ‚Ansehnliche Versammlung! Wir erwarten von Kindern kindische Antworten, aber nicht, daß Erwachsene sich wie Kinder betragen –' und er setzte die Unterredung ungestört, und mit allgemeinem Beyfall fort.[204]

Erinnerte Gespräche sind selbstredend „hindurchgegangen und wiedergegeben durch menschliche Auffassung"; sie sind gleichwohl Performanzfragmente in Bezug auf die sprachlichen Mittel der Zeit sowie hinsichtlich der in ihnen enthaltenen Sprachthematisierungen. So kann man obigem Beispiel etwa entnehmen, dass abtönendes *ja* zu den Gesprächsmitteln der Zeit gehörte, ebenso die Anrede „Ansehnliche Versammlung!", auch wenn Rochow das öffentliche Prüfungsgespräch nur „ohngefehr" erinnert.

Fiktionale Gespräche sind erfunden und schon aus diesem Grund der Authentizität im engeren Sinne weiter entfernt als erinnerte authentische Ge-

---

[203] [Streithorst] 1786, 291.
[204] Rochow 1776c, 68.

spräche; die Grenze zwischen authentischen und fiktionalen Gesprächen ist in Bezug auf die Genese des Gesprächs relativ leicht zu ziehen – und ist in Bezug auf den sprachgeschichtlichen Ertrag doch oft nicht mit letzter Sicherheit festzulegen. Wie etwa ist es zu verstehen, wenn Joachim Heinrich Campe im „Vorbericht" zum „Robinson" schreibt:

> Uebrigens enthält diese Absicht den Grund, warum ich lieber wirkliche, als erdichtete Personen, habe redend einführen, und meistentheils wirklich vorgefallene Gespräche lieber habe nachschreiben, als ungehaltene und künstlichere Dialogen habe machen wollen.[205]

Es ist bekannt, dass Campe von 1778 bis 1783 „im Billwerder Ausschlag am Hammerdeich" bei Hamburg und von 1783 bis 1786 im nahebei gelegenen Trittau Erziehungsinstitute für Bürgerkinder gründete und im aufklärerischen Sinne dort lehrte.[206] Gesichert ist darüber hinaus, dass die in der Rahmenhandlung des „Robinson" agierenden sechs, später zwölf, Kinder fiktionale Ebenbilder der Billwerder Zöglinge sind, die Campe, durchaus auch unter einem Apfelbaume sitzend, unterrichtete; in Lotte ist gar Campes eigene Tochter figuriert.[207] Und doch ist Campes Zusicherung der Authentizität lediglich ein fiktionaler Realitätsbeweis. Man findet im „Robinson" zwar durchaus Fragmente gesprochener Sprache im Lehrgespräch des 18. Jahrhunderts und damit auch Performanzfragmente der Gesprächssprache, aber eben keine authentischen Gespräche. Schon dass die Kinder trotz des Alters- und Bildungsunterschieds fast einerlei Sprechstil pflegen – und zudem durchgehend sehr gebildet reden – veranlasst berechtigte Zweifel an der Authentizität, ganz abgesehen davon, dass solche Gesprächsmengen nur schwerlich minutiös zu notieren gewesen wären. Dasselbe gilt übrigens auch für die Gespräche in Campes „Kleiner Seelenlehre für Kinder", für die Campe ebenfalls Authentizität verbürgt, indem er anführt, er habe sie „am Ende einer jeden Lehrstunde mit alle den Lokalumständen [...], unter denen sie gehalten waren", aufgeschrieben.[208]

Auf der anderen Seite stoßen fiktionale und inszenierte Gespräche in Fach- und Lesebüchern, zumal in den seinerzeit beliebten Kinderbüchern aus der Feder eines Campe, Rochow, Salzmann, an die Grenze der fiktiven Modell-Gespräche (s.u.), doch ist auch diese Grenze unter sprachgeschichtlichen Gesichtspunkten durchlässig, handelt es sich doch in Bezug auf Gesprächssprachliches in beiden Fällen um Geformtes – und damit zunächst einmal um Performanzarchive. Während im Fall der fiktiven Modell-Gespräche jedoch

---
[205] Campe 1779/80, 14.
[206] Vgl. das Nachwort zu Campe 1779/80, 377ff.
[207] Vgl. Campe 1779/80, 421; grundsätzlich dazu Köstler 1999.
[208] Campe 1784, Vorrede 5r.

gezeigt wird, wie Gespräche sein sollen, erfährt man aus fiktionalen und inszenierten Gesprächen, wie sie in der historischen Zeit hätten sein können. Und wenngleich nicht wenige fiktionale Gespräche zugleich als fiktive fungierten, insofern sie zum Zweck des UNTERWEISENS eingesetzt wurden, sind die Zwecke der fiktionalen und inszenierten Gespräche letztlich nicht so eng mit der institutionellen Lehre verknüpft wie die der fiktiven Gespräche; sie sind deshalb nicht immer gezwungen, Vorbild zu sein. Fiktionale Lehrgespräche im Rahmen literarischer Werke gar, beispielsweise das geschwisterliche Lehrgespräch zu Beginn der „Soldaten" von Jakob Michael Reinhold Lenz,[209] sind in quellenkritischer Hinsicht für die historische Gesprächsforschung zunächst ähnlich zu bewerten wie das weiter unten zitierte fiktionale Lehrgespräch aus der „Kinderlehre auf dem Lande", doch sind sie im Unterschied dazu von vornherein für ganz andere als schulische Leserkreise geschrieben worden. Sie gewähren deshalb nicht selten tiefere Einblicke in die Gesprächswirklichkeit der Zeit als die von Pädagogen zu pädagogischen Zwecken verfassten fiktionalen Gespräche. Diese konnten demgegenüber, wie erwähnt, wie das fiktive Gespräch dem Lehrer auch Muster für seinen Unterricht sein; und sie sollten in vielen Fällen sogar dem Schüler zum Selbststudium in die Hand gelegt werden und, wie fast alle Literatur der Aufklärung, im Zeichen des Prodesse et delectare im Wege der bloßen Lektüre lehren. Nicht alle Autoren machten dies so deutlich wie Joachim Heinrich Campe, der sein Jugendbuch „Robinson der Jüngere" nicht zum Lesen-, sondern zum Leben-, d.h. zum Realienlernen bestimmt.[210] Ähnlich äußert sich der soeben schon zitierte Friedrich Eberhard von Rochow, der, auch mit Blick auf sein eigenes fiktionales Hauptwerk („Der Kinderfreund. Ein Lesebuch zum Gebrauch in Landschulen", 1776) in seiner Schrift „Versuch eines Schulbuchs für Kinder der Landleute" aus dem Jahr 1772 (2. Aufl. 1776) zum Zweck fiktionaler Gespräche ausführt:

> Damit nun ein Lehrer der Jugend sein Amt mit Nutzen führen möge, und damit er es sich und der Jugend nicht unnöthig schwer mache, so haben verschiedene Schriftsteller einem solchen Lehrer vorgearbeitet, und ihm sowol die Sachen, als auch die Art, sie im Lehren zu behandeln, oder die Methode in mancherley Büchern geliefert.[211]

Bei den Quellen zum fiktionalen Gespräch ist also sowohl zur Seite des authentischen wie zur Seite des fiktiven Gesprächs mit großen Überschneidungen zu rechnen. Aus diesem Grund ist es oft sehr schwierig, fiktionale Gespräche, in denen ganz offensichtlich gesprochene Sprache begegnet – mög-

---

[209] Lenz; Werke, 173ff.
[210] Campe 1779/80, 6.
[211] Rochow 1776b, Vorrede zur zweyten Auflage, b4.

licherweise sogar mundartlich geprägt oder/und gar im ruppigen bis hin zum vulgären Tonfall gehalten – hinsichtlich des Quellenwertes zu interpretieren. Die sprachliche Dokumentation ist Performanzfragment, doch ist das Gespräch selbst und sind mit ihm die Formen der Gesprächsführung erfunden, eben fiktional, auch wenn sie der Wirklichkeit einen getreuen Spiegel vorhalten. Als Beispiel sei hierzu ein Stück aus der von Anton von Bucher stammenden, jedoch anonym erschienenen „Kinderlehre auf dem Lande von einem Dorfpfarrer" aus dem Jahr 1781 zitiert:

Ein Ministrant.	Confiteo Deus Omnipotenti, beati Mariam semper Virgine.
Herr Pfarrer.	O du Galgenschlänkl. Ist kein Wort wahr. Schulmeister! Müssen alle Sakristeyschliffeln solche Eseln seyn, wie dus bist? [...] Das Schulhalten ist dein letzter Kummer. Schlags zsam die Hund, wenns nit lernen wolln. Für was hast denn die Ruthen in der Schul, und den Ochsenzehn in der Sakristey? Das seynd mir Halunken, der Schulmeister und die Bubn. Sag du auf Diendl! Wie viel gehören Stuck zu der Beicht?
Diendl.	Sechse. Das erst ist der Tauf, das andere die Firmung –
H. Pf.	Da hast du eine Trachtl. [...] Oder wie? sags, wie viel seynd Gott?
Diendl.	Ein Gott, und drey Personen.
H. Pf.	Das seynd ja viere.
Diendl.	Ja.
H. Pf.	Bravo. Wie haißens?
Diendl.	Das erste der Tod, das ander das letzte Gericht –
H. Pf.	Und da hast für das dritte und vierte noch ein paar watschen. [...] Wie, verzähl mir eins das Exempel, das ich neulich verzählt hab. Wer weiß es?
Antwort von allen Ecken, gewaltiger Lärm.	Herr Pfarrer ich! Herr Pfarrer ich! Herr Pfarrer ich auch!!!
H. Pfarrer.	s' Maul halts, ihr Schliffeln! Schreyn die Ruechen zusammen, als wenn man in einer Schinderhütten wär. Wie, Hans Jörgl, du verzähls. [...]"[212]

Nach Auskunft des Verfassers liegt hier eine „körnichte Kinderlehre" vor, ein fiktionales Gespräch, das auf Missstände an deutschen Dorfschulen aufmerksam machen soll. Trotz aller Fiktionalität – oder auch gerade deswegen – scheint es tiefere Einblicke in den schulischen Gesprächsalltag zu gewähren als so manches als authentisch ausgewiesene Gespräch oder so manches brave fiktive Modell-Gespräch. Eben dies ist der Quellenvorteil des fiktionalen Gesprächs: Es ist, sofern es einer (literarischen oder pädagogischen) Gesprächspoetik folgt, die auf Wirklichkeitstreue setzt, „ein literarischer Musterfall gesprochener Sprache im Gespräch", der „Annäherungen an

---

[212] [Bucher] 1781, 44ff.; vgl. auch Grimmelshausen 1668, 14.

das natürliche Gespräch" der Zeit eröffnet.[213] In Christian Gotthilf Salzmanns „Conrad Kiefer" begegnet man sogar gesprochener Kindersprache, die noch heute typische und in der Phase des frühen Erstspracherwerbs systematische Aussprachefehler im fiktionalen Gespräch überliefert („*Weine*" für *Schweine*, „*Pitz*" für *Spitz* usw.).[214] In sprachgeschichtlicher Hinsicht ist deshalb dem sprachlichen Performanzfragment bei der Bewertung der Quelle Vorrang einzuräumen vor der Archivalie des fiktional Geformten, zumal wenn die dargestellte Wirklichkeit der sozialgeschichtlich ermittelten sehr nahekommt.[215]

Das zu den fiktionalen Gesprächen Ausgeführte gilt mutatis mutandis auch für die inszenierten Fachgespräche, wie sie in Fachbüchern, die eine dialogische Darstellungsmethode wählten, begegnen.[216] Diese Gespräche sollen „inszeniert" heißen, insofern in ihnen real divergierende Meinungen figuriert werden.[217] Hierunter fallen so unterschiedliche Werke wie Zesens „Hooch=Deutsche Spraach=Übung" (1643), die per Dialog Sprach(wissenschaft)liches bietet, oder auch Ernst Christian Trapps „Debatten" (1789), in denen Trapp zuerst mit einem realen Widerpart ein inszeniertes Gespräch, man müsste zeitgenössisch genauer sagen: einen inszenierten Dialog, führt, und sodann „Ein Gespräch zwischen X und Y" folgen lässt „Ueber mittelbare und unmittelbare Offenbarung":

> X. Mit deinen Quäkern! den Phantasten!
> Y, Schimpfe sie, wie du willst; sie und ihres gleichen haben allein den rechten Begriff von unmittelbarer Offenbarung, das wirst du mir zugeben müssen.
> X. Nimmermehr! Phantasien sind keine Offenbarungen.
> Y. Da hast du Recht. Aber, was folgt daraus?
> X. Daß die Quäker Narren sind.
> Y. Das heißt, daß sie Phantasien für Offenbarungen nehmen.
> X. Narrheit genug, sollte ich meinen. [...]
> Y. Du hast sicher den rechten Begriff vom Silber.
> X. Ich sollte denken.
> Y. Kannst alle Merkmaale dieses Begrifs angeben?
> X. Wofür hätte ich sonst Mineralogie und Metallurgie studirt?
> Y. An der Richtigkeit und Vollständigkeit deines Begrifs vom Silber lag es also nicht, daß du durch den Gulden und die Leuchter getäuscht wurdest?

---

[213] Henne 1980, 91ff.
[214] Salzmann 1796, 397f.
[215] Zur Auswertung literarischer Quellen zum Zweck der Geschichtsschreibung vgl. Ludewig 1993; ferner, zur sprachwissenschaftlichen Analyse literarischer Dialoge, Betten 1985, 145ff.; Betten 1994 (mit einem kurzen „Anhang" zur Erforschung literarischer Dialoge früherer Sprachstufen); Neuendorff 1987; zur Quellenkritik vgl. auch Henne, 1980, 91ff.; Linke 1996, 40, Anm. 20; Asmuth 1989, 108ff.
[216] Vgl. dazu die einschlägigen Aufsätze im Sammelband von Schlieben-Lange 1989.
[217] Zur – etwas anders gefassten – Benennung vgl. Henne/Rehbock 2001, 28.

X. Gewiß nicht.
Y. Also kann man bei einem richtigen Begriff von einer Sache doch diese Sache mit einer andern verwechseln?
X. Das ist mir wiederfahren.
Y. Und kann also auch den Quäkern bei ihren unmittelbaren Offenbarungen wiederfahren.[218]

Fiktional und inszeniert im engeren Sinn[219] sind schließlich die bei öffentlichen Schulfeiern, insonderheit den öffentlichen Abschlussfeiern aufgeführten Gespräche. Wenn es beispielsweise im „Vorbericht" zu dem Stück „Die Realschule / eine Unterredung zwischen Charites und Theoron, worinn die Einrichtung und der Nutzen derselben vorgestellet wird" heißt, „daß diese Unterredung wirklich sey gehalten worden",[220] dann ist damit nicht die Authentizität des Gesprächs in sprachgeschichtlicher Hinsicht bezeugt, sondern dessen Inszenierung im Rahmen der öffentlichen Schulfeier.

Die Gruppe der fiktiven Gespräche, also nach Henne/Rehbock solchen, „die zu bestimmten Zwecken, z.B. denen des Unterrichts, entworfen werden",[221] ist für den Gesprächstyp *Lehrgespräch* noch weiter zu unterteilen in solche, die dem Lehrer, mitunter auch dem Schüler, als Muster oder Modell für zu führende natürliche Gespräche dienen sollen (Modell-Gespräche) und solche, die dem Schüler als Lernhilfe dienen, aber nicht in natürliche Gespräche überführt werden sollen (mnemotechnische Gespräche). Erstere sind vorwiegend in pädagogischen Zeitschriften, Erziehungsschriften, Methodenbüchern und didaktischen Gesprächslehren zu finden, letztere in Schul- und Lehrbüchern, wobei die Abgrenzung zu den fiktionalen Gesprächen in Schullesebüchern, etwa in Rochows „Kinderfreund", in der Regel sehr deutlich ausfällt: Im fiktiven mnemotechnischen Gespräch werden kognitive Bestände durch Fragen strukturiert, zeitgenössisch: „zergliedert", und zum Auswendiglernen portioniert; durch wiederholte Lektüre im Sinne eines Selbstabfragens oder aber durch wiederholtes dialogisches Rekapitulieren von Fragen und Antworten soll Wissen vermittelt werden. Demgegenüber wird im fiktionalen Gespräch idealerweise Wissen erfragt, genauer: fragend erzeugt. Dieser Unterschied zwischen dem Eintrichtern vorhandener und seitens des Lehrers ausgewählter Wissensbestände auf der einen und der individuellen Aneignung und Erweiterung des Wissens auf der anderen Seite musste gesprächsorganisatorische Konsequenzen haben. Und so ist tatsächlich der Umschlag vom fiktiven mnemotechnischen zum fiktionalen Gespräch als Lehr-Lern-Verfahren u.a. schon daran zu beobachten, dass in erste-

---

[218] Trapp 1789, 76f.
[219] Vgl. Henne/Rehbock 2001, 28.
[220] Agenda Scholastica, Bd. 2, 6. Stück, 1752, A2r.
[221] Henne/Rehbock 2001, 27f.

rem regulär der Lehrende fragt, in letzterem sowohl Lehrende wie auch Lernende Fragerecht haben. Darauf wird noch ausführlich zurückzukommen sein.

Die Unterrichtswirklichkeit des 18. Jahrhunderts wird in den fiktiven Modell-Gesprächen nur mittelbar gespiegelt, und auch die Gesprächsformen und -verläufe waren zumeist in der Tat „nicht im Schulzimmer ausprobiert, sondern nur am Schreibtisch entworfen worden."[222] Dementsprechend handelt es sich bei ihnen auch nicht um realitätsnahe Abbilder gesprochener Sprache, sondern um Modellierungen derselben mit Vorbildfunktion. Die Gespräche können denn auch oft ihre artifizielle Herkunft nicht verleugnen, etwa wenn ein Kind auf eine Frage des Lehrers mit der Angabe der Bibelstelle „Jes. 28,29" antwortet, was im 17. und 18. Jahrhundert zwar denkbar, auf Landschulen aber kaum an der Tagesordnung war.[223] Die Vielzahl der Modell-Gespräche vornehmlich im 18. Jahrhundert belegt gleichwohl die starke Nachfrage, und wenn man einmal die pädagogisch-didaktische Kritik beiseite lässt und den sprachgeschichtlichen Quellenwert erfragt, so wird man trotz aller Modellierungskunst feststellen dürfen, dass diese Modell-Gespräche als Modelle für Lehrer und Schüler umso wertvoller waren, je näher sie der in der Schulstube herstellbaren Gesprächswirklichkeit kamen – und umso mehr genutzt wurden, je weniger zusätzliche Arbeit sie dem Lehrer bereiteten. Es ist deshalb davon auszugehen, dass auch die fiktiven Modell-Gespräche Basisregeln und historisch wie kulturell besonders geprägte Normen des Gesprächs befolgen und etwas über ihre natürlichen Verwandten verraten, wie beispielsweise das abtönende „Ja", mit dem das zuvor „Jes. 28,29" antwortende Kind wenig später einer anderen Antwort Nachdruck zu verleihen sucht („Sie [„vernunftlose Geschöpfe", J.K.] haben ja keinen Verstand.").

Das fiktive mnemotechnische Gespräch hingegen ist entworfen, um Wissen zu strukturieren und im Wege des Auswendiglernens anzueignen. Schon dieser Entwurf-Charakter weist die Gespräche als Performanzarchive aus, was die pädagogisch-didaktische Seite der formalen und inhaltlichen Gesprächsführung anbelangt. Auch das mnemotechnische Gespräch ist in sprachgeschichtlicher Hinsicht gleichwohl zugleich Performanzfragment, insofern der Autor die Gesprächssprache seiner Zeit instrumentalisieren musste, um dem Lernenden eine gewohnte sprachliche Atmosphäre zum Lernen zu bereiten. Johann Christoph Gottsched formulierte 1727 sogar die „vornehmsten Regeln" zur „Verfertigung guter Gespräche" und legt dabei besonderen Wert auf die Nähe zum natürlichen Gespräch, wenn er zum Lehrbuchdialog ausführt, er solle „eine Abbildung einer Unterredung seyn, die zwischen etlichen Personen entweder wircklich gehalten worden; oder

---

[222] Krecher 1929, 2.
[223] Meyer 1794, 5.

doch zum wenigsten hätte können gehalten werden."²²⁴ Der Zweck dieser Gespräche, das Auswendiglernen, verhinderte freilich eine zu „natürliche" Gestaltung derselben. Ein Ausschnitt aus Wolfgang Ratkes „SPRACH-KVNST", einem der Werke, mit denen Ratke diese Gesprächsform mit immer gleichartigen Frage-Antwort-Mustern zur „Lehr=Art" erhob und sowohl als Modell-Gespräch wie auch mnemotechnisches Gespräch nutzbar machte, mag diese Quellengattung veranschaulichen:

> Was ist die Sprachkunst? Recht sprechen. Ein Kunst wol zusprechen.
> Wie viel sein theil? Zwey: Erklerung vnd Ordenung.
> ERKLERVNG. Was ist die erklerung? Das erste theil der sprachkunst, das da handelt von den worten welches lehret, wie man eines iglichen Worts eigenschafft erkennen müge.
> Was ist dan ein Wort? Womit etwes genennet wirt.
> Worin bestehet die Nennung? Jn dem Vrsprung vnd Vnterscheidung.
> VRSPRUNG. Was ist der Vrsprung? [...]²²⁵

Eine besondere Form der mnemotechnischen fiktiven Gespräche sind schließlich die am Ende von monologischen Texten in Lehrbücher eingeflochtenen (Prüfungs)gespräche zur Sicherung und Wiederholung des Gelernten.

Das zweite Quartett und damit die Reihe der Quellengattungen, die vornehmlich den Performanzarchivalien zuzuordnen und in denen sprachgeschichtliche Informationen über das Gespräch zu finden sind, steht dem ersten Quartett an Quellenwert für die historische Gesprächsforschung nach und soll deshalb nicht mehr ganz so ausführlich vorgestellt werden. Es wird eröffnet mit Quellen zu statuierten Gesprächsnormen. Statuierte Normen sind solche, die (in Normtexten schriftlich) niedergelegt sind, und deren Befolgung bzw. Nichtbefolgung sanktioniert ist.²²⁶ Insofern die gesellschaftliche Kodifikation von Normen in aller Regel mit der Bildung von Institutionen einhergeht und Institutionen selbst wiederum als historisch geformte Standardisierungen und Systematisierungen von zweckgebundenen Alltagshandlungen begriffen werden können, sind auch statuierte Gesprächsnormen häufig das Produkt von institutionell bedingten Standardisierungen und Systematisierungen alltäglicher Gesprächssorten. Und da die Institution „Schule" im Laufe des 17. und 18. Jahrhunderts in Deutschland zunehmend zum Scharnier zwischen Staat und Gesellschaft, Individuum und Gemeinschaft wurde, sind gerade die hier statuierten Gesprächsnormen auch als Spiegel einer Mentalitätsgeschichte des Gesprächs zu lesen.

---

[224] Gottsched 1727, 24; vgl. Zedler 7, 1734, 744 (s.v. *Dialogus*).
[225] [Wolfgang Ratke:] Sprachkunst (1612–1615), abgedruckt in Ratke/Ising 1959, II, 7–22, hier 9.
[226] Gloy 1984, 282ff.

Die ersten auf Latein oder auf Deutsch formulierten Schulordnungen, in denen auch Angaben darüber zu finden sind, wie schulische Lehre in deutschen Landen kommunikativ gestaltet sein soll, findet man im Rahmen von Kirchenordnungen. In der folgenden Zeit nahm sich der Staat der Schulen an; es wurden Ordnungen für einzelne Schulen, Schultypen, Landstriche und Städte erlassen. Hinzu kommen Gesprächsnormen in den Ordnungen privater Bildungsinstitute, Universitäten und weiterer Lehrinstitutionen. Diese Quellen sind sekundäre Performanzarchive, in denen die institutionelle Ordnung des *Lehrgesprächs* auch in Abgrenzung zu monologischen Lehr-Lern-Methoden dargelegt wird. Dass in diesen Ordnungen dieselben Gegenstände mitunter wieder und wieder eingefordert wurden – etwa der Zwang zum Hochdeutschen als deutscher Unterrichts(gesprächs)sprache –, belegt zwar eine gewisse Erfolglosigkeit der Normierungen und verbietet es, von statuierten Gesprächsnormen kurzerhand auf die Gesprächswirklichkeit zu schließen. Gleichwohl zeigen Schulordnungen sehr häufig expliziter, wes Geistes Kind das *Lehrgespräch* zu einer bestimmten Zeit war – oder eben sein sollte.

Von statuierten Normen zu unterscheiden sind subsistente Normen, also solche, die nicht institutionell kodifiziert sind und deren Befolgung nicht institutionell eingeklagt werden kann, sondern die entweder zum stillschweigenden Interaktionswissen der Sprecher gehören und erlebte Gesprächswirklichkeiten spiegeln oder aber die, als Ideale niedergeschrieben, gewünschte Gesprächswirklichkeiten unverbindlich entwerfen und insofern das stillschweigend Gewusste und Gewünschte offenbaren. Subsistente Normen finden sich für den Gesprächstyp *Lehrgespräch* mannigfach in den Methodenbüchern des 18. Jahrhunderts, und zwar in der Regel im Zusammenhang mit Entwürfen von Modell-Gesprächen. In ihnen wird dargelegt, wie das *Lehrgespräch* als katechetisches oder als sokratisches, als zergliederndes oder als Prüfungsgespräch geführt werden sollte – und wie eben nicht, z.B. in Felbigers „Methodenbuch":

> Ein Lehrer soll zwar nicht nur einen und den andern Schüler, sondern alle befragen; es ist aber nicht nötig, daß dies auf einmal und in jeder Lektion geschehe; es ist am besten, wenn der Lehrer die geschicktesten zuerst, hierauf die mittelmäßigen, zuletzt die schlechtesten die nämlichen Fragen beantworten läßt; denn bei diesem Verfahren bekommen die minderfähigen das, was sie wissen sollen, mehrmals zu hören, es wird ihnen der Gegenstand besser eingeprägt, sie werden in stand gesetzt, endlich selbst besser zu antworten und zu sagen, was sie so oft gehört haben.
> Es ist auch gut, wenn der Lehrer bei dem Fragen nicht immer einerlei Worte gebraucht, sondern wenn er die Fragen zu verändern weiß. Thut er dies und erfolgen

darauf richtige Antworten, so kann er um so sicherer schließen, daß die Befragten die Sache recht wissen.[227]

Sprachthematisierende Quellen im engeren Sinne, also „verschriftlichte Äußerungen historischer Sprecher, die Aufschluß geben über Formen des Sprachgebrauchs, die zu einer bestimmten Zeit üblich waren"[228] (bzw. als Norm gesetzt wurden, auf dass sie üblich würden), sind in erster Linie Grammatiken und Wörterbücher. Sie sind (bzw. wirken) normativ insofern, als sie angeben, wie sprachliche Mittel gebraucht werden (sollen); und sie sind deskriptiv – und dann als sprachgeschichtliche Quellen wertvoller –, insofern ihnen die Sprachwirklichkeit zugrunde liegt, sei es als akzeptiertes Vorbild oder als kritisiertes Gegenbild zu präskriptiven Normen im engeren Sinne. Im Zusammenhang mit der Rekonstruktion historischer Sprachhandlungsbegriffe (am Beispiel der Gesprächssortenbenennungen) und Sprachhandlungsmittel (am Beispiel der Gesprächswörter) sind diese Quellen bereits gewürdigt worden, so dass hier nur noch einmal auf ihre Hilfe bei der Rekonstruktion gesprochener (Gesprächs)sprache aus schriftlich überlieferten Texten zurückzukommen ist, deren Möglichkeit ja nicht selten beargwöhnt, gar bestritten wird. Ich habe oben im Abschnitt über die historische Gesprächsanalyse im Anschluss an Henne/Rehbock den Begriff der „Rekonstruktion" bereits erläutert und im Verlauf dieses Abschnitts einige Möglichkeiten derselben aufgezeigt. Aussprachereflexive Quellen, wie beispielsweise Grammatiken und Wörterbücher, bieten nun wichtige Indizien für diese Rekonstruktion der Aussprachewirklichkeit vergangener Zeiten,[229] etwa wenn Gottsched und Adelung die sprechsprachliche Apokope des auslautenden /ə/ verurteilen (s.u., III.4.3.) oder wenn Gottsched zu den einzelnen „Buchstaben und ihrem Laute" in seiner „Deutschen Sprachkunst" zu „Ei" ausführt, es

> muß weder wie ai, gesprochen werden, wie es von einigen Oberdeutschen geschieht, die mein, Bein, wie main, Bain, hören lassen; noch wie ee klingen, wie man in Meißen thut, da viele Stein, wie Steen, Bein, wie Been, Kleider, wie Kleeder sprechen,[230]

Überdies können diese sekundären Performanzarchive eine große Hilfe bei der Rekonstruktion parasprachlicher Elemente sein. Liest man beispielsweise in Johann Christoph Adelungs „Vollständiger Anweisung zur Deutschen

---

[227] Felbiger 1775, 139f.
[228] Gloning 1993, 208.
[229] Vgl. auch Weithase 1961, I, 7 und 55; ferner Voge 1978, 130, der darauf aufmerksam macht, dass es den Authentizitätsgehalt erhöht, wenn verschiedene Grammatiker und Lexikographen dieselben Angaben machen.
[230] Gottsched 1762, 47.

Orthographie" aus dem Jahre 1788, die ein ganzes Kapitel „Befolgung der besten Aussprache" aufweist, den Abschnitt über den „Gedankenstrich", dann findet man dort Informationen für die Interpretation von Gesprächsnotaten, etwa: Der Gedankenstrich „deutet theils eine Auslassung, theils eine Abbrechung, theils aber auch eine stärkere Pause an", ferner eine „unterbrochene Rede" sowie einen „Mangel des Zusammenhanges, besonders in Gesprächen, wo man gern von einem auf das andere kommt", schließlich eine „abgebrochene Rede" mit einer „starken Pause des mündlichen Ausdrucks".[231]

Die letzte Quellengattung schließlich versammelt Quellen zur Ideengeschichte des Gesprächs. Auch diesen Quellen sind Informationen über Gesprächsnormen und Gesprächsmittel zu entnehmen, und auch sie führen mitunter Modell-Gespräche und nicht selten sogar Gesprächsprotokolle an; die Grenzen zu anderen Quellengattungen, insonderheit den Quellen zu subsistenten Gesprächsnormen, sind fließend.[232] Ihre Aufmerksamkeit gilt im 18. Jahrhundert in aller Regel jedoch den geselligen bürgerlichen oder höfischen Gesprächstypen, der „Conversation" und dem „Complimentiren", und nur selten institutionell zweckgebundenen Gesprächstypen – es sei denn, dieselben sind selbst Thema des geselligen Diskurses, wie beispielsweise Lessings Attacke auf Wielands Begriff der „Sokratischen Lehrart" im 9. bis 14. „Literaturbrief" aus dem Jahr 1759.[233] In Bezug auf die Erkenntnisinteressen der Sprachgeschichtsschreibung handelt es sich hierbei deshalb zumeist um Texte, die über den Rahmen nur eines Gesprächstyps und nicht selten sogar den eines Gesprächsbereichs hinausgehen und das Material abgeben zur kultur- und sozial-, ideen- und mentalitätsgeschichtlichen Rekonstruktion der Situierung des Gesprächs in einer Sprachgesellschaft zu einer bestimmten Zeit. Es sind vornehmlich Werke, die den Zeitgenossen vermitteln sollten, was in welchen Situationen zu welchen Zwecken dialogisch angemessen ist, wie z.B. die Anstandsbücher,[234] Rhetoriken, Stillehren und Gesprächsbücher. Sie informieren, wie Linke feststellt, „in erster Linie über die *Normen*, an denen sich das Kommunikationsverhalten sowie das Sprachhandeln einer Gesellschaft bzw. eine Sprachgemeinschaft orientiert."[235] Dass diese allgemeinen Normen auch auf statuierte und subsistente Normen eines bestimmten Gesprächstyps einwirken, ist der Regel-

---

[231] Adelung 1788, 388ff.
[232] Vgl. auch Burke 1993, 92ff.
[233] Lessing; Werke V, 47ff.
[234] Zur Quellenkritik der Anstandsbücher grundlegend: Linke 1988, 126ff.; Linke 1996, 33ff.
[235] Linke 1996, 35f.

fall, doch ist, zumal bei institutionalisierten Gesprächstypen, ein differenzierter Transformationsprozess zu unterstellen.

In der Sprachdidaktik haben insonderheit Gesprächsbücher eine lange Tradition, vor allem im Lateinunterricht.[236] Als Quellen im Rahmen der historischen Gesprächsforschung des Deutschen sind in erster Linie Gesprächsbücher aus einem Bereich zu nennen, der heute „Deutsch als Fremdsprache" heißt, oder umgekehrt Gesprächsbücher für Deutsche, die andere Sprachen lernen wollen. In ihnen wird angemessenes Gesprächsverhalten innerhalb gesellschaftlich bedeutsamer situativer Rahmen vorgegeben, und es gibt dazu auch fiktive Gespräche, wie beispielsweise in einer „Einleitung zur Slavonischen Sprache" aus dem Jahr 1778, wo neben einem Vorläufer zum Klassiker der empirischen Gesprächsanalyse, dem Verkaufsgespräch („Vom Kaufen und Verkaufen"), ein Abschnitt „Von den Redensarten, deren man sich über Tische zu bedienen pflegt, nebst den Namen der Tischgeräte" mit folgendem Gespräch zu finden ist:

[Gast] Diese Suppe hat einen recht schönen Geschmack.
[Wirt] Sie scherzen, mein Herr.
[Gast] Wahrlich nein, ich rede im Ernst.
[Wirt] Es ist mir lieb, wenn sie ihnen schmeckt.
[Gast] Ich habe lange Zeit keine so gute Suppe gegessen.
[Wirt] Das beliebt ihnen nur so zu sagen.
[Gast] Nein, in allem Ernst.[237]

Es wird offenbar, dass den ausländischen Deutschlernern hier nicht allein die (fremde) Sprache, sondern kulturspezifisches Gesprächsverhalten in musterhaften Modellen vermittelt werden soll. Was den Quellenwert anbelangt, so sind die Gespräche in den Gesprächsbüchern den fiktiven Modell-Gesprächen an die Seite zu stellen. Weil für sie, eben weil sie vorbildliches Muster sein sollen, allerdings noch mehr gilt, dass sie mitunter „ganz erheblich vom Sprachgebrauch in natürlicher Alltagskommunikation abweichen",[238] sind sie Performanzarchive für die Gesprächssprache der Zeit, Performanzfragmente hingegen für die Ideengeschichte des Gesprächsverhaltens im 18. Jahrhundert.

---

[236] Vgl. Paulsen 1919, I, 64.
[237] Lanossovich 1778, 219; vgl. Volckmarus 1729; ferner Gernentz 1981; Prowatke 1985.
[238] So Lüger 1993, 234, zu „Lehrbuchdialogen" im modernen Fremdsprachenerwerb.

III. Lehren und Lernen im Gespräch – Zur Sprachgeschichte des Lehrgesprächs im frühen Neuhochdeutschen

III.1. Institutionelles Lehren und Lernen in Deutschland im 17. und 18. Jahrhundert

Schulen und Universitäten sind Veranstaltungen des Staats, welche den Unterricht der Jugend in nützlichen Kenntnissen und Wissenschaften zur Absicht haben.

Mit diesem lapidaren Satz, er steht als §1 im „Zwölften Titel" des „Allgemeinen Landrechts für die Preußischen Staaten" (ALR) aus dem Jahr 1794,[1] wurde für einen großen Teil des staatlich zerklüfteten Deutschlands – Preußen erstreckte sich am Ende des 18. Jahrhunderts über gut ein Drittel der Fläche – die Verstaatlichung der Institution Schule rechtskräftig. Aus historischaszendenter Perspektive, und das heißt auch: verglichen mit dem Vorangegangenen, war dies zweifellos ein einschneidender Schritt, wurde doch dem Wildwuchs des deutschen Schulwesens gesteuert und der schon 1717 für preußische Lande proklamierten allgemeinen Schulpflicht[2] sowie einer allgemeinen Ordnung des Schulwesens ein staatsrechtliches Fundament gegossen – noch das „General=Land=Schul=Reglement" von 1763 hatte demgegenüber die Kirche als Ordnungsmacht eingesetzt. Mit 1717 und 1794 sind in erster Linie für Preußen zwei bildungsgeschichtlich bedeutsame Daten aufgeführt, die zusammen mit anderen Texten der Schulgesetzgebung[3] das 18. Jahrhundert zumindest im Wege von Normtexten als „pädagogisches Jahrhundert" erahnen lassen.[4]

---

[1] ALR, 1794, 584.
[2] Vgl. die „Verordnung, daß die Eltern ihre Kinder zur Schule [...] halten sollen" vom 28. September 1717; abgedruckt in Froese/Krawietz 1968, 91; vgl. dazu Schorn 1912, 161f. Zur allgemeinen Schulpflicht, die in Deutschland erstmals 1619 in der Weimarer Schulordnung ausgerufen worden war und seitdem immer wieder wegen der weitreichenden Missachtung erneut eingefordert werden musste, vgl. Wehler 1989, 285 (mit weiteren schulgeschichtlichen Daten).
[3] Vgl. Froese/Krawietz 1968; vgl. ferner ALR 1794. Quellen zur Schulgesetzgebung für die gemeinen Schulen bieten zudem Dietrich/Klink/Scheibe 1964/65; Bona Meyer 1885; Koldewey I, 1886; Koldewey II, 1890; Vormbaum 1864.
[4] Zur Benennung „pädagogisches Jahrhundert" vgl. z.B. Baur 1790, IV; ferner den Titel von J. G. Schummel: „Spitzbart. Eine komi=tragische Geschichte für unser pädagogisches Jahrhundert", 1779.

Die folgende Skizze deutscher Bildungsgeschichte greift in chronologischer Hinsicht über die durch diese Daten gezogenen Grenzen ins 17. Jahrhundert rückblickend hinaus und in regionaler Hinsicht über die Grenzen Preußens, um für die Geschichte des deutschen *Lehrgesprächs* im 17. und 18. Jahrhundert einen überregionalen Blick zu erlangen. Angesichts der Quellenlage, die, wie erwähnt, zu nehmen zwingt, was zu bekommen ist, und die in Bezug auf das deutsche *Lehrgespräch* große Quellenbestände preußischer und sächsischer Herkunft verzeichnet, aber auch angesichts des sprachgeschichtlichen Ergebnisses des Standardisierungsprozesses des Deutschen im 18. Jahrhundert, erscheint eine grobe Konzentration auf den mitteldeutschen Sprachraum gleichwohl nicht nur notwendig, sondern auch gerechtfertigt. Die Skizze soll und kann überdies keine vertiefte sozialgeschichtliche Darstellung des deutschen Bildungswesens im 17. und 18. Jahrhundert sein – dazu liegen zahlreiche Arbeiten aus berufenerer Hand vor[5] –, sondern will lediglich den institutionellen Hintergrund erkunden für die Sprachgeschichte als Gesprächsgeschichte im Kommunikationsbereich der Lehre dieser Zeit. Durch diese Fokussierung wird ein guter Teil der Schulwirklichkeit im 17. und 18. Jahrhundert, und zwar auch ein guter Teil der kommunikativen Seite dieser Schulwirklichkeit, ausgeblendet bzw. nur flüchtig berührt. Dass Unterricht, zumal schulischer Unterricht auf den ländlichen Elementarschulen, oft „Zwang" und „Zucht", „Drill" und „Dressur" bedeutete,[6] und in solcher Atmosphäre für das Gespräch kein Ort war, ist nicht von der Hand zu weisen; die wenigen Ausnahmen, die nun in dieser Arbeit in den Vordergrund gestellt werden, waren zunächst nur seltene Lichter in sonst dunklen Schulstuben. Um diese Lichter soll es hier aber gehen, und wenn das sie umgebende monologische Dunkel auch im 18. Jahrhundert noch weitgehend den Sieg davontrug, so bewirkten die dialogischen Lichtlein doch, zumindest auf lange (sprach)geschichtliche Sicht, bis zur unmittelbaren Gegenwart eine zunehmende Erhellung – Aufklärung, wenn man so will. Denn auch dies ist nicht zu übersehen, dass unterschiedliche Schultypen und Schulorte im Verlauf der beiden Jahrhunderte verschiedene Möglichkeiten des UNTERWEISENS erprobten bzw. bislang geltende Grenzen überschritten und nicht nur die Lehrstätten der gelehrten, genauer: der begüterten Stände, sondern auch be-

---

[5] Vgl. zum „gelehrten Unterricht" auf Gymnasien und Universitäten z.B. Paulsen 1919, I/II; Flaschendräger [u.a.] 1981; Müller 1990; zum Elementar- und Realschulschulwesen z.B. Gilow 1906; Petrat 1979. Zur Einführung in die Schulgeschichte aus verwaltungsrechtlicher und politisch-ideologischer Hinsicht vgl. Schorn 1912; Heinemann 1974; Leschinsky/Roeder 1983. Zu allen Aspekten im Zusammenhang ist das „Handbuch der deutschen Bildungsgeschichte" heranzuziehen (Berg [u.a.] 1987ff.), dessen zweiter Band, der das 18. Jahrhundert behandeln soll, allerdings noch immer nicht erschienen ist.

[6] Vgl. Gessinger 1980, 14ff.

sagte Schulstuben auf dem Land durchaus in hellem Glanz erstrahlen konnten.

Vor allem das 18. Jahrhundert als pädagogisch-didaktische und pädagogisch-institutionelle „Sattelzeit", in der das Gespräch besondere Aufmerksamkeit auf sich zieht, lässt deshalb kommunikationsgeschichtliche Veränderungen erwarten, die für die Gegenwart mindestens ebenso bedeutsam werden sollten, wie es für die institutionellen Veränderungen des Schulwesens immer wieder festgestellt wird:

> Im Zuge dieser Entwicklung gewinnt die Schule nicht nur zunehmend an Bedeutung für das Leben des einzelnen, sie wird auch immer stärker eingespannt in die gesellschaftliche Entwicklung des 18. und 19. Jh. [...] Daraus erklärt sich auch der Wandel, den die Schule als Institution und das Lehren und Lernen in diesem Zeitraum erfahren. Am Anfang stehen die nachreformatorischen Lateinschulen und die Küsterschulen, am Ende die noch uns vertrauten Volksschulen, Mittelschulen und Höheren Schulen.[7]

Mit der Verstaatlichung der Schule waren die Probleme, die mit dieser Institution verknüpft waren, und die zu den Rahmenbedingungen schulischer und universitärer Gespräche zu zählen sind, natürlich keineswegs gelöst. In Schulordnungen und anderen Akten der Schulgesetzgebung, aber auch in dem auf breiter publizistischer Ebene geführten pädagogischen Diskurs der Zeit stößt man auch nach 1794 noch auf dieselben Klagen und Ordnungsversuche wie vordem – etwa in Bezug auf die Einhaltung der Schulpflicht seitens der Eltern oder die Gewährleistung der Unterrichtsqualität seitens der Lehrer –, und allein dies lässt ex negativo auf gewisse Un-Ordnungen schließen. Gleichwohl war der lange dauernde Prozess der Lösung der Schule aus kirchlicher Obhut zu einem vorläufigen Abschluss gekommen und hatte die – sonst keineswegs antikirchliche oder gar antireligiöse – Aufklärung den Einflussbereich des Staates erweitert. An die Stelle der kirchlichen Aufsichtsstellen traten schließlich staatliche Verwaltungs-, Beaufsichtigungs- und Ausbildungsinstitutionen für den Lehrkörper, etwa die Lehrerausbildungsseminare[8] – das erste, nämlich das „Seminarium Praeceptorum" wurde 1696 in

---

[7] Schiffler/Winkeler 1991, 85; vgl. auch Lundgreen 1980, 23ff.

[8] Zur Ausbildung der „Schulmeister" vgl. z.B. die einschlägigen Bestimmungen im „General=Land=Schul=Reglement" von 1763 (§§12ff.; abgedruckt in Froese/Krawietz 1968, 105–121, hier 110ff.); ferner [anonym] 1786a; Felbiger 1775, 233ff. Krünitz 61, 1793, 673ff. (s.v. *Land=Schule*) porträtiert die verschiedenen Lehrerseminare seiner Zeit; vgl. ferner Petrat 1979, 200ff.; Wehler 1989, 287f., der zudem auf einen wichtigen Aspekt aufmerksam macht, wenn er schreibt: „Nirgendwo sonst im gesamten Bildungsleben ist der Abstand in jeder Hinsicht größer gewesen als zwischen den berühmten Professoren und klassischen Schriftstellern jener Zeit auf der einen Seite und den scheel angesehenen Volksschullehrern in Stadt und Land auf der anderen Seite."

Halle gegründet und 1707 zum allgemeinen „Seminarium Selectum Praeceptorum" ausgebaut – oder das 1787 für das preußische Schulwesen eingerichtete Oberschulkollegium unter der Leitung von Karl Abraham von Zedlitz. Das *Lehrgespräch* als Lehr-Lern-Verfahren findet in jenen Lehrerausbildungsseminaren, sofern sie den neuen Geist atmeten und die Lehrer dort so dialogisch ausgebildet wurden, wie sie sodann ihre Schüler bilden sollten,[9] eine gewisse institutionelle Anerkennung.

Was die Zwecke, die Mittel und die Inhalte der institutionalisierten Lehre, des institutionalisierten UNTERWEISENS, anbelangt, so stellte der Wechsel von der kirchlichen zur staatlichen Oberaufsicht allein jedoch keinen grundlegenden Wandel oder gar einen (Auf)bruch dar. Die staatlichen Stellen setzten vielmehr den Gang auf eingeschlagenen Wegen fort. So blieben die Lehrinstitutionen etwa in Bezug auf die Herrschaftsstrukturen und Gesellschaftsordnungen der Bewahrung des Status quo verpflichtet, und zwar auch in den Augen aufgeklärter, fortschrittlicher Pädagogen.[10] Dies spiegelt sich, zum einen, in den Lehrplänen, die, unabhängig von der Schulform, zuallererst Grundkenntnisse des Christentums als kognitives sowie Liebe und Unterwerfung gegenüber dem Landesvater als politisch-ideologisches Lernziel festsetzten.[11] Und es zeigt sich, zum anderen, auch sehr deutlich in der Unterscheidung der Schultypen und deren Aufgaben. So hatte der für Belange der Kirchen und des Unterrichts in Preußen zuständige Staats- und Justizminister Karl Abraham von Zedlitz bei der Ausarbeitung der ersten staatlichen Ordnung des Unterrichtswesens im Jahre 1787 ein dreigliedriges Schulsystem in Vorschlag gebracht, dem in erster Linie eine (aus)bildungsbezogene – und zugleich ständische – Ordnung zugrunde lag:

---

[9] Vgl. z.B. Felbiger 1775, 233ff., der fordert, die Lehrer katechetisch auszubilden, um sie mit der Technik des Fragens vertraut zu machen.

[10] Vgl. z.B. Rochow in einem Brief an Zedlitz vom 10.12.1776 (Rochow; Päd. Schriften IV, 1910, 177): „Die Besorgnis, als würden die Bauern durch Erlangung des gesunden Menschenverstandes zu klug werden, [...] hat auf dem Wege, den wir gehen, gar keinen Grund. Unser Dichten und Trachten ist, gute Christen, gehorsame Untertanen und tüchtige Landwirte zu bilden." Dass die Besorgnis gleichwohl bestand, wird unten näher ausgeführt; zum Zusammenhang vgl. Gessinger 1980, 12f.

[11] Vgl. z.B. das preußische „General=Land=Schul=Reglement", das im Jahr 1763 eine „christliche Unterweisung der Jugend zur wahren Gottesfurcht" fordert und die Schulerziehung regeln will, auf dass der „hoechstschaedlichen und dem Christenthum unanstaendigen Unwissenheit vorgebeuget und abgeholfen werde, um auf die folgende Zeit in den Schulen geschicktere und bessere Unterthanen bilden und erziehen zu koennen." (Abgedruckt in Froese/Krawietz 1968, 105–121; hier 105.) Zu Lehrinhalten siehe auch unten.

Wenn der Schulunterricht den Endzweck haben soll: die Menschen besser, und für ein bürgerliches Leben brauchbar zu machen; so ist es ungerecht, den Bauer wie ein Thier aufwachsen, ihn einige Redensarten, die ihm nie erklärt werden, auswendig lernen zu lassen; und es ist eine Thorheit, den künftigen Schneider, Tischler, Krämer, wie einen künftigen Konsistorialrath oder Schulrektor zu erziehen, sie alle lateinisch, griechisch, ebräisch zu lehren, und den Unterricht in Kenntnissen, die jene nöthig haben, ganz zu übergehen, oder diese Kenntnisse für sie unverständlich und unanwendbar vorzutragen. Daraus folgt also: daß der Bauer anders als der künftige, Gewerbe oder mechanische Handwerke treibende, Bürger, und dieser wiederum anders als der künftige Gelehrte, oder zu höhern Aemtern des Staates bestimmte Jüngling, unterrichtet werden muß. Folglich ergeben sich drei Abtheilungen aller Schulen des Staats; nehmlich: 1) Bauer= 2) Bürger= und 3) Gelehrte Schulen.[12]

Eine typologische Erkundung, gar Ordnung des Schulwesens im 17. und 18. Jahrhundert, die solchen „Abtheilungen aller Schulen" historisch nachspürt, wirft große Probleme auf,[13] und doch ist sie, gerade auch in sprachgeschichtlicher Absicht, notwendig, um Gleichzeitigkeiten des vermeintlich Vor- oder Nachzeitigen nicht nur besser erkennen, sondern auch in sozialgeschichtliche Zusammenhänge stellen – und damit besser verstehen – zu können. Unter diesem Leitgedanken stehen denn auch die folgenden Ausführungen, die die äußerst vielfältigen Rahmenbedingungen schulischer Kommunikation zwischen 1600 und 1800 lediglich für die Ziele der Untersuchungen zum deutschen *Lehrgespräch* zu ordnen vermögen.

Die einschlägige Forschungsliteratur zur Geschichte des deutschen Schulwesens ist, wohl nicht zu Unrecht, der Zedlitzschen Dreiteilung im Grunde gefolgt und hat sie, je näher sie die Geschichte an die Schultypen der Gegenwart heranführt, als von gesellschaftlichen „Ständen" oder „Schichten" unabhängigen Ausdruck unterschiedlichen Bildungsniveaus und unterschiedlicher Bildungsziele uminterpretiert.[14] In Bezug auf die Durchsetzung des Deutschen als Unterrichtssprache sowie des Gesprächs als Unterrichtsmethode und Unterrichtsgegenstand wird man indes etwas feinere Unterschiede machen müssen, die diese Dreiteilung erläuternd aufschließen, aber auch nicht

---

[12] Zedlitz 1787, 102f.; zu diesem Text vgl. auch Heinemann 1974, 47 und 152ff. Vgl. auch die Ausführungen in einem anonym erschienenen Artikel über die „Einrichtung guter Schul=Anstalten", [anonym] 1752, 475f.; ferner Trapp 1787, 16ff., der innerhalb der gelehrten Bildung zwischen der Ausbildung zum „eigentlichen Gelehrten" und der zum „praktischen Gelehrten" unterscheidet. Wehler 1989, 287, spricht in diesem Zusammenhang zu Recht von „funktionsständischer Erziehung".

[13] Vgl. dazu im Überblick Lundgreen 1980, 22ff.

[14] Vgl. z.B. die Einteilung im dritten Band des „Handbuchs der deutschen Bildungsgeschichte" (Berg [u.a.] 1987), das für die Zeit von 1800 bis 1870 unterscheidet zwischen „niederem Schulwesen", „höherem Schulwesen" (wozu auch die Realschulen gezählt werden), „Universitäten" und „Berufsbildung".

ins andere Extrem, der unübersichtlichen Vielfalt, zurückfallen. Schlösse man nämlich, wie es zumal in sprachgeschichtlichen Arbeiten naheliegt, allein von verschiedenen Wörtern auf unterschiedliche Sachverhalte, so erhielte man auf der Grundlage der Benennungen für Schulen (im Sinne von „Lehranstalten") eine schwindelerregende Anzahl unterschiedlicher Schultypen allein für das 18. Jahrhundert. Ein Auszug aus dem Artikel „Die Schule" aus Johann Christoph Adelungs „Grammatisch=kritischem Wörterbuch der Hochdeutschen Mundart" aus dem Jahr 1798 mag zur Veranschaulichung und zur Einführung dienen:

> 1. Eigentlich der Ort, wo andere, besonders junge Leute, in nützlichen Kenntnissen und angenehmen Künsten unterrichtet werden. 1) Im weitesten Verstande, wo dieses Wort oft von allen Orten dieser Art gebraucht wird. Eine hohe Schule, wo die höhern Wissenschaften gelehrt werden, und welche man auch eine Universität, eine Akademie zu nennen pflegt; zum Unterschiede von den niedern Schulen, wo nur die freyen Künste und die ersten Anfangsgründe der Wissenschaften gelehrt werden. [...] Auch Örter oder Anstalten, wo mehrern in den schönen und angenehmen Künsten, ingleichen in den so genannten ritterlichen Übungen Unterricht ertheilet wird, heißen Schulen, im ersten Falle auch zuweilen Akademien. Die Mahlerschule, Zeichenschule, Singeschule, Reitschule, Fechtschule, Tanzschule u.s.f. 2) In engerer Bedeutung verstehet man unter Schule schlechthin die niedere Schule, einen Ort oder eine Anstalt, wo die ersten Anfangsgründe der Wissenschaften nebst den freyen Künsten gelehrt werden, wohin die Leseschulen, Deutschen Schulen, Lateinischen Schulen, Stadtschulen, Dorfschulen, Schreibeschulen, Rechenschulen, Knabenschulen, Mädchenschulen, öffentliche Schulen, Hausschulen u.s.f. und in noch weiterm Verstande auch die Näheschulen gehören.[15]

Adelung bietet hier nicht weniger als 22 Benennungen für Schultypen, und dies ist keineswegs das ganze lexikalische Paradigma des 18. Jahrhunderts, wie der Blick in andere zeitgenössische Nachschlagewerke und natürlich in die Primärquellen zur Geschichte des Schulwesens schnell zeigt. Die *Hochschule* und die *Bürgerschule* beispielsweise fehlen bei Adelung, zumindest lexikalisch, ebenso wie das *Gymnasium* und die *Realschule*, die *Industrieschule* und die *Winkelschule*.[16] Dafür bietet Adelung eine Grobtypologie des öffentlichen Schulwesens, die, wiewohl ebenfalls noch ständische Elemente enthaltend,[17] vornehmlich am Bildungsniveau und Bildungsziel orientiert –

---

[15] Adelung 1793–1801, Bd. 3, 1798, Sp. 1677f. (s.v. *Die Schule*).

[16] Zu dieser Benennungsvielfalt auch Gessinger 1980, 159, Anm. 17; v. Polenz 1991, 127ff.; v. Polenz 1994, 45ff.

[17] Das ständische Element wird lexikalisch am fassbarsten bei den „ritterlichen Übungen" auf den „Akademien", womit die vornehmlich nach dem Ende des Dreißigjährigen Krieges gegründeten Ritterakademien gemeint sind, auf denen die höfische (Aus)bildung zum „Galant homme" im Vordergrund stand. Die Ritterakademien bleiben hier unbeachtet, zumal auf ihnen auch die deutsche Sprache

und damit recht modern – ist. Adelungs Typologie entspricht im Wesentlichen der Ordnung des öffentlichen Schulwesens, wie sie das „Allgemeine Landrecht" vier Jahre zuvor entworfen und dabei auch die für das deutsche *Lehrgespräch* so bedeutsamen privaten Lehranstalten nicht unerwähnt gelassen hatte. Dem Artikel im „Allgemeinen Landrecht" folgend,[18] soll hier der Erkundung der Geschichte und Entwicklung des deutschen *Lehrgesprächs* folgende Ordnung zugrunde gelegt werden (ohne indes gliederungsbestimmend zu sein):

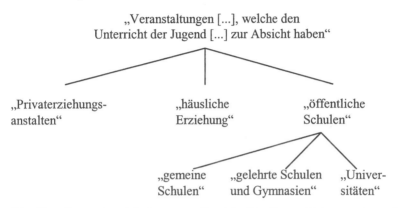

Die Verteilung der Schultypen stellt sich für diesen Zeitraum in groben Strichen wie folgt dar: Auf den Universitäten, deren Anzahl im Deutschen Reich bis zum Ende des 18. Jahrhunderts auf rund 50 anwuchs,[19] studierten insgesamt knapp 9000 Studenten zu Beginn und nunmehr knapp 6000 Studenten zum Ende des 18. Jahrhunderts, mit nur knapp 1,7% eines Altersjahrganges also eine schwindend geringe Zahl. Im Durchschnitt gab es rund 300 Studenten auf einer Universität, denen durchschnittlich 20 Professoren in der Lehre gegenüberstanden.[20] Im „*Seminarium philologicum*" Christian Gottlieb Heynes an der Göttinger Universität sollte im Jahre 1765 „eine Auswahl von neun *Studiosis*" in einer Gruppe ausgebildet werden.[21]

---

und das deutsche Gespräch keine nennenswerte Rolle spielten; vgl. dazu auch Paulsen 1919, I, 514ff.
[18] Vgl. ALR 1794, Zwölfter Titel, 584ff.; eine graphische Übersicht über die Entwicklung von „Bildungsinstitutionen in Deutschland, 800–1800" bietet Lundgreen 1980, 24.
[19] Vgl. Wehler 1989, 292.
[20] In den Jahren 1791–1795 studierten in Halle 854 Studenten, in Jena 851; die Schlusslichter bildeten Erfurt mit 90 und Duisburg mit 48 Studenten. In Halle lehrten 1756 37 Professoren, in Jena 34, in Erfurt 31 und in Duisburg 11. Zu diesen Zahlen vgl. Herrlitz 1973, 34; Flaschendräger [u.a.] 1981, 75; Müller 1990, 60.
[21] Pütter 1765, 248ff.; vgl. auch Mackensen 1791, 83f.

Ähnliche Zahlenverhältnisse wiesen die im 18. Jahrhundert in philanthropischen Kreisen gegründeten „Privaterziehungsanstalten" auf. Auf Salzmanns Lehrinstitut im thüringischen Schnepfenthal beispielsweise waren im Jahr 1798 22 Zöglinge von fünf Lehrkräften zu unterrichten.[22] Auch die „häusliche Erziehung" bot beste Bedingungen für das *Lehrgespräch* – wenn man dabei Häuser adeliger oder gutsituierter bürgerlicher Familien vor Augen hat, wie beispielsweise die „häusliche Erziehung" im Goetheschen Haus in Frankfurt[23] oder die in Campes „Robinson" dargestellte „häusliche Erziehung", die sogar außerhalb eines geschlossenen Raumes stattfindet. Beide Formen seien im Bild veranschaulicht (Seite 123 die Unterweisung, wie Goethe sie erfahren haben mochte; Seite 124 das Idyll Campes).[24]

Deutlich wird in beiden Fällen das Verhältnis der Gesprächspartner, das sich auch auf Rechte und Pflichten der Beteiligung am Gespräch erstreckt: Hier der aufrecht stehende, mit gestreckten Zeigefingern das verschriftete Wissen darbietend dozierende Lehrer und der schüchtern das Buch haltende Eleve, dort der sich zu den Schüler-Kindern hinab gesetzte, mit ihnen einen (Gesprächs)kreis bildende, gütig blickende Lehrer-Vater.

Ganz anderen quantitativen Verhältnissen begegnet man bei einem Blick in die Schulstuben der „gemeinen Schulen" in Stadt und Land, und dies hatte selbstredend Auswirkungen auf die kommunikativen Verfahren der Lehre. So war es auf ländlichen Elementarschulen nicht unüblich, dass „ein Haufen von 60 bis 90 Kindern"[25] verschiedenen Alters und Wissens in einem (zumeist zudem engen) Raum versammelt wurde, und auch auf städtischen „gelehrten Schulen" konnte es im 17. Jahrhundert noch vorkommen, das sich in einem „gemach 140 Schüler befunden", wie Generalschulinspektor Schrader im Jahre 1650 bei der Visitation des Helmstedter Gymnasiums feststellte.[26] Erst gegen Ende des 18. Jahrhunderts wurde dieser eine „Haufen" in kleinere „Haufen", (Leistungs-)„Klassen" oder „Abtheilungen" geteilt.[27] Dies war ein

---

[22] Vgl. die Einführung zu Salzmanns „Pädagogischen Schriften" von Richard Bosse und Johannes Meyer, Bd. 1, 1886, 60ff.
[23] Vgl. Goethe; Werke 9, 31ff.
[24] Vgl. auch die Abbildungen in Alt I, 1966, 360ff.
[25] Rist 1787, 38; v. Türk 1806, 50.
[26] Koldewey 1891, 154.
[27] Vgl. z.B. die Einteilung der in einem Schulraum zu unterweisenden Schüler in „Lese-Kinder", „Buchstabir-Kinder" und „A B C-Schueler" im Reglement von 1763 (abgedruckt in Froese/Krawietz 1968, 105–121, hier 114f.); so auch bei Mirus 1799, 279. Die Ablösung des Einzelunterrichts durch Zusammenunterrichten von Leistungsgruppen wird Johann Ignaz von Felbiger zugeschrieben (vgl. dazu Felbiger 1775, 120; Wittich 1793), doch hat es sie auf Lateinschulen schon wesentlich früher und auch auf „gemeinen Schulen" in Ansätzen schon vorher gegeben, vgl. z.B. Koldewey I, 1886, 262.

Abb. 1   Häusliche Privaterziehung; Daniel Chodowiecki, Städelsches Kunstinstitut Frankfurt; aus: Fertig 1984, 128.

Abb. 2 Häusliche Erziehung in einem Philanthropin; aus: Campe 1779/80, Frontispiz.

entscheidender Schritt, um vom Einzelabfragen vor dem großen „Haufen" zum Zusammenunterrichten kleinerer Gruppen zu gelangen, doch blieben alle „Haufen" noch in einem Raum, was einem offeneren Lehrgespräch nicht eben förderlich war.

Eher möglich war ein Lehrgespräch im Rahmen der „häuslichen Erziehung", doch gab es dabei schicht- bzw. standesspezifische Unterschiede: Während es im begüterten Bürgertum nicht selten war, einen Hauslehrer zu beschäftigen, wurde der „häuslichen Erziehung" in der Landbevölkerung, die nur allzu oft gleichbedeutend war mit Unterlassung der Erziehung im schulischen Sinne des UNTERWEISENS, mit der allgemeinen Schulpflicht begegnet,[28] die jedoch, wie erwähnt, nur sehr zögerlich Erfolg zeitigte. Noch im Jahr 1799 beklagt „Pastor Mirus zu Völckenrode" die Verhinderung des Schulbesuchs seitens der Eltern:

> Schließlich muß ich noch bemerken: daß der gewöhnliche Bauer [...] bei allen Ermahnungen und Erinnerungen, selbst bei allen ernsthaften Vorstellungen des Predigers, Schule und Schulordnung mit einer zum Erstaunen großen Gleichgültigkeit betrachtet, und daher in dem Anhalten seiner Kinder zum fleißigen Besuchen derselben oft unverantwortlich nachlässig ist. Insgemein pflegt er zu sagen: Wat schall doch dat veele Lehren? wenn miene Kinder man ahrfeien (arbeiten) könnt.[29]

Einen repräsentativen Eindruck vom „Schulhalten" auf dem Lande vermittelt der Bericht „Ein Schulbesuch in B*" in den von Basedow und Campe herausgegebenen „Pädagogischen Unterhandlungen" aus dem Jahr 1782, aus der im Folgenden ein längerer Passus zitiert wird, der die schlechten Bedingungen für das *Lehrgespräch* veranschaulicht:

> Das Schulhaus schien von außen einem Stalgebäude nicht unänlich. Es hatte einen schmuzigen Eingang, und inwendig einen engen Raum. Die Schulstube war die einzige im Hause; zwar geräumig genug: aber für das, was sie alles fassen sollte, doch immer zu klein. Als wir hereintraten, schlug uns ein widriger Dampf entgegen, der uns das Atmen eine Weile sehr beschwerlich machte. Das Erste, was wir erblikten, war ein Hünerhan, und weiterhin zwei Hüner und ein Hund. Am Kamin stand ein Bet, worauf ein Spinrad, ein Brod, und allerlei zerrisne Kleidungsstükke lagen. Zunächst am Bette stand eine Wige, darneben sas die Hausfrau und besänftigte ihr schreiendes Kind. An der einen Wand war eine Schneiderwerkstäte aufgeschlagen, woran ein arbeitender Geselle sas. An der andern war ein großer Kasten, ein Speisesschrank, Kleidungsstükke und andre Sachen angebracht. Den übrigen Raum namen die Schulkinder an einem Tisch und auf mehreren Bänken ein. Es waren ihrer über 50, von verschidnem Alter und Geschlecht, aber alle unter einander und dicht zusammen gepfropft. Wir mußten stehen, weil zum Sizen kein Plaz war. Am Ende des Schultisches erblikten wir den Lehrer. Er war eben beschäftigt,

---

[28] Zur häuslichen Erziehung vgl. das „General=Land=Schul=Reglement" von 1763, §15 (abgedruckt in Froese/Krawietz 1968, 105–121, hier 112); ALR 1794, §§7f.
[29] Mirus 1799, 285.

die Lektion der Kinder, mit der Karbatsche in der Hand, zu überhören. Bei unsrer Ankunft hielt er inne. P* bat ihn, sich nicht stören zu lassen, sondern in seinem Unterricht ordentlich fortzufaren. Er tat es, und lies seine grössern Schüler etwas Auswendiggelerntes hersagen, wovon wir Anfangs beinah nichts verstehen konten; denn das saugende Kind schrie immer fort, und der Hahn, welcher sich bei unserm Eintrit in einen kleinen Alkoven zurükgezogen hatte, krähte von da aus so mächtig darzwischen, daß uns die Ohren gelten. – ‚Juny', blar' beter!' [„sage (vgl. *plärren*) es deutlicher her!", J.K.] schrie der Lehrer dem hersagenden Knaben zu; und nun erhob der Schüler seine Stimme so durchdringend, daß wir zur Genüge jedes Wort verstehen konten.

Das gelernte Pensum war ein Stük aus dem Katechismus, und der Reihe nach die 7te Bitte. [...]. Zuerst also die 7te Bitte nebst Luthers kurzer Erklärung. Darauf eine ausführliche Entwiklung in Frag' und Antwort, mit biblischen Sprüchen ausgestopft [...]. Dis Pensum nun plapperten die Kinder mit einem unausstehlichen Tone nach der Reihe her.[30]

Der holländische Maler Jan Steen hat eine ähnliche Szene im Bild festgehalten (Seite 127).

Es bedarf keines ausgreifenden Kommentars, dass unter diesen Bedingungen ein für alle Schüler wirklich lehrreiches Gespräch schwerlich möglich war. In der Regel hatte allenfalls eine Gesprächssorte hier Platz, das „*Verhören*" eines einzelnen Schülers bei Stillarbeit aller anderen (s.u., III.4.1.1.1.). Hinzuweisen ist darauf, dass sich die städtischen Elementarschulen zwar sehr wohl von den „gemeinen" Landschulen unterscheiden konnten, was die Räumlichkeiten, Sitzordnungen und Unterrichtsführung anbelangt, doch wirkte sich dies nur mäßig auch auf die Kommunikationsformen aus. Ein Kupferstich von Abraham de Bosse aus dem 17. Jahrhundert zeigt ebenfalls das „*Verhör*" (Seite 128).

---

[30] [anonym] 1782, 93ff. Die Repräsentativität dieses in der einschlägigen Literatur bekannten Textes (vgl. Petrat 1979, 43f.; Schiffler/Winkeler 1991, 99) wird durch zahlreiche vergleichbare Quellen belegt (vgl. z.B. v. Türk 1806, 261ff.; [anonym] 1793b; Kaeselitz 1797 oder die bei Petrat 1979, 143, abgedruckte Darstellung des Schulhaltens), und auch der Blick in die Schulgesetze macht deutlich, dass die genannten Missstände (Schulstube als Gewerberaum, Familienraum, Nebenbeschäftigungen des Lehrers usw.) allerorten bekannt waren (vgl. Schorn 1912, 161ff., der diesbezüglich die preußische Schulgesetzgebung diskutiert). Zu Schulverhältnissen, insonderheit auch schulischen Herrschaftsverhältnissen am Ende des 18. Jahrhunderts malt auch Jean Paul in seinem „Leben des vergnügten Schulmeisterlein Maria Wutz in Auenthal" (1793, 21ff.) ein eindrucksvolles Bild; Einblicke in die Unterrichtswirklichkeit einer städtischen Lateinschule gewährt auch Karl Philipp Moritz in seinem „Anton Reiser" (1785, 108f.). Und noch in Fontanes „Stechlin" (1899, 57ff.) findet man am Ende des 19. Jahrhunderts (Erstveröffentlichung 1897 bzw. 1899) nur wenig vom 18. Jahrhundert verschiedene Verhältnisse in der ländlichen Schulstube.

Abb. 3 Jan Steen: „Jungen- und Mädchenschule"; National Galleries of Scotland, Cat. No. 2421; aus: Schiffler/Winkeler 1991, 79.

Abb. 4   Das Verhör; Abraham de Bosse, aus: Alt, Bd. 1, 1966, 388.

Im Verlauf des 18. Jahrhunderts erfolgten grundlegende Weichenstellungen, die die Schul-, Lehr- und Lernverhältnisse nachhaltig besserten, und wenngleich das Gros der öffentlichen schulischen „Veranstaltungen des Staats", sofern es sich um „gemeine Schulen" auf dem Land handelte, noch für lange Zeit unter den beschriebenen Rahmenbedingungen stattfand, so machte sich doch eine Aufklärung bemerkbar – und sei es in Form hellerer und besser gelüfteter Schulstuben. Der Wandel der Institution „Schule" in ihrer äußeren Gestalt (Schülerzahl pro Lehrer, Klasseneinteilung, Lehrerausbildung, Räumlichkeiten u.a.) auf der einen und seiner inneren Gestaltung (Unterrichtszwecke, -gegenstände und -methoden) auf der anderen Seite gingen dabei Hand in Hand: Das Gespräch erschien den Neuerern als Schlüssel des Lehrens und Lernens, doch bedurfte es besserer Lehr- und Lernbedingungen; bessere Lehr- und Lernbedingungen wiederum ermöglichten andere Formen der Lehre und des Lernens, mithin also auch solche des *Lehrgesprächs*. Die bereits erwähnte Einteilung der Schüler und Schülerinnen in „Klassen", „Haufen" oder „Abtheilungen" trug, insofern sie für kleinere und in Bezug auf die Leistung homogenere Lernergruppen sorgte,[31] ebenso dazu bei wie der Wechsel vom „Verhören" einzelner Schüler bei Nichtbeaufsichtigung der übrigen zum Zusammenunterrichten in eben solchen „Klassen" oder „Haufen" in Form anderer Sorten des *Lehrgesprächs*. Zu erwähnen ist des Weiteren die Aussonderung aller nichtschulischen Geschäftigkeiten des Lehrers aus den Schulstuben und die Sorge um größere, hellere und zweckmäßigere Räume mit entsprechender Möblierung.[32] Carl Friedrich Riemann beschreibt die Neuerung der schulischen Sitzordnung – und damit zugleich die äußere Gesprächsordnung – am Beispiel der Vorzeigeschule Reckahn wie folgt:[33]

> Beym Eingange in die Schulstube findet man links an der Wand die Knaben in zwey Reihen auf Bänken sitzen, welche fest und nicht zu hoch stehen, damit sie mit ihren Füßen die Erde erreichen können, und eine jede dieser Bänke hat einen schmalen schräge abgehenden Aufklappetisch vor sich [...]. Die Mädchen sitzen dem Eingange gerade über, haben eben einen solchen Tisch vor sich, welcher aber der Anständigkeit wegen vorne mit Leinewand zugeschlagen ist, doch so, daß sie unten durchkommen können. Die ganzen Sitze machen ein halbes Quadrat nach nach folgender ohngefährer Zeichnung:

---

[31] Vgl. [anonym] 1800b, bes. 201.
[32] Vgl. dazu Felbiger 1775, 298; Rochow 1776b, Vorbericht b; Krünitz 61, 1793, 632ff. (s.v. *Land=Schule*); Haun 1801, 12ff., der ein eindrucksvolles Porträt der zeitgenössischen Schuleinrichtung zeichnet.
[33] Riemann 1781, 189; auf kleinere Details, wie z.B. die Einzeichnung des Lehrertisches, ist hier verzichtet worden. Vgl. auch die Abbildungen der Inneneinrichtung der städtischen Schule bei Alt II, 1965, 68f. und der „aufgeklärten" Dorfschule ebd., 128f.

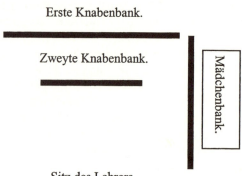

Angesichts dieses nur zögerlichen Aufbruchs der „Sattelzeit" zur Gegenwart ist es auf den ersten Blick um so erstaunlicher, dass es gerade „gemeine Schulen" sind, die in der pädagogischen Theorie der Zeit und – zumindest in den prominenten Vorzeigeschulen – auch in der pädagogischen Praxis eher als die gymnasialen „gelehrten Schulen" und eher als die Universitäten den kommunikativen Wandel vollziehen und zum deutschen *Lehrgespräch* finden. Erst gegen Ende des 18. Jahrhunderts, begründet u.a. durch den endgültigen Sieg des Deutschen über das Lateinische als Lehrsprache sowie durch wirtschaftliche und gesellschaftliche Ansprüche des gehobenen Bürgertums und angeregt auch durch die „Privaterziehungsanstalten", hatten auch die „gelehrten Schulen" und Universitäten das Gespräch in deutscher Sprache nicht nur als Lehr-Lern-Verfahren, sondern auch als Lehrgegenstand entdeckt – was indes nicht heißt, dass es allerorten freudig begrüßt wurde, doch dazu im nächsten Abschnitt mehr.[34] Eine Begründung findet die frühe Existenz deutscher Lehrgespräche auf „gemeinen Schulen" darin, dass hier keine sprachliche Alternative, beispielsweise ein Wechsel zum Lateinischen oder Französischen, gegeben war, vielmehr im Verlauf des 18. Jahrhunderts deutsche Hochsprache gegen die Mundarten durchgesetzt werden sollte. Zudem fehlten methodische Alternativen, war etwa, was die Lehr-Lern-Verfahren anbelangt, auf gemeinen Schulen auch kein gehaltreicher *Lehrvortrag* von der Dauer und Qualität einer *Vorlesung* möglich, wie er an höheren und hohen Schulen in bestimmten Lehr-Lern-Phasen effizient war und gepflegt werden konnte.

In der Tat darf festgehalten werden, dass das 18. Jahrhundert als „pädagogisches Jahrhundert" vornehmlich im Bereich der „gemeinen Schulen"

---

[34] Vgl., mit etwas anderer Gewichtung, Gessinger 1980, 16f.

(Landschulen, Elementarschulen, Industrieschulen u.a.) in Erscheinung tritt, sodann auch im Bereich der „gelehrten Schulen", soweit es sich um „Privaterziehungsanstalten" oder staatliche berufsbildende Schulen und Realschulen handelte. Das Gymnasium und die Universität erwiesen sich demgegenüber zwar als wandlungsfähig – es sei an die zahlreichen Universitätsgründungen im späten 17. und schließlich im 18. Jahrhundert erinnert,[35] insonderheit an Halle (1694) und Göttingen (1737), die durchaus auch Neues brachten (z.B. sehr früh schon Deutsch als Lehrsprache, freiere *Vorlesung* und Seminare) –, doch waren die gymnasialen und universitären Funktionsträger nicht eben über die Maßen auch wandlungswillig. Diese Tendenz, dass also „Privaterziehungsanstalten" und „gemeine Schulen" die „Sattelzeit" einleiteten und die Gymnasien und Universitäten nur zögerlich folgten, spiegelt sich beispielsweise in den Lehrplänen der entsprechenden Institutionen, spiegelt sich auch im Grad der Förderung oder Verhinderung des „Sprachenwechsels" vom Lateinischen zum Deutschen (s.u.); sie spiegelt sich des Weiteren in der Schulgesetzgebung, die sich im 18. Jahrhundert in erster Linie der „gemeinen Schulen" annimmt und detaillierte Angaben über die ordnungsgemäße Unterweisung auf denselben macht, während bezüglich der Universitäten die disziplinarische Ordnung des studentischen Lebens im Vordergrund steht.[36] Nicht zu vergessen sind schließlich die zahlreichen Publikationen zur pädagogischen Theorie und Praxis, die, handle es sich nun um Aufsätze in einer der vielen neu entstehenden pädagogischen Zeitschriften oder um Monographien, dem niederen Schulwesen, den „gemeinen Schulen", ihre besondere Aufmerksamkeit widmen, und zwar auch und gerade in Bezug auf die kommunikative Gestaltung des UNTERWEISENS.

Auf den über die Elementarbildung hinausführenden „gelehrten Schulen" des bürgerlich-handwerklichen bzw. gewerbetreibenden Typs (Realschulen, Berufsschulen), insonderheit aber wiederum auf den Gymnasien und Universitäten begegnet deshalb noch lange Zeit das vertraute Bild: Das Rederecht ist allein im Besitz des Lehrers, und nur mit einzeln hervortretenden Schülern wird das (Prüfungs)gespräch gepflegt. Eine Abbildung in Comenius' „Orbis Sensualium Pictus" von 1658 und die dazugehörige Erläuterung veranschaulichen diese Kommunikationsstruktur, wobei der Hinweis auf die störenden Schülergespräche („schwätzen") bemerkenswert ist:

---

[35] Vgl. Wehler 1989, 289ff.
[36] Vgl. z.B. ALR 1794, wo allein 13 Paragraphen „Von der academischen Disciplin" handeln und 27 Paragraphen die „Privatangelegenheiten" der Studenten „in Ansehung des Schuldenmachens" regeln.

XCVII.

Schola.

Die Schul.

Schola 1
est officina, in quâ
novelli animi
ad Virtutē formantur;
& distinguitur
in *Classes*.

Praeceptor, 2
sedet in *Cathedrâ;* 3
Discipuli, 4
in *Subselliis:* 5
ille docet,
hi discunt.
Quaedam
praescribuntur illis
cretâ
in *Tabellâ.* 6
Quidam
sedent ad mensam,
& scribunt : 7
ipse, corrigit 8
Mendas,
Quidam stant,
& recitant
memoriae mandata. 9
Quidam confabulan-
ac gerunt se (tur, 10
petulantes
& negligentes:
hi castigantur
Ferulâ (baculo) 11
& *Virgâ.* 12

Die Schul 1
ist eine Werkstat/in welcher
die jungen Gemüter
zur Tugend geformet wer-
und wird abgetheilt (den;
in Classen.
Der Schulmeister/ 2
sitzt auf dem Lehrstul; 3
die Schüler/ 4
auf Bäncken: 5
jener lehret/
diese lernen.
Etliches
wird ihnen vorgeschrieben
mit der Kreide
an der Tafel. 6
Etliche
sitzen am Tische/
und schreiben: 7
Er/ verbässert 8
die Fehler.
Etliche stehen/
und sagen her/
was sie gelernet. 9
Etliche schwätzen 10
und ertzeigen sich
muhtwillig
und unfleissig:
die werden gezüchtigt
mit dem Bakel 11
und der Ruhte. 12

N 4   Museum.

Abb. 5 „Die Schul"; aus: Comenius 1658, 198.

Im 18. Jahrhundert sind dann auch hier andere kommunikative Rahmenbedingungen zu beobachten, die indes nicht notwendigerweise zu anderen Sorten des *Lehrgesprächs* führen mussten. In Basedows „Elementarwerk" aus dem Jahr 1774 (2. Aufl. 1785) findet man von der Hand Chodowieckis eine Darstellung solchen gelehrten Unterrichts (Seite 134). Im Textteil Basedows heißt es dazu:

> Um der Tugend und Glückseligkeit der Kinder willen, wird ihnen von den Eltern und Privatlehrern oder in öffentlichen Schulen Unterricht gegeben. [...] Darum habe ich euch auf dem Bilde einen Lehrer, einen rechtschaffenen Kinderfreund vorgestellt, welchem lernbegierige Schüler willig zuhören, wenn er ihnen Unterricht gibt [...].[37]

Die Kinder müssen „willig zuhören", der Lehrer gibt Unterricht und, so wird weiter ausgeführt, „erklärt", „zeigt" und „lehrt". Obwohl die Rahmenbedingungen dem Gespräch viel günstiger sind – es fehlt hier beispielsweise die starre Sitzordnung mit Frontalausrichtung –, erscheint als prototypische Methode des gelehrten Unterrichts der monologisch darstellende *Vortrag* des Lehrers. Friedrich Nicolai bestätigt dies, wenn er in seiner Streitschrift „Ueber meine gelehrte Bildung" zum Lateinunterricht auf der Schule des Waisenhauses bemerkt:

> Der Lehrer, welcher [...] uns auch Fragen erlaubte, (welches bey den übrigen despotischen Pedanten bey Strafe des Stocks untersagt war) hieß Winkelmann.[38]

Und auch die Universitäten pflegten noch bis weit ins 18. Jahrhundert hinein Lehr- und Lernstile traditioneller Prägung. Wie der mittelalterliche Magister seinen Scholaren, so las auch der neuzeitliche Professor seinen Studenten aus kanonischen Werken vor, wobei *Vorlesung* als Sprachhandlungsbegriff wörtlich zu nehmen ist, sich gar dem *Diktat* nähern konnte.[39] Die Studenten folgten hörend und nachschreibend der *Lectio* des Lehrers aus anerkannten Lehrbüchern; „Collegia lesen" und „Collegia hören" lauteten die für diese Kommunikationsstruktur gängigen „Redens=Arten".[40] Erst gegen Ende des 17. und zu Beginn des 18. Jahrhunderts wurde, auch im Zusammenhang mit der Anerkennung des Deutschen als universitärer Lehrsprache (s.u.), die *Vorlesung* im Sinne eines freieren *Vortrags* praktiziert – und damit, nämlich indem der Professor sich als kritisches Subjekt in die Lehre einbrachte, diese auch zumindest potenziell dem Gespräch geöffnet. Auch diese Entwicklung wird in den Abschnitten zur Kultur- und Sozial-, Ideen- und Mentalitätsge-

---

[37] Basedow 1785, I, 373f.
[38] Nicolai 1799, 14.
[39] Vgl. Flaschendräger et al. 1981, 15ff.; Paulsen 1919, I, 263ff., 354; Fauser 1991, 191ff.
[40] Schmeizel 1738, 405, Anm. 90.

Abb. 6 Gelehrter Unterricht; Daniel Chodowiecki; aus: Basedow 1785, Bd. 3, Tab. XLVIII.

schichte des deutschen *Lehrgesprächs* noch genauer zu beobachten sein. Eine Abbildung des Hörsaals der Leipziger Juristenfakultät im 17. Jahrhundert veranschaulicht die universitäre Kommunikationssituation (Seite 136).

Wie bei den Schultypen, so erweist sich das 18. Jahrhundert schließlich auch bei den Lehrinhalten als „Sattelzeit", als Zeit, die das Neue sucht, ohne das Alte lassen zu können, und es zeigt sich auch in dieser Hinsicht erst gegen sein Ende hin als Vorfahr der Gegenwart mit ihrer Vielfalt verschiedenster Unterrichtsfächer. Für die Geschichte des deutschen *Lehrgesprächs* ist dieser Hintergrund insofern von Bedeutung, als nicht alle Lehr-Lern-Gegenstände gleichermaßen gesprächsfähig sind. Die Entwicklung und Entfaltung des deutschen *Lehrgesprächs* steht damit zumindest mittelbar auch im Zusammenhang mit der Entwicklung und Entfaltung eines schulischen Fächerkanons.

Eine für die Geschichte des deutschen *Lehrgesprächs* bedeutsame Veränderung im Kommunikationsbereich der Lehre ist die Einführung von Realien als Lehr-Lern-Gegenständen. Schon kurz nach der Jahrhundertwende hatte es Ansätze zur Förderung des Realienunterrichts gegeben, methodisch als Komplement oder auch als Konkurrent zum Wortunterricht, inhaltlich als Form der praktischen, berufsbezogenen Ausbildung zwischen Elementar- und gelehrtem Unterricht – man denke etwa an Semlers (1706) und Heckers (1747) Versuche der Errichtung „mathematisch=oekonomischer Real=Schulen", die wiederum Ideen August Hermann Franckes fortführten.[41] In der Ordnung des Pädagogiums zu Halle aus dem Jahr 1721 sind Realien bereits in den Fächerkanon eingereiht: Nach den Sprachen, nach der Theologie und den „Disciplinas litterariis" folgen „Recreations-Übungen", wie z.B. „Die Besuchung der Künstler und Handwercker" oder „Der Unterricht von den Metallen, Steinen und andern Mineralien" und schließlich auch die „mechanischen Disciplinen" wie „Drechseln" und „Glasschleiffen".[42] Der Fächerkanon löste sich insgesamt gleichwohl nur langsam von den Traditionen der einzelnen Schultypen. Ein besonders hervorstechendes Beispiel für die Kraft dieser (Schul)traditionen ist die auf „gemeinen Schulen" erst sehr spät erfolgte Anerkennung der Unterweisung in mathematischen Grundkenntnissen („Rechnen") sowie der nur zögerliche Wechsel vom reinen Wortunterricht, basierend auf schriftlich überlieferten Texten, zum Realienunterricht, basierend auf konkret Fasslichem. Es soll für die Zwecke der folgenden Untersuchungen genügen, die den Schultypen korrespondierenden

---

[41] Vgl. dazu Berg [u.a.] I, 1996, 405ff.; Gilow 1906; Forster [u.a.] 2001, 233ff. Zu Heckers „Real-Schule" vgl. auch Krünitz 61, 1793, 667ff. (s.v. *Land=Schule*).

[42] [Hieronymus Freyer:] „Verbesserte Methode des Paedagogii Regii zu Glaucha vor Halle", abgedruckt in Vormbaum 1864, 214–277; vgl. auch das Lob auf die Realschule und ihren Fächerkanon bei Nicolai 1799, 15ff.

Abb. 7   Hörsaal der Leipziger Juristenfakultät im 17. Jh.; aus: Müller 1990, 59.

prototypischen Lehr-Lern-Gegenstände im Spiegel der Unterrichtsfächer zusammenzustellen. Insofern, wie oben erwähnt, nicht jeder Gegenstand gleichermaßen geeignet ist für das gesprächsweise UNTERWEISEN, verschiedene Gegenstände ebenso wie verschiedene untergeordnete Zwecke des UNTERWEISENS unterschiedliche Gesprächssorten erfordern, mithin bestimmte Gegenstände auch gar nicht dialogisch vermittelbar sind,[43] soll dieser Überblick dazu beitragen, die sprachwissenschaftliche Sicht der Dinge um historisch-pädagogische Einsichten zu bereichern, und pädagogische Erklärungspotentiale für sprachgeschichtliche Prozesse bereitstellen.

Ein Auszug aus einem typischen, noch keineswegs aufklärenden Geist atmenden Stundenplan einer „gemeinen Schule" am Ende des 18. Jahrhunderts sah beispielsweise so aus:

Lektions= und Stundentabelle, für eine Schule von 3 Klassen, und einem Lehrer. Vormittags 3 Stunden, und zwar von 8 bis 11 Uhr. / Montags. / Von 8 bis 9 Uhr. Religion mit der dritten Klasse. Die beiden untern hören dabey zu. Von 9 bis 10 Uhr lesen die dritte und zweite Klasse. Von 10 bis 11 Uhr buchstabirt und lieset die erste Klasse. Die zweite und dritte Klasse schreibt unterdessen nach Vorschriften. / Dienstags. / Von 8 bis 9 Uhr biblische Geschichte mit der obersten Klasse. Die beiden untern hören zu. Von 9 bis 10 Uhr allgemeiner Leüwartscher Katechismus mit der zweiten Klasse. Die dritte Klasse lieset unterdessen in Voigts Buche, oder in den Lebensbeschreibungen, in der Stille. Von 10 bis 11 Uhr werden die obern gefragt, was sie aus dem Gelesenen behalten haben. Hernach buchstabirt und lieset die erste Klasse. Die zweite und dritte Klasse schreibt unterdessen nach Vorschriften. / Mittwochs. / Von 8 bis 9 Uhr. Naturgeschichte, der ganzen Schule vorgelesen. Von 9 bis 10 Uhr lieset die dritte Klasse Geschriebenes, wird in der Orthographie geübt, und ihr etwas in die Feder diktirt. Von 10 bis 11 Uhr lernt die erste Klasse das Zählen. [...].[44]:

Die Schüler *hören zu, lesen, buchstabieren, schreiben*, werden *gefragt* und *geübt*, lernen; der Lehrer gibt *Vorschriften, fragt, liest vor, übt* und *diktiert*. Lesen, Schreiben und auch etwas Rechnen („Zählen") stehen als kulturelle Bildungsgüter im Vordergrund. Realien im weitesten Sinne gehören hier noch nicht zum Lernstoff und werden auch nicht durch das Wort vermittelt, wie es etwa auf Rochows Schulen durch die Lektüre des „Kinderfreundes" geschah.[45] Ganz andere Lehr-Lern-Gegenstände weist demgegenüber das nur zwei Jahre später erstellte „Lectionsverzeichnis" der „Landschule von Stemmern", auf, das mit der Erwähnung von „Unterhaltungen" sogar explizit auf

---

[43] Vgl. dazu aus pädagogischer Sicht Thiele 1981, 64f.
[44] Jacobi 1794, 95. Weitere Stundenpläne bzw. „Lektionskataloge" bieten das „General=Land=Schul=Reglement" 1763, §19 (abgedruckt in Froese/Krawietz 1968, 105–121, hier 113ff.; tabellarisch zusammengestellt in Lundgreen 1980, 36); Felbiger 1775, 312ff.; Riemann 1781, 164ff.; Haun 1801, Tabelle A; Ewald 1792, 80f.
[45] Vgl. Riemann 1781, 164ff.

Lehrgespräche als Lehr-Lern-Verfahren hinweist. Hier erscheinen, zum Beispiel, für mittwochs „Von 9 bis 10 Uhr" „Geographie, oder Physik, oder Religions= oder Vaterlandsgeschichte" in der Schulstube, und für freitags „Von 2 bis 3 Uhr" sind gar „Unterhaltungen zur Bildung d. Verstandes und Herzens, der Sitten etc." vorgesehen.[46]

Die Philanthropen setzten die Bestrebungen, gesellschaftsbezogen auch Realien- und Allgemeinwissen zu vermitteln, am Ende des 18. Jahrhunderts auch an Anstalten der höheren Bildung um, indem sie die wortorientierte Bildung um anschauungsorientierte Ausbildung ergänzten, die Curricula entsprechend erweiterten. In seiner 1784 erschienenen Schrift „Noch etwas über die Erziehung nebst Ankündigung einer Erziehungsanstalt", die als Gründungsurkunde seines Schnepfenthaler Instututs gelten darf, stellt Christian Gotthilf Salzmann folgenden Lehrplan zusammen:

> III. Geistesübungen: 1. Erwerbung der Sprachkenntnisse. a) Der deutschen Sprache. [...] b) Der lateinischen Sprache. [...] c) Der französischen Sprache. [...] d) Englische Sprache. [...] 2. Erwerbung der Sachkenntnisse. a) Naturgeschichte. [...] b) Geographie. [...] c) Geschichte. [...] d) Physik und Mathematik. [...] e) Übungen des Geschmacks, des Witzes und des Scharfsinns [...] f) Religion.

Hinzu kommen nun aber die „körperlichen Übungen":

> a) Laufen, Springen, Gehen [...] Spiele, Tanzen und Reiten. b) Singen, c) Spielen verschiedener Instrumente [...]. d) Gartenbau, e) Buchbinden, f) [...] Tischlerarbeit, g) Glasschleifen [...]. h) Tägliche Spaziergänge und öftere Reisen.[47]

Die institutionelle Neuordnung des Schulwesens, die Einführung neuer Lehr-Lern-Gegenstände und die Erkundung neuer Methoden der Menschenbildung und Menschenführung sind die Säulen der Geschichte des Kommunikationsbereichs der Lehre im 17. und 18. Jahrhundert, und was die neuen Methoden anbelangt, spielte das *Lehrgespräch* eine immer bedeutendere Rolle. Diese Geschichte und Entwicklung des deutschen *Lehrgesprächs* ist in den folgenden Abschnitten zu erkunden. Hier bleibt noch festzuhalten, dass diese Neuerungen keineswegs überall auf Zustimmung stießen; kritische bis gar argwöhnische Einwände hatte es stets gegeben, und sowohl vor wie nach 1789 gab es den Verdacht, dass das Neue die Ruhe im Staat gefährde.[48] Und so

---

[46] Müller 1794, 114f.
[47] Salzmann 1784, 206ff.
[48] Vgl. z.B. Friedrichs des Großen „Kabinets-Schreiben an den Etats-Minister von Zedlitz" vom 5. September 1779, in dem Friedrich zwar zunächst fortschrittlich ausführt, „Rhetoric und Logic ist für alle Stände", sodann aber doch eine Landflucht fürchtet im Falle zu umfangreicher Bildung: „Ihr werdet sehen, wie das zu machen steht, sonsten ist es auf dem platten Lande genug, wenn sie ein bisgen lesen und schreiben lernen, wissen sie aber zu viel, so laufen sie in die Städte und

konnte es wohl geschehen, dass nicht nur aufgrund struktureller Eigenheiten eines Lehrgegenstandes, sondern auch aufgrund politisch-ideologischer Reichweiten bestimmte Methoden, insbesondere bestimmte Kommunikationsverfahren, und bestimmte Lehr-Lern-Gegenstände auf Ablehnung stießen oder nur ausgewählten Lernergruppen vorbehalten wurden.[49] In Bezug auf das *Lehrgespräch* wird darauf noch zurückzukommen sein. Die zur Erhöhung des wirtschaftlichen Ertrags notwendige Ausbildung der ländlichen Untertanen wie der gewerbetreibenden Stadtbürger, die zur Steigerung der Effizienz der Verwaltung erwünschte Modernisierung des Beamtenwesens und nicht zuletzt auch die „Sozialdisziplinierung" der ländlichen Sozialschichten für

---

wollen Secretairs und so was werden; deshalb muß man auf'n platten Lande den Unterricht der jungen Leute so einrichten, daß sie das Nothwendige, was zu ihrem Wissen nöthig ist, lernen, aber auch in der Art, daß die Leute nicht aus den Dörfern weglaufen, sondern hübsch da bleiben." (abgedruckt in Bona Meyer 1885, 169f.); ähnlich v. Türk 1806, 137, der argwöhnt, „arme Mädchen" würden dem „Stand der Dienstboten" entzogen, wenn sie eine „ihrer Bestimmung unangemessene Bildung erhalten"; vgl. auch Rochow 1776b, A3ff. Gessinger 1980, 33ff. bietet zwar eine zutreffende Darstellung dieses Sachverhalts, schießt allerdings in seiner Kritik der (preußischen) Schulgesetzgebung für „gemeine Schulen" in mancher Hinsicht über das Ziel hinaus, wenn er sie als „Garant für Ausbeutung und Herrschaft" bezeichnet und von „bildungspolitischer Diskriminierung" sowie „zugewiesener Sprachlosigkeit" spricht. Gewiss, die spätabsolutistischen Fürsten in deutschen Landen waren, Aufklärung hin, Aufklärung her, keine selbstlosen Menschenfreunde, und man kann ihnen aus der Perspektive einer demokratisch engagierten – und sozialisierten – Pädagogik und Sprachdidaktik nicht wenige, zum Teil bewusst begangene, Unterlassungen vorhalten. Aus aszendenter Perspektive darf der Schulgesetzgebung gleichwohl nicht abgesprochen werden, für eine schulische Grundbildung weitester Bevölkerungsschichten überhaupt erst gesorgt zu haben – aus welchen Motiven auch immer.

[49] Vgl. Gessinger 1980, 15f., der aus einer „Auflistung der Gegenstände des politischen Unterrichts" aus der Feder v. Zedlitz' von 1777 zitiert. Darin werden für „die geringste Klaße", die „mittlere Klaße" sowie die „Klaße der Edelen" je unterschiedliche Niveaus der politischen Bildung angestrebt. v. Zedlitz hatte auch zehn Jahre später noch in seinen grundlegenden „Vorschlägen zu Verbesserung des Schulwesens in den Königlichen Landen" als vornehmstes Prinzip bei der Auswahl von Lehrinhalten für die einzelnen Schultypen die „Liebe zu den Pflichten des uns angewiesenen Standes" angeführt (Zedlitz 1787, 103). Vgl. auch folgenden Passus aus einer „Zirkularverordnung Friedrich Wilhelms III. von 1799 über den Unterricht in den preußischen Garnisonsschulen" (Fertig 1984, 224f., der die Verordnung im Auszug abdruckt): „Wahre Aufklärung, soviel zu seinem eignen und zum allgemeinen Besten erfordert wird, besitzt unstreitig derjenige, der in dem Kreise, worin ihn das Schicksal versetzt hat, seine Verhältnisse und Pflichten genau kennt, und die Fähigkeiten hat, ihnen zu genügen. Auf diesen Zweck sollte daher der Unterricht in allen Volksschulen eingeschränkt werden."

Gutsherrschaft und Militärdienst"[50] machten einen Wandel der schulischen Unterweisung jedoch auch unabhängig von philanthropischen Idealen erforderlich, und so ist die Verstaatlichung und Institutionalisierung des Schulwesens schon im Spiegel der Schulgesetzgebung auch zu lesen als Versuch, dem neuen Zeitalter die Bahn zu bereiten – und zugleich die Richtung und die Geschwindigkeit zu bestimmen.

III.2. Deutsch als Gesprächssprache in Wissenschaft und Unterricht

In seiner eingängigen Sozialgeschichte des Schulunterrichts von 1750 bis 1850 begreift Gerhard Petrat die normative schulische Spracherziehung der frühen Neuzeit als Instrument der Sozialdisziplinierung.[51] In diesem Rahmen bringt er die Herausbildung und Normierung der hochdeutschen Standardsprache im 17. und 18. Jahrhundert auch in einen engen Zusammenhang mit der Wiederentdeckung und Einführung des Gesprächs als Lehr-Lern-Verfahren und seiner in der pädagogischen Theorie und Praxis dieser Zeit angestrengten Differenzierung und Optimierung:

> Auf die hier berücksichtigte Disziplinierung durch sprachliche Mittel kann an dieser Stelle nicht umfassend eingegangen werden; aber herausgestellt werden soll wenigstens noch ein Aspekt, um hieran deutlich zu machen, daß, bevor man es wagen kann, die Sprache dem unterrichtlichen Gespräch auszuliefern, diese einen gewissen ‚Härtegrad' erreicht haben muß. *Philipp Ernst Lüders* ist nämlich schon 1762 klar, daß es der Vorzug, aber auch der Nachteil eines Gespräches ist, hier die Information nur ‚stückweise zum Vorschein kommen' zu lassen, daß somit nur aus einer vorgegebenen und systematisierten Ordnung heraus dieses Wagnis eingegangen werden darf. Andernfalls führt eine im Medium des Gesprächs vorgenommene ‚Verwässerung' sprachlicher Substanz zur Unverbindlichkeit. Diesem Gedanken folgend, gilt das Postulat, sich eine Plattform zu schaffen, auf der Ungleiches miteinander verglichen, das Ähnliche als ähnlich identifiziert werden kann.[52]

---

[50] Lundgreen 1980, 29; vgl. Wehler 1989, 283ff.; Gessinger 1980, 6.

[51] Petrat 1979, 70ff.; Gessinger 1980, 33 stellt gar eine „durch die niedere Schulbildung verordnete lebenslange Sprachlosigkeit" fest, doch ist seine Argumentation widersprüchlich, wenn er an denselben Schulen zugleich den Zwang zur Erlernung des Hochdeutschen verurteilt (ebd., 48f.). Die in der Tat erzwungene Beherrschung des Hochdeutschen wäre nämlich in höchstem Maße kontraproduktiv, sollten die Unterschichten auch in sprachlicher Hinsicht unterdrückt gehalten werden. Schon die Ansätze zur Hebung der hochdeutschen Gesprächsfähigkeit auch auf den „gemeinen Schulen" (z.B. Gieseler 1797, 15; s.u., III.4.3.) erfordern hier ein differenzierteres Urteil.

[52] Petrat 1979, 77f.

Die Anerkennung der deutschen Sprache als Sprache des Unterrichts und der Wissenschaft, mehr noch: die deutsche Sprache als selbstständiger Gegenstand von Forschung und Lehre und darüber hinaus, zum Zwecke ihrer Normierung, als Medium und Gegenstand mündlicher wie schriftlicher Dialoge in bildungsbürgerlich-gelehrten und höfischen Kreisen, in (Sprach)gesellschaften und auf Akademien[53] – all dies hat in der Tat erst den Boden bereitet für den Durchbruch des Deutschen und des deutschen Gesprächs im Kommunikationsbereich von Forschung und Lehre, für das deutsche *Lehrgespräch* in den der Lehre verpflichteten „Veranstaltungen des Staats". An Petrats Ausführungen ist also zweifellos richtig, dass die deutsche Sprache, nachdem sie von den deutschen Gelehrten über Jahrhunderte hinweg ignoriert und allenfalls als Hilfssprache in Lateinunterricht, Bibelexegese und den Septem artes geduldet worden war, nun auch für gelehrte Zwecke als ausdrucks- und bedeutungsfähig erachtet wurde. Sollte sie indes in der Gelehrtenrepublik deutscher Landen und darüber hinaus auch als schulisches Kommunikationsmittel ihre Dienste leisten, so musste sie durchaus erst gesprächsfähig gemacht werden.

Mindestens drei Begleitumstände dieser Entdeckung der deutschen Sprache für Forschung und Lehre müssen indes noch hinzugedacht werden: Da ist, zum einen, der Umstand, dass die Formung des Deutschen als Unterrichts- und Wissenschaftssprache einhergeht mit einem Wandel des Unterrichts- und Wissenschaftsbildes an sich. Zum Wandel des Zwecks der schulischen Unterweisung ist im vorangehenden Abschnitt das Nötigste gesagt worden, so dass hier ein Blick auf die zeitgenössische Wissenschaftsauffassung genügen soll. Noch bis weit in die Neuzeit hinein war die mittelalterliche Vorstellung gepflegt worden, dass es Aufgabe der Wissenschaft sei, das von Autoritäten mitgeteilte und in kanonisierten Schriften zusammengetragene Wissen zu bewahren und zu vermitteln, nicht aber, es zu überbieten. In diesem Sinne benannte auch das Wort *Wissenschaft* noch bis weit ins 18., zum Teil gar noch bis ins 19. Jahrhundert hinein den Besitz von Wissen im Sinne der „Cognitio", und erst im 16./17. Jahrhundert gesellt sich dazu die neue Teilbedeutung des „objektiven Wissens" im Sinne der „Scientia", wodurch *Wissenschaft* „im zeitalter der aufklärung bezeichnung einer gelehrten disciplin" wird, die das Wissen zu erweitern trachtet.[54] Mit dem Aufbrechen des alten Dogmas und einer Entwicklung des „*Wissenschafts*"-Begriffs da-

---

[53] Zur Normierung des Deutschen als Nationalsprache, gar „HaubtSprache" (Schottelius), in den diversen gesellschaftlichen Gruppen im 17. und 18. Jahrhundert vgl., mit weiterführender Literatur, v. Polenz 1994, bes. 107–199; Takada 1998; Kilian 2000c.

[54] Vgl. die ausführliche Wort- und Begriffsgeschichte in DWb 30, 1960, 781ff. (s.v. *Wissenschaft*).

hingehend, dass nunmehr die Vermittlung von Wissen zusammengebracht wurde mit seiner Vermehrung, mit der Suche nach Wahrheiten und der Erforschung der Welt, konnte der mentalitätsgeschichtlich ohnehin bereits vorbereitete Sprachenwechsel zum Deutschen auch in die Wissenschaften als Symptom der Erneuerung Eingang finden – und mit ihm das (deutsche) Gespräch als Weg, als Methode der Erkenntnis wie der Vermittlung, wieder entdeckt werden.[55]

Denn auch dies muss, zum anderen, Petrats These vom zu geringen lexikalisch-semantischen „Härtegrad" des Deutschen einschränkend erinnert werden, dass die normative Herausbildung einer überregionalen deutschen Standardsprache zwar in der Tat eine Voraussetzung dafür war, dass die deutsche Sprache als Unterrichts- und Gesprächssprache auf gelehrten Schulen, Gymnasien und Realschulen, Akademien und Universitäten Einzug halten und den Sprachenwechsel vom Lateinischen zum Deutschen bzw., in der „häuslichen Erziehung" des Adels und Großbürgertums, vom Französischen zum Deutschen anstoßen und bestehen konnte. Herders Aufruf in seiner Schulrede von 1798:

> Lernt Deutsch, ihr Jünglinge, denn ihr seyd Deutsche; lernt es reden, schreiben, in jeder Art schreiben! Lernt erzählen, berichten, fragen und antworten, zusammenhängend, andringend, klar, natürlich schreiben, vernünftig Auszüge, Tabellen, Expositionen und Deductionen der Begriffe machen; [...],[56]

ist nur vor diesem sprachlichen Hintergrund der gelehrten Bildung seiner Zeit zu verstehen.

Die „häusliche Erziehung" in den unteren sozialen Schichten, so man davon überhaupt sprechen kann, sowie die Unterweisung auf den „gemeinen Schulen", auf „Schreibschulen", „Landschulen" und den städtischen „Deutschen Schulen" bediente sich indes seit jeher der deutschen Sprache, und zwar auch bereits dialogisch, mithin gar schon in einem engeren Sinne gesprächsweise, wie ja überhaupt die Weitergabe von Wissen im Elternhaus in aller Regel dialogisch und muttersprachlich erfolgt. Der Sprachenwechsel, der in diesen Sozialschichten zu vollziehen war bzw. erzwungen wurde, bestand im Wechsel von der Mundart, vom ländlichen Dialekt und den regionalen Stadtsprachen, zum Hochdeutschen, das fürderhin Standardsprache werden sollte.[57] Gewiss, auch für diese – innersprachliche – Richtung der Standardisierung des Deutschen war die Erreichung eines lexikalisch-semantischen wie phonologischen „Härtegrades" im Sinne eines, wie Campe es

---

[55] Vgl. Paulsen 1919, I, 354; v. Polenz 1994, 347ff.
[56] Herder: [„Vom Fortschreiten einer Schule mit der Zeit"] (1798); Werke 30, 239–249, hier 242.
[57] Vgl. v. Polenz 1991, 291f.; v. Polenz 1994, 200ff. und 222ff. und s.u., III.4.3.

später nennen sollte, „Aushubs"[58] aus anerkannten schriftsprachlichen Texten jeglicher regionalen Herkunft notwendig, d.h. die Bildung und Festigung einer standardsprachlichen Leitnorm auf der Grundlage geographisch und sprachsoziologisch unterschiedlicher Varietäten und Varianten. Die deutsche Sprache war jedoch in diesen ländlichen bzw. in den unteren städtischen Schichten seit Jahrhunderten gesprächsfähig, musste es zur Befriedigung der alltäglichen kommunikativen Bedürfnisse auch sein, wurde dadurch zugleich für das mundartliche Gespräch „gehärtet" und auf diesem Niveau in den Unterricht auf den „gemeinen Schulen" getragen. Hier bestand also dieser „Härtegrad" durchaus, doch konnte dieser „Härtegrad", vor allem in lexikalisch-semantischer und begrifflich-konzeptueller Hinsicht, die Bedürfnisse des modernen aufgeklärten Schul- und Wissenschaftsbetriebes nicht befriedigen und sollte deshalb, wie die Mundarten überhaupt, einer überregionalen deutschen Sprache mit eigenem „Härtegrad" weichen.[59] In diesem Punkt herrschte übrigens Einigkeit unter den verschiedensten pädagogischen Richtungen, und selbst die philanthropisch gesinnten Lehrer, die sich im Gespräch zu den Kindern herabbeugen wollten, forderten von den Schülern, dass sie sich in ihrer Gesprächssprache zum hochdeutsch sprechenden Lehrer hinaufstreckten. Denn vornehmlich hier, auf den Schulen, sollte im Wege des Gesprächs, im Wege des Sprechens und Hörens, Lesens und Schreibens, und auf den gelehrten Schulen auch im Wege des sprachreflexiven Unterrichts, für die Festigung des „Aushubs" gesorgt und sollte der hochdeutsche „Härtegrad" überhaupt erst den Sprechern vermittelt werden. – Bis zum Ende des hier betrachteten Zeitraums war dieser erzwungene Prozess des Sprachenwechsels von der Mundart zum Hochdeutschen auf den „gemeinen Schulen" jedoch bei weitem noch nicht abgeschlossen; noch Pestalozzi beklagt zu Beginn des 19. Jahrhunderts eine Lernhemmung bei den betroffenen Kindern aufgrund der Verschiedenheit von Lehrersprache und Schülersprache.[60]

---

[58] Campe 1807–1811, Bd. 1, 1807, VIII.
[59] Dass auch die Mundarten über einen begrifflich-konzeptuellen „Härtegrad" verfügten, wurde nur selten anerkannt, etwa vom „Etats-Minister" von Zedlitz in einen Brief an Friedrich Eberhard von Rochow vom 23.2.1773 (Rochow, Pädagogische Schriften IV, 38): „Der Landmann hat seine eigene Sprache. Und es ist Kunst, sich zu seinen Begriffen herabzulassen und ihm verständlich zu werden, noch mehr Kunst, ihn zu überzeugen und ihm zu gefallen. Diese Sprache und diese Kunst lernt der Fremde spät, und der Student auf der Universität verlernt sie." Vgl. dagegen Mirus 1799, 280, der beklagt, dass „der Bauer so äußerst arm an Ausdrücken ist, und mit vielen Wörtern, die er hört, gar keinen, mit vielen einen ganz unrichtigen Begriff verbindet".
[60] Pestalozzi 1804/1808, 265; ähnlich Rochow 1776b, a2; vgl. auch v. Polenz 1994, 223.

Und dies ist, schließlich, als Drittes zu bemerken und im Verlauf der vorliegenden Untersuchungen noch genauer zu erkunden: Wiewohl es zutreffend ist, dass die deutsche Sprache im Wege der Normierung überhaupt erst befähigt wurde zum *Lehr-* und *Fachgespräch*, so greift die von Petrat vorgestellte monokausal interpretierende Chronologie mit der Aussage: Erst nach Abschluss der Normierung einer deutschen Hoch- und Schriftsprache sei das deutsche Gespräch in Wissenschaft und Unterricht ermöglicht worden, doch zu kurz. Es wird vielmehr ein interagierender Prozess von (Lehr)gespräch und Sprachnormierung zu unterstellen und damit überdies die Rolle des Dialogs, des mündlichen Gesprächs wie der schriftlichen Korrespondenz, bei der Herausbildung und Normierung einer auch den Zwecken von Lehre und Forschung dienlichen und tauglichen deutschen Hoch- und Schriftsprache in Rechnung zu stellen sein. Ich habe oben im Zusammenhang mit sprachwandeltheoretischen Ansätzen bereits darauf hingewiesen, dass den Bildungsinstitutionen, zumal seit dem Ende des 18. Jahrhunderts als „Veranstaltungen des Staats", für die Geschichte der gesprochenen deutschen Sprache eine vergleichbare normierende wie die Normierung multiplizierende bzw. popularisierende Funktion zuzumessen sein dürfte wie dem Buchdruck und seinen Erzeugnissen, beispielsweise den „Moralischen Wochenschriften", Periodika überhaupt und der belletristischen Literatur im Bereich der Schriftsprache. Das reicht vom Großen, von der normativen Einfassung und gesellschaftlichen Etablierung einzelner Gesprächssorten, bis hin zum Kleinen und Kleinsten, der überregionalen Vereinheitlichung und Normierung des Hochdeutschen als orthophonetischer Richtschnur bei gleichzeitiger Stigmatisierung mundartlicher Ausspracheweisen einzelner Laute. Wie sehr der erwachende schulische Deutschunterricht in den Dienst des Hochdeutschen gestellt wurde – und dabei das Gespräch zu Hilfe nehmen sollte –, hat wiederholt der Weimarer „Ephorus des Gymnasiums" Johann Gottfried Herder in seinen Schulreden dargelegt, beispielsweise in der des Jahres 1796, als er zum Ostmitteldeutschen in Thüringen ausführte:

> Jünglinge, die diesen unangenehmen Dialekt bloßer Thierlaute an sich haben, sie mögen aus Städten oder vom Lande her seyn, müssen sich alle Mühe geben, im Gymnasium eine Menschliche, natürliche, Charakter= und Seelenvolle Sprache zu bekommen und von ihrer bäurischen oder schreienden Gassenmundart sich zu entwöhnen.

Diese „Charakter= und Seelenvolle Sprache" könne nun gewiss durch Lektüre, durch Auswendiglernen wie durch Schreiben gebildet werden, doch:

> Am innigsten aber wird Sprache und Rede durch Umgang gebildet; und leider wir Deutsche nutzen den Umgang zu Bildung unsrer Sprache und Rede fast gar

nicht: daher heissen wir bei andern Nationen so oft stumme, oder ungeschickt sprechende, grobe Barbaren.[61]

Die Bedeutsamkeit des schulischen *Lehrgesprächs* für die ausdrucks- wie inhaltsseitige Formung und Verbreitung des Hochdeutschen ist für einzelne sprachliche Mittel selbstverständlich sorgfältig zu prüfen. Die These von der sprachgeschichtlichen Rolle des *Lehrgesprächs* wird indes plausibel bereits dadurch, dass sprachwandeltheoretische „Prinzipien der Sprachgeschichte" hier geradezu in Reinkultur zusammenwirken: Insofern zwar die deutsche Sprache im Laufe des 18. Jahrhunderts zunehmend die Buchproduktion eroberte,[62] gleichwohl das Buch als „Bildungsmedium" noch am Ende des 18. Jahrhunderts in zweifelhaftem Ruf stand,[63] war das gesprochene Wort das wichtigste Medium schulischer und universitärer Unterweisung, und es war nun zunehmend das gesprochene deutsche Wort und dazu das gesprochene deutsche Wort im Gespräch. Wenn nun, wie oben (II.1.4.) angedeutet, mit Hermann Paul als „eigentliche Ursache für die Veränderung des Usus [...] nichts anderes als die gewöhnliche Sprechtätigkeit" anzuerkennen ist,[64] dann liegt im gesprochenen und gehörten Wort der Grund allen sprachlichen Wandels. Nun gilt dies nach Paul für jeglichen Sprachgebrauch, somit also auch für die formal monologische Sprechtätigkeit, etwa den Lehrervortrag vor der Schülerschar, bei dem durchaus eine „Wechselwirkung" vom sprechenden auf die hörenden Individuen stattfindet. Im eigentlichen Verstand aber darf Paul dahingehend interpretiert werden, dass die den Sprachwandel erzeugende „Wechselwirkung" so recht erst gefordert und gefördert wird im Gespräch.

Beim *Lehrgespräch* im 17. und 18. Jahrhundert ist nun in qualitativer und quantitativer Hinsicht zudem ein Sonderfall gegeben: Ein qualitativer insofern, als eines der an der „Wechselwirkung" beteiligten Individuen bereits im Besitz von (schriftsprachlich geprägten) Normen war (bzw. idealiter sein sollte) und im Wege seiner eigenen Sprechtätigkeit sowie im Wege reflektierter und systematischer Sprechererziehung die Individualsprache des anderen Individuums sprachlenkend zu verändern hatte, sei es von einer fremden Sprache, sei es von einer Mundart ausgehend zum Hochdeutschen. Und dazu war dieses normenwissende und -lehrende Individuum nicht nur, wie jeder Lehrer zu allen Zeiten, berechtigt und beauftragt, sondern nunmehr durch die allseitigen Anstrengungen zum Sprachenwechsel, durch normative Sprach-

---

[61] Herder [„Von der Ausbildung der Rede und Sprache in Kindern und Jünglingen"] (1796), Werke 30, 217–226, hier 217 und 223.
[62] Vgl. Rommel 1968, 79ff.; v. Polenz 1994, 20ff.; 56ff.
[63] Vgl. Rommel 1968, 152ff.
[64] Paul 1909, 32.

forschung, aufstrebende Literatursprache und sprach(image)bewusste Fürsten im engsten Wortsinne verpflichtet. Sodann war – nicht für den Schulunterricht im Allgemeinen, aber für den durch den Sprachenwechsel angestoßenen Sprachwandel im Besonderen – ein quantitativer Musterfall insofern gegeben, als diesem Einen, zumindest auf öffentlichen Schulen, viele, oft gar zu viele, Andere in untergeordneter, normenempfangender Stellung gegenüber saßen, in Pauls sprachwandeltheoretischen Worten:

> Es liegt auf der Hand, dass die Vorgänge bei der Spracherlernung von der allerhöchsten Wichtigkeit für die Erklärung der Veränderung des Sprachusus sind, dass sie die wichtigste Ursache für diese Veränderungen abgeben.[65]

Und dies muss vornehmlich für die Spracherlernung auf Schulen gelten, denn hier ist die Gleichartigkeit der Veränderungen gewährleistet:

> Durch die Summierung einer Reihe solcher Verschiebungen in den einzelnen Organismen, wenn sie sich in der gleichen Richtung bewegen, ergibt sich dann als Gesamtresultat eine Verschiebung des Usus.[66]

Dem empirischen Blick auf das *Lehrgespräch* im 17. und 18. Jahrhundert dürfen daher sprachwandeltheoretisch begründete Sehhilfen beigegeben werden, die die These vom Zusammenhang zwischen der Herausbildung und Normierung der deutschen Standardsprache, der Akzeptierung des Deutschen als Lehr- und Wissenschaftssprache und eben der Wiederentdeckung und Entwicklung des Gesprächs als Lehr-Lern-Verfahren in Unterricht und – noch zögerlicher – Wissenschaft sprachgeschichtlich schärfer konturieren und erhellen. Der Aussichtspunkt, von dem aus dieser Blick zu werfen ist, ist in der Tat die Anerkennung des Deutschen als Unterrichts- und Wissenschaftssprache. Wie zaudernd, ja oft gar widerwillig diese Anerkennung erfolgte, belegt noch Christian Gottlieb Salzmann im Jahr 1784, also am Ende der hier behandelten Zeitspanne, wenn er begrüßt, dass sich die „Meinung von der lateinischen Sprache" dahingehend geändert habe, „daß es zwar sehr nützlich sei ein lateinisches Buch zu verstehen, weil fast das ganze Magazin von Kenntnissen, die sich unsere Vorfahren erwarben, in lateinischen Büchern aufbehalten ist", dass gleichwohl „die Übungen im lateinischen Stil höchstens nur einer sehr kleinen Klasse nötig, der großen aber schädlich sind, weil die hierzu nötige Zeit auf die Erlernung weit nützlicherer Dinge kann verwendet werden." Doch wenngleich der deutschen Muttersprache die Ehre

---

[65] Paul 1909, 34.
[66] Paul 1909, 32. Vgl. auch Pauls Ansichten zur „Unterweisung über die Sprachrichtigkeit" (1897, 96).

des Zeitalters gebühre, vermag sich auch Salzmann so ganz dem Latein noch nicht zugunsten des Deutschen zu versagen:

> Es wird nun fast alles in der Muttersprache geschrieben, und der Zugang zu allen Schätzen der Weisheit, die sonst unter dem dicken Flötze des Lateins verborgen lagen, ist nun dem ganzen Publicum geöffnet. Man fürchtet zwar, daß dies die alte Barbarei wieder herbeiführen werde, und ich gebe es zu, daß diese Furcht gegründet sei, wenn man durch Barbarei die Unschicklichkeit versteht, sich im Ciceronianischen Latein auszudrücken; wie kann man aber glauben, daß eine Nation in Unwissenheit und Geschmacklosigkeit, die doch eigentlich die Barbarei ausmachen, dadurch werde zurückgestoßen werden, dass man ihr die Kenntnisse, über die sonst die Lateiner das Monopolium hatten, zum öffentlichen Gebrauche darstellt?[67]

In der Tat: Nicht wenige Vertreter der gelehrten Welt sträubten sich noch am Ende des 18. Jahrhunderts gegen den Wechsel vom Latein zur deutschen Sprache als Sprache der Wissenschaften und des gelehrten Unterrichts. Über diese Richtung des Sprachenwechsels war die Entscheidung indes längst gefallen, und so hatte die allgemeine Vereinheitlichung und Normierung des Deutschen auch diesen gesellschaftlichen Kommunikations- und Praxisbereich im Lauf des 18. Jahrhunderts längst erreicht und auch für ihn ein eigenes Varietätenspektrum unter dem Dach der Hochsprache vorgesehen. Dem Sträuben und Widerwillen der einen stand denn auch die Klage der anderen gegenüber, dahingehend, dass selbst Absolventen der gelehrten Schulen ihre Muttersprache nur dürftig beherrschten. Herders „Lernt Deutsch, ihr Jünglinge" ist hierher zu zählen, und im selben Jahr, 1796, schreibt August Hermann Niemeyer in seinen einflussreichen „Grundsätzen der Erziehung und des Unterrichts":

> Es kann in den gebildeten Ständen Kindern nicht früh und laut genug gepredigt werden, dass es *schimpflich* sey, seine eigne *Muttersprache* nur mangelhaft zu kennen, wenn gleich, gerade in den *höheren Ständen*, nichts gewöhnlicher ist, als diese mangelhafte Kenntniss.[68]

Im Unterschied zu den Universitäten war auf den höheren Schulen die gelehrte Ablehnung des Deutschen erst in humanistischer Zeit geweckt und genährt worden,[69] weshalb sich kein einheitliches Bild der Geschichte der deutschen Sprache in Unterricht und Wissenschaft zeichnen lässt. Doch ist schon in der von Melanchthons Hand stammenden kursächsischen Schulordnung aus dem Jahr 1528 außerhalb des einmal wöchentlich stattfindenden

---

[67] Salzmann 1784, 140. Zum zögerlichen Sprachenwechsel auf Universitäten vgl. Weithase 1961, I, 270ff.; Schiewe 1996.
[68] Niemeyer 1796, 463f.; vgl. auch Petrat 1979, 74ff.
[69] Vgl. Frank 1973, 18f.; Paulsen 1919, I, 445ff.

Katechismusunterrichts die deutsche Sprache ausdrücklich aus der Schulstube ferngehalten. Demgegenüber ist in der ebenfalls 1528 in Anlehnung an die Melanchthonsche Ordnung von Johann Bugenhagen verfassten Braunschweigischen Schulordnung nicht nur „Van den düdeschen jungen scholen" die Rede, was eben auf die städtischen Schulen mit Deutsch als Unterrichtssprache verweist, sondern man findet die deutsche Sprache auch als Nebensprache auf den „Latinische[n] jungen scholen" erlaubt[70] – zumindest nicht ausdrücklich verboten, was auch keine Seltenheit war. Der Ordnung des Francke'schen Pädagogiums zu Halle beispielsweise gibt der Verfasser, Hieronymus Freyer, folgende „Nacherinnerung" mit:

> Auf das Lateinreden muß zwar auf den Stuben, auf dem Hofe, beym ausgehen und anderer Gelegenheit gedrungen werden: in den Claßen aber ists am allerschärffsten zu urgiren; und also denen, so dawieder handeln, gar nicht nachzusehen.[71]

Ein solches Nebeneinander von Anerkennung und Ablehnung des Deutschen als Wissenschafts- und Lehrsprache bestand denn auch noch im 18. Jahrhundert, mit dem Unterschied allerdings, dass die Waagschale sich nun zugunsten des Deutschen geneigt hatte. Allein, dass in den zeitgenössischen pädagogischen Schriften immer noch ausgefeilte Rechtfertigungen des Gebrauchs der deutschen Sprache als Lehrsprache angeführt wurden, und dass andererseits auch Gegner des Deutschen als Unterrichtssprache noch immer unverzagt zur Feder griffen,[72] belegt diese sprachliche Übergangs- oder eben: „Sattelzeit".

Wenngleich also die deutsche Sprache zum Zweck der institutionellen UNTERWEISUNG, und zwar auch bereits in dialogischer Form, schon weit vor dem 17. und dann besonders dem 18. Jahrhundert Anwendung fand – man denke etwa an die vorlutherischen und lutherischen Katechismuslehren,[73] ferner an die frühen deutschen Sprachlehren, orthographischen Regel-

---

[70] „Alle vlit unde arbeyd in den scholen schal dar to denen, dat de jungen jo wol werden geövet latinisch to leren [...]. Id schadet ock nicht, dat me se up etlike tidt examinère unde höre, wo se düdesch rēden, dat se nicht dat eynne int andere werpen unde unvorstendich reden etc. Dat kan me wol dohn, wen se möten latinische sententien exponeren." („Der Erbarn Stadt Brunswig Christlike ordeninge [...], 1528, abgedruckt in Koldewey I, 1886, 25–46, hier 33); vgl. dazu Paulsen 1919, I, 279ff.; Frank 1973, 31ff.; Weithase 1961, I, 62.

[71] [Hieronymus Freyer:] „Verbesserte Methode des Paedagogii Regii zu Glaucha vor Halle"; abgedruckt in Vormbaum 1864, 214–277, hier 277. Vgl. auch Rommel 1968, 79, der darauf hinweist, dass selbst am fortschrittlichen Hallenser Pädagogium in der Abschlussklasse „noch 1790 deutsch nur bei schwierigen Wort- und Sacherklärungen benutzt" wurde.

[72] Dazu auch Paulsen 1919, I, 568; Gessinger 1980, 69f.

[73] Vgl. Cohrs 1900–1907; Luther, WA 30/I.

werke und Formularbücher für „Schreibschulen" und Kanzlisten[74] – so wird doch gemeinhin der Durchbruch des Deutschen gegenüber dem Latein als Unterrichts- und Wissenschaftssprache sowie als Lehr- und Forschungsgegenstand erst dem Wirken Wolfgang Ratkes zugeschrieben.[75] Ratke war es indes keineswegs um die deutsche Sprache an sich gegangen, vielmehr um den Einsatz der jeweiligen Muttersprache als Medium der Wissensvermittlung, und dies war in seinem Fall eben die deutsche Sprache.[76] Seine Lehrinhalte und auch seine Lehrverfahren wichen dagegen nur wenig von der tradierten lateinischen Bildung ab; erst der von Ratke stark beeinflusste Comenius führte den Primat der Muttersprache auch zu einer neuen Didaktik, indem er den Sprachunterricht mit dem Sachunterricht verknüpfte[77] und damit einen Weg einschlug, den am Ende des hier betrachteten Zeitenlaufs auch Pestalozzi noch nachdrücklich empfehlen sollte.[78]

In seinem berühmten „Memorial Welches zu Franckfort Auff dem Wahltag Aõ 1612. den 7. Maij dem teutschen Reich vbergeben" entwirft Ratke seine „Lehrart", nach der die Lehre der Muttersprache das Fundament für die gelehrte (Aus)bildung zu legen habe, indem in ihr grammatische Strukturen für den Sprach-, vornehmlich den Lateinunterricht, sowie erste Begriffe für den wissenschaftlichen Sachunterricht zu vermitteln seien. Ratke fordert darüber hinaus auch die Ausbildung und Anerkennung deutscher Fachsprachen, zumindest Fachwortschätze, und er stellt all dies auch in einen Zusammenhang mit der Formung des Hochdeutschen:

Hie stehet nun ferner zubedencken, wie die Künste vnd Faculteten, An keine Sprachen, vnd hergegen die Sprachen An keine Künste oder Faculteten gebunden. So

---

[74] Vgl. Müller 1882, zumal die „Literarischen Notizen"; Jellinek I, 1913, 34ff.; zusammenfassend für den Deutschunterricht Frank 1973, 20ff.; Weithase 1961, I, 55ff.
[75] Vgl. Frank 1973, 48ff.; Paulsen 1919, I, 482ff.; Ratke/Ising 1959, I, 10ff.; Ratke/Hohendorf 1957, 15ff.; Weithase 1961, I, 244ff.
[76] Vgl. zwei der „Artikel, auf welchen fürnemlich die [Ratichianische] Lehrkunst beruhet" (1617): „Alles zuerst in der Muttersprach" und „Aus der Muttersprach alsdann in ander Sprach", abgedruckt in Ratke/Hohendorf 1957, 66–78, hier 67; vgl. dazu auch Frank 1973, 55ff.
[77] Vgl. Comenius 1657, 135: „Die Schulen lehren die Sprachen vor den Dingen. [...] Und doch sind die Dinge das Wesentliche (substantia), die Worte das Zufällige (accidens), die Dinge der Leib, die Worte die Hüllen, die Dinge der Kern, die Worte die Rinden und Schalen. Beides muß man also der menschlichen Erkenntnis (intellectus) zugleich bieten, in erster Linie jedoch die Dinge, insofern sie ebensowohl Gegenstand der Erkenntnis (intellectus) als der Sprache sind."
[78] Vgl. z.B. die oben bereits erwähnte Schrift „Über den Sinn des Gehörs in Hinsicht auf Menschenbildung durch Ton und Sprache" (1804/1808), in der Pestalozzi die „Ankettung der Anschauung an die *Sprache*" fordert; Pestalozzi 1804/1808, 258.

haben Auch die Lieben teutschen Jtziger Zeit Gott sey gelobet nicht Allein das liecht der Natur, sondern Auch des Euangelij, vnd die wahre erkentnuß Gottes, darzu mangelts Auch nicht An Büchern vnd gelahrten Leuten, kann derhalben ein vollenkomne Schule, Jn hochteutscher Sprach sehr wol Angerichtet werden, wordürch die teutsch Sprach vnd Nation mercklich zu beßern vnd zu erheben stehet.[79]

Hier tritt die deutsche Sprache deutlich aus dem Schatten der lateinischen heraus. Sie bleibt zwar auch in der „Lehrart Ratichii" vornehmlich noch didaktisches Stützkorsett für die Lehre und das Lernen der alten Sprachen und nichtsprachlicher Sachen, doch wird ihr immerhin explizit die Anerkennung zuteil, dies überhaupt leisten zu können. Und mehr noch: Ratke spricht nicht allgemein von „Muttersprache" oder „Landessprache", was auch ‚Mundart' hätte meinen können, sondern er betont ausdrücklich, der Unterricht habe „In hochteutscher Sprach" zu erfolgen. Nicht nur der Sprachenwechsel vom Latein zum Deutschen, sondern auch der von der Mundart zur, wie der Luther-Verehrer Ratke es sagt, „reinen Meißnischen Sprach" soll auf den Schulen vollzogen werden. In dem der Didaktik Ratkes folgenden, mehr noch der Didaktik Comenius' verpflichteten, „Schulmethodus" Andreas Reyhers von 1642 soll dementsprechend „in der Teutschen Claß nichts anders / als Teutsch / vnd dasselbige recht fertig gelehret und gelernet" werden.[80]

Die Vorgaben Ratkes wurden von vielen freudig aufgegriffen, von Johann Amos Comenius, wie erwähnt, sodann von Johann Balthasar Schupp, ferner Christian Weise, Christian Thomasius, Christian Wolff u.a. Der Historiker des „gelehrten Unterrichts", Friedrich Paulsen, fasst „die Bestrebungen aller dieser Männer" in Bezug auf die Lehre der Muttersprache in erlebter Rede nachempfindend wie folgt zusammen:

> Die deutsche Sprache treiben! Sie ist die Sprache, welche die Kinder mitbringen, also die erste Unterrichtssprache, und die Sprache, in der Besinnung auf die grammatischen Kategorien zuerst stattfinden kann. Auch ist sie die Sprache, die der Theolog und Jurist im praktischen Leben als Redner und Schriftsteller braucht; daher ist Übung in der deutschen Rede notwendig.[81]

„Übung in der deutschen Rede" – das war freilich im 17. und 18. Jahrhundert zunächst noch nicht viel mehr als die Übertragung der rhetorischen Ars orationis auf die deutsche (Schrift)sprache. Aber immerhin: Diese deutsche Sprache, die in Form verschiedener Mundarten auf den „gemeinen Schulen" in Ermangelung sprachlicher Alternativen eine Selbstverständlichkeit war und auf Katechismusschulen zwar unwillig, aber aus missionarischem Antrieb

---

[79] Wolfgang Ratke: [„Memorial Welches zu Franckfort Auff dem Wahltag Aõ 1612. den 7. Maij dem teutschen Reich vbergeben"] (1612), abgedruckt in Ratke/Ising 1959, I, 101–104, hier 103; dazu Ratke/Ising 1959, I, 10ff.
[80] Reyher 1642, §88.
[81] Paulsen 1919, I, 484.

geduldet wurde, fand nach Ratkes „Memorial" wie auch nach gleichgesinnten Aufrufen in anderen Kommunikationsbereichen – man denke etwa an Opitz' Plädoyer für eine deutsche Literatursprache – mehr und mehr Einlass auch in die gelehrte Welt. Ihre Tauglichkeit und Tragfähigkeit auch in wissenschaftlichen und pädagogisch-didaktischen Belangen konnte fortan nurmehr schwerlich bestritten werden, zumal sich gekrönte Dichter, sprachmächtige Reformatoren, erhabene Fürsten und angesehene (Sprach)forscher als Zeugen anführen ließen – all dies war diesem Prozess des Sprachenwechsels im Kommunikationsbereich der Lehre und Forschung nur förderlich.[82].

Was Wolfgang Ratke für die gelehrten Schulen und deren Lehrbücher, war bekanntermaßen der Leipziger, dann Hallenser Gelehrte Christian Thomasius für die universitäre Lehre und darüber hinaus für die wissenschaftliche Publikation.[83] Zwar war auch schon vor Thomasius' spektakulärer deutschsprachiger Ankündigung einer deutschen Vorlesung an der Juristischen Fakultät der Leipziger Universität im Jahre 1687 diese Sprache hie und dort von Kathedern erklungen – Tilemann Heverlingh (1501), Thomas Murner (1518/19) sowie der Arzt und Alchimist Paracelsus gelten hier als Pioniere[84] –, doch schien erst jetzt, im Zusammenhang mit dem erwähnten neuen Selbstverständnis der Wissenschaft wie des gelehrten Bürgertums überhaupt, und im Umkreis der Erklärung des Deutschen zu einer „HaubtSprache" (Schottelius) die Zeit reif für den Sprachenwechsel auch in der gelehrten Welt. Er wird hier besonders offenbar an der Zahl der deutschsprachigen wissenschaftlichen Publikationen, die, einmal abgesehen von feineren Unterschieden in den einzelnen Disziplinen, seit Thomasius' „Vernunfft=Lehre" (1691) und seiner „SittenLehre" (1692) stetig gestiegen war und um 1750 die der lateinischen Publikationen in den meisten Fächern übertroffen hatte.[85]

Ein gutes Jahrhundert nach Ratkes Wirken und ein gutes halbes Jahrhundert nach Thomasius' Handstreich, nämlich im Jahr 1745, war in der vom Gottsched-Schüler Johann Friedrich Wilhelm Jerusalem verfassten „Vorläuffigen Nachricht von dem COLLEGIO CAROLINO zu Braunschweig"[86] zu lesen:

---

[82] Vgl. dazu die Fallstudie von Schiewe 1996; ferner, mit weiterführender Literatur, v. Polenz 1994, 22ff., 54ff.; Frank 1973, 39ff.; Paulsen 1919, I, 445ff.
[83] Vgl. dazu bes. Thomasius [1687], 14; zu Thomasius' Rolle bei der Ausbildung der deutschen Wissenschaftssprache vgl. Paulsen 1919, I, 527ff.; Frank 1973, 80ff.; Weithase 1961, I, 268ff.
[84] Vgl. August Sauers Hinweise in der Vorbemerkung zu Thomasius 1687, IIIf.; v. Polenz 1991, 214; v. Polenz 1994, 54ff.; Schiewe 1996, 90f.; Weithase 1961, I, 69ff. und 264f., wo sie einen ähnlich skandalösen akademischen Gebrauch der deutschen Sprache durch Kaspar Stieler (1676/77) berichtet.
[85] Vgl. v. Polenz 1994, 52ff.
[86] Abgedruckt in Koldewey I, 1886, 203–217, dies und das folgende Zitat: 213.

Der vortrag in diesem Collegio wird durchgehends in teutscher sprache gehalten werden.

Dass dieser Ankündigung eine lange Rechtfertigung folgt, belegt gleichwohl, wie ungewöhnlich bzw., im wahrsten Sinne des Wortes: merkwürdig, das Deutsche als Unterrichtssprache auf gelehrten Schulen noch war:

> Keinem, der diese einrichtung lieset, wird hiebey die furcht noch einfallen können, daß dieses den humanioribus nachtheilig werden mögte, fürnemlich wenn man bedenckt, daß das latein, dessen man sich in dergleichen öffentlichen vorlesungen zu bedienen pfleget, selten dasjenige sey, welches die reinigkeit dieser sprache sonderlich befördern könte. Es komt hier fürnemlich auf die wahrheit und auf richtige gedancken an. Es ist deswegen nichts vernünftiger als daß man eine solche sprache zum vortrag erwehle, die dem lehrer und zuhörer die natürlichste, und bey welcher man von jenem die leichtesten ausdrückungen und von diesem die deutlichsten begriffe hoffen darf. Die wissenschaften selbst leiden dadurch nichts, daß sie in der muttersprache vorgetragen werden, und sie sind deswegen in Franckreich, Engelland und Italien nicht gefallen.

Doch wie ungewöhnlich und merkwürdig auch immer: Die deutsche Sprache war nicht nur als Unterrichtssprache auch an gelehrten Schulen und Universitäten am Ende des 18. Jahrhunderts auf dem Vormarsch, sondern sogar auch als Gegenstand von Lehre und Forschung anerkannt: Justus Georg Schottelius' zum Teil dialogisch gestaltete „Manuductio", nämlich die „Kurtze und gründliche Anleitung Zu der RechtSchreibung Und zu der WortForschung in der Teutschen Sprache" (1676), Hieronymus Freyers „Anweisung zur Teutschen Orthographie" (1722), Johann Christoph Gottscheds „Kern der Deutschen Sprachkunst" (1753), Johann Christoph Adelungs „Deutsche Sprachlehre" (1781) – sie alle und weitere für die Herausbildung der deutschen Hochsprache einflussreiche Werke waren eigens zum Gebrauch an (gelehrten) Schulen angefertigt, Gottscheds „Kern" fand sogar Eingang in Schulordnungen und darüber hinaus ein indirektes Lob des nicht eben von der deutschen Sprache begeisterten Friedrich II.[87]

Seit Beginn des 18. Jahrhunderts lässt sich schließlich ein regulär erteilter Deutschunterricht an gelehrten Schulen nachweisen (1703 am Gymnasium zu Oldenburg, 1732 am Johanneum zu Hamburg, 1734 am Grauen Kloster zu

---

[87] In Friedrichs „Kabinets=Schreiben an den Etats=Minister von Zedlitz" (1779) heißt es: „Eine gute deutsche Grammatik, die die beste ist, muß auch bei den Schulen gebraucht werden, es sei nun die Gottsched'sche oder eine andere, die zum besten ist." (Bona Meyer 1885, 169). Der „Kern der deutschen Sprachkunst" Gottscheds war ebenfalls in dem von Johann Ignaz von Felbiger verfassten, von Friedrich II. 1765 in Kraft gesetzten „General=Land=Schul=Reglement" für das Herzogtum Schlesien als Schulgrammatik empfohlen worden, abgedruckt bei Bona Meyer 1885, 132–156, hier 139. Auch die Braunschweiger Schulordnung von 1755 vertraute auf Gottscheds Sprachlehre (vgl. Koldewey I, 1886, 347).

153

Berlin, 1745 am Collegium Carolinum zu Braunschweig).[88] Auf den Landschulen hingegen wurde ein Unterricht im Deutschen in der Regel nach wie vor nur als Begleiterscheinung zur Verwendung der deutschen Sprache als Unterrichtssprache erteilt,[89] oder das, was als Deutschunterricht gelten darf, erschöpfte sich in der Vermittlung der grundlegenden Kulturtechniken des Lesens und des (orthographisch korrekten) Schreibens.[90] Auch die Aufgabe der Durchsetzung der hochdeutschen oder „oberlendischen" Sprache änderte daran nichts Grundsätzliches, insofern sie nebenher erfolgen konnte.[91]

Der Sprachenwechsel, sei es der vom Latein zum Hochdeutschen, sei es der von der Mundart zum Hochdeutschen, wurde durch die „aufgeklärte" und sodann „philanthropische" Wiederentdeckung des Gesprächs in Unterricht und Wissenschaft entscheidend befördert; und er zeitigte, umgekehrt, auch Auswirkungen auf die deutsche Gesprächssprache. Wenngleich das Latein noch auf lange Zeit die Sprache des öffentlichen wissenschaftlichen *Disputs* sowie der öffentlichen gelehrten *Prüfungsgespräche* (Schulexamina, *Disputationes*) bleiben sollte und das Französische die Sprache der höfischen wie großbürgerlichen *Conversation*, so wurde doch auch in der gelehrt-galanten Welt hinter dieser standesbewusst gepflegten Fremdsprachenkulisse die deutsche Muttersprache als Gesprächssprache kennen und schätzen gelernt. So werden, um noch einmal das Braunschweiger Collegium Carolinum als Beispiel anzuführen, in der „Anzeige der Vorlesungen und Uebungen" aus dem Jahr 1745[92] natürlich zunächst die alten Sprachen: Hebräisch, Latein und Griechisch auf den Lehrplan gestellt, sodann die weltläufigen neueren Sprachen Englisch, Französisch und Italienisch. Schließlich aber kommt die deutsche Sprache zum Zuge:

---

[88] Vgl. Ludwig 1988a, 153f.; Ludwig 1988b, 42ff.; Paulsen 1919, I, 583f.

[89] Vgl. jedoch den „Auszug aus dem Protocoll der Landschulkonferenz und der Verhandlung über die im Plane angegebene Beibringung der nöthigen Sprachkenntniß", in dem der muttersprachliche Unterricht auf Landschulen zu regeln versucht wird.

[90] Vgl. z.B. die „Reichsstift=Neresheimische Schulordnung vom Jahre 1790 mit Beysätzen und Anmerkungen": „Unter dem Namen Sprachlehre wird der Unterricht im Buchstabiren, Lesen und Schreiben verstanden." (Taschenbuch für teutsche Schulmeister, 6. Jg. 1791, 902–950, hier 913f.); vgl. auch den nur geringen Anteil des Deutschunterrichts selbst in fortschrittlichen Lektionsplänen, etwa bei Felbiger 1775, 296ff.

[91] So heißt es in der Braunschweiger „Schulordnung des Rats" aus dem Jahr 1596, der Lehrer solle „im deutschen sie [die „knaben", J.K.] zur oberlendischen sprach gewehnen, das sie die epistolen und evangelien in derselben sprach konnen fur dem altar lesen." (Vgl. Koldewey I, 1886, 127).

[92] Abgedruckt in Koldewey I, 1886, 229–243, hier 233.

Der vernünftigste theil unserer landesleute gesteht es uns ohne beweis zu, daß die deutsche sprache einer mehrern cultur so würdig als bedürftig sey. Man siehet es in unsern tagen bey einem Deutschen, er sey von welchem stande und range er wolle, nicht nur für eine bloße zierde, sondern auch für eine wirkliche vollkommenheit an, wenn er mit seiner muttersprache etwas besser bekannt ist als der gemeine haufe. Es wird also wol keiner weitern rechtfertigung brauchen, wenn wir nach der weisesten verfügung Ihro Durchlauchten unseres gnädigsten Herzogs in dem Collegio Carolino auch besonders auf die verbesserung und übung unserer muttersprache zeit und fleiß wenden und der uns anvertrauten jugend mit einer solchen handleitung zu hülfe kommen, daß sie in derselben sich richtig, rein, ordentlich, zierlich und nachdrücklich auszudrucken vermögend werde.

Und im weiteren Verlauf des Textes wird diese deutsche Sprache in dialogische Zusammenhänge gestellt: Die „Anzeige" handelt im Folgenden von der „beredsamkeit" als einer Wissenschaft, die „der herr professor Reichard" am Collegium „vortragen und erläutern" wird und „nach solchen seinen zuhörern briefe, erzehlungen, beschreibungen, gespräche, reden und andere übungen der beredsamkeit aufgeben, welche sie so wol in lateinischer als deutscher sprache, und so wol in gebundener als ungebundener rede ausarbeiten sollen."[93] – Wurde am Ende des 17. Jahrhunderts ein Professor von der Universität vertrieben, weil er in deutscher Sprache eine deutsche Vorlesung angekündigt hatte, so konnte man nur zwei Generationen später von einem Professor lernen, sich in (höfischen oder gelehrten) deutschen Gesprächen „richtig, rein, ordentlich, zierlich und nachdrücklich auszudrucken". Darin bekundet sich, zum einen, der Vollzug des Sprachenwechsels vom Latein zum Deutschen. Es belegt dies aber auch, zum anderen, den erwähnten Einstellungswandel in Bezug auf die Muttersprache, insofern die deutsche Sprache nicht mehr bloß als Hilfsmittel zur Erlernung der alten Sprachen und der gelehrten Sachen galt, auch nicht mehr nur schriftsprachliche Regelkenntnis hinreichend war, sondern zur Steigerung der kulturellen und gesellschaftlichen Nützlichkeit der Eleven auch die Beherrschung des gesprochenen Worts maßgebend wurde.[94] In diesem Einstellungswandel und, wie erwähnt, im angestrebten oder erzwungenen Wechsel zum Hochdeutschen trafen sich das gelehrte und das gemeine *Lehrgespräch*, dieses von den Mundarten kommend, jenes vom Latein und Französischen. Die Sprachtraditionen dieser beiden qualitativen Varianten des *Lehrgesprächs* sowie die zwischen ihren Sprechern bestehenden sozialen Schranken wurden indes bewahrt und im Rahmen des Sprachenwechsels zum Deutschen in unterschiedliche Varianten der deutschen Gesprächssprache überführt, wie ja auch die in dieser Zeit aus-

---

[93] Koldewey I, 1886, 235.
[94] Dies gilt in hervorragender Weise für de Real- und Berufsfachschulen, vgl. z.B. Gilow 1906, 116ff. zum Deutschunterricht auf Berliner Handelsschulen. Dazu auch Weithase 1961, I, 296f.

gebildete deutsche Standardsprache selbst in sich mehrfach diastratisch gegliedert war.[95] Die deutsche Sprache des Gesprächs konnte daher nicht gelehrt werden, und sie war, zumindest seitens der in sozialer Hinsicht Bevorzugten, auch gar nicht erwünscht. Insofern das Gespräch selbst Lehr-Lern-Gegenstand wurde (s.u., III.4.3.2.), wurde in der an Schulen gepflegten Gesprächsrhetorik der Zeit vielmehr auch für das deutsche Gespräch eine alte Norm wiederbelebt und gelehrt, die eine Art „Ständeklausel" des deutschen Gesprächs entwarf und beispielsweise in Martin Schmeizels „Lehr= und Hoff=Meister" aus dem Jahr 1722 so formuliert wird:

> Was das erste anbelanget, so muß er [der „Privat-Informator", J.K.] vor allen Dingen den Unterscheid derer Personen bemercken, mit wem er umzugehen hat, denn anders muß die Bezeigung seyn, gegen Personen, die da höher als wir, und wieder anders gegen solche, die da geringer als wir sind, ferner müssen auch die Gelegenheiten observiret werden, so wohl nach der Zeit, als nach dem Orth wo er lebt, nicht weniger auch die Begebenheiten selbst, nach welchen er mit andern zu conversiren occasion hat [...].[96]

Damit ist bereits das mentalitätsgeschichtliche Feld des deutschen *Lehrgesprächs* betreten.

III.3. Zur Kultur- und Sozial-, Ideen- und Mentalitätsgeschichte des deutschen *Lehrgesprächs* im 17. und 18. Jahrhundert

Die folgenden Untersuchungen zum deutschen *Lehrgespräch* sollen, wie im theoretischen Teil dargelegt und begründet, vom Großen zum Kleinen voranschreiten. Sie sollen, zunächst, zum Denken, Fühlen, Wollen und Wissen der Menschen vergangener Zeiten in Bezug auf das deutsche *Lehrgespräch* führen und es sprachgeschichtlich erschließen helfen; sie sollen sodann die Herausbildung von zu einem großen Teil noch gegenwartssprachlich präsenten Sorten desselben sowie die Formung dieser Sorten selbst zum Gegenstand haben; und sie sollen abschließend historisches didaktisches Gesprächshandeln und historische gesprochene Sprache im Gespräch rekonstruieren.

Die nächsten drei Abschnitte sind dem ersten Teil dieser empirischen Untersuchungen gewidmet, der Kultur- und Sozial-, Ideen- und Mentalitätsgeschichte des deutschen *Lehrgesprächs* im 17. und 18. Jahrhundert. Ich unterlasse dabei den selbst in der Geschichtswissenschaft bislang vergeblich unternommenen Versuch, diese lexikalische Viertheit: Kulturgeschichte, Sozial-

---

[95] Vgl. v. Polenz 1994, 218ff.
[96] Schmeizel 1722, 76; auch Thomasius 1713a, 123, §39. Vgl. Burke 1993, 105; Lerchner 1991, 55, zitiert eine ähnliche Auskunft Wielands.

geschichte, Ideengeschichte und Mentalitätsgeschichte, terminologisch schärfer zu fassen und sodann der Untersuchung als streng befolgtes erkenntnisleitendes Gerüst zugrunde zu legen. Vielmehr sollen auch diese Begriffe lediglich Sehhilfen – und nicht Sichtweisen – sein, und zwar Sehhilfen in Bezug auf:

- die äußere, den Mitgliedern der Sprachgesellschaft im wesentlichen unbewusste Rolle und Nutzung des *Lehrgesprächs* in gesamtgesellschaftlichen Zusammenhängen (Sozialgeschichte);
- die äußere, bewusste Formung und Institutionalisierung desselben durch Einzelne oder einzelne Sprechergruppen (Kulturgeschichte);
- die innere, unbewusste Einstellung gegenüber dem *Lehrgespräch* und das darauf bezogene Denken und Fühlen, Wollen und Wissen der Mitglieder der Sprachgesellschaft (Mentalitätsgeschichte);
- die innere, bewusst hervorgebrachte theoretische und konzeptionelle Fassung des *Lehrgesprächs* (Ideengeschichte).

Die Darstellung nimmt diese Blickrichtungen auf, folgt selbst aber einem chronologischen Fluss, dem zwei Einschnitte als Schleusen gesetzt sind: der eine um 1600, der andere um 1800, jener begründet in der bereits erwähnten neuen Rolle, die der deutschen Sprache im Kommunikationsbereich der Lehre auferlegt wird, dieser begründet in einem neuerlichen Wechsel pädagogisch-didaktischer Konzepte, der das *Lehrgespräch* für eine ganze Zeit wieder in den Hintergrund treten lässt, bis es dann von den Reformpädagogen um 1900 erneut entdeckt wird. Mit dem Bild des Flusses ist bereits gesagt, dass auch vor und nach diesen Einschnitten das deutsche *Lehrgespräch* eine (Sprach)geschichte hat und eine Entwicklung erfährt: Für die Geschichte zuvor ist insbesondere der schon erwähnte lutherische Katechismus zu erinnern – ich komme gleich darauf zurück –, sind auch die von Hannes Kästner untersuchten mittelalterlichen, mittelhochdeutschen Lehrgespräche ins Gedächtnis zu bringen; in mentalitäts- und ideengeschichtlicher Hinsicht darf zudem, wie ebenfalls bereits angeführt, die Tradition lateinischer Gesprächsrhetorik, -theorie und -praxis nicht gering geschätzt werden. – In die andere Richtung setzt sich die Geschichte und Entwicklung des deutschen *Lehrgesprächs* mit Traditionen und Traditionsbrüchen fort bis in unsere Tage, bis hin zur Auseinandersetzung über das *Unterrichtsgespräch* und die Themenzentrierte Interaktion (TZI), und gar bis hin zu den „Dialogboxen" in der computer-gestützten Lernersoftware und den didaktisch verwertbaren Frage-Antwort-Systemen in der Computerlinguistik. Dieser zur Gegenwart hinführenden Fortsetzung der Geschichte des deutschen *Lehrgesprächs*, und zwar auch den zuletzt genannten und nur modern anmutenden Sorten des computervermittelten Dialogs, ist erst im 17. und 18. Jahrhundert die Spur gelegt worden, weshalb diesen beiden Jahrhunderten, dem 18. gar noch mehr als dem 17., die besondere Aufmerksamkeit gilt und nur hin und wieder darüber hinaus auch nach hinten und, seltener, nach vorn geblickt wird.

Doch nicht einmal für diese zwei Jahrhunderte der frühen Neuzeit kann die Kultur- und Sozial-, Ideen und Mentalitätsgeschichte des *Lehrgesprächs* exhaustiv erzählt werden. Vielmehr beschränkt sich die folgende Darstellung auf Schlaglichter, die auf diese Geschichte geworfen werden, auf ihre Wendepunkte, aber auch darauf, was dem Lauf der Zeit kontinuierlich die Stirn geboten hat. Mit der chronologischen Anordnung der Darstellung in diesem Kapitel kann überdies kein strenges Nacheinander gemeint sein. Viel häufiger gar ist sprachgeschichtlich das Nebeneinander festzustellen, die Gleichzeitigkeit einer neuen Gesprächssorte mit einer alten, aus der jene hervorgegangen ist, ohne diese jedoch abzulösen. Nur vor dem Hintergrund des Nebeneinander ist aber auch eine Tendenz erkennbar, die sich aus pädagogikgeschichtlicher Sicht in Bezug auf die soziale Handlung des UNTERWEISENS als Entwicklung vom „Schulhalten" zum „Unterrichten" darstellt,[97] und die hier mit besonderem Bezug auf das Gespräch im Anschluss an die kunsthistorische (Heinrich Wölfflin) und literaturwissenschaftliche (Volker Klotz) Unterscheidung als Entwicklung von der „geschlossenen" zur „offenen Form" des deutschen *Lehrgesprächs* benannt sein soll. Volker Klotz definiert diese Termini für die dramatische Dichtung wie folgt:

> Das Ganze des geschlossenen Dramas ist eine in sich selbst begrenzte Erscheinung, die überall, in allen ihren Teilen, auf sich selbst zurückdeutet. Es ist in sich gerundet und abgeschlossen. Seine Teile – die engverschränkten Personen; Raum und Zeit als Rahmen des Geschehens; die schlüssig verknüpften Szenen; die hierarchisch geordneten Sätze und Satzteile usf. – haben Sinn und Wert nur in bezug auf das Ganze, sie haben keine Eigenständigkeit. [...] Das offene Drama dagegen weist über sich hinaus, es will unbegrenzt wirken. Unbegrenzt ist die Handlung: weder Anfang noch Ende sind deutlich markiert; Zeit und Raum sind nicht eingefriedet sondern entbunden, und die angerissenen Szenen und Sätze weisen als Fragmente über sich hinaus.

Das leitende Prinzip bringt Klotz schließlich „auf die Gegensatzformeln *Ausschnitt als Ganzes* (Drama der geschlossenen Form) und *Das Ganze in Ausschnitten* (Drama der offenen Form)".[98] Wie wesensverwandt zeigen sich doch die beiden Extrempositionen des *Lehrgesprächs* auf einer an ko- und kontextuellen, funktionalen sowie formal-strukturellen Kriterien orientierten Skala: das streng komponierte *zergliedernde katechetische Gespräch* etwa eines Wolfgang Ratke (1612ff.) als Exemplar des in sich ruhenden, geschlossenen Lehrgesprächs und das (fast) freie, mehr dem exemplarischen Lernen als dem Zergliedern des Gegenstands gewidmete *gelenkte Unterrichtsge-*

---

[97] Vgl. Petrat 1979, 210ff.
[98] Klotz 1985, 215f.

spräch etwa eines Carl Friedrich Bahrdt (1776) oder eines Johann Andreas Christian Michelsen (1781/82). Die Kriterien im Einzelnen werden im Zusammenhang mit der typologischen Ordnung und Beschreibung der Sorten des *Lehrgesprächs* zu entfalten sein.

Die Adaption dieser beiden kunst- und literaturhistorischen Beschreibungsbegriffe erweist sich nicht ganz zufällig als adäquat, und zwar nicht nur deshalb, weil die dramatische Dichtung nun einmal dem Gespräch verpflichtet ist. Hinzu kommt vielmehr, dass der angesprochene Umschlag der Waagschale von der geschlossenen zur offenen Form in beiden Gesprächsbereichen – dem der dramatischen Dichtung und dem der Lehre – erstaunliche Parallelen aufweist in dieser Zeit: Beide Gesprächstypen lösen sich zu Beginn des 17. Jahrhunderts aus dem festen Griff der vor allem lateinischen Vorbilder und wenden sich der deutschen Sprache zu, die sie in nachhumanistischer Zeit nur in den unteren sozialen Schichten und sonst allenfalls als Übersetzungshilfe geduldet hatten – hie in Form der Volksstücke, Satiren und Schwänke, dort im Rahmen der Schreibschulen, städtischen und ländlichen Elementarbildung. In beiden Fällen bot das gestrenge lateinische Vorbild dem Sprachenwechsel in formaler Hinsicht die Stirn, lebten doch die geschlossenen Gesprächsformen auch in neuem sprachlichen Kleid noch eine gute Weile weiter. Die ersten deutschsprachigen dramatischen Texte konnten ihre lateinischen Vorbilder ebensowenig verleugnen wie die frühen deutschen Lehrgespräche an gelehrten Schulen und Universitäten; lag jenen das poetologische Wissen der antiken Tragödie und Komödie zugrunde, so diesen die klassische Rhetorik mit ihren Figuren und Tropen. Sodann ist für beide Gesprächstypen etwa zeitgleich der erfolgreiche Bruch mit dieser Herrschaft der Vorbilder festzustellen, zunächst zaghaft, dann, um 1770, mutiger im offenen Drama des Sturm und Drang auf der einen, im offenen *Lehrgespräch* der Philanthropen auf der anderen Seite. Gleichartig ist schließlich auch das Ende dieses Aufwalls: Die dramatische Dichtung der Weimarer Klassik ließ das offene Gespräch hinter sich und schuf mit neuen Mitteln eine geschlossene Form traditionellen Typs. Und auch das offene *Lehrgespräch* wurde entweder verdrängt durch Formen des monologisch darbietenden Vortrags oder wieder zurückgeführt zur geschlossenen, oft streng stichomythisch prozedierten Form des fragend-entwickelnden (Anschauungs)unterrichts (s.o., I.2.). Gleichwohl: Das Repertoire der Sorten des deutschen *Lehrgesprächs* war nun einmal erweitert und grundlegend geformt. Wenn in der didaktischen Gesprächsforschung der Gegenwart „Formen" und „Arten" des Lehrgesprächs in „gebundene" und „freie" geschieden werden,[99] so belegt dies nicht nur, dass eine Differenzierung der Sorten des deutschen *Lehrgesprächs* in „geschlossene" und „offene" auch aus pädagogisch-didaktischer Perspektive

---

[99] Vgl. Stöcker 1966, 156f.; Thiele 1981, 16; Ritz-Fröhlich 1982, 22.

angemessen ist, sondern auch die Bedeutung des deutschen *Lehrgesprächs* im 17. und 18. Jahrhundert für das *Lehrgespräch* der Gegenwart.

III.3.1. Anfänge des deutschen *Lehrgesprächs* im frühen Neuhochdeutschen

Weil in der deutschen Sprachgeschichtsschreibung der Terminus „Frühneuhochdeutsch" spätestens mit Wilhelm Scherers „Geschichte der deutschen Sprache" (1868) als Benennung der sprachgeschichtlichen Periode von etwa 1350 bis etwa 1650 besetzt ist und deshalb nur eingeschränkt für die hier zur Untersuchung anstehende Zeitspanne beansprucht werden darf, und weil doch andererseits die richtungweisenden Wege zum *Lehrgespräch* in der neuhochdeutschen Sprache der Gegenwart erst am Ende der besagten Zeitspanne, also am Ende des 18. Jahrhunderts gewiesen und geebnet sind – ich erinnere an den Begriff von der „Sattelzeit", der in der Sprachgeschichte des *Lehrgesprächs* eine deutliche Bestätigung findet –, so soll hier für die ersten zwei Jahrhunderte der Geschichte des institutionalisierten deutschen *Lehrgesprächs* unterminologisch vom frühen Neuhochdeutschen gesprochen werden. Damit soll zum Ausdruck gebracht werden, dass dieses frühe Neuhochdeutsch eine große Verwandtschaft sowohl n o c h mit dem Frühneuhochdeutschen wie auch s c h o n mit dem Neuhochdeutschen zeigt. Die im deutschsprachigen Raum mit Luthers Wirken eng verwobene Geschichte des *Katechisierens* spiegelt diese Zwischenlage sehr deutlich und weist darauf hin, dass im soziolinguistischen und sprachpragmatischen Bereich das „Frühneuhochdeutsche" ganz andere Periodisierungen erfordert – und erfährt – als etwa im phonologischen und morphologischen Bereich. Schon allein das, was im Laufe dieser zwei Jahrhunderte von 1600 bis 1800 unter Benennungen wie „*katechetisches Gespräch*", „*katechetische Unterhaltung*", „*katechetische Unterredung*", „*katechetische Lehrart*", „*katechetischer Unterricht*", „*katechetische Methode*", „*Katechisation*", „*katechisiren*", „*Katechetik*" firmierte, unterlag großen Wandlungen, nämlich Wandlungen von einer noch mittelalterlich geprägten, ursprünglich auf bestimmte christlich-religiöse Gegenstände festgelegten didaktischen und formal monologischen Textsorte[100] zu einer neuzeitlichen, schriftlich wie mündlich gepflegten Gesprächssorte, die sich schließlich gar allen möglichen Lehr-Lern-Gegenständen öffnete und selbst wiederum mehrere Varianten ausbildete.

---

[100] Vgl. Luther, WA 19, 76: „Catechismus aber heyst eyne unterricht, damit man die heyden, so Christen werden wollen, leret und weyset, was sie gleuben, thun, lassen und wissen sollen ym Christenthum [...] nemlich die drey stuck, die zehen gebot, der glaube und das vater unser."

Wenngleich diese wortfamilieninterne Benennungsvielfalt ein äußerst schillerndes Begriffsbild vom „Katechisiren" bietet, darf der Katechismus Luthers als wichtigster Impuls und Wegweiser des deutschen *Lehrgesprächs* im 17. und 18. Jahrhundert gelten.[101] Zwar greift Luther selbst auf eine zu seiner Zeit zum Zweck der UNTERWEISUNG der ländlichen Bevölkerung wie der städtischen Jugend geschätzte dialogische Form zurück,[102] auch waren schon vorher deutschsprachige Lehrbücher für Schreibschulen in „frag vnd antwurt" gefasst,[103] doch ist es Luther, der diese Form im Zusammenhang mit der Reformation für die Lehre und das Lernen instrumentalisiert und, dies vor allem, aufgrund seiner kirchengeschichtlichen Rolle auch für den mündlichen Unterricht mit Sprecherwechsel populär macht. Den Luther'schen Katechismus kannte man im Deutschen Reich, und zwar auch im katholischen Süden, wo die Jesuiten vergleichbare Lehrmethoden anwandten.[104] Dieser Katechismus ging als Lernstoff in die Schulbücher ein[105] und musste von den Kindern auf den gemeinen Schulen „*hergesagt*" werden können.[106]

Fast alle Entwicklungen, die das deutsche *Lehrgespräch* in der hier zur Untersuchung anstehenden Zeitspanne erfahren sollte, sind aus der kritischen Auseinandersetzung mit diesem aus textbezogenem *Abfragen* und *Antworten* bestehenden Urtyp hervorgegangen. Es entstanden zunächst verschiedene Sorten dieser dialogischen „*katechetischen Lehrart*", später dann von diesen abweichende, in der deutschen Sprachgeschichte neuartige Gesprächssorten, die zunehmend von der bloß darbietenden Wissensvermittlung abrückten, die Erkundung und Erweiterung des individuellen Wissens auf induktivem Wege anstrebten und in den überlieferten Lehrgesprächen des Sokrates ihr Vorbild suchten. Das heißt indes nicht, dass das „Katechisiren" als monologische Text- wie auch als dialogische Gesprächssorte darüber verdrängt worden wäre. Noch im Jahre 1798 hat kein Geringerer als Johann Gottfried Herder das Vorbild Luthers aufgegriffen und sich selbst an „Luthers Katechismus, mit einer katechetischen Erklärung zum Gebrauch der Schulen" versucht,[107] und die Entwicklung, die das deutsche *Lehrgespräch* dann im 19. Jahrhundert nehmen sollte, ist durchaus als Reminiszenz an die Ursprünge des *katecheti-*

---

[101] Vgl. schon Schuler 1802, 4ff.
[102] Vgl. dazu Cohrs 1900–1907, bes. Bd. 4, 1902, 227ff.; Bentzinger 1988, Kampe 1997; v. Polenz 1991, 255ff.; Ehlich 1999. Zur Wirkung des Katechismus als Mittel im (Sprach)unterricht vgl. Gessinger 1980, 35ff.
[103] Vgl. Frank 1973, 22.
[104] Vgl. Paulsen 1919, I, 387ff.
[105] Vgl. z.B. [Hähn] 1770.
[106] Vgl. Stuves „Nachricht von einer musterhaften Garnisonschule", 1783, 258.
[107] Herder; Werke 30, 302–392.

schen Gesprächs, als Rückwendung zum geschlossenen, vor allem dem Auswendiglernen dienenden Frage-Antwort-Verfahren zu sehen.

Mit dem eben angeführten Namen Sokrates ist eine weitere Denktradition angesprochen, die auf die Theorie und Praxis, auf die Ideen und Konzeptionen, auf die Herausbildung und Formung des deutschen *Lehrgesprächs* ihre Wirkung ausüben sollte und, wie noch zu zeigen sein wird, im 18. Jahrhundert in Form des *sokratischen Gesprächs* als Gegenpol zum *katechetischen Gespräch* erscheint. Auch diese Denktradition ist in der frühen neuhochdeutschen Zeit erst im Zuge der kritischen Auseinandersetzung mit monologischen Lehr-Lern-Methoden neu entdeckt worden. Und sie ist dann vor allem in ständiger kritischer Reibung mit der „*katechetischen Lehrart*" neu begründet worden, weshalb an dieser Stelle doch ein kurzer Blick auf Luthers Gebrauch und Verständnis des Katechismus als didaktischer Gesprächssorte zu werfen ist, um die Kultur- und Sozial-, Ideen- und Mentalitätsgeschichte des deutschen *Lehrgesprächs* im 17. und 18. Jahrhundert in den passenden Rahmen zu zeichnen.

Im Jahre 1529 erscheinen aus der Feder Luthers der „Deudsch Catechismus", das ist der so genannte Große Katechismus, und „Der kleine Catechismus für die gemeine Pfarrherr und Prediger". Wenngleich der „Große Katechismus" nicht in einer strengen Abfolge von Fragen und Antworten, sondern formal monologisch gehalten ist, überdies bei Luther das Wort *Katechismus* in erster Linie den Inhalt und erst dann auch die Form des mündlichen Unterrichts benennt,[108] so lässt Luther in der „Vorrhede" keinen Zweifel daran, dass er die Grundlagen des Christentums (eben: den Katechismus) in dialogischer Form gelehrt und gelernt wissen möchte:

> DJese predigt ist dazu geordnet und angefangen, das es sey ein unterricht fur die kinder und einfeltigen. Darümb sie auch von alters her auff Griegisch heisset Catechismus, das ist ein kinderlere, so ein yglicher Christ zur not wissen sol [...]. Derhalben sol man iunge leute die stücke, so ynn den Catechismum odder kinder predigt gehören, wol und fertig lernen lassen und mit vleis darynne uben und treiben. Darümb auch ein yglicher hausvater schüldig ist, das er zum wenigsten die wochen einmal seine kinder und gesinde umbfrage und verhöre, was sie davon wissen odder lernen, Und wo sie es nicht konnen, mit ernst dazu halte.[109]

„Umbfrage und verhöre, was sie davon wissen odder lernen" – das verweist auf das Gespräch, allerdings mehr auf das Gespräch als Methode der Prüfung denn als Methode des Lehrens und Lernens.

Erst im „Kleinen Katechismus" erscheint dann die dialogische Sequenz von Frage und Antwort durchgängig als methodischer Baustein innerhalb eines mehrfach gegliederten Lehr-Lern-Verfahrens, dem man im 17. und 18.

---

[108] Vgl. Luther, WA 30, I, 452.
[109] Luther, Deudsch Catechismus, 1529; WA 30/I, 123–238, hier 129.

Jahrhundert allenthalben begegnet: (wiederholte) *Textlektüre – Frage (zum Text) – Antwort (aus dem Text)*. – Insofern die *Frage* bei Luther jedoch in der Regel recht reizlos „Was ist das?" lautet und, wenn man sie als Modellfrage für den Lehrer liest,[110] nur ausnahmsweise lexikalische Denk- und Lernhilfen bietet (etwa: „Was gibt oder nutzt die tauff?"),[111] kommt das Gespräch auch im „Kleinen Katechismus" erst am Ende des Lehr-Lern-Prozesses im engeren Sinne zum Zuge, nämlich als Mittel zur Prüfung und Festigung des (vorher außerhalb des Gesprächs) Gelernten: zur Prüfung, insofern die *Fragen* nur dem „*Verhören*" und somit nur dem Fragenden dienten; zur Festigung, insofern die Antworten, so sie „trafen", als auswendig gelernte Inbesitznahme des Wissens gewertet wurden. Dass die Gefragten beim „*Verhören*" zugleich auch lernten, ist zwar gewiss, doch war dies nicht dessen erster Zweck, insofern es vielmehr den Abschluss des Lernens voraussetzte.

Luther geht seiner Zeit gleichwohl auch gesprächsgeschichtlich voraus. In etwa zeitgleich mit den beiden „Katechismus"-Texten entstandenen Schriften erkennt er die Gesprächsform nicht nur als den Gegenstand gliederndes, mnemotechnisches Hilfsmittel für das Auswendiglernen des Textes an, sondern auch als Mittel der Verständnissicherung.[112] Damit erkennt und instrumentalisiert Luther auch die kognitiven Möglichkeiten des Gesprächs und weist auf Funktionen desselben hin, die erst im 18. Jahrhundert wieder größere Beachtung finden sollten: die Funktion der Menschenlenkung im Wege der Gesinnungsbildung, aber auch die Funktion der Menschen-Bildung im engeren Sinne. Bei Luther war dies noch ganz vom Gegenstand her bestimmt, ging es ihm doch um die Verbreitung der christlichen Lehre; die Propagandisten der Realienbildung sollten in der ersten Hälfte des 18. Jahrhunderts diese Kraft des *Lehrgesprächs* sodann zur Steigerung der gesellschaftlichen Nützlichkeit der (Aus)bildung nutzen und es von nur religiösen Unterrichtsgegenständen lösen; und die Philanthropen gegen Ende des 18. Jahrhunderts schöpften diese Funktionen des *Lehrgesprächs* schließlich unmittelbar aus ihrem Menschenbild und hoben das Gespräch auf den Schild der besten Lehrmethode. Diese beiden Entwicklungen werden Gegenstand der folgenden Abschnitte sein.

Obgleich Luther das Gespräch noch nicht als einzige oder gar zwingende Form des Katechismusunterrichts ansah, wurde es doch in der Folgezeit als

---

[110] Ursprünglich hatte Luther für den geschriebenen Dialog wohl ein fragender Schüler und ein antwortender Lehrer als Szenario vorgeschwebt, möglicherweise entsprechend 2 Mose 13,14; vgl. Buck 1984, 209.
[111] Vgl. Luther, Der kleine Catechismus, 1529; WA 30, I, 239–425, hier 256.
[112] Vgl. Luthers „Deudsche Messe und ordnung Gottis dienst" von 1526: „Nicht alleyne also, das sie die wort auswendig lernen noch reden, wie bis her geschehen ist, sondern von stuck zu stuck frage und sie antworten lasse, was eyn iglichs bedeute und wie sie es verstehen." (WA 19, 44/72–113, hier 76).

163

diesem zugeeignete Methode innerhalb des bereits erwähnten Lehr-Lern-Verfahrens aufgefasst. Dies bewirkte bis zur Mitte des 18. Jahrhunderts den bereits erwähnten Bedeutungswandel des Wortes *katechisiren*, und zwar dahingehend, dass mit diesem Wort zunehmend nicht mehr eine Text-, sondern eine prototypische didaktische Gesprächssorte benannt wurde, die zunächst u.a (s.o.) „katechetische Lehrart", dann genauer „*katechetisches Gespräch*" hieß und im Laufe des 18. Jahrhunderts selbst wiederum mehrere Varianten, d.h. dem katechetischen Grundprinzip verpflichtete, aber dieses Prinzip in verschiedener Weise variierende Gesprächssorten ausbildete.[113] Das prototypische *katechetische Gespräch* wurde einer der beiden Prototypen des deutschen *Lehrgesprächs* im 17. und 18. Jahrhundert. Sein Grundprinzip folgte, zumal in den Sorten des examinierenden „*Verhörens*" und des „einflössenden" Abfragens (s.u.), bei dem die Frage *abfragt* und die Antwort *hersagt*, im pragmatisch-semantischen Sinne noch einer alten Teilbedeutung des griechischen Wortes *katēchein*, nämlich ‚herabtönen' (*kata* ‚abwärts', *ēchein* ‚tönen'), und man findet eine solche Funktionszuweisung noch, leicht modifiziert, im „Methodenbuch" des einflussreichen Schulmanns Johann Ignaz von Felbiger aus dem Jahr 1775:

Der Lehrer läßt einen Absatz von einem der besten Schüler, der recht deutlich ausspricht, vorlesen; hernach läßt er alle zugleich etliche Zeilen nachlesen, sodann geht das Lesen klassen= oder bankweise oder einzeln weiter fort. Wenn nun der nämliche Abschnitt auf diese Weise oft genug wiederholt und den Lesern dem Inhalte nach hinlänglich bekannt geworden ist, so fängt der Lehrer an, über das Gelesene Fragen an die Schüler zu richten; er erlaubt ihnen aber zuerst noch, die Antworten aus dem offenen Buche herauszulesen. Ist der ganze Inhalt durchgefragt, und von mehreren beantwortet worden, so läßt man ihn noch öfters wechselweise auf die vorgemeldete Art lesen; dabei sind die Schüler zu erinnern, auf den Absatz wohl achtzugeben, damit sie die Antworten auf die noch einmal vorkommenden Fragen, jetzt o h n e i n d a s B u c h z u s e h e n, aus dem Gedächtnisse geben können. Nach oft wiederholtem Durchlesen läßt man sie die Bücher wirklich zumachen, nimmt das Befragen noch einmal, doch mit anderen Worten, vor und läßt die Antworten aus dem Kopfe hersagen. Zuletzt läßt man den kurzen Inhalt des Gelesenen oder auch das Ganze, doch mit anderen Worten, von einem und dem anderen Schüler mit Hilfe des Buches oder auch auswendig hersagen, welche Übung von großem Nutzen ist.[114]

Noch einmal zurück zu Luther. Die Theorie und Praxis der katechetischen Lehrart im 16. Jahrhundert dürfen nicht darüber hinwegtäuschen, dass nicht

---

[113] Explizit zu diesem Bedeutungswandel schon Stresow 1765, 150ff.; Niemeyer 1818, II, 40f.
[114] Felbiger 1775, 124; vgl. ähnlich Felbiger 1777, 56f.; Velthusen 1787, Vorerinnerung, 1; Jacobi 1794, 86ff.

einmal diese mechanisch anmutende geschlossene Form des deutschen *Lehrgesprächs* – also: paarweise Sequenzen von vorab festgelegten Fragen und ebenfalls vorab fixierten, auswendig zu lernenden Antworten – allenthalben anerkannt war und auf den mit der Lehre betrauten Institutionen praktiziert wurde. Vor allem auf gelehrten Schulen und Universitäten, die sich ohnehin schon mit der deutschen Sprache schwer taten, behielten monologische Verfahren auf lange Zeit noch die Oberhand. Und auch Luthers Forderung, man möge die Lernenden nicht lediglich auswendig lernen lassen, sondern zum Verstehen anhalten, verklang ungehört;[115] die Klage, dass viel zu viel auswendig gelernt und bloß hergeplappert und dabei viel zu wenig gelernt und verstanden werde, zieht sich wie ein roter Faden durch die pädagogisch-didaktische Literatur noch des 17. und 18. Jahrhunderts, und nicht zuletzt die Versuche der Überwindung dieses Übels führten zu der nunmehr darzustellenden breiten Entfaltung des deutschen *Lehrgesprächs* in dieser Zeit.

Am Anfang auch des institutionalisierten deutschen *Lehrgesprächs* steht wiederum Wolfgang Ratke, der in einer ganzen Reihe seiner (sprach)didaktischen Schriften das *Lehrgespräch* in Form des *zergliedernden katechetischen Gesprächs* pflegt. Wie mechanisch auch Ratke seine fiktiven Gespräche mit der nicht selten stichomythischen Abfolge von Ergänzungs-W-Frage und Antwort konstruiert, wird frappierend deutlich in der zuweilen bis in den Wortlaut reichenden Übereinstimmung der Fragen – und übrigens auch der Antworten – in verschiedenen Ratichianischen „Lehren" (nicht nur in den grammatischen Schriften, was auf die Tradition der „Donate" verweisen könnte). Man vergleiche beispielsweise die ersten Fragen und Antworten in Ratkes „SchreibungsLehr" (um 1629) mit denen der „WortschickungsLehr" (um 1630) und denen der „WortbedeütungsLehr" (nach 1630):

1. Was ist die SchreibungsLehr [wortschickungsLehr / wortbedeütungsLehr]?
Die SchreibungsLehr [WortschickungsLehr / wortbedeütungsLehr] ist ein Dienend instrument [...] [es folgt das je Besondere].
2 Worher nennestu sie SchreibungsLehr [WortSchickungsLehr / wortbedeütungs-Lehr]?
Darher, daß sie [...] [es folgt das je Besondere].
3. Worher kanstu diese Lehr/e Beweisen? Auß der Schrifft vnd Natur.
4. Wie auß der Schrifft? [usw.].[116]

---

[115] Vgl. Rommel 1968, 26, der zum Gebrauch der „Grammatica Latina" Melanchthons im Unterricht im 18. Jahrhundert ausführt: „Auf 534 Fragen war je eine ganz bestimmte Antwort zu lernen."
[116] Vgl. [Wolfgang Ratke:] Die SchreibungsLehr [...] (um 1629); abgedruckt in Ratke/Ising 1959, II, 57–94; Die WortschickungsLehr [...] (um 1630); abgedruckt in Ratke/Ising 1959, II, 95–268; Die WortbedeütungsLehr [...] (nach 1630; abgedruckt in Ratke/Ising 1959, II, 269–318.

165

Dadurch zeigt die Dialogform bei Ratke in der Tat „stark formale Züge und ist fast zu einem System der Anordnung erstarrt";[117] eine Erstarrung, die nur unzureichend kaschiert wird durch persönliche Anreden („du"), durch an Mündlichkeit und Natürlichkeit gemahnende elliptische Antworten des Schülers oder gar durch ausbleibende Antworten desselben. Darauf wird im Abschnitt über das *zergliedernde katechetische Gespräch* zurückzukommen sein (III.4.1.1.3.).

Über die Praxis des auf diese oder vergleichbarer Weise theoretisch entworfenen und vorgeführten *Lehrgesprächs* in den Institutionen schweigen sich die Quellen aus dieser Zeit im großen Ganzen aus. Ob Wolfgang Ratkes schriftliche Lehr- und Lerngespräche auch wirklich in *zergliedernde katechetische Lehrgespräche* in den Schulstuben mündeten, ist nicht bezeugt. Seine eigenen didaktischen Äußerungen sowie auch die von seinem Anhänger Johannes Kromayer in der Weimarischen Schulordnung von 1619 reichhaltig formulierten Hinweise zur Lehrmethode lassen eher das Gegenteil vermuten. Als an Schulen zu praktizierende Lehrmethode für unterschiedliche Lehr-Lern-Gegenstände tritt das Gespräch in Ratkes didaktischen Schriften nämlich nicht besonders in Erscheinung, und auch in Kromayers Normtext, der doch sonst recht fortschrittlich ist, findet man lediglich einige methodische Hinweise auf das Lernen des Katechismus durch „Vorbeten, Draufhören und Draufsehen".[118]

Die schematische Formung des Gesprächs in Ratkes grammatischen und didaktischen Schriften ist in der tat bereits ein verräterisches Indiz für die Geringschätzung, die Ratke dieser Kommunikationsform, als mündlich praktizierter Methode des Lehrens und Lernens, entgegenbrachte. Gewiss, Ratke stritt ebenso wie schon Luther gegen das bloße Auswendiglernen und Memorieren, wenn es nicht mit der Sorge für das Verstehen des zu Lernenden gepaart war. Diese Sorge ließ sich indes auch monologisch beruhigen, etwa indem der Lehrer das Gelesene erklärte und in eigenen Worten wiederholte. Die dialogische Form erscheint bei Ratke denn auch nicht als interaktiv zu vollziehendes Lehr-Lern-Verfahren, sondern als geschätztes Mittel zur sachlichen, didaktisch auflockernden Gliederung des Stoffes in Lernhäppchen, als mnemotechnisches Hilfsmittel beim Lernen so unterschiedlicher Lehr-Lern-Gegenstände, wie z.B. die Grundlagen der Religion, grammatisches Grundwissen und gar das Alphabet in Lautung und Schreibung. Die Lehre selbst aber sollte auch bei Ratke monologisch durch wiederholtes „fürlesen und erklären" der vorgelegten Fragen und Antworten vonstatten gehen: Der Lehrer

---

[117] Ratke/Ising 1959, I, 34.
[118] Vgl. Johannes Kromayers „Bericht vom neuen Methodo" (1619), auszugsweise abgedruckt in Dietrich/Klink/Scheibe I, 1964, 26–54, hier 38f.

„fraget sich selber vnd antwortet sich selber",[119] der Schüler lerne durch Wiederholung dieses Vorgangs:

> Alle Arbeit fällt auf den Lehrmeister. Denn er muß fürlesen und erklären (und zwar in der Muttersprach) was der Lehrjünger lernen soll, und das zum öftern Mal, wie schon gemeldet. Doch ist dies viel leichter Arbeit, als bisher in Schulen gewesen. Denn er darf sich nicht plagen mit Verhören und Examinieren, Schlagen und Bläuen, sondern hält seine Stund, wie sichs gebührt, und ist sicher, daß er Frucht schaffe. [...] Dem Lehrjünger gebührt zuzuhören und stillzuschweigen. [...] Der Lehrjünger soll nichts reden in währender Lektion, auch nichts fragen. [...] hat er aber etwas Nötiges zu fragen, so schreib ers beiseit auf, und nach gehaltener Lektion hat er zu fragen Zeit genug.[120]

Es fällt auf, dass Ratke bereits die *Schülerfrage* erwähnt, während er in seinen schematischen Gesprächen doch vorzugsweise den Lehrer, sei es „sich selber" oder den Schüler, fragen lässt – auch darauf wird zurückzukommen sein.

Die Wissensvermittlung erfolgt also, wie es übliche Praxis an den Schulen der Zeit war, monologisch, durch „fürlesen und erklären".[121] Ratke habe, so führt Irmgard Weithase in ihrer Studie zur „Geschichte der gesprochenen deutschen Sprache" aus, dadurch „akustische Leitbilder aufstellen" wollen, um dem Schüler gutes Hochdeutsch ins Ohr zu bringen.[122] Dies ist aber nur die eine, spracherzieherische Seite der Medaille. Bemerkenswert ist nämlich,

---

[119] [Wolfgang Ratke:] „Wie man die Grammatica treiben soll in der teutschen Sprach" (o.J.), auszugsweise abgedruckt in Ratke/Ising 1959, I, 108–110, hier 110.

[120] [Wolfgang Ratke:] „Artikel, auf welchen fürnehmlich die [Ratichianische] Lehrkunst beruhet" (1617); niedergeschrieben von Prof. Helwig aufgrund einer Unterredung mit Ratke; abgedruckt in Ratke/Hohendorf 1957, 66–78, hier 73f. Vgl. auch Kromayers „Bericht vom neuen Methodo" (1619), in der es in diesem Sinne heißt: „Die Knaben sitzen inmittelst stockstill, reden nichts, sondern hören und sehen nur zu." (auszugsweise abgedruckt in Dietrich/Klink/Scheibe I, 1964, 26–54, hier 40); zusammenfassend dazu auch Brüggemann/Brunken 1991, Sp. 9f.; Michel 1985, 446ff.

[121] Vgl. auch Grimmelshausen 1668, 26: „Einsid. [...] solchen Buben wie du bist / stehet nicht an / einem alten Mann in die Red zu fallen / sondern zu schweigen / zuzuhören und zu lernen [...]." Johannes Tütken (1997, 159) stellt in seiner Auswertung der Visitationsprotokolle des Generalschulinspektors des Herzogtums Braunschweig-Wolfenbüttel, Christoph Schrader, aus den Jahren 1650–1666 fest, dass in diesen Protokollen „Lesen" als Synonym für „Lehren" steht, da an den begutachteten höheren und mittleren Schulen „die Informationseingabe weitgehend im Stil einer Vorlesung (lectio) erfolgte." Einen tieferen Einblick in den Schulalltag gestatten die Protokolle indes nicht, zumal der Visitator in der Regel keinen regulären Unterricht, sondern nur Examina zu Gesicht bekam. Vgl. dazu auch das Protokoll Schraders aus dem Jahr 1650 (Koldewey 1891).

[122] Weithase 1961, I, 247f.

dass auch dem dialogischen „*Verhören*" in einem *examinierenden katechetischen Gespräch* eine Absage erteilt wird. Der Lehrer mag allenfalls „bisweilen unter dem Lesen oder Exponieren umhersehen, und zufragen, ob die Knaben auch wissen wo er lese oder nicht".[123] Die andere Seite der Medaille ist schulpolitisch und zeigt, dass Ratke in der didaktischen Praxis das *Lehrgespräch* zwar nicht an sich ablehnt, sehr wohl aber das „*Verhören*" – und das war zu seiner Zeit das *Lehrgespräch*. Ratke wendet sich gegen Lehrer, die lediglich Texte auswendig lernen lassen und dann nurmehr „*verhören*", ohne wirklich zu lehren.[124] Eine ähnlich mit der Furcht vor untätigen Lehrern begründete Distanz dem praktizierten *Lehrgespräch* gegenüber findet man denn auch in Kromayers „Bericht vom neuen Methodo" von 1619[125] sowie in dem berühmten, der Didaktik des Comenius verpflichteten „Schulmethodus" des Gothaer Rektors Andreas Reyher von 1642, der den „Praeceptores" das „Fürlesen" aufgibt, und „die Kinder schweigen gantz still / hören vnd sehen nur drauff".[126] Noch im Jahr 1722 empfiehlt der Hallenser Rechtsprofessor Martin Schmeizel sogar für die „häusliche Erziehung" durch den „Privat-Informator" als Lehr-Lern-Verfahren nur das „*Vorsagen*" des Lehrers sowie das „*Nachsagen*" und, auf Abfrage, das „*Hersagen*" des Schülers.[127]

Nur dann, wenn (Fremd)sprachen zu erlernen oder, dies vor allem, wenn keine kognitiven Lehr- und Lernziele zu erreichen sind, findet Ratke zum *Lehrgespräch* im eigentlichen Sinn, insonderheit bei Schulanfängern, die „ein fleißiger und leutseliger Mann" einzuführen habe, etwa ins Hochdeutsche als, wie Ratke es sah, Voraussetzung der Bildung:

Dieser soll durch die täglich Gebet, durch kurze biblische Sprüche und Fragen eines gemeinen Gesprächs die Sprache und Rede dieser neuen Schüler nach der reinen Meißnischen Sprach gewöhnen und die gemeinen Mängel, derer die sich außer der Schulen angewöhnet, so viel an ihm ist, durch stetige Übung ändern.

Und etwas später heißt es:

Die folgende Viertelstunde soll er etwas freundlicher mit ihnen reden, bald diese, bald jene bekannte Frage anstellen, sie zur Antwort reizen oder, wenn sie verzie-

---

[123] [Wolfgang Ratke:] „Allgemeine Anweisung in die Didacticam oder Lehrart H. Wolfgang Ratichii, wie man die Sprachen füglich und förmlich lehren und lernen solle" (dt. 1622), in gekürzter Fassung abgedruckt in Ratke/Hohendorf 1957, 57–65, hier 61.

[124] Vgl. dazu auch Helwig/Junge 1613, 11ff. und 14: „Hiezu kömpt das unzeitige reposcirē oder wiederfordern / da man vō dem Knaben viel erfagē wil / was er noch nicht recht begriffen vnd gefasset hat [...]."

[125] Johannes Kromayer: „Bericht vom neuen Methodo" (1619); auszugsweise abgedruckt in Dietrich/Klink/Scheibe I, 1964, 26–54, hier 30f. und 38f.

[126] Reyher 1642, § 133; vgl. auch ebd., §§ 154f. und 181.

[127] Schmeizel 1722, 192.

hen, ihnen zur Hilfe kommen, und auf diese Weise ihre Rede fleißig gewöhnen. [...]
Die gemeinen Gespräche aber, jetzt mit diesem, bald mit jenem, sollen mit Unterweisung der Buchstaben umwechselt gehalten werden. Und sollen diese zarte Knäblein nicht so hart gehalten werden, sondern alle Gespräch mit Freundlichkeit und Leutseligkeit vermischet sein.[128]

Das *Lehrgespräch* ist hier anerkannt als Mittel zur Herstellung der Sozialbeziehung zwischen Lehrer und Schüler, sodann zum stillschweigend untergeschobenen Wechsel der Varietäten – von der Mundart zum Hochdeutschen. Es ist hingegen nicht anerkannt – oder jedenfalls nicht unmittelbar empfohlen – als Mittel des gegenstandsorientierten UNTERWEISENS. Dies zeigt sich noch deutlicher in den nachfolgenden pädagogischen Schriften Ratkes. In seiner „Schuldieneramtslehr" aus dem Jahr 1631/32 bringt er ein „23. Kapitel. Von dem Konversieren (Conversatio)" und definiert „*Konversieren*" als das „Umgehen der Lehrmeister mit ihren Lehrjüngern außerhalb [!] der gewöhnlich Stunden, die zu Verrichtung des ordentlichen Lehramts bestimmt sind."[129] „*Konversieren*" ist hier zunächst noch ganz allgemein im Sinne des zwischenmenschlichen Verkehrs, eben des „Umgangs", gemeint – ich erinnere an Knigges Titel „Ueber den Umgang mit Menschen" (1788), der noch genau diesen „*Konversations*"-Begriff pflegt.[130] Die engere, auf den sprachlichen Umgang in Gesprächen konzentrierte Teilbedeutung gesellt sich im 16. Jahrhundert zum deutschen Wort und klingt bei Ratke ebenfalls an, wenn er das „*Konversieren*" der „Lehrmeister mit ihren Lehrjüngern" vornehmlich auf „ehrbare und ernstliche Gespräche" konzentriert. Hier also, jenseits der institutionellen gegenstandsorientierten Unterweisung in den Pflichtfächern, ist ein belehrendes Gespräch nicht nur geduldet, sondern gar empfohlen, und zwar vornehmlich denjenigen, „die aus eigener Bewegung Lust und Liebe darzu haben, und fürnehmlich die, so blöd [,schüchtern'] sind".[131] Auf die Frage schließlich, wie „aber solch Konversieren angestellet werden" soll, gibt Ratke eine Antwort, die beinahe sogar als Beschreibung der offenen *Lehrgespräche* in Campes „Robinson" gelesen werden könnte:

---

[128] „Anordnung der Schulstunden zu der neuen Lehrart Ratichii" (Köthener Lehrordnung, um 1619), abgedruckt in Ratke/Hohendorf 1957, 81–106, hier 86ff.
[129] Wolfgang Ratke: „Schuldieneramtslehr (Scholastica)" (1631/32), abgedruckt in Ratke/Hohendorf 1957, 171–246, hier 200; vgl. auch ebd., 204.
[130] Zur Begriffsgeschichte der „*Konversation*" vgl. den Überblicksartikel „Konversation" in HWbRH 4, 1998, 1322ff. sowie v. Polenz 1994, 22ff.; ferner Fauser 1991, 25ff.; Linke 1996, 132ff.; Ehler 1996, 13ff.; Schmölders 1986, 25ff.
[131] Wolfgang Ratke: „Schuldieneramtslehr (Scholastica)" (1631/32), abgedruckt in Ratke/Hohendorf 1957, 171–246, hier 200.

Mit Haltung ehrbarer und ernstlicher Gespräche, da ein Lehrmeister seinen Lehrjüngern zum Teil denkwürdige und historische Sachen erzählet, und zum Teil, was bei dem einen und dem andern zu erinnern, erinnert, fraget, auf fürgelegte Fragen Antwort gibet, Widerpart hält, die Streitigkeiten entscheidet, und wer recht oder unrecht hat, andeutet.[132]

Ratke steht mit dieser funktionalen Beschränkung des deutschen Gesprächs im Kommunikationsbereich der Lehre, die also die Wissensvermittlung, zumal die Vermittlung gelehrten Wissens, auf monologische Textsorten festlegt und dem Gespräch lediglich die Räume der PRÜFUNG („*examiniren*", „*verhören*", „*hersagen (lassen)*"), der zusätzlichen UNTERWEISUNG für besonders interessierte oder benachteiligte Schüler („*erzählen*", „*erinnern*", „*auf fürgelegte Fragen*" antworten) sowie der Herstellung und DISZIPLINIERUNG sozialer Beziehungen („*konversieren*", „*umgehen lernen*") öffnet, schon zu seiner Zeit nicht allein. Vergleichbare Tendenzen sowohl für niedere und gelehrte Schulen wie auch für Universitäten sind in vielen pädagogisch-didaktischen Schriften und in Schulordnungen der Zeit zu finden. So hatte schon Luther das *Lehrgespräch* vornehmlich dann der *Predigt* vorgezogen, wenn es darum ging, „kinder und einfeltige" in die Welt des Glaubens einzuführen, schon bei ihm findet das deutsche *katechetische Gespräch* als Form der Wissensvermittlung nur auf elementarer Ebene Anerkennung; die gelehrte Wissenserzeugung in dialogischer Form, nämlich in den *Disputationes*, blieb der lateinischen Sprache vorbehalten. Diese von Luther über Ratke, Johannes Kromayer und Andreas Reyher andauernde Tendenz, also: das UNTERWEISENDE *Lehrgespräch* vornehmlich für die „kinder und einfeltigen" und der *Lehrvortrag* für die Vermittlung gelehrten Wissens an Studiosi, teilt im Grundsatz noch Christian Thomasius, auch wenn dieser dann erstmals explizit das *Lehrgespräch* auch zum Zwecke der universitären Wissensvermittlung und -erzeugung bei besonders begabten und motivierten Studenten für sinnvoll hält. Und auch noch im 18. Jahrhundert wurde diese funktionale Differenzierung zwischen monologischen und dialogischen Lehr-Lern-Verfahren relativ zum Niveau der Lernenden und des Lehrstoffes weithin aufrecht erhalten. Noch im Jahr 1727 empfiehlt der junge Johann Christoph Gottsched die „Systematische Lehrart, so gantze Wissenschafften in ihrem völligen Zusammenhange vorträgt", nur „vor Leute, die einen durchdringenden Verstand und viel Geduld zum Nachsinnen haben", während das *Gespräch* solchen „Leuten" zu Diensten sei, die „allmählich zum Nachdenken angeführet werden" müssen, wie beispielsweise junge Studenten.[133] In der mehrbändigen „Sitten=Lehre" des Helmstedter Professors Johann Lorenz von Mosheim heißt es ebenfalls in diesem Sinne, die wenigsten Christen seien

---

[132] Ebd.
[133] Gottsched 1727, 21. Vgl. dazu Eichinger/Lüsebrink 1989, 198f.

imstande, einer langen Predigt zu folgen, weshalb „der katechetische Unterricht für den größten Theil der Christen ungleich faslicher und nützlicher" sei.[134]

Eine der wenigen – und zudem eine der einflussreichsten – Ausnahmen von dieser Regel bildet im 17. Jahrhundert die „Didactica magna" von Johann Amos Comenius. Dieses Werk gilt als ein Klassiker der pädagogischen Theorie, und wenngleich es zunächst in tschechischer Sprache geschrieben war (1627/30), um die Schulverhältnisse in Comenius' böhmisch-mährischer Heimat zu reformieren, gelangte es in der lateinischen Fassung (vollendet 1657) in ganz Europa zu Ansehen und Wirkung, in Deutschland etwa bis hin zu Johann Bernhard Basedow im späten 18. Jahrhundert.[135] Aus diesem Grund, aber auch weil Comenius, wie schon Wolfgang Ratke, von dem er angeregt war, dem Unterricht in der Muttersprache propädeutische Funktion für alle weitere Bildung zusprach, darf das Werk in seinen dem *Lehrgespräch* gewidmeten Passagen auch als weiterführender Impuls in der Geschichte des deutschen *Lehrgesprächs* gelten.[136]

Auch bei Comenius erscheint das *Lehrgespräch* im Rahmen der Wissensvermittlung noch nicht als die lerntheoretisch überragende Alternative zum „Fürlesen" und erscheint auch die *Schülerfrage* noch nicht als selbstverständliches, in die institutionell genormte Kommunikation als schülerseitige Eröffnung eines Erkundigungsgesprächs eingebundenes Handlungsmuster des Lernenden, sondern ebenfalls nur als – allerdings nunmehr zu fördernde – „Nachfrage".[137] Die entscheidende Wendung, die Comenius der Ideengeschichte des deutschen *Lehrgesprächs* beibringt, ist vielmehr darin zu sehen,

---

[134] Mosheim 1770 (= Bd. 9), 396.

[135] Vgl. dazu Kvačala 1903.

[136] Hermann Holstein (1976, 30) greift in seinem kurzen Überblick über die Rolle des Unterrichtsgesprächs in der Geschichte der pädagogischen Theorie allerdings zu weit, wenn er schon aufgrund der Erwähnung der *Schülerfrage* in Comenius' Didaktik den Übergang vom „*Verhör*" zum *(Unterrichts)gespräch* im engeren Sinne erblickt, gar „den Anfang von verschiedenartigen Formen der fragend-entwickelnden Lehrmethode". Dies mag rückblickend so erscheinen, doch wird dem *Lehrgespräch* bei Comenius eine so herausragende Rolle nun doch noch nicht zuteil, und der *Schülerfrage* kann man als „Nachfrage" im Anschluss an die Unterweisung bereits bei Ratke begegnen. Auch Petrat 1996, 18ff. überzeichnet Comenius' Rolle in der Geschichte der didaktischen Frage.

[137] Vgl. Comenius [1657], 181: „[...] endlich möge man nach Beendigung der Stunde den Schülern selbst Gelegenheit geben, den Lehrer nach allem, was sie wollen, zu fragen, mag nun einem in der betreffenden Stunde ein Zweifel aufgestiegen sein oder schon früher. Denn private Nachfragen sind nicht zu dulden; ein jeder, der dessen bedarf, soll den Lehrer öffentlich zurate ziehen, entweder unmittelbar oder durch seinen Ordner [...], damit alles allen zugute komme, sowohl die Fragen wie die Antworten."

dass er im *Lehrgespräch* nicht mehr nur eine examinierende oder mnemotechnisch-zergliedernde Kommunikationsform im Rahmen der wissensvermittelnden Lehre erblickt, sondern es als psychologisch begründetes Mittel zur Motivations- und Aufmerksamkeitssteuerung, mithin zur Sozialdisziplinierung sehr großer Schülerzahlen[138] eingesetzt wissen will, ein Aspekt, der erst um die Mitte des 18. Jahrhunderts auf deutschen Schulen wirklich Resonanz findet. Auf den ersten Blick scheint dadurch das Gespräch als selbstständige Lehr-Lern-Methode abgewertet, tritt es doch nur begleitend zu anderen Methoden hinzu. Vor dem Hintergrund des Menschenbildes, das Comenius seiner Didaktik eingab, seines lerntheoretischen Ansatzes wie auch seines pansophischen Ansatzes der Menschenerziehung betrachtet, wird die Bewertung des *Lehrgesprächs* gleichwohl sogar noch gesteigert. Zunächst einmal in Bezug auf die Funktionalität, insofern der epistemische Lernerfolg als Folge der dialogisch herbeigeführten Motivation betrachtet wird und nicht als Folge davon, dass der Lernstoff dialogisch zergliedert wird; und sodann in Bezug auf die Effizienz, insofern Comenius den Erfolg der Wissensvermittlung noch ein Stück weiter von der Fähigkeit zur bloßen Reproduktion des Lernstoffes entfernt und von der pädagogisch-psychologischen Disposition des Lernsubjekts abhängig macht. Denn wenngleich auch bei Comenius grundsätzlich die Lehrer „vorlesen" und die Schüler stillschweigend „zuhören",[139] so resultiert doch bereits die Forderung, den Vortrag zum Erhalt der Aufmerksamkeit durch Frage-Antwort-Sequenzen zu unterbrechen, aus der Einsicht, dass die monologische Lehre zwar die Einheit des Lehrstoffes garantiert, nicht aber den natürlichen Lernanlagen und -wegen des Menschen korrespondiert. Im *Gespräch* sieht Comenius hingegen eine natürliche Art der sozialdisziplinierenden wie auch der epistemischen Bildung des Menschen zum Menschen,[140] insofern es in *Frage* und *Antwort* natürliche Mittel zum Lernen bereitstellt und die dem Menschen mitgegebenen Anlagen zum Ausgangspunkt der Bildung macht, den Lernenden motiviert und zudem Wort- und Sachwissen zugleich zu entfalten erlaubt.[141]

Die im Vergleich zur zeitgenössischen Pädagogik relativ hohe Meinung, die Comenius vom *Lehrgespräch* und seinen kognitiven und didaktischen Qualitäten hat, spiegelt sich nicht zuletzt auch darin, dass er es sogar als frühkindliche Übung zum logisch-rationalen Denken empfiehlt.[142] Im Zusammenhang mit seiner Forderung nach dialogischen Lehrbüchern, auf deren Po-

---

[138] Comenius empfiehlt sogar „etliche hundert Schüler" zugleich zu unterrichten, vgl. [1657], 178. Ähnlich auch Reyher 1642, §181.
[139] Vgl. z.B. Comenius [1657], 273.
[140] Vgl. dazu Comenius [1657], 81ff.; Reble 1959, 104ff.
[141] Vgl. Comenius [1657], 150.
[142] Comenius [1657], 263.

pularität im 17. und 18. Jahrhundert noch einzugehen sein wird, führt Comenius, der selbst auch als Autor lateinischer Schuldramen hervorgetreten ist („Schola ludus"), seine Gedanken zum *Lehrgespräch* wie folgt zusammen:

> Zu diesem Endzweck möchte ich sie [die Lehrbücher, J.K.] am liebsten in Gesprächsform abgefaßt wissen. Und zwar aus folgenden Gründen: 1. Inhalt und Schreibweise lassen sich so leichter dem kindlichen Fassungsvermögen (ingenium) anpassen, und es entsteht nicht der Eindruck von Unmöglichem oder allzu Hohem und Schwierigem; gibt es doch nichts Vertraulicheres, nichts Natürlicheres als eine Unterredung, in der sich ein Mensch sachte und unmerklich überallhin führen läßt. [...] 2. Gespräche wecken, beleben, unterhalten die Aufmerksamkeit, und zwar durch die Abwechslung von Frage und Antwort, durch ihre mannigfachen Veranlassungen und Formen und gelegentliche Beimischung von unterhaltendem Stoff; ja gerade infolge der Verschiedenheit und des Wechsels der Gesprächspartner wird dem Geist nicht nur jedes Gefühl von Langeweile genommen, sondern es erwacht ein Hunger, immer mehr zu hören. 3. Die Bildung wird dadurch mehr gefestigt. [...] 4. Da der größere Teil unseres Lebens in Unterredung besteht, läßt sich die Jugend sehr vorteilhaft dahin bringen, sich zu gewöhnen, das Nützliche nicht bloß zu verstehen, sondern sich auch darüber in mannigfacher Weise gewählt, gemessen und gewandt auszusprechen. 5. Endlich ermöglichen die Gespräche eine leichtere Wiederholung, die die Schüler auch für sich anstellen können.[143]

In die Unterrichtspraxis der Schulstube sollte das Gespräch dann dergestalt Eingang finden, dass der Lehrer

> seinen Vortrag etwa mit der Frage unterbricht: Du, oder du, was habe ich eben gesagt? Wiederhole doch diesen Satz! Sag einmal, auf welchem Wege wir hierauf gekommen sind! [...] es ist auch der Fall möglich, daß, wenn der eine oder andere eine Frage nicht beantworten kann, sie der ganzen Schar gestellt wird; dann soll der, der zuerst oder am besten antwortet, vor allen belobt werden, damit er als Beispiel der Nacheiferung diene.[144]

Und schließlich, nach Beendigung des Unterrichts, dürfen die Schüler, wie erwähnt, „Nachfragen" stellen und fragen, „was sie wollen".
Man sieht schnell: Auch bei Comenius bleibt in der Praxis das *Gespräch* als Lehr-Lern-Methode innerhalb der didaktischen Kommunikationsformen noch auf einem nachgeordneten Rang, bleibt überdies die einzige institutionell gebilligte Gesprächssorte noch die des *examinierenden katechetischen Gesprächs*, streng asymmetrisch mit Frager echt des Lehrers und Antwortpflicht des Schülers normiert. Ferner: Der lerntheoretische Ansatz Comenius', der durchaus schon philanthropische Klänge anstimmt und die Rezep-

---

[143] Comenius [1657], 185.
[144] Comenius [1657], 180.

173

tion der sokratischen Didaktik[145] ebenso wie Aspekte des Anschauungsunterrichts Pestalozzis vorwegnimmt, wird noch nicht konsequent in die ihm idealiter korrespondierende *Lehrgesprächs*-Praxis überführt. Dennoch erscheint das *Lehrgespräch* im Vergleich zu Ratkes Didaktik hier schon formal und funktional-pragmatisch offener: Durch wechselnden Adressatenbezug der Fragen (verschiedene einzelne Schüler oder die ganze „Schar"), durch aktivierende Einbindung der Schüler in das Geschäft der Wissensvermittlung, z.B. im Wege von didaktisch-motivierenden Anreizen zum spielerischen Wettbewerb um die richtige und gar die beste Antwort, deutet sich ein Funktionswandel der *Frage* zum Impuls an, ein Wandel vom *Abfragen* des Gelernten zum *Erfragen* des Wissens. Damit verbunden ist ein Funktionswandel des *katechetischen Lehrgesprächs*, der zur Ausgliederung offenerer Sorten dieses Prototyps führen wird.

Ein frühes Beispiel, in dem dieser Funktionswandel in einem Gespräch zwischen „Schul=Lehrer" und „Schul=Kindern" sogar thematisiert wird, findet sich in Tobias Eislers „Kurzer Vorbereitung zur Catechismus=Lehre" von 1733: Das Gespräch enthält eine gute Portion Lehrerschelte, indem hier ein – außergewöhnlich selbstbewusstes – Kind die Fragen stellt, Zweifel äußert:

> Kind. [...] denn unsere liebe Eltern sähen gern, daß wir nicht allein die fragen und antworten nebst den sprüchen auswendig lernten, sondern auch, daß uns dieselben von ihm erkläret, und derselben rechter verstand beigebracht würde.
> Lehrer. [...] Allein liebe Kinder! eines kan ich zwar thun, das andere aber stehet in meinem vermögen nicht.
> Kind. Wie sollen wir das verstehen?
> Lehrer. Ich kan zwar [...] die Catechismus=fragen und antworten erklären und einschärfen; aber daß ihrs eben auch also wiederum heilsamlich verstehet, fasset und begreiffet, das kan ich nicht geben.
> Kind. Ei! warum denn das nicht? So geschickt ist er ja wohl, daß er uns den rechten verstand kan zeigen und lehren.
> Lehrer. Merkets liebe Kinder wohl! Der verstand ist zweierlei, ein buchstäblicher äusserlicher und ein geistlicher innerlicher verstand.[146]

„Buchstäblicher äusserlicher" und „geistlicher innerlicher verstand" benennen hier die Alternative, um die im pädagogisch-didaktischen Diskurs der Zeit gerungen wurde, nämlich den Widerstreit zwischen dem Primat des Auswendiglernens und dem des Verstehenlernens, zwischen der „buchstäblichen" und der „geistlichen" Textkenntnis, oder, wie Herzberg es noch 1791 formuliert, zwischen dem Unterricht bloß für das „Gedächtniß der Jugend"

---

[145] Vgl. z.B. Comenius [1657], 72: „Es ist also nicht nötig, in den Menschen etwas von außen hineinzutragen, sondern es gilt nur das, was er in sich eingehüllt besitzt, herauszuschälen, zu entfalten und die Bedeutung von allem einzelnen nachzuweisen."
[146] Eisler 1733, 3f.

und dem Unterricht für ihren „Verstand, Beobachtungsgeist, Witz, Scharfsinn, Urtheilskraft, ihre Einbildungskraft u.s.w."[147] Es liegt auf der Hand, dass dieser Widerstreit auch auf die Kommunikationsform des Lehrens und Lernens Auswirkungen haben musste. In Bezug auf das deutsche *Lehrgespräch* warf er seine Schatten voraus auf die im 18. Jahrhundert getroffene Unterscheidung der beiden Prototypen des deutschen *Lehrgesprächs*, dem *katechetischen Gespräch* auf der einen und dem *sokratischen Gespräch* auf der anderen Seite.

Abschließend sei den Universitäten ein kurzer Blick gewidmet. Insofern die deutschen Universitäten dieser Zeit der deutschen Sprache nur wenig Lob abgewinnen konnten, zudem das Gespräch als Methode der Wissensvermittlung nur mäßig schätzten, fand das deutsche *Lehrgespräch* hier keine günstigen Voraussetzungen. „Studium in lectio et disputatione consistit" – dies galt nach wie vor, wobei nochmals darauf hinzuweisen ist, dass die *lectio* auch im 17. und 18. Jahrhundert noch nicht *Vorlesung* sein musste, sondern bloßes *Diktat* sein konnte und sich dann in einem „dictabo, scribite!" erschöpfte.[148] Und sogar die dialogisch examinierende lateinische *disputatio* wurde, zumindest wenn es sich um die im Vorfeld einer neuen *lectio* angesiedelte dialogische Prüfung des in der vorangegangenen *lectio* Gelernten handelte, nicht selten kritisch beäugt, wie das Beispiel der Jenaer Professoren zeigt, die im Jahr 1556 gegen diese examinierende *disputatio* anführten, dass „auf eine Stunde mit Lesen und Explizieren mehr getan wird, denn auf drei Stunden mit Frag und Antwurt".[149]

An dieser Einstellung wie auch an der Lehrpraxis auf den Universitäten änderte sich auch im 17. und 18. Jahrhundert nichts Grundsätzliches, so dass diejenigen, die das universitäre *Lehrgespräch* zumindest pädagogisch-theoretisch in den Blick nahmen, durchaus avantgardistisch zu nennen sind. Im 17. Jahrhundert geht beispielsweise Comenius bei der Bewertung des universitären *Lehrgesprächs* neue Wege und empfiehlt als „akademische Übung" im Anschluss an die *Vorlesung* sogar ein studentisches „Streitgespräch" unter der Gesprächsleitung des Professors („als Vorsitzender").[150] Insofern der gelehrte Schüler in der „Didactica magna" jedoch bereits auf der Lateinschule bzw. auf dem Gymnasium seine Muttersprache als Lehr- und Lernsprache hinter sich gelassen hatte, beziehen sich diese Bemerkungen Comenius' auf lateinische Lehrgespräche und dürfen aus sprachgeschichtlicher Sicht allen-

---

[147] Herzberg 1791, 31.
[148] Vgl. Thomasius' Kritik am „Dictiren", [1691], 127.
[149] Paulsen 1919, I, 268f. Zur lateinischen *disputatio* in der frühen Neuzeit vgl. ebd., 223ff. und 271ff. Vgl. ferner HWbRh 2, 1994, 866–880, s.v. *Disputation* und s.u., III.3.2.
[150] Comenius [1657], 284f.

175

falls als lehrtheoretische Anregung für spätere Modellierungen didaktischer *Lehrgespräche* in deutscher Sprache gelesen werden.

Das deutsche *Lehrgespräch* war gleichwohl im 17. und 18. Jahrhundert auch im universitären Bereich als didaktisch ergiebige Lehr- und Lernmethode bereits erkannt, wenn auch vorerst nur in der Form der *Rückfrage* bzw. *Nachfrage* des Studenten und der *Antwort* des Professors – es war erkannt, aber hier publice „nicht thunlich". Der „königlich Preußische Hof-Rath" und Rechtsprofessor in Halle, Martin Schmeizel, eben der, der das Lehrgespräch im schulischen Bereich mit Argwohn betrachtet hatte, empfiehlt in seiner „Vernünfftigen Anweisung" für „Lehr= und Hoff=Meister" allen, die es sich leisten können, Collegia privatissime zu hören, denn:

> Welches ich Personen, so die Mittel haben, als was nothwendiges zu seyn nicht ohne Ursache gläube, dan in selbigen kann man sich nach denen Personen richten, sie haben die erlaubniß zu fragen, der docens kann das examen anstellen, die gehörige adplication machen, u.s.w. welches alles in den gewöhnlichen collegiis, aus vielen Ursachen nicht thunlich.[151]

Nicht weniger deutlich wird Sigismund J. Apinus in seiner Anleitung zu einem „Vernünftigen Studenten=Leben", wenn er den Studenten Collegia privata und privatissima nahelegt, denn dort „gewöhnet man sich auch an unerschrocken in Examinibus zu antworten", und er fügt hinzu, dass „die Freyheit zu fragen, die man hat, die mehrere Spesen, so darauf gehen, compensiret."[152]

Dies bezieht sich, wie offensichtlich ist, also wiederum nur auf Lehr-Lern-Situationen außerhalb des institutionellen UNTERWEISUNGS-Betriebs; nur hier erfüllte das deutsche *Lehrgespräch* auch für gelehrte Köpfe didaktische Zwecke. In der öffentlichen – und offiziellen – universitären Lehre ist die Abneigung gegenüber muttersprachlichen dialogischen Kommunikationsformen indes noch bis zum Ende des 18. Jahrhunderts festzustellen, und dies ist durchaus bemerkenswert, hatte doch die (Wieder)entdeckung des deutschen Gesprächs im gelehrten Bürgertum um die Universitäten herum kultur- und sozial-, ideen- und mentalitätsgeschichtlich längst einen Wandel eingeläutet: Während das deutsche Gespräch in der Literatur auf neue poetologische Füße gestellt und erprobt wurde – man denke beispielsweise an die erhabene, in Alexandriner geformte Gesprächssprache in Gryphius' „Catharina von Georgien" (1657) oder die zünftige Gesprächsprosa in dessen „Horribilicribrifax" (1663) –; während es als Teil der Kunst des gesellschaftlichen Umgangs (der „Conversation") auf adligem und dem aufkommenden großbürgerlichen Parkett beherrscht werden mußte – hier sei an die zahllosen Anstandsbücher erinnert, beispielsweise Christian Thomasius' „Kurtzer Ent-

---

[151] Schmeizel 1722, 359, Anm. 15.
[152] [Apinus] 1726, 146f.

wurff der politischen Klugheit", das ein ausführliches Kapitel enthält „Von der Klugheit sich in täglicher Conversation wohl aufzuführen"[153] –; während es als durchaus auch inhaltlich belehrendes gesellschaftliches „Spiel" in eben diesen großbürgerlichen und galant-höfischen Kreisen gelehrt, gelernt und gepflegt wurde – hier sind an erster Stelle Georg Philipp Harsdörffers „Frauenzimmer Gesprächspiele" (1641–1649) zu nennen, die laut Titelblatt „mit nützlicher Ergetzlichkeit / beliebet und geübet werden mögen"[154] und etwa auch gelehrte Gegenstände wie die Orthographie zum Thema haben konnten (Nr. 145), ferner die periodisch erscheinenden „Monats-Unterredungen" Johann Rists und Erasmus Franciscis (1663ff.) und die „Monats-Gespräche" Christian Thomasius' (1688ff.) –; und während, wie oben erwähnt, der schriftsprachliche Dialog im Gefolge der „Donate" und der lutherischen Katechismen als Darstellungs- und Kommunikationsform, als fiktives Modell- oder als mnemotechnisches Gespräch auch Eingang fand in Lehr- und Lernbücher für die gelehrte Bildung, in populärwissenschaftliche Publikationen und gar in Werke der wissenschaftlichen Fachkommunikation – zu erwähnen sind hier die Lehr- und Lernbücher Johann Hübners (s.u.), ferner die dialogische Orthographie-Reform in Zesens „Hooch=Deutscher Spraach=Übung" von 1643 oder Gottscheds „Deutscher Sprachkunst" (1762)[155] sowie die lange Reihe vor allem naturwissenschaftlicher Fachdialoge[156] –; während also in all diesen Bereichen das deutsche Gespräch mit muttersprachlichem Stolz schriftsprachlich geformt und genutzt wurde, blieben ihm die Pforten zu den Institutionen der gelehrten Bildung an Gymnasien und Universitäten weitestgehend verschlossen. Das scheint zunächst plausibel, galt doch die dialogische Form in erster Linie als unterhaltsame Gattung und nur mittelbar – in verschrifteter Form oder in Gesellschaften – womöglich auch belehrend, indessen auf den Universitäten Wissenschaft gelehrt werden musste und nicht unterhaltsam sein durfte – eine Einstellung, die bei Christian Thomasius auf spöttisches Unverständnis stieß:

---

[153] Thomasius 1713a, 102ff.; zu den Anstandsbüchern dieser Zeit vgl. Beetz 1990.
[154] Zu den „Gesprächspielen" Harsdörffers vgl. Narciß 1928, bes. 113ff. zur „Form" derselben; ferner Petrat 1975, 243ff.; Ehler 1996, 59ff.; einen historischen Überblick über das Genre bietet der Artikel „Gesprächsspiel" in HWbRh 3, 1996, 964–969.
[155] Vgl. Gottsched 1762, 701ff. Der Dialog zwischen personifizierten sprachlichen Einheiten als Form der Darstellung grammatischer und orthographischer Probleme bei Zesen, Gottsched und auch Klopstock ist auf Lukian zurückzuführen, der ebenfalls schon Buchstaben als redende Figuren eingeführt hatte, vgl. Eichinger/Lüsebrink 1989, 211ff.; Eichinger 1990, 77ff.
[156] Zu naturwissenschaftlichen fiktionalen „Fachgesprächen" vgl. die Beiträge in Schlieben-Lange 1989, vornehmlich Hoppe 1989; des Weiteren Kalverkämper 1996; Kalverkämper 1997.

177

Aber siehe dich doch ein wenig um / wie es in der Welt hergehet? Etliche bilden sich ein / sie würden umb ihre gantze *reputation* kommen / wenn sie in ihren Lehren ihren *Auditoribus* eine freundliche *mine* machen / und einen zuläßigen Schertz der eine Anzeigung einer Vertrauligkeit ist / mit untermischen sollten / sondern ie mürrischer und *gravit*ätischer sie sich dabey anstellen können / ie besser meinen sie sollen ihre Lehren durchdrücken.[157]

Die Widersprüchlichkeit dieser Einstellung des aufkommenden Bildungsbürgertums – hier die gesellig-gesellschaftliche Zuneigung zum deutschen Gespräch, dort die wissenschaftlich-universitäre Abneigung – sollte bis zum Ende des 18. Jahrhunderts in der Lehrpraxis nicht überwunden werden, wie auch in den nächsten beiden Abschnitten darzulegen sein wird.

Ein frühes Plädoyer für die Nutzung des deutschen *Lehrgesprächs* als didaktischer Kommunikationsform auch auf höheren und hohen Schulen findet man eben bei Thomasius. Nicht nur, dass der Hallenser Professor ebenso wie schon Comenius das philanthropisch-aufgeklärte Menschenbild vom Lerner vorwegnimmt („Denn wenn du ihnen was lehren willst / mustu dich nach ihnen richten.") und sowohl dessen „capacität" wie auch seine „Lust zum Lernen" zu Bedingungen des erfolgreichen Lehrens erklärt.[158] Er zieht vielmehr daraus auch den Schluss, dass das zu seiner Zeit noch vorherrschende Verfahren der universitären Lehre, bestehend, wie erwähnt, aus *lectio* und *disputatio*, zwar womöglich der Lehre, nicht aber dem Lernen dienlich sei. Thomasius empfiehlt stattdessen das „Gespräch", das „Raisoniren", die „conversation" zwischen Lehrer und Lehrling. Er gewinnt diese Ansicht auf der Grundlage seiner anthropologischen Ethik, nach der der Mensch als gesellschaftliches Wesen geschaffen, Gesellschaft indes nur im Gespräch zu finden ist.[159] Gewiss, unterzieht man Thomasius' Ausführungen zum deutschen *Lehrgespräch* einer kritischen Lektüre, so entpuppt sich dieses bei näherem Hinsehen wieder nur als eine Sorte des *katechetischen Gesprächs*, in dem der Lehrer die Aneignung und das Verständnis des Lehrstoffes „*abfragen*" soll.[160] Gleichwohl geht Thomasius über das bloße „*Verhören*" seiner Zeitgenossen hinaus. Im Mittelpunkt steht bei ihm nicht mehr nur die mehr oder minder wortgetreue Prüfung des vorab diktierten und auswendig gelernten Wissens, sondern – und auch dies weist auf die Philanthropen voraus – die dialogische Meinungs- und Menschenbildung über dieses enzyklopädische Wissen hinaus. Es ist deshalb, wenn man so will, eine Art *prüfendes Be-*

---

[157] Thomasius [1691], 98.
[158] Thomasius [1691], 102f.
[159] Vgl. Thomasius 1713a, 102ff.: „Von der Klugheit sich in täglicher Conversation wohl aufzuführen"; dazu auch Sauder 1980, 246ff.
[160] Vgl. Thomasius [1691], 128ff.

sinnungsgespräch, das Thomasius im Blick hat, ein *epagogisches katechetisches Gespräch*, und er führt folgende Argumente zu dessen Gunsten an:

> Der Nutzen dieser Lehrart ist unbeschreiblich. (1.) ist sie leichte und angenehm / so wohl für dich als deine Zuhörer. Weder du noch sie dürffen einen *discurs memoriren*, oder sich bemühen denselben zu behalten. Sie ist nichts anders als ein Gespräch zweyer Freunde / das nichts schläffriges in sich hat / und dabey niemand die Zeit lang wird. Und solchergestalt macht sie (2.) denen Zuhörern Lust zum *studieren*, und erwecket oder erhält ihre attention. Sie erforschet (3.) ihre Irrthümer und deren Ursprung / und benimmt ihn dieselben von Grund aus. Sie befestiget (4.) die Erkenntniß der Warheit / und *forciret* sie mit einer angenehmen Gewalt derselben beyzuflichten / weil dieselbige aus ihren eigenen Antworten hergeleitet wird. Sie schärffet (5.) das Judicium, indem sie sich solchergestalt angewehnen *ex tempore* von allerhand Dingen zu *raisoniren*, und andern zu *opponiren*, oder die gegebene *dubia* zu heben. Sie erhält (6.) zwischen den Lehrer und denen Zuhörern eine stetswährende Liebe und Vertrauen. Man kan (7.) vermittelst derselben in einem Jahr mehr als in vieren sonst ausrichten. Dieser und keiner andern Lehrart bedienete sich vor diesem *Socrates*, der gemeine Vater der Weltweisen.[161]

Thomasius erweiterte nicht nur, wie schon Ratke, den Kreis der dialogisch zu verhandelnden Gegenstände weit über den Bereich des religiösen Wissens aus, sondern öffnete das *Lehrgespräch* auch über Comenius hinaus in formaler Hinsicht. Der Schüler soll freier antworten, und erst die Antworten sollen die folgende Frage provozieren; die Schüler sollen ferner nicht mehr nur gelerntes Wissen reproduzieren, sondern umgekehrt soll dieses Wissen „aus ihren eigenen Antworten hergeleitet" werden und selbstständiges Denken kundtun. Thomasius nähert sich damit bereits der vornehmsten didaktischen Gesprächssorte des späten 18. Jahrhunderts, dem *sokratischen gelenkten Unterrichtsgespräch*, zumal er auch fordert, dass der Lehrer seine Schüler im Falle der falschen Antwort durch weitere „Fragen von Dingen / die ihnen sehr bekant sind / dahin [bringe] / daß sie sich selbst contradiciren, und solchergestalt die Thorheit ihrer ersten Antwort erkennen müssen."[162] Der später so häufig zitierte pädagogische Grundsatz „vom Bekannten zum Unbekannten" ist hier ebenfalls bereits zu finden. Aber mehr noch: Indem Thomasius sein Menschenbild auf den Lernenden projiziert und dessen Dispositionen und Motivationen für den Lernerfolg mitverantwortlich macht, ist mit seiner Ablehnung des „*Dictirens*" und seiner Bevorzugung des aktivierenden „*Gesprächs*" auch noch vor dem „*Discuriren*" zugleich der Grund gelegt für eine moderne Lerntheorie, die im Gespräch nicht nur die Befriedigung der menschlichen Sehnsucht nach Gesellschaft erblickt, sondern auch eine dem Menschen natürlich gegebene und zudem effiziente Art der Befriedigung der

---

[161] Thomasius [1691], 130f.
[162] Thomasius [1691], 130.

„Lust zum Lernen".[163] Immerhin geht Thomasius beinahe in Kehrtwendung zu den oben zitierten Jenaer Professoren von 1556 davon aus, dass mittels des Lehrgesprächs „in einem Jahr mehr als in vieren" auszurichten sei.[164]
Darf man bis hierher in Thomasius' „Auszübung der Vernunfft=Lehre" eine frühaufklärerisch-ideengeschichtliche Anerkenntnis der menschenbildenden Funktion des *Lehrgesprächs* lesen, so wird die Praktikabilität desselben in institutionellen Lehr- und Lernumgebungen doch sehr nüchtern und realistisch eingeschätzt. Thomasius macht den Einsatz und die Effizienz des *Lehrgesprächs* in erster Linie abhängig von der Anzahl der Studenten. Gepflegt wurde zu seiner Zeit, insofern überhaupt Dialogisches die Lehre zierte, das geschlossene dyologische Gespräch zwischen Lehrer und Schüler, sei es als „*Verhören*" des Auswendiggelernten, während die anderen Schüler Stillarbeit zu leisten hatten, sei es als didaktisches *Zwiegespräch* privatissime. Letzteres stellt auch für Thomasius das Ideal dialogischer Unterweisung dar, mit dem Unterschied allerdings, dass er ausdrücklich das Rederecht und das Recht zum Vollzug verschiedenartiger Sprechhandlungen auf die Rolle des Schülers ausdehnt, das *Lehrgespräch* insofern also sprachpragmatisch weit öffnet. Über das *Zwiegespräch* hinaus akzeptiert er nur noch „wenig und außerlesene Zuhörer" als Gesprächspartner, doch rät er ab vom Gespräch, „wenn die Anzahl 20. und mehr ist"; in diesem Falle sei dann doch das monologische „*Discuriren*" vorzuziehen, also die Vorlesung.[165]

Eine solche Empfehlung bezüglich der Anzahl der am *Lehrgespräch* Beteiligten wird auch später oft wiederholt und liegt auch nicht ganz fern der Wirklichkeit des *Lehrgesprächs* auf deutschen Universitäten um 1700 (und später); es war oben bereits von Martin Schmeizel die Rede, der ebenfalls solche relativ offenen Lehrgespräche in Klein(st)gruppen (Collegia privatissime) erwähnt. Es ist deshalb etwas erstaunlich, dass in der modernen pädagogischen Fachliteratur wiederholt die Feststellung anzutreffen ist, die didaktische Frage im engeren Sinn des Impulses – und damit ja auch das offenere, didaktisch inspirierte *Lehrgespräch* – habe erst entwickelt werden können, nachdem der Einzelunterricht durch „Zusammenunterrichten" in Klassen bzw. „Haufen" abgelöst worden sei.[166] Auf der Grundlage der vorliegenden Quellen ist diese Feststellung jedenfalls nicht zu bestätigen, im Gegenteil: Offenere Formen der Frage wie auch des *Lehrgesprächs* sind zunächst im Dyolog oder in nur geringfügig größeren Gesprächsgruppen im Rahmen der gelehrten Bildung erprobt und in der Regel auch später immer wieder nur für

---

[163] Vgl. Thiele 1981, 48ff.
[164] Thomasius [1691], 131.
[165] Thomasius [1691], 127 und 134.
[166] Vgl. z.B. Holstein 1976, 27; Petrat 1996, 37.

diese empfohlen worden.[167] Den „Haufen" und Klassen, zumal auf Elementarschulen, blieb auch nach Einführung des Zusammenunterrichtens zunächst nur das geschlossene *examinierende katechetische Gespräch*, später dann auch das *zergliedernde katechetische Gespräch*, und zwar nicht zuletzt aus Gründen der für die „Haufen" gewünschten Sozialdisziplinierung, „weil keines [der Kinder, J.K.] auch nur für einen Augenblick sicher ist, besonders aufgerufen und befehligt zu werden, dort fortzufahren, wo andere aufgehört haben."[168] Und das bedeutet: Das deutsche *Lehrgespräch* eroberte sich das Terrain im Rahmen der didaktischen Kommunikationsformen von den „gemeinen Schulen" aus; die Öffnung des deutschen *Lehrgesprächs* indes nahm ihren Ausgang von den „gelehrten Schulen" und „Privaterziehungsanstalten" und, noch zögerlicher, den Universitäten.

Denn auch dies ist festzuhalten: Auch auf den Universitäten folgt die Sozialgeschichte des *Lehrgesprächs* der Ideengeschichte nur sehr langsam. Thomasius selbst beklagt, dass im Unterricht „beynahe kein Mensch sich derselben bedienet", und er begründet dies mit der Angst der Lehrer vor einem Autoritätsverlust und mit dem Hinweis auf „Neid und Unwissenheit der Lehrer":

> Und daher kömmts / daß man junge Leute so übel vertragen kann / wenn sie in der *Lection* oder ausser derselben ihre *dubia* ihren Lehrern *proponiren*, und dieselbigen ein wenig *urgiren*. Weñ es hoch kömmt / so giebt man ihnen ein Buch / für dessen Grösse sie erschrecken / oder das sie noch *confuser* macht als sie zuvor waren / mit nach Hause / oder läßt sie sonst mit einer langen Nase und vielen *sincerationen* abziehen.[169]

Und auch Thomasius selbst hat mehr monologisch als dialogisch gelehrt. In einer später gedruckten Vorlesung über den „elenden Zustand der Studenten" ermutigt er diese zwar zur kritischen Rückfrage, nämlich wenn er „irren sollte / mir durch gegründete rationes meinen Irrthum zeigen / und mich eines bessern belehren"; seine Ankündigungen künftiger Lehrveranstaltungen führen als Sprachhandlungsverben des UNTERWEISENS aber nur „dictiren" und „discuriren" auf.[170] Doch immerhin: Der Professor Thomasius kündigt an, „täglich die Nachmittags=Stunden / von Ein biß Drey Uhr" Studenten zu sich vorzulassen und „geneigt Gehör / und freundliche Antwort" zu geben. Und er gibt dazu folgende gesprächsrhetorische Regeln:

---

[167] Vgl. z.B. den Artikel „*Catechetische Methode (pädagogisch)*" in DE, Bd. 5, 1781, 311–316, bes. 312; oder Bahrdt 1776, 205, der für das *sokratische Gespräch* zwar den Dyolog ablehnt, aber höchstens „6 bis 9 Knaben" empfiehlt.
[168] Felbiger 1775, 125; vgl. auch [Feder] 1777.
[169] Thomasius [1691], 133. Ähnlich noch Gedike 1789, 392ff. ein Jahrhundert später.
[170] Thomasius 1707, 598 und 594.

1. Macht keine unnöthigen Complimente / und versparet die wunderlichen Titel / biß ihr zu Leuten kommt / die solche gerne hören. 2. Bringet euer Begehren kurtz und deutlich für. 3. Wenn euch darauff geantwortet worden / und ihr nichts weiter zu fragen habt / so nehmet bald euren Abschied wider [sic] / es wäre denn / daß ich euch selbst nöthigte zu bleiben.

Das offenere deutsche *Lehrgespräch*, das wird hier ein weiteres Mal bestätigt, wurde zuerst dyologisch bzw. in Kleingruppen praktiziert. Es sollte noch fast ein ganzes Jahrhundert dauern, bis es in Form des *sokratischen Gesprächs* Eingang in die Schulstuben der Landschulen erhielt. Dazwischen liegt die Zeit der differenzierenden Ausgestaltung des Repertoires didaktischer Dialogsorten zwischen „Schulhalten", Katechetik und Sokratik.

III.3.2. Die Entfaltung des deutschen *Lehrgesprächs* zwischen Schulhalten, Katechetik und Sokratik

Um die Wende zum 18. Jahrhundert war dem deutschen *Lehrgespräch* der Zugang zu den Schulstuben grundsätzlich eröffnet, der Zugang zu den universitären Hörsälen zumindest nicht mehr grundsätzlich versperrt. Dabei bildeten sich, wie soeben festzustellen war, schon im 17. Jahrhundert neben dem darbietenden „Schulhalten"[171] und in Abhängigkeit vom konkreten Zweck und vom Adressaten der Unterweisung zwei Prototypen des deutschen Lehrgesprächs aus, die nun im Laufe des 18. Jahrhunderts in verschiedene Sorten entfaltet werden sollten: das geschlossene *katechetische Gespräch*, in zeitgenössischer Terminologie auch das „*Verhören*", und das offenere *sokratische Gespräch*.

In diesem Spannungsfeld zwischen „Schulhalten", Katechetik und Sokratik ist die Geschichte des deutschen *Lehrgesprächs* in den ersten zwei Dritteln des 18. Jahrhunderts zu verorten. In dieser Zeit, bis etwa 1770, erscheint diese Geschichte selbst dialogisch, mehr noch: dialektisch, als Geschichte der Verdeutschung von bislang in lateinischer und französischer Sprache gepflegten Gesprächssorten ebenso wie als Geschichte der Verfeinerung außerinstitutionell seit alters vorhandener deutscher Gesprächssorten im Zuge des muttersprachlichen Experimentierens bei der Gestaltung der Bildungsinstitutionen. Dabei darf indes wiederum nicht übersehen werden, dass diese Dialektik der Geschichte des deutschen *Lehrgesprächs* nicht als Überwindung, als Negation der traditionellen didaktischen Kommunikationsformen vonstatten ging, sondern vielmehr in einer hegelschen Aufhebung der Widersprüche in neuen Formen bei Fortbestehen der alten Formen zu begreifen ist. So ist noch bis zum Ende des hier behandelten Zeitraums für das deutsche

---

[171] Vgl. z.B. Lösecke 1758, 156f.

Sprachgebiet festzustellen, dass die Tradition in Form monologischer Lehr-Lern-Methoden, wie z.B. das „*Vortragen*" und das „*(Vor)lesen*", nach wie vor die Liste der institutionell anerkannten didaktischen Kommunikationsformen zierten, nicht selten gar anführten.[172] Gleichwohl forderten nun die bereits skizzierten mentalitätsgeschichtlichen und – in ihrem Gefolge – die sozialgeschichtlichen, vornehmlich die institutionellen Veränderungen im Kommunikationsbereich der Lehre ihren Tribut auch auf dem sprachlich-kommunikativen Feld. Vor allem wurde die Auseinandersetzung über die beste didaktische Kommunikationsform vom Widerstreit zwischen Monolog und Dialog zunehmend auf das Feld des Dialogs verschoben und beherrschte den pädagogisch-didaktischen Diskurs als Frage nach der besten didaktischen Gesprächssorte.

Eine deutliche Spiegelung erfährt diese Entwicklung in der diese ganze Zeit von der Jahrhundertwende bis in die siebziger Jahre während Diskussion über Formen und Funktionen dialogisch oder, wie Lessing es ausdrückte: „gesprächweise"[173] verfasster Lehr- und Lernbücher. Das *katechetische Gespräch* war ja, wie im vorangehenden Abschnitt deutlich wurde, zunächst nur als dialogisch gefasste monologische Textsorte mit textinternen Sprecherwechseln in den Schulstuben erschienen, formal durchaus Texten der dramatischen Gattung vergleichbar, und erst später wurden diese Gespräche auch tatsächlich in Form von „*Abfrage*" und „*Hersagen*" tatsächlich interaktiv vollzogen. Die Form des verschrifteten *katechetischen Gesprächs* erfüllte zwei Funktionen: Sie diente dem *Vortrag* des Lehrers sowie dem *Hersagen* des Schülers und Studenten als Modell (*fiktive Modell-Gespräche*), und sie war dem Auswendiglernen des Schülers und Studenten eine den Lerngegenstand strukturierende Hilfe (*fiktive mnemotechnische Gespräche*).[174] Katechetische Lehr- und Lernbücher erfreuten sich, die Tradition der dialogisch gehaltenen „Donate" im Lateinunterricht sowie der lutherischen Katechismen fortführend, im 17. und 18. Jahrhundert großer Beliebtheit. Schon Comenius hatte diese Art Lehr- und Lernbücher, wie oben erwähnt, empfohlen, und noch gut 150 Jahre später sind solche Bücher der „itzt herrschende Geschmack";[175] in vielen pädagogischen Zeitschriften gab es sogar

---

[172] Vgl. dazu z.B. noch Gieseler 1797, 12f. über „Zweck und Nutzen der fragenden oder gesprächartigen Lehrart" im Vergleich zu monologischen Kommunikationsformen; ferner L.B. 1770, 214f.

[173] Lessing; Werke 5, 697.

[174] Vgl. DE 5, 1781, 314 (s.v. *Catechetische Methode (pädagogisch)*), wo unterschieden wird zwischen „Lehrbüchern für die Jugend" (also *mnemotechnischen Gesprächen*) und „Erläuterungsbüchern für die Lehrer" (die also *Modell-Gespräche* enthielten); ferner Henke 1797.

[175] Henke 1797, 151.

eigene Rubriken mit „Katechisationen".[176] Um 1700 begründeten die verschiedenen dialogisch gestalteten Lehrbücher des Merseburger (später Hamburger) Rektors Johann Hübner sogar eine eigene Gattungsbezeichnung: „Hübners Art" oder bei Zedler: „Methodum Hübnerianum".[177]
Diese Art Lehr- und Lernbücher entpuppte sich jedoch schon bald als zweischneidiges Schwert, sowohl was den Lehrer wie was den Schüler anbelangte, insofern sie einerseits zwar eine wirkliche Hilfe beim Lehren und Lernen waren, andererseits indes gerade dadurch einem strukturellen Wandel des institutionellen UNTERWEISENS im Wege standen: Einerseits nämlich mochten die in die Hand des Lehrers gelegten *Modell-Gespräche*, deren Zahl durch beinahe jedes Heft einer der vielen pädagogischen Zeitschriften erhöht wurde, dem so oft beklagten trägen Lehrer tatsächlich didaktisch auf die Sprünge helfen und die Qualität des sonst nur monologisch und oft gar nur beiläufig erteilten Unterrichts steigern: Christoph Albrecht Lösecke überreicht seinen „Zergliederten Catechismus" von 1758 (zuerst 1732) schon im Titel „Der Jugend und andern Einfältigen zur Uebung des Verstandes und der Aufmercksamkeit; vornehmlich aber den Catecheten, Schulmeistern und Haus=Vätern zur Anleitung, wie sie den gantzen Catechismum ausfragen und Fragen machen lernen können", und noch Johann Paul Pöhlmann gibt im Jahre 1818 der zweiten Auflage seines Lehrbuches „Die ersten Anfangsgründe der Geometrie als Stoff zu Denk= und Sprechübungen benützt" den Untertitel: „Zum Gebrauche für ungeübte Lehrer in Bürgerschulen und den untern Classen der Gymnasien". Und in vergleichbarer Weise mochten auch die Bücher mit *fiktiven mnemotechnischen Gesprächen* so manchem Schüler in der Tat eine Lernhilfe bieten: Der zu Beginn des 18. Jahrhunderts wohl erfolgreichste Autor mnemotechnischer dialogischer Lernwerke, der bereits genannte Rektor Johann Hübner, beschreibt die Funktion seiner *fiktiven mnemotechnischen Gespräche* in der Vorrede zur ersten Auflage seines Lernbuchs „Kurtze Fragen aus der Genealogie" (1708) wie folgt:

> Mein Werck ist nicht, neue Disciplinen zu machen, sondern nur die Wissenschafften, die wir schon haben, in eine solche METHODE zu bringen, daß sie ein junger Mensch, der sich den Studiis gewiedmet hat, in kurtzer Zeit, und mit wenig Mühe lernen kann.[178]

Und so wird denn, beispielsweise in Hübners „Kurtzen Fragen zur Genealogie", der zu lernende Stoff durch relativ kurze W-Ergänzungsfragen geglie-

---

[176] Beispielsweise in der von Heinrich Gottlieb Zerrenner herausgegebenen Zeitschrift „Der deutsche Schulfreund" (1791 ff.) oder auch in dem von Christoph Ferdinand Moser herausgegebenen „Taschenbuch für teutsche Schulmeister" (1786 ff.).
[177] Baur 1790, 358; Zedler 20, 1739, 1337; ferner Nicolai 1799, 9; zu Hübners Lehrbüchern vgl. auch Brüggemann/Brunken 1991, Sp. 231 ff.
[178] Hübner 1725, Vorrede zur Ausgabe von 1708, Abschnitt VIII.

dert (ohne indes inhaltlich systematisch zergliedert zu werden) und in zum Teil sehr umständlichen und langen Antworten dargeboten; ein Auszug:

> Was ist also insonderheit bey der Braunschweigischen Linie zu mercken? Hertzog RUDOLPHUS AUGUSTUS, welcher zu Braunschweig residirte, ist Anno 1704, im 77. Jahre seines Alters gestorben. Seine erste Gemahlin war eine Gräfin zu Barby; [...].
> Was ist bey der Wolfenbüttelischen Linie insonderheit zu mercken? Das Haupt dieses hohen Hauses ANTONIUS ULRICUS ist An. 1714. im 81. Jahre seines Alters gestorben. Seine Gemahlin aber ELISABETHA JULIANA [...].[179]

Doch so beliebt diese Art Lehr- und Lernbücher auch war, stieß sie auf der anderen Seite doch bald schon auf pädagogisch-didaktische Kritik: Diese Werke senkten, so hieß es, beim Lehrer die Motivation zur eigenständigen, kreativen Unterrichtsvorbereitung und beförderten beim Schüler die Tendenz zum bloßen Auswendiglernen. Vielen Lehrern, so ist im Artikel „Catechetische Methode (pädagogisch)" in der „Deutschen Encyclopädie" von 1781 zu lesen, sei das Lehren

> nichts anders, als das Auswendiggelernte abhören. Und da sind ihnen die Bücher, die in Fragen und Antworten gestellt sind, am liebsten: denn hier brauchen sie sich nicht die Mühe zu geben, erst die Fragen selbst zu formiren.[180]

Und kurz darauf erteilt der Autor des „Encyclopädie-Artikels" dieser Form des geschriebenen Lehrgesprächs, wie sie von Hübner praktiziert wurde, sogar unmissverständlich eine Absage:

> Fragen und Antworten tragen an sich nichts bey, daß die Schüler deutliche Begriffe überkommen, sondern diese müssen durch den lehrenden Unterricht beygebracht werden. Mein Begriff ist nicht deutlicher, wenn ich in dem Lehrbuch lese: was hat Alexander für ein Reich zerstört? und nun die Antwort finde: das Persische, als wenn ich schlechtweg und kürzer lese: Alexander hat das Persische Reich zerstört.[181]

Im Zuge der Entdeckung des Kindes und der aufklärerischen Veränderungen der Einstellungen zu Erziehung und Lehre kam das Auswendiglernen bei vielen Pädagogen endgültig in Misskredit und mit ihm die *fiktiven mnemotechnischen Gespräche*. Johann Ignaz Felbiger gehörte zu denen, die scharfe Kritik am mnemotechnischen Lernbuchdialog übten, sofern er die einzige Grundlage für den Unterricht bildete – und dies war ja nicht selten die Regel:

---

[179] Hübner 1725, 426f.
[180] DE 5, 1781, 314, s.v. *Catechetische Methode (pädagogisch)*.
[181] DE 5, 1781, 314, s.v. *Catechetische Methode (pädagogisch)*; ähnlich, auf das mündlich vollzogene Gespräch bezogen, Gieseler 1797, 13.

Es ist seit langer Zeit üblich gewesen, Kindern meistens solche Bücher in die Hände zu geben, in welchen man den Inhalt in Fragen und Antworten eingekleidet hatte. Man hielt vermutlich diese Lehrart deshalb für sehr vorteilhaft, weil die Lehrgegenstände dabei in sehr kleine Teile abgesondert wurden, und weil die schwachen Seelenkräfte der Kinder nur wenig auf einmal oder kleine Stücke eines Lehrgegenstandes zu fassen im stande sind. [...] Man findet in dergleichen Fragebüchern wohl öfters Fragen und Antworten, die erst, wenn beide zusammengenommen werden, einen völligen Verstand (Sinn) haben; wenn nun der Schüler entweder dergleichen Fragen oder die Antwort vergessen hat, so weiß er von der Sache nichts Vollständiges. Bestehen aber auch die Antworten in den Fragebüchlein aus lauter vollständigen Sätzen, so lehrt doch die Erfahrung, daß durch bloßes Auswendiglernen zwar das Gedächtnis mit Worten und Sätzen angefüllt, nicht aber der Verstand der Jugend aufgeklärt werde.[182]

Stand diese Kritik in Bezug auf die Lernleistung des Schülers – „Gedächtnis" versus „Verstand" – in eben der Tradition, die schon Luther mit seiner Differenzierung zwischen „Auswendiglernen" und „Verstehenlernen" formuliert hatte, so stieß sie doch erst jetzt, in den siebziger und achtziger Jahren des 18. Jahrhunderts, auf breitere Resonanz. In einer anonym erschienenen Rezension zu Georg Friedrich Seilers „Biblischem Katechismus" aus dem Jahr 1794 lobt der Rezensent denn gar, „daß der Katechismus nun nicht mehr in Fragen und Antworten, sondern in kurzen, verständlichen Sätzen abgefaßt ist" und fügt hinzu, der Autor zeige damit an, „daß er die Akten über die Frage: ob die Frag= und Antwortsmethode in Lehrbüchern für die Jugend rathsam sey; als geschlossen, und das Urtheil als verneinend ausgefallen, ansehe; [...]." In einer Fußnote wird diesem Urteil schließlich die neue, philanthropischen Geist atmende Ansicht vom rechten pädagogischen Weg als Begründung nachgereicht:

Der Alltägliche, Ungeschickte oder Bequeme [Schullehrer, J.K.], lieset ja ohnehin nur die Fragen her, und läßt denn die Antworten herleiern. Ist nicht das schon unnatürlich und unschicklich: daß bey jener Methode das Kind antwortet, statt daß es fragen sollte, und also den L e h r e r macht; also wie das Sprüchwort sagt: das Ey klüger als die Henne ist, oder scheint. Natürlicher müßte das Kind fragen – der Lehrer antworten.[183]

Die Kritik richtete sich also nicht gegen gedruckte Gespräche, gegen „gesprächweise" verfasste Lehr- und Lernbücher an sich, sondern gegen die in ihnen üblicherweise gepflegte Sorte des geschlossenen *katechetischen Gesprächs* sowie gegen ihre missbräuchliche Nutzung als Lehrerersatz. Diese

---

[182] Felbiger 1775, 136f.
[183] [anonym] 1794, 145ff. Fast gleichlautend Herzberg 1791, 33. Eine noch schärfere Kritik formuliert Herzberg (1791, 33), wenn er derlei Lehrbücher als „hindernd und stöhrend selbst für den geschicktern Schullehrer" bezeichnet; vgl. ferner Alberti 1772, XLIf.; L.B. 1770.

Kritik ist, wie bereits angedeutet, eine Folge der mentalitäts- und ideengeschichtlichen Veränderungen in der pädagogischen Theorie, die schon im ersten Viertel des 18. Jahrhunderts aufleuchteten und um 1770 in hellem Licht erstrahlten. Sie ist aber auch über den engeren pädagogischen Kreis hinaus ganz und gar ein Kind ihrer Zeit, insofern sie einen allgemein spürbaren Wandel in der Einstellung zum deutschen Gespräch mitträgt. Johann Jacob Bodmer beklagt schon in seinen „Discoursen der Mahlern" von 1722 im XII. Discours, dass die richtige „Schreib=Art" von Gesprächen gar nicht gepflegt werde:

> Die Manir Gespräche zu schreiben ist zwar zur allgemeinen Mode worden; allein die Gespräche unsrer heutigen Autorn halten sich meistens auf über der Historie, der Phisic und solchen Wissenschaften, die allein das Gedächtniß zum Fundamente haben, und zu deren Erlehrnung einig die Imagination erfordert wird: Da inzwischen die Morale wüst und öde liegt.[184]

Und in seltener Eintracht mit Bodmer bahnt auch dessen Antipode Johann Christoph Gottsched der Entfaltung des deutschen Gesprächs und mittelbar auch der Entfaltung des Gesprächstyps *Lehrgespräch* den Weg, wenn er es – ausdrücklich mit Blick auch auf die Lehr- und Lernbücher Hübners – ablehnt, „alle die Bücher, die aus Fragen und Antworten bestehen, Gespräche zu nennen", und stattdessen fordert, dass, wenn es denn schon Gespräche sein sollen, das geschriebene Gespräch der Natur nachempfunden, das heißt: „eine Abbildung einer Unterredung seyn" müsse, mit natürlicher Figurensprache, thematischer Abgeschlossenheit und häufigen Sprecherwechseln – übrigens Kriterien, wie sie nur leicht modifiziert in der modernen Gesprächsanalyse für die Definition von „*Gespräch*" wiederzufinden sind.[185] Diese Forderung sollte jedoch erst gegen Ende des 18. Jahrhunderts als „Schreib=Art" von Gesprächen eingelöst werden durch die fiktionalen Lehrgespräche Campes, v. Rochows, Salzmanns u.a.

Zuvor erfuhr das gedruckte deutsche *Lehrgespräch* im Laufe des 18. Jahrhunderts langsam, aber stetig eine Öffnung vom strengen *katechetischen* zum offeneren *sokratischen Gespräch*. Dieser Prozess lässt sich an den Benennungen, die die Autoren für die Gesprächssorten verwenden, allerdings nicht eindeutig verfolgen. Nicht selten werden Gespräche als *katechetisch* bezeichnet, obgleich sie formal-strukturell bereits offenere Züge aufweisen, so dass mit „*katechetisch*" nurmehr das Dialogische an sich gemeint ist (wenn es sich nicht sogar nur auf den religiösen Inhalt bezieht); und ebenso oft wird das hoch bewertete Attribut *sokratisch* für Gespräche gebraucht, in denen eine

---

[184] [Bodmer] 1722, 89ff.
[185] Gottsched 1727, 23ff. Vgl. Henne/Rehbock 2001, 255, die „Gespräch" als „sprechsprachliche, dialogische und thematisch zentrierte Interaktion" definieren.

dialogisch zergliedernde Form einzig dem Zweck dient, den Gegenstand zum Auswendiglernen und Abfragen zu strukturieren. Das Durcheinander wird komplett, wenn man etwa in Carl Friedrich Bahrdts „Philanthropinischem Erziehungsplan" für die dialogische Prüfung der Kenntnisse vom lutherischen Katechismus die Benennung „sokratisches Katechismusexamen" liest.[186] Eben weil das Wort *katechetisch* so eng mit dem Religionsunterricht verknüpft gewesen war, sahen sich viele Autoren genötigt, die Polysemie des Wortes explizit zu machen, um Missverständnissen zu entgehen. In Conrad Friderich Stresows „Handbuch für Schulmeister" heißt es beispielsweise:

> Katechisiren heisset überhaupt nichts anders, als durch Frag und Antwort unterrichten. [...] Katechisiren heisset also auch, den Katechismus treiben, oder daraus examiniren; und das Wort wird auch mehrmals in diesem Sinn gebraucht.[187]

Die zeitgenössisch-innenperspektivischen Benennungen bleiben immer noch vage genug. Einmal abgesehen vom Begriff des „Schulhaltens", bilden die beiden Benennungen *katechetisch* und *sokratisch* gleichwohl eine historisch verbürgte lexikalische Klammer für die außenperspektivisch zu rekonstruierende Geschichte und Entwicklung der Sorten des deutschen *Lehrgesprächs* im 18. Jahrhundert, insofern in ihnen die konzeptuellen Pole für die Entfaltung dieser Sorten prototypisch fassbar werden. Der ganze pädagogisch-didaktische Diskurs drehte sich nämlich widerstreitend um Vor- und Nachteile des *katechetischen* und des *sokratischen Gesprächs*, ein Widerstreit, der auch mit den Etiketten „alte Lehrart" versus „neue Lehrart", „schlechtere" versus „bessere Katechisation" u.a. ausgefochten wurde.[188] In diesen Etiketten, die hier also in den Benennungen *katechetisch* versus *sokratisch* zusammengefasst werden, kulminieren pädagogisch-didaktische Überzeugungen, die die Gleichzeitigkeit des Ungleichen belegen, beispielsweise die Verteidigung der deduktiven wie den Vormarsch der induktiven Lehre, das Lob der darbietenden wie die Forderung der aktivierenden Lehre und, damit zusammenhängend, den Widerstreit der Lehrmethoden, nämlich einerseits die Forderung, das Schwere zum Leichten, das Abstrakte zum Konkreten fragend zu zergliedern und andererseits die Forderung, vom Leichten zum Schweren, vom Konkreten zum Abstrakten den Stoff fragend zu entwickeln. – Wenn im Fol-

---

[186] Bahrdt 1776, 194.
[187] Stresow 1765, 150ff.; vgl. auch Felbiger 1775, 136.
[188] Vgl. z.B. den Brief v. Rochows an Iselin vom 26.11.1776, in dem er über einen seiner Lehrer schreibt: „Er hat alle Schwierigkeiten überwunden und würde seine Lehrart nie wieder gegen die alte bequemere (Auswendiglernen und Bleuen) vertauschen, weil er selbst durch Lehren täglich vollkommener wird."; Rochow; Päd. Schriften IV, 168. Vgl. auch v. Rochows Abhandlung „Vergleichung der alten und neuen Lehrart bei Unterweisung der Jugend" (1778); Werke I, 88–92; ferner Felbiger 1775, 143; [anonym] 1800a.

genden vom *katechetischen Gespräch* und vom *sokratischen Gespräch* ohne zusätzliche Kennzeichnung die Rede ist, so sind damit also keine Gesprächssorten angesprochen, sondern prototypische Bündel von Merkmalen, um die sich die Gesprächssorten gruppieren. Dementsprechend führe ich mit Hilfe zusätzlicher attributiver Kennzeichnungen bereits die außenperspektivischen Benennungen der differenzierten Gesprächssorten ein, die dann in III.4.1.ff. zu begründen sein werden.

Der erwähnte Diskurs über die bessere Form dialogischer Lehr- und Lernbücher ist ein durch die breite Quellenlage (sowohl Performanzfragmente, hier also gedruckte Gespräche, wie auch Performanzarchive, nämlich Reflexionen über die Art der gedruckten Gespräche) sehr gut zu erschließender und überdem aufschlussreicher Spiegel auch der Geschichte und Entwicklung des mündlich praktizierten *Lehrgesprächs* an Schulen und Universitäten, wenngleich die pädagogische Praxis der pädagogischen Theorie wiederum nur zögerlich folgte. Erste Anzeichen dafür, dass neben den nach wie vor gepflegten geschlossenen Formen des deutschen *Lehrgesprächs* andere, offenere erprobt wurden, sind seit Beginn des 18. Jahrhunderts häufiger zu finden.[189] Diese Erweiterung des Repertoires dialogischer Kommunikationsformen geht einher mit einer Verlagerung des wesentlichen Zwecks schulischer und universitärer Lehre: weg von der elementaren oder gelehrten Bildung des Menschen und hin zur Ausbildung desselben in Bezug auf gesellschaftliche Funktionen; eine Verlagerung, die von Aufklärungspädagogen wie beispielsweise Joachim Heinrich Campe vorangetrieben wurde, um schon bald darauf durch die neuhumanistische Pädagogik des Campe-Zöglings Wilhelm v. Humboldt wieder rückgängig gemacht zu werden.[190] Es war Zweck der institutionellen Bildung gewesen, auf „gemeinen Schulen" elementare Kenntnisse der christlichen Religion, des Lesens und Schreibens, seltener auch des Rechnens, zu vermitteln; auf „gelehrten Schulen" „Privaterziehungsanstalten", galt es, Fähigkeiten und Fertigkeiten in der christlichen Religion und sodann vornehmlich in den alten Sprachen zu vermitteln; und auf den Universitäten war in den einzelnen Fakultäten das überlieferte kanonische Wissen weiterzureichen, vornehmlich in der Theologie und sodann der Philosophie, in der Rechtslehre und der Medizin. In jedem Fall handelte es sich um fertiges, vorhandenes Wissen, das *vorgetragen* und zergliedert, auswendig gelernt, *abgefragt* und *hergesagt* werden konnte und sollte.

Der entstehende absolutistische Staat indes benötigte nicht nur – im weitesten Sinne – gebildete, sondern zur Bewältigung der neuen Anforderungen besonders ausgebildete Untertanen. Dazu baute er sein Schulwesen als „Veranstaltung des Staats" aus, beobachtete strenger die Einhaltung der Schul-

---

[189] Vgl. Krecher 1929, 3ff.
[190] Vgl. Blankertz 1965, 8f.

pflicht und war schließlich auch gezwungen, innerhalb der Schulen die Zustände zu bessern. Was das *Lehrgespräch* als Kommunikationsform und nun gar seine Öffnung anbelangt, bringt Landschulinspektor Walkhof diese sozialgeschichtlichen Bedingungen auf den Punkt:

> Dabei setze ich eine Schule voraus, welche in 2 Klassen abgetheilt ist, dergleichen an mehrern Orten bereits sind; denn wo ein Haufen Kinder von 5 bis 15 Jahren in e i n e r Stube zusammengepreßt ist; da kann auch der geschickteste und willigste Lehrer nicht viel mehr thun, als sie zu gewissen maschienenartigen Fertigkeiten bringen, welche man denn sehr uneigentlich, beten, lesen, rechnen nennt.[191]

Der systematische Einzug der „Realien" auch in die städtischen Schulen seit Ende des 17. Jahrhunderts und der fast gleichzeitige Einzug empirisch-naturwissenschaftlicher (Mathematik, Physik, Geographie u.a.) und kameral- und wirtschaftswissenschaftlicher Fakultäten in die Universitäten sind eine direkte Folge dieser Neubewertung des Untertanen nach seiner Brauchbarkeit und Nützlichkeit:[192] Das Schulwesen sollte dahingehend ausgerichtet werden, dass „die Schüler zu ihren künftigen Amts= und Lebens=Umständen zum voraus zubereitet würden".[193] Es waren deshalb nicht zuletzt die neu gegründeten „Real=Schulen" und Berufsfachschulen, wie beispielsweise die Hallenser Realschul-Gründungen Christoph Semlers (1706 und erneut 1738), die Berliner Realschule Johann Julius Heckers sowie die Berliner Handelsschule unter der Ägide Johann Michael Friedrich Schulz',[194] die schon früh offenere Formen des deutschen *Lehrgesprächs* erprobten, Schulen also, die nicht in erster Linie dem Unterricht der Sprachen, sondern dem Unterricht der „Sachen" verpflichtet waren.

Dies ist am Beispiel der Berliner Handelsschule besonders deutlich zu veranschaulichen: Hier gab es, wie an vielen „gelehrten Schulen" auch, in halbjährlichem Abstand öffentliche Prüfungen, in deren Rahmen auch – im weiten Sinne – dramatische Darbietungen der Schüler präsentiert wurden. Derartige „Schulgespräche" standen in der Tradition der Vermittlung lateinischer Rhetorik und sind als deutsche Gespräche vornehmlich durch Christian Weise aus diesen klassisch-rhetorischen Bindungen gelöst und einer gesellschaftsbezogenen Sprecherziehung zugeführt worden.[195] Die Themen der „Unterredungen" auf der Handelsschule sind nun jedoch so gewählt, dass sie nicht die humanistische Bildung, sondern eben die gesellschaftliche Brauch-

---

[191] Walkhof 1797, 4.
[192] Vgl. Frank 1973, 78ff.; Müller 1990, 61f. Zur „Brauchbarkeit" als Bildungsziel vgl. ferner Blankertz 1965 und die darin aus der „Allgemeinen Revision" Campes abgedruckten Beiträge von Campe und Villaume.
[193] [anonym] 1752, 475.
[194] Vgl. Gilow 1906; Forster [u.a.] 2001, 233ff.
[195] Vgl. Franke 1973, 82ff.

barkeit der Eleven belegen sollen, z.B. „Gespräch zwischen einem Kaufmann und Landwirt über eine Kornwage (Progr. 1766)" oder „Unterredung von den Vorzügen des Kaufmanns und des Gelehrten (Progr. 1769)".[196] Wie sehr diese neue Zweckbestimmung abweicht von der der üblichen „Schulgespräche", belegt auch die der traditionell-humanistischen Zweckbestimmung verpflichtete Abhandlung des Eßlinger Rektors Christian Gottfried Böckh vom „Nuzen der SchulGespräche", die er einer Sammlung fiktiver „Unterredungen" des Eßlinger Lehrers Johann Daniel Schmid voranstellt. Darin heißt es:

> Die **SchulGespräche** haben sowohl in Beziehung der Lehrenden, als der Lernenden ihren Nuzen. Wenn der Lehrer bey allem Unterricht Gelegenheit hat die Genies seiner Schüler kennen zu lernen: so hat er sie gewiß bey der Vorbereitung zu dergleichen Unterredungen vorzüglich. [...] Für die SchulJugend aber ist der Nuzen dieser Uebung noch weit beträchtlicher. Man kan niemals zu früh anfangen, junge Leute zu einem anständigen und beherzten Vortrag anzugewöhnen.[197]

Geht es hier also noch um den rhetorisch-stilistisch gefeilten „anständigen und beherzten Vortrag", so dreht sich das Schulgespräch auf der Handelsschule eben um eine gesellschaftlich nützliche Gesprächsfähigkeit, beispielsweise indem auch „Comptoirscenen" aufgeführt werden, um die Lernerfolge des „kaufmännischen Unterrichts" zu veranschaulichen.[198] Im Jahre 1791 machte Schulz sogar den Vorschlag, eine „Debating Society" an der Handelsschule einzurichten, um die Schüler „zum geschärften Nachdenken anzuspornen" und „ihnen eine anständige Dreistigkeit zum Mitsprechen in großen Gesellschaften geläufig zu machen." Die Gesprächserziehung nimmt in diesem Vorschlag sozialpädagogische Ziele ins Visier: Man lerne durch eine solche „Debating Society" „geduldig Widerspruch anzuhören", es würden „Vorurtheile ausgerottet; der menschliche Geist gleichsam ausgedehnt; und folglich zur Erfüllung der gesellschaftlichen Pflichten geschickt gemacht."[199]

Das mit der inhaltlichen, funktionalen und formalen Öffnung des *Lehrgesprächs* verknüpfte neue Menschenbild vom Schüler im Rahmen der „Realien"-Pädagogik war zwar noch weit entfernt von dem der Philanthropen, die dann beides, sowohl die Ausbildung zur staats(bürger)lichen Nützlichkeit wie auch die Bildung zum Menschen, zu vereinen suchten. In Bezug auf die Kunst des Lehrens und Lernens war beiden pädagogischen Richtungen des

---

[196] Vgl. Gilow 1906, 28ff. Zur Lehre der deutschen Sprache auf der „Real=Schule" Heckers vgl. auch Weithase 1961, I, 293ff.
[197] Schmid [1766], 1f.; vgl. auch Felbiger 1775, 354f.
[198] Gilow 1906, 170f.
[199] Der Text des Vorschlags ist abgedruckt in Gilow 1906, 282ff. Für eine „nützliche" Gesprächserziehung plädiert auch [anonym] 1752, 492.

18. Jahrhunderts gleichwohl die Einschätzung gemeinsam, dass der brauchbare und nützliche Mensch nicht mehr nur fertig geschnürtes Wissen repetieren können, sondern es in Besitz nehmen müsse. Und sollte er es zum Wohle der Allgemeinheit zudem vermehren, musste er darüber hinaus das in Besitz genommene Wissen praktisch anwenden, umsetzen und weiterreichen können. Dazu jedoch bedurfte es sprachlich angeleiteter praktischer Übungen, bedurfte es der sprachlich geleiteten Begriffsbildung im Wege der symbolischen Abstraktion vom anschaulich Gegebenen, bedurfte es der (Aus)bildung in der deutschen Sprache selbst. Als geeignetes didaktisches Mittel, diese Ziele zu erreichen, wurde das *Lehrgespräch* erkannt, vorausgesetzt, seine rigiden „*Verhör*"-Formen würden geöffnet.[200]

Darüber hinaus wirkten wiederum Entwicklungen, die das deutsche Gespräch in anderen Kommunikationsbereichen erfuhr, auf das deutsche *Lehrgespräch* ein: Die Geschichte des deutschen literarischen Gesprächs, um mit ihm zu beginnen, erhielt vornehmlich durch das Wirken und die Wirkung Johann Christoph Gottscheds neue Impulse. Seine „mit Kleister und Schere" (Bodmer) verfertigten dramatischen Musterdialoge affektiert sprechender Figuren reizten nicht nur Lessing, doch setzte dieser am gründlichsten dazu an, „aus diesen Maschinen wieder Menschen zu machen",[201] indem er gesprochene Prosa nicht mehr nur in Lustspielen, sondern auch in Trauerspielen („Miss Sara Sampson", 1755) ins dramatische Gespräch brachte und dabei der deutschen Gesprächssprache auch in adligen und gelehrten Kreisen Ansehen verschaffte. Auch darüber hinaus darf Lessings Sprachkraft in Bezug auf die Herausbildung der deutschen Gesprächssprache als vorbildlich und formbildend bezeichnet werden.[202] Es ist wohl kein Zufall, dass Adelung bei der Behandlung orthographischer Sonderzeichen gerade dort Lessing als Kronzeugen anführt, wo diese Zeichen zum Ausdruck von Phänomenen gesprochener Sprache dienen.[203]

In dem der zeitgenössischen Lehre eng verwandten Kommunikationsbereich der Theologie und Kirche, um einen weiteren Strang in der Sozialgeschichte des deutschen Gesprächs anzuführen, gab das Gespräch ebenfalls Anlass zu einem strittig geführten Diskurs,[204] der um 1680 begann und erst mit Nicolai Ludwig von Zinzendorfs „Aufsatz von Christlichen Gesprächen" aus dem Jahr 1735 einen bilanzierenden Abschluss fand. Der pietistische

---

[200] Vgl. Zerrenner (1791, 43), der zur neuen Lehrart, dem *sokratischen Gespräch*, anführt: „Im Ganzen genommen, geht unsere Bemühung dahin: daß durch dieselbe die vorgesetzten Zwecke; verständig werden, Sittlichkeit und größere Brauchbarkeit für den Staat, erreicht werden können."
[201] Lessing; Werke IV, 505; vgl. Henne 1994, 31.
[202] Vgl. Lerchner 1980; Betten 1985, 150ff.; Henne 1994, 31ff.
[203] Vgl. Adelung 1788, 388ff.
[204] Zum „Konventikelstreit" Fauser 1991, 128ff.; Gierl 1997.

Theologe Philipp Jakob Spener hatte zum Ende des 17. Jahrhunderts in mehreren Schriften das *gesellige Gespräch* als vermeintlich zweckfreien Müßiggang abgelehnt, gleichwohl im Gespräch, nämlich im individuellen Gespräch mit Gott sowie in „Christlichen Gesprächen" in kleinen privaten Kreisen (den „Collegia pietatis") die adäquate Form christlicher Erbauung gesehen. In seiner Hauptschrift „PIA DESIDERIA" aus dem Jahr 1680 hatte er empfohlen, dass unter der Leitung eines Predigers

> mehrere auß der Gemeinde / welche von GOtt mit ziemlicher erkanntnüß begabet / oder in derselben zu zunehmen begierig sind / zusammen kämen / die heilige Schrifft vor sich nehmen / darauß offentlich lesen / und über jegliche stelle derselben [...] brüderlich sich unterredeten: wo sowol jeglichem / welcher die Sach nicht gnugsam verstünde / seine Dubia vorzutragen und dero erleuterung zu begehren / als denen jenigen / die nunmehr weiter gekommen / sammt den Predigern / ihren verstand / den sie bey jedem ort hätten / beyzubringen erlaubt; was jeglicher vorgebracht / wie es der meynung deß Heiligen Geistes in der Schrift gemäß seye / von den übrigen / sonderlich den beruffenen Lehrern / examiniret, und die gantze versamlung erbauet würde.[205]

Spener war Pate Zinzendorfs, dieser wiederum war Schüler auf dem „Paedagogium Regium" des von Spener sehr beeindruckten und beeinflussten Theologen und Pädagogen August Hermann Francke in Halle,[206] und Francke schlägt denn auch die Brücke zurück zum Kommunikationsbereich der Lehre im engeren Sinn, insofern er zwischen Speners Lehren einerseits und den didaktischen Ansätzen Ratkes und Comenius' andererseits vermittelte. Seine daraus erwachsenen pädagogisch-didaktischen Überzeugungen suchte Francke sodann auf seinen Schulen, den „Franckeschen Stiftungen", sowie im Rahmen der Lehrerausbildung auf seinem „Seminarium Praeceptorum Selectum" umzusetzen und vermochte dadurch noch bis auf die aufgeklärte Pädagogik eines Friedrich Eberhard von Rochow zu wirken.[207]

Was im Besonderen die Geschichte und Entwicklung des deutschen *Lehrgesprächs* auf Schulen und Universitäten anbelangt, darf der Einfluss der pietistischen Pädagogik nicht als entscheidender Richtungwechsel, sondern muss als beschleunigende Kraft auf dem eingeschlagenen Weg betrachtet werden, der vom dialogischen Gedächtnisdrill zur dialogischen Wissens- und freilich auch: Gesinnungsvermittlung führen sollte. So wird die systematische Begründung und Nutzung des deduktiv *zergliedernden katechetischen Ge-*

---

[205] Spener 1680, 99/245 (Ndr.)
[206] Zu den personellen Beziehungen vgl. Rach 1968, 108ff., 117f.
[207] Vgl. Rach 1968, 109ff.

sprächs, zu der Zeit auch als „methodus analytica" benannt,[208] im Allgemeinen Spener zugeschrieben – „über jegliche [!] stelle derselben [...] brüderlich sich unterredeten" heißt es auch in der oben zitierten Stelle.[209] Ferner: Die einschlägigen Schriften Speners, Franckes und Zinzendorfs über „Christliche Gespräche" beziehen sich zwar vornehmlich auf das Gesprächshandeln in den Konventikeln, doch spiegeln sie, zum einen, den zeitgenössischen Stand von Gesprächsethik und Gesprächsrhetorik[210] in der religiösen und der gelehrten Welt wider; sie stellten, zum anderen, das deutsche Gespräch ausdrücklich in den Dienst der Erziehung zu Nützlichkeit und Brauchbarkeit des Menschen als Mitglied der Gesellschaft und trugen so maßgeblich zu seiner Anerkennung als institutionell zu pflegender didaktischer Kommunikationsform bei.

Die lerntheoretische Begründung für die Öffnung des *Lehrgesprächs* im 18. Jahrhundert wurde im Rahmen des bereits erwähnten Diskurses über die Vorzüge und Nachteile von Katechetik und Sokratik formuliert. Die Argumente und die meisten Rezepte zur Gesprächsführung, die in diesem Diskurs angeführt wurden, waren nicht sonderlich neu, sondern variierten lediglich die oben skizzierten Dichotomien der prototypischen Merkmalbündel: Immer wieder ging es gegen das Auswendiglernen und für die Förderung des Textverstehens, gegen das *Abfragen* des Gelernten und für das *Ablocken* des Gewussten – alles Argumente also, die schon im 16. und 17. Jahrhundert ins Feld geführt worden waren, um das *Lehrgespräch* überhaupt gegenüber monologischen Verfahren aufzuwerten, und die nun polarisierend auf das Verhältnis zwischen *katechetischem Gespräch* und *sokratischem Gespräch* als Prototypen des geschlossenen und des offenen *Lehrgesprächs* übertragen wurden. Zu erwähnen ist zudem, dass auch die Kritik am *Lehrgespräch* an sich während des ganzen „pädagogischen Jahrhunderts" nicht erlosch, sondern lediglich nicht mehr meinungsführend im Diskurs über didaktische Kommunikationsformen war. Und trotz der ständigen Präsenz des Themas „Lehrgespräch" in zeitgenössischen pädagogischen Zeitschriften und Mono-

---

[208] Vgl. Zedler 2, 1732, 38f.; ferner auch die „Punctation Behuef einer beszern Einrichtung der groszen insonderheit der lateinischen Schulen in Braunschweig" (1755), abgedruckt in Koldewey I, 1886, 298–400, hier 346.
[209] Vgl. Schuler 1802, 107ff.; ferner Petrat 1979, 215ff.
[210] Vgl. Francke 1690, der schon im Titel: „XXX. Reguln / Zu Bewahrung des Gewissens / und guter Ordnung in der Conversation, oder Gesellschaft" ankündigt; ferner Spener 1692; Zinzendorf 1735. Fauser (1991, 138) spricht dem „Aufsatz von Christlichen Gesprächen" Zinzendorfs den Status der „einzigen aus dem 18. Jahrhundert überlieferten Monographie über das Gespräch" zu. Dies ist jedoch unzutreffend. Man denke beispielsweise, ganz abgesehen von den zahlreichen Aufsätzen, an die nicht minder zahlreichen Monographien im Diskurs über Katechetik und Sokratik; weiter unten werden einige von ihnen namentlich aufgeführt.

graphien dieser Zeit ist des Weiteren nicht genug zu betonen, dass die offeneren Sorten desselben nur vergleichsweise selten den Weg auch in die Praxis der Unterweisung fanden. Die geschlosseneren Sorten blieben ihnen gegenüber vorherrschend, und, im Gesamt betrachtet, blieben sogar monologische Lehr-Lern-Verfahren den dialogischen gegenüber vorherrschend. Die ständigen, noch das ganze 18. Jahrhundert überdauernden Klagen über das auf den Schulen noch immer übliche katechetische „*Verhören*" und „*Dictiren*" und die im Vergleich dazu nur seltenen Belege für tatsächlich durchgeführte *sokratische Gespräche* weisen eindeutig in diese Richtung und können fehlende statistische Belege aus den Schulstuben zumindest tendenziell ersetzen. Die nur geringe „Verbreitungsdichte" des *Lehrgesprächs* hat den Erziehungswissenschaftler und Unterrichtshistoriker Gerhard Petrat gar dazu verleitet,

> der weit verbreiteten Vorstellung entgegenzutreten, als gäbe es so etwas wie eine Entwicklungsgeschichte der Katechisation, als habe ‚sich' das eine Verfahren aus dem anderen so nach und nach abgelöst und schließlich das ‚beste' unter ihnen von allen Schulen Besitz ergriffen.[211]

Diese Feststellung ist aus Sicht der historischen Pädagogik in Bezug auf den Wechsel von didaktischen Kommunikationsformen in der Institution „Schule" richtig. In der Tat ist selbst in der Blütezeit des Philanthropismus die von seinen Vertretern oft geforderte und beschriebene offenste Sorte des *sokratischen Gesprächs*, die hier als *freies Unterrichtsgespräch* bezeichnet werden soll,[212] überwiegend in fiktionalen und fiktiven Gesprächen entworfen, aber kaum je im schulischen Unterricht praktiziert worden, und richtig ist auch, dass es keine geradlinige Abfolge verschiedener Gesprächssorten gegeben hat, vielmehr das ganze 18. Jahrhundert ein Nebeneinander verschiedener didaktischer Gesprächssorten aufweist.[213] Aus sprachgeschichtlicher Sicht jedoch sind Petrats Ausführungen nicht befriedigend und, bezogen auf die Entwicklungsgeschichte des *Lehrgesprächs*, auch nicht zutreffend. Sprachgeschichtliche Veränderungen ruhen grundsätzlich auf dem Vorangehenden auf, wirkliche Neuschöpfungen sind die Ausnahme, und so ist, wenn man Petrats Sprachhandlungsbegriff „Katechisation" einmal verallgemeinernd für das *Lehrgespräch* übernimmt und auch die personifizierende Redeweise gelten lassen will, gerade in dieser Zeit durchaus eine „Entwicklungsgeschichte der Katechisation" festzustellen, „als habe ‚sich' das eine Verfahren aus dem

---

[211] Petrat 1979, 220; vgl. Lachmann 1974, 17.
[212] Zum Terminus *Unterrichtsgespräch* vgl. Thiele 1981, 16ff. und oben, I.2.
[213] Krecher (1928, 3) irrt denn auch, wenn er schreibt, die sokratische Methode habe das zergliedernde Unterrichtsverfahren „abgelöst" (ähnlich auch Schian 1900, 295). Festzustellen ist lediglich ein Wechsel der Einstellungen zeitgenössischer Pädagogen, der auch die Dominanzverhältnisse im Repertoire der Gesprächssorten verändert hat.

anderen so nach und nach abgelöst". Diese Entwicklungsgeschichte beginnt, nachdem Ratke sie in Bewegung gesetzt hatte, um 1680 mit Speners Systematisierung des *zergliedernden katechetischen Gesprächs*, der eine weitere Auffächerung des Gesprächstyps *Lehrgespräch* in mehrere Gesprächssorten folgen sollte, und sie erfährt etwa um 1770 mit der Neubewertung des *sokratischen Gesprächs* eine gründliche Tendenzwende. Und auch die darauf folgende Entfaltung des *sokratischen Gesprächs* ist nicht denkbar ohne die Vorgeschichte der Erprobung und Kritik des *katechetischen Gesprächs* in seinen verschiedenen Sorten. Dass am Ende des 18. Jahrhunderts nicht die „beste" aller didaktischen Gesprächssorten gefunden, sondern „nur" ein sprachgeschichtlich neuer Zustand erreicht und kommunikationsgeschichtlich mit der erneuten Kehrtwende der pädagogischen Theorie zu *Katechisation* und *Lehrermonolog* sogar eine ideengeschichtliche Rückbesinnung erfolgt war, ist zu erinnern. Nichtsdestotrotz sind neben den monologischen didaktischen Kommunikationsformen in dieser Zeit verschiedene dialogische institutionell entwickelt, erprobt und anerkannt worden, hat es eine Entwicklung des deutschen *Lehrgesprächs* gegeben, die am Ende des 18. Jahrhunderts zu einem vorläufigen, aber bereits auf den „pragmatischen Haushalt" der deutschen Gegenwartssprache verweisenden Abschluss kommt.

Inwiefern diese Entwicklung auch aus anderen Sprachtraditionen schöpft, ist für die Gesprächssorten im Einzelnen, insgesamt jedoch nur schwierig festzustellen. Wie bereits erwähnt, neigten die Universitäten, wenn sie denn zum deutschen *Lehrgespräch* griffen, dazu, lateinische Gesprächsstrukturen zu verdeutschen, etwa im Unterricht der „Beredsamkeit", wenn dort anstelle lateinischer wahlweise deutsche Gespräche nach lateinischem Muster angefertigt werden durften;[214] das katechetische „*Verhör*" auf „gemeinen Schulen" war lateinischer Tradition nachgebildet; das belehrende *gesellige Gespräch* versuchte, französischen Sitten nachzueifern, und das *sokratische Gespräch* stand in der Tradition antiker griechischer Philosophie. Eine bloße Übertragung der Gesprächsstrukturen auf das Deutsche ist jedoch in keinem Fall erfolgt und wäre sprachgeschichtlich auch ein ungewöhnlicher Vorgang. Das Entlehnte erfährt bei der Eingliederung in die Nehmersprache stets Veränderungen, und dies nicht erst auf der Ebene der morphologischen und phonetischen Assimilation, sondern auch bei der Eingliederung in das bestehende

---

[214] Vgl. z.B. Thomasius 1707, 379f.; vgl. dazu Weithase 1961, 149f., deren Darstellung dahin zu ergänzen ist, dass Thomasius nur deshalb zu diesem Mittel greift, weil viele Studenten des Lateins unkundig sind. Vgl. auch die oben (III.2.) zitierte „Anzeige der Vorlesungen und Uebungen" des Braunschweiger Collegium Carolinum von 1745, in der angekündigt ist, dass „der herr Professor Reichard" seinen Hörern u.a. auch „gespräche [...] so wol in lateinischer als deutscher sprache" aufgeben wird.

Normen- und Formengefüge für sprachliches Handeln. Selbst eine institutionell so streng normierte Gesprächssorte wie die *Disputation* musste sich im 18. Jahrhundert der in der deutschen Sprache gewachsenen Streitkultur und der normierten Streitmittel fügen (s.u.), und auch die Rezeption des *sokratischen Gesprächs* im 18. Jahrhundert in Deutschland war keine bloße Imitation der griechischen Überlieferung, sondern eine in den Institutionen vollzogene Vermittlung dieser antiken Gesprächsidee mit den von adligen und bildungsbürgerlichen Deutschen gepflegten belehrend-geselligen Gesprächen bzw. Gesprächsspielen, die selbst wiederum auf italienische Vorbilder sowie die französische „*Conversation*" zurückblickten.

Aber mehr noch: Im Fall der Sprachgeschichte und Entwicklung des deutschen *Lehrgesprächs* im 17. und 18. Jahrhundert war sogar die sichtbare Hand im Spiel, insofern hier ein intendierter, d.h. ein absichtlich versuchter und letztlich auch herbeigeführter Wandel festzustellen ist. Die auch von Gerhard Petrat en passant erwähnte „langwierige, aufgeregt geführte und [...] sich in Haarspaltereien verlierende öffentliche Diskussion über die Unterschiede von Katechisation und Sokratik"[215] mag deshalb aus pädagogischer Sicht als Spiegelfechterei gelten; sprachgeschichtlich ist sie als Sprachthematisierung, als öffentlicher Diskurs über ein sprachliches Problem, höchst bedeutsam. Schon eine kleine Auswahl aus den zahlreichen Monographien zur Ideen- und Normierungsgeschichte des *katechetischen* und/oder des *sokratischen Lehrgesprächs*, die bereits im Titel auf dieses Thema hinweisen, veranschaulicht das Engagement der Suche nach dem „besten" deutschen *Lehrgespräch*:[216]

Tobias Eisler: Bedenken von der Kinderlehre, oder CATECHISATION [...], 1728.
Christoph Timotheus Seidel: In der Erfahrung gegründete Anweisung, welches die wahre Methode zu katechisiren sei, 1742.
Christoph Albrecht Lösecke: Zergliederter Catechismus [...], 1758 (zuerst 1732).
Julius Gustav Alberti: Anleitung zum Gespräch Ueber die Religion [...], 1772.
Franz Anton Knittel: Kunst zu catechisiren [...], 1786.
Christoph Ferdinand Moser: Anweisung zum Katechisiren [...], 1787.

---

[215] Petrat 1979, 220.
[216] Für die vollständigen Titel verweise ich auf das Quellenverzeichnis. Den Großteil der einschlägigen Schriften zum Gespräch im Religionsunterricht verzeichnen Gräffe 1793–1801, Bd. 1, 1793, 291ff. und Schuler 1802. Weitere Angaben bieten Zerrenner 1794, 18f.; [anonym] 1795a; Schian 1900, 118ff. Eine Zusammenstellung von kursächsischen Titeln zur Katechetik im Religionsunterricht bietet Frenzel 1920, 13ff.; Johann Ignaz Felbigers Schriften u.a. zur Katechetik sind von Johann Panholzer bibliographisch zusammengetragen in der Einleitung zu Felbigers „Methodenbuch" (Felbiger 1775, 46ff.). Ein neuerer Forschungsüberblick ist bei Lachmann 1974, 9ff. zu finden.

Johann Caspar Velthusen: Fragebuch für Eltern und Lehrer, oder Anleitung zu Fragen und Gesprächen [...], 1787.
Franz Michael Vierthaler: Geist der Sokratik, 1793.
Johann Friedrich Christoph Gräffe: Neuestes katechetisches Magazin zur Beförderung des katechetischen Studiums [...], 1793–1801. [Darin vor allem Band 2: Die Sokratik nach ihrer ürsprünglichen Beschaffenheit in katechetischer Rücksicht betrachtet, 2. Aufl. 1794.]
Heinrich Gottlieb Zerrenner: Etwas über Sokratik und Katechetik [...], 1794.
Bernhard Galura: Grundsätze der Sokratischen Katechisirmethode [...], 1798.
Franz Adolph Schrödter: Anleitung zu einem sokratischkatechetischen Unterricht [...] 2. Aufl. 1800 (zuerst 1793).
C. G. Anton: Ueber das Fragen der Kinder [...], 1800.
Christian Friedrich Dinter: Die vorzüglichsten Regeln der Katechetik [...], 1800.
Philipp Heinrich Schuler: Geschichte des katechetischen Religionsunterrichts [...], 1802.

Schon diese Titelauswahl legt nahe, dass nicht das *Lehrgespräch* „sich" entwickelt hat, sondern theoretisch und experimentell entwickelt wurde, und allein der Umstand, dass es dabei nicht mehr um die Alternative „*Vortrag* versus *Lehrgespräch*" ging, sondern um die didaktische Effizienz verschiedener Prototypen des deutschen *Lehrgesprächs*, belegt den Willen der Beteiligten, das *Lehrgespräch* in der deutschen Sprache zu etablieren und zu entfalten.

Die ersten Auswirkungen dieses Diskurses, und damit auch der Umschlag von der Theorie in die Praxis, spiegeln sich zunächst in Schulordnungen dieser Zeit, die den Weg der Entfaltung des deutschen *Lehrgesprächs* in der Institution Schule in Form statuierter Normen ebneten. In der Ordnung des Hallenser Paedagogii Regii August Hermann Franckes aus dem Jahr 1721 beispielsweise findet man das *examinierende katechetische Gespräch* zum Zweck der Prüfung des Auswendiggelernten deutlich hervorgehoben, und zwar einerseits: schon deutlich hervorgehoben gegenüber monologischen Lehrverfahren, und, andererseits, noch hervorgehoben gegenüber offeneren Formen des *Lehrgesprächs*:

> Methodus erotematica ist in allen lectionibus aufs fleißigste zu gebrauchen; und daher dasjenige, was der Informator in einer halben oder gantzen Viertelstunde vorgetragen, gleich darauf durch Frage und Antwort zu wiederholen, einzuschärfen und alsdenn erst weiter fortzufahren, wie oben schon erinnert worden, aber um des Nutzens willen nicht genug erinnert werden mag.[217]

Kaum zu glauben, dass in derselben Schulordnung erstmals das *sokratische Gespräch* als institutionell nachdrücklich empfohlene didaktische Kommunikationsform im deutschen Kommunikationsbereich der Lehre erscheint (s.u.).

---

[217] [Hieronymus Freyer:] „Verbesserte Methode des Paedagogii Regii zu Glaucha vor Halle", abgedruckt in Vormbaum 1864, 214–277, hier 275.

Und auch in anderen Schulordnungen der Zeit werden Gesprächssorten nun differenziert: Zwar schon als „methodus socratica" benannt, gleichwohl im Zusammenhang mit der „methodus analytica", also dem *zergliedernden katechetischen Gespräch*, noch als rein *examinierendes katechetisches Gespräch* zum Zweck des Auswendiglernens und dessen Prüfung gemeint, wird in der Braunschweiger „Punctation Behuef einer beszern Einrichtung der groszen insonderheit der lateinischen Schulen" aus dem Jahr 1755 für den Unterricht auf „schreib- und rechenschulen", auf der „realschule", auf der „trivialschule" wie auf den „gymnasiis" festgelegt, es

> soll fragende und zugleich zergliedernde lehrart, methodus socratica et analytica, gebraucht werden, und wird den lehrern alles zeitverderbende dictiren in die feder alles ernstes untersaget.[218]

Der Diskurs um die Vorzüge und Nachteile der einzelnen Gesprächssorten war zu dieser Zeit, um 1750, bereits in vollem Gang und hatte, was die Differenzierung didaktischer Gesprächssorten anbelangt, erste Früchte vorzuweisen. Das – zumeist auf der Grundlage von fiktiven Modell-Gesprächen geführte – mündlich gepflegte *katechetische Gespräch* hatte bereits im 17. Jahrhundert neben der Sorte des reinen *examinierenden katechetischen Gesprächs* (im Anschluss an die Textlektüre) das zu mnemotechnischen Zwecken einen Gegenstand/Sachverhalt deduktiv *zergliedernde katechetische Gespräch* zur Seite gestellt bekommen, beispielsweise in den erwähnten grammatischen Schriften Wolfgang Ratkes, der das Verfahren der im Wege von Frage und Antwort erfolgenden deduktiven Aufschlüsselung konzeptueller Termini in ihre Bestandteile pflegte. Um die Wende zum 18. Jahrhundert entstand dann im Umkreis der Pietisten eine Variante dieses *zergliedernden katechetischen Gesprächs*, das *textzergliedernde katechetische Gespräch*, bei dem man, wie einer der Protagonisten dieser Gesprächssorte, Christoph Albrecht Lösecke, schreibt, auf der Grundlage eines Textes „alle und jede Wörter ausfragen oder in Fragen bringen" soll. Es geht hierbei also nicht um die deduktiv-strukturierende Ergliederung eines Begriffs, sondern um die Zerlegung einer Aussage in deren lexikalische Bestandteile. Wie das in praxi aussehen konnte, bei „Bauer=Kindern" und gar bei „Allereinfältigsten", beschreibt Lösecke wie folgt:

> [...] z.E. man saget den Kindern: Schlaget in eurem Catechismo das erste Gebot auf, und gebt Acht, alles, was gefragt wird, das könnet ihr aus den Worten des Catechismi beantworten. Und ob schon im Anfang die Kinder, ehe sie geübet sind, mehr antworten oder lesen, als sie antworten sollen, so thut das nichts, z.E. im dritten Gebot würde gefragt: Wie sollen wir GOttes Wort hören? und sie antwor-

---

[218] Koldewey I, 1886, 346.

teten: Gerne hören, an statt sie nur antworten sollen: Gerne; so kan man doch noch wohl diese folgende Frage thun: Was sollen wir gerne thun? Hören.[219]

Die Zergliederung des ersten Gebots setzt dann bei Lösecke wie folgt ein:

Was ist das für ein Gebot?	Das erste Gebot.
Wer redet hier?	Ich
Was sagt GOtt von sich?	bin
Wer ist er denn?	der HERR
Wer ist er ferner?	dein GOtt
(wessen Gott ist er? [...][220]	

Es bedarf keines ausgreifenden Kommentars, dass auch das *zergliedernde katechetische Gespräch* in erster Linie auf die Gedächtnisleistung zielt. Die Zergliederung hat zwar nach Auskunft zeitgenössischer Beobachter lernhelfend gewirkt, in der Regel aber nicht im gewünschten Maß auch verständnissichernd, besaßen doch weder die Fragen noch die Antworten eine vom Text gelöste erläuternde Kraft.[221] Lösecke hat wohl nicht zuletzt aus diesem Grund seinem „Zergliederten Katechismus" (zuerst 1732) im Jahr 1737 einen „Erklärten Katechismus" folgen lassen, in dem er eine Lösung des *Lehrgesprächs* von der Textvorlage forderte.[222] Beide Lehrbücher Löseckes, sein „zergliederter" wie auch sein „erklärter" Katechismus, sind dann im preußischen „General=Land=Schul=Reglement" von 1763 als Lehrbücher vorgeschrieben und dabei nach dem Leistungsniveau der Schüler verteilt worden: Bei den „kleinen Kindern" wird der „zergliederte", bei „den groessern aber der erklaerte Catechismus von den Predigern sowohl als Schulmeistern gebrauchet."[223]

Eine frühe Reflexion über eine formale Differenzierung des auf „gemeinen Schulen" tatsächlich praktizierten *Lehrgesprächs* in geschlossenere und offenere Sorten ist in Johann Reinhold Hedingers Anleitung zur „Unterrichtung der Jugend in der Lehre von der Gottseligkeit" aus dem Jahr 1700 zu finden. Wie der Titel bereits verrät, handelt es sich hierbei um eine der zahllosen Schriften zur Verbesserung des schulischen Religionsunterrichts, und in der Tat ist die Entfaltung des deutschen *Lehrgesprächs*, zumindest was den Unterricht auf „gemeinen Schulen" anbelangt, bis um 1770 – aber auch noch

---

[219] Lösecke 1758, 6.
[220] Lösecke 1758, 20.
[221] Stresow (1765, A4r) berichtet: „Von des rühmlich verdienten Herrn Lösekens Zergliederungs=Arbeiten bin ich, durch eigene Bemerkung, inne worden, daß manche Schulmeister sie nur als Fragebücher bei den Kindern gebrauchet; selbst aber im Zergliedern ebenso ungeübt, als zuvor, geblieben."
[222] Vgl. dazu Gessinger 1980, 42.
[223] „General=Land=Schul=Reglement" (1763), abgedruckt in Froese/Krawietz 1968, 105–121, hier 114 (§19).

darüber hinaus – beherrscht von der Suche nach einer Lösung für das Problem, das schon Luther zum dialogischen Aufbau seines „Kleinen Katechismus" geführt hatte, nämlich das Problem, das verständnislose Auswendigernen religiöser Texte durch eine Hinführung zum Textverstehen zu überwinden. Der Stuttgarter Konsistorialrath und Hofprediger Johann Reinhard Hedinger hat sich, so attestiert ihm Schuler in seiner „Geschichte des katechetischen Religionsunterrichts", „für die Beförderung des katechetischen Unterrichts sowohl theoretisch als practisch äußerst thätig" gezeigt.[224] Hedinger erweist sich zwar noch weitgehend der Tradition des Auswendiglernens und der Prüfung als Zweck des *katechetischen Gesprächs* verpflichtet, doch kommt er im 9. Kapitel seiner erwähnten Schrift nicht nur allgemein auf die „Catechisation" zu sprechen, die er ausdrücklich als interaktiv zu vollziehende Gesprächssorte definiert, „da man von Mund zu Mund freundlich und vertraulich redet",[225] sondern er unterscheidet bei ihr auch „vorderist deren mancherlei Arten":[226] Wie schon Thomasius für das *Lehrgespräch* auf Universitäten, differenziert auch Hedinger die Gesprächssorten aufgrund der Leistungsfähigkeit der Schüler: Für schwache Schüler empfiehlt er das geschlossene, streng am geschriebenen Text orientierte *examinierende katechetische Gespräch* zu dem Zweck, dem „Gedächtniß" zu dienen. Guten Schülern hingegen müsse das „Urtheil" gebildet werden, wozu man sich vom Text lösen müsse,

da hergegen einem guten Gedächtniß auch außer dem Vorgeschriebenen noch vieles aus dem lebendigen Gespräche (ex vivo sermone) zu behalten, kecklich (fidenter) zugemuthet werden kann.[227]

Die Ansicht, dass das deutsche *Lehrgespräch* nicht nur der Wissensvermittlung an „Einfeltige" dienlich sei, sondern – je freier, desto mehr – der Wissenserzeugung und -entfaltung bei intelligenteren Schülern, ist hier deutlich formuliert; sie stieß auch in der folgenden Zeit kaum noch auf Widerspruch, und zwar selbst in Bezug auf den äußerst streng beäugten Religionsunterricht, der traditionell mehr zum „Gedächtniß" denn zum freien „Urtheil" neigte. Bei Hedinger findet sich zum Zweck der Meinungsbildung („Uebung des Urtheils") darüber hinaus nicht nur die ausdrückliche Zulassung der *Schülerfrage*, sondern er erwartet auch vom Lehrer „frei gestellte Fragen, die auch nicht nach dem vorgeschriebenen Buchstaben gebildet sind", was ebenfalls auf eine offenere Sorte des *Lehrgesprächs* hinausläuft. Hedinger spricht in Ermangelung eines Terminus vom „lebendigen Gespräche"; das, was ihm

---

[224] Schuler 1802, 175.
[225] Hedinger 1700, 65.
[226] Hedinger 1700, 65.
[227] Hedinger 1700, 79.

dabei vorschwebt, darf aufgrund der von ihm angeführten Kriterien außenperspektivisch bereits als *epagogisches (induktives) katechetisches Gespräch* klassifiziert werden. Denn auch in dieser Hinsicht atmet Hedingers Schrift zweifellos bereits den Geist des deutschen *Lehrgesprächs* der Spätaufklärung, dass er die Form und Funktion der Lehrerfrage problematisiert: Beim *examinierenden katechetischen Gespräch* ist eine „Kunst zu fragen" (so ein Titel Johann Ignaz Felbigers aus dem Jahre 1777) noch nicht notwendig, sollen die Fragen doch lediglich das aus dem Buch Gelernte prüfen und können dementsprechend dem Textverlauf folgen. Der Wechsel in der Zweckrichtung der Unterweisung vom Auswendiglernen hin zum Verstehen forderte indes eine Lösung des *Lehrgesprächs* von der Textvorlage, was einherging mit der Ausrichtung der Lehrerfrage auf den Lernenden und seine Antworten – und dies will als „Kunst" gelernt sein.

Den nächsten Schritt, nämlich gar den Wechsel der Prototypen der didaktischen Gesprächssorten vom *katechetischen* hin zum *sokratischen Gespräch*, vollzog im Bereich des Religionsunterrichts als einer der ersten der Helmstedter Professor für Theologie Johann Lorenz von Mosheim.[228] Wiewohl nämlich der Name des Sokrates hie und dort in der deutschsprachigen Literatur schon früher im Zusammenhang mit gelehrten, lehrenden und belehrend-geselligen Gesprächen angeführt worden war – Thomasius hatte 1693 Charpentiers Sokrates-Schrift übersetzt, und auch in Bodmers „Discoursen der Mahlern" von 1722 war, wie oben dargelegt, Sokrates erwähnt[229] –, so hatte dieser Name im Diskurs über das deutsche *Lehrgespräch* jedoch bislang kaum Beachtung gefunden. Mosheim setzt bei der schon bekannten Klage ein, der monologische *Vortrag* bringe die Sachen zwar ins Gedächtnis, aber nicht zum Verständnis. Weil jedoch das bloße „Nachfragen" – gemeint ist das *examinierende katechetische Gespräch* – auch nicht besser sei, führt er Sokrates als Schöpfer einer didaktischen Gesprächssorte ein und beschreibt deren Form wie folgt:

> Er [Sokrates, J.K.] gab vor, er wäre unwissend und hätte sich in den Wissenschaften fast gar nicht umgesehen. Er bat, man möchte ihm erlauben, sich genauer zu erkundigen, worin eigentlich die Gelehrsamkeit bestünde. Er brachte einige dem Ansehen nach leichte Fragen auf die Bahn und verlangte eine Antwort darauf. Er nahm von den Antworten, die man ihm ertheilte, Gelegenheit zu neuen Fragen, ohne sich merken zu lassen, daß man schlecht geantwortet hätte.[230]

---

[228] Darauf hat, soweit ich sehe, zuerst Gräffe 1793–1801, Bd. 2, 1794, 436, hingewiesen, sodann Schuler 1802, 227; in neuerer Zeit Schian 1900, 4ff.; Frenzel 1920, 52; Krecher 1929, 33ff.
[229] Vgl. auch Krecher 1929, 12f.
[230] Mosheim 1737, 472f.

Das *Lehrgespräch* soll also nicht mehr nur Gedächtnisinhalte durch „Nachfragen" prüfen, sondern durch Fragen zum Verstehen leiten; es ist dementsprechend nicht mehr nur von der Struktur des Lehr-Lern-Gegenstandes abhängig und vorab planbar, sondern in erster Linie vom Schüler und seinen Antworten und insofern offener im Verlauf.

Was den Zweck des so beschriebenen *Lehrgesprächs* anbelangt, verbleibt Mosheim jedoch noch in den alten Bahnen der Inbesitznahme vorhandenen Wissens. Zwar hat er den Wechsel von einer Didaktik der Deduktion zu einer Didaktik der Induktion bereits vollzogen, doch unterlässt er es, der formalen Öffnung des *Lehrgesprächs* auch eine funktionale und inhaltliche folgen zu lassen. Das ist wohl auch auf den von ihm ins Visier genommenen Unterrichtsgegenstand, die christliche Religion, zurückzuführen, deren Materien er als feststehende Wahrheiten begreift; das *Lehrgespräch* wird so zu einem *Besinnungsgespräch*, wie auch aus seinen „Haupt=Gesetzen" des Katechisierens hervorgeht:

> Das erste: Ein Catechet muß zuerst durch allerhand Fragen den wahren Begrif, den sich der Schüler von den Stücken, die zum Glauben und Leben gehören, machet, zu erforschen trachten. [...]
> Das andre Haupt=Gesetz: Ein Catechet muß den ans Licht gebrachten und durch Fragen erforschten Begriff der Jugend durch neue und wohl abgefasste Fragen allgemach zu reinigen, zu bessern, zu ergäntzen, zu beschneiden suchen, biß das Bild der Wahrheit und dem Verstande des Schülers, mit dem Bilde, das in seinem eignen Verstande lieget, oder vielmehr mit der Sache selber, in allen Stücken übereinstimmet.[231]

Auch aus diesem Grund rät Mosheim vom Gespräch mit mehreren Teilnehmern ab und empfiehlt, auch darin ganz traditionell, das offenere *Lehrgespräch* nur für die Einzelunterweisung:

> Die Catechisation ist ein vernünfftiges und ordentliches Gespräch eines Lehrers und Schülers, in welchem der Lehrer die Person des Schülers annimmt und durch vorsichtige und kluge Fragen, theils den wahren Begriff, den sich dieser von solchen Dingen machet, welche die Sinnen nicht rühren, zu erforschen, theils die Fehler dieses Begriffs zu bessern trachtet, damit der Jünger dem Meister ähnlich werden und eben so wohl, wie er, ein reines und richtiges Bild der Warheit in seinem Verstande warnehmen möge.[232]

Wieder also zeigt sich dasselbe Bild: *Katechetisch* mögen „Haufen" von Kindern und Einfältigen unterwiesen werden; *sokratisch* hingegen allenfalls wenige Fortgeschrittene, idealerweise nur einzelne gelehrte Schüler oder Stu-

---

[231] Mosheim 1737, 477ff.
[232] Mosheim 1737, 475; vgl. auch DE, Bd. 5, 1781, 312, s.v. *Catechetische Methode (pädagogisch)*.

denten. Erst vor diesem Hintergrund wird verständlich, warum die Rochow'sche Schule zu Reckahn eine solche Attraktion werden konnte, unterwies hier doch der Kantor Bruns große „Haufen" einfältiger „Kinder der Landleute" – *sokratisch*.

Mosheim war einer der Wegbereiter der offeneren Formen des deutschen *Lehrgesprächs* in der pädagogischen Theorie, wurden diese offeneren Formen doch bereits durch seine Reputation akkreditiert. Auf die Praxis des deutschen *Lehrgesprächs* im Religionsunterricht vermochte Mosheim jedoch keinen grundlegenden Einfluss auszuüben.[233] In Normtexten für diese Unterrichtspraxis – wenn auch nicht für die des Religionsunterrichts – findet sich das *sokratische Gespräch* jedoch sogar schon etwas früher, worauf Fritz Krecher in seiner Studie zur „Entstehung der sokratischen Unterrichtsmethode" aufmerksam macht: In der von August Hermann Francke in Auftrag gegebenen und von Hieronymus Freyer angefertigten Hallenser Schulordnung aus dem Jahr 1721, die den Unterricht auf dem Pädagogium Regium regeln sollte, wird für den Religionsunterricht noch ganz traditionell das *zergliedernde katechetische Gespräch* gefordert: Der Kleine Katechismus Luthers soll „fertig auswendig gelernet, einfältig und von Wort zu Wort durch Frage und Antwort erkläret" werden. Sodann sollen die Schüler die in „Hrn. Past. Freylinghausens Ordnung des Heils [...] enthaltene Antwort auf die vorgesetzte Frage (die aber der Docens allemal selber lesen muß) ohne Anstoß hersagen können."[234] Für den Mathematik-Unterricht aber wird hier schon eine Gesprächssorte empfohlen, deren Zweck und deren Struktur dem *sokratischen gelenkten Unterrichtsgespräch*, wie es später, etwa ebenfalls in der Mathematik bei Michelsen, praktiziert werden sollte, bereits sehr nahesteht. Die Hallenser Schulordnung von 1721 bietet daher in der Tat eine „erste Probe des sogenannten entwickelnden Verfahrens",[235] die etwas ausführlicher zitiert sei:

> Uberhaupt ist bey dem studio mathematico noch dieses zu erinnern, daß der Docens dabey beständig mit auf die Schärfung des Verstandes sehen müsse, wenn die Scholaren davon den rechten Nutzen haben sollen. Eine Figur nachzeichnen, eine Definition nachsprechen, eine Demonstration mit anhören, reichet noch lange nicht zu dem hier intendirten Zweck. [...] Die beste Methode ist, wenn man durch lauter Fragen und Antworten gehet, und das aus den Scholaren selbst herausloc??ket, was sie gründlich fassen sollen. Denn auf diese Weise wird ihr eigener Verstand auf die Probe gesetzet und zum Nachdencken erwecket; sie kommen in einer ieden Sache

---

[233] Eingängig dazu: Schian 1900, 23f., 38, 46 u.ö.
[234] [Hieronymus Freyer:] „Verbesserte Methode des Paedagogii Regii zu Glaucha vor Halle" (1721); abgedruckt in Vormbaum 1864, 214–277, hier 236.
[235] Krecher 1929, 66f.

auf den rechten Grund und sehen nicht allein, daß es so sey, sondern daß und warum es nicht anders seyn könne [...].²³⁶

Schon die Wortwahl in diesem Teil der Hallenser Schulordnung ist umstürzlerisch: Die Semantik und Pragmatik des pädagogisch-didaktischen *Nachmachens* („nachzeichnen", „nachsprechen") und das damit präsupponierte *Vormachen* erfahren eine deutliche Zurücksetzung und eine Stigmatisierung als ungenügende Lehrmethode; das Verb „*herauslocken*" ist dagegen ein deutlicher Indikator für die neue und den gehobenen Ansprüchen genügende Methode – das Verb *locken* sollte in der zweiten Hälfte des 18. Jahrhunderts in verschiedenen Varianten (*ab-, heraus-, entlocken* u.a.) zur Sigle des *sokratischen Gesprächs* werden.²³⁷

Die „Verbesserte Methode des Paedagogii Regii" führt schließlich sogar ein Beispiel für die praktische Umsetzung dieser neuen Methode an, und schon dies – fiktive Modell-Gespräche in einer geltenden Schulordnung! – ist ein Beleg für die sprachgeschichtliche Veränderung im „sprachpragmatischen Haushalt" des Kommunikationsbereichs der Lehre im Deutschland des 18. Jahrhunderts:

Zum Exempel, wenn ein Docens seinen Scholaren die Definition einer mathematischen Linie erklären will: So kann er nach Beschaffenheit der vor sich habenden Discipel folgendermassen prociren.
1. Ziehet er eine Linie auf der Tafel – und exerciret die Scholaren mit folgenden Fragen.
1) Was ist das? A. eine Linie.
2) Warum ist es eine Linie? A. weil es in die Länge gezogen ist.
3) Was ist denn nun eine Linie? A. Was in die Länge weg gezogen ist.
   Dis ist das erste Merckmahl, woran man eine Linie von andern Sachen unterscheidet: aber noch undeutlich.
4) So ist ja dieser lange Tisch auch eine Linie? A. nein.
5) Warum nicht? A. weil er breit und dick ist, daß ich viel Linien drauf und dran ziehen könte.
6) Was muß denn bey einer Linie nicht seyn? A. keine Breite noch Dicke?
7) Was muß aber da seyn? A. die Länge?
8) Was ist nun eine Linie? A. eine Länge ohne Breite und Dicke.

---

²³⁶ „Verbesserte Methode des Paedagogii Regii zu Glaucha vor Halle" (1721); abgedruckt in Vormbaum 1864, 214–277, hier 247.
²³⁷ Johann Friedrich Christoph Gräffe sieht sich noch am Ende des 18. Jahrhunderts gar genötigt, in einer langen Fußnote ausführlich zu begründen, dass das Wort „*ablocken*" in seiner Definition von „*Katechisation*" nicht erscheine (wiewohl er eine Art „sokratisierte" Katechetik vorlegt): Das Wort „*ablocken*" sei, so schreibt er, in seinem Begriff der Katechisation bereits enthalten; wem dies zu wenig sei, solle aber die Definition erweitern und anstelle von „Fragen" von „ablockenden Fragen" sprechen. (Gräffe 1793–1801, Bd. 3, 1796, 16f.).

Das ist nun nichts anders, als die ordentliche Definition einer Linie: und zugleich auch der Weg, wodurch die mathematici zu solcher Definition kommen.[238]

Dieses fiktive Modell-Gespräch beginnt zunächst wie ein gewöhnliches *katechetisches*, genauer: wie ein *examinierendes katechetisches Gespräch* mit einem Ergänzungsfragesatz, auf die der Schüler mit einer kommunikativ völlig angemessenen, in der zeitgenössischen Pädagogik jedoch in der Regel als syntaktisch unzureichend getadelten Antwort reagiert. Doch schon die nächste Frage verlässt die übliche Abfragetechnik: Krecher weist zu Recht darauf hin, dass „die zergliedernde Katechese" nun eine Definition des Begriffs „*Linie*" gegeben und jedes Definiens deduktiv zergliedernd erkundet hätte.[239] Anders hier: Es wird, zum einen, die Antwort des Schülers zum Gegenstand der nächsten Frage gemacht, und es wird, zum anderen, das vermeintliche Wissen des Schülers erschüttert und dieser dadurch zur Ergründung des scheinbar Selbstverständlichen aufgefordert.

Es ist hier nicht der Ort, über pädagogisch-didaktische Fragen zu richten, also etwa darüber, ob der Gegenstand der Unterweisung in diesem Fall die Erzeugung eines kognitiven Konflikts rechtfertigt oder aber doch die Vorgabe der Definition didaktisch ertragreicher gewesen wäre. Aus sprachgeschichtlicher Sicht ist festzuhalten, dass der Wechsel vom Lehrziel der Wissensvermittlung zum Lehrziel der Wissenserzeugung neue Gesprächssorten und Frageformen erforderte. Die Frageform, wie sie in 4) präsentiert wird, wäre in jeder Sorte des *katechetischen Gesprächs* undenkbar, scheint doch diese Frage völlig irrezugehen. Es liegt hier ein Beispiel für die berühmt-berüchtigten „ironischen Fragen" nach dem Vorbild des Sokrates vor, wie sie oben im Mosheim-Text schon angesprochen wurden. Ebenfalls in einem *katechetischen Gespräch* – sei es nun ein *examinierendes* oder ein *zergliederndes* – nicht möglich wäre eine Schülerantwort in Frageform, wie beispielsweise in 6) und 7), setzt doch das *katechetische Gespräch* auswendig gelerntes oder auswendig zu lernendes Wissen voraus und gestattet kein begründetes Vermuten in Frageform oder gar Raten. Darauf wird bei der Darstellung der Gesprächssorten (III.4.1.ff.) sowie der Frage- und Antworttypen (III.4.2.2.1.) wieder zurückzukommen sein.

Festzuhalten bleibt: Die Öffnung des deutschen *Lehrgesprächs* ist, was die Unterrichtsgegenstände anbelangt, zwiespältig: Sie wurde vornehmlich initiiert durch die Bestrebungen, den Religions- und den Lateinunterricht didaktisch effektiver zu gestalten. Den großen Wurf wagte man in diesen altehrwürdigen Fächern indes nicht, sondern in den Fächern der neuen, der ideolo-

---

[238] „Verbesserte Methode des Paedagogii Regii zu Glaucha vor Halle" (1721); abgedruckt in Vormbaum 1864, 214–277, hier 247.
[239] Krecher 1929, 67.

gischen Lenkung ungefährlichen „Realien"-Bildung. Ob dabei die Mathematik zufällig gewählt wurde, kann hier nicht entschieden werden. Bemerkenswert ist jedoch, dass auch in Platos „Menon" Sokrates mit einem Sklaven des Menon ein *Lehrgespräch* über geometrische Maße führt;[240] nicht weniger bemerkenswert ist freilich, das Gottsched namentlich die Mathematik für gesprächsuntauglich erachtet (s.u.). – Nach der Mitte des 18. Jahrhunderts wurden immer mehr Unterrichtsgegenstände als gesprächsfähig, gar als in *sokratischen Gesprächen* lehr- und lernbar angesehen, bis hin zu den Philanthropen, die den schulischen Stundenplan nach Möglichkeit ganz dem *sokratischen Gespräch* öffnen wollten und es beispielsweise sogar auf die an sich dem Auswendiglernen verpflichtete Lehre des Alphabets im muttersprachlichen Deutschunterricht erstreckten.[241] August Hermann Niemeyer führt in seinen „Grundsätzen der Erziehung und des Unterrichts" schließlich relativ zu den beiden Prototypen des deutschen *Lehrgesprächs* zwei Arten von Lehr-Lern-Gegenständen an: „Einige sind historisch, empirisch, willkürlich und positiv", nämlich: „die Naturwissenschaft, die Geschichte, das Zufällige in den Sprachen, das Positive in allen menschlichen Einrichtungen, Anordnungen und Gesetzen" und „müssen im eigentlichsten Sinne gelernt", und das heißt: auswendig gelernt und in *katechetischen Gesprächen* abgefragt werden; bei den „philosophischen" Gegenständen hingegen, nämlich „der Mathematik, den philosophischen Wissenschaften, der allgemeinen Sprachlehre, der Ethik, der Religionslehre" kommt das *sokratische Gespräch* zur Anwendung, denn hier „ist der Unterricht mehr ein Wecken, Erregen, Entwickeln, Ausbilden".[242]

Die lange Reihe der in diesen Jahrzehnten des 18. Jahrhunderts publizierten und den Diskurs über die Vor- und Nachteile des *katechetischen* und des *sokratischen Gesprächs* in ihren verschiedenen Sorten dokumentierenden Schriften wiederholte mit geringen Abweichungen die genannten Argumente und Ansätze, die um die schlagwortartige Dichotomie: „*Katechetisches Gespräch/Katechetik* – Auswendiglernen – schlecht" versus „*Sokratisches Gespräch/Sokratik* – Verstehenlernen – gut" kreisten. Dabei sind die bewertenden Attribute „schlecht" und „gut" bzw. die als Bewertungen gemeinten Attribute „alt" und „neu" als innenperspektivische, von den meinungführenden Pädagogen der Zeit verliehene Prädikate. Der Durchbruch zum offenen Lehrgespräch sollte jedoch letztlich erst den Philanthropen gelingen, die nicht nur die formal-strukturellen, funktionalen und kotextuellen Merkmale des *Lehr-*

---

[240] Vgl. den Auszug aus dem „Menon" bei Gräffe 1793–1801, Bd. 2, 1794, 90ff.
[241] Vgl. z.B. Pöhlmann 1812. Vgl. auch Gedike 1789, 400f.: „In der That läßt sich auch die Methode der eigentlichen Unterredung auf alle mögliche Gegenstände anwenden."
[242] Niemeyer 1818, I, 36f.

gesprächs offener interpretierten und daraus neue Gesprächssorten gewannen, sondern auch die kontextuell-situativen, genauer: institutionellen Gesprächsbedingungen öffneten, um diesen neuen Gesprächssorten Räume zu schaffen.

Philipp Heinrich Schuler hat im Jahr 1802 einen Überblick über die „Geschichte des katechetischen Religionsunterrichts unter den Protestanten" vorgelegt und darin für die Mitte des 18. Jahrhunderts eben diesen Stillstand des Diskurses beklagt:

> Die katechetische Lehrart hatte damals größtentheils noch das Eigenthümliche, daß gewöhnlich die Religionssätze und biblischen Sprüche in den katechetischen Lehrbüchern, nur gleichsam zergliedert und konstruirt wurden, und der Satz in einer Frage gewöhnlich nur so gestellt wurde, daß man solchen entweder nur bejahen oder verneinen durfte.
> An eigentliche Entwicklung, richtige Auseinandersetzung, und Darstellung der Begriffe in socratischen Unterredungen, welche die Natur der Catechesen nach den richtigen Grundsätzen einer wahren catechetischen Lehrart fodert, wurde damals noch wenig oder gar nicht gedacht.[243]

Johann Friedrich Christoph Gräffe, der andere große zeitgenössische Historiograph der Katechetik, schlägt in seinem vierbändigen „Neuesten Katechetischen Magazin zur Beförderung des katechetischen Studiums", in 2. Auflage erschienen in den Jahren 1793 bis 1801, eine Brücke zwischen *katechetischem Gespräch* und *sokratischem Gespräch*, indem er, wie viele seiner Zeitgenossen auch, das *katechetische Gespräch* durch formale und funktionale Öffnungen – z.B. das Akzeptieren von „Umwegen" zur Erreichung des Lehrziels und die Verwandlung des Katecheten in einen „liebreichen Vater"[244] – dem *sokratischen Gespräch* anzunähern sucht. Und Gustav Friedrich Dinter schließlich, der dritte bilanzierende Katechetiktheoretiker des 18. Jahrhunderts, unterscheidet in seiner Arbeit „Die vorzüglichsten Regeln der Katechetik" von 1800 drei „Haupt=Gattungen der Katechisation": die „zergliedernde (synthetische)", die den Kindern einen Text „verständlich und nutzbar" machen soll, die „entwickelnde (sokratische)", die „aus den Kindern selbst etwas nicht Vorgegebenes entwickeln" soll, und die „examinirende", die den Lehrer erfahren lässt, „was die Kinder schon wissen".[245] In der „Deutschen Encyclopädie" wird der Stand des Diskurses im Jahr 1781 wie folgt zusammengefasst:

> Die Socratische Methode kann mit unter der Catechetischen begriffen werden, wenn dieses Wort weitläufig genommen wird, weil doch auch Fragen und Ant-

---
[243] Schuler 1802, 211.
[244] Gräffe 1793–1801, Bd. 3, 1796, 97 und 46; zu Gräffe ausführlich: Schulz 1979.
[245] Dinter 1800, 27; ähnlich auch Niemeyer 1818, II, 40.

worten dabey mit unterlaufen. Sie bestehet aber nicht in blossen unnöthigen und zweckwidrigen Fragen, sondern in solchen, wodurch der Schüler an die Begriffe, die er schon hatte, erinnert und zugleich angeführt wird, diese seine Begriffe zu prüfen, aus denselben weiter fortzuschliessen, und die herausgebrachten Sätze unter sich selbst und mit andern Wahrheiten zu vergleichen.

Die „katechetische Methode" hingegen, so heißt es wenig später, unterscheide sich von dieser sokratischen

> theils in der Form, indem die socratische Methode ein ordentliches Gespräch nachahmt, in der catechetischen aber nur zuweilen gefragt wird; theils in dem Zweck, welcher bey der socratischen Methode unter andern auch dahin geht, den Schüler eben dadurch ursprünglich zu belehren, da im Gegentheil bey der catechetischen der eigentliche und wahre Zweck ist, durch die Fragen dem Schüler nicht sowohl neue Begriffe beyzubringen, als welches durch den Unterricht geschehen muß, den der Lehrer ertheilt, wenn er als Lehrer spricht, als vielmehr zu erfahren, ob derselbe alles gehörig verstanden und behalten habe.[246]

In der von Heinrich Gottlieb Zerrenner herausgegebenen Zeitschrift „Der deutsche Schulfreund" findet man schließlich dieses Nebeneinander im Jahr 1795 am Beispiel erläutert. Der Verfasser, Landschulinspektor Walkhof, stellt einem fiktiven *katechetischen Gespräch* „über den Spruch Sirachs VII.1,2. Thue nichts Böses, so widerfährt dir nichts Böses. Halte dich vom Unrecht, so trifft dich kein Unglück" ein fiktives *sokratisches Gespräch* gegenüber, „nebst kurzer Beurtheilung" dieser, wie er es nennt, ersteren „schlechteren Katechisation" und der folgenden „besseren Katechisation". Ich setze Ausschnitte aus dem Eingang dieser Gespräche hier nebeneinander:

a) Eine schlechtere.	b) Eine bessere.
Wie heißt der Spruch? Sch. Thue nichts Böses. L. Wie heißt er weiter? Sch. Halte dich – Unglück. L. Wenn man nichts Böses thut, was widerfähret einem dann nicht? Sch. Nichts Böses. L. Und wenn man sich vom Unrecht hält: was trifft einem dann nicht? Sch. Unglück. L. Wenn uns nun kein Böses widerfahren soll: was müssen wir dann nicht thun? Sch. Kein Böses. [usw.]	L. Wovor wirst du in diesem Spruche gewarnet? Sch. Vor dem Bösen. L. In welchen Worten? Sch. Thue nichts Böses. L. Wie wird eben das nachher in diesem Spruche gesagt? Sch. Halte dich vom Unrecht. L. Was heißt das: Halte dich vom Unrecht? Sch. Thue nichts Unrechtes, nimm dich davor in Acht. [...] L. Wenn du deinem Nachbar ein Buch wegnähmest: thätest du da Recht? Sch. Nein, Unrecht. L. Wie würde es dir gehen, wenn es entdeckt würde? [usw.]

In der anschließenden „kurzen Beurtheilung" werden dann im großen Ganzen wieder dieselben Argumente dargelegt, wie sie schon bei Mosheim und allen,

---

[246] DE 5, 1781, 312 und 313 (s.v. *Catechetische Methode (pädagogisch)*).

die ihm folgten, zu finden waren und die das katechetische Abfragen des Nominalwissens dem sokratischen Erfragen des Realien-, Sach- und Begriffswissens gegenüberstellten.[247]

Der Diskurs über das deutsche *Lehrgespräch* zwischen Schulhalten, Katechetik und Sokratik belegt das in Zeiten deutlicher sprachgeschichtlicher Veränderungen übliche Nebeneinander konkurrierender Formen, des Alten mit dem Neuen, mit verschiedenen Übergangsstufen. Mosheims „*Catechisation*" oder auch Dinters „*entwickelnde Katechisation*" sind beispielsweise solche Übergangsformen, die nicht mehr das *katechetische Gespräch* im traditionellen Sinne repräsentieren und noch nicht das *sokratische Gespräch* im Sinne der Aufklärungspädagogik des späten 18. Jahrhunderts. Der Diskurs offenbart darüber hinaus zugleich erneut die tiefe Kluft zwischen theoretischem Anspruch und praktischer Umsetzung, zwischen Ideen- und Mentalitätsgeschichte des deutschen Lehrgesprächs auf der einen und seiner (institutionellen) Kultur- und Sozialgeschichte auf der anderen Seite. Philipp Heinrich Schuler, dessen Klage über den Stillstand des theoretischen Diskurses bereits erwähnt wurde, berichtet auch aus der Schulpraxis, dass trotz der vielen guten Anleitungen zum Katechisieren im Religionsunterricht noch um die Mitte des 18. Jahrhunderts keine Veränderungen spürbar gewesen seien. Die Lehrer

> katechisirten öfters schlecht und verkehrt, plagten die Jugend ohne Nutzen mit auswendiglernen der Fragen und Antworten in dem Catechismus, und straften sie unbarmherzig, wenn sie die aufgegebenen Lectionen nicht fertig hersagen konnten.[248]

Auch für diesen Zeitraum sei abschließend ein Blick auf die Gesprächsverhältnisse auf deutschen Universitäten geworfen. Dieser Blick braucht wiederum nicht so ausgiebig zu sein, denn die einzige offiziell zu dieser Zeit auf deutschen Universitäten gepflegte und bei Professoren anerkannte Gesprächssorte war die traditionell lateinische *Disputation*, die, ähnlich dem *examinierenden katechetischen Gespräch* auf Schulen, in erster Linie der PRÜFUNG des Gelernten im Anschluss an die *lectio* diente.[249] Nur insofern jede PRÜFUNG zugleich auch UNTERWEISUNG ist, handelt es sich auch bei der *Disputation* um ein *Lehrgespräch* im engeren Sinne. Darüber hinaus war sie auch Lehr-Lern-Gegenstand, nämlich Übung für das spätere berufli-

---

[247] Walkhof 1795, 65ff.; vgl. auch Walkhof 1797; [anonym] 1800a; Dinter 1800, 54ff.; Schrödter 1800, 60ff.; Salzmann 1809, 169ff., wo jeweils ebenfalls die „alte" mit der „neuen" Methode exemplarisch verglichen wird.
[248] Schuler 1802, 204.
[249] Vgl. Paulsen 1919, I, 271; allg dazu vgl. HWbRh 2, 1994 (s.v. *Disputation*). Zur Disputation als Form der „rhetorischen Logik" vgl. Beetz 1980, 70ff.; zur Disputation im Kommunikationsbereich von Theologie und Kirche Gierl 1997, 125ff.

che Wirken von Theologen, Juristen und anderen Gelehrten, und stand als solche Übung der beruflichen Fertigkeit schon auf den Gymnasien auf dem Lehrplan. – Die symmetrische Variante, die akademische *Disputation* gleichrangiger Gelehrter zum Zweck des wissenschaftlichen Streits mit dem idealen Ziel der Wahrheitsfindung, wurde demgegenüber nur wenig geschätzt, seitdem sie den Bezug zum Gegenstand der Rede und Gegenrede verloren und sich zum beziehungsorientierten „Gezänk" (Thomasius) um das Rechthaben gewandelt hatte. Der Entwicklung des deutschen *Fachgesprächs*, soweit sie auf die Geschichte und Entwicklung des deutschen *Lehrgesprächs* Einfluss ausübte, wird anschließend ein Exkurs gewidmet; hier sind nurmehr zur *Disputation* als Sorte des deutschen *Lehrgesprächs* noch einige Bemerkungen zu machen.

Auf einen ersten Versuch, deutsche *Disputationen* auf Universitäten einzuführen, macht Irmgard Weithase aufmerksam: Philipp Spener hat in seinem Hauptwerk „PIA DESIDERIA" noch vor Thomasius die Forderung nach deutschen *Lehrgesprächen* auf Universitäten erhoben und dabei die Form der *Disputation* mit Bezug auf die Nützlichkeit und Brauchbarkeit dieser Übung für das spätere Berufsleben des Theologen beschrieben. Es solle deutsch disputiert werden, um die Studenten zu

> rüsten / daß sie bey begebender gelegenheit vermögen den widersachern das maul zustopffen / und ihre Gemeinden dermahl eins vor irrthum zu verwahren. [...] ins gesampt aber zu verlangen stehet / welches etliche vortreffliche Theologi offt gewünschet / daß Disputationes auff Academien auch in Teutscher sprach gehalten würden / damit die Studiosi sich der hierzu diensamen terminorum gebrauchen lerneten / da sonst ihnen in dem ampt schwer wird / wo sie auff der Cantzel etwas von einer Controvers gedencken / und die sache teutsch der Gemeinde vortragen sollen / worinnen sie sich niemahl geübet haben.[250]

Darüber hinaus empfiehlt er dialogische Übungen der Professoren mit den Studenten, in denen der Professor als Lernhelfer und – ähnlich wie bei den lateinischen „Streitgesprächen" des Comenius – als Gesprächsleiter („Director") agiert:

> Wie aber solche übungen anzustellen / setze ich zu gottseliger und verständiger Professorum eigenem befinden. Sollte ich erlaubnüß haben einen vorschlag zu thun / so würde ich folgendes vor dienlich achten: daß ein fromer Theologus die sache anfangs mit nicht gar vielen / aber solchen unter der zahl seiner Auditorum, anfienge / bey denen er bereits eine hertzliche begierde / rechtschaffene Christen zu seyn / bemerckte / und also mit ihnen das N. Testament vornehme zu tractiren / daß sie ohngesucht einiges / so zu der erudition gehört / allein darauff acht geben / was zu ihrer erbauung diensam: Und zwar / daß sie selbsten die erlaubnüß haben / jeglicher jedesmahl zu sagen / was ihn von jeglichem versicul deuchtet / und wie er

---

[250] Spener 1680, 138/284; vgl. Weithase 1961, I, 149; Beetz 1980, 99f.

denselben zu eigenem und anderer gebrauch anzuwenden finde / da der Professor als Director was wol beobachtet / mehr bekräfftigen / wann er aber von dem rechten zweck sie abzuweichen sihet / denselben freundlich und klärlich auß dem Text zeigen / und in was gelegenheit diese oder jene Regel in die übung zu bringē / weisen würde.[251]

Widerhall fanden diese Worte in der universitären Praxis jedoch nicht, und deshalb beginnt die Sozialgeschichte deutscher *Disputationen* auch erst sehr viel später. Wenn ein halbes Jahrhundert nach Spener Friedrich Andreas Hallbauer in seiner „Anweisung Zur Verbesserten Teutschen Oratorie" empfiehlt, deutsche *Disputationen* auf Schulen und Universitäten zu veranstalten, um lateinische *Disputationen* zu üben, dann wirft dies ein bezeichnendes Licht auf den Status des deutschen *Lehrgesprächs* auf „gelehrten Schulen" und Universitäten.[252] Wann der Sprachenwechsel vom Lateinischen zum Deutschen in Bezug auf die universitäre didaktische Gesprächssorte *Disputation* anerkannt war und das deutsche disputative Prüfungsgespräch breitere Anwendung fand, ist nicht sicher. Die einschlägige Forschung kommt diesbezüglich über allgemeine Bemerkungen nicht hinaus.[253] Es ist aber schon bezeichnend, wenn noch im Jahre 1867 der damalige preußische „Minister der geistlichen etc. Angelegenheiten", v. Mühler, den „medicinischen und philosophischen Facultäten der Landes=Universitäten" die Erlaubnis zur Abnahme deutscher *Disputationen* nur unter dem Vorbehalt erteilt, dass durch eine andere Prüfung „eine ausreichende Kenntniß der lateinischen Sprache nachgewiesen" werde.[254]

Dazu passt, dass sich das deutsche Gespräch als ordentliche Lehr-Lern-Methode überdies auf den Universitäten immer noch nicht durchsetzen konnte. Vielmehr behauptete die im vorangehenden Abschnitt schon festgestellte zeitgenössische Ansicht, die Wissenschaftlichkeit der Lehre sei mit der Form des Gesprächs grundsätzlich nicht vereinbar, im Rahmen der universitären Lehre nach wie vor beinahe unangefochten ihr Vorrecht, das Gespräch erscheint nicht selten geradezu als Hemmnis wissenschaftlicher Erkenntnis. Der *Vortrag*, schreibt beispielsweise Gottsched, nötige zu „Tiefsinnigkeit, Gründlichkeit und Ordnung der Gedanken" – bei Lehrenden wie bei Lernenden. Das *Gespräch* ist in dieser Hinsicht nicht wissenschaftsfähig, denn:

---

[251] Spener 1680, 146f./292f.
[252] Vgl. Hallbauer 1725, 656f.
[253] Vgl. Steger 1984, 13 („später auch auf das Deutsche" übergreifend); HWbRh 3, 1996 (s.v. *Gesprächserziehung*) („später auch in deutscher Sprache"); der Artikel „Disputation" (HWbRh 2, 1994) macht keine Angaben, und auch Schiewe 1996, 225ff. und 234ff. hält sich in seiner Fallstudie zum „Sprachenwechsel" auf der Freiburger Universität in diesem Punkt bedeckt.
[254] v. Mühler 1867, 269.

> Diese Lehrart [das Gespräch, J.K.] machet sehr viel Umschweife, und würde in schreckliche Weitläuftigkeiten stürzen. Wenn man z.E. die Mathematischen Anfangs Gründe Euclidis darinnen vortragen wollte, wie wunderlich würde das nicht aussehen? Die Kette der mit einander verknüpften Wahrheiten würde oft verstecket, oft gar unterbrochen werden: wenn man der natürlichen Art der Gespräche nichts vergeben wollte.[255]

Gottsched war, wie schon beobachtet werden konnte, keineswegs ein grundsätzlicher Verächter des Gesprächs zum Zweck der Lehre; handelte es sich jedoch um die universitäre Lehre der Wissenschaften, so schied das Gespräch als Kommunikationsform wegen der systematischen Struktureigenschaften des Lehr-Lern-Gegenstandes für ihn aus. Hinzu kommen wiederum psychologische Faktoren, wie sie schon Thomasius angeführt hatte und die auch bei Gottsched anklingen: Der Vortrag zeuge von „Verstand", das Gespräch hingegen sei schon gut, „wenn man nur nicht offenbar ungereimtes Zeug sagt."

Der einflussreiche Schulmann Friedrich Gedike, Gymnasialdirektor und königlich preußischer Oberkonsistorialrat – und kein Universitätsprofessor –, kennt diese Einstellungen. Am Ende des 18. Jahrhunderts stellt er in seinem Beitrag „über den mündlichen Vortrag des Schulmanns" Gottscheds Argumentation gleichsam auf den Kopf: „Auch der unwissendste", schreibt Gedike, könne einen Vortrag halten, während doch das Gespräch „den wahren Grad der Kenntnisse des Lehrers" verrate; es sei viel „bequemer [...] eine Stunde allein hintereinander zu reden als sich alle Augenblikke unterbrechen zu lassen", zumal die Fragen der Jugend – „Die Jugend spricht so gern" – auch das Bild vom Lehrer erschüttern können.[256] Gedike empfiehlt sodann das Gespräch in erster Linie den Schullehrern, aber auch den Universitätsprofessoren:

> Es würde selbst auf den Universitäten rathsam sein, daß der Professor seinen Vortrag zuweilen unterbräche, und ihn in eine Unterredung verwandelte, wenn dis nicht mehrere bei der zu großen Zahl und zu großen Verschiedenheit der Zuhörer fast unüberwindliche Schwierigkeiten hätte. Indessen weiß ich, daß auch mehrere akademische Lehrer bei einer kleinern Zahl nicht zu sehr in ihren Kenntnissen und Fähigkeiten verschiedner Lehrlinge gern der Methode des aneinanderhängenden Vortrags entsagen, um sie mit der unter gleichen Umständen offenbar nützlichern Methode der Unterredung zu vertauschen, oder wenigstens abzuwechseln.[257]

Die *Disputation* blieb also lateinisch, und das *Lehrgespräch* auf Universitäten insgesamt die Ausnahme. Zu erwähnen bleibt hier schließlich noch die Einführung des „Seminars" mit „Übungen" als neuer Typ universitärer Lehre an

---

[255] Gottsched 1727, 18. Vgl. auch Herder: [„Von der verbesserten Lehrmethode unsrer Zeit"] (1780); Werke 30, 52–60, hier 55.
[256] Gedike 1789, 393ff.
[257] Gedike 1789, 392.

213

der Göttinger Universität im Jahre 1738. Sie geht zurück auf den Professor der Poesie und Beredsamkeit Johann Matthias Gesner und seinen Nachfolger Christian Gottlob Heyne an der Göttinger, und auf Friedrich August Wolf an der Hallenser Universität. Das „Seminarium philologicum" war, wie die „Realien"-Bildung auch, aus dem Geist geboren, die Bildung, hier die der künftigen Gelehrten, Pfarrer, Lehrer u.a., an der Brauchbarkeit und Nützlichkeit des Wissens für das spätere Berufsleben zu orientieren.[258] Im Zentrum der neuhumanistischen philologischen Seminare standen indes die alten Sprachen, die nun nicht mehr nur als strukturiertes Gerüst aus Grammatik, Wortschatz, Stilistik und Rhetorik nach mustergültigen Vorlagen gelehrt, sondern im Wege der – mitunter dialogischen – Textinterpretation als Teile antiker Kulturen begriffen werden sollten. Heyne selbst gibt an, dass auf dem Seminarium philologicum „eine Auswahl von neun Studiosis" u.a. „im Interpretiren, Lateinisch Schreiben, Reden und Disputiren geübet und angewiesen" werde.[259] Von Zeit zu Zeit, so schreibt Pütter später, biete Heyne zudem „auch die Grundsätze der Hermeneutik und der Critik, nebst den Grundsätzen eines guten Ausdrucks und Vortrags, mit Uebungen, es sey im Teutschen, oder im Lateinischen" an.[260] Ob sich diese Freiheit der Sprachenwahl zwischen dem „Teutschen" und dem „Lateinischen" auch auf die kurz darauf bei Pütter erwähnten „gelehrten Unterredungen" bezieht, ist jedoch zweifelhaft; diese erscheinen nämlich wieder im Kontext der „Erklärung alter schwerer Schriftsteller".

Exkurs: Deutsche Fachgespräche im 17. und 18. Jahrhundert

Die oben dargestellte Mode des geschriebenen *Lehrgesprächs* begleiteten geschriebene Gespräche der Lehrer, nämlich die *Fachgespräche*, denen etwas Aufmerksamkeit gewidmet werden soll, insofern sie offenere, vor allem auch dem Austrag kontroverser Standpunkte dienende Formen des *Lehrgesprächs* vorbereiteten. Zwar kann auch die dialogische Darstellung fach(wissenschaft)licher Erkenntnisse in deutscher Sprache auf eine Tradition seit dem Spätmittelalter zurückblicken, und wenn man bedenkt, dass ein nicht geringer Teil derselben, namentlich in den Naturwissenschaften, Übersetzungen oder

---

[258] Zum „philologischen Neuhumanismus" vgl. Reble 1959, 170ff.; Paulsen 1919, II, 25ff.; Pütter 1765, 248ff.
[259] Heyne; zitiert nach Pütter 1765, 248f.; vgl. Pütter 1788, 273f. Mackensen (1791, 83) berichtet aus Göttingen: „Bald hätte ich vergessen, Ihnen von dem philologischen Seminario zu sagen, welches Heyne hält. Es wird wöchentlich dreymal gehalten, und mit jeder Woche abwechselnd interpretiert und disputiert."
[260] Pütter 1788, 163.

Nachschöpfungen lateinischer Vorlagen waren, so darf eine formale sprachgeschichtliche Kontinuität verschiedener Sorten des Gesprächstyps *Fachgespräch* im Zuge des Sprachenwechsels unterstellt werden.[261] Gleichwohl erfreut sich auch das gedruckte deutsche *Fachgespräch* erst gegen Ende des 17. und zu Beginn des 18. Jahrhunderts wachsender Beliebtheit. Es bildet als Gesprächstyp zusammen mit den auch lehrreichen, jedoch in der Hauptsache geselligen und gesellschaftsbildenden Sorten der *Konversation* (in den „Gesprächspielen" und in den „Moralischen Wochenschriften") sowie mit dem aus ihnen hervorgehenden aufklärerisch-philosophischen *politischen Gespräch*, das für das 18. Jahrhundert noch nicht als *Diskussion*, sondern vornehmlich als *Raisonieren* oder *Debattieren* zu benennen ist,[262] den kommunikationsgeschichtlichen Rahmen, in den das institutionelle *Lehrgespräch* gestellt war.

Das gedruckte deutsche *Fachgespräch* im 17. und 18. Jahrhundert richtet sich in aller Regel an gleichgestellte Fachkollegen oder solche, die es sein oder werden wollen. Es führt dementsprechend die Redenden, zumeist zwei an der Zahl, in eine symmetrische Gesprächskonstellation, entweder beziehungsorientiert ad hominem oder gegenstandsorientiert ad rem; eine Konstellation, die mutatis mutandis dann auch zwischen dem Autor des Fachgesprächs und seinem Leser angestrebt wird. In Thomasius' monologisch angelegter Schrift „Auszübung der Vernunfft=Lehre" findet man beispielsweise Ansätze zu einem professoralen Fachgespräch mit dem Leser über die richtige „Lehr=Art" in Form der rhetorischen Figur der Prokatalepse, in dem Thomasius seinem – wie schon die Anrede („Du", „mein lieber Freund") zeigt – ebenbürtigen Leser kritische Einwände in den Mund legt und diese beantwortet:

> Du schüttelst den Kopff und sprichst: was soll ich denn machen / wenn ich meine Zuhörer nichts soll lassen *memorirn*, sie nicht *examiniren*, ihnen nichts *dictiren*, nicht *discuriren* [...]?
> Nicht so höhnisch / mein lieber Freund / ihr sollet allerdings reden / ihr sollet alle beyde reden / du und dein Zuhörer.[263]

Darin, dass das *Fachgespräch* auch in deutscher Sprache geführt werden konnte, spiegelt sich, zum einen, die für das Selbstbewusstsein der entstehenden Sprachnation wichtige Anerkennung des Deutschen als Wissenschaftssprache; es ist dies, zum anderen, zugleich ein Indiz dafür, dass die deutsche

---

[261] Vgl. dazu Hoppe 1989, 115ff.
[262] S.u., III.3.3. Vgl. auch Lessings „Ernst und Falk" (Werke 8, 451ff.). Zu diesem Gesprächstyp ist Habermas' Arbeit über den „Strukturwandel der Öffentlichkeit" immer noch grundlegend, in der *Diskussion* jedoch nicht eingehend auch als Sprachhandlungsbegriff erörtert wird.
[263] Thomasius [1691], 128.

Sprache auch tragfähig war für Gespräche zum Zweck der forschenden Wahrheitsermittlung wie der argumentativen Wissenserzeugung. Es konnte bereits im vorangegangenen Abschnitt gezeigt werden, dass das deutsche *Lehrgespräch* im 17. und 18. Jahrhundert für „Einfeltige", in wissenschaftlichen „Collegia privatissime" aber auch für fortgeschrittene gelehrte Schüler und Studenten als geeignetes didaktisches Instrument erachtet wurde. Der nächste sprachgeschichtlich wichtige Schritt war dann diese Anerkennung der Eignung der deutschen Sprache im Gespräch nicht nur für die Belange von Bauern, Handwerkern und Gewerbetreibenden, sondern auch für die von Wissenschaftlern, obwohl oder gerade weil diese sich stärker an lateinischen Traditionen orientierten als an muttersprachlich gewachsenen Formen.

Das deutsche *Fachgespräch* kam vor allem dann zur Anwendung, wenn es galt, einen Gegenstand oder Sachverhalt vor einem größeren Publikum von verschiedenen Seiten zu beleuchten, sei es, um tatsächlich volksaufklärerisch zu wirken, sei es, um die Meinung des Autors als die wahre, richtige, angemessene zu erweisen. In jedem Fall war es auch die entstehende und gesuchte Öffentlichkeit, die den Sprachenwechsel zum Deutschen beschleunigte. Brigitte Hoppe stellt in ihrer Arbeit über „Naturwissenschaftliche Fachgespräche zur Zeit der Aufklärung in Europa", die unter anderem auch das deutsche *Fachgespräch* im Blick hat, fest, dass die „Absicht einer möglichst weiten Verbreitung" den Schwenk vom Latein zur Nationalsprache begünstigt habe und dass vor allem die der Polemik dienenden *Fachgespräche* „in der – oft vor einer derben Ausdrucksweise nicht zurückschreckenden – Landessprache abgefaßt" wurden.[264] Sie hebt, über die volksaufklärerische Absicht hinaus, drei Gründe hervor, die die Wahl des Gesprächs als Darstellungsform bestimmten – und damit freilich auch die Zwecke der Gesprächssorten:

- der Austrag „wissenschaftlicher Fehden", in dem „die meist entsprechend eingeführten Personen unterschiedliche wissenschaftliche Lehren und Meinungen über einen Gegenstand" verkörpern;
- die „Polemik [...] gegen manche eingebürgerte Praktiken und Mißbräuche in Alchemie, Pharmazie und Heilkunde";
- die Propaganda und Verteidigung des Ideals „einer kunstgerecht betriebenen Pharmazie und Heilkunde oder einer besonderen wissenschaftlichen Richtung wie der Chemiatrie".[265]

Dass die Gesprächsform in der Fachkommunikation stets auch popularisierenden und didaktisierenden Zwecken diente und sich dadurch das gedruckte *Fachgespräch* als Typus sowohl an die gesellige *Konversation* wie auch an

---

[264] Hoppe 1989, 138; vgl. auch ebd., 161.
[265] Hoppe 1989, 121f., 138 und 147; vgl. auch Frank 1973, 122; Kalverkämper 1997, 70.

das *Lehrgespräch* anschloss, braucht nicht eigens betont zu werden.[266] Vor allem im naturwissenschaftlichen Bereich, der im 17. und 18. Jahrhundert grundlegende Veränderungen erfuhr, sind die Grenzen zwischen fachwissenschaftlicher Wahrheitsermittlung und volksaufklärerischer Wissensvermittlung fließend. Aber auch auf dem Feld der Geisteswissenschaften, allzumal in der Theologie, der Philosophie und der Pädagogik, erscheint um die Wende vom 17. zum 18. Jahrhundert und dann noch bis etwa zur Mitte des 18. Jahrhunderts häufig das „gesprächweise" verfasste Fachbuch als Darstellungsform und als Form der Kommunikation sowohl mit dem fach(wissenschaft)lichen wie mit dem größeren Laienpublikum. Dabei war allerdings eine Tendenz immer deutlich: Die wissenschaftliche Reputation des Autors konnte nicht im *Fachgespräch* begründet, sondern musste zuvor in der Schriftsprache des monologischen Fachbuches sowie in der gesprochenen Sprache des monologischen Vortrags erworben sein; diesbezüglich blieben die Vorbehalte gegen den Dialog in der Wissenschaft unverändert. Dahingehend ist Gottsched zu verstehen, wenn er schreibt:

> Ich setze zum voraus, daß es einen vollkommenern Verstand anzeiget, wenn man Wissenschaften und Künste in Systematischer Ordnung vortragen kan: als wenn man nur obenhin etwas davon zu sagen weiß, welches weder Zusammenhang noch Ordnung unter einander hat. Ein paar weise Sprüche, etliche kluge Lehrsätze, und ein halb Dutzend gute Einfälle kan man zur Noth bey einer mittelmäßigen Gelehrsamkeit im Vorrathe haben. Mehr bedarf man aber nicht, um ein Gespräche zu verfertigen. Man philosophirt in Unterredungen nicht nach der grösten Schärfe: man ist zufrieden, wenn man nur nicht offenbar ungereimtes Zeug sagt. Was gehört nicht hingegen zu einem Systematischen Vortrage?[267]

Wohl auch aus diesem Grund sind viele Autoren geisteswissenschaftlicher dialogischer Fachbücher keine reinen Fachwissenschaftler mit ausschließlich universitärem Hintergrund, viel häufiger trifft man auf vielseitig wirkende Gelehrte, die eben unter anderem auch Fachwissenschaftler waren, wie beispielsweise Ernst Christian Trapp, der Autor der „Debatten", einer dialogisch gehaltenen erziehungswissenschaftlichen Abhandlung, der als Lehrer und Publizist gewirkt und in Halle die erste Professur für Pädagogik in Deutschland bekleidet hat. Über Johann Christoph Gottsched selbst wie dann über

---

[266] Kalverkämper 1989, 32 bringt diese Polyfunktionalität der dialogischen Fachbücher treffend auf den Punkt, wenn er ausführt: „In dieser allgemein für kolloquiale Behandlung von Fachthemen empfänglichen Zeit war es wohl eine kommunikative Gratwanderung, sich sprachlich-thematisch zwischen Galanterie, Plaisanterie, zweckfreiem kolloquialem Amusement, also einer *Honnêtes gens*-Konversation auf der einen Seite, und wissenschaftlich-methodischer, fachlicher Auseinandersetzung zum Zweck der Wissensbildung und der Erkenntnisförderung auf der anderen Seite zu bewegen."

[267] Gottsched 1727, 17.

217

Trapps Mitstreiter Joachim Heinrich Campe, der u.a. mit „Philosophischen Gesprächen über die unmittelbare Bekanntmachung der Religion und über einige unzulängliche Beweisarten derselben" an die Öffentlichkeit trat,[268] lässt sich Ähnliches berichten.

Dem Austrag des wissenschaftlichen Streits gewidmete gedruckte *Fachgespräche* erschienen oft in Form einer Montage: Passagen aus Schriften der Gegner werden als Gesprächsschritte montiert, um sodann darauf erwidern und die Meinung des Gegners – unwidersprochen – widerlegen zu können. Die Zitatmontagen sind darüber hinaus auch ein Mittel, die eigene Meinung intertextuell mit einem Diskurs verknüpfen zu können.[269] Die bereits erwähnten „Debatten" Trapps, in denen er das Dessauer Philanthropin gegen Angriffe verteidigt, bieten ein repräsentatives Beispiel:

> [Gegner] ‚Stärket den Mangel an Gedächtniß durch Memoriren! – gleichviel, was?'
> [Trapp] So? Also ohne Rücksicht auf Alter, Geschlecht, Fähigkeit, Kenntnisse, Bestimmung alles, das Unverstandene nicht minder als das Verstandene, frisch vor der Faust weg auswendig lernen lassen [...] um – das Gedächtniß zu stärken!!!
> [Gegner] ‚Alles ist nützlich zu lernen, was nicht schädlich ist.'
> [Trapp] Das ist eine ewige, unumstößliche Wahrheit! Aber was ist nun nicht schädlich? [usw.][270]

Kurze Kommentare im Sinne von „Gegenreden" des Herausgebers oder anderer Fachkollegen wurden in den Zeitschriften auch oft in Form von Fußnoten der „Rede" des Haupttextes beigefügt.[271]

Sodann gibt es natürlich die Form des – in Wilhelm Frankes dialoggrammatischer Terminologie[272] – koordinativen *Fachgesprächs* zwischen zwei oder mehreren Sprechern. Matthias Dannenmayer beispielsweise hat 1781 ein solches koordinatives *Fachgespräch* „zwischen den Herren Jung und Louis über die von den theologischen Facultäten zu Heidelberg und Strasburg ausgestellten Gutachten die Wiehrlischen Sätze betreffend" aufgesetzt. Johann Jung und Friedrich Philipp Louis sind authentische Personen, der eine Professor der Kirchengeschichte zu Heidelberg, der andere Professor der Theologie in Straßburg, und sie beraten hier ihr gemeinsames Vorgehen und ihre Argumente gegen Angriffe ihrer theologischen Gegner.[273] Das – fiktionale – Gespräch selbst braucht hier nicht eingehend betrachtet zu werden, zumal es als Ganzes vom Verfasser als Polemik gegen Jung und Louis gerichtet ist. Es gewährt gleichwohl Einblicke in Gesprächsstrukturen und -mittel, wie sie

---

[268] Campe 1773.
[269] Zur Funktion des Zitats vgl. Kalverkämper 1997, 83.
[270] Trapp 1789, 62.
[271] Vgl. z.B. Campe 1788.
[272] Franke 1986, 88.
[273] [Dannenmayer] 1781.

dann auch bei offeneren Sorten des *Lehrgesprächs*, zumal beim *gelenkten Unterrichtsgespräch*, zu beobachten sind: Da ist einmal die relative Symmetrie der Gesprächspartner, die in philanthropischen *Lehrgesprächen* gern inszeniert wird; da ist sodann eine Tendenz zur Relativierung von Behauptungen durch „Heckenausdrücke": „Es scheinet", „Meines Erachtens", „Mir däucht" u.a.;[274] da ist ferner der Gebrauch des Konjunktivs beim Referat anderer wissenschaftlicher Meinungen, und da ist schließlich eine ganz andere perlokutionäre Färbung der Aussage, die den Anderen von der Wahrheit zu ÜBERZEUGEN sucht und nicht, wie das *katechetische Gespräch*, zur Annahme der Wahrheit zu ÜBERREDEN. Das deutsche *Lehrgespräch*, das den Schüler als fortgeschrittenen, wissensdurstigen Telemachos, den Lehrer als wissenspendenden, freundschaftlich gesinnten Mentor stilisiert, wird diese und weitere Gesprächsstrukturen und -mittel des deutschen *Fachgesprächs* aufnehmen.

Die nicht in erster Linie dem wissenschaftlichen Streit, der Polemik oder Propaganda, sondern der Unterweisung des Lesers gewidmeten gedruckten *Fachgespräche* schließlich waren im Duktus eines *sachklärenden* oder *meinungsbildenden Gesprächs* gehalten, und auch hierin ist eine Vorbildfunktion für das im Unterschied zu ihnen dann zwar stets asymmetrische, gleichwohl im späteren 18. Jahrhundert asymmetrisch-kooperative *darbietend sachklärende* sowie das *meinungsbildend sachklärende Unterrichtsgespräch* zu sehen, wie beispielsweise in einer „kurzen Unterredung über den Eingang des Vater Unser" zwischen einem Schulmeister und einem Pfarrer:

> Schulmeister. Herr Pfarrer! warum hat man in unserm neuen Kirchengebetbuch den Anfang des Vater Unsers geändert; warum beten Sie jetzt: Unser Vater in dem Himmel! und nicht mehr wie vorhin: Vater Unser in dem Himmel?
> Pfarrer. Es ist dieß keine Veränderung, mein lieber Schulmeister! sondern man hat blos die Anfangsworte dieses Gebets so gefügt, wie es unsrer teutschen Sprache gemäß ist.
> Schulmeister. War es denn nicht teutsch, wenn man betete: Vater Unser u.s.w.
> Pfarrer. Die beeden Wörter Vater und Unser sind freilich teutsch: aber wenn man spricht: Vater Unser! so ist die Stellung dieser Wörter nach der lateinischen oder griechischen Sprache; und ist ein Fehler wider unsern teutschen Sprachgebrauch.[275]

Hier treten nicht zwei verschiedene Meinungen figurativ gegeneinander an, und es wird auch nicht gegen einen anderen polemisiert, sondern hier sagt der eine dem anderen etwas über die Dinge, um sie dem lesenden Dritten zu vermitteln. Aus sprachgeschichtlicher Sicht interessant sind hier auch die

---

[274] Vgl. z.B. [Dannenmayer] 1781, 14, 22, 26 u.ö.
[275] [anonym] 1786b, 96f. Vgl. auch das Gespräch „Ueber mittelbare und unmittelbare Offenbarung" bei Trapp 1789, 76ff.

„Dinge" selbst, insofern sich der Pfarrer in den Dienst der Normierung der deutschen Hoch- und Schriftsprache stellt: Die Nachstellung attributiver Adjektive oder, wie im Fall des „Vater Unser", unflektierter attributiver Possessivpronomina, galt den Sprachforschern des 17. und 18. Jahrhunderts als archaisch, fremd, der deutschen Sprache gar „unnatürlich", und sie duldeten diese Wortstellung nicht einmal mehr in poetischen und biblischen Texten (wozu sie sich auf Opitz und Luther berufen konnten).[276] Der Pfarrer erläutert dies dem Schulmeister, und insofern beide Herren als Multiplikatoren der neuen hochsprachlichen Normen fungieren, darf man auch in diesem gedruckten unterweisenden *Fachgespräch* ein Indiz für die bedeutsame Rolle des Lehrers (und Pfarrers) im Prozess der „Verschiebung des Usus" (Paul) zugunsten der Herausbildung der neuhochdeutschen Standardsprache erblicken.

Gegen Ende des 18. Jahrhunderts fanden auch die Darstellungen fachwissenschaftlicher Erkenntnisse überwiegend zur wissenschaftlichen Prosa zurück[277] oder neigten allenfalls einer Art des *Lehrgesprächs* zu, in der der erfahrenere Fachkundige nicht mehr mit dem Fachkollegen über Fachliches um der Sache willen ein Gespräch führt, sondern mit dem fachlich noch unerfahrenen Neuling um seiner Belehrung willen die Sache erörtert. Einer solchen Konstellation kommt die „Unterredung über den Eingang des Vater Unser" bereits nahe. Deutlich tritt sie hervor in den von Basedow und Campe herausgegebenen „Pädagogischen Unterhandlungen", wenn dort im Anschluss an die Darstellung einer Schulvisitation ein fiktionales Gespräch zwischen einem Landgeistlichen und dem auswärtigen Schulbesucher über „die Verfassung der hisigen Landschulen, und über die Aufklärung des Landmans" gebracht wird.[278] Ähnliches findet man auch in Carl August Zellers „Schulmeisterschule", die ein *Fachgespräch* über Erziehung auf einer „Versammlung der [Schul]Vorsteher" bringt.[279] Wie sehr sich die Einstellungen zur dialogischen Darstellung fachlichen Wissens gewandelt hatten, zeigt ein Beitrag „Ueber den Vortrag der Philosophie in Gesprächen" in der „Berlinischen Monatsschrift" des Jahres 1785. Hatte Bodmer 1722 noch gewünscht, „die Morale" in sokratischen Gesprächen zu finden, so schreibt hier der Autor, August Wilhelm Rehberg, sonst durchaus kein Verächter des Gesprächs:

---

[276] Vgl. Takada 1998, 220ff.
[277] Kalverkämpers (1989, 29; ähnlich Kalverkämper 1997, 71) Feststellung, der „Gipfelpunkt der kommunikativen Gattungen mit ihren kolloquialen Texten liegt in den Dekaden 1680 und 1690" bezieht sich auf französischsprachige Verhältnisse; für das deutsche Fachgespräch ist dieser Gipfelpunkt erst um 1750 erreicht; vgl. auch Hoppe 1989, 158ff.
[278] [anonym] 1782, 101ff.
[279] Zeller 1817, 53ff.; auch Trapp 1787, 53ff. erörtert dialogisch Probleme der Erziehung.

Zur Nachahmung des Plato tragen manche Schriftsteller die Wissenschaften in sokratischen Gesprächen vor; allein ihre Werke erhalten dadurch eine unnütze Weitschweifigkeit, die mehr ermüdet, als die strengste Folge des Raisonnements. Selbst beim Plato ist es den mehrsten Lesern oft unerträglich, ewig Fragen und Antworten zu lesen, die nichts mehr sagen, als der einfache lehrende Vortrag thun würde [...].[280]

Die Geschichte des deutschen *Fachgesprächs*, zumindest des gedruckten, nimmt um 1800 also eine ähnliche (Rück)wendung zum Monolog wie die Geschichte des gedruckten deutschen *Lehrgesprächs*.

III.3.3. Aufklärung und Philanthropismus: Auf dem Weg zum *Unterrichtsgespräch*

Der Diskurs über die Abgrenzung von Katechetik und Sokratik – und damit über die Suche nach dem besseren *Lehrgespräch* – währte die ganze zweite Hälfte des „pädagogischen Jahrhunderts" und noch bis in das 19. Jahrhundert hinein. Wie erwähnt, bekam der Diskurs um 1770 – Schuler führt seine Arbeit bis zur „Berliner Preißaufgabe vom Jahr 1762" (Thema: „Entwurf eines Unterrichts in der Religion für Kinder") und lässt die neue Zeit zu Recht mit Basedow anbrechen; Krecher nennt als Zeitpunkt das Jahr 1765; Schian legt sich auf 1764 fest[281] – um 1770 also bekam der Diskurs neue Impulse, und zwar vor allem durch die Gründung mehrerer der philanthropischen Idee verpflichteter „Privaterziehungsanstalten". Deren geistige Väter neigten ausnahmslos offeneren Sorten des *Lehrgesprächs* zu, dem *sokratischen Gespräch* in seinen verschiedenen Sorten, vom examinierend ablockenden *maieutischen Gespräch* bis hin zum *freien Unterrichtsgespräch*, und allesamt wurden sie ausdrücklich als Gegenentwürfe zum *katechetischen Gespräch* verstanden, insonderheit zum bloßen „*Verhören*".

Eingeleitet hat diese neuerliche Entwicklung des deutschen *Lehrgesprächs* Johann Bernhard Basedow mit seinem „Methodenbuch für Väter und Mütter der Familien und Völker" im Jahr 1770 (2. Aufl. 1771) und der anschließenden Gründung des Philanthropins in Dessau im Jahre 1774. Es folgten viele weitere philanthropische Erziehungsinstitute – Karl Spazier zählt im Jahre 1786 insgesamt 63[282] –, unter ihnen Salzmanns Institut in Schnepfenthal (gegründet 1784), Campes Institut „im Billwerder Ausschlag am Hammerdeich"

---

[280] Rehberg 1785, 234.
[281] Vgl. Schuler 1802; Krecher 1929, 68; Schian 1900, 116.
[282] Spazier 1786, 21; vgl. auch die „Nachrichten" von ausgewählten „Erziehungs= Anstalten" in Krünitz 61, 1793, 871ff. (s.v. *Land=Schule*).

bei Hamburg (1778)[283] und Bahrdts Institut in Marschlins (1772 von Ulysses Salis-Marschlins gegründet).

Mit dem *sokratischen Gespräch* auf der Grundlage eines philanthropischen Menschenbildes vom Schüler schien im letzten Drittel des 18. Jahrhunderts die Frage, welche die beste „Lehr=Art" sei, beantwortet. Die philanthropischen Grundlagen ruhten ideengeschichtlich auf Arbeiten vor allem John Lockes und Jean-Jacques Rousseaus auf. Rousseaus Ansatz, wie er ihn in seiner Schrift „Emile ou de l'éducation" von 1762 entworfen hatte, nimmt bekanntlich seinen Ausgang von der These, der Mensch sei von Natur aus gut und bliebe auch gut, würde er in seiner Entwicklung nicht durch andere Menschen gestört. Der Mensch als Gottesgeschöpf ist gut, der Mensch als soziale Kreatur indes verdorben. Um diese Verderbnis zu verhindern und auch im sozialen Menschen das Gute zu erhalten, muss laut Rousseau den Kindern eine natürliche Entfaltung ermöglicht werden. Erziehung erscheint somit als „negative Erziehung" im Sinne eines natürlichen „Wachsenlassens". Aufgabe der Erzieher ist es dabei, sich zu den Kindern „herabzulassen" – *herablassen* entpuppt sich neben *ablocken* tatsächlich als ein weiteres Schlüsselwort des *sokratischen Gesprächs* (s.u.) – und dem „Wachsenlassen" den Weg zu ebnen (was freilich wiederum ein Eingriff ist).[284]

Einen ebenfalls von der sozialen Verderbtheit des Menschen ausgehenden, indes milieutheoretischen Standpunkt hatte zuvor, im Jahre 1693, John Locke in seinen „Some Thoughts Concerning Education" vertreten.[285] Der Mensch ist bei ihm von Natur aus weder gut noch böse, weder klug noch dumm, sondern im Wesentlichen ein Produkt der ihn umgebenden Gesellschaft. Die Seele des Menschen erscheint hier als Tabula rasa, die je nach kultureller, sozialer, politisch-ideologischer Umwelt unterschiedlich beschrieben wird. Sowohl bei Locke wie auch bei Rousseau wird der Mensch also auf seine natürlichen Ursprünge zurückgeführt und in Bezug auf die Erziehung einmal als Gottesgeschöpf und einmal als Menschenwerk betrachtet. Ziel ist es, beide Seiten in Übereinstimmung zu bringen, wobei die Philanthropen, wie erwähnt, nicht allein die Bildung des Menschen zum Menschen, sondern stets die gesellschaftliche Nützlichkeit und Brauchbarkeit des Menschen vor Augen hatten.

Lessing hat diese beiden den Menschen bildenden Kräfte, also Gott und den Menschen selbst, in seiner Abhandlung über die „Erziehung des Menschengeschlechts" von 1780 in der These von der Entsprechung von Ontoge-

---

[283] Vgl. das Nachwort zu Campe 1779/80, 379.
[284] Vgl. Dietrich 1991, 27ff., 88ff.; Reble 1959, 139ff.
[285] Vgl. Dietrich 1991, 130ff.; Reble 1959, 132ff.

nese und Phylogenese zusammengedacht.²⁸⁶ Die philanthropisch gesinnten Aufklärungspädagogen seiner Zeit sahen ebenfalls in der Erziehung einen zielgerichteten, fortschreitenden Prozess mit dem Ziel, die dem Gottesgeschöpf Mensch natürlich gegebenen Anlagen zum Nutzen der Gesellschaft zu entfalten, und das heißt: Wissen von innen *abzulocken* und weiterzuführen anstatt es von außen in die Menschen hineinzulegen.²⁸⁷ Schon der antike Vater des *sokratisches Gesprächs*, eben (der Platon'sche) Sokrates, war davon ausgegangen, dass der Mensch schon vor seiner Geburt das Wissen durch Anschauung erwirbt und deshalb nach der Geburt nurmehr daran erinnert werden müsse (Anamnesis) – beispielsweise durch ablockende, maieutische Fragen.²⁸⁸

Einer der einflussreichsten Theoretiker des *sokratischen Gesprächs* im 18. Jahrhundert, Carl Friedrich Bahrdt, spricht 1776 ebenfalls davon, das Kind müsse an seine „Vorerkenntnisse" erinnert werden. Diese sinnlich erworbenen Vorerkenntnisse der Kinder gerönnen im Lauf der Entwicklung des Kindes zu abstrakten Vorbegriffen, den „Data", und er unterscheidet fünf „Data"-Klassen: „Erfahrungen"; „Fertigkeiten", „allgemeine Gefühle", „Grundsätze" und „Zeugniße".²⁸⁹ Insofern sich jeder Lehr-Lern-Gegenstand einer dieser Klassen zuordnen lasse, führt Bahrdt unter Berufung auf seine „Data"-Klassen den Nachweis, dass das *sokratische Gespräch* grundsätzlich allen Unterrichtsfächern offen stehe. Nur das Gespräch, und insonderheit also nur das *sokratische Gespräch*, ist laut Bahrdt in der Lage, dieses dem Kind gegebene Wissen abzulocken und zu entfalten. In der Tat erscheint das Gespräch nunmehr als Lehr-Lern-Methode und als Baustein umfassenderer Lehr-Lern-Verfahren „in allen Wissenschaften" (Bahrdt), d.h. auf die verschiedensten Gegenstände angewandt, sei es die Mathematik oder die Naturkunde, sei es die Religion oder das Alphabet, sei es ein abstrakter Begriff oder die Sozialdisziplinierung (wie etwa Bahrdt es vorführt mit einem Gespräch zum Thema Alkoholmissbrauch).²⁹⁰ Diesem pädagogischen Ansatz,

---

[286] Vgl. Lessing; Werke, 8, 490: „Was die Erziehung bei dem einzeln Menschen ist, ist die Offenbarung bei dem ganzen Menschengeschlechte."

[287] Vgl. die treffende Zusammenfassung Krechers (1929, 3): „Das didaktische Denken der Sokratiker war psychologisch eingestellt, die Didaktiker des zergliedernden Verfahrens dagegen dachten mnemotechnisch."

[288] Vgl. HWbRh 5, 2001, 727ff. (s.v. *Maieutik*). Zum – keineswegs unkritischen – Umgang mit dem Vorbild Sokrates vgl. Vierthaler 1793; Zerrenner 1793; Zerrenner 1794; Gräffe 1793–1801, Bd. 2, 1794, 424ff.; Felbiger 1775, 136. Zum geistesgeschichtlichen Hintergrund der Sokrates-Rezeption in der Pädagogik des 18. Jahrhunderts vgl. Böhm 1966, bes. 133f.; Krecher 1929, 13ff.; Schian 1900, 131ff.

[289] Bahrdt 1776, 132ff.; vgl. dazu auch Krecher 1929, 79ff.

[290] Vgl. Bahrdt 1776, 134f.

von Vorerkenntnissen des Kindes auszugehen, folgten in dieser Zeit sogar Pädagogen, die sich nicht dem Philanthropismus verschrieben hatten, wie beispielsweise Johann Friedrich Christoph Gräffe. Dieser führt zum Beweis der Existenz abzulockender „Data" nicht Sokrates an, sondern die kantische Theorie des Erkenntnisvermögens:

> Nur dadurch also, daß es Anschauungen, Begriffe und Ideen a priori giebt, nur dadurch, daß diese Voraussetzungen allgemein gültig und nothwendig sind, wird es möglich, einem Lehrlinge irgend etwas abzulocken, das heist, ihn bis dahin zu bringen, daß er irgend einen Gegenstand oder sein Verhältniß aus sich selbst bestimmet.[291]

Neben *ablocken* und *herablassen* ist *selbst* das dritte Schlüsselwort der philanthropischen Didaktik und des *sokratischen Gesprächs*. In den Schriften Basedows, Bahrdts, Salzmanns u.a. begegnet dieses Wort immer wieder als Synonym für das, was in der modernen pädagogischen Theorie als „aktivierendes Verfahren" bzw. „selbstgesteuertes Lernen" bezeichnet wird. Christian Friedrich Dinter formuliert das philanthropische Credo im Jahre 1800 so:

> Der Sokratiker soll, als solcher, dem Kinde nichts geben, sondern alles aus ihm nehmen. Er soll das Kind so leiten, daß es aus dem, was ihm bekannt ist, das s e l b s t finde, was er ihm jetzt darzustellen wünscht. Hierin besteht das Hauptgeschäft, die Hauptgeschicklichkeit des Sokratikers, d a s A b l o c k e n.[292]

Das Wort *selbst* folgt im weiteren Sinne dem horazischen „Sapere aude"!, das Kant 1784 in seiner „Beantwortung der Frage: Was ist Aufklärung" mit dem berühmten Satz „Habe Muth dich deines e i g e n e n Verstandes zu bedienen!" übersetzt.[293] Es meint in Bezug auf das Gespräch in mehrfachem Sinne eine aktive Gesprächsbeteiligung des Kindes, nämlich aktiv als Hörer und reagierender Sprecher (dies war im *katechetischen Gespräch* ausschließlich seine Rolle) und aktiv als den Gesprächsverlauf und den Lehr-Lern-Prozess mitgestaltender Sprecher, etwa durch Schülerfragen oder durch Antworten, die unter sachlichem Gesichtspunkt Umwege erzeugen, unter didaktischem Gesichtspunkt aber eine ergiebigere Entfaltung des Wissens bewirken.[294]

---

[291] Gräffe 1793–1801, Bd. 3, 1796, 270. Zum Verhältnis der Katechetik Gräffes zu Kants Philosophie vgl. Schulz 1979, 49ff.

[292] Dinter 1800, 61 (Hervorhebungen von mir, J.K.).

[293] Kant; Werke 8, 35. Kants übrige Bemerkungen zu Lehr-Lern-Methoden, etwa seine Unterscheidung zwischen „akroamatischer" und „erotematischer" Lehrart sowie die Binnendifferenzierung letzterer (Werke 6, 487) spiegeln im großen Ganzen die Communis opinio im Diskurs über Katechetik und Sokratik, hatten aber kaum Einfluss auf ihn.

[294] Zur Nützlichkeit des „Umwegs" vgl. Schuler 1802, 231; zur Selbsttätigkeit auch Bahrdt 1776, 127ff. und 183ff.

Dass diese dialogisch hergestellte Aktivität des Schülers zugleich motivierend und aufmerksamkeitssteuernd wirke, wurde vorausgesetzt, galt das Gespräch doch als „natürliche" Lehr=Lern-Methode, die dem Redetrieb der Kinder entgegenkomme. In den fiktiven *sokratischen Unterrichtsgesprächen* sind die Kinder denn auch stets hoch motiviert („Ich möchte es gar zu gerne wissen"[295]) und wirken eifrig an der Lösung einer gestellten Aufgabe mit („Warten Sie!", „Lassen Sie mich!";[296] „Ich auch", „Ich auch", „ich auch!"[297]).

Schon die skizzierten ideengeschichtlichen Randdaten des *sokratischen Gesprächs* weisen in Bezug auf das Menschenbild eine prinzipielle Inkompatibilität mit der politischen Herrschaftsform des aufgeklärten Absolutismus auf, deren Ideal gerade nicht der selbstständige und aktive Mensch, sondern der folgsame und nützliche Untertan war. Schon diese Inkompatibilität, die übrigens auch von den Philanthropen nicht angetastet wurde, sorgte dafür, dass das *sokratische Gespräch* keine Lehr=Art für die breite Masse werden konnte – ganz abgesehen von den Schulverhältnissen, wie sie für die breite Masse eben bestanden. Die sozialgeschichtlichen Randdaten bestätigen diese eher konservative ideengeschichtliche Tendenz, fand das *sokratische Gespräch* doch vornehmlich auf „Privaterziehungsanstalten" und privaten „gelehrten Schulen" sowie in der Hofmeistererziehung den Weg in die Praxis. Auch dies muss daher der sprachgeschichtlich-außenperspektivischen Betrachtung immer vorangestellt bleiben: Wiewohl die offeneren Formen des deutschen *Lehrgesprächs* im 17. und 18. Jahrhundert vor dem zeitgeschichtlichen Hintergrund erstaunlich frei und modern daherkommen und sich sprachgeschichtlich in der Tat als Fundamente der Lehrgespräche der deutschen Gegenwartssprache erweisen, so ist es doch abwegig, in ihnen Boten einer antiautoritären oder, wenn man so will, demokratisch-liberalen Gesprächsethik erblicken zu wollen. Dazu war die Aufklärung, dazu war auch die Aufklärungspädagogik selbst viel zu autoritär und viel zu elitär in ihren Ansprüchen. Die Philanthropen waren, in ihrer Zeit, fortschrittlich, und doch waren sie in dieser Fortschrittlichkeit Stützen des politischen Systems und Gesellschaftsmodells des aufgeklärten Absolutismus, und sie blieben es auch über die Ereignisse des Jahres 1789 hinaus.[298] So war auch das *sokratische Gespräch* keineswegs dazu angetan, etwa individuell die vorhandenen Begabungen und Talente jedes Schülers zu entwickeln, sondern war Mittel zum Zweck der Bildung und Ausbildung in Bezug auf ständische und berufliche Anforderungen, wie sie für Staat und Nation nützlich schienen. Und mehr

---

[295] Michelsen 1781, 4.
[296] Bahrdt 1776, 137f.
[297] Zerrenner 1788, 17.
[298] Vgl. Ruppert 1980, 341ff.

noch: Wenngleich das *sokratische Gespräch* nicht nur fertiges Wissen vermitteln, sondern neues Wissen erzeugen und, wie es so oft heißt, die Schüler zu selbstständigen „Urtheilen" befähigen sollte, und wenngleich dies aus der aszendenten Perspektive im Vergleich zum streng geschlossenen *katechetischen Gespräch* natürlich eine bemerkenswerte Öffnung, und zwar auch geistige Öffnung, darstellte, so darf die mitunter straffe Lenkung und nicht selten gar dogmatische Gesinnungsschulung in *sokratischen Gesprächen* nicht übersehen werden. Der Lehrer, so führt Ernst Christian Trapp aus, muss die Schüler sokratisch „dahin führen, wo er sie haben will"[299] – und das ist durchaus nicht nur im kognitiven, sondern auch im ideologischen Sinne zu verstehen. Schon Sokrates hatte bekanntlich mit seinen Gesprächen nicht nur maieutische Unterweisung im Sinn, um die Schüler zum eigenen Denken anzuleiten, sondern verfolgte mit seinen ironischen Fragen den Zweck, hochmütigen Jünglingen ihr vermeintliches Wissen zu erschüttern und es in seinem Sinne zu lenken.[300] Die in der philanthropischen Literatur zum *Lehrgespräch* zu findenden Darstellungen zu Formen und Funktionen der Lehrerfrage zeigen ebenfalls diese Funktion der Frage, vermeintliches Vorwissen zu erschüttern, „das Kind ad absurdum" zu führen[301], und also das zu erzeugen, was in der modernen didaktischen Theorie „kognitiver Konflikt" heißt. Diese Funktion wurde im 18. Jahrhundert durchaus im positiven Sinne didaktisch instrumentalisiert; die „allerschönste Methode, Kinder zu prüfen, und in ihren Begriffen Klarheit und Festigkeit hervorzubringen", schreibt Bahrdt, sei „die Kunst, überall verstellte Einwürfe und Zweifel anzubringen."[302] Dies darf aber nicht darüber hinwegtäuschen, dass die FRAGE im *sokratischen Gespräch* die Schüler zwar zum selbstständigen Finden der gewünschten Antwort anleiten, aber nicht eigentlich Impuls für freies Denken sein sollte.[303] Das deutsche *Lehrgespräch* im sokratischen Kleid am Ende des 18. Jahrhunderts war also zwar nicht mehr nur „eine Art Vermittlungsmaschinerie";[304] gerade davon sollte es sich absetzen. Es war aber auch nicht nur Mittel für ein behutsam gelenktes „Wachsenlassen" individueller Fähigkeiten und Fertigkeiten, sondern durchaus auch Mittel autoritativer Lenkung. Wie dies alles im Gespräch zu leisten war, wurde in zahlreichen theoretischen Schriften zu erkunden gesucht, jedoch ohne dass es zu einer in sich geschlossenen philanthropischen Gesprächstheorie gekommen ist. „Eigentliche Regeln, wie man

---

[299] Trapp 1775, 9; vgl. auch Krecher 1929, 90, der Ähnliches für Carl Friedrich Bahrdts sokratische Didaktik feststellt; ferner Spinner 1992, 310; Dietrich 1975, 51ff.
[300] Vgl. Vierthaler 1793, 73ff.; Schorn 1912, 19; Reble 1959, 25ff.
[301] Bahrdt 1776, 187.
[302] Bahrdt 1776, 190.
[303] Vgl. Dietrich 1975, 51ff.
[304] Eichinger/Lüsebrink 1989, 225.

das machen muß, lassen sich nicht wohl geben: Alles kommt auf fleissige Uebung der Lehrer an", schreibt Rist in seiner „Anweisung für Schulmeister".[305] Wohl auch deshalb mündete der Diskurs über das deutsche *Lehrgespräch* am Ende des 18. Jahrhunderts sogar mehr und mehr in einen allgemeinen Diskurs über einzelne didaktische Sprachhandlungen des Lehrers, noch dazu mit einer Konzentration auf die Frage nach der richtigen „Kunst zu fragen".[306]

Es ist des Weiteren auch kein Zufall, dass kein namhafter Aufklärungspädagoge sich gesprächstheoretisch der Unterweisung auf „gemeinen Schulen" auf dem Lande annahm. Man pilgerte zwar nach Reckahn, um Rochows Schulen zu besichtigen, gründete selbst indes – nicht zuletzt aus wirtschaftlichen Gründen freilich – „Privaterziehungsanstalten" für die gelehrte Bildung von Kindern wohlhabender Eltern. Die theoretischen Erörterungen über Vor- und Nachteile von Katechetik und Sokratik im letzten Drittel des 18. Jahrhunderts müssen denn auch stets vor diesem Hintergrund der verschiedenen Lehr-Lern-Umgebungen gesehen werden, hier die voll besetzte Schulstube mit Kindern und Jugendlichen unterschiedlichster Bildungsgrade, dort kleine und vom Leistungsniveau her relativ homogene Lernergruppen. Auch dies darf wohl als „Dialektik der Aufklärung" bezeichnet werden, dass sie in pädagogischen Fragen in praxi ständisch-pädagogisch blieb und nicht volkspädagogisch wurde. Doch ist dies wiederum ein Urteil aus der sicheren Distanz des Rückblicks.

Aus aszendenter Perspektive betrachtet, erscheint die philanthropische Epoche in der Entwicklung des deutschen *Lehrgesprächs* auf dem Weg zum *Unterrichtsgespräch* nämlich als glänzende Facette einer umfassenderen kultur- und sozial-, ideen- und mentalitätsgeschichtlichen Wende oder, um es mit Kosellecks Schlüsselwort zu sagen: „Sattelzeit", im letzten Drittel des 18. Jahrhunderts, und auch in dieser Epoche wirkten nicht wenige Entwicklungen außerhalb des Kommunikationsbereichs der Lehre direkt oder indirekt auf das deutsche *Lehrgespräch* in der Institution „Schule" ein.

Da ist, an erster Stelle, wiederum die Entwicklung der deutschen Literatursprache zu nennen. Die Gattungspoetik der Zeit greift die Stränge der Jahrhundertmitte, wie sie vor allem Lessing geknüpft hatte, auf und führt das Gespräch zu neuen, noch offeneren Formen, insofern „zum ersten Mal in der Geschichte des deutschen Dramas alltags- und umgangssprachliche Anrede

---

[305] Rist 1787, 44.
[306] „Kunst zu fragen" ist der Titel eines Buches von Johann Ignaz von Felbiger aus dem Jahr 1777, vgl. zu diesem beherrschenden Thema auch [Feder] 1777, 173; Riemann 1781, 25 und Velthusen 1787, Vorrede, wo deutlich wird, dass die Beherrschung der „Kunst zu fragen" auch ein Schutz vor „freyeren Gesprächen" sein konnte.

und Erwiderung die dramatische Szene beherrscht und somit Annäherungen an das natürliche Gespräch erzielt werden."[307] Helmut Henne hat in seiner Analyse der „Sprach- und Literaturtheorie des Sturm und Drang" eine „Aversion gegen gekünstelte Sprache und ein Plädoyer für die Sprache der einfachen Bürger" festgestellt und am Beispiel von Dramen Lenz' und Wagners gezeigt, wie diese theoretischen Grundfesten Eingang in das literarische Gespräch fanden, etwa im Wege von Gesprächswörtern (*apropos, ey, ey was, ja, na, nu, kurz und gut, o, gelt, nit wahr* u.a.);[308] ferner kommen hier typische Mittel der gesprochenen Gesprächssprache zu literatursprachlichen Ehren, wie beispielsweise Anakoluthe, paratakische Reihungen, Satzabbrüche.[309] Nicht nur in sprachlicher, sondern auch in inhaltlicher Hinsicht ist Lenz' Komödie „Der Hofmeister oder Vorteile der Privaterziehung" von 1771/72 (Erstveröffentlichung 1774) ein literarischer Spiegel der Zustände in dieser Zeit.

Im Bereich der erzählenden fiktionalen Texte spiegelt sich in Form der Briefromane die Entwicklung des Briefes vom rhetorischen Kunstwerk zur individuell gestalteten Korrespondenzsorte, und weil Briefe zu schreiben die einzige Möglichkeit der Fernkommunikation war, wurde zwischen Normen für das Gespräch und solchen für die Korrespondenz nicht so streng geschieden, galt der Brief mithin als schriftliches Gespräch; in Gellerts Worten:

Das erste, was uns bey einem Briefe einfällt, ist dieses, daß er die Stelle eines Gesprächs vertritt. Dieser Begriff ist vielleicht der sicherste. Ein Brief ist kein ordentliches Gespräch; es wird also in einem Briefe nicht alles erlaubt seyn, was im Umgange erlaubt ist. Aber er vertritt doch die Stelle einer mündlichen Rede, und deswegen muß er sich der Art zu denkenund zu reden, die in Gesprächen herrscht, mehr nähern, als einer sorgfältigen und geputzten Schreibart. Er ist eine freye Nachahmung des guten Gesprächs.[310]

Auch Goethe vermittelt im 13. Buch von „Dichtung und Wahrheit", in dem er die Entstehung seines „Werthers" nachzeichnet, einen sehr schönen Eindruck von dieser Befindlichkeit der Zeit, wenn er eine nahe Verwandtschaft vom „Gespräch im Geiste mit dem Briefwechsel" feststellt.[311] In jedem Fall darf in dieser Kultur des Briefeschreibens eine Abkehr von kunstfertig vorgeformten Textbausteinen und eine Öffnung zu natürlicherem schriftdialogischem Sprachgebrauch erblickt werden – was nicht heißt, dass die Natürlichkeit nicht auch künstlerisch (und künstlich) überformt sein konnte.

---

[307] Henne 1980, 92.
[308] Vgl. Henne 1980, 92ff.
[309] Vgl. Klotz 1985, 156ff.; Betten 1985, 145ff.
[310] Gellert 1751, 3; vgl. v. Polenz 1994, 33f.; vgl. auch die einschlägigen Arbeiten von Winter 1974; Kalmbach 1996; Vellusig 2000.
[311] Goethe; Werke 9, 576.

Mittelbar mit dieser literatursprachlichen Entwicklung verknüpft und nicht minder einflussreich für die Geschichte des deutschen *Lehrgesprächs* ist auch die Rolle des deutschen Gesprächs im „Strukturwandel der Öffentlichkeit" dieser Zeit.[312] Diese Rolle, nämlich Mittel zu sein, den Menschen zum gesellschaftlichen Wesen zu bilden, hatte schon Thomasius dem Gespräch zugesprochen; nun fand sie weithin Beachtung.[313] Das Gespräch trat aus dem geschützten privaten Haus hinaus in die Öffentlichkeit, nahm öffentliche Themen auf und wurde zu einer kritischen Instanz.[314] Die vornehmlich private, gesellige *Konversation*, semantisch nunmehr vom allgemeinen ‚Umgang mit Menschen' zum ‚sprachlichen Umgang' fortgeführt, wurde in der Öffentlichkeit ihres traditionellen rhetorischen Schmucks weitgehend entkleidet und avancierte zur politischen *Diskussion*, zur politischen *Debatte*, zum politischen *Räsonnement*.[315] Bedenkt man, dass die öffentlich wirksamen Meinungsbildner in aller Regel dem gelehrten, indes politisch bis auf wenige Ausnahmen – man denke an den Minister Goethe – einflusslosen Stand angehörten,[316] so muss man für die politische Kommunikation im 18. Jahrhundert den Strukturwandel auf bestimmte Teilöffentlichkeiten beschränken. Öffentlich *diskutiert, debattiert* und *räsonniert* wurde vornehmlich von bürgerlichen, gelehrten Männern, gern in den „Clubs".[317] Unabhängig von der

---

[312] Vgl. die einschlägige Schrift von Habermas 1974, bes. 42ff.; ferner Heinemann 1974, 62 und 106, wo der vom Staats- und Justizminister Karl Abraham von Zedlitz eröffnete öffentliche Diskurs über eine Reform des Schulwesens als „Gespräch" beschrieben wird.

[313] Zum Zusammenhang von Gespräch und Geselligkeit vgl. Fauser 1991.

[314] Vgl. z.B. den Eingang zu Goethes „Unterhaltungen deutscher Ausgewanderten" von 1795; Goethe, Werke 6, 125ff. Vgl. auch HWbRh 3, 1996, 951 (s.v. *Gesprächserziehung*), wo der Herzog von Weimar mit den folgenden Worten aus dem Jahr 1736 zitiert wird: „Das vielfache Räsonnieren der Untertanen wird hiermit bei halbjähriger Zuchthausstrafe verboten, und haben die Beamten solches anzuzeigen. Maszen das Regiment von Uns und nicht von den Bauern abhängt, und Wir keine Räsonneure zu Untertanen haben wollen."

[315] Joachim Heinrich Campe, der 1789 nach Paris gereist war und die Anfänge der Französischen Revolution beobachtet hatte, verdeutscht diese Benennungen für Sprachhandlungen, wobei ihm vor allem das „Raisonniren" ein Indikator der neuen politischen Öffentlichkeit ist. Zusammen mit *Raisonnement* erhält *Raisonniren* annähernd drei kostbare Wörterbuchspalten. Campes Zuspruch findet ein Verdeutschungsvorschlag Friedrich Eberhard von Rochows, der *raisonniren* mit „*vernunften*" ins Deutsche bringen möchte. Vgl. Campe 1801, 566f., s.v. *Raisonniren*.

[316] Vgl. Wehler (1989, 331), der für diesen Zustand den Begriff „Diskussion als Politikersatz" geprägt hat; ferner v. Polenz 1994, 35ff.

[317] Vgl. Campe 1801, 232 (s.v. *Club*), wo es u.a. heißt: „Da nun Klubb auch im Klange nichts undeutsches hat und vornehmlich in diesem letzten Jahrzehend durch die Zeitungen und andere allgemein gelesene Blätter, besonders aber auch durch die häufigen, durch alle Stände verbreiteten Gespräche, über die wichtigen

politischen Machtlosigkeit dieser Räsonnements ist gleichwohl deren Katalysatorfunktion für die sprachgeschichtliche Erweiterung des Repertoires deutscher Gesprächssorten deutlich zu erkennen: Die Tragfähigkeit und Belastbarkeit der deutschen Gesprächssprache wurde in diesen nicht selten antagonistisch geführten, in Bezug auf Argumentationsstrukturen mitunter an die gelehrte *Disputation* gemahnenden und insofern doch wieder rhetorisch gewürzten Gespräche, denen auch andere als politische Gegenstände zugeführt wurden, auf eine neue Probe gestellt, und das Ergebnis fiel positiv aus: Nicht nur, dass das deutsche Gespräch in Bezug auf seine ko- und kontextuellen, funktional-pragmatischen und formal-strukturellen Dimensionen seine Leistungsfähigkeit in diesen neuen Bereichen erwies; es gewann auch an Ansehen und Wertschätzung bei Sprechergruppen, die vordem das deutsche Gespräch bewusst gemieden hatten, um sich von den niederen Ständen abzugrenzen. Vor diesen Hintergrund wird auch verständlich, warum es nun nicht mehr nur für den künftigen Gewerbetreibenden, Schullehrer und Pfarrer „brauchbar" und „nützlich" war zu lernen, sich sicher im deutschen Gespräch zu bewegen. Carl Friedrich Bahrdt schreibt dazu in seinem „Philanthropinischen Erziehungsplan":

> Es ist ein unverbrüchliches Gesetz für alle philanthropinische Lehrer, daß sie die Muttersprache sowol in Lektionen als in der Konversation mit ihren Schülern so gut und rein als möglich sprechen, und keinem Schüler einen Sprachfehler übersehen, ohne ihn erinnert und die Verbesserung angezeigt zu haben.[318]

Und schließlich: Wie die Pädagogik der Aufklärung philanthropisch wird, so wendet sich auch die Sprachphilosophie dieser Zeit dem Menschen zu und wird anthropologisch, genauer: Sie wendet sich dem sprechenden Menschen zu und damit auch, zumindest sprachtheoretisch, dem Gespräch. Dabei sind im Besonderen zwei Bereiche herauszugreifen: die Frage nach dem Ursprung und die Frage nach dem ontologischen Status der Sprache, und in beiden Fällen handelt es sich auch um die Frage nach der Rolle des Gesprächs im Sprachwandel.

In seiner 1772 veröffentlichten Preisschrift „Abhandlung über den Ursprung der Sprache" erklärt Johann Gottfried Herder die Sprache zur Erfindung des Menschen, und zwar zur Erfindung zum Zweck des „Dialogirens":

> Ich kann nicht den ersten Menschlichen Gedanken denken, nicht das Erste besonnene Urtheil reihen, ohne daß ich in meiner Seele dialogire oder zu dialogiren strebe; der erste Menschliche Gedanke bereitet also seinem Wesen nach, mit An-

---

Begebenheiten unserer Tage, in die Volkssprache übergegangen ist: so können wir ihm das Bürgerrecht in unserer Sprache nicht mehr streitig machen."
[318] Bahrdt 1776, 67f.

dern dialogiren zu können! Das erste Merkmal, was ich erfaße, ist Merkwort für mich, und Mittheilungswort für Andre!³¹⁹

Dass Sprache als dem Menschen eigenes Phänomen ihrem Wesen nach dialogisch ist, klingt also bei Herder bereits an. Der andere sprachphilosophische Bereich, in dem das Gespräch eine herausragende Rolle spielt, die Frage nach dem ontologischen Status der Sprache, wird dann von Wilhelm von Humboldt vermessen. Humboldts Sprachbegriff gilt noch heute als sprachtheoretisches Fundament der germanistischen Dialogforschung, sei sie nun konversationsanalytisch oder dialoggrammatisch begründet.³²⁰ Für Humboldt ist Sprache bekanntlich die „Totalität des Sprechens" und als solche „kein Werk (Ergon), sondern eine Thätigkeit (Energiea)".³²¹ So sehr Sprache auch ein Organismus sein mag, so sehr existiert sie doch nur und ausschließlich im Sprechen der Menschen, und das heißt: im Gespräch:

> Besonders entscheidend für die Sprache ist es, dass die Zweiheit in ihr eine wichtigere Stelle, als irgendwo sonst, einnimmt. Alles Sprechen ruht auf der Wechselrede, in der, auch unter Mehreren, der Redende die Angeredeten immer sich als Einheit gegenüberstellt. [...] Es liegt aber in dem ursprünglichen Wesen der Sprache ein unabänderlicher Dualismus, und die Möglichkeit des Sprechens selbst wird durch Anrede und Erwiederung bedingt.³²²

Die Sprachforschung im engeren Sinn war am Ende des 18. Jahrhunderts noch viel zu sehr mit der Sichtung, Sammlung und (normierenden) Kodifikation des regulären Baus der deutschen Sprache im Sinne eines „Werks" befasst, als dass sie – außer vielleicht in den orthoepischen Teilen der großen Grammatiken und Wörterbücher – die Dimensionen des Sprechens in den Blick genommen hätte. Gleichwohl leistete auch sie ihren Beitrag zur Geschichte und Entwicklung des deutschen Gesprächs, und zwar weniger im ideen- und mentalitätsgeschichtlichen als vielmehr ganz konkret im kultur- und sozialgeschichtlichen Sinne: Indem Sprachforscher, wie beispielsweise Johann Bödiker, Johann Christoph Gottsched, Carl Friedrich Aichinger, Johann Christoph Adelung u.v.a. in langwierigen Auseinandersetzungen eine allen Sprechern gemeinsame deutsche Aussprache zu normieren suchten, und indem sie ferner über Gebrauch und Missbrauch der so genannten „Zwischenwörter", also der Interjektionen, richteten und es auch an Hinweisen zum Sprechstil nicht fehlen ließen, gaben sie dem Lehrer auf der Schule Richtlinien an die Hand zur Sprachlehre und Sprecherziehung des Hochdeut-

---

[319] Herder: „Abhandlung über den Ursprung der Sprache" (1772), Werke 5, 1–154, hier 47.
[320] Vgl. Henne/Rehbock 2001, 6ff.; Weigand 1986.
[321] Humboldt: „Ueber die Verschiedenheit des menschlichen Sprachbaues [...]" (1830–35); Werke 3, 368–756, hier 418.
[322] Humboldt: „Ueber den Dualis" (1827), Werke 3, 113–143, hier 137f.

schen. Ich habe oben in anderem Zusammenhang bereits darauf hingewiesen, dass zudem selbst die berühmteren unter diesen Grammatikern, etwa Justus Georg Schottelius, Johann Christoph Gottsched, Johann Friedrich Heynatz und Johann Christoph Adelung, keine Furcht zeigten, ihre Werke „Für die Jugend in den Schulen" (Schottelius) bzw. „zum Gebrauche der Schulen" (Adelung) in gekürzten und besonders aufbereiteten Ausgaben auf den Markt zu bringen.

Zurück zur Kultur- und Sozialgeschichte des deutschen *Lehrgesprächs*. Johann Bernhard Basedow hat, wie erwähnt, die Entwicklung des deutschen *Lehrgesprächs* hin zu offeneren Sorten desselben maßgeblich befördert. Diese historisch besondere Rolle Basedows wurde bereits von Zeitgenossen erkannt. Schuler schreibt in seiner „Geschichte des katechetischen Religionsunterrichts":

> Die Erfindung der Socratischen Methode für den Religionsunterricht wird gewöhnlich Basedow und den nach ihm entstandenen Philanthropinen, wo diese Lehrart wieder aufgekommen seyn soll, zugeschrieben. – Das muß man zwar einräumen, daß dieser Unterricht hier zuerst in Übung gebracht worden ist; aber die Erfindung davon kann ihnen nicht wohl zugeschrieben werden. Mosheim zeigte schon lange vorher den Nutzen davon, und empfahl auch diesen Unterricht aufs nachdrücklichste; aber er hatte nicht das Glück, die gewünschten Nachahmer dieser Methode zu finden.[323]

Basedow hatte nicht nur das Glück, Nachahmer zu finden, sondern auch das Glück, unter pädagogisch günstigen Bedingungen wirken zu können. Er darf als Zentralfigur des deutschen Philanthropismus gelten.[324] Die Einflüsse Rousseaus sind unverkennbar; vor allem im „Methodenbuch" setzte Basedow sich kritisch mit dem „schweizerischen Philosophen" auseinander. Des Weiteren finden sich Einflüsse Ratkes, Comenius', Lockes in Basedows pädagogisch-didaktischem Denken. In seinem „Methodenbuch", das eine Grundlage des zuerst 1774, in zweiter, „sehr verbesserter" Auflage 1785 erschienenen „Elementarwerkes" ist, behandelt Basedow nun auch das *Lehrgespräch*, nämlich den „Unterricht in zufälligen Gesprächen":

> Oben habe ich des Unterrichts in z u f ä l l i g e n G e s p r ä c h e n erwähnt. In dem Elementarwerke will ich dafür sorgen, daß es den Eltern, Schullehrern, Hofmeistern und Französinnen, wenn sie sich mit diesem Werke bekannt machen, es immer bei der Hand haben und überhaupt meinem Rate folgen wollen, niemals an nützlichem Stoffe zu solchen Gesprächen fehle.[325]

---

[323] Schuler 1802, 227, Anm.
[324] Vgl. Schorn 1912, 199ff. zu Basedow ferner Baur 1790, 18ff.; Reble 1959, 148ff.; Rach 1968, 134ff.; Schian 1900, 59ff.
[325] Basedow 1771, 76; von „zufälligen Gesprächen" spricht auch Zinzendorf 1735, 70.

Schulischer Unterricht, schulisches Lehren und Lernen, soll den Schülern nicht als institutionell organisiertes Handeln begegnen, sondern vielmehr auf indirektem Wege erfolgen, in scheinbar durch äußere Anlässe angeregten, scheinbar „zufälligen" Gesprächen. Die „Hilfsmittel", die Basedow dem Leser sodann an die Hand gibt, reihen Gesprächsanlässe und -stoffe auf, ohne Gesprächssorten auch nur zu erwähnen. Es scheint selbstverständlich, was er mit „zufälligen Gesprächen" meint: „Zufällige Gespräche" sind solche, die zwar einem intendierten Zweck dienen und mit denen der Lehrer entsprechend ein Ziel verbindet, die indes „zufällig", das heißt: aus gegebenem Anlass, begonnen werden und einen zumindest oberflächlich „zufälligen", das heißt: keiner strengen Form folgenden, Verlauf nehmen und trotz verschiedener Umwege wie „zufällig" das Ziel erreichen. Die Sorten des *katechetischen Gesprächs* konnten in diesem Sinne niemals „zufällig" sein.

Basedow war kein ausgewiesener Theoretiker des *Lehrgesprächs* und erweist sich auch in den fiktionalen *Lehrgesprächen* im „Elementarwerk" nicht als überragender Praktiker – bzw. literarisch begabter Autor – derselben. Gleichwohl bahnte er der Öffnung des deutschen *Lehrgesprächs* den Weg, zunächst auf den „Privaterziehungsanstalten", sodann aber auch, durch seine Schriften und seinen Einfluss auf namhafte Erzieher, auf öffentlichen Schulen. Das Philanthropin in Dessau erscheint rückblickend geradezu als Experimentierstube offener Formen des deutschen *Lehrgesprächs* und als Schmiede der philanthropischen Lehrer: Joachim Heinrich Campe war 1776/77 unter Basedows Leitung zunächst Mitarbeiter am Philanthropin, schließlich selbst für kurze Zeit Leiter desselben, ebenso wie nach ihm der Lehrer Christian Hinrich Wolke; Christian Gotthilf Salzmann, dessen Buch „Conrad Kiefer" von 1796 als deutsches Pendant zu Rousseaus „Emile" gelesen werden darf, war seit 1781 „Lehrer der christlichen Religion und Mitdirector" am Philanthropin, bevor er 1784 in Schnepfenthal ein eigenes Institut eröffnete;[326] Carl Friedrich Bahrdt war ein Protegé Basedows und kam auf dessen Vorschlag als Leiter des Philanthropins nach Marschlins; Ernst Christian Trapp wirkte seit 1777 als Lehrer in Dessau; und schließlich sind auch Beziehungen zu Friedrich Eberhard von Rochow, der das *sokratische Gespräch* in Großgruppen auf seinen öffentlichen „gemeinen Schulen" praktizieren ließ, nachweisbar.[327]

---

[326] Baur 1790, 397.
[327] Vgl. Bennacks Einleitung zu Rochow 1772, XXXI. Freilich gab es auch kritische Stimmen über Basedow, vgl. den Bericht „für den Staatskanzler Fürsten Kannitz-Rietberg (1772)", abgedruckt in Lhotsky 1966, 67f. Von der Obrigkeit wurde Basedow auch deshalb argwöhnisch beäugt, weil er in seinen Reden und Schriften von theologischen Dogmen abwich und auch auf seinem Philanthropin in Dessau einen eigenwilligen, konfessionell toleranten Religionsunterricht erteilte; vgl. Schorn 1912, 208, der auch auf Goethes Darstellung dieses Umstands verweist

233

Carl Friedrich Bahrdt, als Querdenker das Enfant terrible unter den Philanthropen,[328] hat in seiner Schrift „Philanthropinischer Erziehungsplan" von 1776 nicht nur seinen pädagogisch-didaktischen Ansatz dargelegt, sondern im 5. Kapitel („Von der Sokratischen Lehrart") gar eine Theorie des *sokratischen Gesprächs* geboten, in der am Beispiel – übrigens sehr natürlich gehaltener – fiktionaler und zugleich fiktiver Gespräche darlegt wird, wie der Lehrer jede der den fünf „Data"-Klassen (s.o.) korrespondierenden Arten des Wissens sokratisch *ablocken* kann. Als Beispiel für ein *maieutisches sokratisches Gespräch* wird unten eines dieser Bahrdt-Gespräche aus gesprächsanalytischer Sicht genauer zu betrachten sein (III. 4.1.2.1.). Schon die Beschreibung der Lehr-Lern-Atmosphäre – von der Sitzordnung bis hin zu gestisch-mimischen Mitteln – offenbart den neuen pädagogisch-didaktischen Geist im deutschen *Lehrgespräch*, in dem ein symmetrisches Verhältnis der Gesprächsteilnehmer inszeniert wird („Er [der Lehrer, J.K.] muß sich unter sie hinsetzen"). Bahrdt gibt dem Lehrer ausführliche Anweisungen, unter anderen die folgende, deren Beginn als Beschreibung des Frontispiz zu Campes „Robinson" gelesen werden könnte – wäre diese Anweisung nicht schon drei Jahre zuvor publiziert worden:

Der Sokratiker muß sich überall die Miene des Mitlernenden geben, wann er recht nützlich, und für die Kinder unterhaltend werden will. Er muß sich unter sie hinsetzen, wie einer ihrer ältern Gespielen, dem man es zwar ansieht, daß er mehr weiß wie die andern, der aber doch auch noch nicht allwissend ist. Er muß in das Lehrzimmer gleich so hineintreten, als ob er wieder über etwas nachgedacht hätte, das er seinen Freunden communiciren und mit ihnen gemeinschaftlich überlegen wollte: besonders in mathematischen Lehrstunden muß er immer mit einer merklichen Neugierde sich ankündigen, und seine Schüler bitten, sie möchten doch sehen, ob sie das mit ihm herausbringen könnten. Er muß sich stellen, als habe er schon etwas davon ergründet, aber es fehle ihm noch das und das. Wann ein Schüler einmal einen glücklichen Einfall hat, so muß er sich stellen, als wenn er ganz entzückt wäre, und sich wundern, daß er das herausgebracht habe. Bey schweren Fragen muß er zuweilen selbst still stehen, den Zeigefinger an die Nase legen, sinnen und warten, ob ihm ein Schüler zuvorkomme, und wann keiner etwas weiß, endlich mit vergnügter Stimme rufen: ‚halt! jetzt fällt mir etwas ein.' u.s.w.[329]

Dass der Lehrer sich zu den Kindern *herablassen* soll, und zwar sprachlich sowohl ausdrucksseitig wie auch inhaltsseitig, ferner parasprachlich wie auch non-verbal gestisch-mimisch, hatte zwar schon Comenius gefordert. Die

---

(vgl. Goethe; Werke 10, 24ff.); vgl. ferner zu Basedow Baur 1790, 18ff. sowie die „Einleitung des Herausgebers" in Basedow 1785, I, Vff.; Reble 1959; Rach 1968, 134ff.

[328] Vgl. Krecher 1929, 79ff.; Rach 1968, 142f.; Schian 1900, 97ff.

[329] Bahrdt 1776, 179.

Philanthropen schrieben diese Forderung nun den Lehrern ins Stammbuch. Über allgemeine Formen der Freundlichkeit und Höflichkeit hinaus verlangte das philanthropische Ideal, wie die zitierte Stelle aus Bahrdts „Erziehungsplan" zeigt, eine das Gesprächsprofil des Lehrers bestimmende Vertraulichkeit, gar Freundschaft, mit den Schülern. Diese Art der Vertraulichkeit im Gespräch sollte vornehmlich dadurch hergestellt werden, dass der Lehrer im „Ton eines liebreichen Vaters, oder eines wohlwollenden sanften Freundes"[330] mit den Schülern spreche und sich zu ihnen *herablasse*, gesprächstheoretisch ausgedrückt: dass er für die Dauer des Gesprächs die anthropologisch, soziokulturell, fachlich und institutionell-gesprächsstrukturell bedingten Asymmetrien zumindest partiell aufhebt.[331] Dies kann, zum einen, dadurch geschehen, dass „der Lehrer nach dem Muster der Sokratischen Ironie die Rolle des Schülers spielt"[332] und beim indirekten Sprechakt der Lehrerfrage zum Schein die primäre Illokution, nämlich das Informationsgesuch, als tatsächliche Illokution vorgibt.[333] Vor allem aber wurde als „Grundsatz" empfohlen, dass die Lehrer „mit den Kindern, bey der Catechisation, kindisch reden, sich so tief als möglich zu ihnen herablassen, und mit kindischen Fragen und Instanzen sie zur leichtern Einsicht bringen".[334] Eine „kindische" ironische Frage lautete dann etwa so:

P[farrer]. Machen sie [die Bauern] denn aus den Halmen Brot?
C[onrad]. Ha! Ha! Ha! aus den ganzen Halmen! Nur aus den Körnern machen sie Brot [...].[335]

Dieser „Grundsatz" war in der pädagogischen Theorie allerdings nicht unumstritten, wurde wohl auch nicht selten in der Praxis übertrieben. Der einer anti-philanthropischen Einstellung unverdächtige Freiherr von Rochow jedenfalls beklagte schon 1776, „daß Lehrer von schlechtem Geschmack die populäre oder sich herablassende Sprache mit den Kindern, darin zu suchen pflegen, daß sie platt und abgeschmackt sprechen."[336] In gleichem Sinn äu-

---

[330] Gräffe 1793–1801, Bd. 3, 1796, 46. Vgl. auch Salzmann 1809, 174; ferner Reuter 1794, 15, wo es heißt, der Lehrer solle die Schüler „mit einem liebreichen und freundlichen Ton und väterlicher Miene zur Aufmerksamkeit" ermuntern.
[331] Vgl. Henne/Rehbock 2001, 26ff.
[332] Gedike 1793, 12. Vgl. auch Gedike: „Einige Gedanken über den mündlichen Vortrag des Schulmanns"; Schulschriften, Bd. 1, 1789, 381–421, hier 407f.
[333] Zur Lehrerfrage s.u, III.4.2.2.1.
[334] Schuler 1802, 219 zitiert diesen „Grundsatz". Vgl. auch Reuter 1794, 22, der empfiehlt, „daß der Lehrer bey Kindern selbst Kind werden müsse." Dazu auch Felbiger 1775, 164; Krünitz 61, 1793, 926f. (s.v. *Land=Schule*); Mirus 1799, 277f.; Bahrdt 1776, 194.
[335] Salzmann 1796, 433.
[336] Rochow 1776b, b5.

ßert sich auch Baur, der zudem durch die Imitation der „Kindersprache" den sprachnormierenden Auftrag der Schule gefährdet sieht.[337] Die Lösung lag auch hier in der Mitte: Nicht mehr die der Schriftsprache folgende mechanische Frage-Antwort-Folge, aber auch nicht der „kindische Ton" (Baur) sollte gewählt werden, sondern die natürliche – was nicht hieß: naturalistisch abgebildete – Gesprächssprache des Menschen:

> Wenn du aber dich mit deinen Kindern unterhältst, so rathe ich dir, sprich nicht wie ein Buch, sondern wie ein Mensch im Umgange mit Menschen zu sprechen pflegt, sprich die Sprache des gemeinen Lebens.[338]

Vom viel gelobten Lehrer Bruns in Reckahn gibt es eine Reihe authentischer – im Sinne der gefilterten Authentizität – Beispiele dafür, dass er diese Mischung aus Vater, Freund und Lehrer so ins Gespräch zu bringen wusste, wie es sonst nur von den Lehrerfiguren in den fiktionalen Lehrgesprächen überliefert ist. Zerrenner berichtet über die Reaktion der Kinder am Ende des Unterrichts im Rechnen, die die neue Zeit des *Lehrgesprächs* veranschaulichen:

> Herr B. Nun Kinder hören wir auf; dächt ich!
> K. O nein noch eins! ein andres: noch 2!
> L. wenn ihr mich nun aber im Stiche laßt.
> K. o nein.
> L. Nun, ich will mal sehen:
> $6^3/_4$ Centn. 9 Pf. : $28^2/_3$ Rthlr. = $^7/_8$ Centn.
> Kinder. O das wollen wir wol heraus kriegen.[339]

Christian Gotthilf Salzmann zählt zu den bedächtigeren Vertretern des Philanthropismus. Seine Ansichten zu Sinn und Zweck des Gesprächs als didaktischer Kommunikationsform liegen in seinen Schriften verstreut; wohl am meisten systematisch geordnet sind sie in seiner Abhandlung „Über die wirksamsten Mittel Kindern Religion beizubringen" aus dem Jahr 1780 (3. Aufl. 1809). Die in der erziehungswissenschaftlichen Forschungsliteratur geäußerten Urteile über Salzmanns Ansichten zum *Lehrgespräch* lassen sich dahingehend zusammenfassen, Salzmann habe dem *sokratischen Gespräch*, wie es die Philanthropen pflegten, eine Absage erteilt und „eine treffliche Verbindung der sokratischen mit der alten katechetischen Methode" geschaffen.[340] Dies ist zwar nicht falsch, bedarf in dieser Form aber der Erläuterung. Diesem Urteil widerspricht nämlich, dass Salzmann in dem erwähnten Text

---

[337] Baur 1790, 342; vgl. ebd., 356.
[338] Salzmann 1806, 575.
[339] Zerrenner 1788, 12.
[340] Bosse/Meyer in der Einführung zu Salzmanns „Pädagogischen Schriften", Bd. 1, 1886, 111; vgl. auch Lachmann 1974, 160ff.

selbst ein *katechetisches Gespräch* und ein *sokratisches Gespräch* nebeneinanderstellt, um ersteres zu kritisieren und die Vorzüge des letzteren zu verdeutlichen; des Weiteren widmen sich auch seine darauf folgenden sechs „Vorschläge" zweifellos der Führung von *sokratischen Lehrgesprächen*.[341] Salzmann greift dabei allerdings Elemente des *katechetischen Gesprächs* auf (beispielsweise textzergliedernde Ansätze), doch scheidet er gerade die Kernmerkmale desselben aus (etwa die strenge Deduktion und das Auswendiglernen), so dass von „der alten katechetischen Methode" keine Rede sein kann. Aus diesem Grund greift auch die Feststellung, in den verschiedenen Auflagen dieser Abhandlung spiegele sich eine „entschiedene Distanzierung von der aufklärerischen Lieblingsmethode, der sog. sokratischen Lehrart",[342] zu weit. Festzustellen ist vielmehr, dass Salzmann das *sokratische Gespräch* nicht mehr schwärmerisch als alleiniges Allheilmittel gegen die Übel des öffentlichen Schulunterrichts begreift, sondern es aus der tieferen Einsicht des Schulpraktikers zurechtstutzt und ihm einen festen Platz innerhalb eines umfassenden Lehr-Lern-Verfahrens zuweist, insofern er den Einsatz des *Lehrgesprächs* im Allgemeinen und sodann die Wahl der Gesprächssorte des *sokratischen maieutischen Gesprächs* im Besonderen von der Anzahl, vom Alter und vom Kenntnisstand der Schüler abhängig macht. Für den Religionsunterricht schlägt er vier aufeinander folgende „Grade" der Unterweisung vor, in denen das „sokratische Gespräch", in dem das Kind „seine e i g e n e n Urtheile mit seinen e i g e n e n Worten vortragen" soll, an dritter Stelle erscheint zwischen „Erzählungen" verschiedenen Schwierigkeitsgrades einerseits und darbietender Belehrung über die Sicht der Kirche andererseits.[343] Wenn man also in Bezug auf Salzmanns Begriff des „*Lehrgesprächs*" von „katechetisch" sprechen will, dann nur im allgemeinen Sinne des Unterrichts durch Fragen und Antworten, und dabei wiederum im Sinne einer sokratisch geläuterten Katechetik, wie sie beispielsweise auch bei Herder anzutreffen ist (s.u.).

Eine besondere Facette des *sokratischen Gesprächs* bildete, zumindest in der Theorie sowie in fiktiven und fiktionalen Lehrgesprächen, das – hier außenperspektivisch so genannte – *Unterrichtsgespräch*. Diese Gesprächssorte, die heute auf den Schulen den Unterricht dominiert, schien im 18. Jahrhundert geeignet, die Kluft zwischen Institution und Mensch, zwischen dem gesellschaftlichen Zweck der Schule und dem von Natürlichkeit geprägten philanthropischen Menschenbild in einer Symbiose von Lehre und (natürlichem)

---

[341] Vgl. Salzmann 1809, 169ff.
[342] Lachmann in der Einleitung zu Salzmann 1807b, XXIX; vgl. auch Lachmann 1974, 154ff.; Bosse/Meyer in der Einleitung zu Salzmanns „Pädagogischen Schriften", Bd. 1, 1886, 94ff.
[343] Salzmann 1809, 168ff.

Gespräch zu überwinden.[344] Das *Unterrichtsgespräch* eröffnete dem dialogischen Spiel Möglichkeiten, die die strenger auf den kognitiven Ertrag des Unterrichts zielenden Gesprächssorten nicht besaßen. Salzmann etwa bringt ein fiktives *Unterrichtsgespräch* zum Alphabetlernen in die Form eines dialogischen Ratespiels:

> [Pfarrer] Seht alle die Buchstaben [die auf dem Tisch liegen, J.K.] noch einmal durch, nun will ich mir einen um den andern in die Gedanken nehmen, wer ihn rathet, der nimmt ihn weg, und wer am Ende die meisten hat, der bekommt ein Bild. Fritz, du fängst an zu rathen, dann räth Conrad, und so wechselt ihr immer miteinander ab.
> Fr. Ists der K?
> Pf. Nein.
> C. Der R.
> Pf. Nichts vom R.
> Fr. Der Y?
> Pf. Weiß nichts vom Y.
> C. Der O?
> Pf. Ja der O ists, nimm ihn![345]

Kinder seien, schreibt Salzmann, „nicht Menschen, sondern Geschöpfe, die im Stande der Menschwerdung sich befinden."[346] Ein deutlicher Spiegel für diese „Entdeckung des Kindes"[347] als eines „werdenden" Menschen, der mittels dialogischer Erziehung zu einem nützlichen und brauchbaren Mitglied der Gesellschaft zu formen ist, ist die Entwicklung solcher spielerischer Varianten des *gelenkten Unterrichtsgesprächs* im Rahmen des deutschen *Lehrgesprächs*; ein weiterer Spiegel ist die Entwicklung der dialogischen Lehr-Lern-Bücher in dieser Zeit, ganz zu schweigen von der umwälzenden, geradezu „epidemischen"[348] Entwicklung im Bereich der Kinder- und Jugendliteratur. Die meisten Verfechter offener Formen des deutschen *Lehrgesprächs* im späten 18. Jahrhundert waren nämlich zugleich auch Schul- oder Kinderbuchautoren, zu erwähnen sind hier vorrangig Basedow, Campe, Rochow, Salzmann, Weiße.[349] Aus dem Kreis der auch für den Schul-

---

[344] Zum Unterrichtsgespräch der Gegenwart und der in der Pädagogik diskutierten Kluft zwischen Gespräch und Lehre s.o., I.2.
[345] Salzmann 1796, 437.
[346] Salzmann 1806, 564.
[347] Vgl. dazu Petrat 1979, 95ff.; Fertig 1984, 3ff.
[348] Baur 1790, 95; zum Schulbuch am Ende des 18. Jahrhunderts auch Frank 1973, 134ff.
[349] Die Zeitschriften, Kinder- und Jugendbücher mit fiktionalen, jedoch nicht auch fiktiven, für den Schulunterricht konzipierten Gesprächen können hier nicht eigens berücksichtigt werden, vgl. dazu die zeitgenössische Darstellung von Baur 1790, der 393 „Erziehungsschriftsteller" kritisch würdigt. Zwar ist unbestritten, dass vor

gebrauch angefertigten Werke sind vornehmlich die Schulbücher Rochows zu nennen.

Friedrich Eberhard von Rochow als einen Theoretiker des *Lehrgesprächs* zu bezeichnen, wäre zu weit gegriffen. Er hat keine in sich gefestigte Gesprächstheorie erstellt und seine verstreuten Äußerungen zum deutschen *Lehrgespräch* mögen allenfalls als theoretische Bausteine für die Praxis des Unterrichts auf seinen Schulen gelesen werden. Rochows Bedeutung im Rahmen der Geschichte und Entwicklung des deutschen *Lehrgesprächs* ist vielmehr verknüpft mit seinem Wirken als Förderer des *maieutischen sokratischen Gesprächs* auf ländlichen „gemeinen Schulen" und als Autor von Schullehrbüchern, die im „leichten Erzählungs= und Gesprächston" gehalten[350] sind und auch fiktionale Gespräche enthalten. In seinem „Versuch eines Schulbuches, für Kinder der Landleute", zuerst 1772, dann, als „ganz umgearbeitete Auflage" 1776 erschienen, wendet sich Rochow an die Lehrer auf den Landschulen und gibt ihnen Unterrichtsvorschläge an die Hand. Dabei ist Rochow, im Vergleich zu seinen philanthropischen Mitstreitern, eher realistisch zurückhaltend, was den Zweck des Gesprächs als didaktischer Kommunikationsform anbelangt:

> Durch Unterredung lehrt man am sichersten. Denn man hat durch Fragen Gelegenheit, die Aufmerksamkeit des Zuhörers zu erforschen, die höchst nützliche Muttersprache gründlich zu lehren, und gewöhnt ihn, weil er antworten muß, an das bey allem Unterricht unentbehrliche Nachdenken.[351]

Die Gespräche in den beiden Bänden von Rochows „Kinderfreund" sind sowohl fiktiv – als Modell-Gespräche sind sie geradezu Stundenentwürfe für den Lehrer – wie fiktional, als unterhaltsame Lehrgespräche für die Schüler. Auf die sprachliche Fassung der Gespräche braucht hier im Zusammenhang mit der äußeren Geschichte des deutschen *Lehrgesprächs* nicht eingegangen zu werden; sie steht in den folgenden Kapiteln zur eingehenderen Untersuchung an. Zu erörtern ist hier aber schon die Behandlung der *Schülerfrage* als ideengeschichtlich gepflegtes sprachpragmatisches Aushängeschild des *sok-*

---

allem die Kinder- und Jugendbücher Joachim Heinrich Campes großen Einfluss auf den Stil der Darstellung im Allgemeinen und der Gespräche im Besonderen ausübten (vgl. Ewers 1996; Köstler 1999). Gleichwohl handelt es sich bei den Kinder- und Jugendbüchern um eine besondere Gattung, die anderen didaktischen Wegen folgt und kaum institutionell gebunden ist. Aus diesem Grund sollen hier die heute vielfach in Vergessenheit geratenen, für den schulischen Gebrauch angefertigten Lehr-Lern-Bücher im Zentrum stehen.

[350] Rochow 1776a, „Vorbericht". Baur 1790, 57 erklärt Rochows Lehrbuchdialoge zusammen mit denen Salzmanns und Campes als mustergültig.
[351] Rochow 1776b, b4.

ratischen Gesprächs im Rahmen der philanthropischen Theorie und Praxis, die an Rochows Schulbüchern sehr schön zu beobachten ist.

Der philanthropisch ideale Schüler ist, wie bereits erwähnt, intrinsisch motiviert; das ideale, „natürliche" *Lehrgespräch* ist deshalb kein komplementäres *Lehrgespräch* mit Fragen des Wissenden und Antworten des Unwissenden, sondern umgekehrt ein kooperatives *Informationsgespräch*, initiiert durch eine Frage des Unwissenden und fortgeführt durch die Antwort des Wissenden. In der Tat erweist sich die Schülerfrage in den theoretischen Schriften der Philanthropen als Schlüssel zum *sokratischen Lehrgespräch*, das „Fragen der Kinder" wird zum Gegenstand pädagogisch-didaktischer Reflexion.[352] Explizite Aufforderungen an die Lehrer, die Schülerfrage zuzulassen, zieren annähernd jede pädagogisch-didaktische Abhandlung dieser Zeit, so auch den oben erwähnten „Versuch eines Schulbuchs" Rochows:

> Weil aber alles darauf ankommt, lieben Kinder! daß ihr mich auch versteht, was ich sage; so erlaube ich euch, mich sogleich zu fragen, wenn ihr etwas nicht recht verstanden habt. Ja, ich will es, als ein Zeichen eines recht guten Kindes, dem an Erkenntniß recht viel gelegen ist, ansehen, wenn es mich frägt –[353]

Die Schülerfrage als Gesprächseröffnung und maßgebliche Kraft des Gesprächsverlaufs korrespondiert dem philanthropischen Ideal des „natürlichen", „zufälligen" *Lehrgesprächs*. Und tatsächlich findet man, u.a. in Basedows „Elementarbuch"[354] oder auch bei Rochow, mitunter Gespräche, in denen der Schüler mit seinen Fragen das Gespräch eröffnet, manchmal gar steuert.[355] Die Schülerfrage widerspricht indes der Technik des prototypischen *sokratischen Gesprächs*, nach der der Lehrer mittels Fragen die dem Kind gegebenen „Data" diesem *ablocken* soll. Dieser Widerspruch wurde theoretisch nicht gelöst. In der Praxis des – fiktionalen, fiktiven wie auch des authentischen – *sokratischen Gesprächs* wurde dieses Problem zugunsten des Lehrers entschieden: Die Schülerfragen evozieren in diesen Fällen eine „gegen-initiative" Lehrerfrage als zweiten Zug,[356] die dann das eigentliche *sokratische Gespräch* eröffnet. Einige Beispiele mögen dies veranschaulichen: Das einschlägig betitelte fiktionale Gespräch „Frage eines Schulkindes an seinen Lehrer" im zweiten Teil des Rochow'schen „Kinderfreunds" beginnt folgendermaßen:

---

[352] Vgl. Anton 1800; Campe 1778b, 822f.; Gedike 1793, 6; Trapp 1775, 47; [anonym] 1794, 146, Anm.
[353] Rochow 1772, 16.
[354] Vgl. das Gespräch zwischen „Detlev" und der „Hofmeisterin": Basedow 1785, I, 77ff.
[355] Vgl. z.B. Rochow 1776a, 99ff.
[356] Zu gegen-initiativen zweiten Zügen vgl. Franke 1990, 18ff.

Das Schulkind. Aber, lieber Lehrer, wenn ich nun keine Arbeit bekommen kann, wie soll ich denn dem Müßiggang entfliehen?
Der Lehrer. Wie vielerley Hauptarten der Arbeit mag es wohl geben?
Schulkind. Nun, ich denke, zwey, Kopf= und Handarbeiten.
Lehrer. Und der Handarbeiten – kannst du sie alle nennen? [usw.][357]

Oder, aus demselben Buch, der Beginn des Gesprächs „Selbstprüfung":

Der Schüler. Was heißt denn das recht eigentlich, lieber Lehrer, sich selbst prüfen?
Der Lehrer. Sag mir erst, ob du wissen kannst, was recht und unrecht ist?
Schüler. Ja, das kann ich wissen. Denn ich weiß, was Gott geboten und verboten hat, und ich kann dieses, und die Befehle der Obrigkeit hören, lesen und behalten.
Lehrer. Wenn du also das weißt, so hast du ein Gewissen; oder in dir ist ein Bewußtsein dessen, was Recht und Unrecht ist. Was hilft dir aber dieses Gewissen? [usw.].[358]

Und so auch in einigen fiktionalen Gesprächen Salzmanns, z.B. im „Gespräch zwischen Heinrich und seinem Vater":

Heinrich. Was heißt denn das: gut seyn?
Vater. Das weist du schon längst. Denk nur nach!
Heinrich. Ich weis es wirklich nicht.
Vater. Wirklich nicht? du weist es gewiß, denk nur nach! was thut denn das gute Kind, wenn es des Morgens geweckt wird? [usw.][359]

Wenn nicht einmal in fiktiven sokratischen Modell-Gesprächen und gar erst fiktionalen Lehrgesprächen der in der Theorie unterstellte „natürliche" Rede- und Fragedrang des Schülers gesprächsleitend ist, wird man dies in der schulischen Praxis umso weniger erwarten dürfen.

Die Zeit der mit philanthropisch-*sokratischen Gesprächen* ausgestatteten Lehr- und Lernbücher fand um die Jahrhundertwende ihr Ende. Als Beispiel für die erneute Rückwendung der dialogischen Lehr- und Lernbücher zu einem zumindest ausgewogenen Verhältnis zwischen *katechetischem* und *sokratischem Gespräch* können die Bücher Johann Paul Pöhlmanns gelten. Pöhlmann versteht seinen zuerst 1801 erschienenen „Versuch einer practischen Anweisung für Schullehrer, Hofmeister und Aeltern" als „Hülfsmittel", *sokratische Gespräche* führen zu lernen. Das, was Pöhlmann unter „sokratisch" versteht, ist allerdings mit dem schwärmerisch-philanthropischen Ideal nicht mehr vergleichbar. Vielmehr orientiert sich Pöhlmann, wie schon Salzmann, an den konkreten Gegenständen und Zwecken des Unterrichts und entscheidet danach die Wahl der Gesprächssorte. Ist beispielsweise in seinen

---

[357] Rochow 1779, 25.
[358] Rochow 1779, 121.
[359] Salzmann 1799, 59. Ähnlich auch mehrfach in Campes „Robinson", z.B. Campe 1779/80, 47.

241

„Buchstabir=Übungen" das Auswendiglernen Ziel des Gesprächs, so erhält dies ein darbietend-katechetisches Gewand; ist hingegen in den „Verstandes=Übungen" das selbstständige Denken der Schüler zu fördern, so wird das Gespräch maieutisch-sokratisch. In beiden Fällen führt Pöhlmann zudem die didaktische Devise „vom Konkreten zum Abstrakten" mit dem von Pestalozzi geforderten Anschauungsunterricht zusammen und schafft dann empraktische Varianten *katechetisch-darbietender* oder *sokratisch-maieutischer Gespräche*, z.B. in seinen Lektionen der „Buchstabir= und Leseübungen":

L. Suche das l hier (aus 3 – 5 Buchstaben) heraus und lege es dazu. – – So! Wie heißt es jetzt?
K. gaul. [...]
L. Lege f vor aul. – So! wie heißt es nun? f, au, l?
K. faul.[360]

Dies ist kein katechetisches „Verhören" oder Zergliedern, sondern ein mit Instruktionen zu außersprachlichem Handeln verwobenes Abfragen, um Wissen zu vermitteln.

Den maieutisch-sokratischen Gesprächen ist bei Pöhlmann demgegenüber aufgegeben, durch fragendes *Ablocken* induktiv Wissen zu erzeugen. Die meisten Lehrgespräche dieser Art beginnen mit einem Impuls in Form einer offenen Ergänzungsfrage und schließen mit der Ergebnissicherung durch Wiederholung. Ein Beispiel aus einem der Pöhlmannschen Lehrgespräche zur „Verstandesübung":

L. Welche Thiere muß ein Bauer auch nothwendig halten? K. Ochsen oder Pferde.
L. Warum das? K. Diese müssen den Pflug und die Wägen ziehen.
L. Außer dem verschaffen sie ihm noch einen Nutzen für seine Felder: welchen?
K. –
L. Was führen die Bauern auf ihre Felder, um zu machen, daß alles recht gut wachse? K. Mist (Dünger).
L. Wo kommt denn der her? K. Von Ochsen etc.
L. Was verschaffen also die Ochsen etc. dem Bauern noch für einen Nutzen außerdem, daß sie die Wägen etc. ziehen? K. Sie geben ihm Dünger.[361]

Wie die Fachbücher zur wissenschaftlichen Prosa zurückkehrten (s.o., III.3.2.), so traten gegen Ende des 18. und zu Beginn des 19. Jahrhunderts viele Lehr- und Lernbücher sogar wieder ganz die Rückkehr zum geschlossenen *katechetischen Gespräch* oder gar zur didaktischen Prosa an. Das fiktive *katechetische Gespräch* zum Zweck des Auswendiglernens hatte ohnehin das ganze Jahrhundert überdauert. Den Übergang zu monologischen Textsorten

---

[360] Pöhlmann 1812, 90.
[361] Pöhlmann 1812, 161.

bilden solche Lehr- und Lernbücher, in denen die Fragen nicht einmal mehr den Gegenstand zum leichteren Lernen fragend-entwickelnd oder zergliedernd einführen, sondern in deiktischer Funktion wie ein Fingerzeig im Vortrag nurmehr einzelne Teile des Gegenstandes/Sachverhaltes kritisch-argumentativ beleuchten oder aber sogar nur textgliedernde Funktion haben und als Marginalien einzelne Gliederungsabschnitte des Textes benennen.[362]

Und das deutsche *Lehrgespräch* in der Unterrichtspraxis dieser Zeit? Für das *sokratische Gespräch* gibt es, wie im Abschnitt zu den Quellen erwähnt, einige authentische Quellen. Was die Umsetzung der pädagogisch-didaktischen Theorie vom *sokratischen Gespräch* in die Gesprächspraxis anbelangt, hatte sich bereits von Anfang an auch in der Praxis die Tendenz abgezeichnet, diese Gesprächssorten bestenfalls im Lehrer-Schüler-Dyolog oder allenfalls in kleinsten Lehr-Lern-Gruppen zu praktizieren. Im letzten Drittel des 18. Jahrhunderts findet diese Tendenz, einerseits, ihre bestätigende Fortsetzung darin, dass es vornehmlich die „Privaterziehungsanstalten" mit ihren wenigen – Bahrdt empfiehlt „6 bis 9"[363] – Zöglingen pro Lernergruppe waren, die das *sokratische Gespräch* als „Lehr=Art" nicht nur propagierten, sondern auch praktizierten. Sodann fand es, andererseits, durch Friedrich Eberhard von Rochow auch versuchsweise Eingang in die „gemeinen Schulen" mit ihren großen „Haufen". Es vermochte sich allerdings auf den Schulen dieses Typs nicht durchzusetzen und blieb in der Unterrichtspraxis weitestgehend auf den Ausnahmefall der Rochow'schen Schulen beschränkt – auf „niedern Schulen ginge es nicht", fasst Rist in seiner „Anleitung für Schulmeister niederer Schulen" die Communis opinio zusammen, und selbst Salzmann warnt vor „mehreren Schwierigkeiten", wenn man das *sokratische Gespräch* „bei einer großen Versammlung von Kindern anwenden will."[364] Der ebenfalls offenen Formen des *Lehrgesprächs* aufgeschlossene, gleichwohl schon durch sein Amt als Abt von Sagan und Oberdirektor des deutschen Schulwesens in Österreich vor philanthropischer Schwärmerei gefeite Johann Ignaz von Felbiger[365] äußert in einem Brief an Rochow vom 15. Januar 1773 die Skepsis des Praktikers auf „gemeinen Schulen":

> Der Vortrag des Lehrers soll sokratisch sein, das heißt, wie ich mir vorstelle, der Lehrer soll gesprächsweise unterrichten; [...]; dies erfordert meines Erachtens eine ziemliche Zeit. Wenn ist ihm diese bestimmt? Wie ist es eingerichtet, daß dadurch Schüler niedrigerer Klassen nicht verkürzt und von den notwendig zu lehrenden Dingen nichts hintangesetzt werde? Ein einziger Lehrer, der alle Klassen besor-

---

[362] Vgl. z.B. Hermbstädts Katechismus der Apothekerkunst, 1792.
[363] Bahrdt 1776, 205.
[364] Rist 1787, 168; Baur 1790, 366; Salzmann 1809, 169, Anm.
[365] Zu Felbiger vgl. Baur 1790, 112ff.; sodann Rach 1968, 132; Reble 1959; 159.

gen muß, hat gewiß wenig Zeit übrig, und ich kann mir nicht vorstellen, daß so viele gute Erkenntnisse den Schülern in kurzer Zeit beizubringen sind.[366]

Felbiger hatte Heckers Anstalten in Berlin besucht und ließ später die ihm unterstellten Lehrer dort ausbilden. Ebenso wie Hecker beauftragt gewesen war, das preußische General=Land=Schul=Reglement (1763) auszuarbeiten, so erhielt Felbiger von Friedrich II. den Auftrag, ein vergleichbares „General=Land=Schul=Reglement für die Römisch-Katholischen" in Schlesien zu erarbeiten (1765), und beide Schulordnungen neigten eher Sorten des *katechetischen* als des *sokratischen Gesprächs* zu.[367] Und so blieb das *sokratische Gespräch*, wie Baur schon 1790 feststellte, im Status einer „in Büchern so bekannten, in Schulen so seltenen Kunst".[368]

Gleichwohl lenkte der durch die Philanthropen neu entfachte, lebhafte Diskurs über das *sokratische Gespräch* auch die didaktischen Kommunikationsformen auf den „gemeinen Schulen" auf dem Lande in neue, offenere Bahnen, sei es in Bezug auf die Zulassung der Schülerfrage, sei es in Bezug auf das dialogische Sprachhandeln des Lehrers. Dass hier die Schülerfrage noch viel weniger die treibende Kraft des Unterrichts wurde als auf den „Privaterziehungsanstalten", hatte nicht nur institutionelle Gründe, sondern lag „vorzüglich darin, daß sie [die Schüler, J.K.] der Sprache, insonderheit der hochdeutschen Mundart nicht mächtig genug sind. Daher sey es, vom Anfang des Unterrichts an, eine Hauptsorge des Lehrers Sprache zu lehren und im Sprechen zu üben."[369] Die Geschichte und Entwicklung des deutschen *Lehrgesprächs* ist, wie hier ein weiteres Mal deutlich wird, eng verknüpft mit der Herausbildung einer deutschen Hochsprache. Nicht zuletzt wegen des Unvermögens, ein hochdeutsches Gespräch zu führen, bewahrte das *sokratische Gespräch* in der Unterrichtspraxis der „gemeinen Schulen" noch lange Zeit die vom *katechetischen Gespräch* herrührende Textlektüre als Einstieg und den Text selbst als inhaltlichen Bezugsrahmen des Gesprächs. Rochow beschreibt das Lehr-Lern-Verfahren in Reckahn denn auch wie folgt als eine Mischung aus beiden Prototypen des deutschen *Lehrgesprächs*:

> Hier wird nur jeden Tag e i n e Historie (und da jedes Kind das Buch [Rochows „Kinderfreund", J.K.] hat) a u ß e r der R e i h e mehr als einmal zur Erweckung der Aufmerksamkeit und der Fertigkeit im Schönlesen vorgenommen. Dann die Bücher zugemacht und über die Geschichte katechetisch, asketisch und paränetisch mit häufigen Übergängen in die Bibel (wozu alle Historien angelegt sind) in einem D i s k u r s , der j e d e s K i n d NB. b e s o n d e r s , ja nicht einschläfernde Predigt (!)

---

[366] Rochow; Pädagogische Schriften IV, 26.
[367] Vgl. Froese/Krawietz 1968, 105ff.; Dietrich/Klink/Scheibe I, 1964, 146ff.; vgl. auch Felbiger 1777.
[368] Baur 1790, 366.
[369] Gieseler 1797, 15.

ins Gespräch einflicht, verfahren. Wenn dieses geschehen, so wird von den **stupidesten** angefangen, zu fragen, was **jedes** Kind sich in der Historie oder dem Diskurs darüber gemerkt?[370]

Es wird deutlich, dass das *sokratische Gespräch* in der Unterrichtspraxis auf den „gemeinen Schulen" dem *katechetischen Gespräch* noch recht nahe stand. Im Vergleich zur Theorie wurden zudem auch die Grenzen des *Gesprächs* als Lehr-Lern-Methode in der didaktischen Praxis deutlicher spürbar. So stellte sich rasch heraus, dass die Annahme umfangreicher „Data" in den Köpfen der Kinder zu optimistisch war – Herder spricht hier gar von „faulen Fischen"[371] – und in der Praxis keinen Verzicht auf monologisch darbietendes Lehren begründen konnte.[372] Es sei, schreibt Gieseler im „Deutschen Schulfreund" des Jahres 1797, „Affektation, alles herausfragen zu wollen, was man besser und mit mehr Zeitersparniß, kurz vorgetragen hätte."[373] Des Weiteren erwies sich das *Gespräch*, zumal das *gelenkte* und erst recht das *freie Unterrichtsgespräch* als sehr abhängig von der Lernergruppe (Alter, Anzahl, Bildungsniveau) und den Lehr-Lern-Gegenständen. Auf „gemeinen Schulen" mochte der Versuch, mittels ablockender Fragen auf Umwegen über die konkrete Lebenswelt der Kinder zur Vermittlung abstrakter Begriffe zu kommen, mitunter gar kuriose Züge annehmen:

> Man denke an die Gleichnisse von der Dreieinigkeit; und an folgendes Stück einer irgendwo gehaltenen Katechisation: Fr. Wie schmeckt die Freundlichkeit Gottes? A. – – Fr. Was hast du heut gegessen? A. Saure Linsen. Fr. Wie schmeckten dir die? A. Gut. Fr. Wie schmeckt nun die Freundlichkeit Gottes? A. Wie saure Linsen![374]

Die um 1770 eingeleitete Erweiterung des deutschen Gesprächstyps *Lehrgespräch* um offenere Sorten – und das heißt ja auch: die Herausbildung und Etablierung neuer sprachpragmatischer Handlungsmittel und Handlungsformen relativ zu neuen Handlungsbedingungen und Handlungszwecken – bildet, wie Spinner zu Recht feststellt, die Grundlage „für ein methodisches

---

[370] Rochow an Iselin, 12. Juni 1780; Rochow, Pädagogische Schriften IV, 265; zum Verfahren in Reckahn auch Riemann 1781, 20ff.

[371] Herder: „Von Nothwendigkeit und Nutzen der Schulen" (1783?); Werke 30, 83–96, 90.

[372] Vgl. Rist 1787, 209, der darlegt, dass „die schweren Wörter und Redensarten" vor einer „Unterredung" erklärt werden müssen: „Hier ist gleich im Anfange ein Ausdruck [*Geist*, J.K.], den die Kinder nicht verstehen, und dessen Erklärung man nicht durch Fragen aus ihnen herausbringen kann, sondern ihnen geradezu sagen muß."

[373] Gieseler 1797, 13.

[374] Gieseler 1793, 57.

245

Verfahren, das bis heute unser Unterrichten bestimmt".[375] Und sie ist, aus sprachgeschichtlich diachronischer Perspektive, der Abschluss einer im 16. Jahrhundert einsetzenden Entwicklung, die das dialogische Repertoire der deutschen Sprachgesellschaft im Kommunikationsbereich der Lehre – aber auch darüber hinaus – auf das noch heute gültige Niveau setzt. Im Rahmen ihrer Entstehungszeit jedoch, also historisch-synchronisch betrachtet, blieb diese Erweiterung, bezogen auf den schulischen und universitären Sprachverkehr, nur eine vorübergehende Episode und blieben auch die offenen Gesprächssorten zudem nur eine von vielen Möglichkeiten didaktischer Kommunikation. Das *sokratische Gespräch* hat mit seinen verschiedenen Sorten vornehmlich in philanthropischen Kreisen für Aufregung gesorgt, darüber hinaus in der schulischen und universitären Wirklichkeit indes nicht. Die in vielen Büchern und Aufsätzen vermittelte Zustimmung darf denn auch die nicht minder große Zahl der schweigenden Nichtbeachtung wie auch der vernehmbaren Ablehnung nicht vergessen machen.

Darüber hinaus hat das *sokratische Gespräch* in der schulischen Praxis das Alte nicht verdrängt, im Gegenteil. Mnemotechnische Lehr-Lern-Verfahren zum Zweck des Auswendiglernens, wie beispielsweise das *zergliedernde katechetische Gespräch*, wurden durchaus auch von aufgeklärten Pädagogen geschätzt, und sei es, um Wissen zur Verfügung zu stellen, um es anschließend sokratisch *abzulocken*, auf dass die Schüler, wie Herder am Ende des Zeitraums, im Jahr 1798, ganz im Sinne des *epagogischen katechetischen Gesprächs* schreibt, „die Antworten von selbst geben":

Katechisren heißt durch Frag' und Antwort einen mündlichen Unterricht geben. Da dies eine lebendige Uebung ist: so folget von sebst, daß Frage und Antworten nicht auswendig gelernt werden müssen: denn sonst höret alle lebendige Uebung der Seelenkräfte auf. Eine gedruckte katechetische Erklärung muß solange gelesen, zergliedert und darüber gefragt werden, bis ihr Inhalt von den Lehrlingen verstanden ist und also sich die Antworten von selbst geben; sonst bleibt er ganze Unterricht ein todtes Gedächtnißwerk.[376]

Herder stellt seiner Bearbeitung des lutherischen Katechismus „zum Gebrauch der Schulen" eine Definition von „*Katechisiren*" voran, die den bereits dargestellten Bedeutungswandel belegt, die aber auch deutlich macht, dass das *katechetische Gespräch* auch um 1800 noch – und wieder – Ansehen genoss. Des Weiteren waren schon im 18. Jahrhundert die (zahlenden) Eltern eine kritische Instanz gegenüber allzu eifrigen Neuerungen. Landschulinspektor Walkhof erklärt 1797 in Zerrenners „Deutschem Schulfreund" das Auswendiglernen ohne Umschweife als „überflüßig und zweckwidrig", doch,

---

[375] Spinner 1992, 311.
[376] Herder: „Luthers Katechismus, mit einer katechetischen Erklärung zum Gebrauch der Schulen", (1798), Werke 30, 302–392, hier 302f.

fügt er hinzu, „muß es schon um mancher Aeltern willen, welche in dem Wahne stehen, daß ihre Kinder in der Schule nichts lernen, wenn sie nicht einige Sprüche zu Hause hersagen können, beibehalten werden."[377] Die alten, geschlossenen Gesprächssorten galten darüber hinaus nach wie vor als vorteilhaft für Kinder und Einfältige – „Unwissende, Unfähige, Kinder", heißt es bei Gräffe.[378]

Gegen Ende des 18. und zu Beginn des 19. Jahrhunderts vollzogen schließlich nicht wenige Pädagogen wieder einen Schwenk zugunsten geschlossener, deduktiv strukturierter Gesprächssorten und sogar auch zu monologisch-darbietenden Kommunikationsformen im Unterricht.[379] Stellvertretend für die Schar der konstruktiven Kritiker sei Johann Heinrich Pestalozzi angeführt, zumal dieser seine Kritik des Sokratisierens aus seinem Studium der Sprache des Kindes schöpft. Bei Pestalozzi erscheinen die philanthropischen Ansätze des sprachlichen Herablassens zu den Kindern nur als nutzlose Hilfkonstruktionen zur Rettung des Lehrgesprächs. In seinem grundlegenden Werk „Wie Gertrud ihre Kinder lehrt" aus dem Jahr 1801 geht er mit der „Modezeit des Sokratisierens" verständnisvoll und doch unerbittlich ins Gericht. Pestalozzi kritisiert nicht nur die am Ende des 18. Jahrhunderts von vielen Autoren angestrebte Wiedervereinigung von Merkmalen des *katechetischen* mit Merkmalen des *sokratischen Gesprächs*: Sie sei „nichts anders, als eine Quadratur des Zirkels, die ein Holzhacker mit dem Beil in der Hand auf einem hölzernen Brette versucht; es geht nicht."[380] Ins Zentrum seiner Kritik stellt er zudem die Voraussetzung allen Sprechens und aller Gespräche selbst: das Sprachvermögen, die Sprachkompetenz des Kindes, im Besonderen des Kindes aus den unteren Bevölkerungsschichten. Das *katechetische Gespräch*, so Pestalozzi, bringt nur ein „papagayenartiges Nachsprechen" hervor und das *sokratische Gespräch* ist von vornherein „wesentlich für Kinder unmöglich", weil sie keine Sprache haben für das, was sie nicht wissen.[381] Der Anfang jeder Erziehung, der Anfang jeden Unterrichts sei daher die „Sprachentwickelung" des Kindes, die Pestalozzi anthropologisch-psychologisch begreift:

> Der Wilde b e n e n n t zuerst seinen Gegenstand, dann b e z e i c h n e t er ihn, endlich v e r b i n d e t er ihn, aber höchst einfach, und kömmt erst spät dahin, die wandelba-

---

[377] Walkhof 1797, 6f.
[378] Gräffe 1793–1801, Bd. 3, 1796, 13.
[379] Vgl. HWbPh 5, 1980, 638 (s.v. *Maieutik*), ferner Schian 1900, 265ff.; Petrat 1979, 305ff.
[380] Pestalozzi 1801, 215.
[381] Pestalozzi 1801, 215.

ren Beschaffenheiten desselben, nach Zeit und Verhältnissen, durch Endungen und Verbindungen der Wörter, näher bestimmen zu können.[382]

Wie der „Wilde", so müssen nach Pestalozzi auch Kinder sprachlich auf das selbstständige Denken erst vorbereitet werden; aus diesem Grund

> muß man so viel möglich verhüten, daß sie ihr Maul nicht in den Tag hinein brauchen, und sich nicht angewöhnen, sich über Dinge zu prononciren, die sie nur oberflächlich kennen. Ich glaube, der Zeitpunkt des Lernens ist nicht der Zeitpunkt des Urtheilens; der Zeitpunkt des Urtheilens geht mit der Vollendung des Lernens [...] an [...].[383]

Das deutsche *Lehrgespräch* als didaktische Kommunikationsform ist damit nicht grundsätzlich abgelehnt. Das Fundament des *sokratischen Gesprächs*: die Idee, Wissen beim Kind zu erzeugen durch ablockende, vermeintlich vorgegebene „Data" entfaltende Fragen, schien indes erschüttert, denn sie erweise sich, so Pestalozzi, als Traum; „ich denke aber, man ist jetzt am Erwachen aus diesem Traume."[384]

Und die deutschen Universitäten? Auch sie vermochten sich im letzten Drittel des 18. Jahrhunderts dem Gespräch als didaktischer Kommunikationsform nicht mehr grundsätzlich zu verschließen. Gleichwohl blieb das universitäre *Lehrgespräch* innerhalb der institutionellen Wände immer noch die Ausnahme und wurde vornehmlich dann gepflegt, wenn es als Zwiegespräch Züge der belehrenden Konversation annehmen konnte. Goethe berichtet rückblickend über ein solches Zwiegespräch, das er zu Beginn der siebziger Jahre, als er am Reichskammergericht in Wetzlar wirkte, mit dem Gießener Professor der Rechte Ludwig Julius Friedrich Höpfner geführt hat:

> Sobald wir allein waren, sprach ich mit ihm über Gegenstände seines Fachs, welches ja auch mein Fach sein sollte, und fand eine sehr natürlich zusammenhängende Aufklärung und Belehrung. Ich war mir damals noch nicht deutlich bewußt, daß ich wohl aus Büchern und im Gespräch, nicht aber durch den zusammenhängenden Kathedervortrag etwas lernen konnte.[385]

Das Gespräch findet den Weg auf die Universitäten; es wird dort allerdings nur zögerlich und insgesamt eher verhalten begrüßt. Dieser Weg wurde von einflussreichen Reformern geebnet, u.a. auch von Philanthropen. Basedow etwa äußert sich recht abfällig über die „professorlichen Vorlesungen", „wobei ich oft auch die fleißigsten Zuhörer habe einschlafen sehen." Der univer-

---

[382] Pestalozzi 1801, 206 und bes. 259ff.
[383] Pestalozzi 1801, 206.
[384] Pestalozzi 1801, 216.
[385] Goethe, Werke 9, 551. Vgl. auch Goethes „Maximen und Reflexionen", Nr. 442 (Werke 12, 426): „Dozieren [...] ist [...] wahrhaft nützlich, wenn Konversation und Katechisation sich anschließen, wie es auch ursprünglich gehalten wurde."

sitäre Unterricht, so schließt er, „muß eine Unterredung sein, an welcher die Zuhörer ebensovielen Anteil haben müssen als der Lehrer".[386]

Von den Reformern haben sodann vornehmlich Johann Gottlieb Fichte und Friedrich Schleiermacher Beiträge zur Idee des universitären *Lehrgesprächs* geliefert. Fichte forderte eine Universität neuen Stils, auf der nicht bloß Wissen vermittelt, sondern „die Kunst wissenschaftlichen Verstandesgebrauchs" geübt werde. Der Lehrer gebe nur Themen („Stoffe") vor, die der Schüler selbstständig bearbeiten solle. Lehrer und Schüler bzw., wie es bei Fichte auch heißt, „Meister" und „Lehrling", treffen sich dann im *Lehrgespräch* mit Lehrer- und Schülerfragen, Lehrer- und Schülerantworten:

Nicht bloß der Lehrer, sondern auch der Schüler muß fortdauernd sich äußern, und mittheilen, so daß ihr gegenseitiges Lehrverhältniß werde eine fortlaufende Unterredung, in welcher jedes Wort des Lehrers sey Beantwortung einer durch das unmittelbar vorhergegangene aufgeworfenen Frage des Lehrlings, und Vorlegung einer neuen Frage des Lehrers an diesen, die er durch seine nächst folgende Aeußerung beantworte; [...] wodurch denn der wissenschaftliche Unterricht aus der Form einfach fortfließender Rede, die er im Buchwesen auch hat, sich verwandelt in die dialogische Form, und eine wahrhafte Akademie, im Sinne der Sokratischen Schule [...] errichtet werde.[387]

Auf dieser, wie Fichte selbst weiß, bislang nur als Ideal vorgestellten „Sokratischen Schule" gibt es dann drei „Weisen" in denen zu lehren sei: „**Examina**", in denen „die Frage das Erlernte zur Prämisse machen, und eine Anwendung dieser Prämisse in irgend einer Folgerung als Antwort begehren" muss; „**Konversatoria**, in denen der Lehrling fragt, und der Meister zurückfragt über die Frage, und so ein expresser Sokratischer Dialog entstehe, innerhalb des unsichtbar immer fortgehenden Dialogs des ganzen akademischen Lebens" und schließlich durch „**schriftliche Ausarbeitungen zu lösende Aufgaben an den Lehrling**".[388]

Ein Jahr nach der Entstehung von Fichtes „Deducirtem Plan" legte Friedrich Schleiermacher seine „Gelegentlichen Gedanken über Universitäten in deutschem Sinn" vor, ebenfalls im Vorfeld der Gründung der Berliner Universität der Reform des deutschen Universitätenwesens gewidmet. In Bezug auf die „Lehrweise", und nur darum soll es hier gehen, bleibt Schleiermacher, sonst dem Gespräch durchaus zugetan,[389] jedoch der Tradition verpflichtet: Der „Kathedervortrag", die „Vorlesung" sieht er als „Heiligtum" des wissenschaftlichen Zusammenlebens auf Universitäten, „weil doch ohnerachtet so mancher erneuerten Versuche das Gespräch nie als allgemeine Lehrform auf

---

[386] Basedow 1771, 191.
[387] Fichte 1817 [1807], 12f.
[388] Fichte 1817 [1807], 15.
[389] Vgl. dazu Fauser 1991, 439ff.

dem wissenschaftlichen Gebiet aufgekommen ist, sondern die zusammenhängende Rede sich immer erhalten hat."[390] Im wissenschaftlichen Bereich, so Schleiermacher, findet das Gespräch – als *Lehrgespräch* – nur zwischen dem Professor und ausgewählten Studenten statt:

> Es schließt sich an die Vorlesungen eine Kette von Verhältnissen, an denen, je vertrauter sie werden, schon von selbst desto wenigere teilnehmen, Konversatorien, Wiederholungs- und Prüfungsstunden, solche, in denen eigne Arbeiten mitgeteilt und besprochen werden, bis zum Privatumgang des Lehrers mit seinen Zuhörern, wo das eigentliche Gespräch dann herrscht und wo er, wenn er sich Vertrauen zu erwerben weiß, durch die Äußerungen der erlesensten und gebildetsten Jünglinge von allem Kenntnis erlangt, was irgend auf eine merkwürdige Weise in die Masse eindringt und sie bewegt.[391]

„Seminarien" und „Konversatorien" erscheinen bei Schleiermacher als Orte des universitären *Lehrgesprächs*; die vornehmste didaktische Kommunikationsform auf deutschen Universitäten blieb jedoch bei ihm und blieb im ganzen 19. Jahrhundert die *Vorlesung*.

III.4. Historisch-pragmatische Untersuchungen

III.4.1. Gesprächssorten des Lehrens und Lernens im 17. und 18. Jahrhundert

Der Blick auf die Kultur- und Sozial-, Ideen- und Mentalitätsgeschichte des deutschen *Lehrgesprächs* im 17. und 18. Jahrhundert hat verschiedene Sorten desselben erkennbar gemacht. Dabei ist, zumindest, zweierlei deutlich geworden: Die verschiedenen Sorten sind, erstens, historisch-diachronisch betrachtet miteinander vielfältig verwoben, insofern sie gemeinsame Wurzeln haben, auf gemeinsamen Vorbildern aus anderen Sprachkulturen aufruhen, bestimmte Sprachhandlungsmittel des Deutschen gemein haben und auch selbst einander Vorbild und Nachfolger im Zuge der sprachgeschichtlichen Entwicklung sind. Der Überblick hat ferner gezeigt, dass trotz der weit um sich greifenden Wandlungen im Kommunikationsbereich der Lehre keine der Gesprächssorten, die in diesem Zeitraum in subsistent oder statuiert gültige Sprachnormen gefasst wurden, wieder verschwand: Um 1800 steht das *examinierende katechetische Gespräch*, das „Verhören", noch immer – und in der Unterrichtspraxis auf „gemeinen [Land]schulen" sogar noch immer sehr

---

[390] Schleiermacher 1808, 106. Vgl. dazu Weithase 1961, I, 218ff.; Paulsen 1919, II, 250ff.
[391] Schleiermacher 1808, 108.

geschätzt – in der Familie der institutionell gepflegten didaktischen Gesprächssorten, die es im 16. Jahrhundert in der deutschen Sprache mit begründet hatte. Aus dem Rückblick der Gegenwart ist vielmehr festzustellen, dass sich diese Familie seit etwa 1600 in mehreren Generationen und vielfältigen Verwandtschaftsbeziehungen weiterentwickelt hat und um 1800 zu einer Großfamilie angewachsen war. Seit Beginn des 19. Jahrhunderts, so legen es jedenfalls stichprobenartige Blicke in pädagogische Lexika sowie die Auswertung einschlägiger pädagogischer Schriften zum *Lehrgespräch*[392] im 19. und 20. Jahrhundert nahe, sind zu dieser Familie indes keine neuen Gesprächssorten mehr hinzugekommen, sondern nurmehr Varianten zu vorhandenen Sorten ausgebildet worden, bis hin zu nur medialen Anverwandlungen, wie beispielsweise des *examinierenden* oder des *darbietenden katechetischen Gesprächs* im Rahmen computergestützter „verhörender" oder abfragend-„einflössender" Dialogboxen.

Die verschiedenen Sorten lassen sich, zweitens, der historisch-diachronischen Entfaltung der Gesprächssorten-Familie entsprechend, in Bezug auf alle drei der im theoretischen Teil angeführten Merkmalgruppen bzw. Merkmalfelder zur Klassifizierung von Gesprächen auf einer Skala zwischen den Polen „geschlossen" und „offen" ordnen, die innenperspektivisch idealtypisch als die Pole *„katechetisches Gespräch"* und *„sokratisches Gespräch"* erscheinen (diese Benennungen repräsentieren deshalb also weder Gesprächstypen noch Gesprächssorten, sondern, um mit Hermann Paul zu sprechen, bestimmte „Gruppierungen" von Gesprächssorten). Die Skalierung erfolgt zwar vordergründig vornehmlich auf der Grundlage formal-struktureller Merkmale, also beispielsweise danach, ob die Art des Sprecherwechsels eher rigide den institutionellen Rollen der Sprechenden folgt oder aber freiheitlicher gehandhabt wird. Gesprächssorten aber sind, wie konkrete Gespräche auch, stets Konfigurationen formal-struktureller, funktional-pragmatischer und ko- und kontextueller Merkmale, und so gibt es grundsätzlich keine Veränderung formal-struktureller Merkmale, ohne dass damit auch eine Veränderung funktional-pragmatischer sowie ko- und kontextueller Merkmale einhergeht. Wenn hingegen lediglich Verschiebungen einzelner Merkmale in konkreten Gesprächen festzustellen sind, wenn es sich also beispielsweise beim Lehr-Lern-Gegenstand eines *zergliedernden katechetischen Gesprächs* im einen Fall um einen Begriff (wie z.B. in Wolfgang Ratkes dialogischen Zergliederungen), im anderen Fall um einen Text (z.B. eine Bibelstelle) handelt, oder wenn ein *gelenktes Unterrichtsgespräch* im einen Fall mehr der Sachklärung, im anderen Fall mehr der Meinungsbildung dient, so liegen nicht verschiedene Gesprächssorten, sondern jeweils Varianten ein und derselben Gesprächssorte vor.

---

[392] Die wichtigsten Schriften sind oben, I.2., aufgeführt.

Die folgende sprachwissenschaftlich systematische Rekonstruktion und Ordnung historischer Gesprächssorten fußt, wie im theoretischen Teil ausgeführt, in erster Linie auf der außenperspektivischen Interpretation der Merkmale, wie sie das empirische Material bietet. Diese Interpretation wird durch die Innenperspektive geleitet, insofern zeitgenössische Sprachhandlungsbegriffe als lexikalische Klammern die Interpretation auf den Weg bringen und metasprachliche sowie sprachthematisierende Quellentexte als Merkmalinterpretationen der zeitgenössisch Wissenden gelesen werden. In dem dieser Untersuchung zugrunde liegenden Korpus findet sich eine reiche Zahl solcher Quellentexte, im Zusammenhang mit fiktiven Modell-Gesprächen für die Hand des Lehrers gibt es nicht selten sogar idealtypische Gesprächsverlaufsmuster – wie es sie für die gesellige Konversation in Komplimentierbüchern auch gab[393] –, so dass die Einnahme der Innenperspektive hinreichend unterfüttert ist. Damit sind beide Ansätze, der induktiv-konversationsanalytische und der deduktiv-dialoggrammatische, zum Zweck der Klassifikation von Gesprächssorten auf empirischer Grundlage und sodann der Zuordnung konkreter Gespräche zu diesen Gesprächssorten zusammengeführt. Wenn beispielsweise Conrad Friderich Stresow in seinem „Handbuch für Schulmeister" aus dem Jahr 1765 zwei Sorten der „*Katechisation*" unterscheidet (die „unterweisende" und die „prüfende") und bei ersterer je nach Lernergruppe und konkretem Zweck fünf Varianten anführt und sprachthematisierend kommentiert (die „einflössende" und die „aufklärende" und quer dazu die „zergliedernde", die „ausbreitende" und die „anwendende"),[394] dann sind dies innenperspektivische Vorgaben, denen die sprachwissenschaftlich außenperspektivische Typologie zu folgen hat. Sie tut dies, zum Beispiel, in der Unterscheidung zwischen *examinierendem katechetischem Gespräch* und *zergliederndem katechetischem Gespräch*, die als rekonstruierte historische Gesprächssorten nun aber nicht mehr nur Stresows Differenzierung zwischen „prüfender" und „unterweisender Katechisation" widerspiegeln, sondern auf der Grundlage weiterer Quellen, linguistischer Kategorien sowie Ergebnissen der neueren pädagogikgeschichtlichen Forschung die empirisch ermittelten Merkmale bündeln.

Mit den in den einschlägigen Quellen vorfindlichen Benennungen liegt, nachdem in einem ersten Zugriff mit Hilfe der Wörterbücher Adelungs, Campes und Eberhards der Begriff des „Gesprächs" und das durchschnittliche zeitgenössische Interaktionswissen im Allgemeinen erkundet worden war (s.o., II.1.2. und II.2.2.), nun ein lexikalisches Inventar vor, das im Besonde-

---

[393] Vgl. Fauser 1991, 259ff.; als ein Beispiel sei das Kapitel „Von Complimenten und Gesprächen" in Hallbauers „Anweisung Zur Verbesserten Teutschen Oratorie" (1725, 614ff.) angeführt.
[394] Stresow 1765, 154ff.

ren den Gesprächstyp *Lehrgespräch* lexikalisch-semantisch strukturiert. Die vorangehenden Abschnitte haben die Geschichte und Entwicklung der Sache *deutsches Lehrgespräch* in chronologischer Ordnung präsentiert; dabei haben bereits die Benennungen eine Rolle gespielt. In der folgenden Übersicht sind die im Korpus häufig vertretenen und, so darf man schon daraus schließen, für die Zeitgenossen üblichen Benennungen relativ zu ihrer usuell-semantischen Nähe zu den noematischen Polen „*katechetisches Gespräch*" und „*sokratisches Gespräch*" systematisch geordnet; in wenigen Fällen wurden auch Benennungen aufgenommen, die zwar nicht so häufig, aber dafür in wichtigen und weit verbreiteten Werken vorkommen (z.B. Dinters „*entwickelnde*" Katechisation) oder neue Nuancen ins lexikalisch-semantische Spiel bringen (z.b. Velthusens „*freyere Gespräche*"). Als Nachweis ist jeweils eine diese usuelle Semantik möglichst „sprechend" belegende Fundstelle angeführt (Seite 253; die Kanten indizieren die Zugehörigkeit zu einer der beiden prototypischen Gesprächssorten). Dieser innenperspektivischen Ergliederung des Wortfeldes „*Lehrgespräch*" korrespondiert eine konzeptuelle Ordnung des Interaktionswissens, insofern die Wörter als Sprachhandlungsbegriffe handlungsleitenden Anweisungscharakter in sich bergen. Diese konzeptuelle Ordnung ist, wie im theoretischen Teil erläutert, an Hand der zeitgenössischen Sprachhandlungsbegriffe allein jedoch nicht zu rekonstruieren. Die „Wissenden", also die je zeitgenössischen Sprecher, folgen in der Regel zwar sehr genau den durch das Interaktionswissen gezogenen Grenzen und handeln und verhalten sich den Normen entsprechend, doch erfassen sie ihr Wissen und die damit verknüpften Normen für wissenschaftliche Ansprüche zu vage und unzureichend in Sprachhandlungsbegriffen. Die lexikalisch geordnete historische Gesprächswelt darf deshalb nicht darüber hinwegtäuschen, dass menschliches Interaktionswissen nicht so fein säuberlich in einzelne Bausteine abgegrenzt und gruppiert ist, wie es diese Darstellung suggeriert. Schon das Vorhandensein synonymer Benennungen macht dies offensichtlich. Trotz dieser Einschränkungen ist der empirische Weg, verknüpft mit einer außenperspektivisch sprachwissenschaftlichen Interpretation der Daten, der einzig gangbare Weg für die historische Gesprächstypologie, d.h. für die Gewinnung historischen Interaktionswissens und für die Ordnung historischer Gesprächssorten. Schon der Vergleich der oben dargestellten Fülle an Gesprächssorten, die sich für die „Wissenden" im 17. und 18. Jahrhundert mit dem Kommunikationsbereich der Lehre verbanden, mit der deduktiv erstellten Typologie des „komplementären Dialogtyps", wie sie der Dialoggrammatiker Wilhelm Franke vorgelegt hat (s.o., II.1.2.), belegt, dass letztere, auf historische Quellen angewandt, nicht zu sprachgeschichtlichen Erkenntnissen führt, weil sie gerade die Historizität, das historisch je besondere Erscheinungsbild des Gesprächs, verdeckt. Die außenperspektivische, sprachwissenschaftlich systematisierende Ordnung der empirischen Befunde

253

Sorten des deutschen Lehrgesprächs im 17. und 18. Jahrhundert (Innenperspektive)

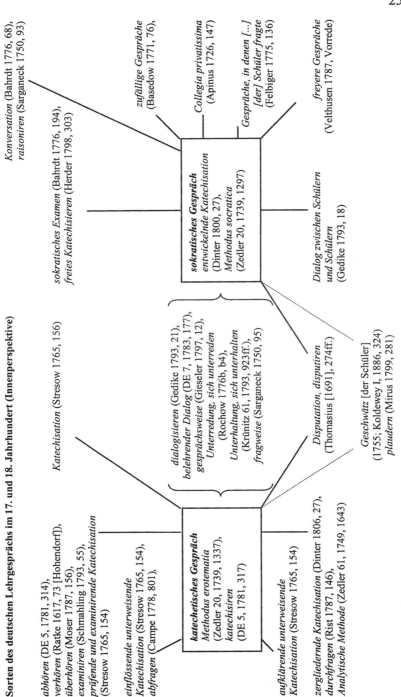

abhören (DE 5, 1781, 314),
verhören (Ratke 1617, 73 [Hohendorf]),
überhören (Moser 1787, 156),
examiniren (Schmahling 1793, 55),
prüfende und examinirende Katechisation (Stresow 1765, 154)

einflössende unterweisende Katechisation (Stresow 1765, 154),
abfragen (Campe 1778, 801),

aufklärende unterweisende Katechisation (Stresow 1765, 154)

zergliedernde Katechisation (Dinter 1806, 27),
durchfragen (Rist 1787, 146),
Analytische Methode (Zedler 61, 1749, 1643)

katechetisches Gespräch
Methodus erotematia (Zedler 20, 1739, 1337),
katechisiren (DE 5, 1781, 317)

Katechisation (Stresow 1765, 156)

dialogisieren (Gedike 1793, 21),
belehrender Dialog (DE 7, 1783, 177),
gesprächsweise (Gieseler 1797, 12),
Unterredung, sich unterreden (Rochow 1776b, b4),
Unterhaltung, sich unterhalten (Krünitz 61, 1793, 923ff.),
fragweise (Sarganeck 1750, 95)

Disputation, disputiren (Thomasius [1691], 274ff.)

Geschwätz [der Schüler] (1755; Koldewey I, 1886, 324)
plaudern (Mirus 1799, 281)

sokratisches Gespräch
entwickelnde Katechisation (Dinter 1800, 27),
Methodus socratica (Zedler 20, 1739, 1297)

sokratisches Examen (Bahrdt 1776, 194),
freies Katechisieren (Herder 1798, 303)

Konversation (Bahrdt 1776, 68),
raisoniren (Sarganeck 1750, 93)

zufällige Gespräche (Basedow 1771, 76),

Collegia privatissima (Apinus 1726, 147)

Gespräche, in denen [...] [der] Schüler fragte (Felbiger 1775, 136)

freyere Gespräche (Velthusen 1787, Vorrede)

Dialog zwischen Schülern und Schülern (Gedike 1793, 18)

macht es sich demgegenüber gerade zur Aufgabe, diese Historizität zu entdecken, um historische Gespräche und – als historisches Interaktionswissen existierende – historische Gesprächssorten als Erscheinungen der zeitgenössischen Normen, mithin des Systems der deutschen Sprache umso genauer erfassen zu können. Dazu freilich muss sie, wie erwähnt, die von den zeitgenössischen „Wissenden" lexikalisch nur vage gezogenen Grenzen mit wissenschaftlichen Mitteln schärfer konturieren und die empirisch vorfindliche Vielfarbigkeit des Gesprächs zu abstrakten Grundfarben von Gesprächssorten bündeln.

Die folgende Graphik (Seite 255; die Kanten der außenperspektivischen Ordnung folgen, soweit möglich, der Anordnung der innenperspektivischen Benennungswelt) präsentiert das Ergebnis dieser Rekonstruktion mit lexikalischen Mitteln, in den anschließenden Abschnitten werden sodann die mit diesen lexikalischen Mitteln außenperspektivisch benannten Sachen, nämlich: die historischen Gesprächssorten, jeweils an repräsentativen Beispielen aus sprachgeschichtlicher Sicht beschrieben. Die Beschreibung folgt methodisch der im zweiten Kapitel begründeten Zusammenführung konversationsanalytischer und dialoggrammatischer Ansätze im Rahmen der merkmalgeleiteten Rekonstruktion von Prototypen der historischen Gesprächssorten. Merkmalgeleitet heißt, die abstrakten Merkmale der drei Merkmalfelder, also a) abstrakte ko- und kontextuelle Merkmale (z.B.»Sitzordnung«), b) abstrakte funktional-pragmatische Merkmale (z.B.»Gesprächszweck(e)«) und c) abstrakte formal-strukturelle Merkmale (z.B.»Form(en) des Sprecherwechsels«), werden als konkrete Eigenschaften der Gespräche aufgesucht, die jeweils als Exemplar einer historischen Gesprächssorte erscheinen (und sich im hermeneutischen Wechselspiel von Merkmalinterpretation und Sortenkonstitution als solche Exemplare erweisen müssen). Ausgewählte Beispiele werden sodann mit Hilfe gesprächsanalytischer und dialoggrammatischer Kategorien und Verfahren als Repräsentanten dieser Gesprächssorten eingehender beschrieben.

Zwei Besonderheiten sind noch in Bezug auf das Repertoire der Gesprächssorten zu bemerken: Das Korpus weist kein *empraktisches Gespräch* im engeren Sinne als Exemplar einer entsprechenden didaktischen Gesprächssorte auf. Dies ist kaum überraschend, wenn man bedenkt, dass die schulische Unterweisung im 17. und 18. Jahrhundert in erster Linie Wissensvermittlung bzw. Wissenserzeugung im Medium der Sprache war. Auf der anderen Seite stand die Öffnung des deutschen *Lehrgesprächs* in engem Zusammenhang mit Konzepten der Selbsttätigkeit der Schüler und des Anschauungsunterrichts, die wiederum empraktische Gespräche gefördert haben müssten. Erkennen lässt sich aber nur die Tendenz, dass Gespräche der offenen Sorten immer häufiger auch von nichtsprachlichen Handlungen begleitet werden, sei es, dass die Schüler beim Lernen des Alphabets mit Buchstaben-

Sorten des deutschen Lehrgesprächs im 17. und 18. Jahrhundert (Außenperspektive)

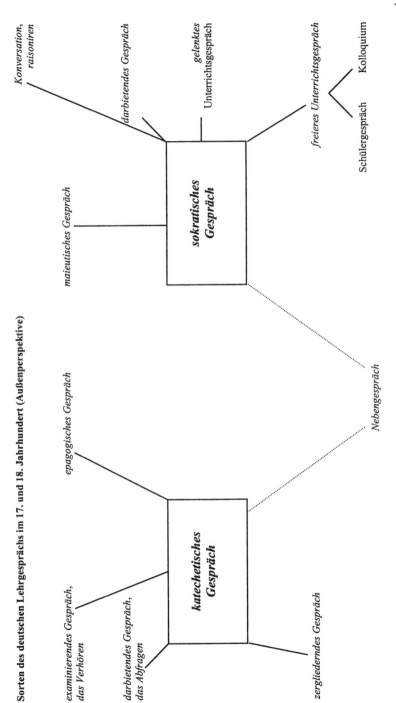

zeichen spielerisch angeleitet werden, sei es, das sie im Geometrie-Unterricht die Gesprächsergebnisse sogleich im Tafelbild festhalten sollen. Das sind keine *empraktischen Gespräche* in dem engen Sinn, dass die Gespräche „in außersprachliche Handlungen verflochten sind",[395] sondern umgekehrt, es sind außersprachliche Handlungen, die ins Gespräch verflochten sind. Ich werde deshalb von „empraktischen Zügen" der Lehrgespräche und, in Bezug auf das korrespondierende Sprachhandeln des Lehrers, im Anschluss an Brünner von „Instruktionen" sprechen.[396]

Sodann ist noch ein Wort zur Gesprächssorte der *Disputation* zu sagen. Die *Disputation* erscheint in der innenperspektivischen Übersicht über die Sorten des *Lehrgesprächs*, weil sie allem Anschein nach zumindest in Einzelfällen als deutsche Gesprächssorte auf Universitäten praktiziert wurde. (In anderen Einzelfällen ist indes auch nur die Sprachhandlungsbenennung für eine andere Gesprächssorte gebraucht worden.[397]) Im nachfolgenden außenperspektivischen Überblick sowie im Rahmen der Beschreibung der Gesprächssorten in den folgenden Abschnitten ist die *Disputation* hingegen nicht berücksichtigt. Das ist einmal darauf zurückzuführen, dass deutschsprachige Exemplare der didaktischen Gesprächssorte *Disputation* aus dem 17. und 18. Jahrhundert nicht auffindbar sind. Dieser Umstand deutet darauf hin, dass der Sprachenwechsel der *Disputation* vom Latein zum Deutschen im hier behandelten Zeitraum wohl mehr theoretisch vorbereitet denn praktisch vollzogen wurde.

III.4.1.1. Sorten des *katechetischen Gesprächs*

Die Sorten des *katechetischen Gesprächs* sind gekennzeichnet durch eine relative Geschlossenheit in Bezug auf formal-strukturelle, funktional-pragmatische sowie ko- und kontextuelle Merkmale bzw. Eigenschaften. Diese Geschlossenheit ist relativ, insoweit sie nur im Verhältnis der Sorten des *katechetischen Gesprächs* untereinander wie auch im Verhältnis der Sorten dieses Prototyps des deutschen *Lehrgesprächs* zu den Sorten des anderen Prototyps, des *sokratischen Gesprächs*, zu vermessen ist. Auf der Skala zwischen diesen prototypischen Polen des geschlossenen *katechetischen Gesprächs* und des offenen *sokratischen Gesprächs* kommt es denn auch zur Berührung peripherer Sorten beider Prototypen: Das offenste *katechetische*

---

[395] Vgl. Henne/Rehbock 2001, 31.
[396] Brünner 1989.
[397] Vgl. z.B. Thomasius [1691], 281, der vom „Disputiren" spricht, aber Merkmale des *maieutischen sokratischen Gesprächs* anführt.

Gespräch, das induktive *epagogische Gespräch*, kommt dem geschlossensten *sokratischen Gespräch*, dem *maieutischen Gespräch*, sehr nahe. Bevor die graduellen Unterschiede der Geschlossenheit des *katechetischen Gesprächs* im Zuge der Beschreibung der einzelnen Sorten mit Mitteln der historischen Gesprächsforschung herausgearbeitet werden, gilt es hier – auch um Wiederholungen zu vermeiden – die prototypische Struktur des *katechetischen Gesprächs* im 17. und 18. Jahrhundert, wie sie in den vorangehenden Abschnitten in der Kontur schon ersichtlich wurde, als Konfiguration formal-struktureller, funktional-pragmatischer und ko- und kontextueller Merkmale stichwortartig zusammenzufassen. Dabei sei noch einmal erinnert, dass hier und im Folgenden nur mittelbar auch die pädagogisch-didaktische Leistungsfähigkeit bzw. -unfähigkeit einer Gesprächssorte oder einzelner Gesprächshandlungen in den Blick genommen werden.

Es ist deutlich geworden, dass das *katechetische Gespräch* im Rahmen der institutionellen Unterweisung funktional darauf festgelegt war, a) gegenstandsorientiert vorhandenes Wissen im Sinne des Weiterreichens zu VERMITTELN, zu FESTIGEN und zu PRÜFEN, und b) beziehungsorientiert die Schüler zu DISZIPLINIEREN im Sinne bestehender sozialer Umgangs- und Herrschaftsformen. Diese funktionalen Grenzen blieben über den gesamten hier behandelten Zeitraum gewahrt. Die Entfaltung verschiedener Sorten ist deshalb auch nicht in einem funktionalen Wandel der prototypischen Struktur begründet, sondern darin, dass die Erfüllung der genannten Funktionen nicht mehr ausschließlich in der sprachlich-symbolischen Inbesitznahme des Wissens im Wege des Auswendiglernens erkannt wurde, sondern zunehmend auch das kognitive Verständnis des zu Lernenden als Kriterium der Effizienz des *katechetischen Gesprächs* galt.

Das prototypische *katechetische Gespräch* setzt einen feststehend strukturierten Lehr-Lern-Gegenstand voraus: einen – vermeintlich – abschließend erkundeten Sachverhalt, eine irreversible Wahrheit oder eine – und nur eine – richtige Meinung. Der solchermaßen unveränderlichen Struktur des Gegenstands korrespondiert das strenge formal-strukturelle Gesicht des *katechetischen Gesprächs*, der „Gang des Gesprächs ergiebt sich theils aus der Materie, theils aus dem zum Grunde gelegten Text."[398] Es hat – prototypisch – einen (geschriebenen) Text zur Vorlage, dessen Inhalt dann Gesprächsthema wird, denn „der Frage muß in der Regel länger oder kürzer die Rede vorhergehen."[399] Der Text gibt den Anlass des Gesprächs, seine oft mehrfache Lektüre ist, gesprächsanalytisch formuliert, dessen Voreröffnung. Die

---

[398] Niemeyer 1818, II, 46; vgl. auch Moser 1787, 163ff., der in seiner „Anweisung zum Katechisiren" die Auswahl des Textes an den Anfang des *katechetischen Gesprächs* stellt.
[399] Niemeyer 1818, II, 40.

Person des Lehrers ist auch im *katechetischen Gespräch* zwar nicht „König", aber in jeder Hinsicht souveräner, dominanter, gar mächtiger Gesprächsleiter; die Berichte über selbst von diesen streng geregelten Gesprächssorten überforderten Lehrern, die zu ängstlich, zu unerfahren oder unfähig waren, stehen dem nicht grundsätzlich entgegen.[400] Denn der Lehrer allein bestimmt Anfang und Ende des Gesprächs, die Wahl der Themen und Subthemen, die Wahl und die Reihenfolge der Sprecher sowie den Gesprächsverlauf – die Antworten der Schüler haben nur mittelbar Einfluss auf die folgende Frage. Der Lehrer allein verfügt über das Recht zu verschiedenen Sprachhandlungen, in erster Linie zur FRAGE, sodann aber auch zu Sprachhandlungen des darbietenden Lehrens (z.b. ERKLÄREN), sowie zu sozialdisziplinierenden (z.b. TADELN) und gesprächssteuernden (z.b. AUFRUFEN) Sprachhandlungen. Dem Schüler verbleibt die Pflicht zu ANTWORTEN und zu weiteren reagierenden Sprachhandlungen, also solchen des zweiten Zuges, wie beispielsweise WIEDERHOLEN und NACHSPRECHEN.

Der Verlauf des *katechetischen Gesprächs* ist, zumal er grundsätzlich nicht von der Art und Qualität der Schülerantwort abhängig gemacht wird, wie der eines Vortrags vorab planbar, die Progression der den Lehr-Lern-Gegenstand examinierend und mnemotechnisch strukturierenden, zergliedernden, darbietenden, erkundenden Fragen ist vorab festlegbar, und zwar – wie die zahlreichen Modell-Gespäche für die Hand des Lehrers immer wieder belegen – weit über den Rahmen üblicher pädagogisch-didaktischer Unterrichtsvorbereitung hinaus. Die immer wieder der Kritik anheimfallende Crux mit diesen Modell-Gesprächen war ja gerade, dass sie viele Lehrer verleiteten, sich gar nicht vorzubereiten und nurmehr auf das Modell zu vertrauen. Nicht selten folgt die Frageprogression überdies selbst überkommenen Mustern, der Chrie bzw. dem von Matthieu de Vendôme im 12. Jahrhundert aufgesetzten „Inventionshexameter": *quis, quid, ubi, quibus auxiliis, cur, quomodo, quando*.[401] Comenius beispielsweise greift diese Frageprogression wie folgt auf:

> Ein Ding im allgemeinen der Erkenntnis darbieten heißt das Wesen (essentia) und die Nebeneigenschaften (accidentia) des ganzen Dinges erklären. Das Wesen wird erklärt mittels der Fragen: was, wie beschaffen und warum? [...] Wenn man nun einige ebenfalls allgemeine Nebeneigenschaften hinzufügen will, so kann man die Fragen: von wem, woher, wann? usw. beantworten.[402]

---

[400] Vgl. z.B. Henke 1797, 152f.; Herzberg 1791, 33.
[401] Vgl. Brüggemann/Brunken 1991, 247.
[402] Comenius [1657], 200f.; vgl. auch die lange Liste der W-Fragewörter bei Felbiger 1775, 140; fast ebenso Gräffe, 1793–1801, Bd. 3, 1796, 408.

259

Dabei ist festzuhalten, dass die FRAGE im prototypischen *katechetischen Gespräch* stets konvergente Frage und stets (didaktische) Prüfungsfrage ist, also das, was in der linguistischen Literatur zur FRAGE auch gern als „Examensfrage" oder allgemein als „Lehrerfrage" bezeichnet wird.[403]

Was die ANTWORTEN der Schüler anbelangt, hat das *katechetische Gespräch* im Zuge seiner Sortenentfaltung zwar Differenzierungen in Bezug auf Grade der Responsivität erfahren, die noch darzustellen sind; das prototypische *katechetische Gespräch* indes kennt nur richtige und falsche Antworten. „Fällt die Antwort richtig und wahr aus", so heißt es noch bei Gräffe, „so ist dies der Wunsch des Katecheten, und er schreitet froh in seiner Unterredung weiter."[404] Im Falle der ausbleibenden wie der falschen Antwort neigt das prototypische *katechetische Gespräch* noch nicht, wie dann das *sokratische Gespräch*, zu didaktisch erforderlichen „Umwegen", sondern hält allenfalls formale Veränderungen bereit, um die richtige, von der Textvorlage geforderte Antwort zu erhalten. Ebenfalls noch bei Gräffe heißt es diesbezüglich:

Man wende sich an ein anderes dreisteres Kind, oder man verändere die Frage dahin, daß dasselbe nur mit Ja antworten kann, oder man lege ihm in einer disjunctiven Frage die Antwort in den Mund.[405]

Auf den „gemeinen Schulen" waren in solchem Fall aber auch Strafen in Form körperlicher Züchtigung oder Beschimpfung durchaus üblich – trotz der Verbote in Schulordnungen und trotz der Verdikte in der pädagogischen Literatur (vgl. das unter II.3. zitierte Gesprächshandeln des Pfarrers: „Da hast du eine Trachtl." und „s'Maul halts, ihr Schliffeln!").[406]

Die verschiedenen Sorten des *katechetischen Gesprächs* weisen schließlich auch in Bezug auf situative, genauer: ko- und kontextuelle Merkmale grundsätzliche Gemeinsamkeiten auf: Da ist, zum einen, das Gesprächsverhältnis zwischen dem Lehrer und seinem Schüler bzw., beim Zusammenunterrichten, seinen Schülern, das im prototypischen *katechetischen Gespräch* streng im Rahmen der institutionell geforderten und gesicherten Asymmetrie der Gesprächsteilnehmer gehalten wird. Die institutionellen Rollen „Lehrer" und „Schüler", „Lehrmeister" und „Lehrjünger", „Professor" und „Student" bleiben gewahrt und werden nicht einmal vorübergehend aufgehoben, um, wie beispielsweise im *sokratischen Gespräch*, in ein inszeniertes väterliches oder gar freundschaftliches Verhältnis überführt zu werden. In den Termini

---

[403] Vgl. zur „Lehrerfrage" im Überblick Bloch 1969; aus linguistischer Sicht Burkhardt 1986b, 41f. und s.u., III.4.2.2.1.
[404] Gräffe, Bd. 3, 1796, 429f.
[405] Gräffe, Bd. 3, 1796, 426.
[406] Vgl. auch Zedlitz (1787, 106), der berichtet, dass „auf jedes fehlende Wort beim Hersagen des Katechismus eine bestimmte Anzahl Schläge" ausgeteilt wurde.

des dialoggrammatischen Ansatzes Wilhelm Frankes (s.o., II.1.2.) ausgedrückt: Das prototypische *katechetische* Gespräch ist und bleibt ein Gespräch komplementären Typs; es mag wohl bisweilen zum kompetitiven Typ neigen, doch wird es niemals koordinativ.

III.4.1.1.1. Das *examinierende Gespräch* oder: das *Verhören*

Das *examinierende katechetische Gespräch* (kurz: *examinierendes Gespräch*) ist, wie der sozialgeschichtliche Abriss ergeben hat, die frühest belegbare Sorte des deutschen *Lehrgesprächs*; es mag wohl gar, was das *Lehrgespräch* als institutionalisierte didaktische Kommunikationsform anbelangt, „die Urform unterrichtlichen Tuns" sein.[407] Und es ist die Gesprächssorte, die allen pädagogischen Winden und Gegenwinden im 17. und dann vor allem im philanthropischen 18. Jahrhundert erfolgreich getrotzt hat – bis heute. Denn wenngleich Hermann Helmers in seiner einschlägigen Monographie „Didaktik der deutschen Sprache" den Begriff der „Katechese" in einem sehr weiten Verständnis gebraucht – nicht als Gesprächssortenbenennung, sondern mehr im Sinne eines Prototyps, wie er soeben für das 17. und 18. Jahrhundert dargelegt wurde –, so darf seine Feststellung, die „Katechese" habe in „der heutigen Schulwirklichkeit auf allen Bildungsstufen vor allem dort Platz, wo es um Wiederholung und um Prüfung geht", auch in der unmittelbaren Gegenwart noch, also wiederum ein gutes Vierteljahrhundert später, Gültigkeit beanspruchen.[408]

Ein Beispiel für ein *examinierendes katechetisches Gespräch* im frühen Neuhochdeutschen, bei dem „blos die Wörter den Kindern aus dem Gedächtniß abgefragt werden", führt Landschulinspektor Walkhof im Jahr 1797 in der Zeitschrift „Der deutsche Schulfreund" an. Dieses Beispiel ist zwar erst sehr späten Datums; es gibt für diese Gesprächssorte eine ganze Reihe früherer Beispiele. Es ist indes ein sehr repräsentatives Beispiel, insofern es einem *epagogischen Gespräch* zum selben Thema (das vierte Gebot) kontrastiert wird (s.u., III. 4.1.1.4.). Die Textvorlage des Gesprächs bildet, wie erwähnt, das vierte Gebot:

---

[407] Helmers 1970, 136.
[408] Helmers 1970, 136. Die Frage, ob und inwiefern diese didaktische Gesprächssorte pädagogisch zu rechtfertigen ist, braucht hier nicht entschieden zu werden, zumal selbst in der erziehungswissenschaftlichen Forschung diesbezüglich die Kluft zwischen der Freiheit der Theorie und den Zwängen der Praxis noch nicht überbrückt ist. Thiele 1981, 31 etwa stellt diese „in ihrer Extremform gekennzeichnete Kommunikationsform" zwar in ein dunkles Licht, vermag sie aber mit Blick auf die Unterrichtspraxis auch nicht ganz zu verrufen. Er urteilt zurückhaltend, sie sei „unter den Zielsetzungen des heutigen Unterrichts nur bedingt vertretbar."

Was sollst du nach diesem Gebote thun? Wen sollst du ehren? deinen Vater. Wen mehr? deine Mutter. Was sollst du deinem Vater und deiner Mutter thun? Du sollst sie ehren. Wozu sollst du sie ehren? Die Kinder schweigen. Der Lehrer: Auf daß – die Kinder fallen ein: Auf daß dirs wohl gehe. Wozu noch mehr? Und du lange lebest auf Erden. Wie soll dirs gehen? Wohl. Wo sollst du lange leben? Auf Erden.[409]

Dies ist ein fiktionales Gespräch, erfunden und angeführt als negatives Beispiel, da es Walkhof in seinem Beitrag darauf ankommt, eine „Anleitung zur Uebung des Nachdenkens der Kinder" zu liefern und zu zeigen, dass das *examinierende katechetische Gespräch* eine solche Übung gerade nicht eröffnet. Walkhofs Erfahrungen als Landschulinspektor verleihen diesem Gespräch gleichwohl einen Anspruch auf Realitätsnähe, der durch ähnliche Quellen gestützt wird. Johann Paul Pöhlmann beispielsweise teilt in der Vorrede zu seinem „Versuch einer practischen Anweisung für Schullehrer, Hofmeister und Aeltern" folgende, als authentisch ausgegebene und sodann von Pöhlmann als misslungen vorgeführte „Musterkatechisation" mit, an der „10–12jährige Kinder aus einer gemeinen Bürgerschule" beteiligt waren:

Einer meiner Freunde, der ohnlängst von der Universität zurückgekehrt ist, theilte mir folgendes Bruchstück von einer Musterkatechisation mit, die er dort von einem im großem Rufe stehenden Theologen mit angehört hat: L. Ihr habt doch schon oft da droben am Himmel die Sterne gesehen? K. Ja. L. Es sind deren sehr viele; auch sind sie sehr groß: weit größer als unsere Erde. Nun was ist also der Himmel? K. – L. Ein Inbegriff vieler Sterne. Nicht wahr? K. Ja. – – – Was ist Gott? K. Allmächtig. L. Nein! nein! sieh, wie stehts im Buche?[410]

Das Gespräch beginnt, als wolle es ein *darbietendes* oder gar ein *epagogisches*, also *induktives katechetisches Gespräch* werden: Der Lehrer aktiviert das Vorwissen der Kinder mittels einer kollektiv adressierten Suggestivfrage und fügt der erwarteten Antwort der Kinder sogar eine malerische Darstellung des von ihm initiierten Gesprächsgegenstandes hinzu. Doch dann schwenkt er auf die intendierte Gesprächssorte ein und stellt die erste Prüfungsfrage. Diese Frage, eine Frage nach der Definition des Begriffes „Himmel", ist zwar so gestellt, als dürfe die Antwort eine logisch und lexikalisch bloß angelehnte Schlussfolgerung aus der narrativen Gesprächseröffnung sein – die Partikeln „nun" und „also" lassen diese Interpretation jedenfalls zu –, doch zeigt das Schweigen der Kinder und auch die dann vom Lehrer selbst erteilte Antwort, dass dem nicht so ist: Die Antwort „Ein Inbegriff vieler Sterne" ist nicht aus der narrativen Gesprächseröffnung und auch nicht aus dem Vorwissen der Kinder ableitbar, sondern ist eine Antwort, die im Buche steht. Dass auch in diesem Gespräch nur die wörtliche Wiedergabe der Text-

---

[409] Walkhof 1797, 7.
[410] Pöhlmann 1812, XIII.

vorlage als richtige Antwort auf die Frage gilt, wird schließlich unzweifelhaft belegt durch den expliziten Verweis des Lehrers auf das Buch, obgleich die Antwort des Kindes („Allmächtig") an sich durchaus nicht falsch ist.

Jedes *Lehrgespräch* kann in verschiedener Hinsicht zugleich auch Prüfungsgespräch werden und hat schon durch seine institutionelle Situierung per se examinierenden Charakter. Das *examinierende katechetische Lehrgespräch* im 17. und 18. Jahrhundert ist hingegen per definitionem in erster Linie Prüfungsgespräch: Die „catechetische Methode", so heißt es lakonisch in der „Deutschen Encyclopädie", ist das, „was man mit einem andern Wort Examiniren nennt."[411] Vornehmster Zweck des *examinierenden katechetischen Gesprächs* im Rahmen der institutionell vorgegebenen übergeordneten Handlungszwecke UNTERWEISEN und ERZIEHEN ist es, so Christian Friedrich Dinter, dass der Lehrer in Erfahrung bringe, „was die Kinder schon wissen".[412] In diesem Sinne ist auch Stresow zu vernehmen, der zur „prüfenden und examinirenden" Katechisation ausführt, sie sei „für die, so schon gelernet haben, da man nachforschet, ob das Beigebrachte behalten worden, oder wie es sonst um den Begriff und die Erkäntniß stehe."[413]

Das *examinierende katechetische Gespräch* geht aber noch über diese innenperspektivischen Funktionszuweisungen, die mutatis mutandis auch für andere Sorten des *katechetischen Gesprächs* gelten könnten, hinaus. Insofern nämlich das Auswendiglernen von Texten bis weit ins 18. Jahrhundert hinein beinahe unangefochten und darüber hinaus zumindest unbeanstandet als eine Form der Erfüllung des schulischen Zwecks der UNTERWEISUNG begriffen wurde, stand das *examinierende katechetische Gespräch* ganz im Dienste des Auswendiglernens und dessen Prüfung. Auf diese Funktionen weisen schon die Benennungen für Sprachhandlungsmuster hin, die dem *examinierenden Gespräch* auf „gemeinen Schulen" – und dort hatte es zunächst seinen eigentlichen Ort – korrespondierten: Der Lehrer „*frägt ab*", wie im *darbietenden Gespräch*, doch muss er hier im Besonderen die Schüler „*überhören*", sie „*abhören*" und „*durchfragen*", „*aushören*" und „*verhören*".[414] Die

---

[411] DE 5, 1781, 313 (s.v. *Catechetische Methode (pädagogisch)*). Zum Examen im 17. Jahrhundert vgl. auch Wolfgang Ratkes „Schuldieneramtslehr (Scholastica)" von 1631/32, abgedruckt in Ratke/Hohendorf 1957, 171–246, hier 201ff.: „Von der Prüfung (Examen)"; zum Examen auf „gelehrten Schulen" des 18. Jahrhunderts vgl. Ehlers 1767, 77ff. und Gedikes „Gedanken über die Methode zu examiniren" (Schulschriften, Bd. 2, 1795, 66–111). Zu allgemeinen Charakteristika des Prüfungsgesprächs vgl. auch Dederding/Naumann 1986; Techtmeier 1997b.

[412] Dinter 1800, 27.

[413] Stresow 1765, 154.

[414] Ausgewählte Belegstellen: Stresow 1765, 158 (*abfragen*); Rist 1787, 165 (*überhören*); DE 5, 1781, 314 (*abhören*); Rist 1787, 146 (*durchfragen*); Allgemeine Schulordnung der Kaiserin Maria Theresia 1774, abgedruckt in Weiss 1896, 15

Schüler hingegen müssen zu wiederholten Malen „*aufsagen*" und „*hersagen*", „*nachbeten*" und „*herbeten*";[415] ihr Sprachhandeln wird später, als das *sokratische Gespräch* die pädagogischen Schriften erobert hatte, ironisch-distanzierend auch als „*herstottern*" oder „*herschnattern*" bezeichnet[416] oder abfällig-kritisch als „*herplappern*", „*heraushaspeln*", „*herleiern*".[417]

Das *examinierende Gespräch* steht, folgt man dieser funktional-pragmatischen Verortung, am Schluss des Lehrens und Lernens und mag daher auf den ersten Blick nur mittelbar dem Handlungszweck UNTERWEISEN zuordenbar erscheinen. In diesem Sinne unterscheidet jedenfalls Schulinspektor Schmahling das *examinierende Gespräch* von didaktischen Kommunikationsformen im engeren Sinn, weil man hier nur „erfahren will, was Andre wissen", aber nicht auch „lehren und erklären [muß], was die Schüler noch nicht wissen."[418] In der Tat erscheint das *examinierende Gespräch* in den Quellen zumeist als einzelne Unterrichtsphasen abschließender Baustein im Rahmen umfassenderer Lehr-Lern-Verfahren, z.B. noch in einer von Felbiger aufgestellten Schulordnung aus dem Jahr 1777:

Wenn gelesen wird, um das Gelesene zu lernen.
1. Der Lehrer ermahne auf das Gelesene Acht zu geben.
2. Er lasse kleine Theile der Materie von sechs oder acht Zeilen lesen, und das Lesen 5 bis 6 mal wiederholen.
3. Er frage, und lasse sich von allen, oder einigen, auch von einzelnen aus dem Buche antworten, und nur soviel, als zur Frage gehöret, sagen.
4. Er lasse abermal ein paarmal zusammenlesen: endlich befehle er den Antwortenden das Buch zuzumachen, und aus dem Gedächtnisse zu antworten.
5. Er vergleiche die Antwort mit dem, was im Buche stehet, und hole durch neue Fragen das Fehlende heraus.
6. Er thue die nämliche Frage an mehrere Schüler nacheinander, und lasse auch durch den zweiten Schüler bessern, was der erste nicht gut gesagt hat.[419]

Die Technik des Auswendiglernens ist hier das mehrfache Vorlesen des Textes; das *examinierende Gespräch* setzt erst nach dem Lernen im engeren Sinne ein. Indem der Lehrer aber „durch neue Fragen das Fehlende" herausholen soll – und es handelt sich dabei um das Fehlende, „was im Buche ste-

---

(*aushören*); Kromayers „Bericht von neuen Methodo" (1619), auszugsweise abgedruckt in Dietrich/Klink/Scheibe I, 1964, 26–54, hier 33 (*verhören*).
[415] Ausgewählte Belegstellen: Ratkes „Memorial" (1612), abgedruckt in Ratke/Ising 1959, I, 100–104, hier 102 (*aufsagen*); Rist 1787, 153 (*hersagen*) und 162 (*nachbeten*); Zerrenner 1792a, 34 (*herbeten*).
[416] Pöhlmann 1812, V.
[417] [anonym] 1782, 96ff.
[418] Schmahling 1793, 55.
[419] Felbiger 1777, 56f. Vgl. auch die oben (III.3.1.) zitierte Passage aus Felbigers „Methodenbuch" von 1775.

het" –, wird das *examinierende Gespräch* natürlich zugleich auch in den Lernprozess eingebunden. Diese mnemotechnische Funktion des *examinierenden Gesprächs* wird auch am oben zitierten Beispiel des Gesprächs über das vierte Gebot deutlich, wenn die Kinder „schweigen": Auf das finale „Wozu" waren sie offensichtlich nicht gefasst und sind nicht in der Lage, diese nicht eindeutig als textbezogene „Verhörfrage" gekennzeichnete Frage wörtlich aus dem Buch zu beantworten, obgleich der Text durchaus mit einer finalen Konjunktion fortgeführt wird. Das *examinierende Gespräch* ist auch in diesem von Walkhof aufgesetzten Gespräch mnemotechnisches Hilfsmittel beim Auswendiglernen, wobei seine Leistung auf die Aneignung der Ausdrucksseite des Textes beschränkt wird; das „Wozu" des Lehrers ist keineswegs Indiz für eine freier zu beantwortende Verständnisfrage, wie die zum Text passende finale Form und die „wörtliche" Hilfe bei der Antwort („Auf daß –") zeigen.

In diesem Sinne eines mnemotechnischen Hilfsmittels bildete das *examinierende Gespräch*, zumal auf „gemeinen Schulen", nicht selten die einzige Form der lehrerseitigen Unterweisung und war insofern Lehr-Lern-Methode und Prüfungsmethode in einem. Dies wird, sofern also das Auswendiglernen nicht als Stillarbeit angewiesen wurde, besonders deutlich in den Fällen, in denen die Textvorlage selbst dialogisch war, also beispielsweise eines der zahllosen in Fragen und Antworten gefassten Lehr-Lern-Bücher als Vorlage gewählt wurde, das dann im Wege der wiederholten Lektüre zugleich auswendig gelernt und examiniert werden sollte. Conrad Friderich Stresow beispielsweise bietet in seinem „Vollständigen Handbuch für Schulmeister" lange Listen von „Kinderfragen nach den zehn Säzzen der Heilsordnung" und führt zu deren Handhabung im Unterricht u.a. aus:

> So lange die jungen Kinder die Antworten auf diese Fragen, durch tägliches Aufsagen und Vorsprechen, noch erst lernen, und nach und nach behalten sollen; wird der Schulmeister die langen Absäzze da, wo er ein Sternlein * vorfindet, bedächtlich theilen, und nicht zu viel auf einmal vornehmen; auch, wie zuvor schon erinnert ist, dieselben Fragen täglich wiederholen, und nicht eher zu einem neuen Absaz fortgehen, als bis der vorige behalten worden.[420]

Der Stoff, hier genauer: die sprachliche Gestalt, die auswendig zu lernen war, ist dem *examinierenden Gespräch* vorgegeben; sie ist jedoch nicht, wie beim *zergliedernden Gespräch*, zum Zweck der Verständnissicherung systematisch zu portionieren oder im Zuge des Gesprächsverlaufs gar zu variieren, und es soll hier auch nicht, wie beim *darbietenden Gespräch*, der an die Textstruktur gebundene Inhalt im Wege des einflößend abfragenden Lehrgesprächs erst als kognitiver Besitz erzeugt werden.

---

[420] Stresow 1765, 313, Anm.

265

Die Frage im *examinierenden Gespräch* ist der Urtyp der Lehrerfrage par excellence, ist die Prüfungsfrage in Reinkultur, die also nicht die Information zur Schließung der ausgedrückten propositionalen Lücke erheischt, sondern Informationen über Erfolg oder Misserfolg des Lernens bei den befragten Schülern. Diese examinierenden Fragen waren nicht selten ebenfalls vorgegeben in dialogischen Lehr-Lern-Büchern, so dass das *examinierende katechetische Gespräch* durchaus Züge eines Rollenspiels annehmen konnte. Die sowohl den prüfenden wie den mnemotechnischen Funktionen dieser Gesprächssorte dienende Frageform war die W-Ergänzungsfrage mit punktuellem Textbezug, d.h. möglichst geringer propositionaler Streubreite für die Antworten, wie auch im Walkhof-Beispiel deutlich wird. Die Frage des Lehrers richtet sich hier überdies einzig nach der Struktur des auswendig zu lernenden Textes; sie ist inhaltlich völlig unabhängig von der vorangehenden Antwort des Schülers. Dies hängt, natürlich, mit der primären Funktion dieser Gesprächssorte zusammen, auswendig gelernte Textkenntnis zu prüfen, denn diese primäre Funktion eröffnet den Schülerantworten inhaltlich keine Grade der Responsivität: Es gibt nur inhaltlich responsive, d.h. den Text wörtlich wiedergebende Antworten, oder inhaltlich nonresponsive. Nur gesprächsstrukturell hat die Schülerantwort deshalb Einfluss auf den Gesprächsverlauf: Die richtige Antwort führt weiter zur nächsten Frage; eine falsche Antwort hingegen wird nicht in den Gesprächsverlauf integriert, sondern sogleich ausgeschieden; nur Fehlendes wird mitunter durch gesonderte Fragen nachgeholt.

Den Beispielen von Walkhof und Pöhlmann ist nicht zu entnehmen, ob und in welcher Form im *examinierenden katechetischen Gespräch* richtige Antworten VERSTÄRKT und der Schüler GELOBT wurde (allg. dazu s.u., III.4.2.1.2.); zu beobachten ist aber, was jenseits körperlicher Züchtigung geschehen konnte, wenn der befragte Schüler im *examinierenden Gespräch* nicht „traf", also falsch oder gar nicht antwortete: Im einen Fall hilft ihm der Lehrer auf die Fährte, indem er den Anfang des auswendig zu lernenden Satzes als lexikalische Erinnerungshilfe präsentiert („Auf daß –") und eine Pause macht, um den Kindern Gelegenheit zu geben, den Gesprächsschritt fortzuführen. Dabei ist es aus gesprächsanalytischer Sicht ohne Belang, dass hier das Chorsprechen praktiziert wird, es also ein Kollektiv als Antwortenden gibt. Im anderen Fall wird das antwortende Kind brüsk auf den zugrunde liegenden Text verwiesen („Nein! nein! sieh, wie stehts im Buche?").

Wie ebenfalls in den Beispielgesprächen deutlich wird, waren beim *examinierenden katechetischen Gespräch* Entscheidungsfragen möglichst zu vermeiden, zumal wenn sie nur mit „Ja" oder „Nein" beantwortet werden konnten. Dieser Sorte des deutschen *Lehrgesprächs* korrespondiert, wie erwähnt, vielmehr die Ergänzungsfrage, gilt es doch zu erfahren, ob der Schüler die propositionale Lücke schließen, ob er das Gefragte ergänzen, ob er die betreffende Textstelle „hersagen" kann. In dem von Walkhof präsentierten Gespräch wird dabei, wie sehr oft in *examinierenden Gesprächen* dieser Zeit, ein Kreuzfrageverfahren angewandt, wie es auch im *textzergliedernden Gespräch* vorkommt: Gefragt wird zunächst nach den betroffenen Personen, syntaktisch: nach den Objekten („Wen", „Wen mehr?"), und zwar mit den auch im zu lernenden Text vorkommenden Lexemen des Prädikats („sollst ehren"), anschließend wird in der Umkehrung der Fragerichtung eben dieses Prädikat erfragt, wobei die zu lernende bzw. in der richtigen Antwort enthaltene Nominalgruppe nochmals wiederholt wird – Johann Gottfried Herder nennt dieses Verfahren verächtlich, aber durchaus zutreffend „ein leibhaftiges Wortjähnen",[421] wobei er wohl noch an *gähnen* i.S.v. „dumm gaffen, blickend ‚das maul aufsperren'"[422] gedacht haben mag. Dass der Zweck auch dieses Gesprächs ausschließlich die Prüfung des Auswendiggelernten ist, wird hier auch sehr deutlich in den Antworten: Sie folgen wörtlich dem Text, dem vierten Gebot, und sind nicht einmal pronominal auf den Schüler und seine Lebenswelt bezogen, wobei die Pronomen der 2. Person in solche der 1. Person („meine Mutter", „ich soll" usw.) überführt worden wären.

Die ko- und kontextuellen Merkmale des *examinierenden katechetischen Gesprächs* korrespondieren den angeführten Zwecken und Formen. Diese Gespräche erscheinen im Korpus der vorliegenden Arbeit in der Regel als Zwiegespräche des Lehrers mit dem Schüler bzw. der im Chor sprechenden Klasse als kollektivem Schüler. Die im Korpus weit größere Anzahl der Gespräche, in denen der Lehrer verschiedene Schüler der Reihe nach oder auch wahlfrei aufruft, haben zwar hin und wieder auch examinierende Passagen, erweisen sich bei genauerem Hinsehen aber fast durchgehend als Exemplare des *darbietenden katechetischen Gesprächs*, des einflößenden Abfragens.

Auf den „gemeinen Schulen" mit ihren zumeist sehr hohen Schülerzahlen pro Klasse oder „Haufen" wird der zu examinierende Schüler von den zur Stillarbeit angehaltenen Mitschülern gesondert zum Lehrerpult bestellt und dort dialogisch geprüft. Johannes Kromayer legt nahe, dass die Schüler dabei aus Angst, Falsches zu sagen, nicht selten nur sehr leise und undeutlich gesprochen haben, denn er beklagt, dass „durch solch einzelnes Verhören die Kinder an keine rechtschaffene Aussprache noch laute deutliche Rede, sondern vielmehr nur an ein heimlich Murmeln und unvernehmliches Aussprechen gewöhnt werden, welches ihnen dann hernach als ein sonderlich Vitium

---

[421] Herder: [„Vitae, non scholae discendum"] (1800), Werke 30, 266–274, hier 268f.: „Das ewige Wenden und Drehen vom Subject aufs Prädikat, vom Prädikat aufs Subject [...] ist noch kein Katechisiren, sondern ein leibhaftiges Wortjähnen, da man den Mund zur rechten und linken, auf= und abwärts zieht und immer doch nichts als den jahnen Fuhrmannslaut: ahi, oho! saget."

[422] DWb 4, 1878, 1150 (s.v. *gähnen*); vgl. DWb 10, 1877, 2229 (s.v. *jähnen*).

und Gebrechen lange Zeit pflegt anzuhängen."⁴²³ Diese Klage wird noch im Jahr 1800 in einem Aufruf an „Aufseher und Lehrer von Schulen" in der „Bibliothek der Pädagogischen Literatur" erhoben. Der Herausgeber, Johann Christoph Friedrich GutsMuths, bittet um Beantwortung der Frage, warum Kinder angefangen haben, „beym katechisiren vorzüglich so leise zu antworten, daß auch nahestehende Personen die Antworten gar nicht oder doch nicht genugsam vernehmen können."⁴²⁴

Das typische *examinierende katechetische Gespräch* im 17. und 18. Jahrhundert weist demnach folgende abstrakte Sozialform auf:

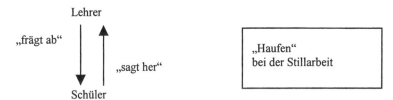

Diese Gesprächsanordnung geht auch aus den zeitgenössischen Abbildungen hervor, die den Blick in eine gewöhnliche Schulstube werfen. Die Radierung von Johann Christian Klengel zeigt, wie Robert Alt in seinem Bildkommentar anführt, eine Dorfschule mit „Vogelbauer, Wäsche auf der Leine, Butterfaß" und einen Lehrer, der die Kinder der Reihe nach „überhört" (Seite 268).⁴²⁵ Die oben (III.1.) wiedergegebenen Abbildungen von Abraham de Bosse und Johann Amos Comenius belegen zudem, dass diese Gesprächssorte einschließlich ihrer Anordnung keineswegs nur auf „gemeinen Schulen" zu Hause war. Die Abbildung in Comenius' „Orbis Sensualium Pictus" aus dem Jahre 1658 beispielsweise zeigt eine reinliche und ordentliche Schulstube mit Bankreihen und einem großen Tisch, wohlgekleidete Schüler mit Büchern in der Hand. Und wiederum: Ein Schüler steht vor dem Pult des Lehrers, mit diesem im Gespräch. „Etliche stehen / und sagen her / was sie gelernet", heißt es dazu im Text, und gemeint ist damit, dass „etliche" Schüler nacheinander vor den „Lehrstul" gerufen und einzeln „überhört" werden.⁴²⁶ Wie auf den Abbildungen ersichtlich, schaffen die Sprecher für das

---

⁴²³ Johannes Kromayer: „Bericht vom neuen Methodo" (1619), auszugsweise abgedruckt in Dietrich/Klink/Scheibe I, 1964, 26–54, hier 34.
⁴²⁴ GutsMuths, Bd. 1, 1. Stück, 1800, 111.
⁴²⁵ Weitere Abbildungen, die diese Einblicke in Dorfschulen der Zeit gewähren, bieten Fertig 1984, 187; Schiffler/Winkeler 1991, 78f.
⁴²⁶ Comenius 1658, 199. Weitere Abbildungen zur examinierenden Einzelunterweisung auf „gelehrten Schulen" bietet Fertig 1984, 188 und 190. Angaben über die Art der Gespräche, die der Lehrer hier mit seinem Schüler führt, kommen jedoch nicht über den Status der Spekulation hinaus, ist doch nicht einmal die Sprache bekannt, deren Lehrer und Schüler sich hier bedienen.

Abb. 8 Dorfschule im 18. Jh.; Johann Christian Klengel; aus: Alt, Bd. 1, 1966, 429.

269

examinierende katechetische Gespräch, insofern es – etwa im Rahmen der „häuslichen Erziehung" – nicht ohnehin privatissime stattfindet, einen eigenen Gesprächsraum jenseits des schulischen und sonstigen Betriebs in der Schulstube. Die ko- und kontextuellen Bedingungen, unter denen dann das Gespräch als examinierendes zum Abschluss des Auswendiglernens stattfand, beschreibt Johann Christoph Friedrich Rist noch im Jahre 1787, als die philantropische Pädagogik in voller Blüte stand, in seiner „Anweisung für Schulmeister niederer Schulen" wie folgt:

> Man treibt noch in vielen Schulen das Memoriren auf eine Art, von der man sich wenig Nutzen versprechen kann. Die Kinder sitzen gewöhnlich mit dem Buche in der Hand, plappern und quälen sich den Katechismus, den sie nicht verstehen, ins Gedächtniß hinein, kommen dann und sagen auf; das heisst: der Schulmeister frägt die gedruckte Frage, und das Kind sagt die gedruckte Antwort, und oft mit Angst und Zittern, weil häufig auf ein unrecht gesagtes Wort sogleich Ungestüm und Schläge folgen.[427]

Was hier geschildert wird, ist eine „sprechsprachliche, dialogische und thematisch zentrierte Interaktion" und erfüllt folglich die linguistischen Voraussetzungen dafür, „Gespräch" genannt zu werden.[428] Der Charakter einer Gesprächs-Inszenierung liegt gleichwohl offen zutage, insofern die am Gespräch Beteiligten wie in einem Rollenspiel vorgefertigte und beliebig oft wiederholbare Gesprächsschritte produzieren. Auch linguistisch betrachtet liegen solche Exemplare des *examinierenden katechetischen Gesprächs* deshalb auf der Grenze zwischen natürlich arrangiertem und inszeniertem Gespräch.

Dies alles gilt grundsätzlich auch für die *examinierenden katechetischen Gespräche* auf den „gelehrten Schulen" dieser Zeit, wenngleich diese Gesprächssorte zweifellos, wie erwähnt, auf den „gemeinen Schulen" ihre weiteste Verbreitung fand. Sofern sie aber in deutscher Sprache auf „gelehrten Schulen" praktiziert wurde, bot freilich auch hier das „Verhältnis zweier Menschen, wovon der eine bloß fragt, und der andre immer nur antworten soll [...] eine höchst unnatürliche Lage."[429] Im Unterschied zu den „gemeinen Schulen" finden die *examinierenden katechetischen Gespräche* auf den Gymnasien zudem grundsätzlich zu festen Terminen und öffentlich statt. Die Mehrfachadressierung, die in der geschlossenen Schulstube nur darin besteht, dass der mit Stillarbeit beschäftigte „Haufen" versuchen konnte, dem Ge-

---

[427] Rist 1787, 144; ein ähnliche Darstellung auch bei Moser 1787, 156f.
[428] Henne/Rehbock 2001, 255.
[429] Gedike: „Einige Gedanken über die Methode zu examiniren [...]" (1789); Schulschriften, Bd. 2, 1795, 66–111, hier 71.

spräch zu lauschen, erhält hier ganz andere Dimensionen.[430] Hinzu kommt, dass hier oft mehrere prüfende Lehrer die Gesprächsleitung in Händen halten und statt der körperlichen Züchtigung der „Examinator" „durch seine gerunzelte Stirn, durch einen finstern Blick, durch ein rauhes scheltendes Gekreisch der Stimme" seinen Unmut zu erkennen gibt.[431]

III.4.1.1.2. Das *darbietende Gespräch* oder: das *einflössende Abfragen*

Mit Begriffen wie „darbietende Lehre" oder „darbietende Lehrverfahren" wird in der modernen Erziehungswissenschaft in der Regel eine formal monologische didaktische Kommunikationsform verbunden. Hartmut Thiele, der unterschiedliche Lehr-Lern-Verfahren ausdrücklich auf der Grundlage ihrer Kommunikationsstrukturen differenziert, führt als darbietende Lehrverfahren „Vortragen", „Vorführen", „Vorzeigen" und „Vormachen" an. Die darbietende Lehre ist bei ihm gekennzeichnet durch eine quantitativ wie qualitativ dominierende Lehreraktivität und eine nur geringe und zudem lediglich rezeptiv-nachvollziehende Schüleraktivität; Zweck dieser darbietenden Kommunikationsformen ist der Aufbau von Wissensstrukturen, die WISSENSVERMITTLUNG. In vergleichbarer Weise platziert auch der Erziehungswissenschaftler Lothar Klingberg den „darbietenden Unterricht" bei den monologischen „methodischen Grundformen" und nennt ebenfalls als kommunikative Lehreraktivitäten „Vormachen", „Vorzeigen", „Vorführen" und „Vortragen".[432]

Die hier angeführten Merkmale darbietenden Lehrens: ein hoher Anteil von Lehrer- und ein nur geringer Anteil von Schüleraktivitäten am kommunikativen Geschehen im Unterricht sowie eine strenge Verteilung der kommunikativ-pragmatischen Rechte und Pflichten nach Maßgabe einer „Vor"- „Nach"-Struktur zum Zweck der WISSENSVERMITTLUNG kennzeichneten auch die wichtigste Sorte des *katechetischen Gesprächs* im 17. und 18. Jahrhundert, die hier deshalb als *darbietendes Gespräch* benannt ist. Dass in der neueren erziehungswissenschaftlichen Forschungsliteratur diese Merkmale nurmehr formal monologischen didaktischen Kommunikationsformen zugeschrieben werden, ist auf neuzeitliche Funktionsbestimmungen des Un-

---

[430] Vgl. z.B. Wolfgang Ratkes „Schuldieneramtslehr (Scholastica)" von 1631/32, abgedruckt in Ratke/Hohendorf 1957, 171–246, hier 201ff., wo als Nutznießer der Prüfung zuerst die „Obrigkeit" und die „Praeceptoren" und erst an dritter Stelle auch die erfolgreichen „Diszipel" angeführt werden.

[431] Gedike: „Einige Gedanken über die Methode zu examiniren [...]" (1789); Schulschriften, Bd. 2, 1795, 66–111, hier 71. Zum öffentlichen Examen vgl. auch Kleists Abhandlung „Über die allmähliche Verfertigung der Gedanken beim Reden"; Werke 2, 319–324, hier bes. 323f.

[432] Vgl. Thiele 1981, 14; Klingberg 1972, 298f.

terrichts im Angesicht veränderter gesellschaftlicher Strukturen und moderner pädagogisch-didaktischer Ansätze zurückzuführen. In der schulischen Praxis hat das *darbietende katechetische Gespräch* auch gegenwärtig noch seinen Platz, wiewohl viel bedeutungsloser und grundsätzlich nur phasenweise durchgeführt. Unter anderem Namen ist es denn sogar in der modernen erziehungswissenschaftlichen Literatur wiederzuentdecken: Bei Hilbert Meyer beispielsweise weist die von ihm als „gelenktes Unterrichtsgespräch" benannte und scharf kritisierte Gesprächssorte ähnliche Züge auf wie das *darbietende Gespräch* des 17. und 18. Jahrhunderts, und bei Klingberg erscheint eine vergleichbare Sorte als „Lehrgespräch mit starker Betonung der Frage".[433]

Diese im sprachpragmatischen Repertoire des Unterrichts der Gegenwart verpönte Gesprächssorte war im 17. und 18. Jahrhundert modern, gar fortschrittlich. Das *darbietende katechetische Gespräch* erschien besonders im 18. Jahrhundert, in dem das Unterrichtswesen in den deutschen Ländern zu blühen begann, als geeignete Alternative sowohl zum kirchlich geprägten *examinierenden Gespräch* wie zum streng systematischen *zergliedernden Gespräch* und avancierte auf öffentlichen Schulen, zumal den „gemeinen", zur am meisten verbreiteten didaktischen Gesprächssorte, was sich in der zeitgenössischen pädagogischen Literatur, aber übrigens auch in der Quellenlage spiegelt.

Nachdem das *examinierende Gespräch* und mit ihm das nur oberflächliche Auswendiglernen vorgelegter Texte zunehmend in den Blick der Kritik geraten war, und noch bevor die philanthropischen Erziehungsinstitute und aufgeklärten Pädagogen die Sorten des *sokratischen Gesprächs* experimentell entfalteten, führte das *darbietende Gespräch* Eigenschaften der „alten" und „neuen" Methode zusammen: In ihm wurden Momente des *examinierenden* und des *zergliedernden Gesprächs* in Bezug auf die Art und den Inhalt der Wissensvermittlung aufgegriffen, vor allem die Wertschätzung des Auswendiglernens feststehender Wahrheiten sowie die strenge, mitunter an die Systematik des *zergliedernden Gesprächs* gemahnende Frageprogression mit autoritativer Gesprächsleitung beim Lehrer; sodann aber wurden in Bezug auf die Gesprächsorganisation und das Gesprächsverhältnis auch schon Eigenschaften des erst später erprobten *sokratischen gelenkten Unterrichtsgesprächs* vorweggenommen, beispielsweise ein moderates „Herablassen" des Lehrers auf das kognitive und sprachliche Niveau der Schüler, die nunmehr zusammen im „Haufen" unterrichtet wurden. Damit bot das *darbietende Gespräch* aus der Sicht der meisten (noch nicht philanthropischen) Autoren, die sich mit ihm im 18. Jahrhundert befassten, die Vorzüge des *examinierenden Gesprächs*, vornehmlich in Bezug auf die sozialdisziplinierenden und gesin-

---

[433] Meyer 1987, II, 281; Klingberg 1972, 323.

nungsbildenden Funktionen, überwand aber die negativen Eigenschaften desselben in Bezug auf die Sozialformen (zumeist, wie gezeigt, Einzelunterricht bei Stillarbeit bzw. Untätigkeit der anderen Schüler) und in Bezug auf die kognitive Leistung (zumeist nur ausdrucksseitige Textkenntnis). Es galt nunmehr, die sprachliche Fassung des Lehr-Lern-Gegenstands und dessen Bedeutung in die Köpfe der Schüler zu bringen.

Der weitaus größte Teil der Quellen zum *darbietenden katechetischen Gespräch* bietet Gespräche aus dem Bereich der religiösen Bildung, also des Religionsunterrichts, und so wird auch über weite Stecken dieses Abschnittes mit Beispielen aus diesem im 17. und 18. Jahrhundert so wichtigen Unterrichtsfach und -gegenstand zu arbeiten sein. Weil aber diese Gesprächssorte im Laufe des 18. Jahrhunderts auch den Unterricht in vielen anderen Fächern eroberte, soll am Ende dieses Abschnittes noch ein Beispiel aus dem Bereich der „Buchstabir= und Leseübungen" in einer längeren Passage zitiert und ausführlicher interpretiert werden, um zu veranschaulichen, dass das *darbietende katechetische Gespräch* noch nach 1800 eine ganze Unterrichtseinheit methodisch bestreiten konnte. In diesem Fall war der Autor, Johann Paul Pöhlmann, in seinen dialogischen Lehr-Lern-Büchern ohnedies bestrebt, die Vorzüge des *katechetischen* mit denen des *sokratischen Gesprächs* zu vereinen, sofern es dem Zweck und dem Gegenstand des Unterrichts dienlich ist. Das Pöhlmann'sche Exemplar des *darbietenden katechetischen Gesprächs* stammt aus dem Jahr 1801 (3. Aufl. 1812) und hat dementsprechend die philanthropische Erziehungstheorie aus dem letzten Drittel des 18. Jahrhunderts im Rücken. Exemplare des *darbietenden Gesprächs* aus früheren Jahren des 18. Jahrhunderts, zumal solche zur religiösen Unterweisung, sind demgegenüber noch stärker dem Tenor des prototypischen *katechetischen Gesprächs* verpflichtet. Die hier aus sprachgeschichtlichem Erkenntnisinteresse vornehmlich außenperspektivisch mit linguistischen Zugriffen zu rekonstruierende Gesprächssorte *darbietendes katechetisches Gespräch* ist in dieser noch strengeren Variante von Conrad Friderich Stresow 1765 als „unterweisende einflössende Katechisation" eingehend beschrieben worden:

> Die einflössende Katechisation gehöret für die ganz kleinen Kinder, welche noch die Buchstaben lernen, und nicht lesen können. [...] Man sagt ihnen das zu behaltende ganz kurz, und frägt es nachher wieder ab. Man frägt so, daß sie oft mit Ja und Nein antworten können. Man legt ihnen gleichsam die Antworten in den Mund. Man wiederholet eine Frage etliche mal, auch wol mit veränderten Worten, damit sie die Sache desto besser fassen. Auf solche Art sind nun die Grundwahrheiten der christlichen Lehre zu treiben.[434]

---

[434] Stresow 1765, 156ff.

273

Es geht also weiterhin um die WISSENSVERMITTLUNG, zumal die Vermittlung vermeintlich feststehenden Wissens („Grundwahrheiten"); vornehmste Gegenstände des *darbietenden katechetischen Gesprächs* sind denn auch Gegenstände, die „unstrittig" waren und als feststehende Wahrheiten „dargeboten" werden konnten, wie beispielsweise das Alphabet, die Grundrechenarten und bestimmte Realia; oder aber solche, die zwar strittig sein konnten, aber unbestritten blieben, wie eben Bibeltexte und Glaubensfragen. In Stresows Beschreibung findet man zudem eine Art Verlaufsmuster des *darbietenden Gesprächs*: „[Vor]sagen" – „Abfragen" (dabei Antworten vorgeben) – „Wiederholen". Stresow selbst gibt in einem fiktiven Modell-Gespräch für die Hand des Lehrers ein Beispiel dafür, wie diese Gesprächssorte in die Schulstuben zu bringen war – und gebracht wurde:

Bleibe in GOttes Namen bei der Heilsordnung, wie sie in kurze Säzze verfasset ist, und sezze zu jeder Unterredung nur einen ganz einfachen Saz aus. Laß dich bei den lieben Kleinen nieder, oder dieselbe um dich herum stehen, fasse eins oder etliche derselben freundlich bei der Hand, und fange also an: Höret, lieben Kinder, ich will euch was sagen, woran sehr viel gelegen ist: **Es ist ein GOtt. Es ist ein GOtt.** Könnet ihr mirs nun nachsprechen? – – Ich wills noch einmal wiederholen, daß ihrs behalten möget: **Es ist etc.** Was sagte ich doch? – – Sprich du dieselbe Warheit nach – – Du auch – – Weise auf ein ander Kind, und sprich: Was werde ich von dir hören? **Ist denn ein GOtt?** – – O ja, ja. Das ist gewißlich wahr, **es ist ein GOtt.** Was sagst du nun, mein Kind, von GOtt? Ist Er oder ist Er nicht? – – Ja wol, er ist auf die allervollkommenste Weise. Er ist immer derselbe, und bleibet, wie Er ist von Ewigkeit zu Ewigkeit, wovon wir dereinst mehr hören werden. Wer ist denn doch? – – [usw.] Müsset ihr wissen und glauben, daß ein GOtt ist? – – Daß ein GOtt ist, müsset ihr das wissen, oder nicht wissen? – – Müsset ihr das glauben, oder nicht glauben? – – Was müsset ihr wissen und glauben? – – Nun so schreibt es denn in euer Herz, wisset, glaubet und behaltet: **Es ist ein GOtt.** Wollt ihr das thun? – – Was wollt ihr behalten? – – Sagt es alle, einer nach dem andern – – Das ist schön.[435]

Die Hauptfunktion des *darbietenden Gesprächs*, die WISSENSVERMITTLUNG, ist hier noch weiter zu differenzieren, wie auch Stresow es andeutet. Das *darbietende Gespräch* ist, zum einen, wiederum mnemotechnisches Hilfsmittel, und zwar, im Unterschied zum *examinierenden Gespräch*, nicht erst vorzugsweise am Schluss des Lehr-Lern-Prozesses, sondern als dessen eigentliche Methode. Indem Stresow ausführt, dass die Schüler möglichst nur mit „Ja" oder „Nein" antworten sollten und der Lehrer ihnen – mittels Entscheidungsfragen also – den zu lernenden Text „in den Mund" legen und dies „etliche mal" wiederholen soll, ist zugleich die grundsätzlich anzuwendende Technik des dialogischen Auswendiglernens als „einflössendes" Abfragen beschrieben. Voraussetzung dafür ist freilich, dass die Frage nicht nur mehr-

---

[435] Stresow 1765, 158f.

mals, sondern mehrmals im identischen Wortlaut gestellt wird, und zudem so, „daß nur Eine richtige Antwort darauf gegeben werden kann".[436]

Der nächste Schritt weist sodann über die sprachliche Fassung der Textvorlage hinaus: Wer „mit veränderten Worten" fragt, möchte nicht – oder nicht ausschließlich – die auswendig gelernte Textstruktur prüfen, wie es im *examinierenden Gespräch* der Fall wäre, hier also: „Es ist ein GOtt", sondern (auch) das Textverständnis, was sich der Lehrer im vorliegenden Fall jedoch „auf andre Zeit versparen" will. Es klingt, für heutige Leser, denn auch schon beinahe wie böse Ironie, wenn Stresow zu diesem Gespräch dem Lehrer den Ratschlag gibt: „Dabei kanst du es auf das mal lassen, damit die jungen Kinder nicht überdrüssig werden."[437]

Was die Prüfung des Textverständnisses anbelangt, empfiehlt Christoph Ferdinand Moser, die Kinder dazu zu bringen, auf die Entscheidungsfragen mit vollständigen Sätzen zu antworten, so „daß sie zugleich den Innhalt der Frage wiederholen und ihn an das Ja oder Nein anschliessen."[438] Auf diese Weise ist nicht nur dem Auswendiglernen gedient, sondern die Fragen nutzen zugleich der Gesinnungsbildung:

Oft ist es gut, wenn man die Ursache gleich mit in die Frage sezt, dadurch wird das Kind zugleich belehrt, ob es etwas bejahen oder verneinen solle. Z.B. Müssen alle Menschen sterben, weil sie Sünder sind? Ja! Warum? Weil sie Sünder sind.[439]

Und auch der Lehrer in Stresows Modell-Gespräch tut mehr als nur den Text in die Köpfe der Kinder zu bringen. Nachdem er nämlich das Auswendiglernen des Satzes hinreichend ab- und den Satz dabei in die Köpfe der Kinder hineingefragt hat, kommt das Gespräch zu einer kurzen Pause. Der folgende Gesprächsschritt des Lehrers birgt das, was in der erziehungswissenschaftlichen Literatur als „Stabilisator" oder als „Ergebnissicherung" bezeichnet wird und vornehmlich ZUSAMMENFASSENDE, KOMMENTIERENDE, mithin auch ERKLÄRENDE Funktionen erfüllt: „Ja wol, er ist auf die allervollkommenste Weise. Er ist immer derselbe, und bleibet, wie Er ist [...]." Die dann einsetzende Wiederaufnahme des Gesprächs zeigt dieses von anderer Qualität. Der Satz „Es ist ein GOtt" scheint gelernt, nunmehr sollen die Kinder seine Bedeutsamkeit – wenn auch noch nicht seine Bedeutung – lernen. Dazu wird die Fragestellung sprachlich variiert, wie Stresow selbst es fordert und auch andere zeitgenössische Theoretiker, etwa Moser, empfeh-

---

[436] Moser 1787, 179; ebenso Gieseler 1797, 14. Vgl. auch die Vorgaben zur Durchführung eines *darbietenden Gesprächs* in der „Verbesserten Methode des Paedagogii Regii zu Glaucha vor Halle" (1721), abgedruckt in Vormbaum 1864, 214–277, 237.
[437] Stresow 1765, 159.
[438] Moser 1787, 211; ebenso Gräffe 1793–1801, Bd. 3, 1796, 406.
[439] Moser 1787, 185.

len.⁴⁴⁰ Die Variation besteht hier – wie so oft im *darbietenden Gespräch* – indes nur darin, die Struktur der Fragesätze umzustellen, mithin auch einzelne Satzglieder lexikalisch auszuwechseln: „Müsset ihr wissen und glauben, daß ein GOtt ist? – – Daß ein GOtt ist, müsset ihr das wissen, oder nicht wissen? – – Müsset ihr das glauben, oder nicht glauben? [usw.]" Die Fragen kreisen immer wieder um den zu lernenden Satz und verweisen auf seine Bedeutsamkeit für das Leben der Kinder; in anderen Gesprächen wird zudem noch die Bedeutung der gelernten Sätze im Rahmen der biblischen Texte ERKLÄRT oder es werden die Sätze in Form eines anschließenden *zergliedernden Gesprächs* systematisch in ihre Bestandteile zerlegt. In keinem Fall aber ist es Aufgabe dieser Fragen im (vor-philanthropischen) *darbietenden katechetischen Gespräch*, den Schülern Spielräume für eigene Denktätigkeiten zu eröffnen, die auf andere als die vorgegebenen Antworten führen könnten. Erst in späteren Exemplaren des *darbietenden Gesprächs*, zumal solchen aus der Zeit nach der philanthropischen Episode, finden sich auch Ansätze, die Verständnissicherung durch weiterführende Fragen zu prüfen, etwa durch Ergänzungsfragen, zumal solche, auf die eine Begründung als Antwort erfordert wird (wie im abschließend zitierten Pöhlmann-Beispiel: „Warum denn nicht mehr bad?"; s.u.). Und so ist zwar, was die Vermittlung des Textverständnisses anbelangt, durchaus eine funktionale Variation des *darbietenden katechetischen Gesprächs* im Laufe des 18. Jahrhunderts dahingehend festzustellen, dass die kognitive Funktion, ausgehend von der Darbietung und Verständnissicherung, weitere Facetten annehmen konnte, wie beispielsweise die Begriffsbildung oder die Sachklärung; meinungsbildend hingegen sollten Gespräche dieser Sorte nie werden.

Der gegen Ende des 18. Jahrhunderts in Beschreibungen und Exemplaren des *darbietenden Gesprächs* spürbare Einfluss des *sokratischen Gesprächs* – ich komme noch darauf zurück – spiegelt sich vornehmlich in formal-struktureller Hinsicht, beispielsweise in der Empfehlung, dass jede Frage „so viel nur möglich ist, aus der vorhergehenden Antwort abgefaßt sein" sollte.⁴⁴¹ Insofern dies dem Schüler, wenn er nicht aus dem Buch zu antworten hatte, einen Einfluss auf den Gesprächsverlauf einräumt und dadurch die Erfüllung der mnemotechnischen wie der verständnissichernden Funktionen des *darbietenden Gesprächs* gefährdet werden könnten, wird diese vermeintliche Öffnung jedoch faktisch sogleich wieder eingeschränkt und das Gespräch formal-strukturell in geschlossenere Bahnen gelenkt durch Kataloge von Verhaltensregeln und Handlungsstrategien für verschiedene Grade der Responsivität der Schülerantwort, etwa für den Fall, dass die Schülerantwort

---

⁴⁴⁰ Moser 1787, 186.
⁴⁴¹ Moser 1787, 193f.

falsch, nur „halbpassend" oder „dunkel und unverständlich" ausfällt.[442] Am Beispiel der „halbpassenden" Antwort:

> Oder man fragt: Was ist Gott? Das Kind antwortet: ein Geist. Mein liebes Kind! Ist deine Seele auch ein Geist? – Ist sie deswegen auch Gott? – Sind die Engel nicht auch Geister? – Sind sie auch Götter? – Nun, was ist nun wohl Gott für ein Geist? Ein besserer. Recht! Er ist der vollkommenste Geist.[443]

Es braucht hier nicht erörtert zu werden, ob es pädagogisch-didaktisch sinnvoll war, das Kind durch diese Anzahl weiterer Fragen dahin zu führen, dass zum Schluss doch der Lehrer die gewünschte Antwort gibt. Die Frageprogression in diesem Exemplar des *darbietenden Gesprächs* belegt, dass es sich bei dieser Gesprächssorte durchaus um eine schon offenere Sorte in der Familie des *katechetischen Gesprächs* handelt. Die Frageprogression wandelt zwar noch nicht auf didaktisch notwendigen, kognitiv ergiebigen Umwegen zum Ziel, wie es dann beim *epagogischen katechetischen Gespräch* und bei den meisten Sorten des *sokratischen Gesprächs* der Fall ist. Der Lehrer bleibt hier vielmehr noch deutlich in dem durch die Ausgangsfrage (und wahrscheinlich den zugrunde gelegten Text) eröffneten und begrenzten theologischen Bereich; innerhalb dieses Bereichs aber bricht er aus der engen Textwelt aus, nimmt die Antwort des Kindes auf, BEWERTET sie moderat (und weist sie also nicht mit einem „Nein! nein! sieh, wie stehts im Buche?" brüsk zurück) und versucht, das Kind im Wege der Distinktion, des unterscheidenden Vergleichs, zur richtigen Antwort zu bringen, also sein Textverständnis zu KORRIGIEREN. Damit ist, wenn man das eingangs erwähnte Gesprächsverlaufsmuster Stresows zugrunde legt und seine Äußerungen zur Bewertung, Verstärkung (bei richtiger Antwort: „lobe"; bei falscher Antwort: „sprich mit Glimpf und Sanftmut"[444]) und Korrektur hinzunimmt, im historischen Korpus erstmals die Grundstruktur didaktischen dialogischen Sprechens gegeben, wie sie in der modernen linguistischen Forschung zum *Lehrgespräch* im Anschluss an die pädagogischen Arbeiten Bellacks u.a. als „Dreischritt" oder, in der Dialoggrammatik, als „triadische Zugsequenz" beschrieben wird: „Lehreraufforderung – Schülerreaktion – Lehrerfortführung".[445] (Dass diese moderne linguistische Beschreibung auf dem Prototyp des *katechetischen Gesprächs* aufruht und die in der Theorie des *sokratischen Gesprächs* so hoch geschätzte gesprächsinitiierende Schülerfrage in der

---

[442] Moser 1787, 205ff.; vergleichbare Regeln bieten Felbiger 1775, 140; Gräffe 1793–1801, Bd. 3, 1796, 424ff.
[443] Moser 1787, 207.
[444] Stresow 1765, 29.
[445] Vgl. Hundsnurscher 1989, 241; Mehan 1985, Bellack [u.a.] 1974, 13f.

Regel unberücksichtigt lässt, darf in diesem Zusammenhang erinnert werden.)

Zum Verfolg seiner Funktionen bewegt sich das *darbietende Gespräch* vorzugsweise in einer sprachpragmatisch je besonders zu füllenden „Vor"- „Nach"-Struktur: Der Lehrer soll „vorlesen", „vorsagen", „vormachen", „vorsprechen", „vortragen";[446] die Schüler sollen „nachlesen", „nachsagen" „nachmachen", „nachsprechen"; abwertend dafür auch „nachbeten", „nachreden".[447] Dieser „Vor"-„Nach"-Struktur korrespondiert prototypisch die für das *darbietende Gespräch* immer wieder empfohlene, gleichwohl nicht unumstrittene Entscheidungsfrage, entweder in der Form, dass die Schüler nur mit „Ja" oder „Nein" zu antworten hatten oder aber den Fragegegenstand in der Antwort wiederholen mussten. In beiden Fällen handelte es sich um eine Frageform, die kein selbstständiges Denken eröffnete und deshalb der Kritik der Sokratiker anheimfiel (s.u.), aber auch von Autoren, die dem *darbietenden katechetischen Gespräch* zugeneigt waren, nicht vorbehaltlos unterstützt wurde, weil damit das Textverständnis nicht eindeutig zu prüfen sei.[448] Auch dem *darbietenden Gespräch* liegt, gleichsam als voreröffnender Initiator, ein Text oder eine lernbare textuelle Struktur, wie das Alphabet oder das Einmaleins, zugrunde; Stresow spricht beispielsweise von der „Heilsordnung", an die sich der Lehrer halten solle, und für das *darbietende Gespräch* in der „Privat= und Haus=Information" empfiehlt er „Bilderbibeln". Zwischen der Eröffnung durch die ermahnende Anrede („Höret, lieben Kinder") und der Beendigung durch ein Lob („Das ist schön") verbleibt das Rederecht und Redevergaberecht auch hier ausschließlich beim Lehrer, die Schüler haben Antwortpflicht, aber kein Fragerecht, und an eine Themeninitiierung oder zumindest -variation seitens des Schülers ist gar nicht zu denken.

Und auch das *darbietende katechetische Gespräch* ist in erster Linie auf „gemeinen Schulen" zu finden als Methode im Anfangsunterricht der Religion, des Lesens, Schreibens und Rechnens – es „gehöret für die ganz kleinen Kinder", „Kinder von sechs oder sieben Jahren und drüber", heißt es bei Stresow (der allerdings diese Gesprächssorte, wie erwähnt, als Methode für solchen Anfangsunterricht auch in der „Privat= und Haus=Information" ver-

---

[446] Ausgewählte Belegstellen: Velthusen 1787, Vorerinnerung, 1 (*vorlesen*), Salzmann 1806, 557 (*vorsagen*), Koldewey I, 1886, 366 (*vormachen* [1755]), Haun 1801, 124, Anm. (*vorsprechen*), Felbiger 1775, 120 (*vortragen*).

[447] Ausgewählte Belegstellen: Velthusen 1787, Vorerinnerung, 1 (*nachlesen*), Koldewey I, 1886, 366 (*nachmachen* [1755]), Haun 1801, 124, Anm. (*nachsprechen*), Salzmann 1806, 557 (*nachsagen*); Salzmann 1806, 557 (*nachbeten*), Riemann 1781, 20 (*nachreden*).

[448] Vgl. Hedinger 1700, 81; Velthusen 1787, Vorerinnerung, 1; ferner Felbiger 1775, 140.

ortet).⁴⁴⁹ In jedem Fall also sind es wiederum Kinder und Einfältige, und darin ist auch der Grund dafür zu sehen, dass diese Gesprächssorte im Unterricht zugleich der Sozialdisziplinierung und Aufmerksamkeitssteuerung zu dienen hatte. Diese Aufgaben wurden zwar im Wege des „einflössenden" Abfragens vorzugsweise extrinsisch, nämlich durch Aufrechterhaltung der Prüfungsangst und einer drohenden Bestrafung seitens des Lehrers zu lösen gesucht, doch waren sie nun nicht mehr nur an die institutionelle Rolle des Lehrers geknüpft, sondern mit der Gesprächstruktur selbst verwoben. Diesbezügliche Forderungen, im Gespräch zu lehren und zugleich zu erziehen, hatte es schon seit dem Aufkommen des *deutschen Lehrgesprächs* an Schulen gegeben. Dem Übelstand des *examinierenden* Zwie-*Gesprächs*, währenddessen die anderen Schüler vom Unterricht ausgeschlossen und untätig waren, wollte schon Comenius und nach ihm Andreas Reyher dadurch abhelfen, dass das Gespräch auf die ganze Klasse bzw. den ganzen „Haufen" erstreckt werde. Dabei nämlich würde seine examinierende Gewalt potenziell auf alle Schüler gleichzeitig verteilt, denn wenn „einer dabei betroffen wird, daß er nicht aufmerksam gewesen ist, so möge man ihn ausschelten oder gleich strafen; so wird die allgemeine Aufmerksamkeit geschärft."⁴⁵⁰ Die Durchsetzung dieses Prinzips des Zusammenunterrichtens erfolgte aber erst mit der Ausformung des *darbietenden katechetischen Gesprächs*. Drei Grundformen lassen sich dabei unterscheiden: 1.) das Zusammenunterrichten mit Chorsprechen („taktmäßig zusammen schreiend"⁴⁵¹), bei dem also der ganze „Haufen" die Rolle eines Sprechers übernimmt; 2.) das dem dyologischen Examinieren nahekommende Nachsprechen in der Reihenfolge der Sitzordnung („Was wollt ihr behalten? – – Sagt es alle, einer nach dem andern – –"); und schließlich 3.) die Sprecherwahl nach zufälligen Kriterien („Sprich du dieselbe Warheit nach – – Du auch – – Weise auf ein ander Kind, und sprich: Was werde ich von dir hören?"). Die Vorteile dieser letzten Form fanden noch über einhundert Jahre nach Comenius fast dieselbe Begründung:

> Muß nun dabei jedes Kind immer gewärtig sein, gefragt zu werden, so werden alle leicht bei der nöthigen Aufmerksamkeit erhalten werden, und solches wird mehr nüzzen, als das beständige Zurufen: Seid aufmerksam, gebt Achtung!⁴⁵²

Diese Form der scheinbar zufälligen Sprecherwahl – dass also die Schüler im Unterschied zum typischen *examinierenden Gespräch* und auch im Unter-

---

⁴⁴⁹ Stresow 1765, 156f.
⁴⁵⁰ Comenius [1657], 180; vgl. auch Reyher 1642, §181.
⁴⁵¹ Herzberg 1791, 27.
⁴⁵² Moser 1787, 178; Vgl. auch Herders Aufsatz „Von Schulübungen" (1781), in dem er geradezu ein Idyll der Aufmerksamkeitslenkung durch Lehrerfragen zeichnet; Werke 30, 60–71, hier 62f.

schied zu frühen Formen des *zergliedernden Gesprächs* „außer der Reihe" aufzurufen waren – haben nachfolgend im 18. Jahrhundert alle didaktischen Gesprächssorten übernommen, die im Klassenunterricht Anwendung fanden und das Recht zum Sprecherwechsel allein dem Lehrer zusprachen. Und insofern bei den Sorten des *katechetischen Gesprächs* das Auswendiglernen im Zentrum der Wissensvermittlung stand, wurde die Sprecherwahl sogar strategisch diesem Zweck untergeordnet, indem zuerst die „geschicktesten" Schüler gefragt wurden, in der Hoffnung, die „mittelmäßigen" und endlich die „schlechtesten" würden sich deren Antwort einprägen und so „in stand gesetzt, endlich selbst besser zu antworten und zu sagen, was sie oft gehört haben."[453] Dem Zusammenunterrichten im Sinne des „einflössenden" Abfragens im *darbietenden katechetischen Gespräch* kam in dieser Form der zufälligen Sprecherwahl vorzüglich eine Sitzordnung mit Frontal- oder Zentralausrichtung auf die Person des Lehrers zu (vom „Lehrer" ausgehende Pfeile indizieren FRAGE, vom Schüler ausgehende Pfeile ANTWORT):

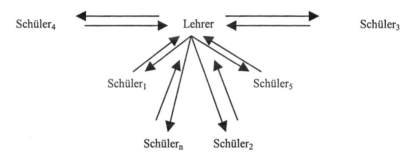

Die folgende Abbildung aus dem Jahr 1798 zeigt den Unterricht auf den „neuen, besseren Schulen auf dem Lande" und veranschaulicht die erwähnte Frontalausrichtung (Seite 280).

Noch nicht als Einfluss philanthropischer Strömungen, wohl aber des neuen Menschenbildes vom Kind und Schüler sind einige für das spätere *darbietende Gespräch* (etwa ab 1750) typische ko- und kontextuelle Eigenschaften zu werten. Das Gesprächsverhältnis zwischen dem Lehrer und seinen Schülern ist zwar nach wie vor streng asymmetrisch, wie ja auch die Einhaltung der prototypisch dem *katechetischen Gespräch* zukommenden formal-strukturellen Regeln belegen. Und doch ist der Lehrer hier aus seiner institutionell verbürgten Machtposition schon einen Schritt herausgetreten: Der Lehrer soll sich, so heißt es im Stresow-Exemplar, bei „den lieben Klei-

---

[453] Felbiger 1775, 139. So auch in der „Punctation Behuef einer beszeren Einrichtung der groszen insonderheit der lateinischen Schulen in Braunschweig [...]" von 1755, abgedruckt in Koldewey I, 1886, 298–400, hier 384.

Abb. 9   Bessere Dorfschule am Ende des 18. Jhs.; aus: Alt, Bd. 2, 1965, 129.

nen" niederlassen oder sie um sich versammeln, das eine oder andere Kind an die Hand nehmen und „freundlich" sein. In Stresows Modell-Gespräch und auch in dem Ausschnitt zum Lehrerhandeln bei „halbpassenden" Antworten aus Mosers „Anleitung zum Katechisiren" sind zudem die väterlich-ermahnenden Anreden („Lieben Kinder", „Mein liebes Kind!"), die deutlichen Lobesworte („Das ist schön", „Recht")[454] sowie überhaupt die Formen des KORRIGIERENS und BEWERTENS der Schülerantworten, die doch den Lehrer schon bald als Lernhelfer, in keinem Fall mehr als nur strafend-drohende Instanz zeigen, Indikatoren für ein im Vergleich zum *examinierenden Gespräch* und auch zu frühen Exemplaren des *zergliedernden Gesprächs* offeneres, persönlicheres Gesprächsverhältnis. Dieses Gesprächsverhältnis darf, wie gesagt, freilich nicht mit dem väterlich-freundschaftlichen Gesprächsverhältnis des *sokratischen Gesprächs* philanthropischer Prägung verwechselt werden, doch ist festzuhalten, dass es die Menschen hinter den institutionellen Rollen bereits sichtbar werden lässt.

Zum Abschluss – und zugleich als Vorausblick auf das *epagogische katechetische Gespräch* im übernächsten Abschnitt – sei, wie oben angekündigt, noch eine längere Passage aus Johann Paul Pöhlmanns „Versuch einer practischen Anweisung für Schullehrer, Hofmeister und Aeltern" zitiert und als Exemplar einer noch späteren, gleichsam nach-sokratischen, Variante des *darbietenden katechetischen Gesprächs* interpretiert. Die Länge des Zitats ist aus mehreren Gründen gerechtfertigt: Zum einen enthält es eine in sich geschlossene Unterrichtseinheit und belegt, wie die Funktionen des „einflössenden" Abfragens auch zu anderen Bildungszwecken als dem der religiösen Unterweisung und Gesinnungsbildung genutzt wurden. Es geht hier um das Alphabet, das im Sinne der Buchstabiermethode „einflössend" abgefragt wird. Die Kinder hatten in der vorhergehenden Lektion den Buchstaben <b> als ersten Konsonanten des Alphabets kennen gelernt und ihn vor die verschiedenen Vokale des Deutschen stellen müssen. In der hier wiedergegebenen Unterrichtseinheit nun wird ein weiterer Buchstabe hinzugefügt, und es werden Silben gebildet, die hier zufälligerweise auch ein Morphem ergeben (deshalb das in diesem Kontext etwas seltsam anmutende Wort „bad").[455] – Und zum anderen ist dieses Beispiel, sofern man der Versicherung des Autors Glauben schenken will, ein erinnertes authentisches Gespräch, das er selbst geführt hat.[456] Dass die Kinder trotz fehlenden Aufrufs (ich komme darauf zurück) nie simultan sprechen, dass sie nie Gesprächswörter verwenden und auch nie disziplinierende Worte erzwingen, mag auch für die Strenge

---

[454] Stresow fordert ausdrücklich, die Kinder für richtige Antworten zu loben (1765, 29 und 157); s.u., III.4.2.1.2.
[455] Zur Buchstabiermethode vgl. Helmers 1970, 167.
[456] Vgl. Pöhlmann 1812, XVIII.

des Lehrers und seines Unterrichts sprechen, trübt nichtsdestoweniger freilich die Authentizität dieser Quelle.

Lehrer. Wie heissen diese zwey Buchstaben hier, auf einmahl ausgesprochen? Kind. ba.
L. Nun lege ich noch einen Buchstaben zu ba; seht, diesen hier; er heißt d – Was lege ich für einen Buchstaben zu ba? K. Ein d.
L. ba und ein d dazu, ba, d heißt bad. Wer weiß, wie das heißt? K. bad.
L. Welche Buchstaben gehören zu bad. K. b, a, d.
L. Wie spricht man b, a, d aus? K. bad.
L. Recht! Wer mehrere Buchstaben auf einmahl aussprechen kann, der kann lesen. Ihr könnt jetzt schon Ein Wort lesen. Wo steht das Wort, das ihr lesen könnt? K. Hier.
L. Wie heißt es denn? K. bad.
L., (der die drey Buchstaben weggenommen hat.) Nun will ich bad herlegen. Welchen Buchstaben muß ich zuerst herlegen? K. b.
L. Und dann? K. a.
L. Und alsdann? K. d.
L. b, a, d, heißt also? K. bad.
L., (der d weggenommen.) Wie heißt es denn jetzo? K. ba.
L. Warum denn nicht mehr bad? K. Weil das d fehlt.
L. Wie werde ich denn wieder bad herauskriegen? K. Wenn Sie d hinlegen.
L., (der es vor ba legt.) Hier liegt nun d, heißt es jetzt bad? K. Nein.
L. Warum denn nicht? Ich habe doch d hingelegt? K. Das d muß hinter ba liegen.
L. Lege du selbst das d dahin, wohin es gehört. K. (hat es gethan.)
L. Wie heißt es jetzt? K. bad.
L. Hier will ich ein paar andere Wörter anlegen, die ihr noch nicht lesen könnt, und bad soll darunter seyn. Seht jetzt, ob ihr das Wort bad herausfinden könnt. K. Hier steht bad.
L. Hier sind auch einige Buchstaben, die ihr noch nicht kennt, worunter sich auch d befindet; suche mir das d heraus. K. Hier ist es.
L. Wie heißt der Buchstabe hier? (Man reicht dem Kinde a hin.) K. a.
L. Und der da? K. b.
L. Nun setze mir aus diesen drey Buchstaben bad zusammen. K. (thut es.)
L. Nun wollen wir das Wort bad hier stehen lassen, und wollen ein neues zusammensetzen.[457]

Es braucht hier nicht zu interessieren, ob und inwiefern dieses Verfahren des Buchstaben- und Lesenlehrens didaktisch sinnvoll ist oder nicht. In anderen *Lehrgesprächen* sowie in pädagogischen Ratgebern zum selben Gegenstand wird ebenfalls das Buchstabierenlernen durch „Vorsprechen" und „Nachsprechen" empfohlen.[458] Allein um das Wort *bad* zu lehren, stellt der Lehrer 20 Fragen, fast immer Ergänzungsfragen zur alphabetischen Synthese und Analyse des Wortes, und erteilt vier Instruktionen zu nichtsprachlichem Han-

---

[457] Pöhlmann 1812, 30ff.
[458] Vgl. z.B. Haun 1801, 124; Walkhof 1797, 4f.

deln – die hohe Zahl deiktischer Adverbien und „Regieanweisungen" deutet auf diese empraktischen Gesprächszüge hin. Man kann sich vorstellen, dass dieses Gespräch, eine unverzögerte Folge der Fragen und Antworten vorausgesetzt, in etwa fünf Minuten zu beenden war.[459] Wenngleich Pöhlmann in diesem Gespräch anschließend zum nächsten Wort übergeht (der letzte Gesprächsschritt des Lehrers ist als strukturierender Gesprächsakt Gelenkstelle dieses Übergangs) und dieses in derselben Weise „einflössend" abfragt, ist in Rechnung zu stellen, dass das *darbietende katechetische Gespräch* nicht dauerhaft während des ganzen Unterrichts getrieben werden konnte, sondern mit anderen Lehr-Lern-Verfahren abwechselte. Johann Ignaz von Felbiger führt in seinem „Methodenbuch" denn auch eine ganze Reihe von Lehraktivitäten auf, die beim „Zusammenunterrichten" zu kombinieren waren (*vortragen, anschreiben, erklären, fragen, wiederholen* u.a.) und die sowohl dialogische wie monologische Formen aufweisen.[460]

Doch zurück zu diesem Gespräch. Auch hier, wie bei Stresow, folgt der Eröffnung des Gesprächs durch Buchstabennennung und einer kurzen ERKLÄRUNG des Lehrers das Auswendiglernen im engeren Sinne; sodann gibt es eine Phase der Ergebnissicherung, einen „Stabilisator", hier zugleich eine motivierende Verstärkung: „Recht! Wer mehrere Buchstaben auf einmahl aussprechen kann, der kann lesen. Ihr könnt jetzt schon Ein Wort lesen." Was danach folgt, sind zum Teil mit außersprachlichem Handeln verwobene und spielerische Übungen zur PRÜFUNG des Gelernten und zur FESTIGUNG des Verständnisses. Damit werden wiederum gerade die Funktionen mit der Lehrerfrage verknüpft, die man beim *examinierenden Gespräch* vermisst hatte und beim *zergliedernden Gespräch* in den Vordergrund stellte sollte: Die Frage soll nicht nur prüfen, ob der Schüler das zu Lernende gelernt hat, sondern auch feststellen, ob er es im beabsichtigten Sinne verstanden hat – oder ob Korrekturen notwendig sind. Und auch hier ist schließlich der oben schon erwähnte Einfluss formal-struktureller Eigenschaften des *sokratischen Gesprächs* nicht zu verkennen, beispielsweise wenn der Lehrer die Schüler LOBT („Recht") und wenn er nicht ungehalten wird, als die Kinder im weiteren Verlauf dieses Gesprächs einmal nicht antworten können, sondern sich stattdessen zu ihnen herablässt:

L. Nun wollen wir es wie vorhin bey ba machen; wir wollen nämlich einen Buchstaben zu bi setzen, damit wir ein ganzes Wort kriegen. Seht, dieser Buchstabe, denn [sic] ich nun hinzulege, heißt r [...]. bi, r wie kann das wohl heißen? K. –

---

[459] Vgl. Riemanns 1781, 26 aus der Perspektive eines Sokratikers formulierte Kritik an solchem Frageunterricht: „In zwey, drey Minuten ist er oft damit fertig, und hat ohngefähr acht bis zehn Fragen über die ganze Geschichte aufgeworfen."
[460] Felbiger 1775, 121.

L. Bringt ihrs nicht heraus? Nun so horcht auf! bi, r heißt bir. Habt ihr das Wort noch nicht gehört? – Ja, das dachte ich wohl.[461]

Auffällig ist schließlich, dass der Lehrer in diesem Gesprächsauszug nie ein Kind explizit aufruft, lediglich einmal eine Aufforderung („seht") und einmal eine Frage kollektiv adressiert („Wer weiß, wie das heißt?"), doch darf dies nicht dahingehend missverstanden werden, dass hier das Prinzip der Selbstselektion die Sprecherwahl geleitet hätte. Das vom Lehrer mit bemerkenswerter Zielstrebigkeit streng geführte Gespräch, das mit jeder Frage punktuelles Wissen ab- und in die Köpfe hineinfragt und den Kindern keine Gelegenheit zu weiterführenden Gedanken und längeren Antworten bietet, spricht unzweifelhaft dagegen. Zudem erfolgt kurz darauf im selben Gespräch ein expliziter Aufruf („Du Fritz, gehe einmahl vor die Thür hinaus"), wodurch ebenfalls belegt wird, dass Pöhlmann im zitierten Gesprächsausschnitt lediglich auf die Niederschrift der Aufrufe verzichtet hat.

Die innere Entwicklung des *darbietenden katechetischen Gesprächs* zu formal-strukturell zwar nach wie vor geschlossenen, aber funktional wie auch ko- und kontextuell offeneren Varianten zu Beginn des 19. Jahrhunderts wird besonders deutlich durch die Ergänzungsfragen, die die Schüler zu Selbsttätigkeit anregen sollen – und hier sogar auch mit sokratischer Ironie garniert sind, etwa wenn der Lehrer mit den Schülern ein Spiel um die richtige Reihenfolge der Buchstaben spielt und die kognitiven Herausforderungen seiner Fragen durch Abtönungspartikeln deutlich macht: „Warum *denn* nicht? Ich habe *doch* d hingelegt?" Dass gegen Ende des hier untersuchten Zeitraums beim *darbietenden Gespräch* das Pendel in Bezug auf die Lehrerfrage vollends von der Entscheidungs- zur Ergänzungsfrage neigte und diese Gesprächssorte dann sogar Züge des *induktiven katechetischen Gesprächs* annehmen konnte, belegt auch ein Blick in Gräffes „Neustes katechetisches Magazin". Dort sind, in der zweiten Auflage des dritten Bandes, vornehmlich bei den fiktiven Modellen für das *darbietende Gespräch* sehr oft in Fußnoten Ergänzungsfragen als Verbesserungen der aus der ersten Auflage herrührenden Entscheidungsfragen angeführt, z.B. aus „Wenn wir nun allerlei erkennen sollen, ist es da schon hinlänglich, daß wir die Sinne haben? K. Nein." wird: „Wenn wir nun allerlei erkennen sollen, welches ist da an uns nicht allein hinlänglich? K. Die Sinne."[462]

III.4.1.1.3. Das deduktiv *zergliedernde Gespräch* oder: das *Durchfragen*

Wenn der Katechet die Absicht hat, „einen vorliegenden Text seinen Lehrlingen verständlich und nutzbar zu machen", dann wähle er die „zergliedernde

---

[461] Pöhlmann 1812, 32.
[462] Gräffe 1793–1801, Bd. 3, 1796, 86.

(synthetische) Katechisation". Dies konnte der angehende Lehrer im Jahr 1800 in Christian Friedrich Dinters „Regeln der Katechetik" lesen, und er fand darin auch Anleitungen, wie diese eine von drei „Haupt=Gattungen der Katechisation" im Unterricht zu praktizieren war.[463] Die „blos wörtliche Zergliederung", heißt es dort etwa,

> besteht darin, daß man den gegebnen Satz in seine Bestandtheile zerlegt, und dann die Fragen so stellt, daß das Kind diese Bestandtheile einzeln angeben muß.[464]

Dadurch würden die Kinder „beym Lesen zur Aufmerksamkeit", ferner aber auch „zur Ordnung und Klarheit im Denken" gewöhnt.

Als Dinter diese Sätze publizierte, hatte die Sorte des deduktiv *zergliedernden katechetischen Gesprächs* schon seit längerem wieder an Wertschätzung in der pädagogischen Theorie und Praxis verloren, waren die Zeiten vorbei, als „man blos wörtliches Zergliedern für das einzige, oder doch für das Haupt=Geschäft des Katecheten ansahe".[465] Als allein angewandte Methode, als „Haupt=Geschäft" also, hatte diese Gesprächssorte in der Praxis oft doch nur wieder dem Zweck gedient, den es eigentlich hatte überwinden sollen, dem bloßen Auswendiglernen. Aus diesem Grund wurde das *zergliedernde katechetische Gespräch* seit der Mitte, vereinzelt aber schon seit Anfang des 18. Jahrhunderts[466] vorzugsweise als ein methodischer Baustein genutzt, der erst zusammen mit anderen (Gesprächs)methoden ein umfassenderes Lehr-Lern-Verfahren bildete, z.B. mit einem folgenden *examinerenden* oder *darbietenden Gespräch* zum Auswendiglernen des Textes[467] oder, seit dem letzten Drittel des 18. Jahrhunderts, mit einem *gelenkten Unterrichtsgespräch* – Dinter spricht diesbezüglich von „sokratischer Katechisation"[468] – zur Vertiefung und Anwendung des Gelernten und zur Prüfung und Festigung des Verstandenen. Das *zergliedernde katechetische Gespräch* ist

---

[463] Dinter 1800, 27ff.
[464] Dinter 1800, 27; vgl. Felbiger 1775, 161f.
[465] Dinter 1800, 27f.
[466] Schon die „Verbesserte Methode des Paedagogii Regii zu Glaucha vor Halle" (1721), abgedruckt in Vormbaum 1864, 214–277, hier 236, gibt folgende methodische Schritte für den Religionsunterricht an: Der Lutherische Katechismus solle „fertig auswendig gelernt", sodann „einfältig und von Wort zu Wort erkläret, mit Sprüchen der h. Schrift bestättiget, zur Erbauung angewendet" werden.
[467] Vgl. Superintendent Jacobi 1794, 86f., der, im Unterschied zur oben zitierten Ordnung des „Paedagogii Regii", das Zergliederungsgespräch ausdrücklich vor dem Auswendiglernen platziert, da die Kinder nur auswendig lernen könnten, was sie verstünden, und der Lehrer deshalb erst „den vorgelesenen Spruch den Kindern zergliedern, dabey bald dieses, bald jenes Kind fragen [müsse], damit er merke, ob sie alle den rechten Sinn davon gefaßt haben." Ähnlich Felbiger 1775, 127; Schmahling 1792, 10.
[468] Dinter 1800, 31.

also, zunächst, in der deutschen Sprache im Verlauf des 17. Jahrhunderts als eigenständige didaktische Gesprächssorte ausgebildet worden, die die Schwächen des *examinierenden* wie des *darbietenden Gesprächs* überwinden und das jedem Gespräch innewohnende „zergliedernde" Moment systematisch zu didaktischen Zwecken nutzen sollte. Es ist schon bald aber in der pädagogischen Theorie des 18. Jahrhunderts als Unterrichtsmethode wieder zurückgedrängt bzw. nurmehr für bestimmte zweckgebundene Unterrichtsphasen empfohlen worden.

Zweierlei ist an Dinters Darstellung, die am Ende dieser Entwicklung des *zergliedernden Gesprächs* steht, auffällig: Das *zergliedernde Gespräch* ist hier funktional aus dem Kreis der dem Auswendiglernen dienenden Gesprächssorten endgültig ausgeschert. Es mag das Auswendiggelernte wohl noch festigen, steht aber als mnemotechnisches Mittel im Dienste des Verstehen- und nicht mehr in dem des Auswendiglernens; die examinierenden Funktionen, die natürlich auch dieser didaktischen Gesprächssorte eigen sind, beziehen sich dementsprechend nicht auf die Prüfung des Auswendiggelernten, sondern auf die Prüfung des Begriffs- oder Textverständnisses. Dies, nämlich die SICHERUNG DES BEGRIFFS- ODER TEXTVERSTÄNDNISSES im von der Communis opinio gewünschten Sinne, ist nunmehr der vornehmste Zweck dieser Gesprächssorte, und dazu musste der Lehrer nun nicht mehr nur FRAGEN, sondern, unter anderem, auch ERKLÄREN:

> Bemerke sorgfältig, ob in dem nun zergliederten Theile des Textes ein Wort sey, bey dem die Kinder entweder nichts oder etwas Unbestimmtes denken. Dieß mußt du erklären.[469]

Das zweite, was auffällt, ist, dass Dinter diese Gesprächssorte als „synthetische" Katechisation bezeichnet. Möglicherweise ist die Bezeichnung bei Dinter motiviert durch die grundsätzlich deduktive Frageprogression, denn der deduktive Gang vom Allgemeinen zum Besonderen wurde im 18. Jahrhundert als „synthetische Methode" bzw. „Methodus synthetica" bezeichnet;[470] möglich ist aber auch, dass Dinter diese Bezeichnung wählte, weil er die Ergebnisse der Analyse am Ende derselben wieder zusammengeführt sehen möchte, denn er ermahnt den Lehrer, „die einzeln abgefragten Theile auch wieder in Ein Ganzes verbinden zu lassen".[471] Das *zergliedernde Gespräch* hieß im 17. und 18. Jahrhundert gemeinhin aber gerade umgekehrt die „Analytische Methode", „Methodus analytica",[472] und angesichts der Art der Behandlung der Gegenstände, die dem *zergliedernden Gespräch* zugeführt

---

[469] Dinter 1800, 29.
[470] Vgl. Zedler 20, 1739, Sp. 1330ff. (s.v. *Methode (synthetische)*).
[471] Dinter 1800, 29.
[472] Vgl. Zedler 2, 1732, Sp. 38f. (s.v. *Analytische Methode*) und siehe oben, III.3.2.

wurden – vorzugsweise Bibeltexte und andere Gegenstände der religiösen Unterweisung – war diese Benennung auch durchaus folgerichtig, war doch nicht beabsichtigt, auf induktivem Wege (neue) Wahrheiten zu finden, sondern feststehende Wahrheiten deduktiv-zergliedernd – und nichts anderes heißt hier „*analytisch*" – zu vermitteln. Erst gegen Ende des 18. Jahrhunderts, unter dem Einfluss der philanthropischen Pädagogik und unter Zuhilfenahme der Geschichten in den jetzt zahlreichen Kinder- und Schulbüchern – ich erinnere an Rochows „Kinderfreund" – fand die Zergliederungsmethode auch auf induktivem Wege Anwendung, indem die Kinder, ausgehend von einer konkreten Handlung in einer Kurzgeschichte und diese zergliedernd, zu einer allgemeinen „Moral" geführt wurden. Ich komme darauf im Zusammenhang mit dem *epagogischen Gespräch* wieder zurück; hier soll zunächst hingegen das deduktive *zergliedernde Gespräch* im engeren Sinne im Vordergrund stehen.

Zu den frühesten Belegen für diese Sorte des deutschen *Lehrgesprächs* sind, wie oben erwähnt, Wolfgang Ratkes fiktive Modell-Gespräche zu rechnen. In Ermangelung authentischer *zergliedernder Gespräche* aus dieser Zeit, aber auch, weil Ratke eine bis zur Perfektion gereifte systematische deduktive Zergliederung von Begriffen vorführt, sei ein kurzer Blick auf seine fiktiven *zergliedernden Gespräche* geworfen, die möglicherweise als mnemotechnische Lern- und modellhaft vorstrukturierende Lehrhilfe einer dialogischen Unterrichtspraxis zugrunde gelegen haben. Die von Ratke immer wieder gebrauchte Sorte des *zergliedernden katechetischen Gesprächs* hat hier die Funktion, einen Begriff durch systematische Ordnung der Komponenten zu erschließen und die Komponenten zum Auswendiglernen, wohl auch schon zur leichteren Verständlichkeit, mnemotechnisch zu sortieren. Diese noch sehr dem Auswendiglernen verhaftete Funktion weist im 18. Jahrhundert zwar noch Stresow dem *zergliedernden Gespräch* zu, doch rückt sie, wie erwähnt, seit etwa 1750 vernehmbar in den Hintergrund.[473]

Ratke führt in der Regel einen fragenden Lehrer und einen fortgeschrittenen antwortenden Schüler, der indes manchmal auch um eine Antwort verlegen ist, ins Gespräch. Im folgenden Beispiel wechseln Fragen und Antworten stichomythisch ab, was häufig, aber keineswegs immer in Ratkes Gesprächen der Fall ist; zergliedert wird das, was in der modernen Linguistik „Gesprächswort" und bei Ratke „Bewegwort" heißt:

1. Was ist das Bewegwort?
Das Bewegwort ist ein unwandelbar wort, so die zuneigung vnd gestalt des Gemüths anzeiget.
2. Wie mancherley ist das Bewegwort?

---

[473] Vgl. Stresow 1765, 155, der das Zergliedern auch als „Katechisation fürs Gedächtniß" bezeichnet.

Zweierley: Natürlich vnd Nachämlich.
3. Wie vielfach ist das natürliche?
Zweyfach:Des Raths vnd Bewegung.
4. Wie mancherleỹ des Raths?
Des verwirreten vnd vnverwirreten.
5. Wie wird des verwirreten genennet?
Der Verwunderung vnd Auffnehmung.
6. Welches ist der Verwunderung?   *Admirantis*
Dadurch die verwunderung des Gemüths angedeütet wird, alß, Wenn! Potz! Potz tausend! was! behüte Gott! hilff Gott!das wehre ein feine boß! das wehre ein feiner handel! Es kömpt mir Spanisch für! eỹ lieber, was sagestu! eỹ eỹ! Sihe da!
7. Was ist der Auffnehmung?
Damit etwas an vnd auffgenommen wird; alß, da recht, daß ist recht, o wie recht.
8. Wie wird das vnverwirrete genennet?
Des Zeigenden vnd Gebietenden.
9. Was ist das zeigende?
Damit man auff etwas zeiget vnd weiset: alß, Sihe, Sihe da, schaw, schaw doch, da hastus.
10. Was ist das gebietende?
Damit geboten wird entweder stille oder ruhe; alß, Still, stille doch, setze dich.
11. Welcherleỹ ist der Bewegung? [usw.][474]

Die syntaktisch, genauer: schriftsprachensyntaktisch unvollständigen Antworten, die also lediglich die durch die Frage eröffnete propositionale Lücke schließen („Wie vielfach ist das natürliche? *Zweyfach:* [...]"); die auch in anderen Ratichianischen Gesprächen nicht seltenen Partikeln (textanaphorisch verbindend: „Wie *aber* auß der Natur?", „Wie kann mann *aber* dürch die Lehre [...]");[475] und die in den meisten Fällen zur Eröffnung neuer Gesprächsphasen gepflegte persönliche Anrede mit enklitischem Anredepronomen „du" (z.B. „was verstehestu")[476] suggerieren ein natürliches *zergliederndes Gespräch* examinierenden Charakters. Ob Ratke dabei wirklich in jedem Fall der Lehrer in der Rolle des Fragenden, der Schüler – es handelt sich stets um eine Anrede im Singular – in der Rolle des Antwortenden vorschwebten, braucht hier nicht entschieden zu werden. In einzelnen Fällen sprechen Indizien zwar auch für eine umgekehrte Rollenverteilung,[477] doch belegen auch

---

[474] [Wolfgang Ratke:] „Die WortschickungsLehr [...]" (um 1630) ‚abgedruckt in Ratke/Ising 1959, II, 95–268, hier 208f.

[475] Vgl. Ratke/Ising 1959, II, 62f.

[476] [Wolfgang Ratke:] „Die WortschickungsLehr [...]" (um 1630), abgedruckt in Ratke/Ising 1959, II, 96–268, hier 193.

[477] So z.B., wenn in einer Passage in der „SchreibungsLehr" (um 1629) der das Thema beendende strukturierende Gesprächsakt („So viel von der SchreibungsLehr In Gemein.") dem Antwortenden zugeordnet wird oder wenn dieser einige Zeilen zuvor sehr selbstbewusst eine Antwort mit der affirmativen Formel „Ohne zweiffel" einleitet; Ratke/Ising 1959, II, 65.

andere Quellen, dass tatsächlich in dieser Form *zergliedernde Gespräche* mit Lehrerfragen und Schülerantworten praktiziert wurden.[478] Angesichts der bei Ratke mitunter seitenlangen Antworten und angesichts der Tatsache, dass alle Antworten stets richtig sind, muss es sich hier freilich um einen sehr gut vorbereiteten Schüler handeln.

An diesem Beispiel sei die erwähnte dialogisch gestaltete systematische Zergliederung von Begriffen veranschaulicht, wie sie auch in anderen dialogischen Lehr-Lern-Büchern betrieben wurde[479] und dann auch, freilich weniger perfekt und weniger systematisch, das natürliche *zergliedernde Gespräch* auszeichnete. Zur Verhandlung steht hier der grammatische Terminus „Bewegwort", dessen begriffliche Struktur mit Hilfe von insgesamt 34 W-Ergänzungsfragen deduktiv vom Allgemeinen zum Besonderen hinabsteigend zergliedert wird. Die Systematik dieser Zergliederung und damit auch der arrangiert-artifizielle Charakter dieses *zergliedernden Gesprächs* – das repräsentativ ist für Ratkes Lehrgespräche – spiegelt sich über die streng deduktive Systematik hinaus vornehmlich in der inhaltlichen Binarität der Antworten, die nur jeweils am Schluss eines jeden Zergliederungzweiges, also gleichsam in den terminalen Knoten, aufgehoben ist. Eine Skizze der Zergliederung des Begriffs „*Bewegwort*" mag dies veranschaulichen. Im Anschluss an die Frage nach der Definition des Begriffs setzt die Zergliederung mit der zweiten Frage („Wie mancherleỹ ist das Bewegwort?") ein. Ich bilde, wie Ratke es vorgibt, jeweils nur den mit dem ersten Teil der Antwort geknüpften Strang ab. Mit Frage 8 beginnend, wird sodann die andere Hälfte der Antwort auf Frage 4 auf gleiche Weise zergliedert. In den terminalen Knoten am Schluss einer Zergliederungseinheit werden Beispiele für die jeweilige Art des „Bewegworts" – und übrigens Performanzarchivalien für die gesprochene Sprache der Zeit – aufgelistet (Seite 290).

Die Fragen sind in der Systematik der Zergliederung jeweils von den vorausgehenden Antworten abhängig, doch nicht in dem Sinne, dass sie die Antworten aufgreifen und thematisch fortführen, sondern in dem Sinne, dass die Antworten jeweils „treffen" müssen: Der Verlauf des *zergliedernden Gesprächs* ist in Fragen und „richtigen" Antworten vorab planbar und ist nicht einer freien oder situationsabhängig gelenkten Entwicklung ausgeliefert. Ratke etwa geht es darum, feststehende grammatische Begriffe zu vermitteln, und dazu müssen die Antworten den Fragen folgen und nicht umgekehrt. Im Vergleich sowohl zum *examinierenden Gespräch* wie zum *darbietenden Gespräch* erfüllte das *zergliedernde Gespräch* die Bedingung der Dialogizität gleichwohl schon in höherem Maße, nämlich in einem engeren, über die

---
[478] Vgl. das Protokoll eines deutschen Gesprächs aus einer Lateinstunde im 18. Jahrhundert bei Petrat 1979, 178f.
[479] Vgl. z.B. [Adelung] 1771.

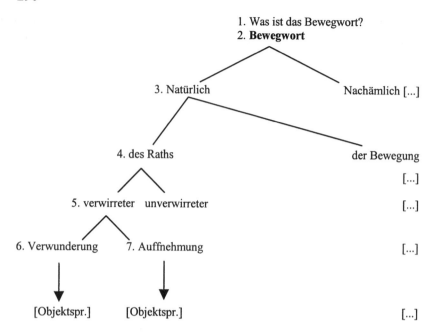

dialogische Grundstruktur von „adjacency pairs" hinausgehenden Sinne. Hier wurde, zumindest seit sich der pietistische Einfluss auf diese Gesprächssorte geltend machte und sie nicht mehr allein in den Dienst des Auswendiglernens gestellt war, das deutsche *Lehrgespräch* wirklich von Lehrer und Schüler(n) handelnd geschaffen – wenngleich nicht selten noch mit vorgefertigten Sprachbausteinen und in der Frageprogression an Varianten des „Inventionshexameters" (s.o., III.4.1.1.) orientiert.[480] Im Vergleich zum *epagogischen katechetischen Gespräch* wie dann zu den meisten Sorten des *sokratischen Gesprächs* hingegen beruhte diese Dialogizität des *zergliedernden Gesprächs* gleichwohl noch zu sehr auf der Struktur(ierung) des Unterrichtsgegenstands als auf dem Gesprächsspiel zwischen Lehrer und Schüler(n).

Dies sei am Beispiel eines Ausschnittes aus einem als authentisch ausgegebenen *zergliedernden Gespräch* veranschaulicht. In der von Heinrich Gottlieb Zerrenner herausgegebenen Zeitschrift „Der deutsche Schulfreund" erscheint im Jahr 1796 eine „Katechisation" die in der Friedrichsstädter Industrieschule in Dresden öffentlich „in diesem Jahre gehalten wurde, deren Inhalt so nachgeschrieben worden ist, wie er hier folgt."[481] Es ist dies also zwar eine mehrfachadressierte Vorzeigekatechisation und schon aus diesem Grund kein Spiegel der wirklichen Gesprächsverhältnisse auf den Industrie-

---

[480] Vgl. dazu, aus didaktischer Sicht, Gessinger 1980, 42ff.; Petrat 1979, 215ff.
[481] [anonym] 1797, 117.

schulen des 18. Jahrhunderts. Dieses Beispiel eignet sich gleichwohl besonders gut zur Veranschaulichung des *zergliedernden Gesprächs*, weil hier beide Varianten desselben, das – am Beispiel Ratkes vorgeführte – begriffzergliedernde wie auch das satz- oder textzergliedernde Gespräch,[482] zusammengeführt sind: Es geht darum, Psalm 116, Vers 12 und 13 („Wie soll ich dem Herrn vergelten alle seine Wohlthat? – Ich will den heilsamen Kelch nehmen und des Herrn Namen predigen. Ich will meine Gelübde dem Herrn bezahlen, vor allem Volk.") textuell zu zergliedern und in diesem Zusammenhang die Begriffe „Wohltat" und „Dankbarkeit" gesinnungsbildend zu vermitteln. Das deduktiv *textzergliedernde Gespräch* wird hier nämlich zugleich gesinnungslenkend-begriffsbildend eingesetzt, indem es auch der Zergliederung von Begriffen dient. Ein Ausschnitt aus dem Anfang dieses sehr langen Gesprächs:

> L. [...] Es haben verschiedene andere Männer Psalmen gemacht. Bald wollen sie andere Menschen damit etwas lehren, oder sie wozu ermuntern; bald wollen sie ihr dankbares Herz zu erkennen geben; bald drücken sie auch andere Empfindungen aus und beten. Was thut David hier in diesem Psalm? K. Er giebt sein dankbares Herz zu erkennen. L. Was ist denn das, ein dankbares Herz? Soll das so viel heißen, als dankbare Empfindung und Triebe? K. Ja. L. Richtig. Wenn kann und soll wol ein Mensch dankbare Empfindungen und Triebe haben? K. Wenn ihm jemand Gutes gethan hat. L. Und wie pflegt man das Gute, das einem widerfährt, und wovon man großen Nutzen hat, noch mit einem andern Worte zu benennen? K. Man nennt es auch eine Wohlthat. L. Recht! Nennet es nicht David in unserm Psalme auch so? K. Ja. L. Wie sagt er? K. Wie soll ich dem Herrn vergelten alle seine Wohlthat. L. David hatte also viele Wohlthaten von Gott empfangen, und darüber hatte er nun dankbare Empfindungen und Triebe. Was sind denn aber nun dankbare Empfindungen? Sag du mir: Was empfindet ein dankbarer Mensch über die empfangenen Wohlthaten? K. Freude. L. Ganz recht! Will er aber die Freude nur allein empfinden? K. Nein, er will auch andere erfreuen. L. So ists! Und wem möchte er wol vorzüglich gern Freude machen? K. Dem, der ihm Gutes gethan hat. L. Richtig! Empfindet er also Liebe und Zuneigung zu seinem Wohlthäter? K. Ja. L. Und fühlt er den Trieb, seinen Wohlthäter wieder zu erfreuen? K. Ja. L. Ja, Kinder, und wenns möglich wäre, möchte ein dankbarer Mensch seinem Wohlthäter das Gute, das er ihm erzeigt hat, gern wieder vergelten. Das ist die Natur der Dankbarkeit. Fühlte auch David diesen Trieb in sich? Wie fragt er deßwegen? K. Wie soll ich dem Herrn vergelten alle seine Wohlthat. L. Das also sind dankbare Empfindungen. Ein dankbarer Mensch empfindet Freude und Zuneigung zu seinem Wohlthäter, und möchte ihm gern seine Wohlthaten wieder vergelten.[483]

Es ist bereits angedeutet worden, dass auch dieses Gespräch, was seinen Verlauf anbelangt, nur mittelbar als Performanzfragment zu lesen ist; die

---

[482] Vgl. Felbiger 1775, 161; ferner in der Sekundärliteratur Krecher 1929, 3, der zwischen „logischer" und „grammatischer" Zergliederung unterscheidet.
[483] [anonym] 1797, 118ff.

grundsätzlich „treffenden" Antworten der Kinder, die übrigens im ganzen Gespräch nur einmal um eine Antwort verlegen sind, sprechen ebenfalls dafür, dass der Protokollant noch andere als rein dokumentarische Absichten verfolgte. Nichtsdestotrotz darf es als sprachlicher Überrest und als mittelbar authentisches historisches Gespräch gewertet werden, und auch der Herausgeber des „Deutschen Schulfreunds", Heinrich Gottlieb Zerrenner, unterzog es als realistisches Abbild des Unterrichts auf der Friedrichsstädter Industrieschule einer Kritik:

> Wenn auch diese Katechisation nicht in aller Absicht ein Muster genannt werden kann, und man dem Lehrer vielleicht mit Grunde die Erinnerung machen könnte, daß er zu viel darin rede, und den Kindern es zu leicht mache, und die Antworten ihnen mehr in den Mund lege, als selbst auffinden lasse u.s.w. so kann sie doch einen Begriff von der ganz guten Lehrart bei dieser Frei= und Arbeitsschule geben [...].[484]

Das prototypische *zergliedernde Gespräch* steht also zu diesem späten Zeitpunkt am Ende des 18. Jahrhunderts nicht mehr im Dienst des Auswendiglernens – dazu sind die Ausgangstexte, zumal die Kindergeschichten, auch zu lang –, aber auch noch nicht allein im Dienst des Denkenlernens, sondern nimmt eine Mittelstellung zwischen beiden ein, insofern es, wie erwähnt, eine mnemotechnische Funktion mit einer kognitiven verknüpft: Es soll das (Auswendig)lernen unterstützen, indem es den Schülern die zu lernende sprachliche Oberfläche oder die zu lernende und oft in einen Merksatz gebündelte „Moral" einer Erzählung inhaltlich aufschließt; und es soll, indem dieses geschieht, freilich auch inhaltliches Wissen vermitteln, die kognitive Struktur der Schüler verändern, allerdings nicht zur selbstständigen Wissenserzeugung führen:

> Man katechisiert oder erforscht, was die Schüler aus dem Lesen ihrer Bücher behalten, wie sie den Inhalt verstehen; der Lehrer bemüßigt die Schüler, davon zu reden; er erläutert, erklärt, setzt das Nötige hinzu und erforscht, wie alles dies aufgefaßt worden sei; er verbessert die unrichtigen Begriffe.[485]

Im vorliegenden Gespräch ist es durchaus noch beabsichtigt, die Psalmenverse auswendig lernen zu lassen, weshalb dieselben von Zeit zu Zeit wiederholend ins Gespräch gebracht werden. Sodann aber gilt es, diese Verse inhaltlich zu ergründen, und dazu wird die Textaussage deduktiv zergliedert. Wie eingangs im Zusammenhang mit Dinters Darstellung bereits vermerkt, ist das didaktische (Sprach)handeln des Lehrers hier vielfältig erweitert gegenüber den vorangehend beschriebenen Gesprächssorten. Er „bemüßigt" die

---

[484] [anonym] 1797, 132, Anm. d. Hrsg.
[485] Felbiger 1775, 143; ähnlich Jacobi 1794, 86f.

Schüler zu reden, und dies vornehmlich mittels DURCHFRAGEN;[486] sodann aber muss er ihre Antworten BEWERTEN, und zwar inhaltlich, nicht nur nach der korrekten Wiedergabe der im Text vorgegebenen Form, und diese Bewertung ist Voraussetzung dafür, dass er ERLÄUTERN, ERKLÄREN und VERBESSERN kann:

> Bey der Katechisation über einen Text muß man 1) die Frage oder den Satz [...] zergliedern, das ist: die darin enthaltnen Begriffe und Sachen durch kleine Fragen auseinander setzen und zertheilen [...]. 2) Bey der Zergliederung müssen die Sachen, welche den Schülern unbekannt sind, nach der Ordnung des Textes erkläret und deutlich vorgetragen, hernach durchgefragt werden, um zu sehen, ob sie behalten und verstanden sind.[487]

Im vorliegenden Gespräch finden sich verschiedene Formen der BEWERTUNG im Sinne der positiven Verstärkung („Recht", „Ganz recht!", „So ists!", „Richtig!", „Allerdings!", „Recht gut!", „Du hast nicht unrecht" u.a.), auch mannigfache ERMAHNUNG an die Aufmerksamkeit und das Gedächtnis sind hier enthalten („Seht", „Seht ihr!", „Seyd unermüdet thätig"; in anderen Quellen auch offen direktiv: „Behaltet das"), hingegen kein einziger TADEL, was sicher auch mit dem öffentlichen Vorführeffekt dieses Gesprächs zusammenhängt.

Die in den Psalmenversen abstrakt enthaltene religiöse Lebensregel wird vom Lehrer in den abstrakten Textaussagen: „*Wohltat*" und „*Vergeltung der Wohlthat*"/„*Dankbarkeit*" gebündelt. In einer ersten Gesprächsphase, der oben zitierten, setzt nun die deduktive Textzergliederung ein, um den Begriff „*Vergeltung der Wohltat*"/„*Dankbarkeit*" semantisch zu füllen. Diese erste Phase sei etwas genauer betrachtet. Dabei soll nicht ergründet werden, ob die Deduktion im pädagogisch-didaktischen Sinne schlüssig und empfehlenswert ist oder nicht; allein das Gesprächsgerüst sei noch aus formal-struktureller und ko- und kontextueller Sicht genauer beleuchtet, soweit es der Rekonstruktion dieser historischen Gesprächssorte dienlich ist.

Die thematische Gesprächsphase zur Klärung des Begriffs „Vergeltung der Wohltat" setzt ein, nachdem die Verse gelesen waren und der Lehrer den Textsortennamen „Psalm" ERKLÄRT hatte. Diese Gesprächsphase wird, als das Stichwort „dankbare Empfindungen" fällt, kurz unterbrochen durch einen Exkurs, in dem das Textwort „Wohltat" noch einmal in Erinnerung gerufen und paraphrasiert wird, und setzt dann wieder ein mit der Frage nach einer Definition des Stichwortes „dankbare Empfindungen", die schließlich in der Gleichung „Vergeltung der Wohltat" = „Dankbarkeit" zum Abschluss geführt wird.

---

[486] Vgl. auch Felbiger 1775, 124
[487] Schmahling 1793, 57.

Zu Beginn dieser Phase ERLÄUTERT der Lehrer Funktionen der Textsorte „Psalm" und gibt dabei, gleichsam im Multiple-Choice-Verfahren, Stichwörter für die Beantwortung seiner ersten Frage, einer Ergänzungsfrage: „Was thut David hier in diesem Psalm?" Der antwortende Schüler übernimmt eine der vom Lehrer genannten drei Psalmenfunktionen wörtlich in seine Antwort und gibt damit dem abstrakten Begriff „Vergeltung der Wohltat" eine nicht weniger abstrakte lexikalische Fassung „sein dankbares Herz zu erkennen geben". Während diese Antwort im *darbietenden Gespräch* hinreichend gewesen wäre, HAKT der Lehrer hier NACH mit einer typischen Lehrer-Ergänzungsfrage (abtönendes „*denn*", begleitet von einer Herausstellung des Subjekts mit proleptisch vorausweisendem Pronomen), die zeigt, dass bloßes Nachsprechen des Vorgesagten hier nicht mehr hinreichend ist: „Was ist denn das, ein dankbares Herz?" Die relative Offenheit dieser Frage wird jedoch sogleich wieder geschlossen, indem der Lehrer sie selbst mittels der anschließenden suggestiven Entscheidungsfrage beantwortet und es den Kindern nurmehr überlässt, diese Antwort gutzuheißen. Es ist dies eine der viel beklagten und dennoch immer wieder auch empfohlenen[488] Entscheidungsfragen, die, wie Zerrenner es ja ausführte, „den Kindern es zu leicht mache, und die Antworten ihnen mehr in den Mund lege."[489] Diese Technik, die Kinder auf den gewünschten Weg zu bringen, fand im *zergliedernden katechetischen Gespräch* übrigens auch Anwendung im Falle der falschen Antworten, bei denen die Schüler nicht „ablockenderweise", sondern eben mittels Entscheidungsfragen, die die Antworten bereits enthielten, auf den richtigen Pfad geführt werden sollten.[490] Immerhin mussten die Antworten aber nicht mehr wortwörtlich der Vorlage entsprechen.

Die Text- und Begriffszergliederung wird in diesem Gespräch nach dem Exkurs fortgesetzt durch ein weiteres Exemplar einer typischen Lehrer-Ergänzungsfrage, hier mehrfach abgetönt und mittels der Partikeln zugleich gesprächskohärent mit den vorausgegangenen Nennungen des Stichworts „dankbare Empfindungen" verknüpft: „Was sind *denn aber nun* dankbare Empfindungen?" Wiederum ohne eine Antwort abzuwarten, wird die Fragestellung in eine konkretere Form überführt, die nicht mehr das allgemeine Wesen des erfragten Begriffs thematisiert, sondern konkretere Erscheinungsformen desselben. Mittels zwei Ergänzungs- und drei Entscheidungsfragen wird dieses Unterthema nun bis zur Erreichung des Begriffs „Dankbarkeit" durchgefragt, wobei zwei Gesprächsschritte im Rahmen dieser Gesprächssorte auffällig sind: Da ist, einmal, zu beobachten, dass der Lehrer eine Antwort des Schülers („Freude.") aufnimmt und als Ausgangspunkt für die

---
[488] Vgl. Stresow 1765, 178.
[489] In gleicher Weise ablehnend auch Gieseler 1797, 13; Moser 1787, 156.
[490] Vgl. Felbiger 1777, 76; dazu auch Krecher 1929, 47.

nächste Frage nutzt; und da ist, zum anderen, auffällig, dass der Schüler auf die suggestive Entscheidungsfrage „Will er aber die Freude nur allein empfinden?" nicht, wie sonst üblich, nur die propositionale Lücke schließend und erwartungsgemäß mit „Nein" antwortet, sondern seine Antwort zudem begründend und weiterführend ergänzt („Nein, er will auch andere erfreuen."). Mit der Nennung des Begriffs „Dankbarkeit" ist diese Phase des *zergliedernden Gesprächs* und der Zergliederung des Begriffs „Vergeltung der Wohltaten" fast abgeschlossen; was nur noch folgt, ist eine Wiederholung der Textstelle und ein ergebnissichernder „Stabilisator" des Lehrers.

Die deduktive paraphrastische Struktur erhält hier also folgendes Aussehen: 1) „Vergeltung der Wohltat" meint 2) sein „dankbares Herz zu erkennen" geben, und dies ist 3) „dankbare Empfindungen und Triebe" zu haben. Diese wiederum bestehen 4) aus „Freude", 5) „andere erfreuen" und 6) „Liebe und Zuneigung zu seinem Wohlthäter". Es folgt die Synthese dieser ergliederten Komponenten in einer kurzen ERKLÄRUNG des Lehrers, dem ersten „Stabilisator", in Form einer Gleichung: Die „Vergeltung der Wohltat" ist 7) „die Natur der Dankbarkeit". Wenn man so will, ist also auch hier, wie bei Ratke, ein abstrakter Begriff zergliedernd zu einer konkreteren lexikalischen Einheit geführt worden, nur dass dies hier im textzergliedernden Rahmen erfolgte.

Die andere Variante, das rein *satz- oder textzergliedernde Gespräch*, kam mitunter dem *examinierenden* wie dem *darbietenden Gespräch* sehr nahe, in funktionaler Hinsicht, wenn es nur das Auswendiglernen unterstützen sollte, und in formaler Hinsicht, wenn lediglich die Oberflächenstruktur des Ausgangssatzes bzw. -textes von verschiedenen Seiten wiederholend erfragt wurde. Sieht man sich etwa das oben, III.3.2., zitierte Beispiel aus Löseckes „Zergliedertem Catechismus" an, so ist dort von dialogischer Verstehenshilfe und Verständnissicherung nur wenig zu spüren. Dasselbe gilt, um auch ein Beispiel für die Textzergliederung aus dem nicht-religiösen Bereich anzuführen, für die erste Phase eines Gesprächs namens „Katechetische Zergliederung einer kleinen Geschichte", das, wie so viele andere fiktive Modell-Gespräche auch, ebenfalls in Zerrenners „Deutschem Schulfreund" abgedruckt ist. Das Gespräch selbst wandelt sich in seinem Verlauf zwar zu einem induktiven katechetischen Gespräch, in dem die Kinder von einem konkreten Fall ausgehend zur gewünschten „Moral" geführt werden; der Beginn desselben aber ist deduktiv die Oberfläche zergliedernd und den Inhalt lediglich wiederholend; die „Moral" gibt überdies am Ende der Lehrer selbst. Der erste Satz der Geschichte lautet:

> Fritz und Philipp, ein paar muntere Knaben, kamen einmal in einen Garten, in welchem Bienenstöcke waren.

Das Gespräch setzt dann, den ersten Satz wie folgt zergliedernd, ein:

Fr. Von wem handelte diese Geschichte? A. Von zween Knaben. Fr. Wie hießen dieselben? A. Fritz und Philipp. Fr. Wo spatzierten diese einstmals hin? A. In einen Garten. Fr. Was heißt spatzieren gehen? A. Zum Vergnügen eine kleine Reise machen. Fr. Und was verstehest du durch einen Garten? A. Ein Garten ist ein mit Obstbäumen, Küchengewächsen oder dergleichen bepflanztes Stück Landes, welches entweder umzäunt, oder mit einer Mauer umgeben ist.[491]

Der Unterschied zum offeneren *epagogischen Gespräch* wird schlagartig deutlich, wenn man denselben Text wenige Jahre zuvor bei Rist als Grundlage für eben ein solches induktives katechetisches Gespräch findet. Bei Rist setzt das Gespräch auf folgende Weise ein:

Nun, Kinder, was meint ihr wohl, welcher Knabe war der verständigste? Fritz oder Philipp? Warum Philipp? Aber wie konnte Philipp auch wissen, daß die Bienen ihn stechen würden?[492]

Weil es trotz aller Modell-Gespräche auch im späten 18. Jahrhundert noch sehr häufig vorkam, dass das *zergliedernde Gespräch* nur als mnemotechnisches Mittel zum Auswendiglernen Eingang in die Schulstuben fand oder aber, wie im Fall des aus dem „Deutschen Schulfreund" zitierten Gesprächs, nur zum Abfragen des Inhaltes diente, ohne tiefer schürfende kognitive Leistungen zu fordern, wurde, einerseits, die Kritik am *zergliedernden Gespräch* immer lauter,[493] was zur Entwicklung der Sorten des *sokratischen Gesprächs* beitrug, die ja durchaus auch „zergliedernde" Funktionen zu erfüllen hatten. Gleichzeitig wurden, andererseits, aber auch die Theoretiker des *zergliedernden katechetischen Gesprächs* im engeren Sinne nicht müde, die funktionale Besonderheit dieser Gesprächssorte zu betonen und die Kunst, zergliedernd zu fragen, zu verfeinern, wie beispielsweise wiederum Conrad Friderich Stresow:

Du siehest nun schon, lieber Schulmeister, daß die Zergliederung fast wenig von der einflössenden Katechisation abgehe. Und das Zergliedern mögte noch wol leichter geachtet werden, da die Kinder schon selbst im Buch nachsehen können, und die Antwort ihnen nicht vorgesagt werden darf. Doch kommts auf die Geschiklichkeit im Fragen an, wenn die Kinder aus dem Spruch oder Saz, welchen sie vor sich haben, die Antwort so gleich finden, und richtig geben sollen. In diesem Zwek suchest du billig ihre Aufmerksamkeit bei dem Spruch, oder katechetischen Lehrstük, so zergliedert werden soll, fest zu halten. Erläuternde Nebenfragen, welche hie und da erfoderlich sind, und die Zergliederung fruchtbarer machen, sind

---

[491] A.W. 1796, 116ff.
[492] Rist 1787, 47.
[493] Vgl. [anonym] 1795a, 21f.: „Zergliederung der Religionssätze und Sprüche, Anführung zur bloßen Bejahung und Verneinung eines Satzes, Gedächtnißübung, das allein war das Katechisiren bei den Meisten, und nicht Entwickelung der Begriffe, nicht Anleitung zum Selbstdenken."

mithin nicht zu häufig auf einander einzuschalten, weitläuftige Digressiones aber gänzlich zu vermeiden.[494]

Im *zergliedernden katechetischen Gespräch* blieben insgesamt trotz dieser Interventionen die Merkmale des prototypischen *katechetischen Gesprächs* gewahrt, und damit die Merkmale der Geschlossenheit des *Lehrgesprächs*, vornehmlich in formal-struktureller Hinsicht: Es gibt eine das Gespräch gleichsam voreröffnende Textgrundlage, im vorliegenden Fall eine kurze Geschichte; das Fragerecht und nun überdies ein relativ breiter gefächertes Sprachhandlungsrecht liegt ausschließlich beim Lehrer. Im Fall des Gesprächs über die beiden Verse aus Psalm 116 hat ja schon der Herausgeber, Heinrich Gottlieb Zerrenner, den quantitativ hohen Gesprächsanteil des Lehrers beklagt, und in der Tat wechseln dort zwar die Gesprächsschritte von Lehrer und Schülern ohne längere Pause einander ab, doch hält der Lehrer allein im zitierten Ausschnitt mit 249 im Gespräch geäußerten Wörtern gegenüber 54 Schülerwörtern, von denen 18 auch noch nur Textzitate sind, eindeutig das Gesprächsheft in der Hand.

Festzuhalten ist aber auch: Im Vergleich mit den anderen bisher beschriebenen Sorten des *katechetischen Gesprächs* zeigen sich verhalten deutlichere Tendenzen der Öffnung der *Lehrgesprächs*: Zwar sind die Fragen immer noch in erster Linie geschlossene Prüfungsfragen und keine offenen Denkimpulse; im Psalm-Gespräch führen in vier Fällen die Entscheidungsfragen gar nur zu einfachem „Ja" als Antwort. Die Fragen selbst aber folgen nicht mehr bzw. nur ausnahmsweise noch dem Wortlaut des Textes, müssen nicht mehr selbst noch Hilfe zum Auswendiglernen sein. Sie lösen damit das ganze Gespräch von der Textvorlage, vor allem von deren sprachlichen Vorgaben und richten die Aufmerksamkeit auf den Inhalt des Textes – Herder nennt dies dann das „freie Katechisiren".[495] Und allein damit, dass die Kinder weitgehend mit eigenen Worten antworten dürfen, ist auch eine kognitive Leistung angeregt. Im Ausschnitt aus dem Psalm-Gespräch beispielsweise erscheint eine die Antwort völlig textunabhängig ins Belieben des Schülers stellende Frage: „Was empfindet ein dankbarer Mensch über die empfundenen Wohlthaten?", und die Schüler finden in diesem Falle die Antwort nicht „im Buche". Die prototypisch gezogenen Grenzen werden indes nicht überschritten: Der kurze Umweg, der nun eingeschlagen wird und in dem Erscheinungsformen der „dankbaren Empfindung" aufgezählt werden, ist zwar von den sprachlichen Vorgaben des Textes gelöst, bleibt gleichwohl mit diesem eng verknüpft. Dieser Umweg, Stresow spricht in der oben zitierten Passage von „erläuternden Nebenfragen", führt zudem nicht in die Lebenswelt der

---

[494] Stresow 1765, 185; vgl. auch Gräffe 1793–1801, Bd. 3, 1796, 38f.
[495] Herder: „Luthers Katechismus, mit einer katechetischen Erklärung zum Gebrauch der Schulen [...]" (1798); Werke 30, 302–392, hier 303.

Kinder, um beispielsweise den im 18. Jahrhundert so oft beschriebenen didaktischen Grundsatz „vom Bekannten zum Unbekannten" zu befolgen. Vielmehr wird hier und in vergleichbaren Gesprächen der nur sehr kurze Umweg rasch wieder auf den Text gelenkt, indem der Lehrer bald schon die Textwörter „Wohlthäter" und „vergelten" erneut ins Spiel bringt. Er tut dies hier mit dem Gesprächswort „also", das schon von Zeitgenossen als „katechetisches Wunderwort" bespöttelt wurde, das den Lehrer nach mehr oder minder längeren Abschweifungen oder eben Umwegen wieder zu dem von ihm vorab festgelegten Ziel bringe.[496]

Was schließlich die ko- und kontextuellen Merkmale dieser Gesprächssorte anbelangt, folgt es weitgehend dem *darbietenden Gespräch*. Das *zergliedernde Gespräch* konnte dyologisch praktiziert werden, bot sich auf „gemeinen Schulen" aber vornehmlich als Kommunikationsform des Zusammenunterrichtens an. Auch an dem oben beschriebenen Gespräch über die Psalmen-Verse sind mehrere Schüler beteiligt, wobei jedoch unklar bleibt, ob hier nach jeder Frage ein anderer Schüler aufgerufen wurde oder aber ein Schüler mehrere Fragen nacheinander zu beantworten hatte. In jedem Fall gibt es auch hier einen streng eingehaltenen Wechsel zwischen Gesprächsschritten des Lehrers und der Schüler, geht der Gesprächsschritt des Schülers immer an den Lehrer zurück, und folgen nie zwei oder mehrere Gesprächsschritte von Schülern unmittelbar aufeinander. Im zitierten Ausschnitt aus dem Gespräch über die Psalmenverse selbst gibt es nur einen direkten Aufruf („Sag du mir"); im Verlauf des Gesprächs folgen weitere (z.B. „Aber sage du mir"), auch Kollektivadressierungen („Wer weiß...") sind hier zu finden. Die im vorangegangenen Abschnitt zum *darbietenden Gespräch* präsentierte Skizze veranschaulicht daher auch die Sozialformen des *zergliedernden Gesprächs*.

III.4.1.1.4. Das *epagogische Gespräch* oder: das *Ausfragen*

Das *epagogische katechetische* Gespräch nimmt auf der Skala zwischen den Prototypen des *katechetischen* und des *sokratischen Gesprächs* gemeinsam mit dem *maieutischen sokratischen Gespräch* eine Mittelstellung ein, und zwar sowohl was seine Grade der Geschlossenheit wie was seine sprachgeschichtliche Entstehungszeit anbelangt. Das *epagogische Gespräch* ist die einzige induktive Sorte des *katechetischen Gesprächs* und erwachsen aus der Kritik an den examinierenden, darbietenden und zergliedernden Katechisationen, die der Entdeckung des Kindes und dem neuen Bild vom Schüler nicht mehr gerecht zu werden vermochten. Das *epagogische Gespräch* und das *maieutische Gespräch* sind deshalb erneute Versuche, die nach wie vor ge-

---

[496] [anonym] 1800a, 96; s.u., III.4.3.1.

wünschte sozialdisziplinierende Strenge mit einer nunmehr geforderten Steigerung der kognitiven Leistung in Form des *Lehrgesprächs* zu vereinen, wobei das *epagogische Gespräch* das Gewicht auf die sozialdisziplinierenden, das *maieutische Gespräch* hingegen das Gewicht auf die kognitiven Funktionen der Lehre legte. Die Herausbildung des *epagogischen Gesprächs* ist also zweifellos auch beeinflusst gewesen durch den zeitgleich stattfindenden Diskurs über das *sokratische Gespräch*, und dies zeigt sich eben nirgends deutlicher als darin, dass das *epagogische Gespräch* als induktives katechetisches und das *maieutische Gespräch* als deduktives sokratisches auf der Skala zwischen den Prototypen einander die Hände reichen. Das *epagogische Gespräch* ist, wenn man so will, das sokratischste unter den katechetischen Gesprächssorten, das *maieutische Gespräch* das katechetischste unter den sokratischen.

So weist schon manches von dem, was im Zusammenhang mit dem *epagogischen Gespräch* steht, auf die etwa zeitgleiche Wiederentdeckung Sokrates' und seiner Lehrgespräche hin: Das Wort *selbst* etwa spielt auch in Beiträgen zum *epagogischen Gespräch* in Bezug auf die kognitiven Leistungen des Schülers eine nicht unwesentliche Rolle. Allerdings ist es noch nicht im sokratischen Sinne des selbstständigen Entdeckens gemeint, sondern in dem Sinne, dass das zu vermittelnde Wissen nicht aus dem Buch bloß übernommen werden dürfe, vielmehr im Gespräch gebildet, aus dem Gespräch hervorgehen müsse. Johann Gottfried Herder fordert in diesem Sinne noch 1798 im Rahmen seines Versuchs einer Erneuerung des *katechetischen Gesprächs*, dass „sich die Antworten von selbst geben" müssen im Verlauf des Gesprächs.[497]

Auf der anderen Seite jedoch sollten die engen und strengen Grenzen des *katechetischen Gesprächs* noch immer gewahrt bleiben, vornehmlich, was die Qualität der Unterweisung (Vermittlung vorhandenen Wissens statt selbstständiger Erzeugung von Wissen) und die mit den Unterrichtsgegenständen mittelbar verknüpfte sozialdisziplinierende Gesinnungsbildung anbelangte. Auch der väterlich-freundliche epagogisch lehrende Lehrer, auf den im Folgenden noch zurückzukommen sein wird, wahrte stets seine mit institutioneller Autorität versehene Rolle und hielt die Asymmetrie des Gesprächsverhältnisses auch und gerade für die Dauer des Gesprächs aufrecht.

Im funktionalen Zentrum des *epagogischen Gesprächs* steht die induktive BEGRIFFSBILDUNG, diese aber ausschließlich im Sinne der Wissensvermittlung. Neben dieser prototypischen und wichtigsten illokutionären Ausrichtung weist diese Gesprächssorte in der Praxis sodann Elemente der anderen katechetischen Sorten auf, konnte im Rahmen umfassenderer Lehr-

---

[497] Herder: „Luthers Katechismus, mit einer katechetischen Erklärung zum Gebrauch der Schulen [...], 1798; Werke 30, 302–392, hier 303.

Lern-Verfahren mit ihnen verwoben sein und erfüllte dementsprechend auch EXAMINIERENDE, DARBIETENDE und ZERGLIEDERNDE Funktionen, was auch an den ausgewählten Beispielen zu beobachten ist. Conrad Friderich Stresow beschreibt die Funktion dieser Gesprächssorte, die bei ihm als „ausbreitende und erklärende Katechisation" oder auch als „Katechisation für den Verstand" – im Unterschied zur zergliedernden „Katechisation für das Gedächtniß" – erscheint, wie folgt:

> Es giebt eine Katechisation für den Verstand. Die besteht in Erklärung und Deutlichmachung der Sachen, die in einem Spruch oder Lehrsaz liegen; und lehrt mit den Wörtern Begriffe verknüpfen, nicht weniger den Zusammenhang der Warheiten, und wie eins aus dem andern folge, einsehen. Wie man sich derselben bei Ungeübtern nur sparsam, nach dem Maaß ihrer noch geringen Faßlichkeit, zu bedienen hat; so ist sie desto nüzlicher, und allerdings unentbehrlich, für die Geübtern, bei welchen man sich mit einer trockenen, zumal weitläuftigen, Zergliederung nur fruchtlos aufhalten würde.[498]

Im Unterschied zum *begriffszergliedernden Gespräch*, in dem ein Begriff definiert und das den Begriff bezeichnende Wort dann deduktiv in seine semantischen Merkmale zerlegt wird, geht das *epagogische Gespräch* den anderen Weg, von den Merkmalen zur Bedeutungserklärung bzw. Begriffsdefinition. Dies zeigt sich im folgenden Gespräch über das vierte Gebot ebenso wie im weiter unten zitierten Gespräch über den Begriff „*Hut*". Das erste Beispiel, das hier für das *epagogische Gespräch* stehen soll, stammt, natürlich, aus dem Bereich der religiösen Unterweisung. Landschulinspektor Walkhof hatte im Jahr 1797 in der Zeitschrift „Der deutsche Schulfreund" einen Beitrag mit dem Titel „Kurze Anleitung zur Uebung des Nachdenkens der Kinder, bei den, in Landschulen gewöhnlichen Lektionen" veröffentlicht und darin, unter anderem, einem *examinierenden Gespräch* das nun folgende *epagogische Gespräch* als positiv bewertetes Gegenbild zur Seite gestellt. Das fiktive *examinierende Gespräch* ist oben (III.4.1.1.1.) zitiert; wie für dieses, so bildet auch für die folgende epagogische Alternative das vierte Gebot die Textvorlage:

> L. Was wird in diesem Gebote den Kindern befohlen? K. Sie sollen Vater und Mutter ehren. L. Wie nennen wir Vater und Mutter mit einem Worte? K. Aeltern. L. Deine Aeltern leben noch beide. Ist dir das lieb? K. O ja. L. Du wünschest auch wol, daß sie noch lange leben mögen? K. Das wünsch ich. L. Warum wünschest du das? K. Weil ich sie lieb habe. L. Das ist hübsch, daß du deine Aeltern lieb hast. Sie haben dich wol auch lieb? K. Ja. L. Woraus siehest du das? K. Sie geben mir alles. L. Was bekömmst du denn von ihnen? K. Brod etc. L. Nicht wahr, sie halten dich auch zur Schule an? Aber du gehst wol nicht gern in die Schule? K. O ja, da lern ich ja etwas. L. Sieh einmal, wie viel Gutes dir deine Aeltern thun! Solltest du

---

[498] Stresow 1765, 155.

sie nicht ehren und werthschätzen? K. Das thue ich auch. L. Hältst du deine Aeltern für verständiger, als du bist? K. Ja. L. Woraus siehest du das? K. Sie können graben, pflanzen etc. das kann ich noch nicht. L. Verstehn sie besser, was dir nützlich ist, oder du? K. Sie. L. Wenn sie dir verbieten aus dem Hause zu gehen? K. So muß ich darin bleiben. L. Wenn sie dir befehlen, zu stricken? K. So muß ich stricken. [...]
L. Wie machen es wol zuweilen unartige Kinder gegen ihre Aeltern? K. Sie widersprechen, sie zanken, sie maulen, sie sagen garstige Worte zu ihnen. L. Das sind unartige Kinder. Ehren solche ihre Aeltern? Was thun aber Kinder, die ihre Aeltern ehren? K. Sie sind gern bei ihnen, sie sind still, sie helfen ihnen, sie gehn einen Weg für sie aus. [...]
L. Wie soll es den Kindern gehn, welche ihre Aeltern ehren? K. Gut. L. Wie steht in dem Gebot? K. Auf daß dirs – [wohl gehe und du lange lebest auf, J.K.] Erden. L. Was mußt du also thun, wenn es dir wohl gehen soll? K. Ich muß meine Aeltern ehren. L. Du sagtest vorher, du ehrtest deine Aeltern; geht es dir denn auch wohl? K. Ja. L. Fehlt dir etwas, das du nöthig hast? K. Nein. L. Wenn dir ein Buch oder sonst etwas fehlte, wer würde es dir geben? K. Meine Aeltern. [...]
L. Würde es dir so wohl gehen, wenn du deine Aeltern verachtetest und ihnen Verdruß machtest? K. Nein. L. Woher kommt es nun, daß es dir wohl geht? K. Weil ich meine Aeltern liebe und ehre. L. Du wünschest doch, daß es dir immer wohl gehn soll? K. Ja. L. Was mußt du denn thun? K. Meine Aeltern ehren. L. Wie lange willst du das thun? K. Immer. L. Dann wird es dir auch immer wohl gehen, so lange du auf Erden lebst. Sage nun noch einmal das 4te Gebot her. Du sollst deinen Vater etc."[499]

Dieses Lehrgespräch ist kein „zufälliges Gespräch" im Sinne Basedows, wie es sich eben „zufällig" beim Anblick einer Sache oder aufgrund einer Textlektüre ergibt, sondern nimmt den für das *katechetische Gespräch* typischen Ausgang von einem mit didaktischer Planung als Gesprächsvorlage eingebrachten Text. Der Lehrer verlässt jedoch schon mit der dritten Frage diese Textvorlage und führt das Gespräch in die Lebenswelt des Kindes: „Deine Aeltern leben noch beide. Ist dir das lieb?" Das Gespräch hat denn auch nicht das „Hersagen" des Textes oder das bloße „Abfragen" und „Zergliedern" seines Inhalts zum Zweck; es soll vielmehr Wissen verstehend vermitteln. Dazu wählt der Lehrer – gemessen am direkteren Weg etwa des einflößenden Abfragens – einen Umweg und aktiviert die vorhandene kognitive Struktur der Kinder, um Neues darin zu platzieren; zwischendrin wird der Text des vierten Gebots mehrfach gestreift und am Schluss führt der Umweg zur Textvorlage zurück. Der Lehrer nutzt Alltagserfahrungen der Kinder allerdings nur soweit, wie es der Textbezug zulässt und nur soweit es dessen gesinnungsbildender Intention dienlich ist. Das ist lange noch kein „Ablocken", welches ja auch auf verkehrte Pfade führen kann, sondern ein strukturell stichomythisch und auch inhaltlich sehr stringent geführtes „Ausfragen".

---

[499] Walkhof 1797, 8ff.

Die Fragen des Lehrers sind denn auch hier, wie beim *katechetischen Gespräch* prototypisch, grundsätzlich im Voraus planbar und in ihrer Progression relativ unabhängig von den Antworten der Schüler. Selbst als im vorliegenden Gespräch der Lehrer eine Schülerantwort explizit aufgreift („Du sagtest vorher, du ehrtest deine Aeltern; geht es dir denn auch wohl?"), tut er dies nicht sogleich im Anschluss an die Antwort, sondern erst, als es in seinen Handlungsplan passt, nämlich als das Gespräch an der Stelle ist, an der ohnehin die positiven Konsequenzen der Befolgung des vierten Gebotes zum Gegenstand des Gesprächs bestimmt werden. Die Schülerantwort erhält also keine das Gespräch inhaltlich steuernde Kraft; sie ist lediglich re-agierend, darf nicht initiierend sein und erfüllt zu einem späteren Zeitpunkt im Gespräch allenfalls eine die vorab festgelegte Gesprächsgliederung unterstützende Funktion.

Deutlich wird aber auch, dass die Stringenz des Gesprächs nicht mehr allein vom Unterrichtsgegenstand und seiner Struktur vorbestimmt ist, also vom Ausgangstext oder auch von einem nichtsprachlichen Gegenstand im Anschauungsunterricht, sondern nunmehr der Frageleitung des Lehrers und zumindest mittelbar eben auch der Antwortleistung der Schüler obliegt. Am Beispiel: Der Text des vierten Gebotes soll am Ende des Unterrichts zwar noch gelernt sein, um „hergesagt" werden zu können – der Lehrer lässt ihn im Gespräch mehrfach wiederholen –, doch folgt das Gespräch selbst weder formal noch inhaltlich in seinem Verlauf dieser Textvorlage. Und das heißt auch: Das deutsche *Lehrgespräch* ist mit dem *epagogischen Gespräch* funktional und formal-strukturell in eine neue Entwicklungsphase getreten insofern, als es sich wiederum noch weiter den Eigengesetzlichkeiten des Gesprächs bzw. deren Beherrschung durch die Gesprächsführung der Sprecher, vornehmlich des Lehrers, aussetzt und den Fremdbestimmungen des Lehrgegenstandes entzogen, zumindest weiter entfernt wurde.

Davon blieb die grundsätzliche Asymmetrie des Gesprächsverhältnisses freilich unberührt; der Lehrer hielt nach wie vor alle Gesprächsfäden in der Hand, war insofern weiterhin der „König", wenn auch nicht stets ein mächtiger (s.o.). Sein Gesprächshandeln ruhte nun aber auf der Grundlage einer weiter gehenden didaktischen Gesprächstheorie, die im Auswendiglernen nicht mehr den einzigen Zweck und in der nur rezeptiven Höreraktivität des Schülers nicht mehr die beste Methode der Unterweisung sah. Das *Lehrgespräch* sollte nicht mehr nur dazu dienen, deduktiv Wahrheiten zu zergliedern, sondern sollte den Schüler induktiv vom Bekannten zum Verständnis des Unbekannten, von seinen Erfahrungen zum Verstehen neuen Wissens leiten und sich dabei den „natürlichen Triebe zur Thätigkeit"[500] zunutze machen. Auch im zitierten Beispiel folgt der Lehrer so einem induktiven

---

[500] Gieseler 1797, 12; vgl. auch Sarganeck 1750, 93.

303

didaktischen Handlungsplan, der, ausgehend von der Textvorlage, den didaktischen Umweg in mehrere thematisch unterschiedene Gesprächshandlungen einteilt (die dann wiederum durch verschiedene Gesprächsakte ausgefüllt werden): Da ist 1) die KLÄRUNG des Textverständnisses, sodann 2), mit der dritten Frage einsetzend, die von der Textsprache gelöste ERARBEITUNG der (gesellschaftlich erwarteten) Beziehung der Kinder zu ihren Eltern, und zwar mit einer Binnengliederung in a) emotionaler und b) vernunftgeleiteter Ebene; im Anschluss daran folgt 3) die ebenfalls von der Textvorlage gelöste ERARBEITUNG konkreter Erscheinungsformen dieser Beziehung (beginnend mit der Frage „Wenn sie dir verbieten, aus dem Hause zu gehen?") und 4) ihres Bruchs durch unartige Kinder. Es folgt 5) die auf den Text bezogene („Wie soll es den Kindern gehn, welche ihre Aeltern ehren?") und sodann davon gelöste ERARBEITUNG der positiven Konsequenzen, die die Befolgung des Gebotes bewirkt (und zugleich freilich eine sozialdisziplinierende Aufwertung der Eltern bezweckt) und schließlich 6) die erst noch vom Text gelöste und dann wieder eng an ihn zurück gebundene SCHLUSSFOLGERUNG in Bezug auf das künftige Verhalten der Kinder.

Dass dieses Gespräch über die bloße Vermittlung der Textstruktur des vierten Gebots und sogar über eine nur einflößend vermittelnde Verständlichmachung von Wahrheiten hinausgeht, zeigt sich darüber hinaus auch darin, dass der Lehrer nachhakt. Vor allen Dingen bei den Fragen, die schon aufgrund der geltenden Gesellschaftsordnung und der institutionellen Verhaltensnormen vorbestimmte Antworten verlangen, erfüllt dieses Nachhaken des Lehrers in der Tat verständnissichernde und freilich für den Lehrer zugleich das Verstehen prüfende Funktionen: Auf die Suggestivfrage „Du wünschest auch wol, daß sie noch lange leben mögen?" dürfte kein Kind sich erlauben, anders als bejahend zu antworten, und doch hakt der Lehrer nach mit einer Ergänzungsfrage, die zur textgelösten Begründung dieser Bejahung auffordert: „Warum wünschest du das?" Derselbe Fall ergibt sich auch fernerhin in diesem Gespräch („Hältst du deine Aeltern für verständiger, als du bist? K. Ja. L. Woraus siehest du das?") und das deutet darauf hin, dass sich der Lehrer im *epagogischen Gespräch* nicht mehr mit dem einfachen „Ja" und „Nein" der Schüler zufrieden gibt, vielmehr noch erfahren möchte, ob der Schüler lediglich der gesellschaftlichen wie institutionellen Erwartung oberflächlich folgt oder aber sie tatsächlich verstanden hat. Gewiss, eine Antwort bleiben die Schüler in diesem Gespräch nie schuldig, auch die offenen nachhakenden Fragen, zu deren Beantwortung der Text keine Hilfestellung bietet, werden zur Zufriedenheit des Lehrers beantwortet, und alle Antworten sind richtig im Sinne der gesellschaftlich erwarteten thematischen Responsivität – aber eben doch nicht mehr bloß aus dem Buch oder aus Auswendiggelerntem „hergesagt".

Damit erweist sich dieses Lehrgespräch als repräsentatives Beispiel für Übergangsformen an der Schwelle vom katechetischen zum sokratischen Prototyp des deutschen *Lehrgesprächs*. Schon die Anwendung verschiedener Fragetypen – von der examinierenden Ergänzungsfrage („Was wird in diesem Gebote den Kindern befohlen?") bis hin zur sokratisch ironischen Suggestivfrage („Aber du gehst wol nicht gern in die Schule?") belegt die Tendenz zunehmender Öffnung (s.u., III.4.2.2.1.). Auffällig ist in diesem Zusammenhang auch, dass dieses Gespräch nur sehr wenige Entscheidungsfragen enthält, zumal nicht eine einzige textgebundene examinierende Entscheidungsfrage, die also die Textkenntnis „verhört". Die die Besonderheiten dieser Gesprächssorte spiegelnde – und im vorliegenden Beispiel übrigens quantitativ häufigste – Frageform ist die aktivierende Ergänzungsfrage, die dafür sorgen soll, dass „das Nachdenken geübt wird",[501] und die der ebenfalls erst im *epagogischen Gespräch* systematisch eingesetzten und dann im Zusammenhang mit dem *sokratischen Gespräch* auch theoretisch gepflegten Lehrerhandlung, dem NACHHAKEN, entgegenkommt.

Wie das von Walkhof ja schon im Titel genannte „Nachdenken", so verbleibt indes auch die Aktivierung der Schüler hier noch im Rahmen der (begriffsbildenden, sachklärenden, gesinnungsbildenden) Wissensvermittlung; sie tendiert noch nicht, wie dann das sokratische „Ablocken", zur selbstständigen Erzeugung eigenen Wissens oder gar einer eigenen Meinung der Kinder. Darauf weisen übrigens auch die Formen des aktivierenden FRAGENS bzw. AUFFORDERNS hin, die hier noch die Denktätigkeit des Schülers immer wieder auf die Text- oder Anschauungsgrundlage des Gesprächs leiten und noch nicht dem Fluss der Gedanken freien Lauf geben (wie dann sokratisches „Denke einmal nach."[502]). Die Fragen werden im Verlauf dieses Gesprächs immer enger, geschlossener und lassen zum Schluss immer weniger Antwortmöglichkeiten zu, bis die Antwort gefunden ist, die im Gesprächsplan von vornherein feststand. Dieser Weg der Wissensvermittlung spiegelt daher zwar erstmals in der Gestalt des *epagogischen Gesprächs* die Umsetzung des in der pädagogischen Literatur des 18. Jahrhunderts immer wieder geforderten induktiven Ansatzes, der die Schüler vom Besonderen zum Allgemeinen, vom Bekannten zum Unbekannten, vom Leichten zum Schweren usw. führen hieß.[503] Im Unterschied zu den Sorten des *sokratischen Gesprächs*, vor allem zu dem sehr ähnlichen *maieutischen Gespräch*, wird hier aber eben noch nicht Wissen aus dem Erfahrungsschatz der Kinder „fragend entwickelt", nicht „ablockend" im Gespräch erst erzeugt, sondern lediglich auf der

---

[501] Walkhof 1797, 8.
[502] Meyer 1794, 25.
[503] Vgl. Zerrenner 1792b, 34; Zerrenner 1794, 5ff.; Spazier 1786, 63; [Adelung] 1771, XIf.; Gräffe 1793–1801, Bd. 1, 1793, 93ff.

Grundlage des vermittelten Vorwissens der Kinder und allenfalls ihrer auf den konkreten Unterrichtsgegenstand bezogenen Erfahrungen, auf induktivem Wege, vom Konkreten zum Abstrakten, von der Textvorlage bis zum Merksatz, vermittelt. Dies wird auch im vorliegenden Exemplar deutlich, wenn zum Schluss dieses Gesprächs die Moral gleichsam syllogistisch aus dem Umweg und der Textvorlage gefolgert wird: a) „Weil ich meine Aeltern liebe und ehre", geht es mir gut. b) Ich wünsche, „daß es [m]ir immer wohl gehn soll", also c) muss ich das vierte Gebot halten und meine Eltern immer lieben und ehren.

Die relative Offenheit des *epagogischen Gesprächs* ließ es geeignet erscheinen für die verschiedensten Unterrichtsgegenstände, wenn es galt, begriffsbildende, sachklärende oder gesinnungsbildene Ziele im Unterricht zu erreichen. Ein fiktives *epagogisches Gespräch* aus dem Bereich der „Verstandesübungen", das von seinem Autor, Johann Paul Pöhlmann, als erinnertes authentisches Gespräch ausgegeben wird, soll dies für den Bereich der Begriffsbildung veranschaulichen:

L. Wie nennen die Handwerksleute diejenigen Dinge, mit welchen sie etwas verfertigen? K. Werkzeuge.
L. Wie heissen diejenigen hohlen Geräthschaften, worin man andere Dinge aufbewahrt? K. Gefäße.
L. Wie heissen aber diejenigen Dinge, womit die Menschen ihren Körper bedecken? (bekleiden?) K. Kleider.
L. Auch Kleidungsstücke. – Nun möchte ich wissen, worunter ihr wohl einen Hut rechnet, unter die Werkzeuge, oder Gefäße, oder Kleidungsstücke? K. Unter die Kleidungsstücke.
L. Warum denn nicht unter die Gefäße? Es ist ja auch hohl, wie ein Gefäß. K. –
L. Braucht man denn Hüte, um andere Dinge, z.B. Wein, Essig etc. darin aufzubewahren? K. Nein.
L. Nun weißt du also, warum man einen Hut nicht unter die Gefäße rechnet. Warum wohl? K. Weil man ihn nicht zum Aufbewahren anderer Dinge braucht.
L. Aber warum rechnest du ihn nicht unter die Werkzeuge? K. Weil man nichts damit verfertigt.
L. Worunter rechnest du ihn also? K. Unter die Kleidungsstücke.
L. Warum unter die Kleidungsstücke? K. Weil er zur Bedeckung des Körpers dient.
L. Welcher Theil des Körpers wird damit bedeckt? K. Der Kopf.
L. Wenn ich dich nun frage: was ist ein Hut? wie willst du da antworten? K. Ein Kleidungsstück.
L. Aber eine Weste ist auch ein Kleidungsstück; wenn du weiter nichts dazu setzest, so könnte ich unter Hut leicht eine Weste, oder noch ein anderes Kleidungsstück verstehen. Du mußt also zu deiner Antwort noch etwas setzen. K. Das man zur Bedeckung des Kopfes braucht.
L. Recht! Sage mir nun noch ein Mahl alles zusammen, wenn ich dich frage: was ist ein Hut? K. Ein Kleidungsstück, das man zur Bedeckung des Kopfes braucht.
L. Bedecken denn alle Menschen ihre Köpfe mit Hüten? K. Nein.

L. Was brauchen denn manche zur Bedeckung derselben? K. Mützen.
L. Und die Mägde z.B.? K. Hauben.
L. Unter welche Dinge muß man auch Mützen und Hauben rechnen? K. Unter die Kleidungsstücke.
L. Und welcher Theil des menschlichen Körpers wird damit bedeckt? K. Der Kopf.
L. Wenn wir nun bloß sagten: ein Hut ist ein Kleidungsstück, womit wir den Kopf bedecken, so paßte diese Beschreibung auch auf eine Mütze und Haube. Wir müssen also noch einige Merkmahle suchen, wodurch sich ein Hut von einer Mütze und Haube unterscheidet. – Welches von diesen drey Kleidungsstücken ist aus einer steifen Materie verfertigt? K. Der Hut.
L. Und welches hat einen breiten ringsum hinausstehenden Rand? K. Auch der Hut.
L. Nun setze diese Merkmahle noch zur Beschreibung des Hutes, wenn ich frage: was ist ein Hut? K. Ein Kleidungsstück, welches aus einer steifen Materie verfertigt ist, rings um einen hinausstehenden Rand hat, und zur Bedeckung des Kopfes dient.
L. Das war recht! Ich will sehen, wie viele von euch dieses nachsagen können. (Der Lehrer läßt mehrere Kinder diese Beschreibung wiederhohlen. Dieses dient theils zur Uebung des Gedächtnisses, theils zur Erlangung der Fertigkeit im Sprechen.)[504]

Pöhlmann betreibt hier gesprächsweise eine Begriffsbildung nach klassischer Manier, nämlich, wie Dinter es in anderem Zusammenhang ausdrückt, als „Definition eines Begriffs durch Genuß und Differenz".[505] Auch Pöhlmanns Fragen sind indes noch keine das selbstständige Denken anregenden Fragen, die den Schülern eine eigene Meinung ablocken, sondern solche, die den Schüler ausfragen; hier nähern sie sich gar den „Ab-Fragen" des *darbietenden Gesprächs*. Zwar gibt es in Pöhlmanns „Hut"-Gespräch an einer Stelle die interessante Hervorhebung der Persönlichkeit des befragten Schülers durch Sperrdruck der Anrede „du": „Aber warum rechnest d u ihn nicht unter die Werkzeuge?" Doch kann sich der Schüler bei der Antwort auf das zu Beginn des Gesprächs Gesagte beziehen und tut dies auch, wie seine Wortwahl („verfertigen") zeigt. Und auch der Umstand, dass die Schüler gerade die aktivierenden Ergänzungsfragen, also Fragen, die selbstständiges Denken zu ihrer Beantwortung erforderten, unbeantwortet lassen („Warum denn nicht unter die Gefäße? Es ist ja auch hohl, wie ein Gefäß. K. –"), belegt die für *katechetische Gespräche* typische enge Bindung an eine Text- oder Anschauungsvorlage, an Vorgaben des Lehrers oder der Gesellschaft und an die Funktion der Wissensvermittlung. Dazu passt auch, dass die folgende selbstständige Suche nach Merkmalen für den Begriff „*Hut*" scheitert: Liest man den Gedankenstrich in den Ausführungen des Lehrers („Wir müssen also noch einige Merkmahle suchen, wodurch sich ein Hut von einer Mütze und

---

[504] Pöhlmann 1812, 97ff.
[505] Dinter 1800, 29.

307

Haube unterscheidet. – ") als „Hemmstrich", also als Zeichen für eine „unterbrochene Rede"[506], so muss man davon ausgehen, dass die Schüler nichts zu antworten wussten. Diese Interpretation wird auch dadurch nahegelegt, dass in den folgenden Gesprächsschritten der Lehrer die gewünschten Merkmale selbst nennt und sie von den Schülern lediglich bestätigen lässt. Die am Schluss vom Schüler gelieferte Definition ist denn auch nicht „abgelockt", sondern lediglich eine ausgefragte Wiederholung der Worte des Lehrers. – Nur hinweisen kann ich in diesem Zusammenhang auf die auffällige Parallele zwischen derlei pädagogischen „Verstandesübungen" im Wege der Diskriminierung semantischer und enzyklopädischer Merkmale einerseits und der Entdeckung semantischer Merkmale als Konstituenten lexikalischer Bedeutungen in der zeitgenössischen lexikographischen Theorie und Praxis. Johann Christoph Adelung, selbst (glückloser) Schulmann und sodann (wegweisender) Lexikograph, könnte hier eine Vermittlungsfunktion zufallen, insofern er möglicherweise diese merkmalgeleitete menschliche Praxis des Wörter- und Begriffelernens, wie er sie als Schullehrer kennen gelernt haben mag, seinen merkmalorientierten lexikographischen Bedeutungserklärungen zugrunde legte.[507]

Abschließend noch einige Bemerkungen zu den ko- und kontextuellen Besonderheiten des *epagogischen Gesprächs*. Die Steuerung der gezügelten Offenheit des *Lehrgesprächs* oblag, wie schon angedeutet, weiterhin einzig dem Lehrer; er allein stellte die Fragen – eine Schülerfrage sucht man in den meisten *epagogischen Gesprächen* trotz ihrer theoretischen Anerkennung nach wie vor vergebens. Dies gilt allerdings nicht allein für diese Gesprächssorte; die in den theoretischen Texten seit Comenius immer wieder aufgeworfene Forderung nach Anerkennung der Schülerfrage auch in den Schulstuben belegt die weit verbreitete Missachtung derselben auch über den hier beobachteten Zeitraum hinaus.[508] Der Lehrer allein besaß das Recht, die illokutionäre Richtung des Gesprächs zu bestimmen und das „Ausfragen" stärker kognitiv begriffsbildend, sachklärend, gesinnungsbildend oder doch auch wieder examinierend zu gestalten; er allein verfügte über Art und Weise des Sprecherwechsels, und er allein bestimmte, wann eine thematisch gebundene Gesprächshandlung beendet war. Schon daraus folgt, dass für die Struktur des Gesprächsverlaufs ebenso wie beim *zergliedernden* und beim *darbietenden katechetischen Gespräch* die Gesprächsrolle des Lehrers zentral ist, unabhängig davon, ob das *epagogische Gespräch* im häuslichen Einzelunter-

---

[506] Adelung 1788, 388f.
[507] Vgl. [Adelung] 1771; Adelung 1793–1801; dazu Henne 1972, 53ff. und 83ff.
[508] Zu den Forderungen vgl. z.B. [anonym] 1793a, 175f. und s.o., III.3.3.

richt[509] oder, was auf „gemeinen Schulen" die Regel war, beim Zusammenunterrichten praktiziert wurde. Auch alle reagierenden Gesprächsschritte haben, unabhängig vom Grad ihrer Responsivität und unabhängig davon, dass beim Zusammenunterrichten Mehrfachadressierung das Normale ist, den Lehrer zum Adressaten; es gibt auch hier grundsätzlich keine zwei Schüler als Sprecher in Folge. Einen Spiegel dieser Redeordnung gibt die typische Sitzordnung des *epagogischen Gesprächs*, bei der die Frontalausrichtung also auch eine Zentripetalausrichtung in Form eines Halbkreises sein konnte, in jedem Fall aber so, wie Dinter es ausdrückt:

> Die Kinder müssen nicht zu gedrängt sitzen, alle das Gesicht dem Lehrer zukehren, die Hände nicht unter dem Tische haben [...].[510]

Eine Abbildung Pestalozzis beim Unterricht, in dem diese Sitzordnung vorliegt, mag dies veranschaulichen (Seite 309). Ob Pestalozzi hier im *epagogischen Gespräch* lehrt, ist freilich nicht zu belegen; er war, wie erwähnt, ein kritischer Beobachter des Diskurses über Katechetik und Sokratik. Die Körpersprache der Beteiligten deutet gleichwohl weder auf einen reinen Lehrermonolog noch auf ein *einflößendes* oder *zergliederndes katechetisches Gespräch* hin, zumal die Schüler auch keine Textvorlagen besitzen. Auf dem Bild sind etwa fünfzig Schüler zu erkennen, und wenn diese zusammen dialogisch unterrichtet werden, spricht es gegen eine allzu strenge katechetische Gesprächssorte, aber auch gegen eine allzu offene sokratische Gesprächssorte

Dass das *epagogische Gespräch* auch in ko- und kontextueller Hinsicht, zumal im Verhältnis zwischen Lehrer und Schüler(n), offener erscheint, ist nicht als Handlungsnorm genuin mit dieser Gesprächssorte verknüpft, sondern ist im Zusammenhang mit ihrer Entstehungszeit in der zweiten Hälfte des 18. Jahrhunderts im Umfeld der Kritik an den Sorten des *katechetischen Gesprächs* und im Umfeld des einsetzenden Diskurses über das *sokratische Gespräch* zu erklären. Aus sprachgeschichtlich aszendenter Sicht muss es allerdings tatsächlich dahingehend gedeutet werden, dass das *epagogische Gespräch* dem offeneren Gesprächsverhältnis im *sokratischen Gespräch* den Weg ebnete, indem es sprachliche Formen der schulisch-institutionellen Offenheit bereits erprobte. Die Phase der Gesprächseröffnung beispielsweise weist nun viel häufiger als vordem eine persönliche Anrede sowohl des ganzen „Haufens" wie auch einzelner Schüler seitens der Lehrer auf, z.B. bei Rist:

---

[509] Ein Beispiel für das *epagogische Gespräch* mit einem Schüler bringt Salzmann 1796, 433.
[510] Dinter 1800, 13.

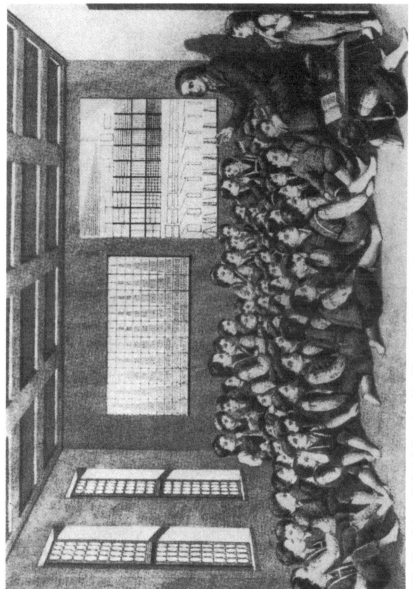

Abb. 10 Johann Heinrich Pestalozzi im Unterricht (1); Gotthold Christoph Wilhelm Busolt (1809); aus: Alt, Bd. 2, 1965, 166.

Ihr wisset nun also, Kinder, was Beten heisse, und warum wir uns an Gott wenden müssen, wenn wir für uns oder Andere etwas Gutes zu erhalten wünschen. Aber sage mir nun einmal, mein Sohn: Sollte es dem lieben Gott wohl einerley seyn, wie wir beten?[511]

In vergleichbarer freundlicher Art wurde nun in der Regel auch der Sprecherwechsel vollzogen, wie z.b. hier bei Rist mittels der Anrede „mein Sohn". Des Weiteren werden im *epagogischen Gespräch* wiederum noch vielfältigere Formen von positiven Verstärkungen, also Formen des LOBENS, verwendet (z.b. „Natürlich!", „Richtig!", „Gut!", „Recht!", „Das ist wahr!", „Ganz recht") und dürfen auch die Schüler etwas freier, z.b. mit Hilfe von Gesprächswörtern, antworten („Ey freylich!"),[512] und all dies wirft schon einen Lichtstrahl auf das *sokratische Gespräch*.

Und auch was die Eigenschaften der Schüler, des „Haufens", anbelangt, gibt es hier Unterschiede zu den anderen Sorten des *katechetischen Gesprächs*. Insofern das *epagogische Gespräch* zum Zweck der induktiven Begriffsbildung auf Vorwissen der Schüler angewiesen war, überdies in Bezug auf die Wissensvermittlung höhere Ansprüche stellte als die anderen, mehr oder weniger dem Auswendiglernen verpflichteten katechetischen Gesprächssorten, war es für kleine Kinder und „Einfältige" nur wenig geeignet. Pöhlmann führt zwar für seine erinnerten (und mehr wohl fiktiven) Modell-Gespräche an, die „Kinder, welche nach dieser Anweisung unterrichtet werden sollen, müssen wenigstens 6 Jahre alt" sein,[513] doch ist Stresows Einschätzung wohl realistischer, wenn er in der oben zitierten Passage davon spricht, dass man diese Gesprächssorte „bei Ungeübtern nur sparsam, nach dem Maaß ihrer noch geringen Faßlichkeit" verwenden und sonst den „Geübtern" vorbehalten solle. Und das gilt eben auch für das *sokratische Gespräch*.

III.4.1.2. Sorten des *sokratischen Gesprächs*

Das *sokratische Gespräch* sollte dem neuen Verständnis vom Zweck der Unterweisung (WISSENSERZEUGUNG) und dem neuen Menschenbild vom Schüler entgegenkommen, insofern es in kontrollierbarer Offenheit die gewünschte Selbstständigkeit und Aktivität des Menschen zu fördern und diese zugleich in die gewünschten Bahnen von Nützlichkeit und Brauchbarkeit zu lenken vermochte. Auch für das *sokratische Gespräch* sei vor der

---

[511] Rist 1787, 204; vgl. Velthusen 1787, 11.
[512] Allein diese Beispiele sind aus nur einem Gespräch aus Pöhlmanns Buch „Anfangsgründe der Geometrie" ausgewählt, vgl. Pöhlmann 1818, 3ff.
[513] Pöhlmann 1812, XVII.

exemplarischen Darstellung der einzelnen Sorten zusammenfassend ein prototypisches Grundmodell erstellt, wie es als Konfiguration formal-struktureller, funktional-pragmatischer und ko- und kontextueller Merkmale in den Abschnitten zu den historischen Rahmenbedingungen zum Vorschein kam.

Im Jahr 1750 erscheint in den „Agenda Scholastica" ein Beitrag von Georg Sarganeck, „weyland Inspectoris Adiuncti des Paedagogii Regii zu Halle" (das ja in der Schulordnung von 1721 erste Ansätze des *sokratischen Gesprächs* erkennen ließ; s.o., III.3.2.), in dem folgende Grundsätze des *sokratischen Gesprächs* angeführt werden:

> Die allermeiste Jugend ist *activ*, und hat immer gerne was zu thun. Je mehr sie nun alle Weilchen durch unter der *Lection* mit nöthigen Dingen *occupirt* werden, daß nie keiner müssig sey, ie mehr gebraucht man sich dieser ihrer *Actiuität* zu ihrem Vortheil, und *praecauirt* Uebelthun. Wenn sie also selber in allen Hand anzulegen gewöhnet werden, dencken mit dem *Docente* zugleich, *raisonniren* mit, sinnen mit nach, *operiren* mit, [...] werden auch wol in Exempeln angeführet, bey allerley vorhabenden *Materien* gescheute Fragen zu thun, die nicht zu weit von der Sache abstehen: So haben sie eine beständige Uebung des Verstandes, und studiren nach der allerkürzesten möglichen *methode*. [...] *methodus socratica* und *historia* sind in der Welt die leichtesten. Man *combinire* beyde; oft gehe man nur Fragweise, oft nur Erzehlungsweise, oft beydes zusammen, damit man nur der Lernenden ihre Gedancken herauslocke. Man thue als wenn man mit ihnen lernen, etwa einen neuen Lehr=Satz, oder Auflösung eines *Problematis* erst erfinden wollte.[514]

In diesem Text liegt das Rüstzeug für ein prototypisches *sokratisches Gespräch* in nuce: Die Schüler sollen produktiv („selber in allen Hand anzulegen") in das Unterrichtsgeschehen einbezogen werden. Das sokratische Indikatorwort *selbst* wird hier also schon als „Actiuität" interpretiert. Die Schüleraktivitäten werden sodann differenzierend aufgeführt: Die Schüler sollen „[mit]dencken", „[mit]raisonniren", „[mit]sinnen", „[mit]operiren" und – dies ist der gesprächsstrukturell wichtigste prototypische Pfeiler des *sokratischen Gesprächs* –: sie sollen „gescheute Fragen" stellen.

Der Zweck dieses aktivierenden Lehr-Lern-Verfahrens wird gar nicht erst in die Nähe der Wissensvermittlung, zumal im Wege des Auswendiglernens, gebracht, sondern auf die „Uebung des Verstandes" konzentriert. Die Sorten des *sokratischen Gesprächs* sind, im Vergleich zu denen des *katechetischen Gesprächs*, tatsächlich auch offener in Bezug auf die funktionalen Merkmale. Das *sokratische Lehrgespräch* ist erfolgreich, ist, wenn man so will, im funktionalen Sinne „geglückt", wenn der Lehr-Lern-Gestand im Wege des Gesprächs vom Schüler nachschöpfend erzeugt, modern formuliert: in seine kognitive Struktur eingebettet wurde. Dabei galt es zwar keineswegs als unerwünscht, wenn zugleich mit der nachschöpfenden Erzeugung auch die

---

[514] Sarganeck 1750, 93ff.

Vorlage in Besitz genommen, wenn also Textstrukturen auswendig gelernt wurden, doch war das Auswendiglernen nunmehr von sekundärem Wert. Das *sokratische Gespräch*, so beschreibt es auch Ernst Christian Trapp, dient gerade nicht dazu, dass der „Lehrer aus seinen vollen Magazinen immer in den leeren Kopf des Schülers hinein[schüttet]"[515], sondern dazu, ihm das Wissen mittels Fragen *abzulocken* und ihn zu selbstständigem Denken anzuleiten.

War das prototypische *katechetische Gespräch* schon aufgrund seiner Entstehungsgeschichte in den deutschen Ländern eng mit religiösen Gegenständen, mit der Unterweisung im „Fach" Religion verbandelt, so fand das prototypische *sokratische Gespräch* seine erste und dauerhafte Aufnahme auf Schulen bei den neuen Unterrichtsgegenständen, den „Realien" und der Mathematik. Dies waren keineswegs nur Gegenstände, die keine feststehenden „Wahrheiten" aufzuweisen hätten und deshalb besonders gesprächsfähig gewesen wären, sondern gehörten mitunter durchaus zu den „Wissenschaften, die allein das Gedächtniß zum Fundamente haben".[516] Es galt aber nun aber eben, diese Wahrheiten nicht nur „hineinzuschütten" in die Köpfe der Lernenden, sondern sie dort nachschöpfend zu erzeugen. Die Methode des Sokrates, schreibt Ernst Christian Trapp,

> lehrt denken nicht wissen. Sie ist also nicht anwendbar auf alles, was blos Gedächtnißwerk ist, auf die Mittheilung historischer und convenzioneller Kenntnisse.[517]

Sodann eignete sich das *sokratische Gespräch* aber natürlich vorzüglich für Gegenstände, deren Wahrheit oder gar deren Wahrheiten erst noch zu entdecken waren, die also im Sinne eines Wahrheitswertes nicht ohne Weiteres auf „richtige" und „falsche" Aussagen zu reduzieren waren, wie zum Beispiel Gegenstände der Philosophie oder Themen für die so genannten „Verstandesübungen", oder, um ein Beispiel aus dem weniger ideologiebeladenen Bereich der Realien zu wählen, die Frage, wie man als gestrandeter „Robinson" einsam auf einer verlassenen Insel überlebt.[518] Und auch die Religion ist

---

[515] Trapp 1787, 189.
[516] [Bodmer] 1722, 96; vgl. auch Gottsched 1727, 18, der namentlich die Mathematik als nicht gesprächsfähigen Gegenstand erachtet.
[517] Trapp 1787, 190. Vgl. dazu auch das zeitlos-universale Bild des „maieutischen Dialogs" bzw. „Sokratischen Gesprächs", wie es in der neueren Forschung gezeichnet wird, bei Hanke 1986, Hanke 1989, Hanke 1991; Horster 1994; Siebert 1996; HWbPh 5, 1980, Sp. 637f. (s.v. *Maieutik*).
[518] Vgl. Campe 1779/80; ferner, zu den Gegenständen des *sokratischen Gesprächs* im Allgemeinen, Bahrdt 1776, 17; Gedike: „Einige Gedanken über den mündlichen Vortrag des Schulmanns"; Schulschriften I, 1789, 381–421, hier 400f.; ferner Krecher 1929, 85f.

später zögerlich hinzugekommen, ohne jedoch im *sokratischen Gespräch* je eine wirklich geeignete Methode der Unterweisung zu finden; Kompromissformeln wie die vom „sokratischkatechetischen Unterricht" (Schrödter) in der Religion oder von der „katechetisch-sokratischen Lehrart" (Niemeyer) belegen dies noch für die Wende zum 19. Jahrhundert.

Bei Sarganeck fällt etwas später auch das zweite Indikatorwort des *sokratischen Gesprächs*, wenn er vom *Herauslocken* spricht. In diesem Zusammenhang rät er dem Lehrer zur Inszenierung einer mit den Schülern symmetrischen Gesprächsrolle, d.h. er empfiehlt dem Lehrer, wie der Philanthrop Bahrdt es später formuliert hat, die „Miene des Mitlernenden". Aus dieser scheinbaren Gleichrangigkeit und einem Lernweg, der den Indikatorwörtern *selbst* und *ab-* oder *herauslocken* folgte, ergab sich die grundsätzlich induktive Gestaltung des Lehr-Lern-Prozesses: Es ist der Weg vom Bekannten zum Unbekannten, vom Leichten zum Schweren, vom Konkreten zum Abstrakten, den das *sokratische Gespräch* geht, und es ist dies der Weg von den Sachen zu den sprachlichen Symbolen und Begriffen.[519] Es liegt auf der Hand, dass damit auch eine sprachliche Bildung der Schüler verknüpft war. Johann Gottfried Herder, keinesfalls ein philanthropischer Schwärmer, hat in Bezug auf die gymnasiale Unterweisung schon 1795 – ähnlich wie später Wilhelm von Humboldt – Sprache als „Organ unsrer Vernunft und gesellschaftlichen Thätigkeit" charakterisiert und gefordert, die Erziehung müsse den „Zögling sprechend denken" lehren.[520] Und dies darf als prototypisches Merkmal des *sokratischen Gesprächs* festgestellt werden, dass ihm die BEGRIFFSBILDUNG als höchster Zweck im Rahmen der WISSENSERZEUGUNG zugewiesen war.[521] Dabei sind das examinierende wie auch das gesinnungsbildende Moment des *sokratischen Gesprächs* zwar nicht zu übersehen: Der Lehrer PRÜFT auch hier, doch prüft er nicht die Wörter, sondern die Begriffe; und er LENKT auch hier das Denken der Kinder in die gesellschaftlich gewünschten Bahnen, wenn er erforscht, „was jene von den erlernten Sachen für Begriffe haben" und diese gegebenenfalls „berichtigt",[522] doch lenkt er hier – idealiter – nicht das Auswendiglernen, sondern das selbstständige Finden der „richtigen" Begriffe. Am Ende des 18. Jahrhunderts sind dafür im Rahmen der Sortenentfaltung des *sokratischen Gesprächs* immer feinere Techniken des „Ablockens" in ihren sprachlichen Grundzügen ausge-

---

[519] Vgl. dazu auch Trapp 1787, 46ff.
[520] Herder: „Ueber die Fähigkeit zu sprechen und zu hören" (1795); Werke 18, 384–390, hier 384; vgl. Zerrenner 1794, 14; Gieseler 1793.
[521] Vgl. DE 5, 1781, 312 (s.v. *Catechetische Methode (pädagogisch)*); Gräffe 1793–1801, Bd. 1, 1793, 2ff.
[522] Felbiger 1775, 271.

bildet worden und damit das, was in der modernen Didaktik „Impuls" heißt[523] und was Lessing 1780 in seiner „Erziehung des Menschengeschlechts" als „Fingerzeig" bezeichnet.[524] Die Beherrschung der „Kunst zu fragen" trat an die Stelle vorgeformter Frageprogressionen (etwa des „Inventionshexameters"), und auch das Hin- und Herfragen einzelner Satzgliedpositionen des Ausgangstextes, das „Wortjähnen", wie Herder es genannt hatte, war im *sokratischen Gespräch* verpönt.[525]

Das prototypische *sokratische Gespräch* kann, muss aber nicht notwendig einen schriftsprachlichen Text zur Vorlage haben. Es ist, idealerweise, nicht nur von seiner formal-strukturellen Seite, sondern auch von seinem Anlass her ein „zufälliges Gespräch",[526] d.h. hier: ein dem natürlichen Gespräch nachgebildetes. Es ergibt sich beim Erblicken einer Pflanze oder eines Tieres auf dem Spaziergang, beim Anschauen eines vom Lehrer – zum Zwecke der Initiierung eines „zufälligen Gesprächs" – mitgebrachten Gegenstands (etwa, wie bei Salzmann, eines „Canarienvogels" oder, wie bei Pöhlmann, „Ein Messer und eine Gabel").[527] In der Realität waren es allerdings dann doch nicht selten die Erzählung (ich erinnere an Salzmanns Kombination von Erzählung und Gespräch) oder der Vortrag des Lehrers und schließlich auch die Lektüre eines Textes, womöglich mit nachfolgendem *zergliedernden katechetischen Gespräch*, die einer Sorte des *sokratischen Gesprächs* im Rahmen eines Lehr-Lern-Verfahrens vorangingen.[528]

Der sokratische Lehrer ist nicht nur ausnahmsweise, sondern prototypisch in der Rolle des freundlichen Vaters, bei den Philanthropen sogar des väterlichen, jedenfalls reiferen Freundes,[529] der als Lernhelfer beim selbstständigen Entdecken der Welt wirkt. Seine Aufgabe ist es, ablockend zu fragen – und auf Fragen der Schüler motivationsfördernd zu antworten.[530] Das Idealbild des prototypischen *sokratischen Gesprächs* hatte dazu korrespondierend in

---

[523] Vgl. Thiele 1981, 67ff.
[524] „Einen Fingerzeig nenne ich, was schon irgend einen Keim enthält, aus welchem sich die noch zurückgehaltne Wahrheit entwickeln läßt."; Lessing, Werke 8, 500.
[525] Vgl. dazu z.B. Riemann 1781, 25.
[526] Zur Bezeichnung „zufälliges Gespräch" vgl. Basedow 1771, 76 und siehe oben, III.3.3.
[527] Salzmann 1806, 546; Pöhlmann 1812, 1.
[528] Vgl. Dinter 1800, 59f.
[529] Vgl. z.B. die erinnerten und zugleich fiktional geformten Gespräche in Campes „Robinson der Jüngere", in denen alle Kinder den Erzieher der als „Familie" bezeichneten Privaterziehungsanstalt mit „Vater" anreden, diese Figur auch als „Vater" tituliert ist, obwohl nur ein Kind, Lotte, die „leibliche Tochter" des Erziehers ist; vgl. Campe 1779/80, 14 und 19.
[530] Vgl. Trapp 1787, 143: „Hilf deinem Schüler recht viel Ideen und Begriffe sammeln." Zum Lehrer als Lernhelfer vgl. auch Herzberg 1791, 32; Bahrdt 1776, 180.

Anlehnung an Platos „Theaitetos" das Bild des intrinsisch motivierten Schülers gezeichnet, der „ein *Problem* lösen *will* – und nicht eine *Aufgabe* lösen *muß*."[531] Neben dieser Ideal- gibt es aber noch eine prototypische Realgestalt des *sokratischen Gesprächs*, und die legt das Zepter der Gesprächsführung dann doch wieder dem Lehrer in die Hand – was zu einem gewissen Teil freilich zur gesellschaftlich geforderten Erreichung der Zwecke des institutionellen *Lehrgesprächs* durchaus angezeigt ist: Auch im *sokratischen Gespräch* verfügt der Lehrer über Anfang und Ende des Gesprächs, über Art und Weise des Sprecherwechsels sowie über die Steuerung des thematischen Verlaufs, und auch hier hält er nach wie vor den größten Anteil an den Gesprächshandlungen.[532] Das *sokratische Gespräch* erweitert gleichwohl die Rechte der Schüler in Bezug auf die ihnen zustehenden Gesprächshandlungen, vor allem der initiierenden Gesprächshandlung des FRAGENS, aber auch in Bezug auf das ANTWORTEN, das nunmehr die Kraft zur Themeninitiierung und Gesprächssteuerung erhält, insofern die Antworten vom Lehrer als Gesprächsfäden aufgenommen werden sollten, und zwar auch dann, wenn sie falsch waren.[533]

Wenn nicht mehr vorgeformte Fragen zu stellen und mehr oder weniger auswendig gelernte Antworten zu geben sind, darf das Gespräch sich offener entfalten; es ergibt sich ein enger verwobenes dialogisches Geflecht, das das *Lehrgespräch* dem natürlichen Gespräch im außerinstitutionellen Alltag näher bringt. Dies heißt aber auch, dass das *sokratische Gespräch* in seinem Verlauf weniger detailliert vorab planbar ist und den Beteiligten viel mehr Gesprächskompetenz abverlangt, und zwar eine Gesprächskompetenz nicht nur im rhetorisch-pragmatischen Sinne, sondern auch im Sinne der Verfügung über die nunmehr in Wörterbüchern und Grammatiken kodifizierte hochdeutsche Sprache. Eine Lehrerfrage wie die folgende aus Carl Friedrich Bahrdts „Philanthropinischem Erziehungsplan":

> Aber darinn, dächte ich doch, müste eine Ausnahme seyn, wann ich sehr arm wäre, und etwas nähme, womit ich meinen Hunger stillen könnte; was meynen Sie, Fritz! Wäre dies auch gestohlen?[534],

ließ sich eben nicht mehr aus „dem Buche" oder dem Gedächtnis beantworten, sondern setzte beim Schüler neben der kognitiven Kompetenz, den Begriff des „*Mundraubs*" juristisch und moralisch zu wägen, auch die sprachli-

---

[531] Hanke 1989, 228.
[532] Vgl. Gedike: „Einige Gedanken über den mündlichen Vortrag des Schulmanns"; Schulschriften I, 1789, 381–421, hier 396.
[533] Vgl. Bahrdt 1776, 183; ähnlich Riemann 1781, 85; Haun 1801, 148; zu Regeln für das Lehrerhandeln im Falle falscher Antworten s.u., III.4.2.1.2. und III.4.2.2.1.
[534] Bahrdt 1776, 191.

che und gesprächssprachliche Kompetenz voraus, selbstständig den Stoff einer „treffenden" Antwort in eine adäquate sprachliche Form zu bringen. Und indem diese adäquate sprachliche Form auch noch dem natürlichen Gespräch nachgebildet und nicht mehr einem schriftlich fixierten Text nachgesprochen sein sollte, erfolgt hier der Übergang von einer konzeptionell distanzsprachlichen zu einer konzeptionell nähesprachlichen Mündlichkeit. Dass diese Frage überdies freiere Luft atmete, vornehmlich in funktionaler und in beziehungsorientiert kontextueller Hinsicht, sei hier nur erwähnt.

Schließlich ist noch zu bemerken, dass Georg Sarganeck vom „Docente" spricht und vom „Studiren". Damit ist ein weiteres prototypisches Merkmal des *sokratischen Gesprächs* angedeutet, das zumindest in der prototypischen Idealgestalt desselben immer wiederkehrt: Insofern es nicht Wissen vermitteln, sondern auf der Grundlage vorhandener – oder eben mittels anderer Lehrmethoden erzeugter – „Datis" Wissen erzeugen soll, eignet es sich nicht für Einfältige, Anfänger und kleine Kinder. Diese Charakterisierung ist zwar späterhin nicht unbestritten geblieben, beispielsweise wenn Gräffe (der ebenfalls kein schwärmerischer „Sokratiker" war) sich genötigt sieht zu betonen, „daß die Sokratische Methode nicht allein für gebildetere Kinder, sondern auch für Bauerkinder, also überall, die beste, und in der Natur der Seele gegründete Methode sey."[535] Den Weg in die Praxis des Unterrichts fand das *sokratische Gespräch* aber nicht zufällig vornehmlich auf den „Privaterziehungsanstalten" und in der „häuslichen Erziehung"[536] sowie, schon weniger, auf den öffentlichen „gelehrten Schulen", vornehmlich den Realschulen, selten auch den Gymnasien. Auf den „gemeinen Schulen" begegnet das *sokratische Gespräch* nur ausnahmsweise; die Vorzeigeschule Friedrich Eberhard von Rochows im brandenburgischen Reckahn ist, wie erwähnt, auch diesbezüglich die Ausnahme und nicht die Regel, was wohl auch mit der nur geringen Schülerzahl pro „Haufen" zusammenhängt.[537] Für diesen Umstand allein die konservative, „funktionsständische" Schulpolitik verantwortlich zu machen, griffe allerdings zu kurz. Die Abwesenheit des *sokratischen Gesprächs* auf „niederen Schulen" ist durchaus auf dessen prototypische Merkmale zurückzuführen – oder eben auf Bedingungen dieser Schulen, die diesen Merkmalen nicht entsprachen. Ich habe diese Bedingungen oben (III.3.3.) aufgeführt, so dass hier eine nur stichwortartige Erinnerung genügt: Die

---

[535] Gräffe 1793–1801, Bd. 1, 1793, XV.
[536] Trapp 1787, 191 sieht überhaupt nur in diesen beiden Schultypen Orte des *sokratischen Gesprächs*: „Bei einer kleinen Anzahl lernbegieriger Schüler, also ausserhalb den Mauern unserer Schulen und Universitäten, beim Unterricht in einem vernünftigen väterlichen Hause oder in kleinen Erziehungsanstalten scheint mir also unter uns die sokratische Methode nur noch anwendbar zu seyn."
[537] Vormittags bildeten 24 Schüler eine Klasse (15 Mädchen und 9 Jungen), nachmittags waren es ebenfalls 24 (14 Mädchen und 10 Jungen); vgl. Zerrenner 1788, 13.

Klassen oder „Haufen" auf „gemeinen Schulen" waren, unabhängig davon, ob sie nach Alter oder nach Vorwissen gebildet waren, in der Regel zu groß für das *sokratische Gespräch*; dieses selbst erforderte darüber hinaus ein gutes Maß an Unterrichtszeit, und auch die war auf „gemeinen Schulen", zumal den ländlichen, nicht vorhanden, sollten die Kinder neben der religiösen Unterweisung wenigstens die elementaren Kenntnisse des Lesens, Schreibens und Rechnens vermittelt bekommen.

III.4.1.2.1. Das *maieutische Gespräch* oder: das examinierende *Ablocken*

Ich habe im Zusammenhang mit dem *epagogischen Gespräch* bereits darauf hingewiesen, dass diese katechetische Gesprächssorte in enger Nachbarschaft zum *maieutischen sokratischen Gespräch* steht, dass zwischen beiden, mit Übergängen, die prototypische Grenze zwischen dem *katechetischen Gespräch* und dem *sokratischen Gespräch* verläuft. Die deutlichsten Zeichen für den Scheitelpunkt der Skala sind a) in funktional-pragmatischer Hinsicht der bereits mehrfach erwähnte Wechsel von der WISSENSVERMITTLUNG zur WISSENSERZEUGUNG einschließlich des damit verbundenen Wechsels der diesen Hauptzwecken korrespondierenden didaktischen Sprachhandlungsmuster; b) im Bereich der formal-strukturellen Merkmale die Erweiterung der Dialogizität des deutschen *Lehrgesprächs* durch Zulassung, Förderung und mitunter gar Forderung der Schülerfrage sowie Berücksichtigung der Schülerantwort bei der Planung des Gesprächsverlaufs, und schließlich c) im Bereich der ko- und kontextuellen Merkmale die Neugestaltung des Gesprächsverhältnisses, begonnen bei den außersprachlichen Bedingungen der Gestaltung des Gesprächsraumes bis hin zur zumindest partiellen (und in jedem Fall inszenierten) Aufgabe der institutionellen Gesprächsrollen.

Als erstes Beispiel für das *maieutische Gespräch* sei ein fiktives Gespräch aus der Feder Carl Friedrich Bahrdts angeführt. Zwar liegen für diese Gesprächssorte auch authentische Beispiele vor, und eines wird weiter unten auch noch geboten, doch treten die typischen Merkmale in diesem fiktiven Beispiel konturierter in Erscheinung, und es eignet sich deshalb besser für die Veranschaulichung der Unterschiede zwischen *epagogischem* und *maieutischem Gespräch*, die am authentischen Gespräch mitunter zur linguistischen Filigranarbeit werden kann. Für den Pädagogen Bahrdt gilt somit, was Helmut Henne dem Dramatiker attestiert, wenn er schreibt, dieser sei,

> sofern er Dialoge innerhalb der Handlungseinheit Drama [bzw. UNTERWEISUNG] entwirft, selbst Gesprächsanalytiker. Er ist ein literarischer [bzw. pädagogisch-didaktischer] Gesprächsanalytiker, der in einer literarischen [bzw. pädagogisch-didaktischen] Gesprächs- bzw. Dialogtradition steht; diese sucht er zu modifizieren bzw. weiterzuführen im Zusammenhang seines durch die gesellschaftliche

Wirklichkeit bestimmten literarischen [bzw. pädagogisch-didaktischen] Programms.[538]

In seinem „Philanthropinischen Erziehungsplan" handelt Bahrdt unter anderem über die „Anschauung" als „Hülfe" zur Führung von Lehrgesprächen, die „Anschauung" als Voreröffnung gleichsam. In diesem Zusammenhang führt er ein fiktives Gespräch ein, aus dem die erste Phase zitiert sei:

> Die Hervorbringung wissenschaftlicher Begriffe durch den Augenschein kann sehr vervielfältigt werden, wenn der Sokraticker den Lehrling nicht blos selbst handeln läßt, sondern sich der Kupfer, Modelle, Gemählde etc. bedient, welche in einem Philanthropin in Menge vorhanden seyn müssen, oder wenn er auch zuweilen selbst vor ihren Augen handelt. Der letztere Fall läßt sich in der Philosophie, in der Theorie der schönen Wissenschaften und in der Moral sehr oft anbringen. Z.B.
> **Lehrer.** (Stellt sich in die Mitte; giebt ein Zeichen zur Stille; sieht gen Himmel mit ernster nachdenkender und dabey heiterer Miene. Nach einer kleinen Pause hebt er die Hände auf und fängt an zu bethen).
> Allgegenwärtiger Gott! du siehest mich mit diesen Kindern versammlet, Wahrheit zu lernen. Wir wissen, daß du allein Verstand und Weisheit hast, um denen davon mitzutheilen, die Wahrheit suchen. [...] Amen.
> Kinder! was hab ich jetzt gemacht? – Erster!
> **Erster.** Sie haben gebethet.
> **2. Lehrer.** Was ist das? ‚Sie haben gebethet?'
> **Erster.** Sie haben mit Gott geredet.
> **3. Lehrer.** Kann man denn mit jemand reden, den man nicht vor sich hat? Zweyter!
> **Zweyter.** Nein: aber Gott ist allgegenwärtig.
> **4. Lehrer.** So ists. Gott ist allenthalben. Er weiß und siehet alles. Man sey noch so allein so ist man doch nicht ohne Gott. Der ist immer um und neben uns, ob wir ihn schon nicht sehen: wie ich euch zu anderer Zeit gelehret habe. Also kann ich auch allenthalben mit ihm reden. Und so sagen Sie mir, Dritter! was muß ich mir vorstellen, wann ich bethe?
> **Dritter.** Das Gott allgegenwärtig ist.
> **5. Lehrer.** Hab ich an weiters nichts zu denken?
> **Dritter.** (besinnt sich.)
> **6. Lehrer.** Ists genug, wann ich mit jemand reden will, daß ich nur an die Person denke, mit der ich rede? Vierter!
> **Vierter.** Ich muß auch an das denken, was ich rede.
> **7. Lehrer.** Darf ich dabey an weiter nichts denken?
> **Vierter.** (besinnt sich.)
> **8. Lehrer.** Darf ich keine fremde Gedanken haben?
> **Vierter.** Nein.
> **9. Lehrer.** Was würde es zu bedeuten haben, wenn ich sie hätte? Fünfter!
> **Fünfter.** Gott würde mich nicht erhören.
> **10. Lehrer.** Warum? Wäre das nicht Eigensinn? Was schadets dem lieben Gott?

---

[538] Henne 1980, 94.

Fünfter. Dem lieben Gott schadets nichts. Aber –
11. Lehrer. Nun was meynen Sie? – denken Sie einmal nach; hat man denn bey seinen Handlungen nur darauf zu sehen, ob Sie dem lieben Gotte schaden?
Fünfter. (schweigt.)
12. Lehrer. Sechster! Wenn Ihnen ein armes Kind eine Gabe abforderte, und Ihnen dabey ins Gesicht lachte: würden Sie das Uebel nehmen?
Sechster. Ja.
13. Lehrer. Warum?
Sechster. Weil es beleidigend ist.
14. Lehrer. Aber was schadets Ihnen, daß es lacht? Verlieren Sie etwas dabey?
Sechster. Nein. Es zeigt aber doch, daß es keine Achtung für mich hat.
15. Lehrer. Was würden Sie also gegen Gott zeigen, wann Sie mit ihm redeten und die wenigen Augenblicke, da Sie es thun, nicht einmal Ihre Gedanken beysammen haben wollten?
Sechster. Ich würde zeigen, daß ich keine Ehrerbietigkeit gegen Gott hätte.
16. Lehrer. Was wird also erfordert, Siebender! wenn ich auf die rechte Art bethen will?
Siebender. Ich muß an Gott denken.
17. Lehrer. Und –
Siebender. An das, was ich mit Gott rede.
18. Lehrer. Erster! Wie nennt man diese Eigenschaft des Gebeths.
Erster. (besinnt sich.)
19. Lehrer. Haben Sie nie ein Wort gehört, das von an etwas denken herkömmt?
Erster. Andacht.
20. Lehrer. Was heißt also andächtig bethen?
Erster. Es heist mit Gott reden und sich vorstellen, daß Gott bey mir ist, und – (denkt nach) an das denken, was ich bethe.[539]

Mit diesem Ergebnis ist die erste thematisch begründete Phase dieses *maieutischen Gesprächs* abgeschlossen. Der Lehrer leitet sogleich zur zweiten Phase über und kommt danach zu einer zusammenfassenden Ergebnisfeststellung, bevor er im Gespräch wiederum fortschreitet. Diese das Erarbeitete konsolidierende zweite Ergebnisfeststellung ist bemerkenswert, insofern der Lehrer nicht mehr allein an das Gedächtnis der Kinder appelliert („Nun das merkt euch Kinder"), sondern zudem die Schriftsprache als Gedächtnishilfe einsetzt: „Und jetzt schreibt euch das auf, was wir bisher gesagt haben, daß ihr nicht vergeßt. (Er diktiert)"[540]

In zwanzig Gesprächsschritten versucht der Lehrer, das von ihm gewünschte Ergebnis mittels ablockender Fragen zu entwickeln, nämlich dass man beim Beten an Gott und an den Inhalt des Gebets zu denken, kurz: dass man „andächtig [zu] bethen" habe. Die pädagogisch-didaktische Bewertung soll wiederum nicht Gegenstand des Interesses sein; es gibt, dies sei allerdings angemerkt, auch hier so genannte „Stabilisatoren" zur Festigung des

---

[539] Bahrdt 1776, 142ff.
[540] Bahrdt 1776, 146.

Erreichten, die gesprächsgliedernd als Ruhe- oder thematische Wendepunkte fungieren. Ferner wird, in Gesprächsschritt 12, ein konkretes Beispiel aus der Umwelt der Kinder eingebracht, um sie von ihren eigenen Handlungsweisen auf die Gottes schließen zu lassen. Es ist offensichtlich, dass hier noch nicht, wie dann im *Unterrichtsgespräch*, im lebendigen Wechselspiel von Fragen und Antworten auf der Grundlage vorhandener „Datis" neues Wissen ausschließlich ablockend erzeugt, sondern in einer noch recht stringenten Gesprächsführung zu einem guten Teil induktiv ausfragend komponiert wird. Aus sprach- bzw. gesprächsgeschichtlicher Sicht ist darin noch deutlich der Übergangscharakter der frühen *sokratischen Gespräche* zu erkennen, der dem *maieutischen Gespräch* auch weiterhin anhaften sollte. Denn dass der Lehrer die Denkrichtung vorgibt, die Antworten in seinen Fragen schon vorbereitet und so das ganze Gespräch auch trotz der Berücksichtigung der Schülerantworten so verläuft, wie der Lehrer es am Schreibpult hätte entwerfen können, ist keine Besonderheit nur dieses Gesprächs, sondern begegnet in den Exemplaren des *maieutischen Gesprächs* sehr häufig.

Da ist, zum einen, der Umstand, dass die offene, das vorhandene Wissen ablockende Frage – immerhin eines der Aushängeschilder des *sokratischen Gesprächs* – hier noch sehr sparsam verwendet wird und dabei nicht selten sogar nur mit Nachhilfe zum Erfolg führt. Wie schon im *epagogischen Gespräch* sehr häufig, so bleibt nämlich auch hier die aktivierende, ohne konkreten Text- oder Gegenstandsbezug gestellte Ergänzungsfrage („Warum? Wäre das nicht Eigensinn? Was schadets dem lieben Gott?"; „Wie nennt man diese Eigenschaft des Gebeths.") unbeantwortet; der Schüler „besinnt sich" oder „schweigt", und erst wenn eine konkrete Suchhilfe in Form der Entscheidungsfrage folgt („denken Sie einmal nach; hat man denn bey seinen Handlungen nur darauf zu sehen, ob Sie dem lieben Gotte schaden?; „Haben Sie nie ein Wort gehört, das von an etwas denken herkömmt?"), ist der Schüler zu antworten in der Lage. Zwar agiert der Lehrer durchaus im Sinne des *sokratischen Gesprächs*: Er stellt überwiegend aktivierende Ergänzungsfragen, er gibt sich mit nur Nachgesprochenem als Antwort nicht zufrieden, er hakt nach. Doch scheinen die Schüler diesen Elementen des *sokratischen Gesprächs* noch nicht gewachsen. Aus deszendenter Perspektive vor dem Hintergrund der Theorie wie der späteren Praxis des *sokratischen Gesprächs* betrachtet, liegt hier ein in pädagogisch-didaktischer Hinsicht sogar missglücktes Exemplar des *maieutischen Gesprächs* vor, denn den Schülern fällt nichts ein, wenn ihnen der Lehrer nicht auf die Sprünge hilft. Gerade darin jedoch, dass Bahrdt dieses Gespräch als ein Muster für ein Gespräch zur „Hervorbringung wissenschaftlicher Begriffe" präsentiert, liegt der sprachgeschichtliche Fragment-Wert desselben, denn es belegt, dass die frühen *maieutischen sokratischen Gespräche* zwar markante Merkmale des *sokratischen Gesprächs* in ihre Oberflächenstruktur integrierten, dass sie in der dialogischen Entwicklung des Lehr-Lern-Gegenstands auf sokratischen Wegen aber nicht selten doch wieder auf traditionelle Techniken des *katechetischen Gesprächs* zurückgriffen – oder gar scheiterten.[541] Dass dies kein Phänomen der historischen Zeit, sondern eines dieser Gesprächssorte ist, wird deutlich, wenn man sieht, dass Bahrdt im selben Buch auch *sokratische Gespräche* anderer Sorten bringt, die hinsichtlich ihrer Natürlichkeit und Offenheit selbst Modell-Gesprächen der modernen Pädagogik in nichts nachstehen.[542]

Trotz dieser Nähe des *maieutischen sokratischen Gesprächs* zum Prototyp des zur selben Zeit immer noch hoch geschätzten *katechetischen Gesprächs* sind gleichwohl die sortenspezifischen Unterschiede deutlich, und zwar selbst zum nahe verwandten *epagogischen katechetischen Gespräch*. In Johann Christoph Friedrich Rists „Anweisung für Schulmeister" beispielsweise gibt es ein *epagogisches Gespräch* über dasselbe Thema wie bei Bahrdt („Wie muß man beten, wenn man wünscht, daß Gott die Bitte erhören möge?"), doch mit gänzlich anderem Gesprächsverlauf: Bei Rist werden eingangs die drei im Katechismus genannten Eigenschaften des wohlgefälligen Gebets lexikalisch vorgegeben („andächtig, ehrerbietig und zuversichtlich") und sodann ihre induktive Ergliederung durchgeführt, begonnen mit der Frage danach, was „andächtig" meint. Der Schluss dieser Phase führt dann bei Rist noch einmal – und nicht, wie im *maieutischen Gespräch*: erstmals – zur lexikalischen Fassung des erarbeiteten Begriffs:

L. Und wenn du so alle deine Gedanken zusammen hast, wie betest du dann?
S. Mit Andacht.[543]

Im *epagogischen Gespräch* fragt der Lehrer das zu vermittelnde Wissen induktiv prozedierend aus den Kindern heraus; in der Regel ist es, wie auch im Rist-Gespräch, zuvor mittels eines Textes und einem „Merkwort" in ihre Köpfe gebracht worden. Im maieutischen Bahrdt-Gespräch dagegen werden die Merkmale des von den Schülern zu erzeugenden Begriffs im Gespräch ermittelt und erst zu einem „Merkwort" komponiert. – Im *epagogischen Gespräch* sollen die Schüler in ihren Antworten lediglich zeigen, ob sie die vom Lehrer zu vermittelnde Meinung bereits aufgenommen haben, wogegen sie im *maieutischen Gespräch* ihre Meinung sagen sollen, damit der Lehrer sie bewerten und gegebenenfalls im kognitiv (Begriffsbildung) oder gesell-

---

[541] Vgl. z.B. das fiktionale Gespräch zwischen Vater und Sohn in Salzmanns „Conrad Kiefer" (1796, 440ff.), in dem die vom Vater argumentativ vorbereitete Schlussfolgerung vom Sohn nicht gezogen wird und damit das ganze Gespräch völlig misslingt; der Vater zieht endlich den intendierten logischen Schluss selbst und macht dadurch das ganze Gespräch nichtig – er hätte diesen Schluss als Antwort auf die initiierende Frage Conrads sogleich anführen können.
[542] Vgl. Bahrdt 1776, 136ff.
[543] Rist 1787, 204ff.

schaftlich (Gesinnungsbildung) gewünschten Sinne berichtigen kann.[544] –
Und schließlich ist die Frageprogression im epagogischen Rist-Gespräch
völlig unabhängig von den Schülerantworten, während im *maieutischen Gespräch* Bahrdts Fragen und Antworten mittelbar ein dialogisches Geflecht
ergeben.

Die das Gespräch eröffnende Frage („was hab ich jetzt gemacht?") erscheint als völlig offene „Schrotschussfrage", doch ist sie nicht auf Details
der Lehrerhandlungen konzentriert, sondern verlangt den diese Details zusammenfassenden Begriff „Bethen" zur Antwort. Die Freiheit der Antwortenden ist also streng begrenzt, und das ist ihnen auch bewusst, ist ihnen
spätestens mit dem ermahnenden Hinweis, dass sie hier sind, um „Wahrheit
zu lernen" wieder bewusst gemacht worden. Wenngleich damit nicht mehr
gemeint ist, „Wahrheit" auswendig zu lernen, sondern die gesellschaftlich
geforderte Sichtweise der Dinge selbstständig als „Wahrheit" zu finden, so
besteht gar kein Zweifel, dass diese schon vor dem Gespräch feststehende
„Wahrheit", ob nun selbstständig gefunden oder nicht, zu akzeptieren ist.
Nicht zufällig folgt jeder offenen Frage nach der Meinung des Schülers in
diesem Gespräch eine die Öffnung wieder verengende Suggestivfrage:

> 11. **Lehrer.** Nun was meynen Sie? – denken Sie einmal nach; hat man denn bey
> seinen Handlungen nur darauf zu sehen, ob Sie dem lieben Gotte schaden?

Oder, etwas später:

> Was meynen Sie? Ist es nicht Pflicht, laut und öffentlich zu bethen?

Die Frageprogression schreitet hier vom konkreten Vormachen des Betens
über konkrete Beispiele („Wenn Ihnen ein armes Kind eine Gabe abforderte
[...]") zum abstrakten Begriff „andächtig bethen". Dieser Weg entspricht
zwar bereits im großen Ganzen dem sokratischen Grundsatz, „daß der Sokratiker die Beweise zum Voraus sezt, und den Lehrling den Satz selbst folgern
läßt."[545] Im Vergleich zu anderen Sorten des *sokratischen Gesprächs*,
vornehmlich zum *gelenkten Unterrichtsgespräch*, liegt die Entfaltung des
Themas aber noch streng in der Hand des Lehrers, bis hin zur Bestimmung,
in welcher Reihenfolge die Begriffsmerkmale zusammengetragen werden.
Die Lehrerfragen sind also durchaus auch funktional noch FRAGEN, auf die
eine „treffende" Antwort zu geben ist, und erst dann sind sie auch schon
freierer IMPULS zu selbstständigem Denken, auf die z.B. mit einer Meinungskundgabe reagiert werden könnte.

Der Begriff „andächtig bethen" wird sodann fragend ergliedert, später und
auch heute noch nennt man dieses Verfahren fragend-entwickelnde Methode.

---

[544] Vgl. z.B. Salzmann 1809, 168.
[545] Bahrdt 1776, 127.

323

Das formal-strukturell Besondere im Vergleich zu den Sorten des *katechetischen Gesprächs* ist nun die für das *sokratische Gespräch* typische wechselseitige Verknüpfung von Lehrerfragen und Schülerantworten, die schon in der noch relativ geschlossenen Sorte des *maieutischen Gesprächs* sehr schön zu beobachten ist. Der Lehrer nutzt dazu verschiedene Mittel, wie sie dann auch in den anderen Sorten des *sokratischen Gesprächs* immer wieder begegnen, wie z.B. die verschiedenen Formen des NACHHAKENS, die ja voraussetzen, dass die Schülerantwort auch eine gesprächskonstitutive Rolle spielen: NACHHAKENDES Lehrerecho („Was ist das? ‚Sie haben gebethet?'"), NACHHAKENDE Ergänzungsfragen („Warum?"), um inhaltliche Ergänzung NACHHAKENDER Impuls („Und –"), inhaltlich EINWENDEND-NACHHAKENDE und strukturell VERBINDENDE Partikeln und pronominale Wiederaufnahmen, wie die satzeinleitend als Gesprächsschrittverknüpfung fungierende adversative Konjunktion „Aber" und das Pronominaladverb „dabey":

Sechster. Weil es beleidigend ist.
14. Lehrer. *Aber* was schadets Ihnen, daß es lacht? Verlieren Sie etwas *dabey?*

Ein weiteres Mittel ist die Wiederaufnahme lexikalischer Einheiten aus der Antwort – man könnte hier mit Anne Betten von einer „Replikenwiederholung" sprechen[546] (Hervorhebungen von mir, J.K.):

Erster. Sie haben mit Gott *geredet*.
3. Lehrer. Kann man denn mit jemand *reden*, den man nicht vor sich hat? Zweyter!
Zweyter. Nein: aber Gott ist *allgegenwärtig*.
4. Lehrer. So ists. Gott ist *allenthalben*.

Es ist offensichtlich, dass sich dieses dialogische Aufgreifen der Schülerantwort grundlegend unterscheidet von der Wiederaufnahme der vorgefertigten Gesprächsbausteine in den systematischen Zergliederungsgesprächen Ratkes.
Was die LEHRERFRAGE als Sprachhandlungstyp anbelangt, so ist auch an diesem Beispiel der schon beim *epagogischen katechetischen Gespräch* beobachtete Fächer verschiedenartiger Varianten nochmals erweitert (s.u., III.4.2.2.1.). Es gibt hier zwar noch formale Entscheidungsfragen, doch werden diese von den Schülern nun sehr häufig wie Ergänzungsfragen bewertetet; jedenfalls ist das bloße „Ja" und „Nein" auch hier bei den Schülern als Antwort verpönt. Entweder der Schüler „besinnt sich", obwohl er doch mit „Ja" oder „Nein" antworten könnte, und gibt damit zu verstehen, dass er die formal als Entscheidungsfrage erscheinende Lehrerhandlung als indirekte

---

[546] Vgl. Betten 1985, 152ff.

Ergänzungsfrage begreift mit der primären Illokution der AUFFORDERUNG zur Ergänzung:

> **5. Lehrer.** Hab ich an weiters nichts zu denken?
> **Dritter.** (besinnt sich.),

oder der Schüler vermag sogleich die propositionale Lücke ergänzend zu schließen, ohne Umweg über die Schließung der Lücke in der Entscheidungsfrage:

> **19. Lehrer.** Haben Sie nie ein Wort gehört, das von an etwas denken herkömmt?
> **Erster.** Andacht.,

oder der Schüler äußert über die Schließung der propositionalen Lücke mittels „Ja"/„Nein" hinaus sogleich einen Einwand oder eine Begründung für die Beantwortung der Entscheidungsfrage, wie im oben schon zitierten Beispiel:

> **3. Lehrer.** Kann man denn mit jemand reden, den man nicht vor sich hat? Zweyter!
> **Zweyter.** Nein: aber Gott ist allgegenwärtig.

Bahrdts fiktives Gespräch zielt auf den Unterricht an einem Philanthropin und gilt deshalb nur mittelbar als repräsentatives Beispiel für das *maieutische Gespräch* auch auf öffentlichen Schulen. Die Anrede „Kinder" darf denn auch nicht darüber hinwegtäuschen, dass der Lehrer es hier mit älteren Kindern bzw. jugendlichen Schülern aus höheren Sozialschichten zu tun hat (die „Kinder" werden gesiezt), die hinsichtlich des Alters und Bildungsgrads wahrscheinlich eine sehr homogene Gruppe bilden. In diesem fiktiven Gespräch stehen die Ordnungszahlen für Personennamen; zu entnehmen ist ihnen, dass es sieben Schüler sind. Der Lehrer regiert das Gespräch; sein quantitativer Anteil ist wesentlich höher als der der Schüler, und, dies vor allem, er regiert immer noch den Sprecherwechsel. Er ruft die Schüler auf, allerdings wechselt er nicht nach jedem Gesprächsschritt den Gesprächspartner, sucht nicht zu jeder Frage einen neuen Antwortenden, sondern wechselt erst, wenn eine Facette des zu lernenden Begriffs „andächtig bethen" abgearbeitet oder aber der befragte Schüler um eine Antwort verlegen ist. Die Ordnungszahlen suggerieren, die Schüler würden der Reihe nach aufgerufen, doch ist diese Interpretation nicht zwingend; die Schüler können durchaus auch „außer der Reihe" gefragt werden.

Zum Sprecherwechsel gibt es noch einige Besonderheiten in diesem fiktiven Gespräch zu bemerken. Da ist, einmal, neben der expliziten Form der Kollektivadressierung („Kann mir einer eine andere angeben?") auch eine implizite, möglicherweise gestisch-mimisch gestützte Form zu finden („Kann man Worte haben ohne Gedanken? **Alle.** Nein."). Des Weiteren gibt es in diesem Gespräch wenigstens einmal die für das *sokratische Gespräch* prototypisch so wichtige Schülerfrage, wenn auch nur als verständnissichernde Nachfrage:

> **53. Lehrer.** Wär es aber nicht Pflicht, diese üble Nachreden zu erdulden, um Gott zu ehren?
> **Fünfter.** Kann denn Gott durch eine üble Nachrede geehrt werden?
> **54. Lehrer.** Ich meyne es nicht so, daß Gott durch die üble Nachrede selbst geehrt werden soll, sondern durch die standhafte Erduldung derselben, in Erfüllung meiner Pflicht.[547]

Bemerkenswert ist schließlich, dass Bahrdt im weiteren Verlauf dieses Gesprächs auch einen Schüler „unaufgerufen" eine Lehrerfrage beantworten lässt und, indem er dieses „unaufgerufen" explizit vermerkt, nicht nur einen intrinsisch motivierten Schüler herausstellt, sondern auf eine bislang im deutschen *Lehrgespräch* unerhörte Begebenheit aufmerksam macht.[548] Allein durch diesen Zug schon musste das Gespräch von den Zeitgenossen als sokratisches verstanden werden. Dies wird bei der Rekonstruktion der Formen des Sprecherwechsels wieder aufzugreifen sein (s.u., III.4.2.1.3.).

Dass der Lehrer in Bahrdts Gespräch nur sehr sparsam LOBT („So ists", etwas später noch „Sie haben recht gut geantwortet", „Wahr ists"), scheint auf den ersten Blick beinahe untypisch für ein Exemplar des *sokratischen Gesprächs*. Es ist dies aber ein Exemplar des *maieutischen sokratischen Gesprächs*, und dies folgte, wie schon festgestellt, in mancherlei Hinsicht durchaus noch den katechetischen Traditionen. Darüber hinaus ist nicht zu verkennen, dass der Lehrer hier wohl zwar wenig LOBT, dafür aber gar nicht TADELT oder STRAFT, wenn der Befragte „schweigt", „sich besinnt" oder nicht „trifft". Damit befolgt er zwei Maximen des *sokratischen Gesprächs*, wie sie dann vor allem im Umkreis der Philanthropine Geltung erlangten, die eine beziehungs-, die andere gegenstandsorientiert: Der Lehrer als Vater, gar Freund, straft idealerweise nicht körperlich und TADELT nur beziehungsorientiert, indem er den Schüler coram publico beschämt und damit auch seine persönliche Enttäuschung über den Schüler kundtut;[549] und gegenstandsorientiert ist das Unterlassen von Tadel und Strafe darauf gegründet, dass im offeneren Lehrgespräch ein Schweigen nicht identisch ist mit Nicht(-auswendig)- Wissen. Insofern die Fragen offener sind, gibt es auch mehrere zumindest partiell „treffende" Antworten, wodurch freilich auch das BEWERTEN erschwert wird. Auch aus diesem Grund ist das *sokratische Gespräch* prototypisch darauf festgelegt, selbst Mittel der Korrektur zu sein, indem der Schüler mittels neuer Fragen zur „Wahrheit" geführt wird.

---

[547] Bahrdt 1776, 151.
[548] Vgl. Bahrdt 1776, 149.
[549] Vgl. Zerrenner 1788, 41; Bahrdt 1776, 187; ferner s.u., III.4.2.1.2.

Es gibt, wie erwähnt, auch authentische Beispiele für das *maieutische sokratische Gespräch*. Bei dem folgenden Beispiel handelt es sich um ein Lehrgespräch, das Kantor Bruns auf der Rochow'schen Landschule in Reckahn mit kleinen Kindern über die Geschichte „Die Tagelöhner" aus Rochows „Kinderfreund" gehalten hat. Das Gespräch ist übrigens kein reines *maieutisches Gespräch*, sondern weist zu Beginn Züge des *epagogischen* und gar des *(text)zergliedernden katechetischen Gesprächs* auf, wird dann sukzessive zum *maieutischen Gespräch* geformt und verwandelt sich am Schluss sogar in eine geschlossenere Variante des *gelenkten Unterrichtsgesprächs*. Ein Auszug aus dem maieutischen Hauptteil:

L. Kam denn also Trägemann oft zur Arbeit? K. Nein. L. Er verdiente sich doch aber wol schön Geld? K. Nein. L. Wenn die andern Tagelöhner sechs oder acht Tage zu thun hatten, wie lange mochte denn Trägemann wol zu thun haben? K. (einige) einen Tag; (einige) einen halben Tag; (einige) ein Paar Stunden. L. Wenn andre einen Gulden verdienten, wie viel mochte er denn wol verdienen? K. Kaum zwey oder drey Groschen. [...]
L. Wie bist du denn itzt, Andreas? K. Fleißig. L. Du bist fleißig, – und fängst doch Fliegen? K. (schweigt still.)[550]

Die Merkmale des *maieutischen Gesprächs* brauchen an diesem Beispiel nicht im Einzelnen wiederholt zu werden. Bemerkenswert ist, zum einen, dass auch hier nicht zu jeder Frage ein anderer Schüler aufgerufen wird, sondern ganze Gesprächsphasen im Zwiegespräch mit demselben Schüler gestaltet werden, bevor der nächste an der Reihe ist.[551] Und zum anderen fällt wiederum der Sprecherwechsel per Selbstselektion auf. Während bei Bahrdt der Schüler selbstständig das Wort ergriff, um die Lehrerfrage zu beantworten, gibt es im Gespräch des Kantors Bruns den Fall, dass, während ein Schüler gerade aufgerufen ist, nacheinander „einige" Schüler anscheinend unaufgerufen sprechen und dabei nicht nur die Frage des Lehrers BEANTWORTEN, sondern, zumal die Frage hier auf eine Schätzung hinausläuft, gleichsam im Wettstreit die vorangehende Antwort zu KORRIGIEREN suchen. Der Lehrer ist in diesem Gespräch, wie Petrat zu Recht feststellt, noch sehr „strikt, kurz angebunden, fast unfreundlich",[552] doch von Bruns sind andere Gespräche überliefert, die vor Lebendigkeit und „väterlicher" Freundlichkeit sprühen (s.u., III.4.1.2.2.), so dass das Gesprächsverhalten eben auf die Gesprächssorte zurückzuführen ist.

Fasst man die größere Offenheit in Bezug auf die Art und Weise des Sprecherwechsels für das *maieutische sokratische Gespräch* an diesen Beispielen

---

[550] Riemann 1781, 31.
[551] Riemann 1781, 28 führt aus, die Absätze in seinen Protokollen „zeigen allemal an, daß ein ander Kind gefragt worden."
[552] Petrat 1996, 47.

327

zusammen, so ergibt sich folgendes Bild: Da gibt es, einmal (A), wiederum die Form, dass stets Gesprächsschritte des Lehrers und eines Schülers dyologisch wechseln. Dabei müssen allerdings die Gesprächsschritte des Lehrers nicht notwendig auch thematische Gesprächsakte enthalten, sondern können rein struktureller Natur sein, beispielsweise wenn der Lehrer zur Beantwortung einer Frage mehrere Schüler lediglich aufruft. Sodann gibt es im *maieutischen Gespräch* zumindest phasenweise auch schon eine Struktur (B), bei der selbst diese zwischengeschalteten moderierenden Gesprächsschritte des Lehrers fehlen und mehrere Schüler, durch Selbstselektion („einige") oder aber aufgrund vorab getroffener Vereinbarung, den Sprecherwechsel vollziehen und in unmittelbarer Folge zum Lehrer sprechen, wie im Gespräch des Kantors Bruns in Reckahn zum Zweck der WIEDERHOLUNG des Inhalts der Trägemann-Geschichte:

> L. Weiß mir keiner etwas von Trägemann wieder zu erzählen? Kinder geben der Reihe nach etwas an, was sie an Trägemann Böses gefunden [...].[553]

Die Kinder sprechen „der Reihe nach", werden aber nicht der Reihe nach aufgerufen. Der Sprecherwechsel erfolgt hier ohne moderierende Gesprächsschritte des Lehrers, aber auch nicht per Selbstselektion, sondern aufgrund einer vorab festgelegten insitutionellen Regelung. In einem späteren, ebenfalls von Riemann überlieferten Gespräch wird diese Regelung explizit vom Lehrer eingebracht:

> Nun sagt mir doch der Reihe nach, was man thun müsse, wenn man sich nicht will zur Sünde verführen lassen.[554]

In beiden Fällen werden erst Einzelantworten gesammelt, um die Lehrerfrage insgesamt zu beantworten. Die Struktur dieser beiden Möglichkeiten lässt sich wie folgt veranschaulichen (Seite 328; vom „Lehrer" ausgehende Pfeile indizieren FRAGE oder AUFRUF, vom Schüler ausgehende Pfeile ANTWORT).

Was die Sitzordnung anbelangt, die ja als Spiegel der Redeordnung gelesen werden kann, ist das *maieutische sokratische Gespräch* nicht sehr weit vom *epagogischen katechetischen Gespräch* entfernt. Grundsätzlich ist die frontale Ausrichtung auf den Lehrer als Gesprächsleiter gefordert, wobei diese Ausrichtung durchaus im Kreis oder Halbkreis ihre Anordnung finden konnte. Riemanns Abbildung der Sitzordnung in Reckahn (s.o., III.1.) zeigt die Frontalausrichtung deutlich: Der „Sitz des Lehrers" ist das Zentrum des Gesprächsraums; dies korrespondiert auch dem für ein *sokratisches Gespräch*

---

[553] Riemann 1781, 34.
[554] Riemann 1781, 127.

noch relativ hohen Grad der formal-strukturellen Geschlossenheit im *maieutischen Gespräch*.

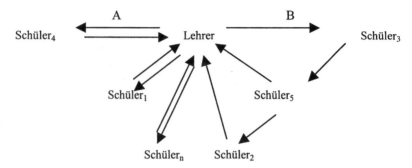

Auch auf städtischen Schulen war beim *sokratischen Gespräch* die strengere Sitzordnung der Normalfall. Eine Abbildung aus dem Jahr 1784 zeigt einen jungen Lehrer „ohne Stock oder Rute, als gütiger Freund der Kinder dargestellt. Er weist auf das Hündchen und scheint die Kinder auf das Verhalten des Tieres aufmerksam zu machen" – also ein „zufälliges Gespräch" zu führen (Seite 329). In späterer Zeit ist die strenge Ordnung der Sitzreihen indes auch beim *maieutischen Gespräch* gelockert worden; mitunter scheint es nicht nur auf den „Privaterziehungsanstalten", sondern sogar auch auf Landschulen erlaubt gewesen zu sein, in loser Ordnung einen Kreis oder Halbkreis zu bilden. Im Beispiel aus dem „Philanthropinischen Erziehungsplan" Bahrdts heißt es ja, der Lehrer „Stellt sich in die Mitte".

III.4.1.2.2. Das *gelenkte Unterrichtsgespräch* oder: das fragend entwickelte Selbstfinden

Ernst Christian Trapp, neben und mit Joachim Heinrich Campe einer der tonangebenden Pädagogen des 18. Jahrhunderts, zeichnet in seinem 1775 erschienenen Buch „Unterredungen mit der Jugend" ein plastisches Bild der Gesprächssorte, die hier als *gelenktes Unterrichtsgespräch* benannt ist:

> Die Schulstunden sollten gleichsam Umgangsstunden des Lehrers mit den Schülern seyn, wo der erstere das Recht und Ansehen haben muß, den Ton anzugeben und die Gespräche zu lenken, auch Stillschweigen zu gebiethen, wenn es die Umstände erfordern. Aber er muß die strenge Form des Pythagoras nicht thun, und jeder muß die Erlaubniß haben zu reden, wenn das, was er sagt, nur zur Sache gehört. Ein mitgetheilter Gedanke des Lehrers zeugt in den Seelen der Schüler andere. Sie geben ihm Beyfall, oder widersprechen ihm, nach der verschiedenen Beschaffenheit ihres Geistes. Er lockt durch Fragen ihre Meynungen heraus, hat Veranlassung ihre falschen Begriffe zu berichtigen, die Zahl ihrer Ideen zu vermehren,

329

Abb. 11 Der Lehrer als Kinderfreund (1784); aus: Alt, Bd. 2, 1965, 69.

und sie – sokratisch möchte ich sagen, wenn dieß nicht zu stolz klingt – dahin zu führen, wo er sie haben will.[555]

Wer am Ende des 18. Jahrhunderts im pädagogischen Diskurs mitreden wollte, musste in Reckahn gewesen sein. Die Besucherliste ist entsprechend umfangreich.[556] Das Anziehende, ja: Exotische an dieser Schule des Domherrn Friedrich Eberhard von Rochow bestand, wie erwähnt, darin, dass hier vorgeführt wurde, wie offenere Formen des *Lehrgesprächs*, und zwar vornehmlich die, die hier als *gelenktes Unterrichtsgespräch* benannt ist, auf einer Landschule mit relativ großen „Haufen" (24 Schülerinnen und Schüler) einfacher Bauernkinder geführt werden konnten. Es schien, als sei hier eine Verschmelzung des pädagogisch-didaktischen Ideals der Menschenbildung mit der staatspolitisch gewünschten Erziehung zu gehorsamer Nützlichkeit und Brauchbarkeit geglückt. Heinrich Gottlieb Zerrenner gehörte zu den aufmerksameren Beobachtern, und sein Bericht im „Journal für Prediger" aus dem Jahr 1788 überliefert mehrere Gespräche bzw. Gesprächspassagen, u.a. die folgende aus einem *gelenkten Unterrichtsgespräch*:

> Hierauf wurde Folgendes zur Uebung des Nachdenkens mit den ganz Kleinen vorgenommen; – die etwas Erwachsenen schrieben. Ihre Schreibebücher, die sie in der Schule lassen müssen, waren äusserst reinlich, und nicht ein Fleckchen darin.
> Herr Bruns: Ich wollte ja heute etwas fragen? was doch wol?
> Kinder: von Eisen.
> B. Nun, weißt du denn etwas, das von Eisen gemacht ist? [...]
> Kind 1. eine Klinke! Nun wurde weiter gefragt: woraus wird denn die gemacht? wer macht denn eine Klinke? worzu braucht man eine Klinke? was ist denn dein Vater? – ein Schmidt etc.
> Kind 2. eine Pferdekette. B. Woraus ist denn die gemacht? was machen sie denn mit einer Pferdekette? wer macht die im Dorfe? etc.
> Kind 3. eine Krampe. B. Wozu braucht man denn die?
> K. Dat miner Mutter keiner wat rut dregt.
> B. Rut dregt? was ist das? wie muß das heissen?
> Ein andres Kind: herausträgt. B. Recht. Man kann einen Anwurf drum, und denn ein Schloß vor eine solche Krampe legen. Diese Uebungen sind denn besonders auch dazu gut und eingeführt, um die Kinder hochdeutsch sprechen zu lehren, welches immer viel Mühe kostet.
> Kind 4. ein Handgrif. Wider: woraus? wozu? wer macht solchen Handgrif u.s.w.
> Kind 5. eine Pinne. Wozu braucht man sie?
> Kind: unter die Schuh und Pantoffeln.
> L. Wie ist denn ein Schuh von einem Pantoffel unterschieden?
> K. ein Schuh hat Riemen und kann festgeschnallt werden; ein Pantoffel nicht.

---

[555] Trapp 1775, 9. Einen Begriff des *gelenkten Unterrichtsgesprächs* findet man übrigens schon bei Thomasius [1691], 130.
[556] Vgl. Rochow, Pädagogische Schriften IV, 437ff.

Kind 6. eine Scheere. B. was schneiden sie denn mit der Scheere? Brod? – muß man Holz mit der Scheere schneiden? K. nein Linnewand. B. Leinwand heißt es. Ein anderes Kind Tuch? B. was giebts alles für Tuch? K. Gelb, schwarz, blau; ein andres Kind: grobes, feines etc.
Kind 7. ein Bohrer. B. Wozu braucht man einen Bohrer? wer macht sie?[557]

Das vornehmste Lehr-Lern-Ziel ist auch beim *gelenkten Unterrichtsgespräch* die BEGRIFFSBILDUNG, sowohl in kognitiver wie in sozialdisziplinierender Hinsicht. Die Begriffsbildung erfolgt im Wege der Sprachlehre bzw. Wortbedeutungslehre, wobei das *gelenkte Unterrichtsgespräch* ähnliche Funktionen übernimmt wie das natürliche Gespräch im Prozess des Spracherwerbs: Die Gebrauchssphären eines Wortes werden dialogisch im Wege der Merkmaldiskriminierung abgesteckt, also der Differenzierung durch Feststellung von Ähnlichem und Unterschiedlichem, wie es schon am Beispiel des Pöhlmann'schen Lehrgesprächs über den „Hut" zu beobachten war und wie es auch hier bei der Bildung und Entfaltung des Begriffs „*Eisen*" der Fall ist.[558] Der Lehrer soll, schreibt Friedrich Eberhard von Rochow an Johann Ignaz von Felbiger, „auf diese leichte Art, Sinnlichkeit, oder vielmehr Empfindung in Idee, und diese in richtige Begriffe verwandeln, das heißt bei mir, die Kinder denken lehren."[559] Das ist der Weg von der Anschauung über das mentale Perzept zum sprachlichen Symbol; ein Weg, an dessen Ende eine begrifflich gebundene kognitive Struktur steht, und diesen Weg findet man im *gelenkten Unterrichtsgespräch* grundsätzlich beschritten.[560]

Das vorliegende Exemplar ist im Grunde eine Aneinanderreihung von sieben Zwiegesprächen, die jedoch mehrfachadressiert und prinzipiell offen für Gesprächsbeiträge der Hörer sind und dadurch das Ganze zum *Unterrichtsgespräch* machen. Zwar gehen die Antworten der Kinder noch jeweils erst an den Lehrer zurück, und dieser allein hat das Recht zur äußeren, strukturellen Lenkung des Gesprächs. Den Schülern ist es aber gestattet, auch unaufgeru-

---

[557] Zerrenner 1788, 14f.
[558] Vgl. dazu auch Salzmann 1784, 183f.; Gieseler 1797, 16f. bringt diese sprachvermittelte Begriffsbildung in einen didaktischen Rahmen: „1. Hernennen mehrerer Dinge, die zu einer Art gehören [...]. 2. Angabe der Kennzeichen oder Merkmale eines Dinges. [...] 3. Vergleichen, d.i. die Uebereinstimmung ähnlicher Dinge angeben. [...] 4. Unterscheiden, d.i., Verschiedenheiten ähnlicher Dinge aufsuchen. [...]."
[559] Rochow an Felbiger, 27.11.1772; Rochow, Pädagogische Schriften, IV, 21f.
[560] Vgl. dazu auch die fiktionalen *gelenkten Unterrichtsgespräche* in Campes „Robinson", in denen kleine lexikographische Artikel versteckt sind. z.B. Campe 1779/80, 39 (*Boegspriet, Orkan*), 52 (*Kampeschenbäume*), 54 (*Ebbe, Flut*), 100 (*einbökeln*), 195 (*Stollen*), 235 (*Stapel*) u.v.a.; vgl. dazu auch Köstler 1999, 227ff., die diesbezüglich von „enzyklopädischem Sprachstil" spricht.

fen bzw. nicht persönlich aufgerufen zu antworten („Ein andres Kind"),[561] und – dies ist besonders hervorzuheben – sie haben Anteil an der inneren, thematischen Lenkung des Gesprächs. Für Kind 1 bis Kind 7 gilt nämlich zwar dieselbe Ausgangsfrage („Nun, weißt du denn etwas, das von Eisen gemacht ist?"), doch sind die Antworten der – sprachlich oder gestisch-mimisch – aufgerufenen (und im Protokoll nummerierten) Kinder jeweils themeninitiierend, insofern sie das Thema für eine Gesprächsphase stellen: „Klinke", „Pferdekette", „Krampe" usw. Den darauf folgenden Lehrerfragen liegt dasselbe Schema zugrunde (wie auch der Protokollant bei „Kind 4" bemerkt: „Wider: woraus? wozu? [...]"), wodurch dieses Gespräch eine relativ statische Struktur erfährt. Das Schema selbst erinnert überdies an den Inventionshexameter (s.o., III.4.1.1.), der eigentlich im *sokratischen Gespräch* nicht mehr gut gelitten war. Dazu ist allerdings anzumerken, dass Kantor Bruns bei dieser Frageprogression auch nicht den Vorgaben seines Arbeitgebers von Rochow folgt. Dieser nämlich hatte in seiner 1779 erschienenen Schrift „Vom Nationalcharakter durch Volksschulen" empfohlen, den kleinen Kindern nur „konkrete Fragen" zu stellen, also beispielsweise bei der Bildung eines Begriffes vom „Hund", ob er zwei oder vier Beine habe, Glieder, Augen, Ohren usw.:

> Unzweckmäßig wäre es, diese konkreten Fragen jetzt schon durch die Partikeln wie, womit, wodurch, wozu, woher, warum usw. ins Abstrakte zu verlenken oder nach Begriffen von relativer Größe, Farbe, Absicht, Nutzen usw. zu fragen, die gewöhnlich noch nicht in des Kindes Erkenntnis vorhanden sein können.[562]

Man sieht: Selbst hier, bei so eng miteinander wirkenden Pädagogen, steht zwischen didaktische Theorie und didaktischer Praxis die Tür zur Schulstube.

Beide Sorten, das *gelenkte* wie das im folgenden Abschnitt beschriebene *freie Unterrichtsgespräch*, konnten von Anfang an relativ zu konkreten Zwecken der Unterweisung unterschiedliche funktionale Varianten ausbilden, wie beispielsweise die, die Hartmut Thiele noch zweihundert Jahre später als relevante „Gesprächsarten im Unterricht" anführt: das sachklärende, das interpretierende und das meinungsbildende Unterrichtsgespräch; ferner sind zu nennen das problemlösende und – in den nicht-fiktionalen Quellen nur im Rahmen der „häuslichen Erziehung" und auf „Privaterziehungsanstalten"

---

[561] Vgl. auch [anonym] 1786c, 102, wo auf die Kollektivadressierung des Lehrers („Aber sagt mir nun, aus wie viel Stunden besteht ein solcher Tag") ein Schüler („Ludwig") ohne zusätzlich persönlich aufgerufen zu werden das Wort ergreift.

[562] Rochow: „Vom Nationalcharakter durch Volksschulen" (1779); Pädagogische Schriften I, 313–348, hier 337f. Vgl. auch Riemann 1781, 25, Anm., der solche Folgen von W-Fragen ebenfalls verurteilt.

überliefert – das konfliktlösende Gespräch.[563] Mnemotechnische Funktionen sind demgegenüber nicht einmal mehr variantenbildend.

Den Varianten entsprechend, erscheinen die Lehr-Lern-Gegenstände nun nicht selten in Form von Problemen, Aufgaben, Sachfragen, die eine Lösung bzw. eine Klärung verlangen und die in jedem Fall in das symbolische Inventar der Sprache zu kleiden sind, wie auch im vorliegenden Exemplar die Sache „Eisen" lexikalisch ergliedert wird. Bei den Gegenständen des *gelenkten Unterrichtsgesprächs* handelt es sich vornehmlich um religiöse und moralisch-ethische Begriffe im Rahmen der pädagogischen Sozialdisziplinierung, ferner um Begriffe zu Realien in der die Schüler umgebenden Welt sowie um Begriffe aus dem mathematisch-naturwissenschaftlichen Bereich. In Reckahn sind es zumeist konkrete („Eisensachen") oder einfache abstrakte („Faulheit") Begriffe; ebenso, auf höherem Niveau, in Bahrdts „Philanthropinischem Erziehungsplan" („allgemeine Gefühle", „Freyheit", „Toleranz"); hinzu kommen, sowohl auf der Landschule wie auch auf den gelehrten Schulen und den „Privaterziehungsanstalten", Begriffe der Mathematik, sei es aus dem Bereich der Algebra oder der Geometrie.[564] Je nach konkretem Gegenstand ist das Ergebnis natürlich nicht offen, sondern auch hier vorab planbar, und in der Tat gibt es in den meisten pädagogischen Schriften eingehende Erörterungen darüber, wie ein *Unterrichtsgespräch* vorzubereiten ist.[565] Offen ist aber der Weg, der zu diesem Ergebnis führt, denn er bleibt, insofern die Antworten der Kinder nun stets themeninitiierend akzeptiert werden, ungewiss, führt über Umwege und Nebenthemen, die, je freier die Entfaltung des Gesprächs, desto häufiger vorkommen und systematisch als didaktisches Mittel genutzt werden:

> Ist man durch eine Antwort, oder durch ein angegebenes Exempel, oder durch eine Beweisstelle auf einen Seitenweg gebracht worden, und man will nun wieder auf den Hauptweg einlenken, so knüpfe man den Faden auf folgende Art wieder an. Man frage eins der Kinder, oder selbst dasjenige, durch dessen Antwort man abgeführt wurde: wie sind wir darauf gekommen? wovon sprachen wir eigentlich? und lasse sie so den Faden selbst wieder anreihen. Dadurch schärft man nicht nur das Nachdenken der Kinder, sondern sie lernen auch dadurch auf den Zusammenhang Acht geben […].[566]

---

[563] Vgl. z.B. das fiktive *konfliktlösende gelenkte Unterrichtsgespräch*, das Salzmann in seinem „Conrad Kiefer" präsentiert (Salzmann 1796, 470ff.).

[564] Vgl. z.B. Zerrenner 1788, 9ff.; Bahrdt 1776, 136ff.; Michelsen 1781 und 1782. Vgl. auch Basedow 1771, 61ff., der die Ergiebigkeit des (gelenkten Unterrichts)gesprächs für die Vermittlung sittlicher Begriffe exemplarisch herausstellt.

[565] Vgl. z.B. Riemann 1781, 83ff.

[566] Riemann 1781, 85.

Ob Riemann durch seine Schulbesuche in Reckahn auf diese Empfehlungen gebracht wurde, braucht hier nicht entschieden zu werden; möglich ist es jedenfalls, denn von Kantor Bruns ist überliefert, dass er sich dieses didaktischen Mittels, nämlich im Wege der metakommunikativen Reflexion die Schüler zur Aufmerksamkeit anzuregen, durchaus bediente.[567]

Das obige Exemplar des *gelenkten Unterrichtsgesprächs* über „Eisen" zeigt, dass die Lehrerfrage die dominante Sprachhandlung des Lehrers bleibt, doch wird sie in funktionaler Hinsicht, d.h. in Bezug auf ihre illokutionären und perlokutionären Zwecke, über die Grenzen der aktivierenden Ergänzungsfrage hinaus noch weiter aufgefächert zu einem polyfunktionalen Impulstyp. Der grundlegende Handlungsgehalt aller Lehrerfragen, seien es nun die echten oder „nur" die didaktischen Informationsfragen oder auch die ironischen didaktischen Fragen (z.B. semantische Ironie: „was schneiden sie denn mit der Scheere? Brod? – muß man Holz mit der Scheere schneiden?"), lautete bislang in allen Gesprächssorten so, wie er für die Fragefunktion universal gelten darf, nämlich „Ich will wissen".[568] Dieser Handlungsgehalt erscheint auch im *gelenkten Unterrichtsgespräch* zwar noch in herausragender Position, doch ist er hier eingereiht in ein ganzes Arsenal illokutionärer und perlokutionärer Gehalte, die an die syntaktische Form der Frage geknüpft sind, wie beispielsweise die (inszenierte) BITTE um Hilfe („Ich wollte ja heute etwas fragen? was doch wol?") oder das TADELNDE AUFFORDERN zur Korrektur („Rut dregt? was ist das? wie muß das heissen?"). – Dies ist übrigens ein weiteres Beispiel für den erzwungenen Sprachenwechsel zum Hochdeutschen (s.u., III.4.3.1.), wie auch der Protokollant selbst sofort hinzufügt, und es ist ein weiterer Beleg für das oben beim *maieutischen Gespräch* zum LOBEN und TADELN Notierte: Der Lehrer LOBT nur selten („Recht.") und TADELT durch Beschämung coram publico. In anderen Exemplaren des *gelenkten Unterrichtsgesprächs* fällt das LOBEN etwas lebhafter aus, mit reicher Variation der „Beyfalls=Zeichen"[569] („Getroffen!", „das war gut, mein Sohn", „Gut!").

Der Lehrer im *gelenkten Unterrichtsgespräch* ist am Ende des 18. Jahrhunderts in der Tat ein „ludimoderator",[570] der die selbstständige Wissenserzeugung mittels sprachlicher sowie gestisch-mimischer Impulse lenkt und seine Lehrerhandlungen in Formen des natürlichen Gesprächs kleidet. Und so kommen im *gelenkten Unterrichtsgespräch* immer häufiger auch ganz andere Impulstypen als die Frage zur Anwendung, nämlich solche, die dem natürli-

---

[567] Vgl. Streithorst 1786, 298.
[568] Vgl. Duden. Grammatik 1998, 611.
[569] Krünitz 61, 1793, 926 (s.v. *Land=Schule*). Zu Formen des LOBENS und TADELNS in diachronischer Sicht s.u., III.4.2.1.2.
[570] [anonym] 1752, 603.

chen Gespräch abgelauscht waren, vornehmlich Partikeln, wie beispielsweise die NACHHAKENDE, zur Ergänzung auffordernde Gliederungspartikel *und* im oben zitierten *maieutischen Gespräch* aus Bahrdts „Philanthropinischem Erziehungsplan" oder gleichbedeutendes „Also zum Beyspiel?", „Und nun?" oder „Und dann?" in den *gelenkten Unterrichtsgesprächen* Michelsens:

> L. [...] was haben Sie vor allen Dingen zu untersuchen?
> S. Ob die ganzen Dreyecke gleich sind.
> L. Und dann?[571]

Und dann gibt es „verstellte Einwürfe und Zweifel",[572] die im *gelenkten* und im *freien Unterrichtsgespräch* nicht allein MOTIVIERENDE und WISSEN-ERZEUGENDE, sondern mitunter EXAMINIERENDE Funktionen zu erfüllen haben. Hierher gehören beispielsweise ZWEIFEL BEKUNDENDES, EINWENDENDES „allein", kritisch EINWENDENDES „O weh!"[573] sowie MOTIVIEREND HERAUSFORDERNDE FRAGEN:

> L. Also würden Sie mir wohl noch weniger glauben, wenn ich sagte, daß man so gar wissen könne, wie hoch von uns bis zur Sonne ist? S. Das ist ja gar nicht möglich.[574],

und argumentativ HERAUSFORDERNDE FESTSTELLUNGEN:

> 3. **Lehrer.** [...] Hat der liebe Gott was Böses geschaffen?
> **Fritz.** Nein; es heißt ja: Und siehe, es war sehr gut.
> 4. **Lehrer.** Recht! Alles was Gott macht, ist gut. Aber es ist doch manches dem Menschen schädlich, wenn er es genießt.
> **Fritz.** Dafür kann der liebe Gott nichts.[575]

Dass es überhaupt als neuartig empfunden wurde, wenn die Gesprächsschritte des Lehrers andere Formen als die der Frage aufwiesen und andere Funktionen als die der Frage erfüllten, belegt mittelbar eine Anmerkung Riemanns zur Gesprächsführung des Kantors Bruns in Reckahn, wobei Riemann nicht zufällig die Gesprächsbenennung „Unterredung" wählt, denn damit versucht er gerade, das Neuartige des sokratischen *Unterrichtsgesprächs* im Vergleich zu den Sorten des *katechetischen Gesprächs* lexikalisch zu fassen:

> Bey einer Catechisation mit der zweyten höhern Classe kamen dergleichen Unterredungen, ohne eben in Fragen eingekleidet zu seyn, noch öfter vor, als in der ers-

---

[571] Vgl. Michelsen 1781, 88, 95, 83.
[572] Bahrdt 1776, 190. Vgl. Ehlers 1767, 78.
[573] Belegstellen: Bahrdt 1776, 185 (*allein*), 137 (*O weh*).
[574] Michelsen 1781, 3; zu herausfordernden Fragen vgl. Rehbock 1985.
[575] Bahrdt 1776, 122f.

ten Classe, und man wird sie auch bey dieser Geschichte noch verschiedentlich finden.[576]

Verändert, nämlich nochmals erweitert und weiter geöffnet, sind auch die gegenstandsorientierten Handlungsrechte (und -pflichten) der Schüler, die ihnen eine gelenkte selbstständige Auseinandersetzung mit dem Lerngegenstand ermöglichen sollen. Die Reckahner Schüler sind im oben angeführten Gespräch berechtigt, Themen zu initiieren, zumindest die vom Lehrer eingebrachten Themen zu variieren. Und insofern die Schüler im *gelenkten Unterrichtsgespräch* ihre Gesprächsschritte auch zu wissenerzeugender Kritik des Lehr-Lern-Gegenstands nutzen dürfen und sollen, ist das illokutionäre und perlokutionäre Potential ihrer Gesprächsakte ebenfalls dem natürlichen Gespräch angenähert: Zum ANTWORTEN und – nunmehr ja grundsätzlich erwünscht – zum FRAGEN, zum Versuch also, das didaktische Informationsbedürfnis des Lehrers zu BEFRIEDIGEN bzw. das eigene gegenstandsorientierte Informationsbedürfnis BEFRIEDIGEN ZU LASSEN, gesellen sich im *gelenkten* und dann auch im *freien Unterrichtsgespräch* Schüler-Gesprächshandlungen des EINWENDENS, KRITISIERENS, WIDERSPRECHENS, NACHFRAGENS, INSISTIERENS, oft als die ANTWORT begleitende Illokution, oft aber auch als selbstständige Handlung. Den Schülern stehen also, dialoggrammatisch formuliert, mehrere Möglichkeiten für den jeweiligen reaktiven zweiten Zug zur Verfügung, was ein wesentliches Merkmal der offenen sokratischen Gesprächssorten ist. Im nachfolgend zitierten Gesprächsausschnitt beispielsweise reagieren die „Kinder" auf die pragmatische Ironie des Lehrers mit einem entrüsteten WIDERSPRUCH:

> B. [...] Jedes Kind kann nun den ganzen Tag spielen und herumlaufen, wie es will!
> Kinder. Wenn auch! das wäre doch nicht gut!

Oder: In einem fiktiven *gelenkten Unterrichtsgespräch* mit nur einem – gelehrten – Schüler HAKT der Lehrer in Form eines Einwandes NACH, und dieser Einwand wird vom Schüler selbstbewusst ENTWERTET:

> L. Wenn nun aber die beyden Winkel D und E zusammen genommen zwar kleiner wären als zwey rechte, aber der Unterschied wäre ausserordentlich klein?
> S. Das thut nichts; wir nahmen dies auch neulich schon an.[577]

In einem ebenfalls fiktiven Gespräch in Bahrdts „Philantropinischem Erziehungsplan" gibt sich der Lehrer mit der Antwort des Schülers nicht zufrieden, INSISTIERT auf seiner Meinung und HAKT NACH, worauf der Schüler jedoch wiederum auf seiner Antwort INSISTIERT – durchaus eine Vorform einer (gelenkten) *Diskussion*:

---

[576] Riemann 1781, 119, Anm. 6.
[577] Michelsen 1782, 89.

10. **Lehrer.** [...] Aber, was meynen Sie? ist denn das Böse auch allemal dem lieben Gott verhaßt, und folglich Sünde?
Fritz. Ja!
11. **Lehrer.** Warum? Wird denn Gott dadurch beleidigt?
Fritz. Ja freylich!
12. **Lehrer.** Das kann ich doch nicht einsehen. Wie kann Gott beleidigt werden, da ihm ja nichts dadurch abgeht?
Fritz (besinnt sich.)
13. **Lehrer.** Nun! was meynen Sie? Fritz!
Fritz. Ich bleibe dabey, Gott kann beleidigt werden.[186]

In einem fiktiven Gespräch, das in Mosers „Taschenbuch für teutsche Schulmeister" innerhalb einer Reihe „Ueber den Kalender" erschien, äußert ein Schüler gegenüber dem Lehrer einen EINWAND, der durch die Berufung auf die Autorität des Vaters sogar den Charakter eines TADELS erhält. Der Lehrer hatte über ikonische Zeichen im Kalender gesprochen, die angeben, wann gute Zeit sei u.a. zum „Aderlassen", zum „Schröpfen", zum „Säen und Pflanzen" und hatte diese Zeichen und ihre Bedeutungen als puren Aberglauben abgetan, worauf nun der Schüler reagiert:

Jak. Aber, Hr. Schulmeister, die Wetterprophezeiungen in dem Kalender sind doch kein Aberglaube. Mein Vater hat gestern davon gesprochen, schon zehen Jahre habe es der Kalendermacher noch nie so gut getroffen, als heuer.[187]

Auch in einem fiktiven *gelenkten Unterrichtsgespräch* zwischen einer Hofmeisterin und zwei Kindern, also einem Lehrgespräch im Rahmen der privaten Erziehung, das Basedow in seinem „Elementarwerk" präsentiert, gibt sich der junge Detlev mit den Antworten der Hofmeisterin auf seine Schülerfragen nicht zufrieden („Das verstehe ich nicht."). Derlei Einwendungen gehörten, wie die Beispiele zeigen, im *gelenkten Unterrichtsgespräch* am Ende des 18. Jahrhunderts auch auf öffentlichen Schulen zur selbstverständlichen Gesprächsrolle des Schülers;[188] anders hingegen die personenbezogene Kritik, die im erneuten Nachhaken Detlevs in seinem Gespräch mit der Hofmeisterin eingeschlossen ist: „Aus dem, was du sagst, sehe ich doch noch nicht, wie diese Leute alles bekommen, dessen sie bedürfen." Diese Kritik ist als besonderer Freiraum des Schülers im Rahmen der Privaterziehung zu werten.[189] Doch wie auch immer: Insofern all diese fiktiven Gespräche der Ausbildung der Lehrer dienten, ist davon auszugehen, dass die Lehrer auch im realen *gelenkten Unterrichtsgespräch* fortan mit solchen Einwänden zu

---

[186] Bahrdt 1776, 123f.
[187] [anonym] 1787, 247.
[188] Ein fast identischer Einwand des Schülers ist z.B. auch in einem *gelenkten Unterrichtsgespräch* bei Trapp 1775, 149 zu finden.
[189] Basedow 1785, I, 77.

rechnen hatten und entsprechend präpariert sein mussten. Das Idealziel des *sokratischen Gesprächs*, die Schüler nicht nur zum selbstständigen Auffinden der Wahrheit, sondern zur Bildung und Befestigung einer eigenen Meinung anzuleiten, darf zumindest im fiktiven und im fiktionalen Gespräch verwirklicht werden. Die Reaktionen des Schülers müssen nicht mehr in allen Belangen responsiv, müssen vornehmlich nicht mehr in jeder Hinsicht konsensual sein; die Schüler dürfen, wenn sie nach ihrer Meinung gefragt werden, diese auch sagen und sie mitunter behalten – sofern Sie der Communis opinio und dem Lehrziel des Lehrers ohnehin entsprechen („Das ist recht. Bleiben Sie dabey, mein lieber Fritz."[582]).

Daraus, dass die Antworten nicht mehr konsensual-affirmativ sein mussten, ergaben sich schließlich auch Folgen für die Formen des Lehrerverhaltens im Falle falscher Antworten und nunmehr auch solcher, die zwar nicht falsch, aber non-responsiv waren. Der Lehrer musste die Antworten differenzierter BEWERTEN, und dafür finden sich Formen, die bisweilen an Reaktionen eines Spielleiters in einem Rätselspiel erinnern, wie beispielsweise in dem fiktiven *gelenkten Unterrichtsgespräch* „Ueber den Kalender":

Sch[ulmeister]. Wie viel hat also die Woche Tage?
Jak. Sechs.
Sch. Nicht recht; Christian, sag es du!
Christ. Sieben, Herr Schulmeister![583]

Dieses Beispiel veranschaulicht zudem, dass und wie im *gelenkten Unterrichtsgespräch* der Wettbewerb unter den Schülern dialogisch unterstützt wurde, insofern der richtig antwortende Schüler zugleich die Rolle des korrigierenden Lehrers für den zuvor fehlerhaft antwortenden Schüler übernimmt. Hier treten zwar nicht, wie in der „Concertatio" des lateinischen Gymnasiums,[584] zwei Schüler gegeneinander an, doch werden in solchen Phasen des *gelenkten Unterrichsgesprächs*, in denen der kognitiv EXAMINIERENDEN Funktion der Ergänzungsfrage des Lehrers eine kognitiv MOTIVIERENDE zur Seite gestellt ist, Bezüge zur Tradition des lateinischen Lehrgesprächs deutlich. In diesem Gespräch, wie überdies in den meisten *gelenkten Unterrichtsgesprächen* aus dem letzten Viertel des 18. Jahrhunderts, lassen die Schülerantworten darüber hinaus erkennen, dass den Schülern dieser Funktionswandel der Lehrerfrage bewusst war. Die Schüler verstehen die Lehrerfragen hier als Problemstellungen und beantworten sie mit Versuchen der Problemlösung. Das *gelenkte Unterrichtsgespräch* erscheint in seinen phil-

---

[582] Bahrdt 1776, 162.
[583] [anonym] 1786c, 104.
[584] Vgl. dazu auch die Ausführungen bei Haun 1801, 235. Zur *Concertatio* vgl. Paulsen 1919, I, 427; kritisch zum „Certiren" auch Campe 1788, 515ff.

339

anthropischen Inszenierungen im 18. Jahrhundert denn sogar immer weniger als Sorte eines komplementären Gesprächstyps als vielmehr als Sorte eines koordinierenden Gesprächstyps, gleichsam als kooperative Arbeitsform. Der Autor des fiktiven Gesprächs „Ueber den Kalender" beispielsweise lässt die Schüler mehrfach ihre Unsicherheit beim Antworten versprachlichen, z.B. durch Formen einer reflexiven Diktion („Ich denke"; „Ich meyne nicht", „Ich glaube"[585]); es finden sich im *gelenkten Unterichtsgespräch* in dieser Funktion ferner Formen von adverbial abgeschwächten Assertiva, also so genannten Heckenausdrücken („Es scheint freylich nicht."[586]) oder auch Antworten in Frageform (wie im obigen Beispiel aus Reckahn: „Tuch?"). Und schließlich darf der Schüler sogar sein Nichtwissen explizit – und nicht nur im Wege des Schweigens – kundtun („Das weiß ich nicht."[587]). Jede dieser Antworten wäre in den Sorten des *katechetischen Gesprächs* auch um 1800 undenkbar gewesen.

Diesen Wandel des deutschen *Lehrgesprächs* macht schon die Gesprächseröffnung im Gespräch über „Eisensachen" deutlich. Einmal abgesehen von den pädagogisch-didaktischen Effekten, die eine solche Eröffnung zu erreichen sucht (Aufmerksamkeitssteuerung, -prüfung usw.), darf festgestellt werden, dass mit dieser Gesprächseröffnung die institutionellen Gesprächsrollen in den Hintergrund treten und ein natürlicher Gesprächsraum inszeniert wird: Ein scheinbar vergesslicher Lehrer ist ein Mensch, (auch) hier darf er's sein. Friedrich Eberhard von Rochow, der ein aufgeklärter Domprediger und Gutsbesitzer, aber wahrlich kein pädagogischer Eiferer war, schreibt in dem oben bereits zitierten Brief an Felbiger zur Rolle des Lehrers:

> Der Lehrer muß ihnen den Verstand dessen, was er sagt, unter andern und verschiednen Wendungen, so lange vorlegen, bis sie ihn begreifen, vorwitzige Fragensucht zwar zurückhalten, aber vernünftige Zweifel liebreich und mit Beifall heben; kann er aber etwa nicht, ehrlich seine Unwissenheit gestehen, oder sich Aufschub erbitten.[588]

Der Lehrer stellt sich nicht mehr nur aus pädagogisch-didaktischen Gründen im Sinne der sokratischen Ironie bisweilen unwissend, sondern er legt tatsächlich das Kleid des Allwissenden ab, und dies berührt auch seine Gesprächsrolle, beispielsweise indem dieses neue Lehrerbild selbst wieder didaktisch-dialogisch instrumentalisiert wird. Heinrich Gottlieb Zerrenner überliefert in seinem Bericht „über Rekan" erinnerte authentische Gespräche,

---

[585] Vgl. [anonym] 1786c, 99; weitere Belege z.B. [anonym] 1786c, 104; Bahrdt 1776, 157.
[586] Bahrdt 1776, 124.
[587] Michelsen 1782, 83ff. Explizite Kundgabe des Schülers über sein Nichtwissen auch bei Bahrdt 1776, 161.
[588] Rochow an Felbiger, 27.11.1772; Rochow, Pädagogische Schriften IV, 21f.

und in einem erscheint eine Szene, die den Eindruck erweckt, Kantor Bruns habe Rochows Brief an Felbiger gekannt. Weil nur wenige authentische Gespräche überliefert und diese heute schwer zugänglich sind, sei auch aus diesem Gespräch ein längerer Auszug zitiert:

> Das Stück [„Der sterbende Jüngling" aus Rochows „Kinderfreund", J.K.] wurde erstlich von dem Lehrer deutlich, bedächtlich und musterhaft vorgelesen; dann noch 3 bis 4 mal von einem und dem andern Kinde wiederholt, und darauf durchgegangen der sterbende Jüngling!
> B[runs]. Friz! bist du denn ein Jüngling? F. Nein! B. Ist denn wol ein Jüngling im Dorfe? K. o ja Rüzens Steffen ist ein Jüngling. B. Recht! – Nun der war tödlich krank. Sind denn alle, die krank sind, tödlich krank? wer denn? Allemal? K. nein manchmal. B. Wie war der Jüngling denn vorher gewesen? – Also fleissig war er gewesen? was heißt denn das? – ein bischen fleissig war er? K. nein recht sehr. – B. Und das half ihn ia doch nun nicht, da er sterben mußte? oder halfs ihn doch etwas. K. O ja! er war ja verständig und gut dadurch geworden. Ein andres: er konnte ja nun freudig sterben, weil er gut war. B. Aber Kinder! das hätt' ich doch nicht gethan, daß ich so fleißig in die Schule gegangen wäre. Wenn der Herr in die Schule käme und sagte: Kinder! es soll nun keine Schule mehr seyn! Jedes Kind kann nun den ganzen Tag spielen und herumlaufen, wie es will! Kinder. Wenn auch! das wäre doch nicht gut! B. Warum denn nicht? Ich meyne das wäre doch recht hübsch – oder nicht? Was lernt ihr in der Schule? – Sollt sich etwa mit Schreiben allein schon einen Thaler verdienen lassen? etc.etc. Und den fleißigen und gehorsamen Jüngling ließ Gott sterben? Ey warum das? was sagte der Jüngling zu seinen Eltern? was waren das für Ursachen? – Wißt ihr sie? Kinder. Nein! B. Nun fragt mich einmal, ob ichs weiß? Kinder. Nun sagen Sie uns doch: Warum der liebe Gott den fleißigen Jüngling sterben ließ? – Hr. B. (nach einer Pause, mit einem ehrerbietigen Ernst:) ich weiß es nicht! (wie weise, wie bedeutend und lehrreich!) Aber sehr gut war es gewiß, weil Gott es geschehen ließ.
> B. Aber Kinder! geht ihr denn auch gern in die Schule? K. 1. O ja! recht gern. K. 2. Ich auch. K.3.4.5. u.s.w. Ich auch! o ich auch![589]

Die für das *gelenkte Unterrichtsgespräch* im 18. Jahrhundert ermittelten Merkmale lassen sich auch an diesem Exemplar belegen: Der Gesprächsverlauf wird von beiden Gesprächsparteiungen gemeinsam gestaltet, nichtsdestotrotz vom Lehrer thematisch und strukturell beherrscht; die Gesprächsschritte sind miteinander verzahnt: thematisch gegenstandsorientiert, indem der Lehrer die Themeninitiierungen der Kinder lexikalisch aufnimmt und dialogisch ergründend fortführt, handlungssemantisch, indem er auf die Antworten der Kinder bewertend reagiert (z.B. pragmatisch-ironisch EINWENDEND: „Aber Kinder! das hätt' ich doch nicht gethan" oder ironisch-kritisch WIDERSPRECHEND: „Warum denn nicht?"); es sind auch hier alle Schüler als Sprecher und Hörer in das Gespräch einbezogen, wodurch die strukturelle Stringenz des Gesprächsverlaufs im Vergleich zum *katechetischen Gespräch*,

---

[589] Zerrenner 1788, 16f.

aber auch im Vergleich zum *maieutischen sokratischen Gespräch* Einbußen hinnehmen muss; und es gibt auch hier verschiedene Formen des Sprecherwechsels, vom namentlichen Aufruf („Friz!") bis zur Selbstselektion („Ein andres") reichend. Das soll hier nicht en detail wiederholt werden; die Formen selbst werden überdies noch Gegenstand genauerer Betrachtung sein.

Nur auf zwei Besonderheiten sei hier noch hingewiesen. Da ist, einmal, die explizite Aufforderung des Lehrers, eine Frage an ihn zu richten. Diese Aufforderung scheint zunächst dem im *sokratischen Gespräch* prototypisch verbürgten Recht des Schülers, dem Lehrer Fragen zu stellen, Nachdruck zu verleihen, wie dies auch in anderen Gesprächen wiederholt der Fall ist.[590] Darüber hinaus aber handelt es sich hier um die eben erwähnte Instrumentalisierung der scheinbaren Unwissenheit des Lehrers, der sich damit auf das Gesprächsniveau seiner Schüler begibt, der also die institutionelle Gesprächsrolle ablegt und im vorliegenden Fall gerade dadurch religiöses Wissen (etwa: „Wie unerforschlich sind seine Gerichte und wie unerforschlich seine Wege!" (Röm. 11,33)) und religiöse Ehrfurcht erzeugt – „wie weise, wie bedeutend und lehrreich!", fügt der Berichterstatter Zerrenner hinzu.[591]

Sodann darf man auch dieses Reckahn-Protokoll als Performanzfragment in Bezug auf hochsprachliche (In)korrektheit lesen – nun aber auf Seiten des Lehrers. Denn trotz aller Forderungen, der Lehrer habe eine regelhafte hochdeutsche (Aus)sprache zu pflegen, ist Bruns selbst noch nicht ganz vom Niederdeutschen als Lehrsprache entwöhnt, wie der Zusammenfall von Dativ und Akkusativ, hier zugunsten des Akkusativs, nahelegt („das half ihn ia doch nun nicht").

Der Wandel der institutionellen Gesprächsrolle des Lehrers erweiterte schließlich auch das Repertoire der Möglichkeiten beziehungsorientierten Handelns auf Seiten der Schüler. Wenn ein Kind auf einer Landschule auf die Frage des Lehrers „Kind! mögtest du wol deinen Leib mit dem Leibe eines Thieres vertauschen?" antwortet: „ich möchte doch kein Pferd seyn", so hätte es in den geschlossenen Sorten des *katechetischen Gesprächs* mit Sanktionen rechnen müssen, denn die einzig richtige und angemessene Antwort wäre „Nein", die einzig falsche und angemessene „Ja" gewesen. In diesem Fall hingegen nimmt Kantor Bruns die vom Schüler an Stelle einer Verneinung geäußerte Begründung der Verneinung auf und richtet seine ursprünglich abstrakte Frage nun konkreter an denselben Schüler: „warum denn nicht? ein Pferd ist ia doch ein schönes Thier."[592] Dieser Wandel der Rollen und des beziehungsorientierten Gesprächshandelns ist auch auf den „gelehrten Schu-

---

[590] Vgl. z.B. [anonym] 1786c, 105: „Nun Kinder! [...] ihr könnt [...] mich alsdann selbst fragen, was ihr gern noch davon wissen möchtet."
[591] Zerrenner 1788, 17.
[592] Zerrenner 1788, 9.

len" und „Privaterziehungsanstalten" zu beobachten, einmal im gestisch-mimischen Bereich, wenn etwa der Schüler die Inszenierung des lehrerseitigen Nichtwissens („wie nun, wenn auch ichs nicht wüßte?") mimisch durchbricht: Er schweigt und „sieht den Lehrer lächelnd an", worauf der Lehrer die Maske auch sogleich fallen lässt.[593] Zum anderen ist das offenere, zwar respektvolle und doch zugleich von institutionellen Zwängen gelöste Gesprächsverhältnis zwischen Lehrer und Schüler im *gelenkten Unterrichtsgespräch* auch an den Abfolgen und Formen des Sprecherwechsels festzustellen, die ein neuartiges Gesprächsmuster erzeugen. Die Schüler dürfen jetzt unaufgerufen, gleichwohl artig nacheinander, das Wort ergreifen, fallen manchmal gar im Überfluss des Eifers dem Lehrer ins Wort (s.u., III.4.2.1.3.). Das neue Gesprächsmuster sei in folgender Skizze veranschaulicht (zur Erhaltung der Übersichtlichkeit ist die Anzahl der Schüler reduziert):

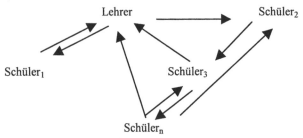

Auf die Themeninitiierung des Lehrers kann zwar nach wie vor eine an ihn adressierte Reaktion erfolgen (Schüler$_1$), doch besteht nun auch die Möglichkeit, dass der angesprochene Schüler den Gesprächsball einem anderen Schüler zuwirft und erst dieser wiederum den Lehrer als ersten Gesprächspartner wählt (Schüler$_{2\text{ und }3}$). Gleichzeitig sind stets auch die anderen Schüler angesprochen, die mit Gesprächsschritten an beliebige Teilnehmer das Gespräch fortführen dürfen (Schüler$_{2,\ 3\text{ und n}}$), mitunter auch von sich aus, also ohne expliziten Aufruf, in die Gesprächsrolle des Lehrers schlüpfen:

[Lehrer] Was will dies sagen, kleiner B*, der Krieger dürstet nach Ehre?
B*. Er ist sehr begierig darnach.
L. Das ist recht. Aber nun das andere, er glaubt, er bau ihr Altäre?
B*. Das verstehe ich nicht recht.
A* Es soll so viel heißen, er sieht die Ehre für seine Göttinn an, und um ihre Gunst zu erlangen oder zu behalten, tödtet er Helden, die er ihr gleichsam opfert.
L. Gut. [...].[594]

---

[593] Michelsen 1781, 11.
[594] Trapp 1775, 149.

Im Unterschied zum *freien Unterrichtsgespräch* ist der Lehrer im *gelenkten Unterrichtsgespräch* aber noch nicht Primus inter pares, sondern sowohl im institutionellen Rahmen wie auch in der faktischen Gesprächsrolle herausgehobene Autorität. Zwei Abbildungen mögen das Gesprächsverhältnis im *gelenkten Unterrichtsgespräch* abschließend veranschaulichen, wiederum freilich ohne Gewähr dafür, dass der abgebildete Lehrer wirklich ein *gelenktes Unterrichtsgespräch* führt. Das Bild „Die Schulstunde" von Georg Melchior Kraus, einem Bekannten Goethes, ist um 1770 entstanden und zeigt den Unterricht eines Hauslehrers mit drei sehr jungen Schülern (Seite 344). Der Lehrer hat zwar noch das Rutenbündel in der Hand, doch spiegelt sich in den Gesichtern der Kinder die väterliche Lehrer-Rolle. Das schreibende Kind nimmt, wie der Blick zeigt, am Gespräch teil. Das zweite Bild zeigt noch einmal Johann Heinrich Pestalozzi in Stans. Die Kinder nehmen in diesem Fall nicht frontal ihm gegenüber Platz, sondern bilden eines Gesprächskreis, aus dem der lenkende Lehrer herausragt (Seite 345).

III.4.1.2.3. Das *freie Unterrichtsgespräch* oder: zwischen *Kolloquium* und *Schülergespräch*

Das *freie Unterrichtsgespräch* in Form eines inszeniert symmetrischen Lehrer-Schüler-Gesprächs oder aber sogar eines Lehrgesprächs unter Schülern keimt gegen Ende des 18. Jahrhunderts im Umkreis des philanthropischen Denkens auf, ohne jedoch zur richtigen Blüte zu gelangen. Es ist, sprachgeschichtlich betrachtet, eine aus dem *gelenkten Unterrichtsgespräch* und der geselligen *Konversation* erwachsene Gesprächssorte, die mit ersterem überwiegend die funktionalen und kommunikativ-pragmatischen, mit letzterem überwiegend die formal-strukturellen sowie die ko- und kontextuellen Merkmale teilt. Um Wiederholungen zu vermeiden, verweise ich hinsichtlich der Funktionen, der Gesprächshandlungstypen und der Lehr-Lern-Gegenstände auf den vorangehenden Abschnitt. Die Tatsache, dass diese didaktische Gesprächssorte herausgebildet, zumindest aber in der pädagogischen Theorie für möglich erachtet wurde, belegt nicht nur die fortschreitende Öffnung des deutschen *Lehrgesprächs* in dieser Zeit, sondern verweist auch auf die inzwischen erreichte hohe Qualität und weite Verbreitung der deutschen Hochsprache als Gesprächs- und Unterrichtssprache. Die deutsche Sprache verfügte zu dieser Zeit endlich über den notwendigen „Härtegrad" (s.o., III.2.), um den Zwecken der institutionellen Unterweisung auch in Gesprächen ohne strenge Zügelung durch den Lehrer dienlich zu sein.

Wenn in Texten aus dem 18. Jahrhundert in Bezug auf die Benennung didaktischer Gesprächssorten terminologische Lichter aufflackern, die das Attribut „frei" mit sich führen, handelt es sich indes keineswegs notwendigerweise um die hier gemeinte Gesprächssorte. Als „frei" erschien mithin

Abb. 12 „Die Schulstunde"; Georg Melchior Kraus, um 1770, Freies Deutsches Hochstift/Frankfurter Goethe-Museum; aus: Schiffler/Winkeler 1991, 89.

Abb. 13 · Johann Heinrich Pestalozzi im Unterricht (2); Hans Bendel; aus: Alt, Bd. 2, 1965, 162.

schon das *maieutische sokratische Gespräch* oder auch das *epagogische katechetische Gespräch*, wenn man es nur mit den strengeren Sorten verglich: „Frei" bedeutete dann, dass der Lehrer die Textvorlage und die formelhaften Vorgaben von Fragen und Antworten verließ und sich, gleichsam ungeschützt, ins Gespräch mit den Schülern begab, sich herabließ.[595] Das *freie Unterrichtsgespräch* im engeren Sinne, wie es hier terminologisch gefasst werden soll, erforderte vom Lehrer demgegenüber noch mehr als das im *sokratischen Gespräch* prototypisch übliche Herablassen; es erforderte die zeitweise Aufgabe der Lehrerrolle, einen inszenierten Rollenwechsel. Besaß der Lehrer im *gelenkten Unterrichtsgespräch* in jeder Hinsicht noch die Autorität über alles Gesprächshandeln, so sollte er sie im *freien Unterrichtsgespräch* – idealiter – ablegen; war er dort Vater, so durfte er hier nur noch der ältere Freund sein. In funktionaler Hinsicht, also in Bezug auf die Zwecke des Gesprächs, vor allem aber in formal-struktureller Hinsicht, vornehmlich in Bezug auf die Formen des Sprecherwechsels, sowie in ko- und kontextueller Hinsicht, etwa in Bezug auf die Handlungsbedingungen für jeden einzelnen Teilnehmer, sollte das Gespräch befreit sein von institutionellen Vorgaben und Zwängen. Dass das deutsche *Lehrgespräch* im 18. Jahrhundert (und so bis zur Gegenwart) diese Freiheit des natürlichen Gesprächs nur graduell erreichen konnte, liegt auf der Hand und findet in der spezifischen Zweckgebundenheit dieses Gesprächstyps seine Begründung.

Das *freie Unterrichtsgespräch* erscheint im 18. Jahrhundert in zwei Varianten, als inszeniert symmetrisches *Kolloquium* zwischen Lehrer und Schüler(n) in beinahe kollegialer Atmosphäre und als *Schülergespräch*.

Ein fiktives Beispiel für ein kolloquiales *freies Unterrichtsgespräch* zwischen einem Lehrer und einem Schüler bietet Bahrdt in seinem „Philanthropinischen Erziehungsplan". Das Gespräch über ein zu lösendes geometrisches Problem wird begleitet von nichtsprachlichen Handlungen und weist insofern empraktische Züge auf. Es setzt mit einer noch relativ deutlichen Lehrerlenkung ein, die dann aber mehr und mehr zurückgenommen wird. Nachdem der Schüler an der Tafel eine waagerechte Linie mit Hilfe einer senkrechten Linie in zwei gleiche Hälften geteilt hatte, nimmt das Gespräch folgenden Verlauf:

> **Lehrer.** Aber woher wissen Sie, daß diese beyden Hälften einander gleich sind?
> **Fritz.** Ey! wir wollens einmal messen. (er mißt mit dem Brettchen) Ja, diese ist doch ein bischen länger. Warten Sie! (er streicht die Linie aus, zieht sich eine andre, mißt wieder – wiederholt's öfter, und nie wirds ganz genau) Ach s geht auch nimmermehr. Das Holz ist zu dick, und mein Finger trägt auch auf. Warten Sie! wir wollen es mit einem Faden messen; der Zimmermann brauchte neulich

---

[595] So ist z.B. die Benennung „freyere Gespräche" bei Velthusen (1787, Vorrede) zu lesen; ebenfalls Herder, wenn er in seiner Bearbeitung des Luther'schen Katechismus aus dem Jahr 1798 vom „freien Katechisiren" spricht (Werke 30, 303).

auch einen dazu. (er steckt an das eine Ende des Fadens eine Nadel, und windet an das andere auch eine, und mißt. Endlich findet er das Mittel.) Sehn Sie hier ist der Punkt, wo die Linie sich in zwey Hälften theilt.
Lehrer. Ja; aber ist denn auch die oben herunter gezogene Linie selbst recht gerade? Warten Sie einmal! Wenn sie gerade seyn soll, so muß sie sich weder zur Rechten noch zur Linken neigen. (er will messen).
Fritz. Lassen Sie mich! (er nimmt den Faden mit den Nadeln, und mißt die Weite von a bis c,

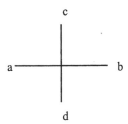

dann von b bis d, und findet überall Defekte.)
Lehrer. Ja, so fehlts ja überall. Wie sollen wir es anfangen, daß die Linie cd [...] völlig gerade [...] wird?
Fritz. Ja, wenn man zwey Hölzer hätte, die man oben zusammenlegen könnte, wie ein Kartenhäuschen.
Lehrer (spaltet ihm jenes.) Da haben Sie zwey von einer Länge.
Fritz (legt das eine Holz von a nach c, und das andere von b nach c.) Sehn Sie! Hier muß die Linie hinauf gehen, wenn sie gerade seyn soll.
Lehrer. Versuchen Sie! [...][596]

Das ganze Gespräch beginnt, wie erwähnt, zunächst als *gelenktes Unterrichtsgespräch* und dementsprechend weist die Gesprächseröffnung hier noch straffer asymmetrische Züge auf („**Lehrer.** (reicht ihm die Kreide) Können Sie eine gerade Linie ziehen, Fritz?"). In anderen *freien Unterrichtsgesprächen* ist die Gesprächseröffnung hingegen schon deutlich mehr der Eröffnung eines natürlichen Gesprächs angeglichen, beispielsweise eine Gesprächseröffnung bei Michelsen: „L. Wie stehts? Wollen wir uns heute wieder über etwas aus der Mathematik unterreden?" oder eine mittels Ironie MOTIVIERENDE Gesprächseröffnung des Kantors Bruns: „Kinder zum Rechnen habt ihr heut wol keine Lust?"[597] (s.u., III.4.2.1.1.).

Das Bahrdt-Gespräch steht unter dem Einfluss eines inszenierten eifrigen Wettstreits zwischen zwei mit der Lösung eines wissenschaftlichen Problems betrauten Sprechern. Ziel ist es, (vermeintlich neues) Wissen dialogisch zu

---

[596] Bahrdt 1776, 137ff.
[597] Michelsen 1781, 18; Zerrenner 1788, 9.

erzeugen.[598] Dazu passt, dass die Lehrerfrage sogar als Impulsform in den Hintergrund getreten ist. An ihrer Stelle stehen im obigen Gespräch HERAUSFORDERND MOTIVIERENDE Hypothesen, z.B. in Form des lauten Denkens („Wenn sie gerade seyn soll, so muß sie sich weder zur Rechten noch zur Linken neigen") und verknüpft mit nichtsprachlichem Handeln („er will messen") oder kollegial-kooperative („wir") FRAGEN, die nur indirekt dem Schüler als Kollegen, vordergründig dem zu lösenden Problem gestellt werden („Wie sollen wir es anfangen, daß die Linie cd [...] völlig gerade [...] wird?").

In formaler Hinsicht ist das kolloquiale *freie Unterrichtsgespräch* auffällig dadurch, dass Lehrer und Schüler in etwa den gleichen Anteil am Gespräch leisten, im vorliegenden Gesprächsausschnitt sind die Gesprächsschritte des Schülers sogar umfangreicher als die des Lehrers. Vor allen Dingen aber sprechen Lehrer und Schüler dieselbe Sprache, und zwar nicht nur im Sinne eines sprachlichen „Herablassens" des Lehrers auf das Sprachniveau des Schülers, sondern sie sprechen, aufgrund der inszeniert angeglichenen Gesprächsrollen, auch dieselbe Gesprächssprache: Lehrer wie Schüler setzen gesprächsschrittbewahrende Ausrufe ein („Warten Sie!"), beide haben das Recht zu aufmerksamkeits- und handlungssteuernden Direktiva („Sehn Sie", „Versuchen Sie") und beide lenken scheinbar gleichberechtigt das Gespräch, indem mittels thematischer Gesprächsakte neue Aspekte zur Problemlösung eingebracht werden, etwa in Form der bereits erwähnten Hypothesenformulierung, die auch der Schüler einbringt (elliptisch: „Ja, wenn man zwey Hölzer hätte, die man oben zusammenlegen könnte, wie ein Kartenhäuschen.").

Auch Christian Gotthilf Salzmann berichtet von einer didaktischen „Unterredung, die auch kein eigentlicher Unterricht ist".[599] Ein *freies Unterrichtsgespräch* im engeren Sinne findet man bei ihm zwar nicht, doch versetzt er den Lehrer bisweilen in die Rolle des Zuhörers, der zwar „berichtigt", aber erst abschließend Wissen vermittelt und insofern zumindest vorübergehend nichts weiter als Primus inter pares ist. Auf seinem Erziehungsinstitut in Schnepfenthal nutzt Salzmann ebenfalls die Anschauung von Gegenständen als Anlass zu „zufälligen Gesprächen", wobei bemerkenswert ist, dass in der didaktischen Inszenierung auch die Voreröffnung des Gesprächs in die Hände der Schüler gelegt wird, insofern sie sammeln sollen, „was ihnen merkwürdig ist":

> Der Gegenstand des ersten Unterrichts ist, wie gesagt, die Natur. Meine Geschäfte erlauben mir nicht, dass ich die zu jeder Unterredung nöthigen Materialien selbst

---

[598] Vgl. dazu das Bild der dialogischen Wissenserzeugung in Kleists „Familie Schroffenstein": „Denn einzeln denkt nur jeder seinen einen / Gedanken, käm der andere hinzu, / Gleich gäbs den dritten, der uns fehlt." Kleist; Werke 1, 102.
[599] Salzmann 1784, 194.

in unserm großen Naturaliencabinete zusammen suche. Die ältern meiner Zöglinge übernehmen dies Geschäft mit Vergnügen. Sie bringen mir alles, was ihnen merkwürdig ist, und ich bezeuge mein Vergnügen bei jeder Merkwürdigkeit, die sie entdeckt haben, ich bringe sie mit in das Lehrzimmer, wir unterreden uns darüber mit einander [...]. Wenn nun das Gesammelte vor uns liegt, so hüte ich mich sehr, darüber eine Vorlesung zu halten. Ich frage vielmehr, ob die Kinder mir nichts davon zu sagen wüssten, und jedes beeifert sich, es dem andern zuvor zu thun. Ich bin bloß Zuhörer, gebe da meinen Beifall, berichtige dort, und sage am Ende auch, was ich von der Sache weiß.[600]

Die zweite Variante des *freien Unterrichtsgesprächs* ist das *Schülergespräch*, also das Gespräch unter Schülern unter den Augen eines die Rolle eines Schülers annehmenden Lehrers. Die Zweckbestimmung der UNTERWEISUNG ist dabei konstitutiv, denn das Gespräch unter Schülern erscheint in den Quellen zum *Lehrgespräch* im 17. und 18. Jahrhundert auch als gesellige *Konversation* – etwa bei Ratke, der dafür Normen statuiert (s.u., III.4.3.2.) – oder auch als Nebenkommunikation im Unterricht, die gemeinhin als *Plauderei* verurteilt wird (vgl. den folgenden Abschnitt).

Das *freie Unterrichtsgespräch* in Form des *Schülergesprächs* ist im Korpus der vorliegenden Arbeit nur als fiktionales Gespräch vertreten,[601] und zwar in den meisten Fällen auch nur als zeitlich begrenzte Phase eines *Lehrgesprächs*, umgeben von Phasen des *gelenkten Unterrichtsgesprächs*. Als Beispiel für diese Variante des *freien Unterrichtsgesprächs* sei eine kurze Passage aus Joachim Heinrich Campes Jugendbuch „Robinson der Jüngere" angeführt:

Vater. [...] Wenn dan die Zeit der *Fluth* aus ist, und die *Ebbe* eintrit, so bleiben sie [Austern, J.K.] auf dem Troknen liegen.
Frizchen. Was ist denn das, die Ebbe und die Fluth?
Lotte. O weißt du das nicht einmahl? Das ist, wenn das Wasser so anschwilt, und wieder abläuft.
Frizchen. Was für Wasser?
Lotte. I, das Wasser im Meer!
Freund R. Frizchen, laß dir das von deinem Bruder Johannes erklären, der wird's dir wohl deutlich machen können.
Johannes. Ich? – Na, ich wil sehn! Hast du nicht bemerkt, daß das Wasser in der Elbe zuweilen weiter aufs Land kömt, und denn nach einiger Zeit wieder zurükgeht, und daß man denn dahin gehen kan, wo vorher Wasser war?
Frizchen. O ja, das hab' ich wohl gesehn!
Johannes. Na, wenn das Wasser so anläuft, daß es über die Ufer kömt, so nent man das Fluth; wen's aber wieder zurük tritt und das Ufer trokken wird, so nent man's Ebbe.

---

[600] Salzmann 1784, 193.
[601] Vgl. auch Petrat 1979, 94 zu Schülergesprächen in Trapps „Wochenblat für die Schulen".

Vater. Nun muß ich dir sagen, lieber Friz, daß das Wasser im Weltmeer alle vier und zwanzig Stunden auf diese Weise zweimahl aufsteigt, und zweimahl wieder niedersinkt. [...]
Frizchen. O ja! Aber warum schwilt denn das Meer immer auf?
Gotlieb. O ich weiß wohl; das kömt vom Mond, der zieht das Wasser an sich, daß es in die Höhe steigen muß.
Nikolas. O das haben wir ja schon so oft gehört! Laßt doch Vater weiter erzälen![602]

Die historische Gesprächsforschung tut sicher gut daran, solche Gespräche (quellen)kritischer zu beurteilen als Campes Zeitgenossen, die in ihnen den Gipfel der Kunst des didaktischen Gesprächs erreicht wähnten.[603] Campes Lehrgespräche im „Robinson" sind fiktionale Entwürfe und keine authentischen Protokolle; und doch darf ihnen, wie im Abschnitt zur Quellenkritik (II.3.) begründet, eine mittelbare Authentizität nicht abgesprochen werden: Die zitierte Passage zeigt ein fiktionales *Schülergespräch* der Art, wie Campe selbst sie ein Jahr vor der Veröffentlichung des „Robinson" im Rahmen einer Kritik zeitgenössischer Lehrbuchdialoge empfohlen hatte.[604] Campes Beteuerung, es handle sich um „meistentheils wirklich vorgefallene Gespräche", die er nachgeschrieben habe,[605] muss man als fiktionale Beglaubigungsformel lesen. Aufgrund seiner Arbeit in den philanthropischen Erziehungsanstalten in Dessau und Billwerder wird man gleichwohl davon ausgehen dürfen, dass es solche von Schülern getragenen *freien Unterrichtsgespräche* am Ende des 18. Jahrhunderts auch in der Praxis gab. *Schülergespräche* dieser Art, und zwar

---

[602] Campe 1779/80, 54f.
[603] Vgl. z.B. Baur 1790, 67ff. und 341f. Es ist der historischen Gesprächsforschung gleichwohl aufgegeben, die Gespräche stets in ihrer Zeit zu lassen und von dort ausgehend mit aszendentem Blick den Erkenntnisgewinn für die sprachliche und pädagogisch-didaktische Gegenwart zu suchen. Bernd Naumanns Urteil, alle „von Campe verwendeten Dialogformen sind für den Unterricht ungeeignet" (1991, 388), zeugt deshalb sprachwissenschaftlich von nur geringer historischer Sichtweite und ist auch in pädagogisch-didaktischer Hinsicht überzogen. Die hohe Zahl der zeitgenössischen didaktischen Reflexionen über solche *Lehrgespräche*, wie Campe sie fiktional präsentiert, und auch das hohe Lob, das gerade die „von Campe verwendeten Dialogformen" bei Zeitgenossen erfuhren, belegen, dass solche Lehrgespräche im „pädagogischen Jahrhundert" nicht nur für geeignet erachtet, sondern gewünscht wurden. Naumann erwähnt nur pauschal zeitgenössische Kritiker Campes; dessen Kinderbücher galten indes als Vorbild für fiktionale *Lehrgespräche* – vor Campes pädagogischer Leistung verneigten sich selbst sonst minder wohlgesinnte Geister, wie etwa Goethe. Und in Bezug auf die sprachliche Gestaltung der *Lehrgespräche* hat jüngst Köstler (1999) Campes Kunst des „natürlichen Sprechens im belehrenden Schreiben" entschlüsselt und den „Robinson" als Quelle der historischen Gesprächsforschung zugeführt.
[604] Vgl. Campe 1778b, 823.
[605] Campe 1779/80, 14.

auch in Abwesenheit des Vaters, nehmen zudem einen herausgehobenen Stellenwert im methodischen Arsenal Campe'scher Pädagogik ein.[606]

Die gesamte Gesprächskonstellation im „Robinson" braucht hier nicht erörtert zu werden.[607] Eine Voraussetzung – und hier zugleich die Eröffnung – des *freien Unterrichtsgesprächs* im „Robinson" ist es, dass jeder Gesprächsteilnehmer ein voll berechtigter Teilnehmer ist, also beispielsweise Fragen stellen oder Fragen beantworten darf, wann immer es notwendig erscheint. Dieses *Schülergespräch* wird durch eine Schülerfrage initiiert und durch einen Gesprächsschritt mit einem strukturierenden, einem metakommunikativ bewertenden und einem gesprächsschrittüberleitenden Gesprächsakt eines Schülers beendet („O das haben wir ja schon so oft gehört! Laßt doch Vater weiter erzälen!"). Der Vater ist hier natürlich de facto Lehrer, er hält die Fäden im Hintergrund in der Hand, und die Kinder wetteifern in ihren Gesprächsschritten auch darum, ihm zu gefallen. Seine hervorgehobene Stellung im Gesprächskreis speist sich gleichwohl vornehmlich aus seiner Rolle als Erzähler. Freund R., ebenfalls ein Erwachsener, greift darüber hinaus einmal strukturierend in das Gespräch ein, insofern er einen kompetenteren Antworter empfiehlt, als es die kleine Lotte sein kann. Das ist natürlich eine lenkende Störung in der Inszenierung des *freien Unterrichtsgesprächs* insofern, als alle Anwesenden wissen, dass Freund R. die Informationen auch selbst hätte geben können. Doch nehmen es die Kinder hin, als hätte eines der ihrigen den Sprecherwechsel initiiert, und es liegt hier in der Tat auch nur eine indirekte Sprecherwahl im Wege der EMPFEHLUNG vor.

Das Gesprächsverhältnis im *freien Unterrichtsgespräch* sei in folgender Skizze wiedergegeben; der Doppelpfeil indiziert ‚grundsätzlich können alle Sprachhandlungstypen, die vom Sprecher ausgehen, auch an ihn adressiert werden':

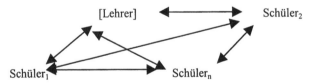

Ideal für das *freie Unterrichtsgespräch* ist die Kreisform oder eine lose Anordnung der Teilnehmer, die ihren Sitz- oder Standplatz während des Gesprächs wechseln dürfen. Eine Skizze aus der Feder Chodowieckis könnte ein kolloquiales *freies Unterrichtsgespräch* festhalten (Seite 353), während das

---

[606] Vgl. Campe (1779/80, 205): Nachdem der Vater die Erzählung beendet hatte, setzte jedes Kind, „bis zum Essen getrommelt wurde, seine gewöhnliche Handarbeit unter lehrreichen Gesprächen" fort.
[607] Vgl. dazu Köstler 1999; Ewers 1996.

Frontispiz zur 13. Auflage von Campes „Robinson" eine lockere, natürliche Gesprächsordnung zeigt, die zu *Schülergesprächen* einlädt (Seite 354).

Das *freie Unterrichtsgespräch* ist auch heute noch eine dialogische Herausforderung im Kommunikationsbereich der Lehre. Hermann Helmers gibt in seiner „Didaktik der deutschen Sprache" eine kurze Darstellung, der er die Überschrift „Diskussion (freies Gespräch)" zuweist. Seine Kurzbeschreibung führt einige der Merkmale auf, die in den vorangehenden Absätzen für die Genese dieser deutschen Gesprächssorte im 18. Jahrhundert exemplarisch herausgearbeitet wurden: Das Gespräch, so Helmers, sei „ganz ungeplant, wenn auch nicht ziellos", der Lehrer „ein Gesprächsteilnehmer unter vielen"; die thematische Entfaltung erfolge assoziativ, so dass der Gesprächsverlauf als „ruckartiges inhaltliches Springen" erscheine.[608] Helmers' Feststellung, „in die bewußte didaktische Überlegung ist diese Art des Gesprächs durch Berthold Otto (1859–1933) und die pädagogische Reformbewegung einbezogen worden", darf nach den voranstehenden Erörterungen indes als korrigiert, zumindest relativiert gelten.

Interessant ist auch Helmers' Zuordnung des „freien Gesprächs" zum Unterricht in der Grundschule; in den mittleren Schuljahrgängen trete es bisweilen als „Plauderei" auf, und in den oberen „Bildungsstufen" werde es zur „geordneten Diskussion". Dies bedeutet eine Tendenz zu geschlosseneren Sorten des *Lehrgesprächs*, je älter und fortgeschrittener die Schüler sind. Es würde zu weit führen, die Geschichte und Entwicklung der didaktischen Gesprächssorten über den hier gesetzten zeitlichen Rahmen hinaus zu erkunden. Wenn Helmers' Darstellung jedoch zutrifft, scheint in Bezug auf die kotextuellen Rahmenbedingungen des *freien Unterrichtsgesprächs* eine Veränderung stattgefunden zu haben. Im 18. Jahrhundert nämlich wurde gerade bei jüngeren und noch „einfältigen" Schülern, also dem, was heute Grundschüler sind, eine straffere Lenkung auch des *sokratischen Gesprächs* gewünscht, zumal auf den Landschulen. Aus dem Kreis der offenen Sorten des *Lehrgesprächs* wurde dementsprechend äußerstenfalls das *gelenkte Unterrichtsgespräch* für diese Schülergruppe empfohlen. *Freie Unterrichtsgespräche* hingegen lassen sich im 18. Jahrhundert nur mit älteren und zudem fortgeschrittenen Schülern nachweisen, und zwar vornehmlich auf „Privaterziehungsanstalten".

Die einschlägige pädagogische Forschungsliteratur zum *Lehrgespräch* in den Schulen der Gegenwart bietet in den Antworten auf diese Frage ein mehrfarbiges Bild, doch wird Helmers' Einschätzung in dieser Form nicht bestätigt. Zwar gibt es als „Morgenkreis" oder zu anderen besonderen Zeiten (Wochenende oder -anfang) freiere Gespräche auch in Kindergärten und Grundschulen. Sobald aber die gegenstandsorientierte UNTERWEISUNG im

---

[608] Helmers 1970, 135.

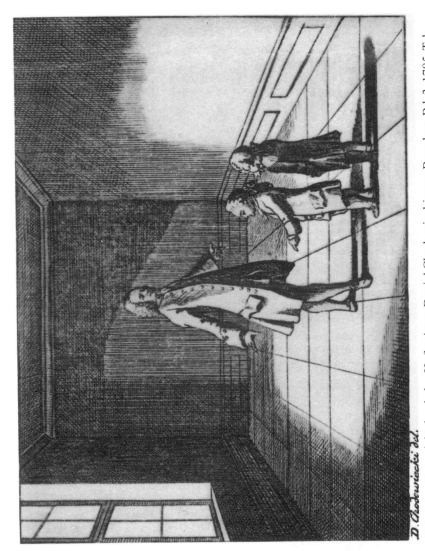

Abb. 14 Unterricht durch den Hofmeister; Daniel Chodowiecki; aus: Basedow, Bd. 3, 1785, Tab. XVII.

Abb. 15   Philanthropisches Unterrichtsidyll; aus: Fertig 1984, 48.

engeren Sinn Zweck des Gesprächs wird, scheinen die Zuordnungen des 18. Jahrhunderts immer noch gültig zu sein: Das *freie Unterrichtsgespräch* erscheint in aller Regel erst als Frucht einer systematischen schulischen Gesprächserziehung, etwa „am Ende der Grundschule".[609] Wenn man so will, ist diese Gesprächserziehung der Schüler eine ontogenetische Spiegelung der phylogenetischen Gesprächserziehung der Deutschen von etwa 1600 bis etwa 1800.

III.4.1.2.4. Das *Neben-Gespräch* als dialogische Störung der Lehre oder: *plappern* und *plaudern*

Am Ende der Erkundung didaktischer Gesprächssorten im 17. und 18. Jahrhundert steht eine Gesprächssorte, die zwar auf Schulen ihren Ort hat, aber nicht zum Typ des *Lehrgesprächs* im engeren Sinn gehört: das „Plappern" und „Plaudern" der Schüler während des Unterrichts und neben den eigentlich didaktischen Sprachhandlungen. Für derlei Arten kommunikativer Tätigkeiten von Schülern im Unterricht, die nicht zum institutionell bestimmten Hauptgeschehen gehören, ist der Oberbegriff „Nebenkommunikation" gebildet worden.[610] Im Rahmen des kommunikativen Geflechts während einer Unterrichtsstunde können die auf das unterrichtliche Handeln bezogenen Nebentätigkeiten als eine Form von „Splitting" gewertet werden,[611] wie z.B. ein kurzzeitiges *Schülergespräch* zur Klärung einer Sach- oder Verständnisfrage, während für das Hauptgeschehen Stillarbeit angeordnet ist:

> Nun, wer Wort halten will, der suche diese drey Buchstaben in aller Stille in seinem Buche [...]. Wie fleißg suchen jetzt die lieben Kinder, während dem Unterricht mit der zweiten und dritten Klasse, in ihren Fibeln – hier habe ich den i; ich auch; ich schon den r – hier steht der x – und fragen sich dann unter einander mit leiser Stimme, wie viel hast du schon gefunden? u.s.w.[612]

Für das *Neben-Gespräch* im engeren Sinne gilt diese Verflechtung mit dem Unterrichtsgeschehen jedoch nicht; es ist eine eigene Gesprächssorte, deren Exemplare mit dem je konkreten Exemplar des Lehrgesprächs nur im Rahmen eines diskursiven Zusammenhangs (etwa: Kommunikation in der Schule) verbunden ist, nicht jedoch im Rahmen des unterrichtlichen Geschehens. Das *Neben-Gespräch* teilt mit dem – institutionell bestimmten – Haupt-Gespräch nur die Gleichheit des Ortes, der Zeit und partiell der Beteiligten, nicht aber einen gemeinsamen Handlungszweck (wie den des UNTERWEISENS), nicht gemeinsame formal-strukturelle und nur mittelbar gemeinsame

---

[609] Ritz-Fröhlich 1982, 82ff.; vgl. Thiele 1981, 16ff.
[610] Vgl. Jost 1981; Rehbock 1981; Henne/Rehbock 2001, 239ff.
[611] Vgl. dazu Rehbock 1981, 54f.
[612] Reuter 1794, 17.

ko- und kontextuelle Merkmale. Und insofern das *Neben-Gespräch* als eine spezifische Form der Nebenkommunikation die daran beteiligten Schüler vom Unterrichtsgeschehen ablenkt, ihre Aufmerksamkeit beeinträchtigt und auch die nicht daran Beteiligten zumindest akustisch berührt, ist es von Anfang an als Störung bewertet worden. Dies legen schon die im 17. und 18. Jahrhundert dafür geläufigen Benennungen „schwätzen", „plappern" und „plaudern" nahe, vor allen Dingen zeigen aber die Bestrafungen den Stellenwert dieser Gesprächssorte an: Der plaudernde Schüler wurde „an einen besondern Ort allein gestellt", mitunter wurde er geprügelt, oder ihm wurde ein „Plauderholz" in den Mund gegeben.[613] Die negativ konnotierte Teilbedeutung von *plaudern* im Kommunikationsbereich der Lehre ist lexikographisch verbürgt:

> Es [das Plaudern, J.K.] wird nur tadelhaft, wenn es am unrechten Orte und zur unrechten Zeit geschieht, wenn man da unzusammenhängend und zwecklos p l a u d e r t, wo man r e d e n, oder überhaupt da r e d e t, wo man schweigen und hören sollte. Man tadelt es, wenn jemand während der Predigt p l a u d e r t und der Lehrer verbietet seinen Schülern zu p l a u d e r n; denn sie sollen, während des Vortrages zuhören, und sich nicht dem Vergnügen des Gespräches überlassen, und es selbst an der gehörigen Aufmerksamkeit auf den Vortrag fehlen lassen.[614]

Eine Gelegenheit für *Neben-Gespräche* ergab sich vornehmlich im Rahmen des Einzelunterrichts, wenn also der Lehrer einzelne Schüler „verhörte", während die anderen Schüler Stillarbeit zu leisten hatten, oder aber beim Unterricht mit mehreren „Haufen" in einem Klassenraum, bei dem die gerade nicht unterrichteten „Haufen" ebenfalls entweder Stillarbeit leisten sollten oder unbeschäftigt waren. In letzterem Fall ist wohl kaum noch von *Neben-Gespräch* im engeren Sinn zu sprechen, gab es doch für die unbeschäftigen Schüler gerade kein Haupt-Gespräch oder eine andere didaktische Haupthandlung. Bewertet wurde diese Variante gleichwohl als störende Nebenkommunikation. Noch 1799 heißt es im Bericht des Pastors Mirus „Ueber Dorfschulen und deren Lehrer":

> Die Kleinen haben, wenn der Lehrer sich mit den Größern beschäftigt, nichts zu thun, und werden, weil ganz müßig zu seyn dem Kindesalter nicht eigen ist, unruhig, plaudern miteinander und necken sich; sie theilen also beständig die Aufsicht des Lehrers, und stöhren die Größern in der nöthigen Aufmerksamkeit.[615]

---

[613] Bahrdt 1776, 238; zum „Plauderholz" vgl. v. Türk 1806, 267. Auch Haun 1801, 64 erwähnt als Strafe für plaudernde Schüler „das Stehen an seinem Orte, indessen die andern Kinder sitzen"; Comenius 1658, 199 erwähnt als Strafe für Plauderei Züchtigung „mit dem Bakel und der Ruhte.".
[614] Eberhard 4, 1799, 261f.
[615] Mirus 1799, 281; vgl. Salzmann 1796, 448f.

Authentische Belege für ein *Neben-Gespräch*, das neben dem didaktischen Haupt-Gespräch geführt wird, sind im Korpus der vorliegenden Arbeit nicht nachzuweisen. In einem Gesprächsbüchlein aus dem Jahr 1729 zum Sprachenlernen für deutsche und polnische Kinder finden sich aber immerhin fiktionale Bruchstücke eines die Stillarbeit störenden *Neben-Gesprächs*, das die Lehr-Lern-Situation eindrucksvoll spiegelt. Nicht explizit erwähnt, aber aus dem abschließenden Tadel des Lehrers zu erschließen ist, dass die Schüler in Stillarbeit eine Lektion zu lernen hatten, die der Lehrer anschließend „abhören" wollte, möglicherweise eine Vokabelübung. Das *Neben-Gespräch* hat eine Ermahnung („Warumb lernest du nicht? sitzest nicht stille? gehest zu wercke? Thust den Kindern Schalckheit?") und körperliche Züchtigung eines Schülers zur Voreröffnung:

Du bist billig geschlagen worden.
Es hat dir nichts bessers wiederfahren können.

Schweig, und laß mich zu frieden, oder ich gebe dir eins an den Kopf,
Lache du man hin, ich wil den Tag erleben, daß du sollt mehr Schläge kriegen (bekommen) als ich.

O ja du bist ein fein Kerl, ein gewisser Prophet,
Du solt sehen, daß ich dir das gedenken will,
Ich werde nu nicht lange mehr in die Schule gehen, denn ich werde in Pohlen ziehen.
Es liegt ein Polnischer Herr bey uns, der wil mich mit nehmen. [...]

Hie ist ein Junge (ein Mägdlein) der (die) ist erstlich aus Pohlen kommen,
Lasset uns ihn (sie) fragen, wie es ihm (ihr) alda ergangen sey,
Wie lang bistu in Pohlen gewest?
Es ist mir schon vergessen,
Kanst du gut Polnisch,
Was fragst du? er (sie) kans so gut als ein gebohrner Pohl,
Hast du einen guten Herrn gehabt.
Ich wollte mir mein Lebtag keinen bessern wünschen,
Essen, Trincken, Kleider habe ich allezeit bey ihm gnug gehabt, [...]
Kinder, lasset das Schwatzen bleiben, lernet die Lection, und repetiret sie einmahl oder etlich [...]."[616]

Das *Neben-Gespräch* setzt mit dem expressiven Gesprächsakt eines Mitschülers ein, der den anderen TADELT und die Zurechtweisung und Züchtigung höhnisch-schadenfroh RECHTFERTIGT, worauf das Opfer der Züchtigung mit einer dem Adressaten indirekt DROHENDEN, für den Sprecher zugleich expressiv GENUGTUENDEN ANKÜNDIGUNG reagiert. Kurz:

---

[616] Volckmarus 1729, 56ff.

Die Schüler „necken sich", wie Pastor Mirus es ausdrückt. In der zweiten Gesprächsphase wird dann versucht, das Thema der ANKÜNDIGUNG („in Pohlen ziehen") auf die Probe (seitens des schadenfrohen Schülers) bzw. auf reale Füße (seitens des Opfers) zu stellen, indem ein dritter Gesprächsteilnehmer nun aufgefordert wird, seine Erfahrungen zu berichten. Das braucht hier nicht vertieft zu werden. Vor dem Hintergrund der in den vorangehenden Abschnitten dargestellten Geschichte und Entwicklung der institutionell normierten Sorten des deutschen *Lehrgesprächs* ist in jedem Fall davon auszugehen, dass solche *Neben-Gespräche* häufiger bei den geschlossenen Sorten, zumal im Einzelunterricht bei Still- oder Nichtbeschäftigung der übrigen Schüler, erschienen, während in den offeneren Sorten versucht wurde, das *Plaudern* zu unterbinden und den Rededrang der Schüler für das Unterrichtsgeschehen fruchtbar zu machen. Die wiederholten Ermahnungen zur „Stille" im Unterricht selbst bei philanthropisch engagierten Pädagogen, die offene Sorten des *Lehrgesprächs* propagierten, wie etwa Bahrdt,[617] weisen gleichwohl darauf hin, dass das *Neben-Gespräch* auch hier zur Begleitmusik des Unterrichtsgeschehens gehörte.

Die folgende Skizze veranschaulicht die nebenkommunikative *Plauderei* zwischen zwei Schülern (Schüler$_3$ und Schüler$_5$) während eines katechetisch *darbietenden Gesprächs*, das der Lehrer mit Schüler$_1$ führt. Der gestrichelte Pfeil deutet an, dass die Nebenkommunikation auch von Nichtbeteiligten wahrgenommen wird:

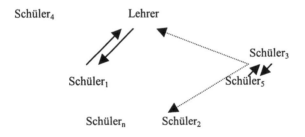

III. 4.2. Historische Gesprächshandlungen

Die folgenden Abschnitte sind der feineren Analyse ausgewählter historischer Mittel und Formen der Gesprächsführung gewidmet. Die Untersuchun-

---

[617] Vgl. Bahrdt 1776, 238.

gen begeben sich, dialoggrammatisch betrachtet, auf die Ebene „elementarer Dialogstrukturen" bzw., gesprächsanalytisch betrachtet, auf die „mittlere" und „Mikroebene"[618] und wenden sich damit, nachdem die kultur- und sozialgeschichtlichen, ideen- und mentalitätsgeschichtlichen Dimensionen des deutschen *Lehrgesprächs* beleuchtet und die historischen Sorten dieses Gesprächstyps typologisch erfasst worden sind, der wohl schwierigsten Aufgabe der historischen Dialogforschung zu: der Rekonstruktion konkreter Mittel und Formen des Gesprächshandelns sowie, in einem daraus erwachsenden Zugriff, der Rekonstruktion historischer gesprochener Sprache. Auch für diese feinere Analyse von Gesprächen liegt mittlerweile eine aspektreiche Fülle an spezieller Forschungsliteratur vor, aus der indes wiederum nur die Arbeiten auswählend herangezogen werden, die der theoretischen, methodologischen und empirischen Grundlegung der historischen Dialogforschung besondere Dienste leisten. wegweisend sind dabei erneut die in II.1.1. und II.1.2. eingeführten Ansätze.

Der Gang der Darstellung folgt einer Ordnung dieser Mittel und Formen nach Maßgabe ihrer dominierenden Funktionen im Bereich der Beziehungs- oder im Bereich der Gegenstandskonstitution des *Lehrgesprächs*. Die Unterscheidung dieser beiden Bereiche hat sich in der sprachwissenschaftlichen Dialogforschung im Anschluss an Paul Watzlawicks Differenzierung zwischen „Beziehungsaspekt" und „Inhaltsaspekt" zu Recht etabliert,[619] doch ist sie nicht unproblematisch. Die durch diese Benennungen suggerierte Möglichkeit der strikten Trennung ist in der Praxis nicht gegeben, nur allzu oft fließen beziehungsorientierte und gegenstandsorientierte Funktionen des Sprechens ineinander, zumal in institutionell definierten Gesprächsrollen wie denen von Lehrer und Schüler. So hat beispielsweise die im Zusammenhang mit dem *sokratischen Gespräch* weit verbreitete Forderung, der Lehrer möge nicht mehr als strenger „Lehrmeister" seinem „Lehrjünger" begegnen,[620] sondern sich als gütiger Vater, gar als älterer Freund zu den Schülern „herablassen", nicht nur die Beziehung zwischen Lehrer(rolle) und Schüler(rolle) nachhaltig verändert, sondern auch die Formen gegenstandsorientierten Sprachhandelns berührt, etwa die Formen des FRAGENS und ANTWORTENS. Dass die beziehungsorientierte und die gegenstandsorientierte Seite eines Gesprächs zu unterscheiden sind und dennoch zusammengehören, lässt sich wohl am besten unter erneutem Rückgriff auf die Bühler'sche Adaption des Organon-Gedankens Platos fassen: Im Wege des Spre-

---

[618] Vgl. Franke 1990 und Henne/Rehbock 2001, 14.
[619] Vgl. Watzlawick/Beavin/Jackson 1969, 53.
[620] Zu diesen Benennungen für die Rollen des Lehrers und des Schülers s.o., II.2.1.

chens im *Lehrgespräch* will und soll einer dem anderen (Beziehung) etwas über die Dinge (Gegenstand) mitteilen.[621]

Im Folgenden werden zunächst Mittel und Formen der Herstellung, Definition, Gestaltung und Aufrechterhaltung sozialer Beziehungen im deutschen *Lehrgespräch* im 17. und 18. Jahrhundert und anschließend Mittel und Formen der UNTERWEISENDEN Entfaltung von Lehr-Lern-Gegenständen zur Beschreibung kommen. Beziehungsorientierte Anrede und Erwiderung im deutschen *Lehrgespräch* des 17. und 18. Jahrhunderts soll als Herstellung des Gesprächsverhältnisses im Wege der Definition und Ausfüllung der institutionell vorgegebenen Gesprächsrollen erkundet werden; gegenstandsorientierte Anrede und Erwiderung gilt es in Form von dialogischen „adjacency pairs" in ihrem je konkreten sprechsprachlichen Gewand aufzusuchen. Ein diachronischer Blick, aufsteigend von etwa 1600 bis etwa 1800, versucht dabei, tiefere Einblicke in die zunächst nur schwarzweiße und später bunte Vielfalt des Gesprächshandelns zwischen Lehrer und Schüler(n) zu gewinnen.

III.4.2.1. *Einer – dem anderen*: Soziale Beziehungen im Lehrgespräch

III.4.2.1.1. Gesprächseröffnungen und -beendigungen

Gesprächseröffnung und -beendigung gelten als beziehungsorientierte Gesprächshandlungen. Die Gesprächseröffnung, so heißt es im gesprächsanalytischen Standardwerk von Helmut Henne und Helmut Rehbock, ist diejenige Phase eines Gesprächs, „in der die Gesprächspartner eine wechselseitig akzeptierte Situationsdefinition hinsichtlich ihrer sozialen Beziehungen als Gesprächspartner erreichen [...]."[622] Die Definition der sozialen Beziehungen hat auch die Gesprächsbeendigung zu leisten, doch weil diese „die Gesprächsmitte ‚im Rücken' hat", kann sie zu einer ganz anderen Situationsdefinition gelangen.

Für das deutsche *Lehrgespräch* im 17. und 18. Jahrhundert gelten diese Bestimmungen der Eröffnung und Beendigung eines Gesprächs zwar nur bedingt, insofern es sich hierbei um einen institutionellen Gesprächstyp handelt, bei dem die Situationsdefinition der Gesprächspartner durch institutionelle Rollen vorbestimmt ist und nicht bei jeder Begegnung grundsätzlich neu gefunden werden muss. Löst man die Bestimmungen der Kategorien „Gesprächseröffnung" und „Gesprächsbeendigung" aber vom einzelnen Gespräch, so sind sie durchaus auch auf die historischen didaktischen Ge-

---

[621] Vgl. Bühler 1934, 24ff.
[622] Henne/Rehbock 2001, 15.

sprächssorten anwendbar, mit dem Unterschied allerdings, dass typische Eröffnungen und Beendigungen nicht mehr im Sinne einer rituellen Herstellung und Wahrung des Images für die Dauer eines Gesprächs zu interpretieren sind, sondern als historisch wandelbare Gesichter institutioneller Gesprächsrollen.

Sowohl in geschlossenen wie in offenen Formen des deutschen *Lehrgesprächs* ist von 1600 bis 1800 grundsätzlich eine Voreröffnung durch Einführung des Lehr-Lern-Gegenstands zu beobachten. Diese Voreröffnung erfolgte in den geschlossenen Sorten zumeist durch Lektüre eines schriftlich fixierten Textes und in den offenen Sorten entweder ebenfalls durch Textlektüre oder aber durch Anschauung einer Realie, die einführend vorgestellt wurde. Es ist anzunehmen, dass dieser Voreröffnung eine begrüßende und die Aufmerksamkeit auf das Unterrichtsgeschehen lenkende Anrede der Schüler durch den Lehrer vorausging. In den Quellen der vorliegenden Arbeit ist eine solche gesprächseröffnende Anrede indes nur selten überliefert, und dies zudem in nennenswertem Umfang erst für die Zeit nach 1750. Der Beginn des oben (III.4.1.1.2.) zitierten *darbietenden Gesprächs* aus Stresows „Handbuch für Schulmeister" sei als ein früher Beleg (1765) noch einmal angeführt:

> Laß dich bei den lieben Kleinen nieder, oder dieselbe um dich herum stehen, fasse eins oder etliche derselben freundlich bei der Hand, und fange also an: Höret, lieben Kinder, ich will euch was sagen, woran sehr viel gelegen ist: **Es ist ein GOtt.**[623]

Diese freundliche Form der Anrede: „Liebe(n) Kinder" ist im Korpus schon früher zu belegen, nämlich bei Eisler im Jahr 1733, doch eröffnet sie dort nicht ein Gespräch, sondern einen Gesprächsschritt („Allein, liebe Kinder! eines kann ich zwar thun [...]").[624] In beiden Fällen ist es jedoch kein Zufall, dass gerade diese freundliche Form der Anrede mit dem Adjektivattribut *lieb* gewählt wurde, setzt sie doch das erst im 18. Jahrhundert weiter verbreitete aufklärerische Menschenbild vom liebenswerten und förderungswürdigen Kind voraus. Fiktive *Lehrgespräche*, die in der Zeit des Diskurses über die Vorzüge und Nachteile von *katechetischem* oder *sokratischem Gespräch* erschienen, konnten sich durch eine gesprächseröffnende Anrede der Schüler und zumal durch die Verwendung dieser Anrede gleichsam den Anstrich des Modernen geben – auch wenn das Gespräch selbst dann womöglich ein *katechetisches Lehrgespräch* geschlossener Sorte war. In Eröffnungen von *Lehrgesprächen* mit nur einem Schüler finden sich etwa zeitgleich Pendants zu dieser freundlichen Anrede eines Kollektivs, die in der Formel „mein(e)

---

[623] Stresow 1765, 158.
[624] Eisler 1733, 3.

(liebe(r/s)) Tochter/Sohn/Kind/[Name]" zusammengefasst werden können.[625] Bei der soeben zitierten Eröffnung aus Stresows „Handbuch" handelt es sich um ein „einflössend" *abfragendes Gespräch*; im folgendem Beispiel bildet diese freundliche Eröffnung zusammen mit der Textlektüre die Voreröffnung zu einem *zergliedernden katechetischen Gespräch*:

> Lieben Kinder! Ihr wißt alle die Absicht, in welcher wir hier beisammen sind. Ihr erwartet wieder von mir, daß ich euch etwas Belehrendes und Ermunterndes sage. Ich will es. Was kann ich euch aber Wichtigers sagen, als wenn ich euch heute zu wirksamerer, thätigerer Dankbarkeit ermuntere? David soll uns dießmal den Leitfaden geben. Schlagt einmal auf, was er im 166. Psalm im 12, 13. Verse sagt. – Habt ihr die Stelle nun alle gefunden? – So lies du: [...].[626]

Die offenen Sorten des *sokratischen Gesprächs* suchten darüber hinaus schon in den Eröffnungen das Gewand der institutionellen Gesprächsrollen abzustreifen und die Beziehungsdefinition dem natürlichen Gespräch zwischen Vater und Sohn/Tochter anzunähern. Nur so ist es zu erklären, dass Kantor Bruns, wie oben zitiert, vor die Klasse tritt und zur Eröffnung den Vergesslichen mimt: „Ich wollte ja heute etwas fragen? was doch wol?"[627] Eine vergleichbar vertraulich-offene, gar saloppe Eröffnung ist in dem ebenfalls schon erwähnten „socratischen Gespräch" Michelsens zu finden, das ohnedies im Bereich des privaten Einzelunterrichts angesiedelt ist:

> L. Wie stehts? Wollen wir uns heute wieder über etwas aus der Mathematic unterreden?
> S. Ich wüßte nichts, was ich lieber thun mögte, als das.[628]

Während für die geschlosseneren Sorten des deutschen *Lehrgesprächs* die Voreröffnung im Wege der Textlektüre und die Eröffnung selbst in Form einer auf den Text bezogenen Lehrerfrage prototypisch ist, neigen offener Sorten im letzten Drittel des 18. Jahrhunderts dazu, als so genannte „zufällige Gespräche" inszeniert und dementsprechend „zufällig" eröffnet zu werden. Die Voreröffnung besteht dann in einem außersprachlich gegebenen Gegenstand oder Sachverhalt. Im „Taschenbuch für teutsche Schulmeister" beispielsweise gibt es eine kleine Reihe mit dem Titel „Der Gebrauch des Kalenders in Gesprächen zwischen dem Schulmeister und seinen Kindern". Das erste Gespräch setzt wie folgt ein:

---

[625] Vgl. z.B. Bahrdt 1776, 122: „**1. Lehrer.** Halten Sie es wol für gut, mein lieber Fritz! wenn Sie zu viel essen?"; Meyer 1794, 3: „Wo kommst du her? mein Sohn!"; Rochow 1772, 21: „Wie heißt du, meine Tochter! mit dem Taufnahmen?" Zur Anrede s.u., III.4.2.1.3.
[626] [anonym] 1797, 118; vgl. Salzmann 1796, 454.
[627] Zerrenner 1788, 14.
[628] Michelsen 1781, 18.

363

> Schulmeister. Christian! was war dieß da für ein Papier, das du vom Boden aufgehoben?
> Christian. Es ist ein Stük von einem alten Kalender.
> Sch. Kalender – was ist das für ein Buch?[629]

Oder: In Zerrenners Zeitschrift „Der deutsche Schulfreund" gibt es „Ein sokratisches Gespräch über die Fürsehung Gottes" mit dieser „zufälligen" Eröffnung:

> Lehrer. Wo kommst du her? mein Sohn! Knabe. Vom Thurme. L. Was hast du auf dem Thurme gethan? K. Ich habe die Kirchenuhr aufgezogen. L. Hat die Uhr einen Zweck?[630]

Dass auch im offenen *sokratischen Gespräch* die Eröffnung ungeachtet allen „Herablassens" des väterlich-freundschaftlich agierenden Lehrers fest in der Hand desselben lag, ist oben (III.3.3.) bereits im Zusammenhang mit der Praxis der Schülerfrage dargelegt worden. Dementsprechend weist das Korpus nur sehr wenige – und durchweg fiktive oder fiktionale – Gespräche auf, an deren Beginn eine Schülerfrage steht – und die dann, wie dargelegt, in Form eines „gegen-initiativen" zweiten Zuges sogleich durch eine Lehrerfrage neu eröffnet werden. Ein fiktives Beispiel aus Michelsens „socratischen Gesprächen" soll deshalb hier genügen:

> S. Ist denn das wirklich wahr, daß man wissen kann, wie hoch ein Thurm ist, ohne denselben zu messen? Ich kann ja nicht einmal wissen, wie hoch unsere Stube ist, wenn ich sie nicht messe.
> L. Also würden Sie mir wohl noch weniger glauben, wenn ich sagte, daß man sogar wissen könne, wie hoch von uns bis zur Sonne ist?[631]

Die Formen der Gesprächsbeendigung belegen die Entwicklung des deutschen *Lehrgesprächs* vom geschlossenen, streng in den Bahnen seiner institutionellen Funktionen gehaltenen Gesprächs hin zu offenen, dem natürlichen Gespräch inszenierend angenäherten Sorten, nicht ganz so deutlich wie die der Gesprächseröffnung, was darauf zurückzuführen ist, dass die Gesprächsbeendigung in weit höherem Maße den institutionell vorgegebenen Zwecken des *Lehrgesprächs* zu entsprechen hatte. So steht am Ende sowohl geschlossener wie offener Lehrgespräche die ERGEBNISSICHERUNG, beispielsweise in Form eines ZUSAMMENFASSENDEN kurzen Lehrervortrags[632] oder in Form des ERMAHNENDEN Lehrerdiktats eines moralischen Satzes, den die Schüler auswendig zu lernen oder, vornehmlich am Ende offener *Lehrgespräche*, aufzuschreiben hatten:

---

[629] [anonym] 1786c, 99.
[630] Meyer 1794, 3.
[631] Michelsen 1781, 3.
[632] Vgl. z.B. Rist 1787, 212.

61. **Lehrer.** Schreibt euch das wieder auf, ihr Kinder! ‚Ein Christ hat daher Gelegenheit, täglich und stündlich sich mit seinem Gott zu unterreden, und alle seine vernünftige Wünsche ihm vorzutragen, oder für schon erfüllte zu danken. [...]'.[633]

Riemann überliefert aus Reckahn aber auch eine ganz andere Gesprächsbeendigung, die grosso modo auch gut zweihundert Jahre später sowohl funktional wie formal noch im Klassenzimmer angetroffen werden könnte. Es handelt sich dabei um eine direktive Formulierung der Hausaufgabe und die Ankündigung der Prüfung derselben am nächsten Tag:

> Den dritten Spruch sollt ihr zu Hause nachschlagen: er steht Syr.23, v. 26–29. Morgen will ich fragen, ob ihr auch darinn was gefunden habt, was zu unsrer Geschichte gehört.[634]

Noch „natürlicher" erscheint die auch die sozialen Beziehungen spiegelnde Beendingungsinitiative des Kantors Bruns in dem oben (s.o. III.3.3.) schon einmal herangezogenen Unterrichtsgespräch im Rechenunterricht. Die Kinder hatten hier schon eine ganze Weile dialogisch gerechnet, als Kantor Bruns ansetzt, das Unterrichtsgespräch zu beenden:

> Herr B. Nun Kinder hören wir auf; dächt ich!
> K. O nein noch eins! ein andres: noch 2!
> L. wenn ihr mich nun aber im Stiche laßt.
> K. o nein.
> L. Nun, ich will mal sehen: [er stellt eine neue Aufgabe, J.K.] [...]
> Die Kinder wollten jetzt noch schreiben; allein der Lehrer sagte: nein! –
> L. Wer schreibt mir denn morgen aber etwas aus der Predigt auf. K. Alle: ich! ich!
> L. Nun sammlet euch;
> Jetzt sang der Lehrer stehend mit den Kindern, mit unbeschreiblicher Ehrerbietung und auf eine sehr sanfte und anmuthige Weise, aus dem N. Ges. Buch Nr. 287. den 7. und 8. Vers: was du gebeutst ist für uns gut etc. Schon hier schmeckt er dir zugethan etc. Diese, so wie alle Verse, die in der Schule gesungen werden, konnten die Kinder auswendig. Hierauf gingen erstlich die Knaben, dann die Mädchen sehr sittsam und still zu Hause."[635]

Da hier der Rechenunterricht bereits eine Weile angedauert hatte, ist es nicht ganz unwahrscheinlich anzunehmen, dass Bruns tatsächlich schon an dieser Stelle das Unterrichtsgespräch beenden – und nicht nur MOTIVIEREN wollte. Sein strukturierender, gesprächsschrittübergebender Gesprächsakt „dächt ich" legt gleichwohl die letzte Entscheidung über die Beendigung in die Hände der Kinder, und diese entscheiden so, wie er es wohl erwartet hatte. Seine zweite Beendigung ist dann definitiv: Mit einem entschiedenen

---

[633] Bahrdt 1776, 152.
[634] Riemann 1781, 129.
[635] Zerrenner 1788, 12f.

„nein!" weist Bruns die Einbringung eines neuen Unterrichtsthemas zurück (bzw. verweist auf den nächsten Tag) und beendet das Unterrichtsgespräch und zugleich das Unterrichtsgeschehen mit Hilfe eines „sammelnden", gemeinsam gesungenen Liedes (was in Reckahn häufiger geschieht).
Auf „Privaterziehungsanstalten" sowie in der privaten „häuslichen Erziehung" erscheinen die Gesprächsbeendigungen noch mehr ihres institutionellen Charakters beraubt, zumal wenn die offenen Sorten des deutschen *Lehrgesprächs* zu einem für die Dauer des Gesprächs kollegialen Gesprächsverhältnis neigten. Im ersten von Michelsens „socratischen Gesprächen über die wichtigsten Gegenstände der ebenen Geometrie" fasst der Lehrer in einem längeren Gesprächsschritt zunächst das Ergebnis des *gelenkten Unterrichtsgesprächs* zusammen, was hier gleichsam als Vorbeendigung fungiert, und leitet sodann die eigentliche Beendigung explizit ein:

> L. [...] Bisweilen gebraucht man auch nur einen Buchstaben, wie Fig. 11 und 12, der dann zu Anfange oder in der Mitte steht. Soviel für heute, morgen vielleicht etwas mehreres. Da Sie so aufmerksam gewesen sind, so werden Sie wohl von dem Erlernten nichts vergessen. So bald wir also wieder Zeit haben werden, werde ich zur Wiederholung ein Paar Fragen thun, und wenn Sie diese werden beantworten können, dann gleich weiter.
> S. Morgen doch ganz gewiß? Vergessen will ich gewiß nichts. Ich werde für mich noch einmal alles überdenken.
> L. Gewiß versprechen will ichs nicht. Indeß wissen Sie ja, daß ich Ihnen, wenn Sie fleißig sind, dergleichen Bitten nicht abschlage.[636]

Auch diese Beendigung ist in Bezug auf die thematische Ordnung der Gesprächsakte zweigeteilt, nämlich einmal rückverweisend das Unterrichtsgeschehen ZUSAMMENFASSEND und sodann vorausweisend das künftige Unterrichtsgeschehen ANKÜNDIGEND. Die beiden Gesprächsakte „Soviel für heute, morgen vielleicht etwas mehreres" sind als strukturierende Gesprächsakte die technischen Mittel zur Herstellung des Übergangs zwischen den beiden Teilen des Gesprächsschritts; und sie stellen zugleich, insofern sie thematisch aufgeladen sind, auch den inhaltlichen Übergang her. Der letzte Gesprächsschritt des Lehrers beendet das Gespräch dann wirklich und legt zugleich die Beziehungsdefinition für das folgende fest. Und auch dies ist prototypisch für die Beendigung des *sokratischen Gesprächs*, dass der Lehrer, gegenstandsorientiert, MOTIVIERENDE und, beziehungsorientiert, HARMONISIERENDE Gesprächshandlungen vollzieht. Zwar legt die institutionelle Einfassung des *Lehrgesprächs* an sich schon die Gesprächsrollen auch für das nächste Gespräch in hinreichendem Maße fest, doch betrifft dies eben nur die institutionellen Gesprächsrollen von „Lehrmeister" und „Lehrjünger", „Lehrer" und „Schüler". Das *sokratische Gespräch* löste diese Rol-

---
[636] Michelsen 1781, 17f.

len aus ihrem institutionellen Gewand und damit mittelbar auch aus der die Beziehungsarbeit entlastenden institutionellen Vorbestimmung des Gesprächsverhältnisses. Je offener und institutionell entgrenzter das deutsche *Lehrgespräch* gestaltet wurde, desto mehr bedurfte es daher der expliziten Vereinbarung über das Gesprächsverhältnis. Das wird auch im folgenden Abschnitt zum LOBEN und TADELN wieder festzustellen sein, die, je offener das Gespräch, desto beziehungsorientierter ausfallen.

Feste Formeln, die, entsprechend der kollektiven Anrede zur BEGRÜSSUNG der Kinder, die VERABSCHIEDUNG am Ende des *Lehrgesprächs* bzw. des Unterrichts in beziehungsorientiertem Sinne tragen, sind im Korpus nicht überliefert. Ein Mittel der Beziehungsdefinition für das künftige Gesprächsverhältnis – im positiven wie im negativen, im institutionellen wie im väterlich-freundschaftlichen Sinne – ist es jedoch stets, wenn der Lehrer in der Gesprächsbeendigung auf sich selbst referiert und seine eigene Rolle bereits im Voraus festlegt, sei es, wie bei Bruns, in Form des Dativus commodi („Wer schreibt mir denn morgen etwas aus der Predigt auf."), sei es, wie bei Michelsen, in Form eines konditional eingezäunten kommissiven Gesprächsakts („Gewiß versprechen will ichs nicht. Indeß wissen Sie ja, daß ich Ihnen, wenn Sie fleißig sind, dergleichen Bitten nicht abschlage.").

III.4.2.1.2. „So ist recht!" – LOBEN und TADELN

Handlungen des Lehrers, die ein bestimmtes Verhalten und Handeln des Schülers positiv oder negativ BEWERTEN und dadurch den Schüler VERANLASSEN, ähnliche Verhaltensweisen und Handlungen in Zukunft zu wiederholen oder zu unterlassen, werden in der modernen Erziehungswissenschaft als (positive und negative) „Verstärkung" einerseits und (positive und negative) „Bestrafung" andererseits bezeichnet.[637] Diese Handlungen können sowohl verbal als „Wortstrafe"[638] wie nonverbal (gestisch, mimisch, körpersprachlich) vollzogen werden und verschiedenste Formen annehmen. In der pädagogischen Literatur des 17. und 18. Jahrhunderts sind für diese pädagogisch-psychologisch eingesetzten Bewertungshandlungen des Lehrers vornehmlich die Benennungen „Belohnung" bzw. „loben" und „Bestrafung" bzw. „bestrafen" und „tadeln" in Gebrauch,[639] wozu allerdings, noch bis weit ins 20. Jahrhundert hinein, als akkreditiertes Mittel des TADELNS auch die

---

[637] Vgl. z.B. Thiele 1981, 82ff., der allerdings nur die „Verstärkung" anführt.
[638] So Johannes Kromayer in seinem „Bericht vom neuen Methodo" (1619); auszugsweise abgedruckt in Dietrich/Klink/Scheibe I, 1964, 26–54, hier 36.
[639] Vgl. z.B. Campe 1788.

körperliche Züchtigung (vgl. z.B. oben, II.3.: „Und da hast für das dritte und vierte noch ein paar watschen.") gerechnet wurde.[640]

Aus sprechakttheoretischer Sicht sind sowohl LOBEN wie auch TADELN Expressiva im Sinne Searles. Burkhardt beschreibt den semantisch-pragmatischen Gehalt der Handlungsverben *loben* und *tadeln* in der deutschen Gegenwartssprache wie folgt (wobei „H" für „Hörer", „p" für „Proposition" und „S" für „Sprecher" steht):

loben   H sagen, daß p S freut, wobei p vergangen, öffentlich anerkannten Normen gemäß und H Verursacher von p ist; Zweck: Stabilisierung der Beziehungsebene.

tadeln   H sagen, daß H der Verursacher eines vergangenen Ereignisses p ist, das S nicht freut und öffentlichen Normen und/oder Ss Interessen zuwiderläuft; S ist von höherem sozialen Rang als H [...].[641]

Als funktional dialogische didaktische Sprachhandlungen sind LOBEN und TADELN indes als Expressiva nicht hinreichend beschrieben. Denn die Gruppe der Expressiva stellt lediglich den Ausdruck des psychischen Zustands des Sprechers bzw., in funktional dialogischer Sicht, den Ausdruck der persönlichen Einstellung des Sprechers zum Hörer als vornehmsten Zweck des Sprechaktes heraus, ohne zu berücksichtigen, dass Sprecher und Hörer nicht nur in einem persönlichen, sondern auch in einem institutionell gebundenen Gesprächsverhältnis zueinander stehen können. Die Äußerung der persönlichen Freude bzw. des persönlichen Ärgers des Lehrers hat zwar, zumal im inszeniert väterlich-freundschaftlichen Gesprächsverhältnis auf den Philanthropinen des späten 18. Jahrhunderts, ebenfalls eine Rolle gespielt – zu erwähnen ist hier vornehmlich der Wechsel vom gegenstandsorientierten zum beziehungsorientierten TADEL coram publico, in dem der Lehrer auch seine persönliche Enttäuschung zum Ausdruck brachte (s.u.). Die primäre institutionelle Funktion von LOB und TADEL im Kommunikationsbereich der Lehre ist es jedoch, bezogen auf vergangene Handlungen des Schülers BEWERTEND MOTIVIEREND oder BEWERTEND ERMAHNEND als Verstärkung oder Bestrafung eine zukünftige Handlung oder ein zukünftiges Verhalten der Schüler zu bewirken. Dieser Bezug auf zukünftiges Handeln des Hörers greift über die Klasse der Expressiva hinaus: Der Lehrer solle „durch Belohnungen zum Guten reizen und im Guten stärken, durch Strafen hingegen vom Bösen abschrecken",[642] schreibt Campe, und diese Bestimmung des illokutionären Zwecks entspricht genau der „Wesent-

---

[640] Zur körperlichen Züchtigung vgl. auch Reyher 1642, §41. Zu weiteren Formen der Belohnung und Bestrafung, wie beispielsweise die Meritentafeln vgl. z.B. Campe 1788; ferner Dietrich 1975, 52ff.
[641] Burkhardt 1986a, 329.
[642] Campe 1788, 455.

lichen Regel" Searles für Direktiva, denn sie beschreibt den „Versuch, H dazu zu bringen, A zu tun."[643] Diese didaktische Funktion ist also nicht lediglich eine perlokutionäre Intention einer expressiven Äußerung, sondern gehört zur illokutionären Rolle des LOBENS und TADELNS im Gesprächsverhältnis zwischen Lehrer und Schüler. LOBEN und TADELN sind hier deshalb grundsätzlich als, zumeist indirekt vollzogene, Direktiva zu interpretieren, die, wiederum zumeist, im syntaktischen Kleid von Repräsentativa erscheinen und für den Lehrer zudem expressive Funktionen (etwa als Ausdruck der Freude oder des Ärgers) erfüllen mögen. Die erwähnte Inszenierung eines väterlich-freundschaftlichen Gesprächsverhältnisses in den Sorten des *sokratischen Gesprächs* ließ diese institutionell primäre direktive Funktion des LOBENS und TADELNS lediglich wieder in den Hintergrund treten und näherte den pragmatischen Gehalt den außerinstitutionell-beziehungsorientierten expressiven Funktionen an, wie sie auch in den Bedeutungserklärungen Adelungs und, diesem folgend, Campes erscheinen: Das Verb *loben* bedeutete am Ende des 18. und zu Beginn des 19. Jahrhunderts in allgemeinem Gebrauch „seinen Beifall durch Worte zu erkennen geben", das Verb *tadeln* „Unvollkommenheiten, Mängel, Fehler an einer Person oder Sache bemerken und mit Worten rügen".[644]

In dialogischen Zusammenhängen sind LOBEN und TADELN reagierende Gesprächsakte, erscheinen, dialoggrammatisch gesprochen, also frühestens im zweiten Zug, wobei zu bedenken ist, dass der erste, initiierende Zug nicht zwingend sprachlicher Natur sein muss. Insofern dem abstrakten Typus des *Lehrgesprächs* im Anschluss an die Forschungen Bellacks [u.a.] eine triadische Struktur („triadische Zugsequenz") zugrundegelegt werden kann („Lehreraufforderung – Schülerreaktion – Lehrerfortführung"[645] oder „initiation – reply – evaluation"[646]), rücken LOBEN und TADELN als BEWERTUNGEN des gegenstandsorientierten didaktischen Handelns („evaluation") sogar noch einen Zug weiter und können dann (müssen aber nicht) sequenzschließend sein (z.B. als „Lehrerfortführung").

In den pädagogisch-didaktischen Schriften des 17. und dann vor allem des „pädagogischen" 18. Jahrhunderts konnte der Lehrer und Erzieher nicht nur eine stattliche Reihe fiktiver Modell-Gespräche finden, sondern auch detail-

---

[643] Vgl. Searle 1971, 96ff. und s.u., III.4.2.2.2.
[644] Campe 1807–1811, Bd. 3, 1809, 138 (s.v. *loben*) und Bd. 4, 1810 (s.v. *tadeln*); vgl. Adelung 1793–1801, Bd. 2, 1796, 2082f. (s.v. *loben*) und Bd. 4, 1801, 513f. (s.v. *tadeln*).
[645] Zu dieser „triadischen Zugsequenz" vgl. Bellack [u.a.] 1974, 13f. und 252ff.; ferner Hundsnurscher 1989, 241.
[646] Mehan 1985, 121. Für Mehan ergeben sich daraus aber „two coupled adjacency pairs", insofern er „initiation" und „reply" als Initiator der „evaluation" zusammennimmt.

lierte Empfehlungen und Ratschläge für die konkrete Gestaltung einzelner Gesprächshandlungen, wie sie in *Lehrgesprächen* nützlich und mitunter notwendig sein konnten, so auch für das LOBEN und TADELN. In der „Großen Didaktik" Comenius' beispielsweise wird zu diesem Thema zwar nur mittelbar die Realität des 17. Jahrhunderts eingefangen, dafür aber das 18. Jahrhundert mit seiner philanthropischen Neigung zum beziehungsorientierten TADELN schon vorbereitet:

> Wenn es jedoch einmal des Sporns und Stachels bedarf, so läßt sich das auf andere Weise besser tun als mit Schlägen: bisweilen mit einem etwas unsanften Wort und einem öffentlichen Tadel, bisweilen dadurch, daß man andere belobt: Sieh, wie der oder der ausgezeichnet aufpaßt! Wie richtig begreift er alles! Du aber schläfst! Bisweilen muß man mit Gelächter dem Schüler zusetzen: Du Einfältiger, eine so leichte Sache verstehst du nicht? Du gehst wohl mit deinen Gedanken spazieren?[647]

Im letzten Drittel des 18. Jahrhunderts erfährt das Thema LOBEN und TADELN schließlich die Aufmerksamkeit beinahe aller namhaften Pädagogen. In Stresows „Vollständigem Handbuch für Schulmeister" etwa handelt gut einhundert Jahre nach Comenius das „IV. Hauptstük. Von der Schulzucht im Ermahnen, Warnen und Strafen" von diesen die Wissensvermittlung und -erzeugung begleitenden Lehrerhandlungen und empfiehlt en passant sprachliche Formeln für die „wörtliche Beschämung" bzw. „wörtliche Bestrafung", wobei im konkreten Fall entweder das persönliche oder das institutionelle Gesprächsverhältnis in den Vordergrund gerückt werden konnte – die „Sattelzeit" spiegelt sich auch darin. Das zwischenmenschlich-persönliche Gesprächsverhältnis ist beispielsweise in der folgenden „wörtlichen Beschämung" thematisiert: „Dich N. und dich N. muß ich vorbeigehen, ihr wollt ja nichts lernen, und seid auch in der That nicht wehrt, ein gutes Wort zu hören."[648] Der Lehrer konnte aber auch das institutionelle Machtverhältnis ausnutzen und mit Mitteln der DROHUNG arbeiten, beispielsweise in folgender Form:

> Du bist ein unartiges Kind. Habe ich dir nicht gesagt, daß du das lassen solt? und du thust es doch. Du hättest verdient, daß ich dich scharf abstrafte. Wo ist die Rute? Das Kind wird flehend sprechen: Ich wills nicht mehr thun. Du magst es die Hand drauf geben lassen, und abwarten, ob es sich nach der wörtlichen Beschämung bessert.[649]

---

[647] Comenius [1657], 254.
[648] Stresow 1765, 35; im Original ist diese wörtliche Rede halbfett gesetzt.
[649] Stresow 1765, 56; die wörtliche Rede ist im Original halbfett gesetzt. Zum Handschlag als kommunikativem Abschluss des Vereinbarens zwischen Lehrer und Schüler vgl. auch Krünitz 61, 1753, 926 (s.v. *Land=Schule*).

Auch in der von Joachim Heinrich Campe herausgegebenen „Allgemeinen Revision des gesammten Schul= und Erziehungswesens" findet sich ein einschlägiger Aufsatz zu diesem Thema, und zwar aus der Feder Campes selbst: „Ueber das Zweckmäßige und Unzweckmäßige in den Belohnungen und Strafen" lautet der Titel dieses Aufsatzes, in dem allerdings nur mittelbar auch sprachliche Formen der genannten Lehrerhandlungen in den Blick kommen: Zur Belohnung, so Campe, seien ein „Kopfnicken und ein Händedruck" des Lehrers von höherem Wert als jegliche Geschenke; beim Strafen hingegen solle der Lehrer alle „Aeußerungen von Affect – z.B. zornige Miene, polternde Stimme, Schelten u.s.w." tunlichst vermeiden.[650]

Am Ende des 18. Jahrhunderts fasst Johann Ernst Christian Haun im Kapitel „Von der Schulerziehung" in seinem „Allgemeinen Schul=Methodus" gleichsam den Stand der Dinge zusammen. Er gibt detaillierte Empfehlungen zu „Belohnungen und Bestrafungen", von denen hier die sprachlich zu vollziehenden Möglichkeiten wiedergegeben seien. Zunächst stehen die „Belohnungen":

2) der laute, mit einem freundlichen Blicke oder einigen wenigen Worten bezeigte Beyfall [...].
3) das insgeheim ertheilte Lob, welches ein Kind vom Lehrer außer der Gegenwart der andern Kinder erhält, um die Ruhmsucht zu verhüten [...].
4) das öffentlich ertheilte Lob, dessen Hauptzweck aber die Ermunterung der andern Kinder seyn und auch in dieser Rücksicht ertheilt werden muß.

Und es folgen die „Bestrafungen":

3) ein gelinder Vorwurf bey geringen Fehlern, Nachlässigkeiten und Uebereilungen, in dem Tone ungefähr: Nimm dich doch in Acht! Du bist zerstreut; bist du nicht wohl? was ist dir begegnet? Hüte dich, daß du nicht nachlässest in deinem Fleiße oder in deinem sonstigen guten Betragen! Du bist der Gefahr der Verführung ausgesetzt. Habe mich und deine Eltern lieb! [...]
4) ein strenger öffentlicher Vorwurf in kurzen Worten, als: Sey doch still! Sey nicht unartig! Das war nicht gut gemacht! [...]
5) eine geheime Vorhaltung, die mit einer Erzählung der Sache beginnen, zu ernstlichen Verweisen übergehen, und dann mit gutmüthigen Erinnerungen und der Zusagung voriger Liebe [...] sich endigen muß.
6) öffentliche scharfe aber nicht schimpfende Verweise, die ganz kurz seyn müssen [...].[651]

Es gibt also, einmal, das LOBENDE oder TADELNDE Zwiegespräch („außer der Gegenwart der andern Kinder" bzw. „geheime Vorhaltung") und das öffentliche, mehrfachadressierte LOBEN oder TADELN, das zugleich den Wohl- oder Übeltäter wie die übrigen Schüler erreichen soll. Haun unter-

---

[650] Campe 1788, 492 und 495.
[651] Haun 1801, 58 und 63.

richtet des Weiteren auch über mimische („mit einem freundlichen Blicke") und sprachliche Formen des LOBENS und TADELNS, an denen erneut erkennbar wird, dass der Weg des deutschen *Lehrgesprächs* im 17. und 18. Jahrhundert der Weg vom institutionell geprägten, geschlossenen, zum inszeniert-natürlichen, offenen Prototyp ist. Auch bei diesen beiden Gesprächshandlungen, beim LOBEN etwas verhaltener, beim TADELN hingegen sehr deutlich, ist nämlich der Prozess zu beobachten, dass sie sich im Verlauf der zwei Jahrhunderte funktional wandeln von überwiegend institutionell und gegenstandsorientiert definierten Lehrerhandlungen hin zu überwiegend dem natürlichen Gespräch verwandten und beziehungsorientiert definierten Lehrerhandlungen. Dabei wird das gegenstandsorientierte BEWERTEN vom nurmehr beziehungsorientiert interpretierten LOBEN und TADELN geschieden und zunehmend durch Handlungen des BESTÄTIGENS bzw. KORRIGIERENS ausgefüllt (s.u.).

Was die sprachlichen Mittel selbst anbelangt, bietet Wolfgang Ratke eine frühe Sammlung LOBENDER Gesprächswörter und -phrasen in seiner „WortschickungsLehr", wenn er als „liebkosende" „Bewegwörter" anführt: „So, so, so, eÿ wie gut, eÿ wie recht, eÿ lieber, lieber doch."[652] Das schon hier notierte Wort *recht* ist, einschließlich seiner Varianten (*das ist/war*) *ganz recht* und *recht so*, während des ganzen hier zur Untersuchung stehenden Zeitraums in seiner sowohl beziehungsorientiert LOBENDEN wie gegenstandsorientiert BESTÄTIGENDEN Funktion in Gebrauch.[653] In vergleichbarer Weise finden auch *schön* und *wahr* als prädikativ gebrauchte Adjektive Verwendung.[654] Das mit *recht* wurzelverwandte *richtig* lässt sich demgegenüber im prädikativen Gebrauch mit diesen Funktionen im Korpus nur sehr selten und zudem erst nach 1750 nachweisen,[655] und das ebenfalls zur etymologischen Familie gehörende *recte* war nur auf gelehrten Schulen und Universitäten heimisch.[656] Auch das *so* Ratkes findet sich in späterer Zeit nurmehr vereinzelt als demonstratives Adverb in der LOBENDEN Formel „so ists" wieder.[657]

Von den deutschsprachigen lexikalisierten Formen des LOBENS, die über den gesamten Zeitraum verteilt sind und häufige Verwendung finden, sind sodann *gut* bzw. *recht gut* und *getroffen* zu nennen, die sowohl isoliert wie

---

[652] [Wolfgang Ratke:] WortschickungsLehr (um 1630), abgedruckt in Ratke/Ising II, 1959, 95–268, hier 210.
[653] Dem frühen Beleg aus Ratke sei deshalb nur [anonym] 1797, 119 als Belegstelle aus späterer Zeit zur Seite gestellt.
[654] Vgl. z.B. Stresow 1765, 159 („Das ist schön"); Bahrdt 1776, 191 („Das ist wahr").
[655] Vgl. z.B. Bahrdt 1776, 166.
[656] Vgl. Ehlers 1767, 79.
[657] Vgl. z.B. Rochow 1779, 143 („Ja so ists, mein Sohn").

auch im syntaktischen Verband in prädikativer Stellung erscheinen.[658] Zwei weitere Wörter des LOBENS kommen hingegen nur vereinzelt vor und sind zudem nicht zufällig in den Quellen zeitlich getrennt verteilt: In den Agenda Scholastica des Jahres 1751 wird in einem Unterrichtsvorschlag dem Lehrer als LOBEND-BESTÄTIGENDER Gesprächsakt noch das alte Adverb zu *gut*, „Wol!", isoliert in den Mund gelegt; bei Stresow und Rochow erscheint es dann nur noch in der noch heute gebräuchlichen Form „Ja wol", das allerdings im Vergleich zu *gut* mehr gegenstandsorientiert BESTÄTIGEN denn beziehungsorientiert LOBEN sollte.[659] – Die erst im 18. Jahrhundert ins Deutsche entlehnte Interjektion *bravo*[660] begegnet demgegenüber erstmals in fiktionalen Lehrgesprächen des späten 18. Jahrhunderts, wie z.B. in Campes „Robinson" von 1779 („Mutter. Bravo, Nikolas, das hast du gut gemacht!") oder in Goezes „Zeitvertreib und Unterricht für Kinder" von 1796 („**Vater.** Bravo, Fritze! gut gemacht."[661]).

Nur summarisch erwähnt werden sollen hier noch die Formen des LOBENS, die nur in syntaktisch vollständig ausgeführten Sätzen erscheinen, wie sie ebenfalls in der zeitgenössischen pädagogisch-didaktischen Literatur musterhaft vorformuliert wurden, wie beispielsweise Georg Christian Raffs „Vortrefflich, mein Kind!"[662] Interessanterweise lehnt Johann Reinhard Hedinger schon im Jahre 1700 derlei „sündliche Formeln" ab, was nicht nur den Authentizitätsgehalt der von ihm zitierten Formeln hebt, sondern auch noch auf die Vorherrschaft des kirchlich geprägten *katechetischen Gesprächs* verweist:

> Es erwecket nicht weniger einen Eifer, wann anstatt der unnöthigen und zum Theil sündlichen Formeln, ein Kind wegen Wohlverhaltens zur Fortsetzung aufzufrischen: ‚Wie schönes Lob hast du verdienet! Wie fleißig bist du im Lernen gewesen! Was muß man dir wohl Gutes geben, daß du fortfährest' u.s.w., ihme ein göttlicher Segen wird auferleget und gewünschet, zugleich auch andere zur Nachfolge werden angemahnet.[663]

Auch in Bezug auf TADELNDE Gesprächswörter und -phrasen wird man schon in Ratkes „WortschickungsLehr" fündig. Als „abschewende" „Bewegwörter" führt Ratke an: „pfu, pfu, pfu dich an, pfy der schand, da seÿ

---

[658] Vgl. z.B. Salzmann 1796, 443: „Die Kinder riethen hin und her, endlich rief Conrad aus: nun weiß ich es, Herr Pfarrer, die Lämmerlaus. Getroffen! sagte der Herr Pfarrer."
[659] Agenda Scholastica, Zweytes Stück, 1751, 8; zu „ja wol" vgl. Stresow 1765, 158 und Rochow 1779, 123.
[660] Vgl. Paul 1992, 143 (s.v. *bravo*).
[661] Campe 1779/80, 73; Goeze 1796, 94.
[662] Raff 1778, 9.
[663] Hedinger 1700, 109f.

Gott vor, da behüte Gott vor, Gott gebe, daß es nicht geschehe, troll dich, pack dich, heb dich, zum hencker, an galgen."[664] Die TADELNDE Interjektion *Fi*, Vorfahre des heutigen *pfui*,[665] ertönt in den vorliegenden überlieferten *Lehrgesprächen* indes nur selten und dann zumeist aus dem Mund der Schüler.[666] Ein Beispiel dafür, dass es auch dem Inhaber der Lehrerrolle anstand, birgt ein fiktionales Lehrgespräch Goezes, in dem Herr Wahrlieb eine Unstimmigkeit unter den Kindern beendet, indem er das eine Kind, Lottchen, LOBT und das andere, Ludwig, TADELT:

> Bravo! Lottchen, daß du so dienstfertig bist! Fi! Ludwig! wer wollte so undienstfertig seyn? Damit wirst du einmal in der Welt schlecht wegkommen, und nicht viel Freude haben.[667]

Als besonderes Mittel des TADELNS sind die Schimpfnamen zu nennen. Während nämlich LOBENDE Kosenamen während der ganzen Zeit von etwa 1600 bis etwa 1800 kaum über die oben genannte formelhafte Struktur der freundlichen Anrede („mein(e) (liebe(r/s)) Tochter/Sohn/Kind/[Name]") hinauskommen, erscheinen TADELNDE Schimpfnamen aus dem Munde des Lehrers im Korpus der vorliegenden Arbeit häufiger und zudem lexikalisch reicher entfaltet. Auffällig ist die zeitliche und gesprächssortenspezifische Verteilung der Belegdichte, ohne dass auf der Grundlage dieses Korpus darüber abschließend zu urteilen wäre: TADELNDE Schimpfnamen finden sich vornehmlich in frühen, geschlossenen *katechetischen Lehrgesprächen* auf „gemeinen Schulen" und sodann wieder in späteren, offenen *sokratischen Lehrgesprächen* in beinahe familiärer Atmosphäre, und damit also in Gesprächssorten, die jeweils an den äußersten Enden der Skala zwischen *katechetischem* und *sokratischem Gespräch* angesiedelt sind. Die Erklärung dafür ist im jeweils prototypischen Menschenbild des Schülers und dem institutionellen Selbstverständnis des Lehrers zu suchen: Bei der Verwendung der TADELNDEN Schimpfnamen auf „gemeinen Schulen" steht das institutionelle Machtverhältnis im Vordergrund, was auch in den zumeist rüden Schimpfnamen zum Ausdruck kommt. In dem oben (II.3.) zitierten *Lehrgespräch* des Pfarrers mit den Kindern einer bayerischen Dorfschule beispielsweise erhalten die Schüler die TADELNDEN Schimpfnamen *Galgenschlänkl, Esel, Hund, Halunken, Schliffel*;[668] vergleichbar herabwürdigend

---

[664] [Wolfgang Ratke:] WortschickungsLehr (um 1630), abgedruckt in Ratke/Ising II, 1959, 95–268, hier 210.
[665] Vgl. Paul 1992, 650 (s.v. *pfui*).
[666] Vgl. z.B. Campe 1779/80, 204: „Lotte. O Vater, ich laufe weg, wenn sie kommen! Fritzchen. Fi! wer wollte wohl so eine feige Memme sein!"
[667] Goeze 1796, 153.
[668] Bucher 1781, 44ff. Zu *Schliffel* vgl. DWb 15, 1899, 810f., (s.v. *Schlüffel*): „ungebildeter, roher oder auch ein träger, nachlässiger mensch".

sind die Belege in Volckmarus' polnisch-deutschem Gesprächsbüchlein von 1729, wo u.a. *Bengel, Büffel, Affe* und *Flegel* in dieser Funktion erscheinen.[669] Der Lehrer bzw. der Pfarrer ist in beiden Fällen Inhaber der institutionellen Gesprächsmacht und hat es, wenn man die Schülerrolle einmal institutionell betrachtet, mit niederen Wesen zu tun. – Auf gelehrten Schulen, dies darf man der von Comenius gewählten TADELNDEN Anrede „Du Einfältiger" entnehmen, waren die Schimpfnamen im 17. Jahrhundert moderater.

Die TADELNDEN Schimpfnamen in späteren den *sokratischen Gesprächen* neigen demgegenüber mitunter dazu, TADELNDE Kosenamen zu sein, also Anreden, die zwar institutionell TADELN, aber zugleich das zwischenmenschlich-persönliche Gesprächsverhältnis aufrechterhalten. Wenn beispielsweise in einem fiktionalen Lehrgespräch in Johann August Ephraim Goezes „Zeitvertreib und Unterricht für Kinder" von 1796 der Vater mit den Worten „Fritze! willst du ruhig seyn? Schelm!" TADELT, so darf man dem Wort *Schelm* ein freundliches Augenzwinkern hinzudenken.

Im letzten Drittel des 18. Jahrhunderts wurden, wie erwähnt, LOBEN und TADELN als Gesprächshandlungen des Lehrers deutlicher als beziehungsorientierte BEWERTUNGEN interpretiert, während auf der gegenstandsorientierten Ebene das BESTÄTIGEN bzw. KORRIGIEREN als institutionelle Formen der BEWERTUNG etabliert wurden. Eine strenge Grenze ist hier zwar nicht zu ziehen. Das philanthropische Ideal des Gesprächsverhältnisses zwischen Lehrer-Vater und Schüler-Tochter bzw. -Sohn brachte es jedoch mit sich, dass der Lehrer nicht mehr nur in seiner Eigenschaft als Inhaber eines institutionellen Amtes kognitive Leistung zu bewerten hatte, sondern auch als Mensch über den Menschen urteilen sollte. Je mehr sich das deutsche *Lehrgespräch* den Sorten des *sokratischen Gesprächs* näherte, also dem *maieutischen*, dem *gelenkten* und dem *freien Unterrichtsgespräch* bzw. dem *Kolloquium*, desto mehr neigte das gegenstandsorientierte LOBEN zu einem kollegial anerkennenden BESTÄTIGEN, das zwar ebenfalls noch mit *gut* und *recht* vollzogen werden konnte, jedoch deutlicher wurde beispielsweise in Form der dialogisch eingesetzten BESTÄTIGENDEN Partikeln *allerdings* und *freylich*.[670]

Die Differenzierung zwischen beziehungs- und gegenstandsorientierten Formen und Funktionen der BEWERTUNG wird beim TADELN noch deutlicher. Hier kam die ebenfalls im Umkreis des Philanthropismus erwachsene Einsicht zum Tragen, dass gegenstandsorientierte Fehler nicht zu tadeln,

---

[669] Volckmarus 1729, 44.
[670] Für Belegstellen vgl. z.B. Meyer 1794, 3 (*Allerdings*); Goeze 1796, 166 (*freylich*).

sondern eben zu berichtigen seien.[671] In den authentischen Gesprächen, die aus Reckahn überliefert sind, ist dies sehr anschaulich zu beobachten. Kantor Bruns TADELT beziehungsorientiert und überdies nicht auf direktem Wege, sondern er zwingt den Schüler vorwurfsvoll ermahnend zur selbstständigen Erkenntnis seines Fehlverhaltens. Bruns hatte beispielsweise die Kinder aufgefordert zu sammeln, was „gute Kinder" tun und was sie unterlassen. Als ein Kind antwortet: „Reißt den Spergen [...], d.i. den Maykäfern die Flügel nicht aus", reagiert Bruns sofort:

> Wird denn Fritz den armen Maikäfern nun wohl die Flügel wieder ausreißen? Höre ich das wohl einmal wieder? (Der kleine Fritze wurde sehr wehmütig und gerührt.)[672]

Dieses Verfahren, den Schüler zu TADELN, indem er coram publico beschämt wird, hatte zwar schon Comenius empfohlen (s.o.), doch stand bei ihm noch die Beschämung vor den Mitschülern im Vordergrund. Fast anderthalb Jahrhunderte später galt demgegenüber die Beschämung vor dem Lehrer als schlimmste Form der Bestrafung:

> Im lezten Falle aber kann er [der Lehrer, J.K.] ihn, wann die erste Warnung nichts fruchtete, eine beschämende Strafe auflegen. Z.B. ihn allein sitzen heissen, und die ganze Stunde der Ehre gefragt zu werden für unfähig erklären. Aber in beyden Fällen muß der sokratische Lehrer immer seine gelaßne und freundliche Miene beybehalten.[673]

Ein als authentisch verbürgtes Beispiel sei wiederum aus Reckahn beigebracht:

> Ein Kind, es war ein Mädchen, hatte einmal beim Lesen nicht recht Achtung gegeben, und wußte nicht wo es fortfahren sollte. Der Lehrer sagte weiter nichts, als sehr ernsthaft: O was ist das? und das Kind weinte sehr lange recht bitterlich. So sind die Kinder gewöhnt. Ein solch Wort ist schon harte Strafe, und ein freundliches: das ist gut! eine so grosse Belohnung, als in manchen Schulen ein recht artiges Geschenk nicht seyn würde.[674]

Dem beziehungsorientierten TADELN stand in philanthropischer Zeit das gegenstandsorientierte KORRIGIEREN zur Seite, dem ja ebenfalls eine Kritik am Vorredner innewohnt. Ein sehr schönes Beispiel für den – mitunter stark inszenierten – Versuch, beziehungsorientierte Personen- von gegen-

---

[671] Vgl. Gieseler 1797, 14: „Wo eine Antwort unrichtig ausfällt, da tadle man sie nicht heftig, bitter und spöttisch, sondern berichtige sie mit sanfter Freundlichkeit, oder leite durch mehrere neue Fragen auf die richtige Antwort."
[672] Zerrenner 1788, 18; vgl. auch das oben, III.4.1.2.1. zitierte Beispiel.
[673] Bahrdt 1776, 179.
[674] Zerrenner 1788, 41.

standsorientierter Sachkritik im Rahmen des KORRIGIERENS zu trennen, bringt Moser in seiner „Anweisung zum Katechisiren":

> Z.B. Das Kind antwortet auf die Frage: Ist Gott allgegenwärtig? Ja er weiß alles. Nun sagt er ihm, du hast zwar recht, mein Kind, wenn ich gefragt hätte, ob Gott allwissend wäre; ich habe aber gefragt, ob er allgegenwärtig seie?[675]

Die Mischung aus persönlicher, beziehungsorientiert MOTIVIERENDER Anrede bei gegenstandsorientierter KORREKTUR findet man auch im folgenden Ausschnitt aus einem fiktiven *gelenkten Unterrichtsgespräch* „Ueber den Kalender":

> Sch[ulmeister]. Wie lang währet nun der Tag nach dem Kalender?
> Christ[ian]. Von der Zeit an, wenn es helle wird, bis an den andern Tag, da es wieder helle wird.
> Sch. Dießmal, Christian! hast du es nicht ganz getroffen.[676]

Der Unterschied zu einem ungehaltenen „Nein! nein! sieh, wie stehts im Buche?" wird hier unmittelbar einsichtig. Auf das gegenstandsorientierte Gesprächshandeln des Lehrers im Falle falscher Antworten wird aber noch genauer zurückzukommen sein (s.u., III.4.2.2.1.).

III.4.2.1.3. „Kind, sage mir einmal" –
Formen des Sprecherwechsels und des Rückmeldens

Der Austausch von Sprecher- und Hörerrolle zwischen den an einem Gespräch Beteiligten, kurz: der Sprecherwechsel, gilt nach wie vor als das Herzstück der gesprächs- bzw. konversationsanalytischen Richtung der Dialogforschung und als wichtigstes Definiens des Gesprächs als dialogischer Sprachhandlung:

> Ein Gespräch liegt also nur dann vor, wenn mindestens zwei Personen sprachlich miteinander kommunizieren und wenigstens einmal einen Sprecherwechsel vollziehen, wobei ‚reine' Hörersignale (wie *hm, ja, nicht* usw.) nicht als Sprecherwechsel zu werten sind [...].[677]

Wenngleich die Formen des Sprecherwechsels und auch – aufgrund der sprechakttheoretischen Ausrichtung, die allenfalls zwei Sprecher, aber keinen Hörer vorsieht[678] – die erwähnten „Hörersignale" in der Dialoggrammatik keine so herausragenden Forschungsgegenstände sind, ist der Sprecherwechsel als solcher freilich auch in dieser Konzeption der Dialogforschung zentral,

---

[675] Moser 1787, 206.
[676] [anonym] 1786c, 102.
[677] Brinker/Sager 1996, 11; vgl. Henne/Rehbock 2001, 7ff.; Dittmann 1979, 3f.
[678] Vgl. Franke 1990, 8f.

insofern es hier gilt, „Reaktionsmöglichkeiten eines Sprechers 2 (S2) auf einen initialen Sprechakt von Sprecher 1 (S1) zu erkunden und wiederum festzustellen, welche systematischen Handlungsalternativen S1 auf eine bestimmte Sprechhandlung von S2 verbleiben."[679] Die Rekonstruktion historischer Formen des Sprecherwechsels und der Hörerrückmeldung ist insoweit auch eine Schnittstelle der beiden Ansätze im Rahmen der historischen Dialogforschung, führt diese Rekonstruktion doch, einerseits, auch zur Rekonstruktion der im Gespräch entfalteten sozialen Wirklichkeit sowie zur Rekonstruktion gesprochener Sprache im Gespräch und leitet aber auch, andererseits, die Prüfung typologischer bzw. klassifikatorischer Entscheidungen. Für beide Richtungen der linguistischen Dialogforschung sind Sprecherwechsel und Hörerrückmeldungen allerdings bislang vornehmlich als Phänomene des natürlichen spontanen Gesprächs im Kommunikationsbereich des Alltags von Interesse gewesen. Der historischen Dialogforschung eröffnen hingegen gerade institutionelle Gespräche und Gesprächssorten wegen der nicht selten statuierten Normen besondere Möglichkeiten der Rekonstruktion.

Es ist im Zusammenhang mit der Darstellung der einzelnen Gesprächssorten deutlich geworden, dass der Lehrer im 17. und 18. Jahrhundert die Herrschaft über den Sprecherwechsel ausübte. Wurde der Sprecherwechsel also vom Lehrer initiiert, dann handelte es sich aufgrund der institutionellen Gesprächsrollen um einen Sprecherwechsel der Art „Gesprächsleiter wählt nächsten",[680] und zwar entweder verbal durch Sprechhandlungen des AUFRUFENS oder nonverbal durch gestisch-mimische Mittel.

Der durch explizit identifizierendes AUFRUFEN des nächsten Sprechers vollzogene Sprecherwechsel erfolgte sowohl im *katechetischen* wie auch im *sokratischen Gespräch* in der Regel durch die oben angeführte formelhafte Struktur der Anrede: „mein(e) (liebe(r/s)) Tochter/Sohn/Kind/[Name]", der Variante „Du, [Name]" oder einfach durch Namensnennung („Fritz!", „Jakob!"), denen jeweils eine AUFFORDERUNG – im weitesten Sinne: eine FRAGE, eine ANWEISUNG, eine INSTRUKTION o.ä. – vorausgeschickt oder angeschlossen wurde; eine Form, wie sie mitunter auch heute noch in Klassenzimmern zu finden ist:

Sprich du dieselbe Warheit nach – – Du auch – – Weise auf ein ander Kind, und sprich: Was werde ich von dir hören?

Aber sage mir nun einmal, mein Sohn [...]

Du Fritz, Carl, etc. wiederhohle dieses.

---

[679] Franke 1990, 13.
[680] Vgl. Henne/Rehbock 2001, 18.

Wie lang kann er also gelten? Jakob!⁶⁸¹

In den geschlossenen Sorten des deutschen *Lehrgesprächs* kam zudem auch die Form vor, dass der Lehrer nur eine Gesprächsschrittübergabe verbal explizit vollzog und alle folgenden kontextuell determiniert waren. Dabei ging es im geschlossenen Gespräch darum, auswendig zu lernendes Wissen der Reihe nach abzufragen:

> **Es ist ein GOtt.** [...] Sagt es alle, einer nach dem andern – – Das ist schön.⁶⁸²

Im offenen *sokratischen Gespräch* wurde diese Form des Sprecherwechsels mitunter ebenfalls gepflegt, mit dem Unterschied allerdings, dass hier die einmalige Gesprächsschrittübergabe des Lehrers der thematischen Responsivität der folgenden Gesprächsschritte mehr Raum ließ, indem nicht auswendig gelerntes Wissen abgefragt, sondern mittels der Frage den Kindern vorhandenes Wissen abgelockt werden sollte:

> Nun sagt mir doch der Reihe nach, was man thun müsse, wenn man sich nicht will zur Sünde verführen lassen.⁶⁸³

Gleichfalls nur im offenen Lehrgespräch findet sich schließlich auch die Gesprächsschrittübergabe in Form der indirekten Aufforderung eines Dritten, wie z.B. in dem oben (III.4.1.2.3.) zitierten Ausschnitt aus Campes „Robinson":

> Frizchen. Was ist denn das, die Ebbe und die Fluth?
> [...]
> Freund R. Frizchen, laß dir das von deinem Bruder Johannes erklären, der wird's dir wohl deutlich machen können.
> Johannes. Ich? – Na, ich wil sehn! [...]"⁶⁸⁴

Die direkte Aufforderung von Freund R. ist hier zwar an Frizchen gerichtet, doch verstehen sowohl Frizchen wie auch Johannes sogleich richtig die gemeinte indirekte Adressierung, und Johannes übernimmt folgerichtig den Gesprächsschritt – mit einem für die „allmähliche Verfertigung der Gedanken beim Reden" (Kleist) Zeit schindenden strukturierenden Gesprächsakt, wie er auch heute noch bei Schülern beliebt ist. Diese Form der indirekten Gesprächsschrittübergabe ist übrigens bei den Philanthropen nicht selten und dient u.a., wie die Lehrerfrage, der Ermittlung des Schülerwissens.⁶⁸⁵

---

⁶⁸¹ In der zitierten Reihenfolge: Stresow 1765, 158; Rist 1787, 204; Pöhlmann 1812, 5; [anonym] 1786c, 100.
⁶⁸² Stresow 1765, 158f.
⁶⁸³ Riemann 1781, 127.
⁶⁸⁴ Campe 1779/80, 54.
⁶⁸⁵ Vgl. z.B. Campe 1779/80, 30: „Frizchen. Was ist ein Guineafahrer? Vater. Das laß dir von Diederich erzälen, der's wohl schon wissen wird."; Trapp 1775, 85:

Stand der Schüler, mit dem der Lehrer eine Gesprächsphase zubringen wollte, durch AUFRUFEN bzw. im Rahmen des Einzelunterrichts bereits fest, so erfolgte der verbale Sprecherwechsel im Gespräch zumeist in Form einer direktiven Lehrerhandlung bzw. in Form der dem Lehrerimpuls institutionell innewohnenden Kraft der Gesprächsschrittübergabe. Diese auf der Handlungsebene determinierende Kraft, wie sie also beispielsweise AUFFORDERUNGS-Handlungen im weitesten Sinne (z.B. „Geben Sie ein Exempel."[686]) und, natürlich, die Lehrerfrage ausstrahlten, BERECHTIGTE indes nicht nur zur Reaktion, sondern VERPFLICHTETE dazu. Dieser den folgenden Gesprächsakt determinierende bindende Charakter der (gleichsam perillokutionär) AUFRUFENDEN Direktiva des Lehrers wird im *geschlossenen Lehrgespräch* kaum verhüllt;[687] er erscheint recht schmucklos und in beinahe stakkato-artiger Gleichförmigkeit schon bei Ratke:

1. Was ist die SchreibungsLehr? [...]
2. Worher nennestu sie SchreibungsLehr? [...]
3. Worher kanstu diese Lehre Beweisen?[688]

Je weiter das deutsche *Lehrgespräch* sich im Lauf der Zeit öffnete, desto mehr näherten sich diese der Lehrerhandlung implizit mitgegebenen, perillokutionären Formen des Sprecherwechsels dem natürlichen Gespräch an und bedienten sich auch gesprächsschrittübergebender Signale des natürlichen Gesprächs, die als Direktiva weniger bindend wirken sollten. Hinzu kommen gestisch-mimische Signale des Sprecherwechsels, über die die Quellen aber nur spärlich Auskunft geben. Ein gestisches Signal beschreibt z.B. Gieseler:

Der Lehrer richte die Fragen selten an den ganzen Haufen der Kinder [...]. Oft aber zeige er auch auf einzelne Kinder und lasse diese allein antworten. Nur wenn die Aufgeforderten verstummen, frage er allgemein: wer weiß es?[689]

In Bezug auf verbale Signale sind vornehmlich gesprächsaktausleitende Gliederungspartikeln[690] zu nennen, die aber eben zugleich auch gesprächsschrittübergebende Partikeln sein konnten. Für das deutsche *Lehrgespräch* im 17. und 18. Jahrhundert ist diesbezüglich, an erster Stelle, das gesprächsakt-

---

„Aber lasset uns hören, wie D*. seinen Satz behaupten will, ein Gelehrter kann reich werden."
[686] Bahrdt 1776, 175.
[687] Zum Begriff der „Perillokution" Burkhardt 1986a, 115ff.; vgl. zur determinierenden Kraft von Gesprächsakten Henne/Rehbock 2001, 204; zur Differenzierung von „bindenen" und „nicht-bindenen" Direktiva vgl. Hindelang 1983, 56ff.
[688] [Wolfgang Ratke]: Die SchreibungsLehr [...] (um 1629); abgedruckt in Ratke/Ising 1959, II, 57–94, hier 61.
[689] Gieseler 1797, 14.
[690] Vgl. Burkhardt 1982, 148ff.

ausleitende *nicht wahr* anzuführen, im folgenden Beleg sogar aus Schülermund, oder auch ein einfaches *nicht*, im selben Beispiel noch verstärkt durch eine väterlich-freundliche Anrede des Lehrers an den Schüler („Kleiner"):

> [Lehrer] [...] wie hieß vorhin der Buchstabe, unten mit dem Strichelgen? Wer hat ihn im Buche gefunden? und wo stehet er? – wer weiß aber diesen? [Schüler] ich! x heißt er, nicht wahr? [Lehrer] Und dieser Strich, oben mit dem Punkt, heißt? [Schüler] i, – [Lehrer] Recht, i heißt er – in deinem Buche stehet gewiß so ein Buchstabe, nicht, Kleiner?[691]

Am Ende des Gesprächsschritts platzierte Rückversicherungssignale (auch „Nachzieh-" oder „Refrainfragen") wie *Nicht wahr?*, *Nicht?* und *Nicht so?*[692] übergaben nicht nur den Gesprächsschritt, sondern nötigten, wie im natürlichen Gespräch auch, den Angesprochenen zu mehr oder weniger affirmativen Antworten, determinierten die Antworten also auch sehr stark auf der Themaebene.[693] Gleichwohl eröffneten diese Formen des Sprecherwechsels den Antworten bzw., dialoggrammatisch gesprochen: den Reaktionshandlungen des zweiten Zuges, schon breiteren Raum. In den philantropischen Varianten des *gelenkten Unterrichtsgesprächs* und dann natürlich im *freien Unterrichtsgespräch* war diese Determination in thematischer, beziehungsstruktureller und handlungssemantischer Hinsicht sodann schließlich dem Niveau des natürlichen Gesprächs noch näher gebracht, denn mitunter wurde nicht nur auf bindend direktive Fragehandlungen völlig verzichtet, sondern auch auf explizite Signale der – verpflichtenden – Gesprächsschrittübergabe. Ich erinnere in diesem Zusammenhang an das Erstaunen, das sich in den Worten Riemanns spiegelt, wenn er in Bezug auf die Gesprächsführung des Kantors Bruns in Reckahn feststellt, es seien auch „Unterredungen [vorgekommen], ohne eben in Fragen eingekleidet zu seyn",[694] und dieselbe, der institutionellen Rollen völlig entledigte Form des Sprecherwechsels konnte auch in den fiktiven Gesprächen Bahrdts beobachtet werden (vgl. III.4.2.2.2.):

> **Lehrer.** Recht! Alles was Gott macht, ist gut. Aber es ist doch manches dem Menschen schädlich, wenn er es genießt.
> **Fritz.** Dafür kann der liebe Gott nichts.[695]

---

[691] Reuter 1794, 17f.
[692] Vgl. z.B. Walkhof 1795, 75; Schmid [1766], 2.
[693] Vgl. zur determinierenden Kraft von „nicht wahr" Pöhlmann 1812, XIIIf. (s.u., III.4.3.1.2.). Zur Determination von Gesprächsakten im Allgemeinen vgl., aus gesprächsanalytischer Sicht, Henne/Rehbock 2001, 199ff. sowie, aus dialoggrammatischer Sicht, in der die Determination gefasst wird als systematische Begrenzung der „Handlungsalternativen des zweiten Zuges" durch den Zweck des initialen Gesprächsaktes, Franke 1990, bes. 15ff.
[694] Riemann 1781, 119, Anm. 6.
[695] Bahrdt 1776, 123.

381

Diese natürliche Selbstselektion ist von der expliziten Freigabe des Sprecherwechsels durch den Lehrer (s.u.) zu unterscheiden, insofern sie Normen des natürlichen Gesprächs folgt und nicht Normen des institutionellen Gesprächs. Im sokratisch gestalteten Dyolog, sei es, dass nur ein Schüler unterrichtet wurde, sei es, dass der Lehrer sich gerade mit einem ausgewählten Schüler im Gespräch fand, erscheint diese natürliche Selbstselektion sogar oft als Unterbrechung, wie beispielsweise im selben Gespräch Bahrdts ein wenig später:

20. Lehrer. Was hilft ihm aber das?
Fritz. Es macht ihm Freude, weil er mich lieb hat.
21. Lehrer. Nun sollte man nicht –
Fritz (fällt ihm ins Wort) Izt weiß ichs. Lassen Sie mich es sagen! Gott hat die Menschen lieb, sehr lieb, wie Sie uns oft in der Naturgeschichte gesagt haben, und er will, daß wir glücklich werden; [...].[696]

Der Sprecherwechsel in Form der natürlichen Selbstselektion war in solchem Fall – der Schüler fällt dem Lehrer ins Wort! – bei aller Öffnung des deutschen *Lehrgesprächs* auch in den ausgesprochen philanthropischen Varianten des *sokratischen Gesprächs* nicht gelitten, verstieß er doch nicht nur gegen institutionelle Gesprächsnormen, sondern auch gegen die guten Sitten des natürlichen Gesprächs, wie sie beispielsweise in Herders oben (II.2.) zitierten „Lebensregeln" formuliert sind und die peinlichst gebieten, dem Redner nicht ins Wort zu fallen. Herders „Lebensregeln" untersagten dem Schüler fernerhin auch, überhaupt das Wort zu ergreifen, ohne dazu aufgefordert worden zu sein,[697] und dies war, allen philanthropischen Idealen zum Trotz, auch am Ende des 18. Jahrhunderts noch die Norm für die Gesprächsschrittübernahme des Schülers im *Lehrgespräch*:

Es muß kein Wort, als mit dem Lehrer, oder mit seiner Erlaubnis gesprochen werden. Wen der Lehrer fragt, der antwortet mit Bescheidenheit, mit Ehrerbietung und mit Nachdenken. Und wer mit der gegebenen Antwort nicht zufrieden ist, gibt in aller Stille, ohne Lärmen mit der Hand ein Zeichen, und dann wird ihm der Lehrer Gelegenheit und Erlaubnis zum Reden geben.[698]

Vornehmlich in fiktiven und fiktionalen *sokratischen Gesprächen* – in Campes „Robinson" etwa mannigfach –, aber hin und wieder auch in den wenigen erinnerten authentischen Gesprächen aus dem letzten Drittel des 18. Jahrhun-

---

[696] Bahrdt 1776, 125.
[697] Herder 1798, Werke 30, 391; vgl. auch ebd., 223ff. und s.o., II.2. Diese Norm ist sehr häufig formuliert, etwa auch bei Krünitz 61, 1793, 1006 (s.v. *Land=Schule*) oder in Mosers „Taschenbuch für teutsche Schulmeister": [anonym] 1792, 96.
[698] „Schulgeseze, wie solche in den Schulen in dem Eichstädtischen alle Monate verlesen, erklärt und angewendet werden", in: Taschenbuch für teutsche Schulmeister, 10. Jg., 1795, 602–606, hier 603f. Vgl. auch [anonym] 1752, 494.

derts findet man gleichwohl zahlreiche Belege dafür, dass diese Norm in der Gesprächswirklichkeit durchbrochen wurde durch reagierende, aber auch initiative Gesprächsschrittübernahmen von Schülern im Wege der natürlichen Selbstselektion – die ungerügt blieben. Der Grund dafür liegt auf der Hand: Diese Form des Sprecherwechsels folgte nicht nur dem philanthropischen Gebot der „Natürlichkeit", sondern suggerierte mehr als alle anderen Formen des Sprecherwechsels, dass hier „ablockend" mit dem Schüler Wissen erzeugt würde und dass der Schüler selbsttätig daran beteiligt und intrinsisch motiviert sei. Ein weiteres Beispiel aus den fiktiven Gesprächen Bahrdts, der wohl auch wegen solcher Normendurchbrechungen das „Enfant terrible" der philanthropischen Pädagogik war, mag dies belegen. In einem seiner fiktiven Gespräche, nämlich dem oben (III.4.2.2.1.) auszugsweise wiedergegebenen, lässt Bahrdt einen Schüler wie folgt „unaufgerufen" eine Lehrerfrage beantworten:

> **44. Lehrer** [der gerade mit dem „Ersten" das Gespräch führt, J.K.]. Aber was hätten Sie immer mit Gott zu reden? Man sollte doch meynen, da man nicht alles ohne Ueberlegung bethen darf, was einem einfällt, daß da nicht viel übrig bleiben würde.
> **Fünfter** (unaufgerufen.) Wenn man nicht immer was zu bitten hat, so kann man ja Gott für erhaltene Wohlthaten danken.[699]

Und auch in den von Carl Friedrich Riemann aufgezeichneten authentischen Gesprächen aus der Rochow'schen Landschule in Reckahn kommt es hin und wieder vor, dass per natürlicher Selbstselektion „ein andres" Kind den Gesprächsschritt an sich zieht. Die Neuartigkeit dieses Vorgehens wird bei Riemann, dessen Buch 1781, also fünf Jahre nach dem Bahrdt'schen erschien, auch daran deutlich, dass er sie in einer Fußnote noch rechtfertigt:

> Da die unfähigern Kinder immer zuerst catechisirt werden, so kann sichs auch zuweilen treffen, daß eins von ihnen dem Lehrer eine Antwort schuldig bleibt, und daß denn zuweilen ein andres, die Antwort von selbst giebt, ohne besonders gefragt zu werden.[700]

Nimmt man die Belege zum natürlichen Sprecherwechsel aus den fiktiven, fiktionalen und den wenigen authentischen Gesprächen zusammen, so scheint es einzig auf die Quellenlage – überwiegend fiktive und fiktionale Gespräche – zurückzuführen zu sein, dass anderen Formen des natürlichen Sprecherwechsels, z.B. simultanes Sprechen mit Behauptung des Gesprächsschritts, Unterbrechungen, überlappende Gesprächsschrittwechsel oder Sprecherwechsel der Form „Gegenwärtiger [Schüler] wählt nächsten", nur spärlich oder gar nicht überliefert sind. Es muss zum Interaktionswissen der Kinder

---

[699] Vgl. Bahrdt 1776, 149.
[700] Riemann 1781, 118.

gehört haben, dass sie wussten, ob, wann und wie sie die von Herder und anderen referierten Normen des dialogischen Sprechens durchbrechen und unaufgefordert das Wort ergreifen oder gar thematisch initiativ werden durften. In dieser Hinsicht bieten die Quellen nur die Extreme: Die feine Kultur geordneter Verhältnisse selbst im *freien Unterrichtsgespräch* einerseits und plaudernde, lärmende, schreiende Nebenkommunikation beim geschlossenen *Verhören* andererseits: „Man höre, daß es eine Schule ist; sie lärmen!"[701]

Neben dem Sprecherwechsel durch namentlichen AUFRUF eines Schülers, neben dem implizit („perillokutionär") im Rahmen einer didaktischen Lehrerhandlung initiierten Sprecherwechsel und neben der natürlichen Selbstselektion gab es als eine weitere Form noch die Sprecherwahl durch einen an das Kollektiv adressierten AUFRUF, zumeist in Form einer Frage, die gerade die Adressatenreferenz zur propositionalen Lücke erklärte („Wer weiß...?", „Wer kann...?" u.a.). Solche an ein Kollektiv adressierte Fragen legen die Sprecherwahl grundsätzlich in die Hände des angesprochenen Kollektivs, was einer institutionellen Freigabe des Prinzips der Selbstselektion gleichkommt (man kann dies, mit Mazeland, „programmierte Selbstauswahl" nennen[702]). Wenn es beispielsweise bei Rist heißt: „Was heißt das: Gott sieht auf mein Herz? Wer hat dies noch behalten?" und darauf ohne besonderen Aufruf ein Schüler das Wort ergreift: „Er sieht darauf, wie mirs ums Herz ist, wie ich es meine",[703] dann suggeriert dies nicht nur eine – zumindest in diesem fiktiven Gespräch – sehr disziplinierte Lernerschar, sondern zeigt überdies, dass diese Schüler in der institutionellen Gesprächsführung bereits sozialisiert bzw. kultiviert waren. Die Antwort hier – und in zahlreichen anderen Beispielen – schließt nämlich gar nicht mehr die propositionale Lücke der Frage nach der Sprecherwahl („Wer?"), indem ein Schüler etwa verbal durch „ich!" oder non-verbal durch Handzeichen den Gesprächsschritt aus der Hörerposition beansprucht und das Recht der endgültigen Sprecherwahl damit wiederum in die Hände des Lehrers zurücklegt, auf dass dieser einen „Turn-Zuteilungsturn" vollziehe.[704] Der Schüler deutet die Frage hier vielmehr sogleich als gesprächsschrittübergebende AUFFORDERUNG zur Antwort auf den gegenstandsorientierten Teil des Lehrer-Gesprächsschritts („Was heißt das?") und nimmt sich das Recht, in Bezug auf die gegenstandsorientierte Proposition den Sprecherwechsel per Selbstselektion zu vollziehen. Das wird besonders deutlich in den Fällen, in denen zwei Fragen syn-

---

[701] Ausspruch Friedrichs II, den v. Türk 1806, 271 wiedergibt.
[702] Mazeland 1983, 83 spricht diesbezüglich von „ungerichteten Fragehandlungen", die eine „programmierte Selbstauswahl" evozierten.
[703] Rist 1787, 205.
[704] Mazeland 1983, 85.

taktisch in eine einzige Frage gekleidet sind und also eine Doppelillokution direkt vollzogen wird, wie z.B. bei Pöhlmann, wenn aus dem Mund des Lehrers die Frage zu vernehmen ist: „Wer weiß noch, wie das Wort hier (bad) heißt?" und darauf unvermittelt ein Kind artig antwortet „Bad."[705]

Auch beim Sprecherwechsel, dies darf festgehalten werden, ist die Entwicklung des deutschen *Lehrgesprächs* im 17. und 18. Jahrhundert von geschlossenen zu offenen Sorten nicht stehen geblieben; die verschiedenen Formen des Sprecherwechsels gehören vielmehr zu den Indikatoren dieser Entwicklung. Zum Sprecherwechsel gehört die Anrede im engeren Sinne, und dieser sei, bevor die Formen des Rückmeldens erkundet werden, etwas Aufmerksamkeit gewidmet.

Wie schon den Anreden beim AUFRUFEN einzelner Schüler zu entnehmen ist, war es im 17. und 18. Jahrhundert auf den Schulen üblich, den Schüler zu duzen: Das *Du* als Anrede begegnet zu Beginn des 17. Jahrhunderts in Ratkes grammatischen Dialogen, die einen gelehrten Schüler voraussetzen, ebenso wie noch zu Beginn des 19. Jahrhunderts bei Pöhlmann, in dessen vermeintlich erinnerten authentischen Gesprächen Anfängern das ABC vermittelt wird. Pöhlmanns dialogische Lehrbücher bieten das typische Grundmuster der asymmetrischen Anrede im 17. und 18. Jahrhundert, wie es noch heute in der Sekundarstufe I gilt: Der Lehrer duzt die Schüler, während diese ihn siezen. Von diesem Grundsatz gibt es in den überlieferten *Lehrgesprächen* aber auch Abweichungen, und diese folgten nun ebendenselben kontextuellen bzw. situativen Kriterien, die auch schon für die prototypische Unterscheidung von *katechetischem* und *sokratischem Gespräch* entscheidend waren (vgl. III.3.3.): Junge Schüler („Kinder") und die so genannten „Einfältigen", zumal auf den ländlichen „gemeinen Schulen", wurden grundsätzlich vom Lehrer geduzt; ein *Sie* empfingen vornehmlich die älteren, fortgeschrittenen Schüler gelehrter Schulen, die Studenten auf den Universitäten sowie die ebenfalls älteren und fortgeschrittenen Schüler auf den „Privaterziehungsanstalten". Diese Lernergruppen wurden überdies dazu angehalten, sich auch untereinander zu siezen und auf das „bäurisch klingende Du" zu verzichten.[706] Im Rahmen der „häuslichen Erziehung" durch einen Hofmeister bzw. Hauslehrer zeigt sich darüber hinaus im Zusammenhang der Erziehung junger Schüler für das *Du* auch eine symmetrische Beziehung: In einem fiktionalen *Lehrgespräch* zwischen einer Hofmeisterin und zwei noch jungen Kindern („Detlev" und „Karolinchen") aus der Feder Johann Bernhard Basedows gilt wechselseitig das *Du*,[707] und auch in Campes „Robinson" wird das familiäre *Du* in beide Richtungen gepflegt, obwohl nur ein Kind das leibliche

---

[705] Pöhlmann 1812, 33.
[706] Vgl. Gilow 1906, 89.
[707] Vgl. Basedow 1785, I, 77ff.

ist. In Michelsens fiktionalen „socratischen Gesprächen", die ebenfalls die Aura der häuslichen Privaterziehung ausstrahlen, wie auch in Bahrdts sokratischen Gesprächen auf einem Erziehungsinstitut gilt hingegen das *Sie* der höflich-gelehrten Welt wechselseitig zwischen dem Lehrer und dem Schüler bzw. den Schülern.[708]

Die sozialsemiotische Unterscheidung der Anredeformen befand sich beim Übergang vom 17. zum 18. Jahrhundert gerade selbst auf einem neuen Höhepunkt der Ausdifferenzierung, wovon auch die für das deutsche *Lehrgespräch* wichtigsten Pronomen *Du* und *Sie* betroffen waren. Stieler beispielsweise kennt am Ende des 17. Jahrhunderts das Siezen noch nicht als Höflichkeitsform in der 3. Person Plural, sondern nur als Anrede in der 3. Person Singular:

> Siezen / gesiezet / in tertia persona alloqui, ut Ihrzen / & Dutzen / in secunda. Was sagt sie / hem! quid ais, dilecta mea?[709]

Diese Form der Anrede in der 3. Person Singular („er/sie") ist im Korpus der *Lehrgespräche* jedoch nur selten vertreten. Sie erscheint als Anrede der Schüler an den Lehrer noch zu Beginn des 18. Jahrhunderts in einem fiktionalen *Lehrgespräch* bei Tobias Eisler („**Kind.** Ei! warum denn das nicht? So geschickt ist er ja wohl, daß er uns den rechten verstand kan zeigen und lehren."[710]) und sodann in Gesprächen Erwachsener, wie z.B. in einem *unterweisenden Fachgespräch* zwischen dem gesiezten Pfarrer und dem in der 3. Person Singular („er") angeredeten Schulmeister.[711]

Das *Du* hingegen ist schon bei Stieler für „Knechte und Kinder" reserviert,[712] was mit den oben genannten Lernergruppen der „Kinder" und der „Einfältigen" korrespondiert, und diese unterste Stellung des *Du* galt auch noch einhundert Jahre später: Friedrich Gedike präsentiert im Jahre 1794 „folgendes Barometer der Höflichkeit: Du, Ihr, Er, Wir, Sie."[713] Mittlerweile waren im deutschsprachigen System der Anredeformen aber auch die neuen Normen schon eingespielt, die Adelung wie folgt zusammenfasst:

> Nach dieser Verdrehung und Verwirrung der Pronominum wird **du** nur noch 1. gegen Gott, 2. in der Dichtkunst und dichterischen Schreibart, 3. in der Sprache der engen Vertraulichkeit, und 4. in dem Thone der hochgebietenden Herrschaft und tiefen Verachtung gebraucht. Außer diesen Fällen redet man sehr geringe Personen mit **ihr**, etwas bessere mit **er** und **sie**, noch bessere mit dem Plural **sie**, und noch

---

[708] Vgl. Michelsen 1781, passim; Bahrdt 1776, passim.
[709] Stieler 1691, III, Sp. 2013 (s.v. *Sie*).
[710] Eisler 1733, 3f.
[711] [anonym] 1786b.
[712] Stieler 1691, I, Sp. 346 (s.v. *Dutzen*).
[713] Gedike 1794, 109.

vornehmere wohl mit dem Demonstrativo **Dieselben** oder auch mit abstracten Würdenahmen, **Ew. Majestät, Ew. Durchlaucht, Ew. Excellenz** u.s.f. an.[714]

„In Ansehung der Unterwerfung", schreibt Adelung dann in seinem Wörterbuch, „werden Kinder von ihren Ältern und Vorgesetzten, niedrige Bediente und Leibeigene von ihren Herrschaften sehr oft nur du genannt."[715] Umgekehrtes sollte allerdings nicht stattfinden. In der „Reichsstift=Nehresheimischen Schulordnung vom Jahre 1790", abgedruckt in Mosers „Taschenbuch für teutsche Schulmeister", wird dem Lehrer aufgetragen, die Kinder „nach den vorgeschriebenen Höflichkeitsregeln wohl zu unterrichten", und dazu gehörte auch folgende „Regel":

> So soll auch das Dutzen der Aeltern durchaus nicht gelitten, sondern als eine der kindlichen Ehrfurcht zuwiderlaufende Grobheit mit Ernste abgestellt werden.[716]

Ich komme damit zu den Formen des Rückmeldens. Auf die „Anrede" beim Sprecherwechsel folgt die „Erwiderung", und diese konnte auch im *Lehrgespräch* des 17. und 18. Jahrhunderts mitunter nur aus einer Hörerrückmeldung bestehen. Dienten die Gesprächsschrittübergabe und der Sprecherwechsel dazu, einen Hörer in die Rolle des Sprechers zu setzen, so sind Hörerrückmeldungen, wie der Name schon sagt, allein Sache des Hörers. Dass dieser grundsätzlich aktiv am Gespräch beteiligt ist, ist eine Erkenntnis der modernen linguistischen Gesprächsanalyse.[717] Dass der Hörer keine bloß passive Rolle im Gespräch einnimmt, dass Hören kein passiver Vorgang ist, haben aber auch schon die Schulmänner Herder und Trapp dargelegt. Was Herder 1795 in seiner kleinen Abhandlung „Ueber die Fähigkeit zu sprechen und zu hören" theoretisch entwickelt („Um aber sprechen zu lernen, muß man hören können und hören dörfen."),[718] hat Ernst Christian Trapp 1789 selbst ins Gespräch – und Gesprächsnotat – gebracht:

> Y. [...] Un=mittelbar heißt so viel als ohne Mittel.
> X. Und was heißt dir ohne Mittel?
> Y. Ohne **irgend Etwas** zwischen dem Gebenden und Bekommenden; dieses Etwas sei was es wolle, Person oder Sache.
> X. Hm!
> Y. Was?
> X. Du sprichst, und ich höre. Du gibst indem du sprichst; ich bekomme indem ich höre. Nicht so?

---

[714] Adelung 1782, I, 684; vgl. Gotsched 1762, 277ff.
[715] Adelung 1793–1801, I, 1793, 1565 (s.v. *Du*).
[716] Taschenbuch für teutsche Schulmeister, 6. Jg., 1791, 902–950, hier 912; vgl. auch Gessinger 1980, 85ff.
[717] Vgl. Henne 1979; Henne/Rehbock 2001, 170ff.; Brinker/Sager 1996, 57ff.; Ehlich 1986, 31ff. und 215ff.; mit anderer Gewichtung Bublitz 1988, 153ff., bes. 169ff.
[718] Herder, Werke 18, 384–390, hier 386.

387

Y. Ja.
X. Wie gibst du? Mittelbar oder unmittelbar?
Y. Mittelbar. [...]
X. Es ist doch nichts zwischen dir und mir, wodurch du mir gibst, was du sagst.
Y. Rechnest du die Sprache und die Luft für nichts?"[719]

Notwendig ist also noch der besondere Blick auf Formen des Rückmeldens im deutschen *Lehrgespräch* des 17. und 18. Jahrhunderts. Dieser Blick scheint seitens der institutionellen Normen und Machtverteilung auf die Gesprächsrolle des Schülers festgelegt zu sein: „Dem Lehrjünger gebührt zuzuhören und stillzuschweigen", heißt es bei Ratke und ähnlich bei vielen seiner Zeitgenossen und Nachfolger (vgl. III.3.1.), und dies darf nicht nur als Verhaltensnorm für Schüler in Bezug auf das monologische „Fürlesen", den Lehrervortrag also, verstanden, sondern muss auch auf die Hörerrolle des Schülers im *Lehrgespräch* bezogen werden. Der Schüler im 17. und im großen Ganzen auch noch im 18. Jahrhundert ist, idealerweise, auch im Gespräch in erster Linie Hörer, der nur auf Geheiß des Lehrers und in von diesem zu bestimmenden Bahnen zum Sprecher werden darf – ich erinnere noch einmal an Herders „Lebensregel": „Antworte nicht eher, als bis du gefragt wirst". Als Hörer spricht der Schüler nur in seinen Rückmeldungen, und diese fügten sich, so lange sie affirmativ waren, der Herder'schen Idealnorm.

Die Praxis des deutschen *Lehrgesprächs* hatte sich von diesem Ideal, wie Herder es zeichnet, gleichwohl schon am Ende des 18. Jahrhunderts ein gutes Stück weit entfernt; die gesprächsanalytische Rekonstruktion von *Lehrgesprächen* aus dieser Zeit bringt ein viel differenzierteres Bild zum Vorschein. Dieses Bild zeigt zwar zunächst in der Tat noch einen scheinbar bloß passiv hörenden Schüler, der erst auf Aufforderung zum aktiven Sprecher wird. Im Verlauf der Entwicklung vom geschlossenen zum offenen Gespräch wird dieser Schüler aber auch in der Hörerrolle aktiver gezeichnet, und das Bild offenbart schließlich eine Tendenz zum Rollenwechsel zwischen sprechend-hörendem Lehrer und hörend-sprechendem Schüler.

Die Rekonstruktion dieses Bildes kann sich der einschlägig erprobten gesprächsanalytischen Kategorien bedienen, die, als Kategorien, panchronisch sind. Aufgrund der nur schriftlich überlieferten Gespräche sind die Formen des Rückmeldens gleichwohl ein besonders heikler Gegenstand der historischen Dialogforschung, erscheinen sie im Gespräch doch oft parasprachlich, gar nonverbal und werden dann nur selten notiert. Ein Großteil der neueren Forschung, die auf Ton- und Videoprotokollen aufruht und z.B. Funktionen des Rückmeldens nach Tonhöhenverläufen interpretiert, kann hier deshalb nur sekundäre Dienste leisten Ich stütze mich auch aus diesem Grund auch hier auf allgemeinere Ansätze der Beschreibung. Im Anschluss an Duncan

---
[719] Trapp 1789, 79.

werden in der linguistischen Gesprächsanalyse gemeinhin fünf allgemeine „Typen des back-channel-behaviour" unterschieden, nämlich a) rückmeldende Gesprächswörter, b) Satzvollendung, c) kurze Nachfrage, d) kurze Nachformulierung und e) gestisch-mimische Mittel.[720] Sie alle dienen den Zwecken, die Burkhardt für rückmeldende Gesprächswörter zusammenstellt:

Rückmeldungspartikeln sind zumindest
1. a) Träger einer Kontaktfunktion,
   b) eine Bestätigung der bisherigen turn-Verteilung,
   c) darüber hinaus ein Signal der – bisherigen und zukünftigen – Aufmerksamkeit,
2. bekunden überdies möglicherweise auch ein Verstehen oder Nichtverstehen oder
3. gar außerdem Zustimmung bzw. Ablehnung des Gesagten.[721]

Eine deutliche „Bestätigung der bisherigen turn-Verteilung" liegt z.B. vor in Fällen kollektiver Reaktion auf darbietende Gesprächsakte des Lehrers, wie sie des Öfteren in den fiktionalen Lehrgesprächen in Joachim Heinrich Campes „Robinson der Jüngere" zu beobachten sind:

Vater. [...] Es könnte uns die Nacht davon träumen, und dann würden wir einen unruhigen Schlaf haben.
Alle. Oh!
Vater. Laßt uns vielmehr unsere Gedanken auf etwas Angenehmes richten [...]

Oder, zugleich deutlicher als „Träger einer Kontaktfunktion" und „Signal der [...] Aufmerksamkeit":

Vater. Ueber eine Sache, die unserm *Robinson* die ganze Nacht hindurch im Kopfe herum gegangen ist, und wovor er kein Auge hat zu thun können.
Alle. Nun?
Vater. Es war die Frage, ob er den alten Kokusbaum [...] umhauen oder stehen lassen solte.[722]

Derlei rückbestätigende und rückfragende Gesprächswörter (*oh, nun*) aus dem Munde der Schüler sind vornehmlich den fiktionalen Quellen zu entnehmen – was allerdings nicht notwendigerweise heißt, dass es sie in der Gesprächswirklichkeit nicht gegeben hätte. Ebenfalls selten ist auch gestischmimisches Rückmeldeverhalten in den fiktiven Modell-Gesprächen oder gar in den Niederschriften der – mit Abstrichen – authentischen Gespräche notiert worden: „Sieht den Lehrer lächelnd an", heißt es beispielsweise einmal bei Michelsen; „Die Kinder sahen sich betroffen einander an", berichtet

---

[720] Vgl. Henne/Rehbock 2001, 20f.; Brinker/Sager 1996, 57f.; Burkhardt 1982, 147f.; Henne 1979, 125f.
[721] Burkhardt 1982, 148.
[722] Campe 1779/80, 122 und 174.

Zerrenner aus Reckahn.[723] In diesem Zusammenhang ist eine Bemerkung dem „schweigenden", „stutzenden" oder „sinnenden" Schüler zu widmen. Wenn der Schüler „schweigt", „stutzt" oder „sinnt", so ist dies eine non-verbale Hörerrückmeldung, insofern zwar eine verpflichtende Gesprächsschrittübergabe stattfand, aber seitens des Schülers weder eine Gesprächsschrittbeanspruchung noch eine Gesprächsschrittübernahme erfolgte. Hinter dieser Form des Rückmeldeverhaltens[724] steht im 17. und 18. Jahrhundert indes in keinem Fall eine beziehungsorientiert motivierte Verweigerung, den Gesprächsschritt zu übernehmen. „Schweigen", „Stutzen" oder „Sinnen" wurden vielmehr genauso gedeutet wie plötzliche Abbrüche (Aposiopesen: der Schüler „stockt"[725]), Lücken oder Fehler in der Schülerantwort: im Rahmen des *katechetischen Gesprächs* als Nicht(auswendig)wissen und im Rahmen des *sokratischen Gesprächs* als noch nicht hinreichend ablockend erzeugtes Wissen – in jedem Fall also als gegenstandsorientierte Hörerrückmeldung. Auch aus diesem Grund nahm die Erörterung des Lehrerverhaltens bei ausbleibenden, fehlerhaften oder gänzlich falschen Antworten breiten Raum im pädagogisch-didaktischen Diskurs ein, vornehmlich dann im letzten Drittel des 18. Jahrhunderts. Das „Schweigen", „Stutzen" und „Sinnen" der Schüler wird deshalb im Abschnitt über FRAGEN und ANTWORTEN noch einmal aufzugreifen sein.

Auch verbales Rückmeldeverhalten der Schüler war vornehmlich dann auffällig und wurde entsprechend notiert, wenn es sich um kritische Kundgaben handelte – und dazu war der Schüler erst in philanthropischer Zeit, im letzten Drittel des 18. Jahrhunderts, ausnahmsweise berechtigt. Hier findet man nun – vereinzelt – z.B. zweifelnde Nachfragen:

38. Lehrer. Also müßte ich auch Menschen dulden, die keinen Gott glauben?
Fritz. Gibt's denn solche?
39. Lehrer. Man sagts.
Fritz. Das ist kaum zu glauben.
40. Lehrer. Aber wenn es wäre?

---

[723] Michelsen 1781, 11; Zerrenner 1788, 17.
[724] Insofern sowohl dem (gesprächsanalytischen) Terminus „Gesprächsakt" wie auch dem (dialoggrammatischen) Terminus „Zug" das Merkmal der handlungssemantischen Intentionalität zukommt, ist in diesen Fällen übrigens nicht von „Schweigeakten" oder „Schweigezügen" zu sprechen. Die Schüler „schweigen", „stutzen", „sinnen" nicht, weil sie einem Handlungsplan folgen oder weil sie diese Form des Handelns an dieser Stelle für kommunikativ sinnvoll erachten (z.B. im Sinne eines beredten Schweigens), sondern sie wählen diese Form des Rückmeldeverhaltens, weil ihnen an dieser Stelle unter den Bedingungen dieser Gespräche nichts anderes übrig bleibt. Unterstellte man den Schülern hier eine intendierte Handlung, so wäre vor allem das „Schweigen" äußerst konflikträchtig.
[725] Vgl. Bahrdt 1776, 125.

Fritz. Ich würde sie verabscheuen.[726]

Zweimal, nämlich zunächst mit einer zweifelnden Nachfrage und dann mit einem spontanen Kommentarschritt,[727] meldet sich Fritz als Hörer zurück, bevor er den in Sequenz 38 angebotenen Gesprächsschritt schließlich übernimmt.[728]
Noch deutlicher als in diesem Beispiel sind dann spontane Kommentarschritte als Hörerrückmeldungen der Kinder in den zahlreichen fiktionalen *Lehrgesprächen*, die dem natürlichen Gespräch nacheifern, festzustellen. Dabei dienen, vor allem, „Fi!" und „I"[729] als die Proposition des aktuellen Gesprächsschritts ablehnende Rückmeldungspartikeln und leiten zugleich, als strukturierende Partikeln, spontane Kommentarschritte der Schüler ein; in gleicher Funktion erscheinen Interjektionen wie „Ey der Tausend!":

Vater. Es ist aber auch damit [mit dem Brennglas, J.K.] eine gefährliche Sache. Man darf sie ja nicht so stehen lassen, daß die Sonne darauf schiene, und der Punkt auf ein Haus oder Balken fiele. Das würde den Augenblick in vollen Flammen stehen.
Fritze. Ey der Tausend! Das ist schlimm.
Vater. In der alten Welt war in Sizilien [...].[730]

Wie am Beispiel der zweifelnden Nachfrage („Gibt's denn solche?") schon zu erkennen, sind Rückmeldungen, so darf man die oben zitierte Zweckbeschreibung Burkhardts ergänzen, mitunter auch thematisch akzentuierend, zumal wenn sie im institutionellen *Lehrgespräch* vom institutionell mächtigeren Hörer kommen, wenn es sich also um Rückmeldungen des Lehrers handelt. So sind beispielsweise gesprächsstrukturierende bzw. MODERIERENDE Sprachhandlungen des Lehrers und isolierte, den Gesprächsschritt des Schülers motivierend begleitende BEWERTUNGEN oder auch die im *epagogischen Gespräch* erstmals als didaktisches Mittel systematisch genutzten Lehrerhandlungen des NACHHAKENS nicht selten solche lediglich thematisch akzentuierenden Rückmeldungen. War nämlich der zu

---

[726] Bahrdt 1776, 162.
[727] Henne/Rehbock 2001, 173f.
[728] Im Rahmen eines natürlichen Gesprächs müssten Fritz' Rückmeldungen als Gesprächsschritte interpretiert werden, die lediglich in thematischer Hinsicht für kurze Zeit vom Hauptpfad abweichen, also teilresponsiv sind. In diesem institutionellen Lehrgespräch aber handelt es sich um hörerseitige Äußerungen, insofern Fritz den Gesprächsschritt erst nach der insistierenden Fragehandlung des Lehrers in „40" übernimmt.
[729] Ausgewählte Belegstellen: „Fi, so will ich niemals Wein trinken!" (Campe 1779/80, 42); „I, warum denn das?" (Campe 1779/80, 192); vgl. dazu auch Köstler 1999, 189ff.
[730] Goeze 1796, 100.

befragende Schüler bereits bestimmt und war zudem der Gegenstand der Befragung den am Gespräch Beteiligten vor Augen, so bedurfte es grundsätzlich keines Sprecherwechsels im engeren Sinn mehr, sondern konnte der Lehrer seine thematischen Akzente bzw. Impulse auch aus der Hörerrolle heraus setzen. Als solche den Gesprächsschritt des Schülers lediglich suspendierende,[731] allerdings NACHHAKENDE, AKZENTUIERENDE, mitunter auch als „Bitte um Klärung"[732] zu interpretierende Hörerrückmeldungen fungieren im *Lehrgespräch* des 17. und 18. Jahrhunderts vornehmlich kurze Nachfragen, wie z.B. „Und –"[733], „Und nun?"[734], „Sonst nicht?"[735] oder „Zum Beispiel?":

> L. Welchem Uebel entgehst du dadurch jedesmal und gewiß? Sch. Einem bösen Gewissen. L. Recht, aber sonst gar keinem? Sch. Ja, noch vielen andern. L. Zum Beispiel? Sch. Der Beschimpfung, mancher Krankheit, Strafe, Furcht, und Unruhe des Gemüths. u.s.w.[736]

In gleicher Funktion findet sich in Campes „Robinson" auch „Na?" aus dem Munde eines Kindes an den erzählenden Vater gerichtet.[737] – Und wiederum ist die Tendenz vom geschlossenen zum offenen *Lehrgespräch* auch im Kleinen zu beobachten. Im geschlossenen deutschen *Lehrgespräch* nämlich wird selbst zur NACHHAKENDEN thematischen Akzentuierung grundsätzlich ein Sprecherwechsel vollzogen, nimmt der Lehrer auch gesprächsstrukturell erst wieder das Heft in die Hand. Dass der Lehrer aus der Hörerrolle heraus NACHHAKT, BEWERTET, MODERIERT, ist eine Erscheinung erst der offeneren Gesprächssorten und wird von dort zu Beginn des 19. Jahrhunderts auch in die wieder geschätzten geschlosseneren übernommen (wie z.B. von Pöhlmann ins *darbietende katechetische Gespräch*).

III.4.2.2. *Über die Dinge*: Themenentfaltung im Lehrgespräch

Die Beziehungen zwischen Lehrer und Schüler(n) waren im 17. und 18. Jahrhundert, wie ja heute auch noch, in erster Linie prädisponiert durch die für die institutionellen Rollen „Lehrer" bzw. „Schüler" je gültigen Normen, und

---

[731] Vgl. Henne/Rehbock 2001, 186f.
[732] Vgl. Henne/Rehbock 2001, 21.
[733] Bahrdt 1776, 144. Zur Analyse der Funktion eines solchen „und" als Initiator einer rekursiven „operativen Prozedur, die [...] die propositionale Bearbeitung bei den Schülern steuert" (396), vgl. Redder 1989, 394ff.
[734] Vgl. z.B. Michelsen 1781, 83 und 95; Campe 1779/80, 132.
[735] Michelsen 1781, 11.
[736] Walkhof 1795, 76.
[737] Vgl. Campe 1779/80, 104.

das heißt auch: durch die Zwecke ihrer Zusammenkünfte. Dazu konnte im Verlauf der Untersuchungen eine grundsätzliche Veränderung der dem UNTERWEISEN untergeordneten Zwecksetzung dahingehend festgestellt werden, dass, zumindest in der pädagogischen Theorie, die WISSENSVERMITTLUNG gegenüber der WISSENSERZEUGUNG in den Hintergrund trat. Diese Veränderung der Zweckrichtung sowie allgemeine gesellschaftliche Veränderungen im Verlauf von Frühaufklärung und Aufklärung haben die oben dargelegte Geschichte und Entwicklung des deutschen *Lehrgesprächs* von geschlossenen katechetischen zu offenen sokratischen Formen auf den Weg gebracht und immer weiter entfaltet. Die beziehungsorientierte Seite der dialogischen Unterrichtskommunikation, d.h. die Beziehungen zwischen Lehrer und Schüler(n), blieben, wie in den vorangehenden Abschnitten gezeigt worden ist, von dieser Öffnung nicht unberührt. Desgleichen, wenn nicht gar noch mehr, musste die gegenstandsorientierte Seite des UNTERWEISENS Wandlungen vollziehen, nämlich, zum einen, überhaupt erst die Wandlung vom Monolog zum Dialog, sodann, innerhalb der dialogischen Kommunikationsformen, zum anderen, die erwähnte Wandlung von der WISSENSVERMITTLUNG zur WISSENSERZEUGUNG und, damit zusammenhängend, die Wandlung vom sehr schmalen Fächerkanon mit dem „Fach" Religion als Zentrum zum breit gefächerten Lehrplan.

Wolfgang Ratke konnte zu Beginn des 17. Jahrhunderts noch kurz und bündig die – zu seiner Zeit höchst fortschrittliche! – gegenstandsorientierte Spracharbeit des „Lehrmeisters" dahingehend zusammenfassen, dass er „fürlesen und erklären" müsse, was der „Lehrjünger" lernen soll, während dieser selbst „zuzuhören und stillzuschweigen" habe.[738] Knapp anderthalb Jahrhunderte später war die Sprachhandlungsmacht des Lehrers wesentlich stärker – und zudem dialogisch – gefordert:

> Der Lehrer erhält alles in gehöriger Ordnung, entscheidet den Streit, wo einer entstehet, thut das Seinige auch dazu, redet, schreibet, erzehlet, lehret, schließet, fraget, antwortet, billiget, lobet, bestraffet, ermuntert und beweiset, er sey in der That ein ludimoderator, ein wahrer Schulmeister [...].[739]

Der Lehrer als „ludimoderator", als Lenker des schulischen Spiels, sollte, nachdem das deutsche Gespräch als Lehr-Lern-Methode und -verfahren zunehmend Anerkennung gefunden hatte, die institutionellen Sprachspiele auch im Gespräch gemäß den Zwecken des Lehrens und Lernens MODERIEREN und LENKEN. Und entsprechend der Veränderung der Zweckrichtung des UNTERWEISENS änderten sich auch die Mittel und Formen dieses gegen-

---

[738] [Wolfgang Ratke:] „Artikel, auf welchen fürnehmlich die [Ratichianische] Lehrkunst beruhet" (1617); niedergeschrieben von Prof. Helwig aufgrund einer Unterredung mit Ratke; abgedruckt in Ratke/Hohendorf 1957, 66–78, hier 73f.
[739] [anonym] 1752, 603.

standsorientierten Gesprächshandelns des Lehrers, war doch nicht mehr nur fertiges Wissen bzw. ein fertiger Text formal in die Köpfe der Schüler zu bringen, sondern sollte dieses Wissen dort nachgeschaffen, sollte ein Textverständnis dort neu erzeugt werden. MODERIEREN und LENKEN als gegenstandsorientierte Gesprächshandlungstypen konnten sich dementsprechend nicht mehr nur im „Verhören" erschöpfen, sondern mussten andere Formen finden. Der Lehrer musste deshalb, wie es in dem Beitrag aus den „Agenda Scholastica" von 1752 heißt, nicht mehr nur (AB)FRAGEN, sondern REDEN und ERZÄHLEN, „lehren" – also ERKLÄREN –, FRAGEN und ANTWORTEN.

Um diese und weitere gegenstandsorientierte Sprachhandlungen des Lehrers – sowie die der Schüler – systematisch als Typen historischer Gesprächsakte in ihren verschiedenen Erscheinungsformen erfassen zu können, werden im Folgenden Minimalsequenzen von „Anrede und Erwiderung" aus den überlieferten Gesprächen gesondert und als Exemplare typischer Sequenzmuster beschrieben. In theoretischer und methodologischer Hinsicht folgt dieser Zugriff, zum einen, gängigen Ansätzen der Dialogforschung, nämlich dem dialoggrammatischen Ansatz der Analyse von „adjacency pairs" als dialogischer Grundeinheit[740] sowie dem gesprächsanalytischen Ansatz der Beschreibung der Verknüpfung von Gesprächsakten durch Determination und Responsivität;[741] und er folgt, zum anderen, dem erziehungswissenschaftlichen Ansatz von Bellack [u.a.], die das *Lehrgespräch* als Kombination „unterrichtsbezogener Spielzüge (pedagogical moves)" beschreiben und dabei als „sprachliche Grundverhaltensweisen" die triadische Zugsequenz von „Strukturieren/Auffordern" (Lehrer) – „Reagieren" (Schüler) – „Fortführen" (Lehrer) zugrunde legen.[742]

Die oben im Rahmen der Beschreibung historischer diadaktischer Gesprächssorten zusammengetragenen sprachhandlungsbenennenden Verben stützen überdies diese Form der Erkundung historischer Anrede und Erwiderung. Die Beschreibung der Gesprächssorten hat ja, neben einigen Benennungen für formal monologische Sprachhandlungen des Lehrers, wie z.B. *beybringen*, *dictiren* und *vortragen*, eine ganze Reihe zeitgenössisch gebrauchter Verben zur Benennung gegenstandsorientierter dialogischer Sprachhandlungen von Lehrer und Schülern hervorgebracht. Diese Benennungen für dialogische Sprachhandlungen (die im Folgenden als Gesprächsakte gefasst werden) seien, auch als Ergänzung zur oben zitierten Sammlung der Benennungen von Sprachhandlungen eines „ludimoderators", hier noch

---

[740] Vgl. z.B. Franke 1990, 8f.; Hundsnurscher 1989.
[741] Vgl. Henne/Rehbock 2001, 195ff.; vgl. auch Brinker/Sager 1996, 72ff. zur „Gesprächskohärenz".
[742] Vgl. Bellack [u.a.] 1974, bes. 252ff.; Mehan 1985, 121.

einmal zusammengestellt: Typische gegenstandsorientierte Gesprächsakte des Lehrers finden ihren Ausdruck in den Verben *abfragen, abhören, ablocken, antworten, anweisen, auffordern, aushören, befehlen, berichtigen, corrigiren, durchfragen, erklären, fragweise erläutern, examiniren, exerciren, fragen, herauslocken, überhören, verbessern, verhören, vorlesen, vorsagen, vorsprechen* und *vortragen* (im Sinne eines initiativen Gesprächsakts). Typische gegenstandsorientierte Gesprächsakte des Schülers erhalten demgegenüber die folgenden Benennungen: *antworten, aufsagen, fragen, heraushaspeln, herbeten, herleiern, herplappern, hersagen, herschnattern, herstottern, nachbeten, nachlesen, nachreden, nachsagen, nachsprechen, wiederholen*. Schon an diesen Beispielen ist die grundsätzliche Festlegung der Gesprächsrolle des Lehrers auf initiative Gesprächsakte und die des Schülers auf reagierende Gesprächsakte ohne Schwierigkeit ablesbar; in den mit *vor-* und *nach-* gebildeten Präfixverben ist sie sogar lexikalisiert. Nur dann, wenn der Lehrer *antwortet*, übernimmt er die Sprecherrolle im reagierenden zweiten Zug, mitunter auch, wenn er *erklärt* und *erläutert* und dies nicht „fragweise" tut; *corrigiren* und *verbessern* benennen schließlich schon, wie auch die Verben für die herausragenden beziehungsorientierten Handlungen, *loben* und *tadeln*, Gesprächsakte des dritten Zuges. – Die Gesprächsrolle des Schülers als eines reagierenden Gesprächspartners klingt ebenfalls in den Verben an, ganz deutlich natürlich im Verb *antworten*, aber auch in den mit dem Präfix *her-* gebildeten Verben, nehmen diese doch die Perspektive des Fordernden bzw. Empfangenden ein, des Lehrers also, auf dessen Geheiß etwas *her-*gebracht wird.

Aus den historischen gesprächaktbenennenden Verben lassen sich nun die für die sprachgeschichtliche Rekonstruktion des deutschen *Lehrgesprächs* relevanten „adjacency pairs" ableiten und, zum Teil unter Zuhilfenahme außenperspektivischer Benennungen, wie folgt systematisch ordnen:

initiative Gesprächsakttypen des Lehrers	reagierende Gesprächsakttypen des Schülers
FRAGEN	ANTWORTEN
VORSPRECHEN (-SAGEN, -TRAGEN usw.); AUFFORDERN	NACHSPRECHEN (-BETEN, -REDEN, -SAGEN usw.); FOLGE LEISTEN
ERKLÄREN; ERLÄUTERN; ERÖRTERN	EINWENDEN; (NACH)FRAGEN

Diese Paare von Gesprächsakttypen sind in Bezug auf ihre historische Rolle bei der Entwicklung des deutschen *Lehrgesprächs* mittelbar auch auf einer chronologischen Achse anordenbar, abgesehen vom Paar FRAGEN – ANTWORTEN, das als Universalie des *Lehrgesprächs* panchronisch ist – freilich nicht in seinen einzelsprachlichen Erscheinungsformen. Der FRAGE illokutionär eng verwandt ist die AUFFORDERUNG, die auch den VOR-Handlungen des Lehrers grundsätzlich innewohnt; man kann hier von imperativisch initiierten Zugsequenzen im engeren Sinne sprechen, die in der Frühzeit des deutschen *Lehrgesprächs* neben und mit den interrogativ initiierten Sequenzen den Gesprächstyp dominierten. Die in der pädagogischen Theorie schon früh geforderten Formen der diskursiven Wissensvermittlung und -erzeugung im Wege des ERKLÄRENS und EINWENDENS haben hingegen im *katechetischen Gespräch* noch keine bedeutsame Rolle gespielt.

Als grundlegende Tendenz aller im Folgenden beschriebenen historischen Gesprächsakttypen des Lehrers und der Schüler darf schon hier festgehalten werden, dass sich der Weg vom geschlossenen *katechetischen Gespräch* zum offenen *sokratischen Gespräch* zwischen 1600 und 1800 in Bezug auf die „adjacency pairs" in besonderer Weise als Weg der Erweiterung der Reaktionsmöglichkeiten[743] des Schülers erweist. Indikatoren für die Öffnung sind sodann freilich auch Wandlungen der initiativen Gesprächsakte des Lehrers – von der streng geschlossenen FRAGE hin zum offenen FRAGE-IMPULS – sowie der institutionell inszenierte Tausch der Gesprächsrollen, aufgrund dessen dem Schüler das Recht zum initiativen Gesprächsakt eingeräumt und dem Lehrer die Pflicht zum reagierenden Gesprächsakt auferlegt wurde. Die Erkundung dieser Öffnung des deutschen *Lehrgesprächs* in Form der Öffnung der Determinationsstrukturen innerhalb der „adjacency pairs" wird den Gang der folgenden Beschreibung leiten.

III.4.2.2.1. FRAGEN und ANTWORTEN

Der Urtyp auch des deutschen institutionalisierten *Lehrgesprächs* ist eine Sequenz aus Lehrerfrage und Schülerantwort – schon vor Luther galt ja das „Verhör"-Spiel von „frag vnd antwurt" als Inbegriff des dialogischen Lehrens, das *Lehrgespräch* als Ganzes wurde u.a. als „fragweiser Unterricht" oder „Methodus erotematica" benannt,[744] und dieses Sequenzmuster bildet auch heute noch die Grundstruktur allen didaktischen Handelns, sofern es sich dialogischer Formen bedient.[745] Die Erkundung der Sozial- und Sortengeschichte des deutschen *Lehrgesprächs* hat darüber hinaus aber auch gezeigt, dass dieses Sequenzmuster in den rund zweihundert Jahren von 1600 bis 1800 vielfältigen formalen und funktionalen Wandlungen unterworfen war, und dass gerade die Wandlungen dieses Sequenzmusters sprachlicherseits verantwortlich sind für die Ausbildung der verschiedenen Gesprächssorten zwischen den Polen des *katechetischen* und des *sokratischen Ge-*

---

[743] Vgl. Franke 1990, 16, der von „Reaktionsalternativen" spricht.
[744] Vgl. z.B. Zerrenner 1788, 4; Zedler 20, 1739, 1337.
[745] Vgl. auch Hundsnurscher 1989, 245, der Frage-Antwort-Sequenzen als „die elementare Form dialogischer Wissensvermittlung" bezeichnet.

sprächs, zwischen dem *Lehrgespräch* zu dem Zweck, fragend Wissen zu VERMITTELN (bzw. ab-fragend zu festigen) und dem *Lehrgespräch* zu dem Zweck, fragend Wissen zu ERZEUGEN. In diesem Sinne ist Fritz' Feststellung, „daß sich das ganze [Sprach-] Spiel verändert, wenn eine neue Zugmöglichkeit eingeführt wird",[746] auch für die Geschichte und Entwicklung des deutschen *Lehrgesprächs* durchaus zutreffend. Als nicht zutreffend bzw. nicht geeignet erweist sich indes wiederum der dialoggrammatische Ansatz einer deduktiven Rekonstruktion der vielfältigen historischen Erscheinungsformen der Spielzüge dieses Sequenzmusters auf der Grundlage einer vorab erstellten Typologie der Lehrerfragen und Schülerantworten. Sieht man sich beispielsweise Hundsnurschers dialoggrammatisches Schema von Sequenzmustern im deduktiv konstruierten „Dialogtyp" „Unterrichtsgespräch" an, so geht dieses an der Theorie und Praxis etwa des geschlossenen „Verhörs", also des *examinierenden katechetischen Gesprächs* völlig vorbei, insofern diese Gesprächssorte einen Zug „Lehrerexplikation" oder erst recht „Schülernachfrage" gar nicht kannte bzw. duldete.[747] Man müsste es deshalb vor dem Hintergrund des deduzierten „Dialogtyps" als defizitäres oder nur partiell ausgeführtes *Lehrgespräch* interpretieren, was freilich hieße, den normativen Maßstab der Interpretation aus der Gegenwart zu nehmen. Deduktiv herzuleiten ist aus diesem Ansatz ferner nicht einmal die grundlegende Unterscheidung zwischen dem geschlossenen *katechetischen Gespräch*, das zu rekursiven Paarsequenzen ohne Lehrerfortführung im engeren Sinne neigt (Frage$_1$ – Antwort$_1$; Frage$_2$ – Antwort$_2$; Frage$_n$ – Antwort$_n$), und dem offenen *sokratischen Gespräch*, das diese Paarsequenzen entweder erweitert oder die Aneinanderreihung abgeschlossener „Minimaldialoge"[748] grundsätzlich im freien Gespräch aufhebt. Den Unwägbarkeiten bei der Anwendung dieses Ansatzes der introspektiven Kompetenzlinguistik auf historische Gespräche gesellt sich hier zudem ein im weiteren Sinne gesprächstheoretisches Problem: Es gibt Formen der Lehrerfrage, die nicht initiativ eingesetzt werden können, wie beispielsweise einige Formen der Impulsfrage („Und dann?"), die gleichwohl aber gesprächssortendeterminierend sein können. Ob und wann sie es sind, zeigt nur der Blick in konkrete Gespräche.

Weil das Sequenzmuster von FRAGE und ANTWORT eine so wesentliche Rolle bei der Ausbildung und Ausformung der einzelnen Gesprächssorten spielte, waren einzelne historische Entwicklungen desselben, zumal die sukzessive Öffnung der beteiligten Gesprächsakttypen, ferner auch die im Wechselspiel von Frage und Antwort je unterschiedlich komponierte Entfaltung des Lehr-Lern-Gegenstandes, bereits im Zusammenhang mit den einzel-

---

[746] Fritz 1994, 550.
[747] Hundsnurscher 1989, 251f.
[748] Franke 1990, 24f.

nen Gesprächssorten zu beschreiben und stehen hier nicht erneut zur Untersuchung an. Vor dem Hintergrund der Ergebnisse der Rekonstruktion der Gesprächssorten gilt es vielmehr, die diachronische Entwicklung des FRAGENS und ANTWORTENS im deutschen *Lehrgespräch* zu systematisieren, und dazu einige der zahlreichen normativen Stimmen zeitgenössischer Pädagogen über die „Kunst zu fragen" sowie über die Formen des Antwortens zu hören. Zur Theorie und Praxis der initiativen Schülerfrage im *Lehrgespräch* des 17. und 18. Jahrhunderts, die das Sequenzmuster in Bezug auf die Gesprächsrollen ja grundsätzlich umkehrt, ist ebenfalls oben (III.3.3.) das Wesentliche gesagt worden, so dass sie im Folgenden nicht mehr zu berücksichtigen ist.

Der institutionelle Gesprächsakttyp LEHRERFRAGE setzt im deutschen *Lehrgespräch* in Form der geschlossenen Entscheidungsfrage ein, auf die mit „Ja" oder „Nein" zu antworten war, oder in Form der geschlossenen W-Ergänzungsfrage, deren Gebrauch nicht selten dem Ritual des „Inventionshexameters" folgte und die durch „Hersagen" der entsprechenden Textstellen aus dem Buch (oder aus dem Kopf) zu beantworten war. Dass dieser Gesprächsakttyp von Anfang an als herausragendes Charakteristikum die illokutionäre Doppelbödigkeit besaß, gar nicht auf die Information zur Schließung der propositionalen Lücke gerichtet zu sein, sondern auf die Information, ob der Befragte über die Information verfüge, braucht hier nicht eigens problematisiert zu werden; diese Doppelbödigkeit ist seit der Reformpädagogik um 1900 ein im pädagogisch-didaktischen Diskurs der Moderne hitzig umstrittenes Thema.[749] Bemerkenswert in diesem Zusammenhang ist lediglich, dass diese Doppelbödigkeit im 17. und 18. Jahrhundert weder theoretisch noch praktisch ein Problem darstellte, dass vielmehr die Lehrerfrage als Gesprächsakttyp ihr eigentliches Definiens aus diesem Charakteristikum zog und in der Theorie gar nicht mit der außerinstitutionellen, alltäglichen

---

[749] Auf diese Besonderheit weist, aus sprechakttheoretischer Sicht, auch Searle 1971, 103 hin: „Es gibt zwei Arten von Fragen, nämlich (a) wirkliche Fragen und (b) Prüfungsfragen. Bei wirklichen Fragen geht es S um die Antwort, bei Prüfungsfragen will S wissen, ob H die Antwort weiß." Die zahl- und umfangreichen erziehungs- und sprachwissenschaftlichen Diskussionen zur Lehrerfrage wie zur FRAGE als Sprachhandlung insgesamt sind hier nicht zu referieren. Zur Lehrerfrage im Allgemeinen vgl. z.B. Bloch 1969; Burkhardt 1986b, 41f.; Dederding/Naumann 1986; Ehlich 1981, 346ff.; Klingberg 1972, 323ff.; Meyer 1987, II, 205ff.; Stöcker 1966, 133ff.; Thiele 1981, 69 und besonders Petrat 1996, der zudem im Register (113f.) eine Liste mit insgesamt 56 Benennungen für „Fragearten" zusammenstellt; zum Fragen als „Voraussetzung des Gesprächs" vgl. auch Bollnow 1977. Kästner 1978, 156ff. fasst die bis 1978 erschienene sprachwissenschaftliche Literatur in Bezug auf seine Untersuchung mittelalterlicher Lehrgespräche zusammen; zu neueren Forschungen vgl. z.B. Bucher 1994.

FRAGE zusammengeworfen wurde.[750] Etwas überspitzt könnte man sogar sagen, dass ausgerechnet die philanthropische Gesprächsrhetorik des „Ablockens" auf eben dieser Besonderheit der didaktischen Frage fußte, und es schadete ihr auch nicht, wenn der Schüler selbst diese Doppelbödigkeit, zumal wenn sie mit „sokratischer Ironie" gewürzt war, thematisierte, wie z.B. in Christian Gottlieb Salzmanns „Heinrich Gottschalk":

> T[illmann]. Glaubst du auch wohl, daß in den [Kürbis-] Kernen Keime sind?
> St[ephan]. Gewiß!
> T. Hast du sie hineingelegt?
> St. Das wissen Sie ja schon, daß ich dies nicht kann.[751]

Für die Lehrerfrage ist vor allem in formaler und didaktisch-funktionaler Hinsicht im Laufe der beiden Jahrhunderte eine erstaunliche Vielfalt an Varianten ausgebildet worden; Christian Friedrich Dinter listet in seinem „Leitfaden" „Die vorzüglichsten Regeln der Katechetik" am Ende dieser zwei Jahrhunderte nicht weniger als fünfzehn verschiedene „Gattungen von Fragen" auf.[752] Dies ist, zum einen, zurückzuführen auf den Wandel der Unterrichtsssituation, den Wandel also vom Einzelverhör zum „gesprächsweise" Zusammenunterrichten, was eine wechselnde Adressierung der Fragen (individuell oder kollektiv) und damit verknüpft auch neue Funktionen (z.B. Aufmerksamkeitssteuerung) zur Folge hatte. Und es ist, zum anderen, auf den Wandel der Einstellungen gegenüber den Zwecken der Lehre selbst zurückzuführen, auf den Wandel also vom Primat des Gegenstandes und der Wissensvermittlung zum Primat der Lernwege des Kindes und der Wissenserzeugung. Dieser Wandel hatte, wie in der Darstellung der Entwicklung der Gesprächssorten deutlich wurde, vor allem zur Folge, dass nicht mehr die Struktur des Unterrichtsgegenstandes, sondern die Antworten der Schüler die Stichworte für die einzelnen Fragestellungen und Frageprogressionen gaben und dadurch das *Lehrgespräch* im eigentlichen Sinne erst zum Gespräch wurde.

Das unter III.4.1.1.4. auszugsweise wiedergegebene *epagogische Gespräch* über das vierte Gebot führt sehr schön vor, welche Entwicklung die Lehrerfrage in dieser an der Schwelle zwischen katechetischem und sokratischem Prototyp stehenden Gesprächssorte erfahren hatte und damit auch, wie breit das Feld der Fragemöglichkeiten schon im Rahmen des *katechetischen Gesprächs* am Ende des 18. Jahrhunderts geworden war. Man findet allein in diesem Gespräch:

---

[750] Vgl. z.B. Felbiger 1775, 136.
[751] Salzmann 1807b, 5.
[752] Dinter 1800, 5ff.

- die examinierende Ergänzungsfrage zum Zweck des katechetischen „Verhörens": „Was wird in diesem Gebote den Kindern befohlen?" (Dieser Fragetyp erschien später oft gemildert durch eine Kollektivanrede: „Wie wird ein solches Jahr eingetheilt? Wer weiß es?"[753]),
- die suggestive Ergänzungsfrage mit institutionell erwarteter Antwort („Bekenntnisfrage"[754]): „Was thun aber Kinder, die ihre Aeltern ehren?",
- die „einflössende" Ergänzungsfrage mit ko- oder kontextuell vorgegebener Antwort: „Wenn dir ein Buch oder sonst etwas fehlte, wer würde es dir geben?",
- die aktivierende Ergänzungsfrage z.B. zum nachhakenden „Ausfragen" einer Begründung: „Warum wünschest du das?",
- die suggestive Entscheidungsfrage mit konventionell erwartbarer „richtiger" Antwort: „Du wünschest auch wol, daß sie noch lange leben mögen?",
- die suggestive Entscheidungsfrage mit institutionell (hier zudem kotextuell durch das vierte Gebot) vorgegebener Antwort („Bekenntnisfrage"): „Solltest du sie nicht ehren und werthschätzen?",
- die ironische Suggestivfrage: „Aber du gehst wol nicht gern in die Schule?"[755]

Hinzuzufügen und mit Beispielen aus anderen Gesprächen zu belegen sind als frühe Formen im geschlossenen *Lehrgespräch*:

- die „einflössende" Entscheidungsfrage mit kontextuell vorgegebener Antwort: „Was werde ich von dir hören? Ist denn ein GOtt?" (s.o., III.4.1.1.2.),
- die examinierende Entscheidungsfrage mit kontextuell vorgegebener Antwort (hier sogar disjunktiv formuliert): „Was sagst du nun, mein Kind, von GOtt? Ist Er oder ist Er nicht?" (s.o., III.4.1.1.2.).

Die meisten dieser Fragetypen sind auch in philanthropischer Zeit und noch nach 1800 im deutschen *Lehrgespräch* nach wie vor in katechetischer Form und Funktion präsent und prägen entsprechend das Gesprächsklima und die jeweils gewählte Gesprächssorte. Der pädagogisch Interessierte konnte zu dieser Zeit überdies die Gleichzeitigkeit des Ungleichen erleben und, z.B. in Schrödters „Anleitung zu einem sokratischkatechetischen Unterricht", zur „richtigen Bildung und zu den nothwendigen Eigenschaften guter Fragen" u.a. lesen, es müsse „auf jede richtig verstandene Frage sich nur Eine Antwort geben lassen",[756] während er bei Bahrdt erfuhr, dass es „bey aller angewandten Mühe des Lehrers" unmöglich sei, von den Schülern Antworten zu erhalten, „die in Ansehung ihres Inhalts vollständig und in ihrem Ausdrucke vollkommen bestimmt wären".[757]

Dieser Widerspruch ist aufzuklären, wenn man bedenkt, dass die bisher genannten Fragetypen auch in den Sorten des *sokratischen Gesprächs* nach-

---

[753] [anonym] 1786c, 100.
[754] Vgl. Burkhardt 1986b, 44.
[755] Vgl. Walkhof 1797, 8ff.; s.o., III.4.1.1.4.
[756] Schrödter 1800, 78; ebenso Moser 1787, 179.
[757] Bahrdt 1776, 188.

zuweisen sind, doch erscheinen sie dort (und danach wiederum auch in *katechetischen Gesprächen*, etwa denen Pöhlmanns) in verändertem, nämlich offenerem Gewand und in veränderter, nämlich „ablockender" Funktion:

- Die „einflössende" Ergänzungsfrage mit ko- oder kontextuell vorgegebener Antwort erscheint zumeist gemildert durch die Nachstellung des Frageworts, also als Lückenfrage, die eine Satzvollendung als Antwort erheischt: „[...] von dem kann man auch sagen: es ist nach allen Richtungen [...] ausgedehnt. An Statt zu sagen: dieses Stück Holz hat eine Länge, Breite und Dikke, kann ich also auch sprechen – nun wie?";[758] „L. [...] Gesetzt also, daß man die Seiten HG und HI als die Schenkel ansieht, so sind? Sch. die Winkel G und I gleich."[759]
- Die aktivierende Ergänzungsfrage erscheint z.b. oft als indirekt und zudem konjunktivisch „eingezäunt" formulierte „ablockende" Ergänzungsfrage: „Könntest du mir wol sagen, wie das daraus folgt?",[760]
- Die ausfragend nachhakende Ergänzungsfrage erscheint noch offener als erfragend nachhakende Ergänzungsfrage, die dem Schüler einen noch weiteren Denkraum eröffnete: „Wie verstehst du das, der Mensch soll sich selbst bessern?",[761]
- Die in einen Aufforderungssatz eingebettete direkte „einflössende" Entscheidungs- oder Ergänzungsfrage („Sage du es auch: Was ist Gott, der so gern allen helfen will?"[762]) erscheint, ebenfalls in einen Aufforderungssatz eingebettet, als indirekte Entscheidungs- oder Ergänzungsfrage (die allerdings auch im *sokratischen Gespräch* nicht immer aktivierend ausfiel, sondern ebenfalls „einflössenden" Charakters sein konnte), wie z.B. hier bei Pöhlmann, der einen Schüler lediglich vorher bereits Gesagtes noch einmal wiederholen lässt: „Nun sage mir, Fritz, was wir alles an diesem Holze messen können."[763]

In didaktischer Hinsicht nicht als eigener Fragetyp, sondern als formale Variante aller Fragetypen ist noch die disjunktive Frage bzw. die Multiple-

---

[758] Pöhlmann 1818, 2.
[759] Michelsen 1781, 97.
[760] Das Thema der Indirektheit von Fragehandlungen kann hier nicht eigens erörtert werden, zumal es beim Typ der Lehrerfrage besondere Probleme aufwirft: Geht man davon aus, dass die didaktische Frage gerade nicht die Schließung der gegenstandsorientierten propositionalen Lücke erheischt, sondern den Kenntnisstand des Schülers prüfen soll, dann ist eine Frage wie die obige keine indirekte, sondern lediglich eine konjunktivisch eingezäunte direkte Frage nach den Fähigkeiten des Gefragten. Da der Schüler jedoch nicht das Recht hat, nur die direkte Entscheidungsfrage mit „Ja" oder „Nein" zu beantworten, sondern die Pflicht, die propositionale Lücke der Ergänzungsfrage zu schließen, handelt es sich hierbei doch um Indirektheit; vgl. dazu bes. Sökeland 1980, 125f.; zur Indirektheit auch Burkhardt 1986a, 352ff.
[761] Beide Beispiele stammen aus Rochow 1779, 124.
[762] Stresow 1765, 161.
[763] Pöhlmann 1818, 1.

Choice-Frage anzuführen, die den Schülern mehrere Antworten zur Auswahl vorlegte. Sie gehörte zwar zum Grundbestand des deutschen *Lehrgesprächs* und wurde vornehmlich für den Unterricht mit Kindern, Anfängern und „Einfältigen" empfohlen,[764] doch vermochte sie ihre didaktische Kraft erst richtig zu entfalten, als nicht mehr bloß Auswendiggelerntes in der Antwort „herzusagen" war. Das *Lehrgespräch* nahm bei Anwendung dieser Fragevariante die Form eines Rätselspiels an, das, je nachdem, wie es um die kommunikativen Rahmenbedingungen bestellt war, verhörend-examinierende bis ablockend-aktivierende Züge annehmen konnte. Beide Tendenzen sind in den Multiple-Choice-Fragen in den *epagogischen Gesprächen* Pöhlmanns angelegt:

> L. Wovon ist nun ein Dach ein Theil? nur von einem Hause, oder überhaupt von einem Gebäude?
> K. Von einem Gebäude.
> L. Aber was für ein Theil, der unterste, mittlere oder der oberste?
> K. Der oberste.[765]

Das interrogative Aushängeschild des *sokratischen Gesprächs* war jedoch die aktivierende Impulsfrage, und sie war auch der formal bunteste Fragetyp: Sie konnte, beispielsweise, im Kleid der Entscheidungsfrage erscheinen[766] oder aber auch im knappen Gewand eines strukturierenden Gesprächsakts („Und –?"), als indirekt vollzogene Fragehandlung[767] oder auch als Instruktionsfrage, die dann allerdings illokutionär schon deutlicher in den Bereich der Aufforderungen im engeren Sinne hinüberreichte, insofern sie oft mit einer nichtsprachlichen Handlung beantwortet werden musste.[768]

Die Impulsfrage ist illokutionär eigentlich nicht mehr Initiator einer Frage-Antwort-Sequenz, sondern vielmehr AUFFORDERUNG, ein Wissensdefizit selbstständig zu schließen („Anregung und Steuerung der Denkfähigkeiten"[769]). Laut Ehlich ist auf solche Fragen deshalb ein „Weiß ich nicht" als Antwort nicht möglich, denn davon gehe der Lehrer gerade aus, dass die

---

[764] Vgl. Rist 1787, 184; Gräffe 1793–1801, Bd. 3, 1796, 407; Dinter 1800, 6.

[765] Pöhlmann 1812, 73.

[766] Vgl. z.B. Riemann 1781, 124 (Hervorhebung von mir, J.K.): „L. Bisweilen müssen wir aber mit bösen Leuten in Gesellschaft seyn: Weißt du mir wol einen solchen Fall zu sagen? K. Ja beym Hofedienst. L. *Das mag aber wol der einzige Fall seyn?*"

[767] Vgl. z.B. Bahrdt 1776, 126: „**Fritz.** [...] Bös ist, was dem Menschen schädlich ist, und Sünde ist – das nemliche. 33. **Lehrer.** Ich dachte, Sünde wäre, was wider Gottes Willen ist? **Fritz.** Ja! [...]."

[768] Vgl. z.B. Bahrdt 1776, 137: „**Lehrer.** Können Sie denn auch oben herunter durch diese Linie eine gerade Linie ziehn, die diese in zwei ganz gleiche Theile schneidet. Das müssen die Tischler oft. **Fritz.** (machts mit dem Brett.)"

[769] Thiele 1981, 67.

Schüler (noch) nicht wissen – im Gegensatz zur Examensfrage.[770] Die so geartete Impulsfrage im deutschen *Lehrgespräch* ist ein philanthropisches Kind des *sokratischen Gesprächs*, denn erst im Zuge der Didaktik der Wissenserzeugung in Form des dialogischen „Ablockens" rückte der erkundigende Zweck der didaktischen Frage, nämlich zu erfahren, was der Schüler weiß, auf einen nachgeordneten Rang – war indes stets präsent – und machte dem lernhelfenden Zweck der Fokussierung der Beobachtungs- bzw. Denkwege bei der selbstständigen Lösung eines Problems Platz.

Die Sicherheit, die die Modell-Gespräche mit ihren vorgefertigten Fragen sowie der „Inventionshexameter" mit seiner festgelegten Frageprogression boten, war mit der Impulsfrage (und mit der Öffnung des Antwortraumes, s.u.) am Ende des 18. Jahrhunderts relativiert, wenn nicht gar zerstoben, und so häuften sich die „Anweisungen" und „Anleitungen" zum „Katechisiren" (Moser, Schmahling), „zu einem sokratischkatechetischen Unterricht" (Schrödter) oder „zu Fragen und Gesprächen" (Velthusen), in denen Regeln für die didaktischen Gesprächshandlungen des FRAGENS und ANTWORTENS formuliert wurden. „Eigentliche Regeln", wie man sich fragweise mit Kindern unterreden könne, schreibt zwar Johann Christoph Friedrich Rist in seiner „Anweisung für Schulmeister", „lassen sich nicht wohl geben" (vgl. oben, III.3.3.). Und doch kann er gut einhundert Seiten später immerhin neun Regeln für Fragen und fünf Regeln für Antworten zusammentragen und ausführlich erläutern.[771] Der Biograph der Elementarschule zu Reckahn, Carl Friedrich Riemann, bringt ebenfalls die mit der Öffnung der Lehrerfrage verknüpften Unwägbarkeiten des *Lehrgesprächs* zum Ausdruck, wenn er über die Arbeit mit Rochows Lesebuch „Der Kinderfreund" schreibt:

> Die einzelnen Maximen, oder das eigentlichere Quomodo bey der Behandlung, läßt sich nicht beschreiben, jede Geschichte erfordert ihre eigene Behandlung, und jedes Kind macht eine andere Art zu fragen nöthig: [...].[772]

Eben aus diesem Grund wurde in der Zeit der sokratischen Entfaltung des deutschen *Lehrgesprächs* viel Energie auf die Formulierung von Regeln für die Form der Lehrerfrage und die der Schülerantwort verwandt, die den Lehrern an die Hand gegeben wurden.[773] Johann Ignaz von Felbiger

---

[770] Ehlich 1981, 351.
[771] Rist 1787, 44 und 182ff.
[772] Riemann 1781, 24.
[773] Vgl. z.B. Moser 1787, 177ff. (FRAGE) und 201ff. (ANTWORT); Rist 1787, 1822ff. (FRAGE) und 196ff. (ANTWORT); Gräffe 1793–1801, Bd. 3, 1796, 325ff., 357ff., 404ff. (FRAGE) und 424ff. (ANTWORT); Zerrenner 1794, 13ff. (FRAGE); Gieseler 1797, 12ff. (FRAGE); Schrödter 1800, 78ff. (FRAGE); Dinter 1800, 3ff. (FRAGE); Niemeyer 1818, II, 42ff. (FRAGE), 44ff. (ANTWORT)

beispielsweise formuliert im Jahre 1775 folgende „Eigenschaften guter Fragen":

Gute Fragen müssen:
1. so kurz als möglich,
2. sehr bestimmt,
3. ohne Beziehungswörter,
4. nicht in verstümmelten, sondern vollständigen Sätzen abgefaßt und so beschaffen sein, daß der Antwortende bald zu erkennen vermöge, was der Fragende haben will.
5. Der Fragende muß die bekanntesten Wörter gebrauchen, die von jedermann, besonders von Kindern, verstanden werden.
6. Beim Fragen müssen die Worte im eigentlichen und niemals im figürlichen Verstande (Sinne) genommen werden.[774]

Die hier aufgezählten Merkmale sind Allgemeingut beinahe aller Regelformulierungen und werden z.B. von Niemeyer kurz und bündig in folgende Adjektive gefasst: Die Frage müsse „a) deutlich, b) bestimmt, c) einfach, d) kurz, e) die Seelenkraft des Gefragten aufregend, spannend, übend seyn."[775] Für die ersten vier charakterisierenden Merkmale guter Fragen ist bei Verfechtern des *katechetischen* und des *sokratischen Gesprächs* noch Einmütigkeit festzustellen; lediglich das Kriterium der Deutlichkeit bzw. Bestimmtheit der Fragen haderte in gewisser Weise mit dem Kniff der „sokratischen Ironie", weshalb die ironischen Suggestivfragen durchaus auch bei Pädagogen, die dem *sokratischen Gespräch* gegenüber aufgeschlossenen galten, nicht unumstritten waren.[776] – Die Geister schieden sich aber erst richtig in Bezug auf das fünfte der von Niemeyer angeführten Merkmale. Schon zwischen Felbiger und Niemeyer sind die Unterschiede spürbar: Setzte Felbiger darauf, dass in der Frage klar werde, „was der Fragende haben will", so betont Niemeyer die Anregung der „Seelenkraft" des Gefragten. Es spiegelt sich darin die oben festgestellte unterschiedliche Schwerpunktsetzung, ob die Lehrerfrage den Unterrichtsgegenstand strukturieren oder ob sie dem Lernweg des Schülers korrespondieren solle. Damit verknüpft war beispielsweise auch die Frage, ob Lehrerfragen so gestaltet sein dürften, dass darauf nur mit einem „Ja" oder „Nein" zu antworten war, eine Frage, die in den beiden hier beobachteten Jahrhunderten immer wieder aufgeworfen, aber nicht entschieden wurde.[777] Die Antworten auf diese Frage pendeln zwischen *katechetischem* und *sokratischem Gespräch*, zwischen WISSENSVER-

---

[774] Felbiger 1775, 139.
[775] Niemeyer 1818/1819, Bd. 2, 42.
[776] Vgl. z.B. Niemeyer 1818, II, 43, der über die „beliebten naiven im Grunde aber einfältigen Fragen" klagt.
[777] Schon Hedinger 1700, 81 referiert unterschiedliche Meinungen zur Beantwortung dieser Frage.

MITTLUNG und WISSENSERZEUGUNG als Fragezwecke: Schon die „Schulordnung der Francke'schen Stiftungen" von 1702 beklagt, dass die Schüler bei den geschlossenen Entscheidungsfragen „des Ja= und Nein= geschreyes ganz gewohnet werden";[778] Conrad Friderich Stresow hingegen teilt für die „einflössende Katechisation" sogar die Regel aus: „Man frägt so, daß sie oft mit Ja und Nein antworten können";[779] Felbiger will solche geschlossenen Entscheidungsfragen wenigstens als Notlösung in den Fällen zulassen, in denen „der Antwortende gar nichts zu sagen" wusste, obgleich es auch dann „zweifelhaft ist, ob der Antwortende nicht zufälligerweise ja oder nein sagt";[780] während Niemeyer diese Form des Fragens ohne Wenn und Aber als einen der „gewöhnlichen Fehler" wider die „Gesetze der katechetischen Lehrart" bezeichnet, und der Philanthrop Campe ausführt, ein *Lehrgespräch*, in dem der Schüler nur ein „armseliges **Ja** oder **Nein**" äußern dürfe, sei gar „nicht aus der Natur genommen".[781]

Wenn man bedenkt, dass das Gros der überlieferten deutschen *Lehrgespräche* aus dem 17. und 18. Jahrhundert fiktive Gespräche sind, die in vielen Fällen aus denselben Federn flossen wie diese Regelwerke, dann lässt es weit reichende Rückschlüsse auf die Fragepraxis in den Schulstuben zu, wenn nicht einmal die Lehrbuchautoren in ihren erfundenen Gesprächen ihre eigenen Regeln befolgten. Und es lässt weit reichende Rückschlüsse auf Merkmale zu, deren ein Gespräch bedurfte, um so geschmeidig und natürlich zu klingen, wie ein wahrhaft zu dieser Zeit geführtes Gespräch. So heißt es beispielsweise bei Rist (ebenso wie bei Felbiger), die Fragen des Lehrers müssten „völlig ausgedrückt und nicht so abgekürzt seyn, daß man sie ohne die vorhergehende Frage nicht verstehen kann."[782] In den fiktiven Gesprächen, die dann folgen, vermag er diese Regel indes – zugunsten der Natürlichkeit und Qualität der Gespräche! – selbst nicht immer einzuhalten, und es kommt zu eben den abgekürzten Fragen, die er vordem verurteilt hatte („Warum nicht?", „Wodurch denn?"[783] u.a.) und die das Gespräch der Schriftsprache entfremden. Oder: Es waren vornehmlich die Philanthropen, die in der Frage-Theorie die geschlossenen Entscheidungsfragen verketzerten, und doch sind sie auch in ihren fiktiven Modell-Gesprächen präsent. In einem fiktiven *Lehrgespräch* Bahrdts z.B. fordert der Lehrer explizit, die Antwort solle „nur **Ja**, oder **Nein**" lauten. Wie sehr sich die Rahmenbedingungen der schulischen

---

[778] „Schulordnung der Francke'schen Stiftungen zu Halle" (1702); abgedruckt in Vormbaum 1864, 1–53, hier 12.
[779] Stresow 1765, 158.
[780] Felbiger 1775, 140.
[781] Niemeyer 1818, Bd. 2, 43; Campe 1778b, 822f.; ebenso kategorisch Velthusen 1787, 1.
[782] Rist 1787, 185.
[783] Rist 1787, 204ff.

Kommunikation in Bezug auf die Determination der Antwort in der zweiten Hälfte des 18. Jahrhunderts indes geändert haben konnten, beweist hier die Antwort des Schülers, der die Forderung des Lehrers mit seinem „Es scheint freilich nicht" faktisch ignoriert.[784]

Die verschiedenen Gesprächssorten auf der Skala zwischen geschlossenem *katechetischem* und offenem *sokratischem Gespräch* wurden überdies nicht allein durch die Dominanz unterschiedlicher Fragetypen konstituiert – das *examinierende Gespräch* also am deutlichsten durch die examinierende Entscheidungs- und Ergänzungsfrage und das *gelenkte Unterrichtsgespräch* am deutlichsten durch die aktivierende Impulsfrage –, sondern in mindestens gleichem Maße auch durch die damit erfolgte Schließung oder Öffnung des Denkraumes der Schüler und des Reaktionsraumes der Antwort. Das ist nicht ganz so selbstverständlich, wie es auf den ersten Blick erscheint, denn selbst eine ganz geschlossene examinierende Ergänzungsfrage, wie z.B. die Frage „Wen sollst du ehren?" im Zusammenhang mit der Vermittlung des vierten Gebots räumt der responsiven Antwort grundsätzlich gewisse Freiheiten ein: vom streng textzitierenden „meinen Vater und meine Mutter" über das schon abstrahierende „meine Eltern" oder einer zwar responsiven, aber falschen Antwort bis hin zu dem immer noch responsiven „Ich weiß es nicht" oder einem gleichbedeutenden „Schweigen" (das in diesem Falle ebenfalls noch responsiv ist) – ganz abgesehen von teilresponsiven oder nonresponsiven Antworten.[785] Je offener nun die Lehrerfragen ausfielen, desto weiter gestaltete sich auch der Maßstab in Bezug auf die propositionale Responsivität der Antwort; und ebenso, wie die offene Frage höhere Ansprüche an die Gesprächsrollen von Lehrer und Schüler stellte, erforderte auch die darauf abzugebende Antwort vom Schüler mehr als bloß zu „treffen" und setzte den Lehrer dem freien Lauf des Gesprächs aus, insofern er den dritten Zug nicht mehr konkret antizipieren konnte. Spätestens mit der Öffnung des deutschen *Lehrgesprächs* in Form des *epagogischen Gesprächs* kann davon gesprochen werden, dass die Antwort des Schülers nicht mehr ausschließlich sequenzschließend war, sondern zugleich auch thematische Akzente für die nächste Frage oder gar den weiteren Verlauf des Gesprächs setzen konnte. Auch der Wandel der Schülerantwort trägt deshalb Verantwortung für die Entwicklung der Sorten des deutschen *Lehrgesprächs*.

In Bezug auf die inhaltlich-thematische Responsivität verbreitete sich die Palette der Antwortmöglichkeiten weit über die genannten Verhaltensweisen hinaus und reichte schließlich von der Wiedergabe ko- oder kontextuell vorgegebener Inhalte bis zu den – zunehmend höher bewerteten – freien Ant-

---

[784] Bahrdt 1776, 124.
[785] Zu verschiedenen Typen von Antwortmöglichkeiten auf Fragen des Lehrers vgl. auch Wunderlich 1969, 272ff.

worten, die zwar konventionell erwartbar waren, grundsätzlich aber „selbsttätig" erzeugt sein sollten. Die examinierende oder abfragende Entscheidungsfrage „Ist das Böse Sünde" beispielsweise musste der Schüler, im *katechetischen Gespräch* erwartungsgemäß, mit einem „Ja" treffend oder mit einem „Nein" sträflich falsch beantworten; die gleichsam einflößend-ablockende Entscheidungsfrage „Aber, was meynen Sie? ist denn das Böse auch allemal dem lieben Gott verhaßt, und folglich Sünde?" (s.o., III.4.1.2.2.) gab sich in einem *sokratischen Gespräch* hingegen nicht mehr nur mit einem „Ja" oder „Nein" zufrieden. Als nämlich der Schüler auch hier, gleichsam guter alter katechetischer Manier folgend, bloß mit „Ja!" antwortet, wird mehrfach nachgehakt und nochmals hypothetisches Denken vom Schüler verlangt („Nun! was meynen Sie? Fritz!"), worauf die abschließende Antwort des Schülers fast ein sokratisch-ironischer Impuls für den nächsten Zug des Lehrers ist: „Ich bleibe dabey, Gott kann beleidigt werden."[786] Der Reaktionsraum des antwortenden Schülers ist hier durch die erste Teilfrage („Aber, was meynen Sie?"), die die illokutionäre Rolle der ganzen Frage sowie die perlokutionäre Intention des Fragenden bestimmt, ungleich erweitert gegenüber der bloß examinierenden bzw. abfragenden Variante, zumal wenn diese durch situative Handlungsbedingungen noch zusätzlich geschlossen war.

Auf diese Erweiterung weisen auch die bevorzugten Antwortpartikeln hin: In Exemplaren der Sorten des geschlossenen *katechetischen Gesprächs*, die nur die richtige und die falsche Antwort kennen, beherrschen „Ja" und „Nein" die kurze Skala der Antwortpartikeln; nur sehr selten erscheint beispielsweise auch ein „Ohne zweiffel" oder „Ja freylich".[787] Demgegenüber offerieren die Exemplare der Sorten des *sokratischen Gesprächs* eine breite Vielfalt an Antwortpartikeln und -floskeln: Da gibt es einmal natürlich ebenfalls die Antwortpartikeln „Ja" und „Nein", hier indes sehr häufig mit einem emphatisch verstärkenden „ach" oder „oh" gewürzt;[788] sodann gibt es hier weiter gehend kommentierende Formen der zustimmenden („Allerdings", „Freylich (wol)"[789]) oder ablehnenden („Warum denn nicht gar!", „Beileibe nicht!"[790]) Antwort, die überdies auch beziehungsorientiert zu lesen sind, wie z.B. in Michelsens „socratischen Gesprächen" über geometrische Gegenstände, wenn der Schüler auf die Lehrerfrage, ob man sich zu einer Länge auch eine Breite denken müsse, beinahe entrüstet über die Fragestel-

---

[786] Bahrdt 1776, 123f.
[787] Vgl. [Wolfgang Ratke]: Die SchreibungsLehr [...] (um 1629); abgedruckt in Ratke/Ising 1959, II, 57–94, hier 65; Die WortschickungsLehr [...] (um 1639); abgedruckt in Ratke/Ising 1959, II, 95–268, hier 103.
[788] Vgl. z.B. Michelsen (1781, 14): „L. Sollte es vielleicht bey einer geraden Linie auch so seyn? S. Ach ja! die ist auch nur nach einem Orte hingerichtet."
[789] Vgl. z.B. Meyer 1794, passim.
[790] Salzmann 1796, 433f.

lung antwortet: „O ja! Wie könnte ich mir eine Länge ohne Breite denken?"[791] Ferner gibt es nun die bereits erwähnten Formeln der reflexiven Diktion („Ich denke (nicht)", „Ich glaube (nicht)", „Ich meyne (nicht)" u.a. (s.o., III.4.1.2.2.)), bis hin zu kollegialem „Das thut nichts" auf eine hypothetische Frage des Lehrers.[792] – Das Gesicht des Gesprächsakttyps SCHÜLER-ANTWORT, so darf diese Entwicklung zusammenfassend charakterisiert werden, wandelte sich im 17. und 18. Jahrhundert in Bezug auf die Dominanz der positiv sanktionierten und bewerteten Antwortmöglichkeiten vom bloß GEHORCHENDEN HERSAGEN des Auswendiggelernten im streng geschlossenen *katechetischen Gespräch* bis hin zur kritisch EINWENDENDEN RÜCKFRAGE des Schülers im offenen *sokratischen Gespräch*.[793]

Dieser Funktionswandel von FRAGE und ANTWORT war Resultat einer lang andauernden Entwicklung des Gesprächsverhältnisses zwischen Lehrer und Schüler im deutschen *Lehrgespräch*, war also auch Resultat einer Entwicklung der jeweiligen Gesprächsrollen, die am Ende des 18. Jahrhunderts in der pädagogischen Theorie und, zumindest auf den Philanthropinen und auf einigen wenigen öffentlichen Schulen, auch in der pädagogischen Praxis neu geschrieben worden waren. Noch zu Beginn dieser Entwicklung, als das deutsche *Lehrgespräch* die ersten sokratischen Schritte wagte, waren die Schüler ja, wie oben beobachtet werden konnte, nicht selten schlicht überfordert, sollten sie gelöst von der Textvorlage selbstständig Antworten finden: Sie „schwiegen", „stutzten" oder „besannen sich" und benötigten zumindest eine zusätzliche Fokussierung als Antworthilfe (vgl. oben, III.4.1.2.1.). Und dazu mussten sogar dem Lehrer Hilfen an die Hand gegeben werden. Den zahlreichen „Anleitungen" und „Anweisungen" zur Kunst des Fragens entweder gleich beigegeben oder aber separat publiziert, gibt es zumal im letzten Drittel des 18. Jahrhunderts eine Reihe von Katalogen mit Kriterien zur Feststellung der Responsivität der Antwort und Anleitungen zum jeweiligen Lehrerverhalten darauf. Johann Ignaz Felbiger ist oben bereits für die regelgerechte Kunst des Fragens angeführt worden, und so soll er auch in Bezug auf die Responsivität des Antwortens gehört werden. In seinem „Methodenbuch" ist im Abschnitt „Was beim Antworten zu beobachten ist" u.a. Folgendes zu lesen:

> So vielerlei, als bei dem Fragen zu beobachten ist, kommt auch fast bei den Antworten anzumerken vor. Der Fragende hat dabei auf zwei Hauptstücke Achtung zu geben: 1. Auf die Sache selbst, 2. auf die Worte, wodurch die Antwort ausgedrückt wird. [...]

---

[791] Michelsen 1781, 8.
[792] Michelsen 1782, 89.
[793] Vgl. z.B. Michelsen 1781, 29: „L. Sollten nicht auch krumme Linien gegen gerade, oder gegen andre krumme Linien, sich neigen können? S. Warum nicht?"

Die erteilten Antworten sind, was die Sache betrifft, entweder
1. richtig oder falsch,
2. vollständig oder unvollständig.
3. Es werden überflüssige, zur Sache gar nicht gehörige Dinge eingemischt,
4. oder es weiß auch wohl der Antwortende gar nichts zu sagen.[794]

Die thematische Responsivität der Antwort ist bereits als vielschichtig anerkannt; es gibt nicht mehr nur „richtige" und „falsche" Antworten, sondern, wie Rist es formuliert, „völlig richtige", „halbpassende", „ganz unrichtige" und „gar keine" Antworten.[795] Während in den auf diese Passage folgenden Absätzen auch Felbiger – wie die meisten pädagogischen Schriftsteller im letzten Drittel des 18. Jahrhunderts – in Bezug auf die thematische Responsivität der Antwort relativ freigiebig ist und sehr differenzierte Vorschläge dafür macht, wie der Lehrer, im offeneren Gespräch nunmehr ausgehend von der Schülerantwort, den dritten Zug des „Fortführens" zu gestalten habe, ist er hinsichtlich der „Worte, wodurch die Antwort ausgedrückt wird", unerbittlich und lässt in diesem Zusammenhang auch die mittlerweile anerkannte Norm einer deutschen Hochsprache erkennen:

> Was die Worte betrifft, wodurch die Antworten ausgedrückt werden, so muß der Lehrer darauf merken:
> a) daß so geantwortet werde, wie es die Frage erfordert;
> b) daß beim Antworten eben dieselben Nenn= und Zeitwörter und eben die Abänderungen gebraucht werden, die in der Frage gebraucht worden sind;
> c) daß nach den Sprachgesetzen geantwortet werde, und der Antwortende nicht wider die Sprachrichtigkeit verstoße;
> d) daß die Worte im eigentlichen, nicht im figürlichen Sinne, bekannte, nicht unbekannte Worte gebraucht werden; letztere soll der Lehrer nicht annehmen oder wenigstens erforschen, ob sie der Schüler verstehe;
> e) daß die Sätze nicht verstümmelt, das ist, Wörter, die zum Verstande nötig sind, nicht ausgelassen werden.[796]

Die Antwort muss also sprachrichtig, d.h. der Norm der deutschen Hoch- und Schriftsprache entsprechend sein. Das wiederum bedeutete u.a., dass die Antwort syntaktisch vollständig zu sein hatte – ein Grundsatz, der auch im 20. Jahrhundert in Bezug auf die Sprech- und Denkerziehung oft noch als notwendig erachtet wird („Sprich/Antworte im ganzen Satz.").[797]

Die Regel, die Antwort solle auch lexikalisch an die Frage angelehnt sein, nämlich „dieselben Nenn= und Zeitwörter" enthalten, stammt ebenfalls noch aus dem Arsenal des *katechetischen Gesprächs* und wurde mehr oder weniger explizit auch Sorten des *sokratischen Gesprächs* untergeschoben. Dies ist

---
[794] Felbiger 1775, 140.
[795] Rist 1787, 196ff.; vgl. Moser 1787, 205ff.; Niemeyer 1818, II, 45.
[796] Felbiger 1775, 141f.
[797] S.u., III.4.3.1.3. Zum 20. Jahrhundert vgl. z.B. die Kritik Klingbergs 1972, 326f.

am Beispiel Felbigers zu beobachten, der zwar nicht zu den Philanthropen zu zählen, aber offeneren Formen des Gesprächs durchaus aufgeschlossen ist. Seiner Forderung nach einem lexikalischen Echo in der Antwort widerspricht er allerdings selbst, insofern er wenige Seiten zuvor ganz im Sinne der Sokratiker ausführt:

> Es ist gar nicht nötig, daß der Befragte mit eben den Worten antworte, welche in dem Lehrbuche stehen oder deren sich der Lehrer beim Vortrage des Gegenstandes bediente. Es ist sogar besser, wenn der Schüler eigene Worte gebraucht; er zeigt dadurch um so mehr, das er verstehe, was er antwortet.[798]

Diese Einsicht hatte sich erst weiter verbreitet, als im *Lehrgespräch* nicht mehr allein eine Methode zur Wissensvermittlung sondern mehr noch ein Schlüssel zur Wissenserzeugung erblickt wurde, und selbst dann noch wurde die alte Gewohnheit beibehalten, als beste Antwort die zu werten, die dem Wortlaut des Textes bzw. der Frage folgte. Johann Gottfried Herder sah sich noch im Jahre 1800 veranlasst, diese gängige Praxis einer beißenden Kritik zu unterziehen und den Lehrern den richtigen Weg zu weisen:

> Der beste Prüfstein also, ob jemand etwas gefaßt hat, ist, daß ers nachmachen, daß ers selbst vortragen kann, nach seiner eignen Art, mit seinen eignen Worten. [...] In eignen Worten muß man katechisiren; eigne Worte muß man dem Katechisirten herauslocken [...].[799]

Aus dem Blickwinkel der Spracherziehung besonders interessant ist in diesem Zusammenhang noch eine Bemerkung Carl Friedrich Bahrdts. Bahrdt erteilt nicht nur der wörtlichen Wiederholung der Frage in der Schülerantwort eine Absage, sondern fordert darüber hinaus vom Lehrer, „dem Lehrlinge Variationen des Ausdrucks bekannt zu machen, (damit er sich nicht angewöhne einen Gedanken sklavisch an einen gewissen Ausdruck zu binden)".[800] Das ist also etwas ganz anderes als die nur syntaktische Variation der Fragesätze beim „einflössenden" Abfragen (s.o., III.4.1.1.2.). Der Lehrer soll hier verschiedene lexikalisch-semantische Schlüssel zur Erschließung der Welt bereitstellen, er soll VORMACHEN, welche Möglichkeiten die deutsche Sprache dazu bietet, und der Schüler soll es NACHMACHEN. Liest man dies auch in Bezug auf die Verdrängung der Mundarten und die Formung der deutschen Hoch- und Schriftsprache im *Lehrgespräch*, so bedarf es keiner besonderen Phantasie, um in diesen „Vorgängen bei der Spracherlernung"[801] in der Tat Ursachen für den Sprachwandel zu entdecken.

---

[798] Felbiger 1775, 140.
[799] Herder: [„Vitae, non scholae discendum"] (1800); Werke 30, 266–274, hier 268f.
[800] Bahrdt 1776, 189.
[801] Paul 1909, 34; vgl. oben, III.2.

III.4.2.2.2. AUFFORDERN und (sprechend) FOLGE LEISTEN

Im Jahr 1763, als auf den „gelehrten Schulen" die ersten Blüten des *sokratischen Gesprächs* zu sehen waren, wurde in Preußen das General=Land=Schul=Reglement von Friedrich II. in Kraft gesetzt, das für die „gemeinen Schulen" auf dem Land immerhin schon einen Fortschritt bedeutete. Zum Unterrichtsgeschehen heißt es dort in §19 u.a.:

> Die A B C-Schueler stehen oder sitzen in dieser Stunde mit ihrem A B C-Taefelchen vor der groessern Tafel, lernen taeglich etwa zwey Buchstaben und zwey ausser der Reihe. Sie werden vom Schulmeister zum oeftern unter dem Lesen und Buchstabiren der uebrigen Kinder aufgefordert, ihre beyde Buchstaben herzusagen, und auf ihrem Taefelchen zu zeigen. So bald sie die Buchstaben kennen, werden sie gleich zum Buchstabiren angefuehret.[802]

Die Kinder werden vom Lehrer „aufgefordert", und zwar sowohl zum sprachlichen („ihre beyde Buchstaben herzusagen") wie zum nichtsprachlichen instrumentellen Handeln („Buchstaben [...] auf ihrem Taefelchen zu zeigen"). Der Lehrer initiiert, indem er auffordert bzw., wie es in den Quellen ebenfalls häufig heißt: „anweist" oder „befiehlt", jeweils eine dialogische Sequenz mit einem einzelnen Schüler; die anderen Kinder, die also nicht „aufgefordert" sind, müssen „still sitzen und zuhoeren".

Mit dem Gesprächsakttyp AUFFORDERN sind solche initiativen Gesprächsakte angesprochen, die, wie Searle es in der „Wesentlichen Regel" für „Auffordern" definierte, „als ein Versuch [gelten], H dazu zu bringen, A zu tun" bzw., wie die bindende Variante lautet, als „Versuch, H dazu zu bringen, A auf Grund der Herrschaft von S über A auszuführen."[803] Von diesem Gesprächsakttyp AUFFORDERN ist der Gesprächsakttyp FRAGEN hier gesondert worden. Damit soll die alte Streitfrage der Sprechakttheorie, ob und inwiefern FRAGEN eine Sorte des Typs AUFFORDERN bzw., nach Searle, eine Sorte der Direktiva ist, oder aber ein eigener Sprechakttyp, hier weder diskutiert noch entschieden werden. In Bezug auf den Kommunikationsbereich der Lehre und im Besonderen auch in Bezug auf das historische Korpus der vorliegenden Arbeit spricht indes einiges dafür, FRAGEN als eigenen Typ zu behandeln. So weist etwa Hans-Jürgen Bucher zu Recht darauf hin, dass die Gleichsetzung der Frage mit Aufforderungshandlungen „problematisch" wird, „wenn man als dialogisches Vergleichskriterium die jeweils möglichen Anschlußhandlungen heranzieht. So sind Äußerungen wie *Das weiß ich nicht* oder *Vermutlich* nicht an Aufforderungen anschließbar."[804]

---

[802] „General=Land=Schul=Reglement" (1763), abgedruckt in Froese/Krawietz 1968, 105–121, hier 115.
[803] Searle 1971, 100f.
[804] Bucher 1994, 242; vgl. auch Sökeland 1980, 111ff.; anders Kästner 1978, 156ff.

411

Die im Verlauf dieser Untersuchungen immer wieder festgestellte Tendenz der sprachpragmatischen Öffnung der institutionellen Kommunikationsformen wird auch durch den historisch-diachronischen Blick auf das Paar AUFFORDERN – (sprechend) FOLGE LEISTEN bestätigt: Die AUFFORDERUNGshandlungen verlassen in Bezug auf die Determination der Folgehandlungen den sicheren Hort der bindenden Direktiva; sie erscheinen zunehmend auch als nicht-bindende Direktiva und weiten als solche den Reaktionsraum der Schüler. Diese Öffnung der Aufforderungen ist indes nicht Ausfluss eines grundsätzlichen sprachgeschichtlichen Wechsels im Sprachhandlungsrepertoire, sondern lediglich eine aufkommende und schließlich akkreditierte alternative Variante, denn die bindenden Direktiva sind schon aufgrund der institutionellen Rahmenbedingungen der Kommunikation im Kommunikationsbereich der Lehre niemals diskreditiert, geschweige denn verdrängt worden. Vielmehr stand dem Lehrer, der in Form des *sokratischen Gesprächs* unterrichtete, nun zusätzlich auch die Möglichkeit der Wahl nicht-bindender Direktiva zur Verfügung, indem er, wie Searle es ausdrückt, partiell auf die „Herrschaft von S über A" als Legitimation verzichten konnte.

Neben der Lehrerfrage, die in den meisten Fällen zur Ausführung einer sprachlichen Handlung aufforderte, sind der Aufforderungssatz (Imperativsatz) sowie der Aussagesatz die häufigsten syntaktischen Formen für den Vollzug von AUFFORDERUNGshandlungen im *Lehrgespräch* des 17. und 18. Jahrhunderts, und zwar sowohl in den Sorten des *katechetischen* wie in den Sorten des *sokratischen Gesprächs*. Der Imperativsatz galt dabei als die sanktionierte prototypische Form der AUFFORDERUNG im Kommunikationsbereich der Lehre, zumal er, mehr noch als die Frage, das institutionell vorgegebene asymmetrische Gesprächsverhältnis spiegelte („Nun beantworte mir [...] meine Frage: [...]",[805] „Nennt mir gute Gewohnheiten!"[806]). In diesem Zusammenhang hatte durchaus auch die Sprachhandlungsbenennung „Befehl" noch einen guten Klang: die hochdeutsche Sprache galt als „Lehr= und Befehls=Sprache",[807] und die Schüler konnten mitunter „den strengsten Befehl, ‚sich zu lernen'" erhalten.[808] Die Wendung der Normen hin zum gegenwartssprachlichen Gebrauch bzw. Unterlassen streng imperativischer Formen setzt im Zusammenhang mit der philanthropischen Bewegung im letzten Drittel des 18. Jahrhunderts ein. So findet man die Sprachhandlungsbenennungen *Befehl* und *befehlen* zwar noch bei Christian Gotthilf Salzmann

---

[805] Velthusen 1787, 11.
[806] Krünitz 61, 1793, 943 (s.v. *Land=Schule*).
[807] Vgl. Krünitz 61, 1793, 924 (s.v. *Land=Schule*); vgl. auch den „Auszug aus dem Protocoll der Landschulkonferenz" 1793, 46.
[808] v.Türk 1806, 267.

– nunmehr allerdings philanthropisch gemildert und zum Vollzug in das Kleid der „Frage" oder in das der „Verordnung" gesteckt:

> Wir müssen einen Unterschied machen, zwischen Befehlen, die für den gegenwärtigen Augenblick gegeben werden, und zwischen solchen, die auf eine lange Zeit gelten sollen. Beiden muß man alles Rauhe zu benehmen suchen. Ein kluger Schulmann kann seine Befehle für den gegenwärtigen Augenblick gewöhnlich so einrichten, dass sie gar nicht wie Befehle, sondern wie eine Frage klingen. [...] Gibt er Verordnungen, die auf einige Zeit giltig sein sollen, so hütet er sich wieder sehr, geradezu zu befehlen; er sucht vielmehr erst die Kinder zu überzeugen, dass die Liebe zu ihnen diese Verordnung nothwendig mache.[809]

Die stärkere oder schwächere Bindung der Direktiva im deutschen *Lehrgespräch* wurde darüber hinaus natürlich vornehmlich durch die Wahl einer bestimmten Gesprächssorte zwischen den beiden Polen des *katechetischen* und des *sokratischen Gesprächs* vorab festgelegt und im Rahmen derselben dann durch das aktuelle Gesprächsverhältnis gesteuert. So wird der Reaktionsraum der aufgeforderten Schüler in dem oben (II.3.) zitierten Gespräch des Pfarrers mit einzelnen Schülern durch die Wahl des *katechetischen examinierenden Gesprächs* von vornherein eng begrenzt und sodann durch die stets latente, zum Teil auch offene Androhung körperlicher Strafen zusätzlich verengt, unabhängig davon, ob der Pfarrer für den Vollzug der Aufforderungen die syntaktische Form des Imperativsatzes („Sag du auf Diendl!") oder die Form des Aussagesatzes („Hans Jörgl, du verzähls.") wählt.[810] Demgegenüber zeigen die *epagogischen Gespräche* Pöhlmanns Aufforderungen, die zwar perillokutionär immer noch bindend sind, aber bereits ein Schweigen des Schülers als Reaktionsmöglichkeit akzeptieren, zumal sie nicht selten propositional eine dem Ergänzungsfragesatz ähnliche Struktur aufweisen:

> L. Kennst du wohl mehr Dinge, die eine Länge, Breite und Dikke haben? K. Ja.
> L. So nenne mir einige. K. Der Tisch, die Bank, das Buch etc.[811]

In den schließlich noch offeneren sokratischen Sorten des deutschen *Lehrgesprächs* lassen sich neben den nach wie vor präsenten bindenden Aufforderungen neue Formen feststellen, die den Reaktionsraum der Schüler wiederum deutlich erweiterten. So haben die NACHHAKENDEN Impulse in Form von Gesprächswörtern zweifellos AUFFORDERNDEN Charakter, und zwar in pragmatischer Hinsicht durchaus bindend, in gegenstandsorientiert-propositionaler Hinsicht jedoch weniger determinierend: Auf den Impuls des

---

[809] Salzmann 1796, 447.
[810] Bucher 1781, 44ff.
[811] Pöhlmann 1818, 2.

413

Lehrers: „Nun! Was meynen Sie?"[812] muss der Schüler selbstverständlich reagieren – eine Verweigerung widersprach eklatant den Gesprächsnormen –, aber wie er reagiert und welchen Inhalts seine Reaktion sein wird, war nunmehr prinzipiell offen. Die sokratische Gesprächssorte und das damit gegebene Gesprächsverhältnis zwischen Lehrer und Schüler relativierten nämlich die Bindung, indem diese nicht mehr ausschließlich institutionell definiert wurde, wie beispielsweise noch durch die feste „Vor"-„Nach"-Struktur im *darbietenden Gespräch*, sondern als natürliche, nurmehr den konventionellen Regeln der Höflichkeit folgende Gesprächsnorm. Hinzu kommt, dass die Aufforderungen im *sokratischen Gespräch* eben nicht mehr im Dienste der examinierenden Wissensvermittlung standen, sondern das examinierende Moment durch das motivierende Moment im Rahmen der Wissenserzeugung in den Hintergrund gedrängt worden war. Und so vermochten auch imperativisch formulierte Aufforderungen des Lehrers durchaus Denkräume zu öffnen, etwa indem sie NACHHAKENDE Funktion erfüllten („Geben Sie ein Exempel."[813]) oder eine suggestive Entscheidungsfrage milderten:

> Wenn aber Gott schon von Ewigkeit her unser Schicksal vorausgesehen [...] hat: so thut er ja zu unserer Regierung jetzt wol nichts mehr? Denke einmal nach.[814]

Wie in diesen Belegen, so ist in den sokratischen Modell-Gesprächen übrigens sehr oft der Punkt das typische Satzschlusszeichen der Aufforderungen und nicht mehr notwendigerweise das Ausrufezeichen.

Dieselben Gründe, nämlich zwischenmenschliche Höflichkeit auch ins institutionelle *Lehrgespräch* zu bringen und dem Schüler motivierend mehr Reaktionsmöglichkeiten einzuräumen, war auch ausschlaggebend für den indirekten Vollzug von Aufforderungshandlungen in Frageform, wie er vorzugsweise in den Sorten des *sokratischen Gesprächs* zu beobachten ist. Das deutsche *Lehrgespräch* kannte zwar für die Lehrerhandlung des AUFFORDERNS neben direkten Formen („Christian, sag es du!") von Anfang an die Frageform als indirekte Variante („Michael, kannst du es mir sagen?"[815]). Was verstärkt in den letzten drei Jahrzehnten des 18. Jahrhunderts indes hinzukommt, sind dem natürlichen Gespräch entlehnte noch indirektere Formen (so genannte pragmatische Heckenausdrücke) mit Modalverb als finitem Prädikatsteil und Abtönungspartikel („Können Sie wohl alle drey Arten beschreiben."[816]) oder/und mit Konjunktiv II („Könntest du mir wol sagen, wie das daraus folgt?"[817]). Eben diese Formen galten – und gelten noch im-

---

[812] Bahrdt 1776, 124.
[813] Bahrdt 1776, 175.
[814] Meyer 1794, 25.
[815] [anonym] 1786c, 101.
[816] Michelsen 1781, 16.
[817] Rochow 1779, 124.

mer – im natürlichen Gespräch als besonders höflich, und ihre Übernahme in das *Lehrgespräch* bedeutete ein weiteres Moment der Entfernung desselben von institutionellen Formzwängen und eine Annäherung an das philanthropische Ideal der „natürlichen" Lehre.

Im *sokratischen Gespräch*, in dem die Schüler(rück)frage – zumindest theoretisch – fest zum „pragmatischen Haushalt" gehörte, konnte ferner auch die bloße Betonung eine AUFFORDERNDE Illokution anzeigen und insofern als didaktischer Impuls eingesetzt werden. Wenngleich die Quellen weitestgehend darüber schweigen, so kann doch aus den Reaktionen auf die als Impuls eingesetzten Gesprächswörter auf intonatorisches AUFFORDERN geschlossen werden (s.u.). Des Weiteren ist anzunehmen, dass Joachim Heinrich Campe die vielen kursiv gesetzten Wörter in seinem „Robinson" nicht lediglich dem stillen Leser besonders vor Augen führen, sondern dem Vorleser besonders in den Mund legen wollte, um die zuhörende Kinderschar zu Fragen AUFZUFORDERN:

Vater. [...] Manche Auster aber wird von den Wellen losgespült, und von der Fluth auf den Strand geschwemt. Wenn dan die Zeit der *Fluth* aus ist, und die *Ebbe* eintrit, so bleiben sie auf dem Troknen liegen.
Frizchen. Was ist denn das, die Ebbe und die Fluth?

Oder:

Vater. [...] Unterdeß, daß er den Braten wendete, gieng ihm der Gedanke im Kopfe herum, was er nun mit dem übrigen Fleische der Schildkröte anfangen solte, um es vor der Fäulung zu verwahren? Um es *einzubökeln*, fehlte es ihm an einem Zuber und an Salze.
Lotte. Was ist das, *einbökeln*?[818]

Der sokratische Lehrer-Vater, der seine Schüler einzuschätzen vermag, durfte sich der Wirkung solcher intonatorischen Hervorhebungen sicher sein.

Im *katechetischen* wie im *sokratischen Gespräch* gleichermaßen bindend waren schließlich die ERMAHNENDEN Aufforderungen des Lehrers zur Aufmerksamkeit sowie die nicht minder ERMAHNENDEN Aufforderungen im Zusammenhang mit der Ergebnissicherung. Was die die Aufmerksamkeit STEUERNDEN, ERMAHNENDEN Aufforderungen anbelangt, ist zu differenzieren zwischen den eher beziehungsorientiert ausgerichteten (z.B. auch in Form der Frage: „Fritze! willst du ruhig seyn?"[819]) und den auf den Unterrichtsgegenstand bezogenen Aufforderungen. Jene tragen disziplinierenden, diese fokussierenden Charakter. Johann Bernhard Basedow formuliert zur Steuerung der gegenstandsorientierten sinnlichen Aufmerksamkeit

---

[818] Campe 1779/80, 54 und 100.
[819] Goeze 1796, 91.

junger Kinder sogar gleichsam eine Aufforderungslehre relativ zu den Lernfortschritten der Schüler:

> Mit der Zeit sagt für sieh! hör! usw. oft: vernimm! nimm (dies oder das) wahr! Hernach wechselt mit diesen Redensarten ab: brauche das Gesicht, das Gehör usw. Später sagt oft: Ich will sehen, hören usw. Sieh und hör! du auch usw. Noch später: merk aufs Gesicht, aufs Gehör! Noch später (bei Gegenständen dieses oder jenes Sinnes) sagt oft: merk auf den Sinn! oder: richte den Sinn oder die Sinneskraft auf dies oder das![820]

Dieselbe bindende Kraft war auch den Aufforderungen im Zusammenhang mit der Ergebnissicherung eigen: Sei es Stresows strenges „O Kinder, das behaltet ja wohl" und „So wisset ihr nun, Kinder",[821] Rists freundlich ermahnendes „Nun siehe"[822] oder Bahrdts philanthropisches „Und so merken Sie sich das"[823] bzw. das bekannte „Merkt euch dieses, meine Lieben" Campes[824] – diese Aufforderungen waren bindend im Sinne von Befehlen, denen Folge zu leisten war. Wenn man bedenkt, dass das *Lehrgespräch*, zumal das *sokratische Gespräch*, im Diskurs über die Vor- und Nachteile der Lehr-Lern-Verfahren nicht selten als ineffizient, als „tändelnde Lehrart"[825] bewertet wurde, die rasch in „ein verworrnes Geschwätze" abzugleiten drohe,[826] dann erhielten diese Aufforderungshandlungen zur Ergebnissicherung zudem eine besondere Funktion über das einzelne *Lehrgespräch* hinaus, insofern sie eine Effizienz im Sinne eines kognitiven gegenstandsorientierten Gesprächsergebnisses und mittelbar auch einen pädagogisch-didaktischen Ertrag zu belegen suchten. In einigen Modell-Gesprächen verwandelt sich die Aufforderung zur Ergebnisicherung mitunter sogar in eine abschließende dialogische Übung zur Anwendung – und Prüfung – des Gelernten, wie beispielsweise in Pöhlmanns „Anfangsgründen der Geometrie":

> Jetzt will ich einige Sätze theils ganz, theils nur zur Hälfte vorsagen. Über die erstern sagt ihr mir eüre Meynung, die letztern ergänzt ihr.[827]

Abschließend ist im Zusammenhang mit imperativisch eingeleiteten Sequenzen im deutschen *Lehrgespräch* des 17. und 18. Jahrhunderts noch die Sorte der Aufforderung zu erwähnen, die als zweiten Zug die Ausführung einer nichtsprachlichen Handlung verlangt. Gisela Brünner hat für solche aus

---

[820] Basedow 1785, 12f.
[821] Stresow 1765, 160f.
[822] Rist 1787, 209.
[823] Bahrdt 1776, 150.
[824] Campe 1779/80, 103.
[825] Vgl. Reuter 1794, 22.
[826] Vgl. DE 5, 1781, 312 (s.v. *Catecheticshe Methode (pädagogisch)*).
[827] Pöhlmann 1818, 9.

sprachlichem und nichtsprachlichem Handeln komponierten „Lehr-Lern-Prozesse, in denen die Kenntnisse und Fertigkeiten vermittelt bzw. erworben werden",[828] die Bezeichnung „Instruktion" vorgeschlagen, die allerdings, streng besehen, nur die illokutionäre Kraft des initiierenden Gesprächsaktes benennt und deshalb hier auch nur für diesen ersten Teil des „adjacency pair" übernommen werden soll. Die erwartete Reaktion auf eine solche AUFFORDERNDE Instruktion ist eine nichtsprachliche Handlung, ist die Ausführung der in der Proposition der Instruktion benannten Handlung. Wenngleich dieses Sequenzmuster also nicht in nichtsprachliche Handlungen eingebettet ist, sondern diese nur einen Teil derselben ausmachen, kann man hier in einem weiteren Sinne von empraktischen Gesprächssequenzenen bzw. von direktiven Gesprächen im Sinne von Henne/Rehbock sprechen.[829] Auch bei diesen Gesprächssequenzen ist grundsätzlich aufgrund der kommunikativen Rahmenbedingungen von einer bindenden Kraft auszugehen, die indes wiederum abhängig von der Gesprächssorte variabel ist. In Pöhlmans *epagogischen Gesprächen*, um noch einmal diese Sorte als Scheitelpunkt auf der Skala zwischen Katechetik und Sokratik heranzuziehen, werden Möglichkeiten einer graduellen Lösung der Bindung aufgezeigt, etwa durch einleitend strukturierendes „Nun" („Nun, so lege sie [eine Münze, J.K.] hin.") oder abtönendes „doch" und „einmal", mit dem der Lehrer seine institutionelle Macht als Legitimation der Aufforderung zugunsten eines persönlichen Wunsches zurückstellt und sich dadurch schon ganz im Sinne des sokratischen Gesprächsverhältnisses zum Schüler herablässt („Carl, fahre doch einmal mit deinem Finger auf allen Flächen dieses Holzes [...] herum.";[830] ebenso: „Schlagt einmal auf, was er im 166. Psalm im 12, 13. Verse sagt."[831]). Je vertrauter das Gesprächsverhältnis zwischen Lehrer und Schüler war, desto eher konnte auch im *sokratischen Gespräch* sogar wieder die direkte Form der Aufforderung zu nicht-sprachlichem Handeln gewählt werden, ohne damit zugleich den Reaktionsraum des Schülers einzuengen; die direkten Imperative haben hier zumeist den Status der Erlaubnis, z.B. bei Bahrdt:

> **Fritz** [...] Sehn Sie! Hier muß die Linie hinauf gehen, wenn sie gerade seyn soll.
> **Lehrer.** Versuchen Sie! [...]
> **Fritz.** [...] Nun sollten wir ein längeres Brettchen haben, um herunter zu ziehen.
> **Lehrer.** (geht nach dem Schrank, wo die Instrumente liegen.) Da! sehen Sie nach, ob etwas bequemers für Sie da ist.[832]

---

[828] Brünner 1989, 210.
[829] Henne/Rehbock 2001, 30f.
[830] Pöhlmann 1818, 10 und 13.
[831] [anonym] 1797, 118.
[832] Bahrdt 1776, 139.

Oder bei Michelsen:

S. Also muß ich wohl die Linie AC ziehen?
L. Thun Sie es.[833]

III.4.2.2.3. ERKLÄREN und EINWENDEN

Das dritte, die gegenstandsorientierte Seite des deutschen *Lehrgesprächs* im 17. und 18. Jahrhundert formende Paar von Gesprächsakten bildet die Keimzelle der im engeren Sinne diskursiven Unterweisung. Die beiden Gesprächsakttypen, die dieses Paar bilden, sollen hier mit den sprechaktbezeichnenden Verben *erklären* und *einwenden* benannt sein, wiewohl die Handlung des ERKLÄRENS nicht notwendigerweise im engeren Sinne Initiatorin einer Gesprächssequenz, gar eines Gesprächs sein muss, und wiewohl auch die Handlung des EINWENDENS nicht notwendigerweise eine repräsentative bzw. assertive Gesprächshandlung voraussetzt, sondern, z.B., auch auf eine Aufforderung hin erfolgen kann.

Mit *erklären* ist hier eine Klasse von Gesprächsakten angesprochen, die, wie in Anlehnung an Searles Definition der Sprechaktklasse der Repräsentativa formuliert werden kann, den Sprecher darauf festlegen, dass er „Beweismittel (Gründe usw.) für die Wahrheit von p" hat und seine Äußerung als „Versicherung des Inhalts [gilt], daß p eine wirkliche Sachlage darstellt."[834] Diese Sprechaktklasse soll hier zudem als initiativer Gesprächsakttyp ausgewiesen sein insofern, als der Vollzug des ERKLÄRENS (bzw. einer seiner Varianten) die Eröffnung bzw. Fortführung einer erörternd-diskursiven Aneignung eines Gegenstands oder Sachverhalts steuert – im Unterschied zu den repräsentativen Lehrerhandlungen im Rahmen von Frage-Antwort-Sequenzen sowie zu den Repräsentativa im Rahmen der Ergebnisfeststellung am Schluss des *Lehrgesprächs*. Wenngleich ERKLÄREN zur Klasse der Repräsentativa gehört, ist die Searle'sche Definition überdies für das *sokratische Lehrgespräch* im 18. Jahrhundert dahin zu modifizieren, dass die „sokratische" Wahrheit grundsätzlich nur als hypothetische Wahrheit, als relatives Wissen verstanden sein wollte, die den kritischen Einwand geradezu herausforderte, um das hypothetische bzw. relative Moment möglichst zu verringern und wirklich dialogisch Wissen zu erzeugen.

EINWENDEN sodann ist sprechaktklassifikatorisch grundsätzlich ebenfalls den Repräsentativa zuzuordnen, insofern der Einwand ebenfalls den Sprecher darauf festlegt, dass er „Beweismittel" für die von ihm mit dem

---

[833] Michelsen 1782, 91.
[834] Searle 1971, 100.

Einwand zumindest unterstellte Wahrheit hat. In diesem Sinne gilt vom EINWENDEN, was Eberhard für das „Erwiedern" notiert:

> Erwiedern enthält, der Ableitung nach, den Begriff des Ähnlichen, der Anrede und der Antwort, und also des Passenden des Inhaltes und der Wendung zu dem Inhalte und der Wendung der Rede, durch welche man veranlaßt wird, etwas zu erwiedern. [...] Man kann der Meinung eines andern, die man für falsch hält, seine eigene Meinung entgegensetzen, die man für wahr hält.[835]

Die illokutionäre Kraft des adversativen Bescheids im Zuge des EINWENDENS kommt also erst in der Position des zweiten Zuges einer Gesprächssequenz zum Tragen.[836] Die Grenze zwischen EINWENDEN und (AN)ZWEIFELN, z.B. in Form einer kritischen Rückfrage, ist dabei nicht immer eindeutig zu ziehen, und so sollen hier auch solche Handlungen als Vollzugsformen des EINWENDENS gelten, mit denen der Sprecher lediglich zu verstehen gibt, dass er „die Meinung eines andern [...] für falsch hält", ohne jedoch seine eigene Wahrheit zu formulieren.

Es ist nun kein Zufall, dass die einschlägigen Belege für Sequenzen aus ERKLÄREN und EINWENDEN aus dem 18., gar erst dem späten 18. Jahrhundert herrühren. Im Kommunikationsbereich der Lehre begegnen diese Gesprächsakttypen, die Sequenzen oder Phasen eines Gesprächs einen erörternd-diskursiven Charakter verleihen, erst in den Sorten des *sokratischen Gesprächs*; in Bezug auf das Recht des Schülers zu Einwänden sogar erst im *Unterrichtsgespräch*. Hier erst wurde die Asymmetrie des traditionellen institutionellen Gesprächsverhältnisses von Lehrer und Schüler vorübergehend aufgehoben, wurde eine Ebenbürtigkeit der Sprecher und, bezogen auf die Wissenserzeugung, ein kooperatives Gespräch inszeniert, das beide Seiten sowohl zum initiierenden ERKLÄREN wie zum reagierenden EINWENDEN berechtigte und damit die Voraussetzungen schuf für diskursiv-erörtende Gespräche. In den Sorten des *katechetischen Gesprächs*, die Wissen vermitteln sollten, war dies nach wie vor undenkbar, und da diese, wie die Geschichte und Entwicklung der Gesprächssorten gezeigt hat, im 17. Jahrhundert und noch bis zur Mitte des 18. Jahrhunderts das schmale Feld der didaktischen Gesprächssorten beherrscht hatten, ist die Sequenz von ERKLÄREN und EINWENDEN in den frühen Quellen zum deutschen *Lehrgespräch* auch nicht präsent. Dem Sprachhandlungsraum des Lehrers waren hier zwar durchaus auch Repräsentativa im Sinne des ERKLÄRENS zugewiesen, doch waren sie nicht auch formal dialogisch als Gesprächsakte ge-

---

[835] Eberhard 1795–1802, Bd. 1, 1795, 111f. (s.v. *Antworten. Beantworten. Erwiedern. Versetzen*).
[836] Vgl. auch Franke 1990, 16ff.

meint: Der Lehrer sollte, vor allem, „fürlesen und erklären",[837] also formal monologisch ERKLÄREN, den stillschweigenden Schülern das Wissen darbietend vermitteln, und daran änderte sich in Bezug auf das *katechetische Gespräch*, was seine diskursiv-erörternden Qualitäten anbelangt, auch nach 1750 nichts.

Als typische Erscheinungsformen des ERKLÄRENS sind die Gesprächsakte zu beobachten, die in den überlieferten Quellen mit Sprechhandlungsverben wie *„darstellen", „discuriren", „erklären", „erläutern", „erweisen", „für/vorlesen"* und *„vortragen"* benannt sind, und zwar in erster Linie als Gesprächsakte des Lehrers. Johann Ignaz Felbiger hat detailliert dargelegt, was er darunter versteht – und in diesem Zusammenhang einen Beleg dafür geliefert, dass es sich dabei auch für ihn noch nicht um Gesprächsakte handelt, die ein offenes, diskursiv-erörtendes Gespräch initiieren sollten, sondern vielmehr um Sprachhandlungen, die noch die formal monologische Handlungsanweisung des *katechetischen Gesprächs* mit sich führten:

> a) Unter Erklären versteht man hier das Bemühen, Worte und Sachen verständlich zu machen, von welchen zu vermuten ist, daß die Schüler davon entweder gar keinen oder einen unrichtigen Begriff haben. [...]
> b) Das Erläutern besteht darin, daß der Katechet die Worte, welche unverständlich oder unbekannt sein möchten, durch bekanntere verständlich mache; auch die Sachen, welche er erklärt hat, muß er durch Beispiele und Gleichnisse noch begreiflicher zu machen sich bemühen."[838]

Es wird deutlich, dass es sich in beiden Fällen um Formen der Begriffsbildung im Wege der lexikalisch-semantischen Paraphrase handelt. Das „Erläutern" Felbigers ist dabei streng genommen keine eigenständige Gattung der Paraphrase, sondern eine mögliche Methode des Erklärens, nämlich im Wege der Synonymerklärung bzw. der ostensiven Definition.[839] In jedem Fall aber ERKLÄRT der Lehrer hier fertige Wahrheiten, auf die kein Einwand zu erfolgen hatte und die keiner diskursiven Erörterung zugeführt werden sollten.

Während die Handlung des ERKLÄRENS im *katechetischen Gespräch* sehr oft in solcher monologischen Form des DEFINIERENS vollzogen wurde, tendierte dieser Sprachhandlungstyp im *sokratischen Gespräch* zur

---

[837] [Wolfgang Ratke:] „Artikel, auf welchen fürnehmlich die [Ratichianische] Lehrkunst beruhet" (1617); niedergeschrieben von Prof. Helwig aufgrund einer Unterredung mit Ratke; abgedruckt in Ratke/Hohendorf 1957, 66–78, hier 73f.
[838] Felbiger 1775, 161.
[839] Dies wird auch bei Stresow 1765, 190 deutlich: „Eine **deutliche Erläuterung** bestehet in einer noch begreiflichern und lebhaftern Vorstellung der erklärten Wörter, oder vielmehr dadurch angedeuteten Sachen." Ähnlich auch Haun 1801, 146.

BEHAUPTUNG, zur These, und diese sollte den Schüler reizen, sollte seinen Einwand „ablocken". Die diskursiv-erörternde Begriffsbildung im Wege des sokratischen dialogischen ERKLÄRENS und EINWENDENS kannte denn auch nicht die Verabreichung fertiger Paraphrasen, sondern erfolgte als dialogische Sammlung der semantischen und enzyklopädischen Merkmale im Zusammenspiel von Lehrer und Schüler(n). Bevor dieses Zusammenspiel der Gesprächsakte ERKLÄREN und EINWENDEN am Beispiel veranschaulicht wird, sei erst noch der Gesprächsakttyp des EINWENDENS isoliert betrachtet.

Der den zweiten Zug dieser Gesprächssequenz füllende Gesprächsakttyp des EINWENDENS weist als typische Erscheinungsformen Akte auf, die zeitgenössisch u.a. unter Sprechandlungsbenennungen wie „*Einwurf*", „*Erwiedern*", „*Rückfrage*", „*Zweifel*" geführt wurden. Damit waren indes nicht stets auch EINWENDENDE Gesprächsakte im Sinne der erörternden Widerrede gemeint. Wenn etwa in einer Braunschweiger Schulordnung aus dem Jahr 1755 die Rede ist von „fragen und einwürfe[n] der kinder"[840] oder wenn Gedike davon spricht, dass auf dem Gymnasium jedem Schüler, „so bald ihm etwas nicht verständlich oder zweifelhaft ist" erlaubt werden müsse „zu fragen, zu zweifeln, Einwürfe zu machen",[841] so ist dabei mehr an Fragen zur Verständnissicherung zu denken als an kritische Einwände. Hier sollen hingegen nur diese kritischen Einwände als reaktive Gesprächszüge, die auf Gesprächshandlungen des ERKLÄRENS folgen, beobachtet werden.

Insofern die Verpflichtung zur Übernahme des zweiten Zuges schon von den traditionellen didaktischen Gesprächssequenzen FRAGEN und ANTWORTEN sowie AUFFORDERN und (sprechend) FOLGE LEISTEN her dem Schüler oblag, so nimmt es nicht wunder, dass im deutschen *Lehrgespräch* des 17. und 18. Jahrhunderts nur selten Einwände des Lehrers auf Erklärungen oder Behauptungen des Schülers zu verzeichnen sind. Zwar spricht schon Ratke davon, dass der Lehrer in der „Conversatio" auf die Gesprächsbeiträge der Schüler „Widerpart" halten soll,[842] doch möchte er ja diese „Conversatio" ausdrücklich nur „außerhalb der Stunden, die zu Verrichtung des ordentlichen Lehramts bestimmt sind", praktiziert wissen.

Im späten 18. Jahrhundert hingegen wird es im *Unterrichtsgespräch* geradezu zu einer didaktischen Kunst, Erklärungen der Schüler durch „verstellte

---

[840] Punctation behuef einer beszern Einrichtung der groszen insonderheit der lateinischen Schulen in Braunschweig [...] (1755), abgedruckt in Koldewey I, 1886, 298–400, hier 352.

[841] Gedike: „Einige Gedanken über den mündlichen Vortrag des Schulmanns"; Schulschriften I, 1789, 381–421, hier 403.

[842] Wolfgang Ratke: „Schuldieneramtslehr (Scholastica)" (1631/32), abgedruckt in Ratke/Hohendorf 1957, 171–246, hier 200.

Einwürfe und Zweifel"[843] zu erschüttern. Dabei ergeben sich oft einander sprachpragmatisch überkreuzende Gesprächssequenzen, insofern die formalstrukturell aus initiativer LehrerFRAGE und reagierender SchülerANTWORT gebaute Sequenz funktional zu einer Sequenz aus initiativer SchülerBEHAUPTUNG und in Frageform reagierendem LehrerEINWAND führt – und damit so eigentlich erst zur Verflechtung der Akte zu einem Gespräch. In diesem Sinne ist im folgenden Beispiel der Gesprächsschritt des Schülers Fritz zugleich reaktiv ANTWORT auf die vorangehende LehrerFRAGE und initiativ BEHAUPTUNG, die der Lehrer wiederum EINWENDEND (zudem durch das satzeinleitende „Aber" deutlich gekennzeichnet) pariert:

> 9. Lehrer. Also wäre die Liebe eine sehr schöne und nützliche Gemüthsbewegung:
> – Aber die Furcht:
> Fritz. Ja, das wäre gut, wenn diese niemand plagte.
> 10. Lehrer. Aber, wenn Sie nun bey großen Gefahren sich nicht fürchten könnten, sondern in einer gewissen Unempfindlichkeit hineinrennten, wäre das gut?[844]

Wie schon an diesem Beispiel deutlich wird, verblieben diese aus ERKLÄREN/BEHAUPTEN des Schülers und EINWENDEN des Lehrers bestehenden Sequenzen in Bezug auf die formale Verteilung der Gesprächsrollen und die didaktische Funktion der Gesprächsakte auch im *sokratischen Gespräch* noch sehr in den traditionellen Bahnen des didaktischen Frage-Antwort-Spiels.

Das gilt grundsätzlich auch für den umgekehrten Fall, in dem also der Lehrer ERKLÄRT und der Schüler etwas dagegen EINWENDET. Eine frühe, dem traditionellen Gesprächsverhältnis ebenfalls noch verpflichtete, gleichwohl die Gesprächsrollen einander annähernde Form des SchülerEINWANDS liegt im Falle der kritischen Rückfrage vor, die nicht lediglich das Verständnis der LehrerERKLÄRUNG sichern will, sondern deren Proposition anzweifelt. In Velthusens „Fragebuch für Eltern und Lehrer" aus dem Jahr 1787 findet sich ein Beispiel, das dem rückfragenden Schüler, es ist in diesem Fall der „ältere Sohn", sogar eine in Bezug auf die Proposition der ERKLÄRUNG ironische Fragehaltung zueignet, wenn dieser auf die väterliche Darstellung der Schöpfungsgeschichte einwendet:

> Das ist alles recht gut, liebster Vater; allein ich mögte nun auch gern wissen, woher Morgen und Abend entstehen konnten, da doch erst am vierten Tage die Sonne geschaffen ist?[845]

In den Quellen zu gegenstandsorientiert diskursiv-erörternden Gesprächen in schulischen Institutionen ist solche semantische Ironie seitens des Schülers

---

[843] Bahrdt 1776, 190. Vgl. Ehlers 1767, 78.
[844] Bahrdt 1776, 166.
[845] Velthusen 1787, 126.

nicht festzustellen. Die Rückfrage als Form für den Vollzug des EINWANDS wird hier zumeist gewählt, wenn der Schüler unsicher ist oder aber seinen Einwand respektvoll höflich formulieren will bzw. muss, z.B. wenn er in einem *gelenkten Unterrichtsgespräch* auf eine in Form einer Suggestivfrage präsentierte BEHAUPTUNG des Lehrers mit einer EINWENDENDEN Rückfrage reagiert:

> 16. **Lehrer.** [...] Wie? wenn das Gott beleidigte, daß der Mensch sich Schaden thut, sollte man das nicht Beleidigungen nennen können?
> **Fritz.** Aber es schadet doch Gott nichts?
> 17. **Lehrer** (scheint sich zu besinnen.) Wahr! [...].[846]

Vornehmlich solche mit sokratischer Ironie gewürzte ERKLÄRUNGEN des Lehrers sollten den Schüler zur Widerrede provozieren. Diese Form der Ironie ist als pragmatische Ironie zu begreifen, insofern sie nicht mit der Proposition, sondern viel mehr mit der Illokution ein Spiel treibt, den Lehrer als BEHAUPTENDEN Advocatus diaboli zeigt und den Schüler im Wege des EINWANDS zur Erkenntnis führt. Insofern dabei das propositional Gemeinte grundsätzlich die Negation des propositional Geäußerten ist, determiniert die ironische LehrerERKLÄRUNG als Gesprächsakt natürlich sehr stark die Schülerreaktion zum EINWENDEN, wie auch in dem oben zitierten Gespräch aus Reckahn deutlich wird:

> B[runs]. Aber Kinder! das hätt' ich doch nicht gethan, daß ich so fleißig in die Schule gegangen wäre. Wenn der Herr in die Schule käme und sagte: Kinder! es soll nun keine Schule mehr seyn! Jedes Kind kann nun den ganzen Tag spielen und herumlaufen, wie es will! Kinder. Wenn auch! das wäre doch nicht gut![847]

„Wenn auch!" antwortete in diesem Fall ein Schüler auf die Ironie des Lehrers (s.o., III.4.1.2.2.); eine Reaktion, die in keiner katechetischen Gesprächssorte ihren Platz gefunden hätte. Derlei EINWÄNDE des Schülers gehörten im späten 18. Jahrhundert zu den sprachpragmatischen Bausteinen des *sokratischen Gesprächs* – und sollten dennoch nicht übertrieben werden. Wie sehr gleichwohl die Schüler diese ihnen eröffnete Gesprächsfreiheit zumindest auf den gelehrten Schulen angenommen und ihrer institutionellen Gesprächsrolle einverleibt hatten, belegt eine Äußerung Ernst Christian Trapps aus dem Jahr 1775, der beklagt, dass einige Schüler es sich zur Aufgabe gemacht hätten, ständig zu widersprechen, gleichwohl einlenkend an seine Schüler gewandt hinzufügt:

> Ich kann auch um Ihrentwillen nicht Andern die Erlaubnis nehmen, die ich Ihnen einmal mit gutem Vorbedacht gegeben habe, daß sie Fragen an mich thun und mir

---

[846] Bahrdt 1776, 124.
[847] Zerrenner 1788, 17.

Einwendungen machen mögen. Denn dadurch erfahre ich eben, ob Sie auf den Unterricht merken, das Geschriebene und Gesagte richtig verstehen und beurteilen.[848]

Der EINWAND des Schülers tritt hier also in Bezug auf die Prüfung des Gelernten funktional an die Stelle der ANTWORT im *examinierenden Gespräch*.

Diskursiv-erörtende Gesprächssequenzen mit wechselseitigem ERKLÄREN und EINWENDEN erscheinen insgesamt gesehen jedoch nur selten im *Lehrgespräch* dieser Zeit. Zumeist sind es lediglich kurze Phasen, die die Abfolge von FRAGEN und ANTWORTEN, AUFFORDERN und (sprechend) FOLGE LEISTEN durchbrechen, und zwar auch in den Sorten des *sokratischen Gesprächs* in philanthropischer Zeit, in der das FRAGEN und ANTWORTEN freilich selbst diskursiv-erörternden Charakter angenommen hatte. Gleichwohl führten der Wechsel im Menschenbild vom Schüler, der Wechsel im Funktions- und Rollenverständnis vom Lehrer, der Wechsel in den Anforderungen des Staates an seine mit der Lehre beauftragten Institutionen und nicht zuletzt der gegen Ende des 18. Jahrhunderts auch in der gelehrten Bildung zunehmend vollzogene Sprachenwechsel zu der in den vorliegenden Untersuchungen wiederholt festgestellten Öffnung des deutschen *Lehrgesprächs*, in dem dann Rede und Gegenrede, Anrede und Erwiderung eben auch in Form des ERKLÄRENS und EINWENDENS ihre Rolle fanden. Als Beispiel sei ein kurzer Ausschnitt aus einem *Lehrgespräch* aus Christian Gotthilf Salzmanns „Conrad Kiefer" angeführt, das als sokratisches *gelenktes Unterrichtsgespräch* in Form von FRAGEN und ANTWORTEN beginnt, jedoch in dieser Form nicht zum gewünschten Erfolg führt und deshalb mit behauptendem ERKLÄREN seitens des Vaters und EINWENDENDEN Gesprächsakten aus Conrads Mund fortgesetzt wird. Das Gespräch findet zwischen Vater und Sohn statt; es ist – ganz sokratisch – initiiert durch die Frage des Sohnes Conrad, warum der Vater „die Tauben todt" macht. Der Zweck des Gesprächs ist deshalb nicht nur die UNTERWEISUNG Conrads, sondern auch die RECHTFERTIGUNG des Vaters. Der Vater schlägt, wie erwähnt, zunächst den Weg des ablockenden Fragens ein, auf dem Conrad erkennen soll, dass a) Tauben dem Menschen die Saat wegfräßen; b) Tauben sich rasch vermehrten und deshalb ([a] einbezogen) dem Menschen sehr großen Schaden zufügten; und dass also c) der Mensch durch die Tötung von Tauben Schaden abwende – und zudem Nahrung erhalte. Keine dieser Erkenntnisse gewinnt Conrad selbsttätig mittels ablockender Fragen, weshalb der Vater argumentativ zu ERKLÄREN beginnt:

---

[848] Trapp 1775, 47.

> I[ch]. Wenn ich also alle diese Jungen leben lasse, so habe ich künftiges Jahr, statt 50 Paaren, die jetzt bei mir fliegen, 250 Paare. Gesetzt auch, dass 50 Paare davon sterben, oder durch die Raubvögel gefressen werden, so bleiben doch gewiss 200 Paare übrig. Das folgende Jahr habe ich 800 Paare, und das nächstfolgende Jahr 3200 Paare.
> C[onrad]. Ei Vater, wenn du 3200 Paar Tauben hättest!
> I. Wenn nun aber diese 3200 Paar Tauben auf das Feld fielen, und bei andern Bauern vermehrten sich die Tauben auch so sehr, so fräßen sie ja alles Getreide weg; was behielten denn die Menschen?
> C. Aber Vater, e i n e Taube frisst ja nicht viel!
> I. Freilich frisst sie nicht viel an einem Tage; aber das Jahr hindurch frisst sie ziemlich viel. Und wieviel fressen 3200 Paare! Siehst du also, lieber Conrad, entweder ich muss mein Getreide von den Tauben auffressen lassen oder ich muss einen Theil davon schlachten und selbst essen. Wenn ich diese Thierchen bloß aus Muthwillen tödtete, da wäre ich freilich ein grausamer Mann; da ich sie aber schlachten lasse, damit sie mir nicht schaden, und weil sie mir eine gute Mahlzeit geben, handle ich denn da noch unrecht?
> C. Nein. Aber es thut doch den armen Tauben weh, wenn sie geschlachtet werden.
> I. Freilich thut es ihnen wehe. Aber sterben müssen sie doch. Sie mögen sterben, wann sie wollen, so thut es ihnen wehe.[849]

Die Herausgeber der „Pädagogischen Schriften" Salzmanns fügen dem Text an dieser Stelle eine Anmerkung hinzu: „Es heißt wohl dem noch nicht sechsjährigen Conrad zu viel zugemuthet, wenn er diese Berechnung verstehen soll." In der Tat tut sich Conrad schwer, den Argumentationswegen seines Vaters zu folgen. Seine Einwände zeigen Conrad als sokratisch sozialisiertes Kind, das das Handeln des Vaters nicht ohne weiteres akzeptiert, sondern erklärt wünscht. Sie belegen in diesem Gespräch aber auch, dass er seinen Standpunkt zwar gewandelt (das Töten der Tauben ist nicht mehr unrecht, sondern grausam), aber nicht im Sinne des Vaters gewechselt hat. Dieser flüchtet denn auch am Schluss des Gesprächs in Sentenzen, in Floskeln gar von allgemeinem Wahrheitswert, die, wie die Wahrheiten im *katechetischen Gespräch*, nurmehr vermittelt werden und zu akzeptieren sind.

Abschließend sind noch die EINWENDENDEN Kommentarschritte des hörenden Schülers zu den ERKLÄRUNGEN des Lehrers zu erwähnen, die zwar nicht als eine Möglichkeit der Reaktion im zweiten Zug einer Sequenz zu zählen sind, aber aufgrund ihrer semantisch-pragmatischen Kraft gleichwohl als Form des EINWENDENS eingesetzt werden konnten. In den fiktionalen *Lehrgesprächen* in Campes „Robinson" begegnen solche EINWENDENDEN Rückmeldungen gegenüber den narrativen Erklärungen häufig:

> Vater. [...] Endlich fiel's ihm gar ein, eine Art von Sonnenuhr zu machen.
> Johannes. Na, was der doch nicht alles machen wil!
> Vater. Freilig keine solche, als man bei uns machen kann, [...].

---

[849] Salzmann 1796, 441f.

Oder:

> Vater. [...] Es fehlte nur noch an einem Segel und an Rudern. Zu jenem machte sich *Freitag*, zu diesen *Robinson* anheischig.
> Gotlieb. Ja, wie kont' er denn ein Segel machen? Dazu braucht' er ja Leinewand!
> Vater. Leinewand zu machen verstand er nicht, hatte auch keinen Weberstuhl dazu: aber er konnte [...].[850]

Um 1800 gehörte das diskursive ERKLÄREN und EINWENDEN zum festen Bestand deutschsprachiger dialogischer Kommunikationsformen im Kommunikationsbereich der Lehre. Das heißt freilich nicht, dass diese Gesprächsakttypen überall den Weg in die Praxis des Unterrichts oder die Wertschätzung der Unterrichtenden gefunden hätten. Wie schon bei den Sorten des *sokratischen Gesprächs*, die dieser Sequenz prototypisch korrespondieren bzw. aus ihr hervorgehen, festgestellt wurde, besetzen die Philanthropine sowie einzelne Realschulen und „gemeine Schulen", für die das ERKLÄREN und EINWENDEN belegt ist, insgesamt nur wenige Punkte auf der institutionellen Landkarte des deutschen Schulwesens im 18. Jahrhundert. Gleichwohl kann die Wirkung dieser Öffnung des deutschen *Lehrgesprächs* hin zu diskursiv-argumentativen Strukturen in kulturgeschichtlicher Hinsicht wohl kaum überschätzt werden, wenn man sie vor dem Hintergrund der bloßen Wissensvermittlung im *examinierenden katechetischen Gespräch* betrachtet. Petrat stellt daher zu recht fest:

> Die Kinder, da sie nun die ordnende Kraft der Begriffe und damit das Prozeßhafte am Unterricht überhaupt für sich entdeckt haben, werden, selbst wenn sie nach ihrer Schulentlassung in dieser dörflichen Enge verbleiben, die einmal erworbene Fertigkeit bzw. Erfahrung nicht wieder aufgeben. [...] der Weg ist gewiesen, und zwar nicht nur durch den Erfindungsreichtum einzelner Kantoren, Pastoren oder Gutsbesitzer, sondern auch durch jene anonymen Schüler, die, wie hier in Reckan, einige prozeßhafte Momente, etwa das Untermauern von Aussagen und Argumenten, das Abschwächen von fremden Behauptungen durch Einwände oder das Herstellen der Folgerichtigkeit beständig *praktizieren*.[851]

III.4.3. Gesprochene Sprache und Gesprächserziehung

Am Ende des hier eingeschlagenen Weges der historischen Dialogforschung vom theoretisch Abstrakten (und Großen) zum empirisch Konkreten (und Kleinen) (vgl. II.2.) steht das, was in der linguistischen Gesprächsanalyse u.a. als „Mikroebene" bezeichnet wird. Die „Mikroebene" umfasst die im Ge-

---

[850] Campe 1779/80, 180 und 235.
[851] Petrat 1979, 227.

spräch aktualisierten Elemente der gesprochenen Sprache und sucht die „syntaktische, lexikalische, phonologische und prosodische Struktur" des Gesprächs zu ergründen.[852] Von dort ausgehend muss dann eigentlich wiederum eine Kehrtwendung erfolgen, um den hermeneutischen Zirkel zu schließen, der das Ganze erst aus dem Verstehen der Teile und die Teile erst aus dem Verstehen des Ganzen erkennen lässt. Diese methodologisch vorgesehene Kehrtwendung hieße im vorliegenden Fall, den Faden vom empirisch Kleinsten, den Elementen der Mikrostruktur, aufzunehmen und den Weg der empirischen Rekonstruktion der größeren Einheiten einzuschlagen: der historischen Gespräche und Gesprächssorten, Gesprächstypen und Gesprächsbereiche. Diese Kehrtwendung ist in die Darstellung der vorangehenden Kapitel bereits eingearbeitet, insofern der empirisch-rekonstruktive Weg immer wieder neu herabsteigend vom Großen zum Kleinen beschritten wurde, um das Kleine im Großen zu verstehen und das Große als historisch besondere Formen des Zusammenspiels des Kleinen zu erweisen.

Was bleibt, ist, zum einen, die exemplarische Rekonstruktion gesprochener Sprache im deutschen *Lehrgespräch* des 17. und 18. Jahrhunderts, soweit die Quellen dies zulassen, sowie, zum anderen, die Darstellung der Objektivierung und Konzeptualisierung des Gesprächs selbst durch seine Aufnahme in den Kreis der Unterrichtsgegenstände. Insofern diese Objektivierung dazu führte, dass über das Gespräch gesprochen wurde, dass gleichsam ein „Aptum" des Gesprächs gelehrt, ein Begriff des Gesprächs normativ gefüllt wurde, indem „richtiges" Sprechen im Gespräch sowie gesellschaftlich sanktioniertes Verhalten im Gespräch zu Gegenständen des Unterrichts avancierten, schließt sich ausgehend von den kleinsten Bausteinen des Gesprächs auch wieder der Kreis zu den kultur- und sozial-, ideen- und mentalitätsgeschichtlichen Rahmenbedingungen, in die das deutsche *Lehrgespräch* an der Wende zur deutschen Gegenwartssprache eingebettet war.

III.4.3.1. Gesprächserziehung als Sprecherziehung zum Hochdeutschen: Facetten der historischen gesprochenen Sprache

Die Rekonstruktion historischer gesprochener Sprache im Gespräch gehört zu den schwierigsten Geschäften der historischen Dialogforschung und stellt besonders hohe Anforderungen an die wissenschaftliche Quellenkritik (s.o.,

---

[852] Vgl. Henne/Rehbock 2001, 14.

II.3.).[853] Die Gespräche im Korpus der vorliegenden Arbeit sind ausschließlich schriftsprachlich überliefert; sie sind, insofern die Umsetzung von Lauten in Buchstaben bereits „hindurchgegangen und wiedergegeben [ist] durch menschliche Auffassung",[854] in Bezug auf die Rekonstruktion gesprochener Sprache allesamt Performanzarchive, aus denen die Performanzfragmente erst herausdestilliert werden müssen. Wenn beispielsweise Christian Gotthilf Salzmann in seinem „Conrad Kiefer" die Sprechsprache eines eineinhalbjährigen Kindes nachschafft und es „Täfe" für „Käfer", „Pitz" für „Spitz" und onomatopoetisches „Hau! Hau!" für ‚bellen' sagen lässt,[855] so sind damit zunächst nur geschriebene Quellen des Mündlichen überliefert, die erst noch zum Tönen gebracht werden müssen. Hinzu kommt, zum einen, dass die Aufzeichnung wie auch die fiktive und fiktionale Niederschrift von Gesprächen selbst Wandlungen unterlag und man etwa zu philanthropischer Zeit andere Daten für wichtiger hielt und notierte als früher, ohne dass dies Rückschlüsse auf die Existenz der Erscheinungsformen gesprochener Sprache auch zu früherer Zeit zuließe. Und es ist, zum anderen, die Differenz der „Gesprächsgattungen" selbst (im Sinne von Henne/Rehbock[856]) in Rechnung zu stellen, die den Quellenwert maßgeblich bestimmen: Manche Gespräche sind erinnerte authentische Gespräche, die meisten Gespräche sind fiktive Gespräche, sehr viele sind gar fiktionale Gespräche, die niemals in dieser Form wirklich stattgefunden haben, und alle drei „Gesprächsgattungen" weisen wiederum in jeder einzelnen Quelle je unterschiedliche Nähen zur zeitgenössischen Mündlichkeit auf. Sieht man sich zudem die „Daten bzw. Datenklassen" an, die bei der Analyse elektronisch gespeicherter gesprochener Sprache der Gegenwart zur Anwendung gelangen (können), so müsste das Unternehmen einer Rekonstruktion gesprochener Sprache im Gespräch auf der Grundlage schriftsprachlicher Überlieferung überdies von vornherein als nicht durchführbar gelten. Denn die meisten der für gesprochene Sprache wesentlichen Charakteristika sind der schriftsprachlichen Überlieferung in der Regel gerade nicht unmittelbar zu entnehmen, z.B. idiolektale, umgangssprachlich-regionale oder dialektale Aussprachecharakteristika (Allophone) einzelner Lautwerte, Satzmelodien und Pausenphänomene, sodann Parasprachliches wie „stille Pausen, Sprechtempo(wechsel), Lautstärke(wechsel), Hervorhebungen, Intonation" und gar erst die Vielfalt des Nonverbalen

---

[853] Zu Ansätzen und „Probleme[n] bei der Untersuchung gesprochener Sprache" (Fiehler) im Allgemeinen vgl. Schank/Schoenthal 1983, 46ff. und bes. auch das Kapitel „Aspekte des Dialogischen (61ff.); Schwitalla 1997; Fiehler 2000.
[854] Ernst Bernheim, zitiert nach v. Brandt 1966, 62; vgl. Kilian 2002a.
[855] Salzmann 1796, 398.
[856] Henne/Rehbock 2001, 26.

aus den Bereichen von Gestik und Mimik.[857] Hier sind deshalb vor allem die zeitgenössischen sekundären Performanzarchive zur gesprochenen Sprache zu befragen, also Grammatiken und Orthographielehren zur Aussprache und zu parasprachlichen Erscheinungen – ich erinnere z.b. an Adelungs Ausführungen zum Sprechpausen anzeigenden „Hemmstrich" (s.o., II.3.) – sowie Wörterbücher zu Funktionen des Gesprächsworts. Die Suche der Grammatiker des 17. und 18. Jahrhunderts nach einer Norm der deutschen Hochsprache und die Publikation und Popularisierung dieser Norm im *Lehrgespräch* auf den Schulen gingen in dieser Zeit Hand in Hand, zumal, wie oben (III.3.3.) dargelegt, nicht wenige Grammatiker ihre Werke „zum Gebrauche der Schulen" (Adelung) aufbereiteten.

Die enge Beziehung, die das deutsche *Lehrgespräch* und die deutsche Sprachgeschichte in dieser Zeit eingingen, ist aber nicht nur darin zu sehen, dass die Grammatiker in eben solchen didaktisierten Werken den Schülern unter anderem auch Sprech- und Gesprächsnormen an die Hand gaben, auf dass sie diese im Gespräch befolgten. Vielmehr vertrauten die Grammatiker auch darauf, dass die Institution Schule ihre Multiplikatorfunktion erfülle und die neuen Normen übe und verbreite – manchmal wohl auch setze: Als beispielsweise im Zusammenhang mit der sich als äußerst schwierig erweisenden Differenzierung der Phoneme /æ/, /ä/, /ɛ/, /ə/, /e/, /ø/ und /ö/ die Grammatiker die Beschreibungsmacht verließ, wurde die Lösung des Problems kurzerhand an – die Schulen verwiesen: „Die wahre Aussprache des ö muß aus dem Munde des Lehrers vernommen werden", konstatierte etwa Popowitsch.[858] Es ist in den Quellen zum deutschen *Lehrgespräch* in der Tat reich bezeugt, dass und wie Lehrer aller Schultypen unter Berufung auf eine hochdeutsche Aussprachenorm metasprachliche Kritik an der Aussprache und sprachreflexive Kritik am Gesprächshandeln und -verhalten ihrer Schüler übten und auf diese Weise die deutsche Sprache im Gespräch auf einen standardisierten Weg zu bringen suchten.

Es gibt also, wie schon eingangs im Abschnitt zur Quellenkritik ausgeführt, durchaus Zugänge der historischen Dialog-, hier genauer: Gesprächsforschung zur gesprochenen Sprache. Eine wissenschaftlich gegründete Quellenkritik nach Maßgabe des je konkreten Erkenntnisinteresses[859] sowie eine sorgfältige Befragung und behutsame Interpretation der Quellen, die diese Kritik passiert haben, gestatten dann sehr wohl eine Rekonstruktion der gesprochenen Sprache im Gespräch vergangener Zeiten, zumindest in dem Sinne, den Henne als „Annäherungen an das natürliche und spontane Ge-

---

[857] Vgl. Schank/Schwitalla 1980, 315; ferner Henne/Rehbock 2001, 56; Rehbock 2002.
[858] Zitiert nach Voge 1978, 76.
[859] Vgl. dazu Kilian 2002a und s.o., II.3.

spräch" der jeweiligen Zeit bezeichnet hat.[860] In Bezug auf drei Charakteristika des Gesprächs werden solche „Annäherungen" an das deutsche *Lehrgespräch* im 17. und 18. Jahrhundert im Folgenden vorgeführt, nämlich, erstens, bezogen auf die Aussprache und schulische Aussprachenormierung im Spannungsfeld zwischen Mundart und Hochsprache, sodann, zweitens, bezogen auf Gesprächswörter und schließlich, drittens, bezogen auf ausgewählte Eigenschaften der Syntax der Gesprächsschritte im *Lehrgespräch*.

III.4.3.1.1. Aussprachenormierung: Zwischen Mundart und Hochsprache

Das 17. und 18. Jahrhundert gelten in Bezug auf die Aussprache des Deutschen als Wiege der deutschen Standardlautung.[861] Die Normierung der hochdeutschen Aussprache war nun aber nicht nur ein maßgebliches Werk der Sprachforscher dieser Zeit, sondern, wie im Verlauf der vorliegenden Untersuchungen zur Geschichte und Entwicklung des deutschen *Lehrgesprächs* verschiedentlich bereits anklang, auch das Werk von Schullehrern, die den schulpolitisch gewollten Wechsel von der Mundart zur Hochsprache als Unterrichtssprache zunächst moderat, später unnachgiebig vollzogen.[862] Während der Wechsel der Unterrichtssprache auf Universitäten und gelehrten Schulen vom Latein zum Deutschen für die Sprecher ein Wechsel der Dominanz unter den institutionellen Sprachen darstellte, der jedoch beide Sprachen unangetastet ließ und idiolektal zudem ein Wechsel von einer fremden zur eigenen Sprache war, erzwangen die Lehrer auf den städtischen gemeinen Schulen und erst gar auf den Landschulen mit dem Wechsel von der Mundart zur Hochsprache bei den Schülern einen Wechsel von der eigenen zu einer fremden Sprache und, insofern „Traditionen des Sprechens" gebrochen und die Mundarten stigmatisiert wurden, mittelbar auch einen Wechsel der Ein-

---

[860] Henne 1980, 92.
[861] Allgemein zur Aussprache und Aussprachenormierung im 17. und 18. Jahrhundert vgl. Jellinek I, 1913, bes. 360ff.; Kilian 2000c; v. Polenz 1994, 140ff. und 201ff.; Tritschler 1912/13; Voge 1978.
[862] Auf die allgemeine sprachpädagogische Aufgabe der schulisch-institutionellen Sprechererziehung im Rahmen des sekundären Spracherwerbs im 17. und 18. Jahrhundert ist hier nicht vertiefend einzugehen, sondern nur insoweit es zur Geschichte und Entwicklung des deutschen *Lehrgesprächs* beiträgt. Vgl. dazu, für den Übergang vom Niederdeutschen zum Hochdeutschen, Gabrielsson 1932/33; v. Polenz 1991, 289; v. Polenz 1994, 218ff.; vgl. auch Gessinger 1980, 22, der im Zusammenhang mit der preußischen Bildungspolitik ausführt: „In der Tat scheint die besondere Form des Sprachwandels in der zweiten Hälfte des 18. Jahrhunderts Resultat jener Aktivitäten gewesen zu sein, die ich als Zusammenwirken von *Bildungs-* und *Sprachpolitik* bezeichnen will." Zur Sprechererziehung zum Hochdeutschen in der Gegenwart vgl. Macha 1995; Werlen 1995.

stellungen zu Hochsprache und Mundart und den mit ihnen verknüpften „Lebensformen". In diesem Wechsel ist, einerseits, die zunehmende Institutionalisierung der Unterweisung im 17. und 18. Jahrhundert gespiegelt. Darauf weist für das 17. Jahrhundert mittelbar der literarisch geformte Werdegang des Simplicius in Grimmelshausens „Simplicissimus" hin: Der Junge wird zunächst zu Hause von seinem „Knan" unterrichtet und spricht mit diesem, wie üblich, Mundart, hier das Rheinfränkische der Spessartbauern:

Er [der Knan] sagte / Bub, biß fleissig / loß die Schoff nit ze weit vunananger laffen / un spill wacker uff der Sackpfeifa / daß der Wolf nit kom / und Schada dau / dann he yß a solcher feyerboinigter Schelm und Dieb / der Menscha und Vieha frisst / un wan dau awer farlässj bisst / so will eich dir da Buckel arauma. Ich antwortet mit gleicher Holdseeligkeit: **Knano / sag mir aa / wey der Wolff seyhet? Eich huun noch kann Wolff gesien: Ah dau grober Eselkopp** / repliciert er hinwieder / **dau bleiwest dein Lewelang a Narr** [...].

Nur wenig später spricht der Junge mit seinem neuen väterlichen Erzieher, dem „Einsidel", der ihn systematisch, und insofern gleichsam institutionell, unterweist, dann schon deutsche Hochsprache, wenn auch noch regional geprägt, wodurch die Sprachbarriere zwischen den Unterredenden als Indikator der Bildungsbarriere verdeutlicht werden soll. Dass dabei im Vergleich zum Gespräch im Rahmen der natürlichen, elterlichen Unterweisung mit dem „Knan" hier nun der Lehrer die (examinierenden) Fragen stellt, ist Indiz für die Institutionalisierung:

EInsidel: Wie heissestu? Simpl. Ich heisse Bub. **Einsid**. Ich sihe wol / daß du kein Mägdlein bist / wie hat dir aber dein Vatter und Mutter geruffen? Simpl. Ich habe keinen Vatter oder Mutter gehabt: **Einsid**. Wer hat dir dann das Hemd geben? Simpl. Ey mein Meüder: **Eins**. Wie heisset dich dann dein Meüder? Simpl. Sie hat mich Bub geheissen / auch Schelm / ungeschickter Dölpel / und Galgenvogel: [...].[863]

Die Kenntnis der deutschen Hochsprache galt, zunächst nur in den unteren, bald aber auch in den oberen, des Französischen und/oder Lateinischen mächtigen Sozialschichten, als Ausweis für Bildung, und dies war auch der stärkste Antrieb für den Sprachenwechsel im 18. Jahrhundert, zumal im Zusammenhang mit der Ablösung des Lateinischen auf den höheren Schulen, das bis dahin unangefochten als Statussymbol der Bildung gegolten hatte.

Weil es politisch gewünscht war, dass auch die „Einfältigen" auf dem Land die hochdeutsche Aussprache lernten, mussten indes zuerst einmal die Lehrer selbst sie beherrschen. Anforderungen an die „helle und laute Stimme" und eine „deutliche, wohl unterschiedene Ausrede" (Ratke) und

---

[863] Grimmelshausen 1668, 14 und 25; vgl. dazu Asmuth 1989.

vergleichbare Vorgaben an die hochdeutsche Aussprache des Lehrers sind im Korpus der vorliegenden Arbeit schon seit Beginn des 17. Jahrhunderts, einsetzend mit Ratke, in zahlreichen pädagogischen Schriften und entsprechenden Paragraphen von Schulordnungen zu lesen.[864] Im Verlauf dieser beiden Jahrhunderte werden derlei Bestimmungen immer deutlicher nicht nur für die hochdeutsche Sprache, sondern gegen eine mundartliche „Bauernsprache" des Lehrers[865] formuliert und mit Lernhinweisen für die Lehrer ausgestattet. Wilhelm C. C. von Türk beispielsweise bietet eine ausführliche Beschreibung der „Mundstellungen" zur Artikulation der Laute,[866] und auch Ferdinandus Stosch liefert „für die Schulmeister und Schüler des Landes" zu jedem Laut eine eingehende Beschreibung;[867] des Weiteren findet man in mehreren Schriften Hinweise, die den Lehrer vor dem Gebrauch mundartlich und hochsprachlich homophoner Wörter warnen: Der Lehrer vermeide, heißt es etwa bei Schrödter, alle „im plattdeutschen und hochdeutschen gleichklingenden Wörter", wie Rau ‚die Ruhe' und rauh ‚grob'.[868] Dennoch findet sich auch in der Sprache der Lehrer nicht selten Mundartliches. Auf den niederdeutschen Zusammenfall von Dativ und Akkusativ in der Sprache des Reckahner Kantors Bruns habe ich bereits hingewiesen (s.o., III.4.1.2.2.); von einem Lehrer namens Lenz am Dessauer Philanthropin ist gar überliefert, dass „bei der Prüfung am 19. Oktober 1785 die sächsische Provinzialaussprache" desselben öffentlich getadelt worden sei.[869]

Getadelt wurden auch die Schüler, wenn sie nicht von ihrer Mundart ließen. Nun ist es noch kein Sprachwandel, wenn der Lehrer die (Aus)sprache des Kindes korrigiert, sondern es ist dies noch heute eine seiner Aufgaben, und man ordnet sie dem Bereich der Sprachpflege, besser noch dem Bereich der Sprecherbildung, zu. In Zeiten des sprachlichen Umbruchs, in „Sattelzeiten" also, die überhaupt erst eine Norm finden wollen, ist eine solche sprachpflegerische und sprecherbildende Tätigkeit des Lehrers aber noch mehr als zu anderen Zeiten zugleich ein Baustein für die zu etablierende Norm. Insofern die Korrektur des Schülers durch den Lehrer im 17. und 18. Jahrhundert also dazu beiträgt, eine Norm durchzusetzen, und insofern dies nicht nur innerhalb einer Varietät, etwa der Hochsprache, geschieht, sondern wertend

---

[864] Vgl. „Die Köthener Lehrordnungen zu der neuen Lehrart Ratichii" (um 1619), abgedruckt in Ratke/Hohendorf 1957, 81–107, hier 92; vgl. ferner z.B. Reyher 1642, §145; Basedow 1785, II, 506; Rist 1787, 6 und 12; Haun 1801, 118; vgl. auch Weithase 1961, I, 252f.
[865] [anonym] 1793b, 217.
[866] v. Türk 1806, 185ff.
[867] Vgl. Stosch 1776.
[868] Schrödter 1800, 71; vgl. Gräffe 1793–1801, Bd. 1, 1793, 72f. und Bd. 3, 1796, 338ff.
[869] Kehrbach 1897, 342.

zwischen zwei Varietäten, der Hochsprache und der Mundart, erweist sich das *Lehrgespräch* in der Tat als Faktor des Sprachenwechsels und auf diesem Wege zugleich des Sprachwandels (s.o., III.2.). Ein erneuter Blick nach Reckahn mag dies veranschaulichen:

> Kind 3. eine Krampe. B. Wozu braucht man denn die?
> K. Dat miner Mutter keiner wat rut dregt.
> B. Rut dregt? was ist das? wie muß das heissen?
> Ein andres Kind: herausträgt!
> B. Recht![870]

Der Lehrer, Bruns, tadelt hier nur moderat indirekt, indem er die Korrektur des „Fehlers" einem anderen Schüler überlässt. Seine Fragen „was ist das?" und „wie muß das heissen?" lassen indes keinen Zweifel daran, dass die Mundart als unverständlich und falsch gilt. Friedrich Eberhard von Rochow hatte zwar den Gebrauch der Mundart als vorübergehendes Hilfsmittel für die jüngsten Schüler akzeptiert, weil die Kinder sonst an einer Sprachbarriere zu scheitern drohten,[871] und in der Tat gibt es in den aus Reckahn überlieferten Lehrgesprächen Belege, die zeigen, dass die niederdeutsche Sprache der Kinder nicht immer sogleich hochdeutsch korrigiert wurde. Als beispielsweise einmal ein Kind einen Baum mit dem Ausdruck beschreibt: „Wo de Gänse bi gaen", wird vom Protokollanten sogar lobend hervorgehoben, dass das Kind nicht coram publico gemaßregelt und beschämt wurde.[872] Auch beim Buchstabieren scheint Mundartliches zumindest vorübergehend geduldet worden zu sein:

---

[870] Zerrenner 1788, 14f.
[871] Vgl. Rochow: „Vom Nationalcharakter durch Volksschulen" (1779), Pädagogische Schriften 1, 313–348, hier 323; Riemann 1781, 3f.; dazu auch Heinemann 1974, 118; Rach 1968, 141. Rochow („Geschichte meiner Schulen" (1795); Pädagogische Schriften 3, 6–55, hier 13) lehnte auch den Vorschlag Friedrichs II. ab, sächsische Lehrer nach Preußen zu holen, und begründete dies mit dem Hinweis auf die mundartenbedingte Sprachbarriere, „da nur Bekanntschaft mit hoch= und plattdeutsch es möglich mache, letzteres durch ersteres, welches doch einmal Lehr= und Befehlssprache ist, zu verdrängen." Ähnlich in Rochows „Handbuch in katechetischer Form für Lehrer, die aufklären wollen und dürfen" (1789; Pädagogische Schriften 2, 1–30, hier 15ff.). Zur Sprachbarriere aufgrund der „nider=sächsischen oder brunswygischen sprache" der Kinder auf Schulen des Herzogtums Braunschweig, die das Verstehen der hochdeutschen Schriftsprache in der Bibel behinderte, vgl. des „Herzogs Augusti Schul-Ordnung" (1651), abgedruckt in Koldewey II, 1890, 144–168, hier 151; dazu auch Tütken 1997, 200ff.; vgl. zur Sprachbarriere zwischen Mundart der Schüler und Hochsprache des Lehrers ferner Gieseler 1797, 15; Streithorst 1789, 633; Pestalozzi 1804/1808, 265.
[872] Zerrenner 1788, 39.

Das e sprechen die Kinder nach dortiger Mundart sehr hell und scharf aus, nicht als beinahe ä, z. E. in Lesen, leben, bisherigen; und darin war auch hier mit den Leuten im Magdeburgischen eine völlige Gleichheit, daß sie das g nicht als Gutturalbuchstaben, sondern sehr scharf, als j aussprachen, lange wie lanje, Auge wie Auje.[873]

Gleichwohl gehörte es auch auf dieser fortschrittlichen Landschule ebenso wie auf den Schulen in anderen Landesteilen und Ländern des zerklüfteten Deutschland im 18. Jahrhundert zu den Aufgaben des Lehrers, die Kinder Hochdeutsch sprechen zu lehren. Und weil der Begriff des „Hochdeutschen" in erster Linie auf eine Aussprachenorm bezogen wurde – lexikalische Regionalismen wie z.B. *Krampe* oder *Pinne* wurden nicht wahrgenommen, es sei denn, sie waren mit hochdeutschen Wörtern homophon –, war der vornehmste Ort dieser (Aus)sprachlehre das *Lehrgespräch*: Sei es die hochdeutsche Diphthongierung, sei es die hochdeutsche Dativ-Akkusativ-Unterscheidung, sei es die Aussprache einzelner Wörter oder die Auswahl aus allophonischen Varianten: Die Kinder auf den Schulen im niederdeutschen Sprachraum wurden vom Dialekt zum Hochdeutschen geführt. Dieselbe spracherzieherische Richtung mit dem Ziel der deutschen Hochsprache wurde auch in anderen Dialektgebieten eingeschlagen bzw. sollte eingeschlagen werden – man denke an Herders abschätziges Urteil über das Ostmitteldeutsche im Munde thüringischer Schüler[874] oder v. Türks Klage über den Dialektgebrauch auf mitteldeutschen Schulen (s.o., II.1.4.). Insofern das Korpus der vorliegenden Arbeit, wie oben (III.1.) erwähnt, vornehmlich Quellen aus dem nord- und mitteldeutschen Raum aufweist, bedürfen diese Aussagen über den Sprachenwechsel von der Mundart zum Hochdeutschen für den süddeutschen Raum einer genaueren Prüfung. Für Nord- und Mitteldeutschland aber darf man, Goethe anverwandelnd,[875] feststellen: Kein Provinzialismus taugt auf die Schule. In vielen Schulordnungen war dieser Weg des Sprachenwechsels überdies ausdrücklich angeordnet, im 16. Jahrhundert etwa in der Braunschweiger Schulordnung des Rats aus dem Jahr 1596 („im deutschen sie zur oberlendischen sprach gewehnen"),[876] im 17. Jahrhundert z.B. im „Special=Bericht" Andreas Reyhers, der wiederum Wolfgang Ratkes theoretische Forderung in die Schulpraxis umzusetzen suchte: Der Praeceptor, so ist dort vorgeschrieben, soll

---

[873] Zerrenner 1788, 13.
[874] Herder [„Von der Ausbildung der Rede und Sprache in Kindern und Jünglingen"] (1796), Werke 30, 217–226; s.o., III.2.
[875] Vgl. Goethes „Regeln für Schauspieler"; Werke 12, 253: „Kein Provinzialismus taugt auf die Bühne!"
[876] Vgl. die „Schulordnung des Rats [der Stadt Braunschweig]" (1596), abgedruckt in Koldewey, I, 1896, 122–146, hier 127; dazu Tütken 1997, 200ff.

> recht deutlich reden / nicht einen Vocalem für den andern / als ein **i** / vor ein **e** / ein **e** vor ein **ä** / auch nicht einen Consonantem für den andern / als ein **d** für ein **t** / ein **t** für ein **d** / ein **b** für ein **p**/ oder ein **p** für ein **b** / Item ein **n** für ein **m** etc. aussprechen / sondern alles fein eigentlich / sonderlich auch die letzten Syllaben fürbringen.[877]

Das „Protocoll der Landschulkonferenz und der Verhandlung über die im Plane angegebene Beibringung der nöthigen Sprachkenntniß" aus dem Jahr 1793 geht schließlich über die Aussprachenormierung hinaus in den morphosyntaktischen Bereich. Es heißt dort unmissverständlich, die Kinder der Landschulen sollten „einige Fertigkeit erlangen, hochdeutsch richtig zu sprechen"; und weiter:

> Der Lehrer halte die Kinder dazu an, daß sie mit ihm nicht anders als hochdeutsch sprechen. Drücken sie sich, wenn sie ihm etwas zu sagen haben, unrecht aus; so stelle er sich, als hätte ers nicht verstanden [...] und gebe sich aufs Fragen. Z. B. ein Kind sagte: Herr Cantor, ich soll meinen Bruder erlauben; er kann nicht in die Schule kommen; so wäre die Frage: Wem sollst du erlauben? Antw. meinem Bruder. Was sollst du ihm erlauben? – Daß er aus der Schule bleiben kann. – Kannst du deinem Bruder erlauben, aus der Schule zu bleiben? – Nein! Sie können es erlauben. – Wie mußtest du nun sagen, daß ichs verstehen konnte, was du mir zu sagen hattest? – Wollen Sie meinem Bruder erlauben, heute aus der Schule zu bleiben?[878]

Wenn in W. C. C. von Türks Bericht über den Unterricht auf mitteldeutschen „Elementar=Schulen" aus dem Jahr 1806 noch immer über die Mundarten als Unterrichtssprache geklagt und gefordert wird, es sei Aufgabe des Lehrers, „überall Provincialismen, fehlerhafte Dialecte zu verbannen und endlich eine reine deutsche Aussprache allenthalben zu verbreiten",[879] so lässt dies zwar Rückschlüsse auf den nur geringen Erfolg der Umsetzung der Schulordnungen in der Unterrichtspraxis zu, belegt indes ein weiteres Mal den erzwungenen Sprachenwechsel von der Mundart zur Hochsprache.

Diese Hochsprache selbst war zwar von der zeitgenössischen Sprachforschung in erster Linie als Schriftsprache normiert, doch sollen die beiden Termini, „Hochsprache" und „Schriftsprache", bereits auf die unterschiedlichen medialen Existenzformen der gesprochenen und geschriebenen Sprache

---

[877] Reyher 1642, §146. Vgl. dazu die „Anordnung der Schulstunden zu der neuen Lehrart Ratichii" (Köthener Lehrordnung, um 1619), abgedruckt in Ratke/Hohendorf 1957, 81–106, hier 86ff.

[878] Auszug 1793, 49f.; vgl. auch Krünitz 61, 1793, 927 (s.v. *Land=Schule*) und [anonym] 1789, 615: „Um auch die bäurische abgeschmakte Aussprache bei meinen Kindern so viel als möglich zu vertilgen, nehme ich beim Buchstabiren, Lesen und Schreiben Gelegenheit, ihnen das Lächerliche an einer broaten (breiten oder platten) Aussprache zu zeigen [...]."

[879] v. Türk 1806, 57; vgl. auch Stuve 1783, 257 und s.o., II.1.4.

hinweisen, die im Zusammenhang mit dem Sprachenwechsel von der Mundart zur Hochsprache auseinander gehalten werden müssen.[880] Die normierte Schriftsprache nämlich erhielt im Medium der Mündlichkeit, erhielt als Hochsprache im Gespräch eine ganz andere Klangfarbe. Dem Korpus der vorliegenden Arbeit sind einige Schattierungen dieser Farbe gesprochener Sprache im deutschen *Lehrgespräch* des 17. und 18. Jahrhunderts zu entnehmen, die, zusammengenommen, deren Klang erahnen lassen:[881]

Man findet in den *Lehrgesprächen* beispielsweise die Elision (Apokope und Synkope) des schwachtonigen /ə/ auch in Präsensformen des Verbs, die diesen Vokal in der Schriftsprache noch heute fordern, beispielsweise gegen Ende des 18. Jahrhunderts in einem *epagogischen Gespräch* aus der Feder des Landschulinspektors Walkhof (s.o., III.4.1.1.4.):

L. Du wünschest auch wol, daß sie noch lange leben mögen? K. Das *wünsch* ich. [...] L. Nicht wahr, sie halten dich auch zur Schule an? Aber du gehst wol nicht gern in die Schule? K. O ja, da *lern* ich ja etwas. L. Sieh einmal, wie viel Gutes dir deine Aeltern thun! Solltest du sie nicht ehren und werthschätzen? K. Das thue ich auch. [...] L. *Verstehn* sie besser, was dir nützlich ist, oder du? [...] L. [...] Was thun aber Kinder, die ihre Aeltern ehren? K. Sie sind gern bei ihnen, sie sind still, sie helfen ihnen, sie *gehn* einen Weg für sie aus. [...] L. Wie soll es den Kindern *gehn*, welche ihre Aeltern ehren?[882]

Hier lässt nicht nur der Schüler das auslautende schwachtonige /ə/ zumeist weg, sondern auch dem – immerhin von einem Landschulinspektor erfundenen – Lehrer wird die sprechsprachliche Synkope in den Mund gelegt („verstehn", „gehn"). Diese „Stutzung" des /ə/ haben die Grammatiker der Zeit fast einhellig missbilligt; sie „machet die Sprache rauh", schreibt Gottsched, und Adelung weist darauf hin, dass sie den „Wohllaut" gefährde, insofern die Schlusskonsonanten dann stimmlos augesprochen werden ([lo:p] statt [lo:bə]), also die Auslautverhärtung einsetzt.[883] Wenngleich Adelung sich hier auf die gesprochene Sprache bezieht, ist sein Urteil freilich schriftsprachlich verwurzelt; in der Poesie wie in der gesprochenen Sprache zählte es durchaus zum „Wohllaut", einen Hiatus zu vermeiden und, z.B., „wünsch

---

[880] Der in der germanistischen Linguistik gängige Terminus „Standardsprache" (vgl. Henne 1972, 46f.) ist für das 17. und 18. Jahrhundert nur mit großer Sorgfalt zu gebrauchen, weil es noch keine Leitvarietät in diesem Sinne gab; aus diesem Grund ist es empfehlenswert, den zeitgenössischen (Adelung) Terminus „Schriftsprache" für die überregional geschriebene und den neueren Terminus „Hochsprache" für die überregional gesprochene Existenzform zu verwenden, die indes beide noch nicht normativ „leitende" Existenzformen waren.
[881] Zum Stand der Erforschung der gesprochenen Sprache im 17. und 18. Jahrhundert vgl. den Überblick bei v. Polenz 1994, 201ff.
[882] Walkhof 1797, 8ff.; Kursiv-Hervorhebungen von mir, J.K.
[883] Vgl. Gottsched 1762, 535f.; Adelung 1782, I, 780.

ich" zu sagen.[884] Und dass diese Aussprache-Erscheinung auch gebildeten Schichten eigen war, belegen Trapps „Unterredungen mit der Jugend", in denen sowohl die gelehrten Schüler wie auch der Lehrer ebenfalls auslautendes /ə/ apokopieren („Das denk ich", „Wenigstens werd ich", „Ich glaub es").[885]

Sodann sind in den Gesprächen des Korpus sehr häufig Kontraktionen zu beobachten, wobei jedoch die Quellensorte sehr wichtig wird: Es sind vorzugsweise authentische erinnerte Lehrgespräche oder fiktive Lehrgespräche aus dem Kreis der niederen oder „gemeinen Schulen", in denen diese Erscheinung der gesprochenen Sprache überliefert ist. Erst in philanthropischer Zeit begegnet sie sodann auch in fiktionalen Lehrgesprächen mit jüngeren Schülern auf den philanthropisch orientierten Schulen und Erziehungsinstituten. Kontraktionen zeugen von der Natürlichkeit des gesprochenen Wortes im institutionellen Lehrgespräch mit den so genannten „Einfältigen" (Stresow), und sie zeugen von der Abgeneigtheit gegenüber institutionellen Zwängen im Lehrgespräch mit „gelehrten" Schülern (Bahrdt): „Sagt mirs nach" (Stresow); „Ja ich hab's selber gesehn", „Nun, so machen Sie's auch so" (Bahrdt); „Das freut mich, wenn ihr so fleißig seyd. Nicht wahr, ihr wollets auch immer seyn?" (Reuter); schließlich auch im Fachgespräch Gleichrangiger: „Lassen wirs gut seyn. Schlözers und Feders Noten [...] werden unserm Ruhm nicht sehr nachteilig seyn"; „S'ist möglich" (Dannenmayer).[886]

Die Natürlichkeit des Sprechsprachlichen in diesen Beispielen wird belegt durch die abwertenden Urteile über Kontraktionen in sprachpädagogischen und sprachreflexiven Werken der Zeit. In seiner „Charakteristik der Erziehungsschriftsteller Deutschlands" kanzelt Samuel B. Baur die „Christusgeschichte für Kinder" von Heinrich Andreas Haubold schroff ab:

Sogleich in den ersten Bogen stößt man auf sehr viele Sprachfehler und Sprachverhunzungen, wie z.B. die Karte von Palästina, die hier **auf'm Tisch** liegt; **hast's** nicht gehört? **hast'** nicht ein solches rothes Schäferhäuschen draussen **auf'm** Acker gesehen? **weist's** nicht mehr?[887]

Und Adelung liefert dazu die sozio-stilistische Norm:

Besonders hüte man sich vor harten Elisionen und Zusammenziehungen; **'s war, hab's gesagt**, gehören mit allen übrigen in die niedrigsten Volkssprachen.[888]

---

[884] Vgl. z.B. Bödiker 1746, 580.
[885] Trapp 1775, 81.
[886] Belegstellen in der Reihenfolge der Belege: Stresow 1765, 160; Bahrdt 1776, 135 und 137; Reuter 1794, 17; [Dannenmayer] 1781, 10f. und 36.
[887] Baur 1790, 154 (das zweite „auf'm" ist im Original nicht halbfett gesetzt).
[888] Adelung 1788, 61; vgl. Stosch 1776, 25, der von einer „pöbelhaften Aussprache" spricht.

Die Gesprächspraxis auf den Schulen und Erziehungsinstituten und auch die Sprachkompetenz der Lehrer und Schüler war den Sprachpädagogen und Sprachforschern in diesem Bezug einen Schritt voraus. Die Unterschiede zwischen der im Unterricht zum Lehr-Lern-Gegenstand erhobenen deutschen Sprache einerseits und der in den überlieferten Gesprächen beobachtbaren Sprechweise andererseits legen jedenfalls die Vermutung nahe, dass beiden medialen Varietätenräumen des Deutschen, dem der geschriebenen und dem der gesprochenen Sprache, von den Sprechern schon ganz intuitiv je eigene Regeln und Normen zugeordnet wurden.

III.4.3.1.2. Gesprächswörter

Der Sprachforschung des 17. und 18. Jahrhunderts war, wie oben (II.2.3.) angeführt, der Begriff des „Gesprächsworts" durchaus nicht fremd, auch wenn diese Wortart anders benannt wurde, sei es undifferenziert als „Interiectiones" oder bereits näher semantisch-pragmatisch bestimmt als „Bewegwörter", „Triebwörter" oder „Empfindungswörter". Im Zuge der Begründung und normativen Ordnung der deutschen Hochsprache ließ überdies kein namhafter Grammatiker und kein Lexikograph, der auf sich hielt, diese Kategorie in seinem Werk unerwähnt; die lange Liste der „Bewegwörter" in Ratkes „Sprachkunst" sowie in seiner „WortschickungsLehr"[889] bilden hier den Auftakt für eine lange Reihe sprachwissenschaftlicher, zumindest sprachreflexiver Darstellungen dieser Wortart.[890]

Im Unterschied zu dieser Gleichförmigkeit der Beachtung des Gesprächsworts bei den Sprachforschern ist im Korpus der Lehrgespräche eine deutliche Entwicklung auszumachen, und hierin scheint sich nicht nur die Kluft zwischen Sprachforschung und (normativer) Sprachbeschreibung auf der einen und Sprachwirklichkeit (und sei es fiktionaler Sprachwirklichkeit) auf der anderen Seite zu spiegeln, sondern eben auch eine Wandlung im Verständnis des Gesprächs, gar eine Wandlung der Ästhetik des Gesprächs. In Lehrgesprächen mit kleinen Kindern und mit „Einfältigen" finden sich nämlich schon früh Belege für Gesprächswörter, und zwar dann durchgehend bis zum Ende des 18. Jahrhunderts auch solche, die einen „körnichten" Umgangston spiegeln. Man denke etwa an die fiktionalen Lehrgespräche in Grimmelshausens „Simplicissimus" oder an das oben (II.3.) zitierte Lehrgespräch eines Pfarrers aus Buchers „Kinderlehre auf dem Lande von einem Dorfpfarrer" aus dem Jahr 1781. Je älter und „gelehrter" – und sozial besser

---

[889] Vgl. [Wolfgang Ratke]: Sprachkunst (1612–1615), abgedruckt in Ratke/Ising II, 1959, 7–22, bes. 21f.; Die WortschickungsLehr [...] (um 1630); abgedruckt in Ratke/Ising 1959, II, 95–268, bes. 208ff.
[890] Vgl. oben II.2.3.

gestellt – die Schüler sind, desto mehr ordnet sich der Gebrauch von Gesprächswörtern den Normen der institutionellen Gesprächssorten unter bzw. wird vom Protokollanten oder Autor der Gespräche untergeordnet: Im streng geschlossenen *katechetischen Gespräch* mit diesen Schülergruppen war das Gesprächswort während der ganzen Zeit nicht gelitten, und auch die im letzten Drittel des 18. Jahrhunderts in der pädagogischen Theorie hofierte philanthropische „Natürlichkeit" des Lehrgesprächs, wie sie sich eben u.a. im Gebrauch von Gesprächswörtern spiegelt, fand keinen großen Widerhall in den Normen für philanthropisch-*sokratische Gespräche*. Der Lehrer, schreibt Christian Friedrich Dinter in seinem einflussreichen und durchaus Gedanken des *sokratischen Gesprächs* aufnehmenden Buch „Die vorzüglichsten Regeln der Katechetik", „hüte sich, daß er sich mechanisch wiederkommende Flickwörter angewöhne."[891] Im Artikel „Interjectiones" der „Deutschen Encyclopädie" von 1793 wird dies auch mit Bezug auf die nunmehr etablierte deutsche Hochsprache begründet:

Hat eine Sprache den höchsten möglichen Grad der Ausbildung und Verfeinerung erlangt, so wird sie auch den geringsten nur möglichsten Grad des Gebrauchs dieser Interjectionen haben, weil sie sich lieber nach klaren Begriffen, als nach dunkeln Empfindungen ausdrückt. Daher finden wir sie auch mehr da gebraucht, wo heftige Leidenschaften sich der Seele bemeistern, als wo deutliche Vorstellungen sind, mehr bey der ungebildeten und sinnlichen Classe eines Volks, als bey dem aufgeklärten Theile desselben.[892]

Es soll und kann im Rahmen dieser Untersuchungen zur historischen Dialogforschung nicht das Ziel sein, die Vielzahl der historischen Gesprächswörter des 17. und 18. Jahrhunderts, wie sie in den Quellen zum deutschen *Lehrgespräch* erscheinen, wortgeschichtlich und historisch-pragmatisch zu beschreiben; das ist und bleibt Aufgabe der historischen Lexikographie und besonderer Untersuchungen.[893] Die für die verschiedenen Sorten und Zwecke des deutschen *Lehrgesprächs* besonders herausragenden Gesprächswörter sind überdies jeweils im Zusammenhang ihres Funktionierens in den Gesprächssorten bzw. den „adjacency pairs" bereits zur Darstellung gelangt.

Über die Interpretation des konkreten Funktionierens eines Gesprächsworts im Einzelgespräch und über die abstrakte Bedeutungs- und Funktionsbeschreibung, wie sie in zeitgenössischen Grammatiken und Wörterbüchern

---

[891] Dinter 1800, 26.
[892] DE 17, 1793, 744 (s.v. *Interjectiones*).
[893] Vgl. etwa die einschlägigen Artikel in Paul 2002, die über das Sachregister-Stichwort „Gesprächswort" zu erschließen sind. Historisch-pragmatische Interpretationen zu ausgewählten Gesprächswörtern in Campes „Robinson" bietet Köstler 1999, 189ff.; detaillierte Interpretationen ausgewählter Gesprächswörter bietet z.B. Ehlich 1986.

bereits annäherungsweise geleistet und archiviert ist,[894] hinaus vermag die historische Dialogforschung jedoch Aufschlüsse über den spezifischen Einsatz von Gesprächswörtern in den Sorten eines historischen Gesprächstyps und, allgemeiner, in der gesprochenen Sprache eines historischen Gesprächsbereichs zu geben. Solche Aufschlüsse sind zu erlangen, wenn die Gesprächswörter eines zu einem bestimmten Gesprächsbereich erstellten Korpus systematisch geordnet werden (wobei die Ordnungskategorien zudem die abstrakte historisch-pragmatische Beschreibung in kondensierter Form enthalten) und sodann ihre bereichsspezifische Funktion und – sofern die bereichsspezifischen Quellen darüber Auskunft geben – ihre zeitgenössische bereichsspezifische Bewertung verstehend rekonstruiert wird. An zwei Beispielen (*nicht wahr?* und *also*) sei dies abschließend für den Gesprächstyp *Lehrgespräch* im 17. und 18. Jahrhundert veranschaulicht.

Zuvor soll aber die – geordnete – Fülle der Gesprächswörter im *Lehrgespräch* des 17. und 18. Jahrhunderts zusammengestellt werden, indem die im Korpus nachzuweisenden „Types" jeweils mit einer repräsentativen Belegstelle angeführt werden. Auf eine quellenkritische Differenzierung der Fundstellen kann dabei verzichtet werden, insofern nur überlieferte Lehrgespräche („natürlich-erinnerte", „fiktive" und „fiktionale") als Quellen zugrunde gelegt wurden, in denen das Gesprächswort in dialogischer Funktion erscheint, und die deshalb in Bezug auf das Vorkommen der Gesprächswörter im Kommunikationsbereich der Lehre des 17. und 18. Jahrhunderts als sekundäre Performanzfragmente zu lesen sind.[895] Auf die Auswertung von Grammati-

---

[894] Vgl. z.B. die Grammatiken: [Wolfgang Ratke:] Sprachkunst (1612–1615), abgedruckt in Ratke/Ising 1959, II, 7–22, hier 21f.; [Wolfgang Ratke:] WortschickungsLehr (um 1630), abgedruckt in Ratke/Ising 1959, II, 95–268, hier 208ff.; Schottelius 1663, 666ff.; Stieler 1691, III, 193f.; Aichinger 1754, 366ff.; Gottsched 1762, 397ff.; Adelung 1782, II, 200ff. sowie die Wörterbücher und Lexika: Stieler 1691; Gottsched 1758; Adelung 1793–1801; DE 17, 1793, 744 (s.v. *Interjectiones*); Eberhard 1795–1802; Campe 1807–1811.

[895] Der referierende Gebrauch von Gesprächswörtern, wie er in zahlreichen narrativen Texten in Kinderbüchern und pädagogisch-didaktischen Zeitschriften erscheint, ist hier nicht berücksichtigt worden, wiewohl es sich freilich auch bei diesen Quellen in Bezug auf das Vorkommen von Gesprächswörtern um sekundäre Performanzquellen handeln kann. Die Interpretation ist jedoch oft fraglich. Bei Schummel 1776, 44 heißt es beispielsweise „Hu, da riefen sie, non est Leo, non est Leo", doch bleibt unklar, wem das „Hu" entflieht, den sprechenden Kindern oder dem schreibenden Erzähler. Dasselbe Problem stellt sich auch bei den narrativen Passagen fiktionaler Texte, wie beispielsweise Campes „Robinson". Ein großer Teil der von Köstler 1999, 189ff. aus dem „Robinson" zusammengetragenen Gesprächswörter wird vom Vater nur erzählt und erscheint nicht auch in dialogischer Einbettung (z.B. *Krak!* (Campe 1779/80, 26), *Puf!* (ebd., 45), *holla!* (ebd., 260) u.v.a.). In Bezug auf das historische Vorkommen dieser Gesprächswörter, das sei noch einmal

ken und Wörterbüchern wurde bei der Zusammenstellung der Gesprächswörter verzichtet, weil ihnen, wie erwähnt, keine bereichsspezifische Begrenzung auf den Kommunikationsbereich der Lehre zukommt. Die semantisch-pragmatische Beschreibung der Gesprächswörter, dies sei noch einmal in mahnender Erinnerung der quellenkritischen Sorgfalt der historischen Dialogforschung hervorgehoben, erfordert dann freilich nicht nur die kritische Berücksichtigung der Grammatiken und Wörterbücher als Performanzarchive, sondern auch eine Quellenkritik für die bereichsspezifischen Quellen aus dem Kommunikationsbereich der Lehre, wie sie oben (II.3) entworfen wurde.

Zur Grundlage der Ordnung sei die Systematik der Gesprächswörter herangezogen, die Burkhardt im Anschluss an Henne „anhand semantischer und pragmatischer Kriterien" erstellt hat und die eine hörerseitige („Rückmeldungspartikeln") und vier sprecherseitige „Funktionsklassen" („Interjektionen", „Sprechhandlungspartikeln", „Gliederungspartikeln", „Abtönungspartikeln"), jeweils noch weiter untergliedert, unterscheidet.[896] Terminologisch verändert wurde lediglich die Untergliederung der „Funktionsklasse" der Gliederungspartikeln: Insofern diese Partikeln selbst als Gesprächsakte fungieren, spreche ich nicht von gesprächs*akt*einleitenden (-interngliedernden, -ausleitenden) Partikeln, sondern von gesprächs*schritt*einleitenden (-interngliedernden, -ausleitenden) Partikeln. In die Ordnung eingereiht werden hier zudem noch phrastische Gesprächswörter, also syntaktisch ausformulierte Wendungen, die funktional Gesprächswortcharakter haben, sowie Onomatopoetika, die nicht als Interjektionen gebraucht sind. Gerade diese Gruppe der Gesprächswörter, vornehmlich die Nachahmung von Tierlauten, genoss einen bereichsspezifisch hohen Stellenwert im *Lehrgespräch* des 17. und 18. Jahrhunderts. Es bedarf keiner vertiefenden Erörterung, dass natürlich auch diese systematische Ordnung von Gesprächswörtern nicht als dogmatisches Modell mit strengen Grenzen zu interpretieren ist. Es gehört gleichsam zum Naturell der Gesprächswörter, dass sie auch im Gebrauch mehrdeutig bleiben. Ein gesprächsschritteinleitendes *Ey* beispielsweise ist oft zugleich Gliederungspartikel und Interjektion und Sprechhandlungspartikel. Um die systematische Ordnung nicht zu überfrachten und ihr die heuristische Funktion zu belassen, die sie, indem sie ordnet, erfüllen soll, werden die Gesprächswörter im Folgenden gemäß ihrer prototypischen Funktion im *Lehrgespräch* des 17. und

---

betont, sind auch solche Quellen sekundäre Performanzfragmente und deshalb natürlich zu befragen; in Bezug auf die sprachpragmatische Interpretation derselben indes sind sie „nur" primäre Performanzarchive. Sie bleiben deshalb hier, wie auch die Grammatiken und Wörterbücher, grundsätzlich ungefragt.

[896] Vgl. den Überblick bei Burkhardt 1982, 156.

18. Jahrhunderts, semantisch gesprochen: nach ihrer Hauptbedeutung, den „Funktionsklassen" zugeordnet:

1. **Rückmeldungspartikeln**

a) rückbestätigende[897]

ja   Vater. [...] Erst ohngefähr seit 40 Jahren sind sie bei uns eingeführt und es ist wohl schon 200 Jahre her, daß unser *Robinson* lebte. Gotlieb. Ja denn – (Campe 1779/80, 77)

b) rückfragende

was?   L. [...] Schlözer und Feder haben bey den meisten Gelehrten ein entscheidendes Ansehen J. Was? Haben sich diese Herrn auch in diesen Handel gemischet? Louis. Freylich. Das 46. Heft des schlözerischen Briefwechsels [...]. ([Dannenmayer] 1781, 8)
nu   L. [...], und auf verschiedene Art sind angegriffen worden. J. Nu! [‚na und?'] Und was ist daran gelegen? ([Dannenmayer] 1781, 4)
nun?   C. [...], die Glieder zittern mir noch, wenn ich daran denke. M. Nun? Was gab es denn? (Salzmann 1806, 529)
wie denn so?   L. [...]; aber eben deswegen muß ich Sie warnen. S. Wie denn so? L. Die Mathematic enthält eine Menge höchst brauchbarer und wichtiger Kenntnisse [...]. (Michelsen 1781, 6)
wie das?   Y. Diesen Beweis führe ich aus dem Begriff des Unmittelbaren. X. Wie das? Y. Was ich unmittelbar bekomme [...]. (Trapp 1789, 78)
hm!   Y. [...]; dieses Etwas sei, was es wolle, Person oder Sache. X. Hm! Y. Was? X. Du sprichst, und ich höre. [...]. (Trapp 1789, 87)

2. **Interjektionen**

a) Onomatopoetika

Gluck!   ‚Laut des Hahns und der Hühner' (Salzmann 1796, 375 und 398)
Ha! ha!   ‚Lachen' (Goeze 1796, 94)
hak! hak!   ‚Hacken des Sperlings' (Goeze 1796, 158)
Hm!Hm! äh! äh! ‚Räuspern' (Goeze 1796, 465)
Husch   ‚Geschwindigkeit' (Goeze 1796, 94)
kickrickkiki   ‚Krähen des Hahns' (Salzmann 1796, 375)
Kir! Kir! Kir!   ‚Laut des Sperlings' (Goeze 1796, 161)
pick! pick! pick!   ‚fressende Hühner' (Salzmann 1796, 375)
Pink! Pink!   ‚Laut des Sperlings' (Goeze 1796, 164)

---

[897] Als rückbestätigende Hörerrückmeldungen werden nur Partikeln gewertet, die unbezweifelbar aus der Hörerrolle geäußert werden. Die motivierenden Akte des Lobens („Gut", „Recht" u.a.) sind demnach nicht als Rückmeldungsakte zu werten, insofern der Lehrer mit ihnen in der Regel den Gesprächsschritt übernimmt.

Rucku!	‚Laut der Taube' (Salzmann 1796, 391 und 398)
rur rur rur	‚Fluggeräusch der Fliege' (Salzmann 1796, 384)
Schliwik!	‚Laut der Schwalbe' (Goeze 1796, 164)
Tip! Tip!	‚Regentropfen am Fenster' (Goeze 1796, 465)
Wup!	‚Zuschnappen des Falken' (Salzmann 1796, 390)

b) emotive

Ach ja!	‚Heureka' (Michelsen 1781, 14)
Ach!	‚Heureka' (Michelsen 1781, 10)
Ah!	‚Freude' (Goeze 1796, 91)
allerliebst	(Raff 1778, 1)
Au weh!	‚Schmerz' (Goeze 1796, 98)
Bravo!	(Goeze 1796, 153)
Daß dich –	‚Zorn, Verärgerung' (Goeze 1796, 98)
Etsch	‚Schadenfreude' (Goeze 1796, 117 und 463)
Ey der Tausend! (Goeze 1796, 100)	
Fi!	‚abwertend' (Salzmann 1807a, 243)
Hat sich was zu Mandeln! (Päd. Unterh., Bd. 1, 4. Stück, 368)	
He da!	(Goeze 1796, 164)
he!	(Salzmann 1796, 421)
I!	‚Ekel' (Goeze 1796, 91)
I	‚kindliche Entrüstung über Unterschätzung seines Wissens' (Schummel 1776, 43)
I! der tausend	(Wünsch 1791, 8)
I! was weiß ichs (Goeze 1796, 153)	
Ich möchte an die Decke springen [vor Freude] (Goeze 1796, 93)	
Je	‚kindliche Entrüstung über Unterschätzung seines Wissens' (Salzmann 1807b, 20)
O weh!	‚Enttäuschung' (Bahrdt 1776, 137)
O zetter	(Volckmarus 1729, 51)
O	‚pathetisches Anrufen' ([anonym] 1797, 126)
Potztausend!	(Goeze 1796, 90)

3. Sprechhandlungspartikeln

a) illokutionsvollziehende

Allerdings	‚bejahende Antwort' (Meyer 1794, 25)
Beileibe nicht	‚verneinende Antwort' (Salzmann 1796, 434)
Da!	‚Präsentation der Lösung' (Bahrdt 1776, 139)
Freilich wol!	‚bejahende Antwort' (Meyer 1794, 24)
Freylich	‚bejahende Antwort' (Ratke [um 1630, WortschickungsLehr], Ratke/Ising 1959, II, 103)
Gewiß!	‚bejahende Antwort' ([anonym] 1797, 121)
Gut	‚Lob' (Michelsen 1781, 14)
Ja wol	‚bejahende Antwort' (Goeze 1796, 96)
Ja	‚bejahende Antwort' ([anonym] 1786c, 102)
Nä	‚verneinende Antwort' (Goeze 1796, 98)

Nein	‚verneinende Antwort' (Michelsen 1781, 37) [898]
Nicht doch!	‚verneinende Antwort' (Salzmann 1806, 529)
O ja (ja)	‚bejahende Antwort' (Stresow 1765, 161)
Recht	‚Lob' ([anonym] 1786c, 101)
So!	‚Präsentation der Lösung' (Pöhlmann 1812, 90)
soso	Askan: Die Prüfung der zweyten Klasse ist nun vorbey. Wie gefiel Ihnen selbe? Altm.: So! so! Denk. d. Ält.: So? so? Dieß sind Ausdrücke desjenigen, dem eine Sache nicht gefällt, der es aber doch nicht sagen will. (Felbiger 1775, 69)
Warum denn nicht gar!	‚ironisch vollzogene Verneinung auf ironische Frage' (Salzmann 1796, 433)
Wenn auch!	‚verneinende Antwort' (Zerrenner 1788, 17)

b) illokutionstransformierende

Ja großen Dank!	‚ironisch formulierte Ablehung' (Päd. Unterh., Bd. 1, 4. Stück, 377)
wie	‚Zweifel' (Wie ... Habt ihr noch nie regnen und schneyen sehen? [Schmid 1766, 11])

4. Gliederungspartikeln

a) gesprächsschritteinleitende

ach	‚freudig-pathetisch' (Raff 1778, 1); ‚resignierend' (Bahrdt 1776, 137)[899]
Allein	(Bahrdt 1776, 185)
Ei/Ey	(Eisler 1733, 4)
I!	(I, das hätt' ich nicht gedacht. Goeze 1796, 463)
Ja wol	(Stresow 1765, 158)
Ja	([nicht illokutionsvollziehend!] Zerrenner 1788, 12)
Nicht wahr?	([gesprächsschritteinleitend!] Stresow 1765, 194)
No	‚nun' (Goeze 1796, 90)[900]
Nun gut	(Michelsen 1781, 7)
Nun siehe	(Rist 1787, 209)
nun	(Stresow 1765, 160)

---

[898] Zur begleitenden Gestik bei „Ja" und „Nein" führt Basedow übrigens aus: „Ja und nein lernen junge Kinder alsdann früh verstehen, wenn Erwachsene (noch besser, wenn die Spielgenossen und Vorgänger) in ihrer Gegenwart von sehr bekannten Dingen kurz befragt werden und bei Bejahung mit bejahendem Winke, bei Verneinung aber mit Verwunderung, das ist mit etwas zurückgeworfenem Haupte antworten." (Basedow 1785, I, 11).

[899] Bei Pöhlmann 1812, 81 sogar als Gegenstand des Unterrichts: „L. Wie heißt es denn? a, ch? K. ach. L. Das ist auch ein Wörtchen. Ach! ich hab dir einen rechten Drachen. Da haben wir dieß Wörtchen gebraucht."

[900] Vgl. jedoch auch DWb 13, 1889 (s.v. *nun*): „die oberd. mundarten gebrauchen nu, no fast nur als interjection".

O	(Bahrdt 1776, 139)
Wohl	(Schmid 1766, 11)
Wolan	(Raff 1778, 14)

b) gesprächsschrittintern gliedernde (im Korpus nur phrastische)

Wir wollen einmal sehen (Moser 1787, 206)
laß uns einmal sehen (Müller 1798, 116)
Aber wieder auf die Linien zu kommen (Michelsen 1781, 11)

c) gesprächsschrittausleitende

Nicht so?	(Walkhof 1795, 75)
nicht wahr?	(Campe 1778a, 583)
nicht?	(Campe 1778a, 583)

5. Abtönungspartikeln und abtönende Gliederungspartikeln

denn	(Salzmann 1806, 529)
doch	(Salzmann 1806, 529)
einmal	(Zerrenner 1788, 17)
ja	(Rochow 1776c, 68)
mal	(Stresow 1765, 197)
nun	(Stresow 1765, 161)
vielleicht	(Bahrdt 1776, 146)
wol	(Zerrenner 1788, 16)

Abschließend seien zwei Beispiele für die bereichsspezifische Funktion und Bewertung von Gesprächswörtern angeführt, die im Rahmen einer pragmatisch-semantischen Beschreibung derselben zu berücksichtigen sind. Für das erste Beispiel greife ich noch einmal auf die oben (III.4.1.1.1.) zitierte „Musterkatechisation" zurück, die mit den Worten schließt:

> L. [...] Nun was ist also der Himmel? K. – L. Ein Inbegriff vieler Sterne. Nicht wahr? K. Ja. – – – Was ist Gott? K. Allmächtig. L. Nein! nein! sieh, wie stehts im Buche?[901]

Bemerkenswert ist hier das gesprächsschrittausleitende, bestätigungsheischende „nicht wahr?", das im *examinierenden katechetischen Gespräch*, in dem Lehrhandlungen wie DARSTELLEN, ERKLÄREN oder KOMMENTIEREN mit nur struktureller Gesprächsschrittübergabe selten sind, auffällt. Es handelt sich im vorliegenden Fall nicht nur um einen strukturellen Gesprächsakt, sondern, nachdem der Lehrer die Prüfungsfrage selbst beantworten musste, um einen APPELL, wohl gar einen VORWURF an die Kinder, nicht gut genug gelernt zu haben. Pöhlmann, der diese „Musterkatechisation"

---

[901] Pöhlmann 1812, XIII.

überliefert, nimmt jedoch noch aus einem anderen Grund Anstoß an diesem „nicht wahr", und indem er den Gebrauch dieses Gesprächsworts in Sorten des Gesprächstyps *Lehrgespräch* verurteilt, überliefert er Hinweise für eine bereichsspezifische Rekonstruktion der Funktion und Bewertung desselben:

> Die Frage: nicht wahr? braucht kein guter Katechet. Das Kind antwortet ganz mechanisch mit: ja! darauf, weil es voraussetzt, daß sein Lehrer ihm nur Wahrheiten vorsagen werde.[902]

Dasselbe gilt für die Kritik eines anonym gebliebenen Autors an der Gliederungspartikel *also* aus dem Jahr 1800:

> Was mußt du also thun? [...] Dieß Also ist ächt katechetisch. [...] Das ‚Also' ist ein wahrer Nothknecht, sowohl bey den neuern, als ältern Katecheten. Jener Katechet hatte das Unglück, daß er nie bey der Sache bleiben konnte. Kaum fieng er an zu reden, so verlor er seinen Gegenstand aus dem Gesichte; [...]. Erinnerte dieser Mann auf seinem Kreuzzuge sich des Gegenstandes, von welchem er handeln wollte: so half das katechetische Wunderwort Also, wie ein Deus ex machina, ihm jederzeit zurecht.[903]

III.4.3.1.3. Zur Syntax des historischen Lehrgesprächs

Im Abschnitt über FRAGEN und ANTWORTEN konnte festgestellt werden, dass nicht nur die Aussprache, sondern auch die Syntax der Schülersprache idealnormativ eindeutig geregelt war, etwa im Falle der Antwort: Die Antwort musste gemäß dem zu etablierenden Hochdeutschen „sprachrichtig" sein, und „sprachrichtig" meinte hier: syntaktisch vollständig. Diese Forderung nach syntaktisch vollständigen Antworten gehörte zum festen Bestand der didaktischen „Anleitungen" und „Anweisungen" im 17. und 18. Jahrhundert, und zwar nicht nur bei traditionsbewussten, dem geschlossenen *katechetischen Gespräch* zugeneigten Pädagogen, sondern auch bei Freunden des offenen *sokratischen Gesprächs*.[904] Sie fand ihre Begründung, zum einen, in dem Bestreben, den Gesprächsakttyp ANTWORTEN zugleich als Mittel zum Auswendiglernen zu instrumentalisieren; und sie erfuhr, zum anderen, im Zuge der Formung und Standardisierung der deutschen Hoch- und Schriftsprache eben darin ihre Rechtfertigung, ein Mittel der Spracherziehung zu sein. Die syntaktisch vollständige Antwort, schreibt Niemeyer, „ist nicht nur

---

[902] Pöhlmann 1812, XIV.
[903] [anonym] 1800a, 96. Zur Analyse der Funktion von „also", „die noch im Aufmerksamkeitsbereich des Hörers befindlichen propositionalen Teile" zu bündeln (402), vgl. Redder 1989, 401ff.
[904] Vgl. z.B. Moser 1787, 211; Gräffe 1793–1801, Bd. 3, 1796, 70.

eine vortreffliche Gedächtnißübung, sondern, was noch wichtiger ist, es dient auch zur Uebung und Bildung ihrer Sprache."[905]

Die Praxis des deutschen *Lehrgesprächs* indes lief dieser Norm von Anfang an zuwider, und je weiter sich das *Lehrgespräch* öffnete und je offener auch die Fragen und Antworten formuliert werden durften, desto häufiger wird in den überlieferten Gesprächen von der Vorschrift syntaktischer Vollständigkeit abgerückt und die syntaktische Ordnung und Füllung auch der Antwort dem natürlichen Gespräch nachgebildet, d.h.: Die Antwort wird, systemlinguistisch gesprochen, elliptisch bzw., pragmalinguistisch gesprochen, situativ eingebettet und nur partiell sprachlich ausformuliert. Derlei syntaktisch „unvollständige" Antworten begegnen schon in Ratkes streng komponierten fiktiven Modellen des *zergliedernden Gesprächs* („Was ist die Sprachkunst? Recht sprechen. Ein Kunst wol zusprechen."[906]), wo sie genau passend die propositionalen Lücken der Fragen füllen. In der Folgezeit tendieren sie immer mehr zur gesprochenen Sprache des natürlichen Gesprächs, dessen Formen sie im philanthropischen *sokratischen Gespräch* schließlich erreicht haben:

L.[...] Giebt es wohl auch Winkel unter der Grundlinie?
S. Nein.
L. Aber wenn ich [...] die Schenkel verlängere?
S. Ja, dann.[907]

Wie die Schülerantworten werden in der Gesprächspraxis auch die Lehrerfragen nicht selten elliptisch bzw. situativ angemessen versprachlicht, und auch diese Erscheinung ist bereits bei Ratke zu beobachten, beispielsweise in dem oben (III.4.1.1.3.) zitierten *zergliedernden Gespräch*, in dem textanaphorische Partikeln den Zusammenhang herstellen („Wie *aber* auß der Natur?"). Und auch hier gilt: Je offener das deutsche *Lehrgespräch* wird, desto „natürlicher" werden die elliptischen Lehrerfragen. Sie erscheinen nicht mehr nur in den gesprächsstrukturellen, sondern auch in den gesprächssituativen Verlauf fester eingebettet. In einem *gelenkten Unterrichtsgespräch* aus der Feder Bahrdts formuliert der Lehrer elliptisch einsetzend („Wie") einen Einwand gegen die vorangehende Antwort seines (Einzel)schülers:

---

[905] Niemeyer 1818, Bd. 2, 45; auch in Schrödters „Anleitung zu einem sokratischkatechetischen Unterricht" (1800, 76) wird die Forderung der Wiederholung des Fragesatzes in der Schülerantwort damit begründet, dass der Schüler auf diesem Wege lerne, „sich in seiner Muttersprache auszudrücken." Vgl. auch Zerrenner 1794, 16f.; Pöhlmann 1812, 38 Anm.
[906] [Wolfgang Ratke:] Sprachkunst (1612–1615), abgedruckt in Ratke/Ising 1959, II, 9–22, hier 9.
[907] Michelsen 1781, 92.

Lehrer. Wann begehet man denn nun durch Entwendung fremder Güter einen Diebstahl?
Kind. Wann man kein Recht dazu hat.
Lehrer. Wie, wenn ich nun aber wüste, ein reicher Mann habe andern Leuten eine gewisse Summe entwendet, dürfte ich dann diese Summe wegnehmen, wenn ich könnte?[908]

An diesem Beispiel ist eine weitere Erscheinung der Syntax der gesprochenen Sprache im historischen *Lehrgespräch* zu beobachten, nämlich die Voranstellung des konditionalen Nebensatzes im irrealen bzw. potentialen Fragesatz. Der konditionale Nebensatz wird dadurch gleichsam zur Beschreibung einer hypothetischen Versuchsanordnung in einem problemlösenden Lehrgespräch, wie auch im folgenden Beispiel:

Lehrer. Aber wann das Thier in der weiten Welt wär, und fände draussen weniger und schlechtere Speisen, würde es seinen Wechsel nicht bereuen?[909]

Die Hauptsache ist hier die nachhakende Frage, die Bedingung ist die hypothetische Nebensache, und so wird diese vorausgeschickt, um nicht das Wesentliche der Vergänglichkeit des Gesprochenen zu opfern. In vergleichbarer Weise ist auch die Inversion im engeren Sinne im *Lehrgespräch* des 17. und besonders des 18. Jahrhunderts ein beliebtes Mittel, das Wesentliche einer Aussage an eine syntaktisch herausgehobene Stelle zu bringen. Das Gespräch wird dadurch geschmeidiger, „natürlicher", wie im folgenden Ausschnitt die Voranstellung des anaphorischen Demonstrativpronomens:

Lehrer. Was müste ich thun, wann ich das Geld schon in meiner Gewalt hätte?
Kind. Ich müste es dem wiedergeben, dem es jener entwendet hatte.
Lehrer. Recht; dem gehört es, und sonst Niemand.[910]

Eine weitere, noch heute für die gesprochene Syntax typische Erscheinungsform, die jedoch im *Lehrgespräch* des 17. und 18. Jahrhunderts bereichsspezifische Funktionen annimmt, ist beispielsweise die so genannte Satzvollendung. Sie wird im *Lehrgespräch*, didaktisch inspiriert, künstlich erzeugt – und sorgt wohl unfreiwillig für syntaktisch unvollständige Schülerantworten. Als solche Satzvollendungen sind die Antworten auf Lückenfragen zu interpretieren, wie beispielsweise bei Michelsen:

L. [...] Suchen Sie hievon bey dem andern Falle Gebrauch zu machen. Dieser Fall ist nämlich?
S. Wenn AB gleich DE, A gleich D, und C gleich F ist.[911]

---

[908] Bahrdt 1776. 190.
[909] Bahrdt 1776, 157.
[910] Bahrdt 1776, 191.
[911] Michelsen 1782, 84.

Aus gesprächsanalytischer Sicht ist ferner auch das Stichwortgeben im Falle der Zusammenfassung des Gelernten oder der Wiedergabe auswendig gelernten Wissens als Konstruktionsübernahme zu werten, in diesem Fall wohl genauer als Konstruktionshilfe zu benennen:

Lehrer. Was heist also Versöhnung mit Gott?
Vierter. Erlassung der Strafen und –
Lehrer. Und Wiederertheilung –
Vierter. Der göttlichen Liebe und Wohlgefallens.[912]

Der Konstruktionshilfe des Lehrers geht in diesem Beispiel ein weiteres besonderes Kennzeichen der gesprochenen Sprache im deutschen *Lehrgespräch* des 17. und 18. Jahrhunderts voran, die Aposiopese, und auch die Konstruktionshilfe selbst ist als solche zu werten. Anakoluthe, wie beispielsweise im zweiten Gesprächsschritt des Schülers („Der göttlichen Liebe und Wohlgefallens."), lassen sich aus dem Korpus hingegen nicht oft belegen. Die Beobachtung des Abbruchphänomens der Aposiopese erlaubt gleichwohl wiederum Einblicke in die bereichsspezifische Gesprächsorganisation: Aposiopesen – und im ersten Fall überdies wiederum eine Kontraktion – liegen zumeist in Schülerantworten vor, denen aktivierende Ergänzungsfragen vorangingen, wie beispielsweise den folgenden Antworten aus Bahrdts „Philanthropinischem Erziehungsplan": „Dem lieben Gott schadets nichts. Aber –"; „Wann ich zuviel – (kann den Ausdruck nicht finden.)".[913]
Wie lang die durch den Gedankenstrich angedeutete Pause währt, bis der Lehrer den Gesprächsschritt übernimmt, ist nicht mit Sicherheit zu rekonstruieren. Man darf jedoch aufgrund der prototypischen Charakteristik des *katechetischen* und des *sokratischen Gesprächs* annehmen, dass die Pausen im *katechetischen Gespräch* als Zeugnis des Nichtwissens und somit als Störungen des Lehrgesprächs galten und nur kurze Zeit andauerten, während sie im *sokratischen Gespräch* durchaus als kreativ schweigende „Verfertigung der Gedanken" (Kleist) beim Innehalten des Gesprächsschritts gewertet werden konnten. Neben solchen Fällen, in denen der Lehrer relativ rasch die Pause des Schülers unterbricht und nachhakt, gibt es im *sokratischen Gespräch*, zumal in den philanthropisch beeinflussten Sorten, nämlich auch Belege dafür, dass der Gedankenstrich wirklich als gestattete Denkpause zu lesen ist, was vom Autor oft auch explizit hervorgehoben wird („sinnt", „denkt nach" u.a.[914]). Für beide Lesarten des Gedankenstrichs, also einmal als unterbrechender „Hemmstrich" (Adelung), einmal als Anzeichen für eine

---

[912] Bahrdt 1776, 173.
[913] Bahrdt 1776, 143 und 167.
[914] Vgl. z.B. Bahrdt 1776, 145.

längere Denkpause, seien wiederum Beispiele aus Bahrdts „Philanthropinischem Erziehungsplan" angeführt. Zunächst zur unterbrochenen Pause:

34. Lehrer. [...] Wenn Sie an Ihren Vater schrieben; würden Sie alles sogleich hinschreiben was Ihnen einfällt?
Fünfter. Nein, ich würde –
35. Lehrer. Nun was würden Sie? Ich würde wählen, wollten Sie sagen. [...]."[915]

Gestattete Denkpausen liegen demgegenüber in den folgenden Fällen vor:

22. Lehrer. [...] Hat mir Ihr Papa nicht das Recht gegeben, Ihnen zu befehlen, folglich Ihre Freyheit einzuschränken?
Fritz. Ja – Sie haben mir zu befehlen; aber damit haben Sie mir meine Freyheit noch nie genommen. [...]
32. Lehrer. Erinnern Sie sich nicht aus der Historie an eine Person, der man es so gemacht hat?
Fritz. O es giebt sehr viel, – z.B. Johann Huß.[916]

Dass schließlich der Sprecher auch im 18. Jahrhundert seinen Gesprächsschritt halten konnte, ohne etwas zu sagen, ist in dem fiktionalen *Fachgespräch* zweier Professoren überliefert, von dem im Exkurs schon einmal die Rede war: Dem „Professor der Kirchengeschichte zu Heidelberg", Jung, wird ein Schriftstück überreicht, er beginnt zu lesen und übernimmt gleichzeitig den Gesprächsschritt:

J. Hm – – – Hm – – – Wenn diese Definitionen richtig sind, [...].[917]

Die sprachgeschichtliche Rekonstruktion gesprochener Sprache im Rahmen der historischen Dialogforschung muss mit besonderem Augenmaß die je bereichsspezifischen Funktionen und Bewertungen der sprachlichen Mittel aus den Quellen herausfiltern, will sie Töne – und nicht nur Geräusche – zum Ergebnis haben. Dies konnte hier nur exemplarisch veranschaulicht werden, zumal auch Vorarbeiten weitestgehend fehlen. Erst wenn Einzeldaten für verschiedene Kommunikationsbereiche und ihre Gesprächstypen zusammengetragen und ausgewertet sind, wird es möglich sein, auch einzelsprachlich kontrastiv dichtere „Annäherungen" (Henne) an die gesprochene Sprache vergangener Gespräche, Gesprächssorten und Gesprächstypen zu erlangen. Es dürfte gleichwohl deutlich genug geworden sein, dass solche Annäherungen möglich und nicht nur für die Sprachgeschichtsschreibung, sondern auch für andere „Geschichtswissenschaften" (Paul) äußerst ergiebig sind.

---

[915] Bahrdt 1776, 147.
[916] Bahrdt 1776, 159ff.
[917] [Dannenmayer] 1781, 36.

III.4.3.2. Gesprächserziehung als Verhaltenslehre: Facetten der Sozialdisziplinierung durch Formung des Sprechers

Neben der didaktischen Aufgabe, Wissen zu vermitteln bzw. zu erzeugen, und neben der spracherzieherischen Aufgabe, den Wechsel von der Mundart zur Hochsprache durchzusetzen, waren dem deutschen *Lehrgespräch* im 17. und 18. Jahrhundert zunehmend auch sozialerzieherische Aufgaben zugewiesen worden. Es ist hier nicht der Ort, allgemeine Regeln und Normen des Umgangs im Gespräch aus zeitgenössischen Konversations- und Anstandslehren zusammenzustellen und die ständische, später „funktionsständische" Differenzierung derselben in allen Einzelheiten auszuleuchten. Die Gesprächsnormen, die nach Auskunft der einschlägigen Anstandslehren im Allgemeinen zu beachten waren; die Gesprächsformen, die der aus Frankreich übernommenen geselligen „Conversation" und dem höfischen „Complimentiren" abgekupfert und für deutsche adelige, großbürgerliche und gelehrte Stände identitätsstiftend normiert wurden; die dialogischen Tonlagen und Verhaltensweisen, die den Ständen der angehenden „nützlichen" und „brauchbaren" kaufmännischen Bürger und ländlichen Untertanen normativ ge- und verboten wurden – all dies bildete zweifellos den Hintergrund auch für die Gesprächserziehung als Verhaltenslehre auf den Schulen und ist im Verlauf der Untersuchungen schon angesprochen worden: Erinnert sei beispielsweise an die achte der Herder'schen „Lebensregeln" von 1798, die das Dazwischenreden und das Antworten, ohne gefragt zu sein, als „Zeichen eines ungesitteten Menschen" verurteilte;[918] erinnert sei ferner an das oben (III.2.) festgestellte fundamentale Prinzip, das den zeitgenössischen Konversations- und Anstandslehren explizit oder implizit zugrunde lag und das Gespräch grundsätzlich als ständisch differenzierte Kommunikationsform bestimmte: Man richte seine Gesprächsbeiträge danach, ob der Gesprächspartner höheren, gleichen oder niederen Standes als man selbst ist. All diese historisch wie kulturell besonders zu wertenden Normen, in die das Gespräch der Zeit eingebunden war, stehen, wie erwähnt, mentalitätsgeschichtlich hinter der Gesprächserziehung als Verhaltenslehre im 17. und 18. Jahrhundert, ohne indes auch stets bereichsspezifische Bedeutsamkeit zu erlangen. Bereichsspezifisch bedeutsam heißt hier, den Blick auf die Normen zu lenken, die im Unterricht vermittelt wurden, um bestimmte Konzeptualisierungen des Gesprächs in den Köpfen der Schüler zu erzeugen. Die folgenden Ausführungen konzentrieren sich deshalb wiederum nur auf die in Bezug auf die schulisch-institutionelle Gesprächserziehung bereichsspezifisch bedeutsamen Normen, um die vermittelten „*Gesprächs*"-Begriffe zu rekon-

---

[918] Herder: „Luthers Katechismus, mit einer katechetischen Erklärung zum Gebrauch der Schulen [...]" (1798); Werke 30, 302–392, hier 391; vgl. oben, II.2.1.

struieren und den Einsatz der „*Gesprächs*"-Begriffe zum Zweck der Sozialdisziplinierung exemplarisch zu veranschaulichen.

Einen der frühesten Belege für das deutsche Gespräch als Lehr-Lern-Gegenstand findet man bei Wolfgang Ratke. Dieser hatte in seiner „Schuldieneramtslehr" von 1631/32 bereits einen Abschnitt „Von dem Konversieren" gebracht, in dem er „das Umgehen der Lehrmeister mit ihren Lehrjüngern außerhalb der gewöhnlichen Stunden", also das *Lehrgespräch* außerhalb des regulären Unterrichts, beschreibt. Liest man diese Ausführungen Ratkes über das „Konversieren" nun in Zusammenhang mit seinen einige Kapitel später folgenden Bemerkungen und Regeln zur Gesprächsführung („Von freundlicher Gesprächhaltung (Familiaris collocutio)"),[919] so entdeckt man eine Gesprächserziehung im Dienste der gesellschaftlichen Verhaltenslehre, wenn auch noch auf sehr geringem Reflexionsniveau. Ratke erläutert die Notwendigkeit des „Konversierens" von Lehrmeistern mit Lehrjüngern sowie von Lehrjüngern „mit ihren Mitlehrjüngern" mit dem Hinweis darauf, dass die Schüler „hierdurch ihrer Blödigkeit [‚Schüchternheit'] abkommen, mit andern Leuten umgehen lernen und also leutselige Menschen werden", und dies sei notwendig, denn „die Konversation in dem gemeinen Leben ist das Band der menschlichen Gesellschaft".[920] Was er sodann im Einzelnen anführt, liest sich wie eine Sammlung von Handlungsnormen in einem Anstandsbuch für gesellige Schülergespräche: Der Sprecher möge die „Wort wohl erwägen, auf daß sie nicht jemand beleidigen", er möge die „Irrenden mit Geduld ertragen", alles „zum besten auslegen" und nur von „ehrbaren, nützlichen und erbaulichen Sachen reden".[921] Schon an diesem Beispiel sind die grundsätzlichen Tendenzen der Gesprächserziehung als Verhaltenslehre erkennbar, nämlich, zum einen, die Tendenz, im Wege der Gesprächserziehung in einem makrostrukturellen Sinne sozialdisziplinierend zu wirken, indem gesellschaftliche Ordnungen gefestigt wurden, und sodann, zum anderen, Tendenzen des Einsatzes des Gesprächs als Mittel mikrostruktureller, nämlich schulinstitutioneller, Sozialdisziplinierung.

Man spürt bei Ratke schnell, dass seine Gesprächsnormen als allgemeine Maximen des höflichen Umgangs in gut situierten Schichten des gewerbetreibenden und gelehrten Bürgertums verstanden sein wollten. Das sich formierende Bürgertum stand in der Tat bei den meisten Wegbereitern und Beförderern des deutschen *Lehrgesprächs* im Vordergrund ihrer Ordnungen des Umgangs, und diese Ordnungen grenzten in ihren Normen das Gesprächs-

---

[919] Wolfgang Ratke: „Schuldieneramtslehr (Scholastica)" (1631/32), abgedruckt in Ratke/Hohendorf 1957, 171–246, hier 235f.
[920] Wolfgang Ratke: „Schuldieneramtslehr (Scholastica)" (1631/32), abgedruckt in Ratke/Hohendorf 1957, 171–246, hier 201.
[921] Wolfgang Ratke: „Schuldieneramtslehr (Scholastica)" (1631/32), abgedruckt in Ratke/Hohendorf 1957, 171–246, hier 235f.

verhalten des gewerbetreibenden und gelehrten Bürgertums entsprechend ab gegen Gesprächsnormen und -sitten des einfachen Landvolks und, langsamer, aber doch zunehmend konturierter, gegen die Normen des adelig-höfischen „Complimentirens" (s.u.).[922] Diese Normen der Gesprächserziehung reflektieren insofern das Idealbild eines Standes und waren sodann, ausgehend vom bürgerlichen Stand im prototypischen Zentrum, wie erwähnt weiter funktionsständisch differenziert.[923] Sie wiesen einen sprachlich-kommunikativ zu beschreitenden Lehr-Lern-Weg, um den künftigen gewerbetreibenden oder gelehrten Bürger „nützlich" und „brauchbar" für seinen Beruf zu bilden und, davon abgrenzend, den „einfältigen" Handwerker und Bauern zum gottesfürchtigen und dem Landesherrn treu ergebenen Untertan. Ein anonymer Autor geht im Jahr 1752 sogar so weit zu behaupten, im Wege der Gesprächserziehung könne die Welt verbessert werden.[924] In seinem Beitrag gibt er eine kleine Sittenlehre des Gesprächs, die mitunter an die Grice'schen Konversationsmaximen erinnert, und führt diese gesprächsrhetorisch weiter, insofern er das Gespräch der künstlichen Geziertheit entkleidet, es der Natürlichkeit „von Hertz und Mund" und vor allem einem makrostrukturell sozialdisziplinierenden Zweck im Sinne der pädagogisch allenthalben geforderten Nützlichkeit und Brauchbarkeit unterstellt. Ein Schritt, dahin zu gelangen, sei:

> Wenn man den Schülern dann und wann mit Fleiß verfertigte Gespräche und faule Geschwätze vorlegte, die gemeiniglich nicht nur unter den Pöbel und gemeinen Bürgers=Leuten; sondern auch unter Vornehmen und solchen, die noch dazu gelehrt heißen wollen, vorlegte, und ihnen daraus zeigte, wie sie jetzt vom Wetter, gleich darauf von Hunden und Pferden, eine Minute darnach von bösen Zeiten, bald wieder von einem Buch redeten, gleich nachher von einigen lustigen Streichen schwatzen, vom Hundertsten auf das Tausende fielen, nichts zusammenhangendes, nichts gründliches, nichts ernsthaftiges, nichts nutzbares, nichts erbauliches redeten.[925]

Wer ein Gespräch führt, muss also „zusammenhangendes", „gründliches", „ernsthaftiges", „nutzbares" und „erbauliches" zu sagen haben; dass dies nur allzu oft nicht der Fall sei, behauptet der Verfasser jedoch gleich selbst, und zwar nicht nur für den „Pöbel", sondern für verschiedenste Stände.

---

[922] Zu allgemeinen Normen vgl. z.B. Francke 1690; Thomasius 1713a, 102ff.; Herder: [„Von der Ausbildung der Rede und Sprache in Kindern und Jünglingen"] (1796), Werke 30, 217–226, bes. 223ff.; Salzmann 1796, 470ff.

[923] Vgl. auch Knigge 1790. Der ganze dritte Teil dieser Schrift ordnet den gesellschaftlichen „Umgang" systematisch nach „Personen von verschiedenen Ständen" (283); dazu Lerchner 1998 und, für das weitere Umfeld, auch Lerchner 1991.

[924] [anonym] 1752, 493.

[925] [anonym] 1752, 494f. und 500.

453

Die oben angeführte Norm, man richte sein Gesprächsverhalten nach dem Stand des Gesprächspartners, wird sodann in Rochows „Versuch eines Schulbuchs, für Kinder der Landleute" makrostrukturell sozialdisziplinierend entfaltet:

> Wenn man einander begegnet, so muß man sich grüßen, das ist, sich Gutes wünschen. Wenn dir ein Höherer, als du bist, oder die Obrigkeit begegnet, so mußt du, beym Grüßen, stille stehen, das Gesicht nach dem Vorbeygehenden kehren, und den Hut oder die Mütze abnehmen. Wenn diese Person, oder deine Obrigkeit, dich anredet, so mußt du deutlich und verständlich antworten. Wenn sie dich an deine Schuldigkeit erinnert, die du thun sollst, so mußt du allemal, zu deiner Antwort, das Versprechen hinzuthun, du wollest gehorchen. Wenn sie, wegen eines begangnen Fehlers, dich ernstlich ermahnet, so mußt du um Vergebung bitten, und durch Versprechen, ins künftige den Fehler zu vermeiden, ihren Unwillen besänftigen. [...] Warum der Widerspruch so sehr beleidigt, das will ich euch kürzlich erklären. [...].[926]

Rochow wendet sich an „Kinder der Landleute" und formuliert entsprechend Normen, die, in Bezug auf den sozialen Umgang, einen ganz konkret ständisch geprägten „*Gesprächs*"-Begriff diesen Kindern vermitteln. Wie sehr die Gesprächserziehung eingebettet war in eine umfassendere Unterweisung in gesellschaftlich sanktionierte Verhaltensformen, macht auch eine Passage aus der „Reichsstift=Neresheimischen Schulordnung" von 1790 deutlich:

> Nebst oben erwehntem von der christlichen Sittenlehre hat der Schulmeister in Betreffe dieses Punktes die Kinder nach den vorgeschriebenen Höflichkeitsregeln wohl zu unterrichten, ihnen ihre Unarten im Reden, Stehen, und Gehen sorgsamst abzustellen, und alles Ernstes darauf zu dringen, daß sie sich allenthalben sittsam, reinlich und gegen Jedermann so anständig und höflich, wie man es von einer wohlerzogenen Landjugend fodern kann, zu betragen wissen.
> Zur guten Lebensart gehört nun auch, daß man Jedermann wohl zu begrüssen, schicklich anzureden, etwas auszurichten, oder sonstige Vorträge zu machen wisse, u.s.w. Der Schulmeister hat demnach den Kindern den hieher gehörigen besondern Unterricht nicht nur mündlich zu geben, sondern denselben auch öfter mit ihnen in Uebung zu bringen.[927]

Das Gespräch der „wohlerzogenen Landjugend" erscheint hier als eine Gruppe von Höflichkeitsregeln, die der Schulmeister im Rahmen einer allgemeinen „Sittenlehre" zu vermitteln habe; es folgen beispielsweise noch Regeln zum Betragen „in der Kirche", „auf der Gasse", „gegen das unvernünftige Vieh". Im Unterschied zu diesen Bereichen ist das Betragen im Gespräch indes nicht allein „mündlich zu geben", sondern muss geübt wer-

---

[926] Rochow 1772, 85f.
[927] „Reichsstift=Neresheimische Schulordnung vom Jahre 1790 mit Beysätzen und Anmerkungen", in: Taschenbuch für teutsche Schulmeister, 6. Jg., 1791, 902–950, hier 911f.

den, und schon darin ist das Besondere des Gesprächs als Lehr-Lern-Gegenstand zu erkennen. Dieser Besonderheit ist denn auch bei Basedow zu begegnen, dessen Ansätze zur Gesprächserziehung der Lehre der „Wohlredenheit" unterstellt sind und vornehmlich Kinder der höheren Stände, des Großbürgertums und des Adels, im Blick haben, die in „Konversationsstunden" dialogisches Sprechen üben sollen (s.u.).

Überdies ist festzustellen, dass namentlich bei aufgeklärten, gar philanthropisch gesinnten Pädagogen der Wechsel vom artifiziellen „Complimentiren" zum natürlichen Gespräch (und damit die Neuorientierung der schulischen Gesprächserziehung) nur langsam vollzogen wird – man mag auch darin eine „Dialektik der Aufklärung" erblicken. Diesen nur langsamen Wechsel dokumentiert beispielsweise noch Christian Gotthilf Salzmann in seinem Büchlein „Conrad Kiefer" von 1796, das er Eltern und angehenden Lehrern als „Anweisung einer vernünftigen [!] Erziehung der Kinder" (Untertitel) anpreist:

Kurz darauf besuchte mich meines Schwiegervaters Bruder, ein Herr Pfarrer, mit seinem kleinen Sohne, der gerade so alt wie mein Conrad war. Kaum hatte er mir sein Compliment gemacht, so wandte er sich an seinen Sohn, und sagte: Nun Gottfried! sagst du denn nichts? Da machte Gottfried ein tiefes Compliment und sagte: Gehorsamer Diener, Herr Vetter! es ist mir lieb, Sie wohl zu sehen, nehmen Sie es mir nicht übel, daß ich Sie incommodiere.
Närrchen, sagte ich, die Complimente lass nur weg, diese sind bei mir nicht Mode. Willst du ein Stückchen Kuchen haben?
Wenn Sie gehorsamst befehlen, gab er zur Antwort.
Da ich ihm das Stückchen Kuchen gab, trat mein Conrad herein und sagte weder gehorsamer Diener, noch es ist mir lieb, Sie wohl zu sehen! – Vater! sagte er, mich hungert, willst du mir auch ein Stückchen Kuchen geben?
Der Herr Vetter und ich wir guckten einander an und – sagten kein Wort. Im Herzen dachten wir aber beide unser Theil. Ich lachte heimlich über den kleinen Gottfried, der gewöhnt war, wie ein Staar Worte herzusagen, bei welchen er nichts dachte; der Herr Vetter hingegen hielt sich in seinem Herzen über die Unhöflichkeit des Conrad auf, der nicht einmal gehorsamer Diener sagte."[928]

Die beiden Modelle der Gesprächserziehung, die hier in Gottfried und Conrad aufeinander treffen, spiegeln, wie erwähnt, die Kluft zwischen der Einpassung des Kindes in die artifizielle Etikette des „Compliments" und der Entwicklung des Kindes im Rahmen außerinstitutioneller natürlicher Gesprächsverhältnisse. Sie korrespondieren zugleich den Polen des institutionellen *Lehrgesprächs*. Wer nämlich nur „Worte herzusagen [gewöhnt war], bei welchen er nichts dachte", der stand in der Tradition des *katechetischen Gesprächs*, bei dem als Erfolg der Wissensvermittlung eben galt, wenn der Schüler das Auswendiggelernte hersagen konnte. Und weil dieses auswendig

---

[928] Salzmann 1796, 427.

gelernte „Complimentiren" bei den für damalige Verhältnisse konservativen Erziehern im kognitiven Sinne „Wissen", im soziopragmatischen Sinne aber „Höflichkeit" indizierte, bewertet der Pfarrer folgerichtig das Verhalten Conrads als „Unhöflichkeit". Salzmann begegnet solchen Einstellungen in der fiktionalen Figur des Vaters zunächst umgangssprachlich salopp: „Närrchen, sagte ich, die Complimente lass nur weg, diese sind bei mir nicht Mode" – eine Stelle, die übrigens an Thomasius' fast einhundert Jahre zuvor publizierte Schrift „Vom elenden Zustand der Studenten" erinnert, in der es an die Studenten gerichtet hieß: „Macht keine unnöthigen Complimente / und versparet die wunderlichen Titel".[929] – In seinem Kommentar des Gesprächs mit dem Pfarrer begründet Salzmann die Ablehnung des „Complimentirens" sodann mit dem Hinweis auf ein Prinzip der philanthropischen Erziehung: dass man nämlich Kinder nur das lehre, was sie verstehen, und sie darüber hinaus „der lieben Natur gemäß handeln lassen" müsse.[930] Er fügt allerdings einschränkend hinzu, dass dieses Prinzip seine Gültigkeit habe, „[s]o lange die Kinder noch so klein sind". Und hier holt die philanthropisch gesinnten Pädagogen des 18. Jahrhunderts doch ihr eigenes Standesbewusstsein wieder ein. Sobald nämlich die Kinder verstehen, was es mit den „Complimenten" auf sich habe, erscheinen diese oft gar nicht mehr so verachtenswert. Basedow empfiehlt sogar „Konversationsstunden", in denen „Eltern und Hofmeister" – und damit sind bestimmte Sozialschichten von vornherein ausgeschlossen – die „Wohlredenheit des Umgangs und der Komplimente" mit den Kindern üben – und das Gespräch wieder der Natürlichkeit berauben:

Bei dieser Übung werden Stellung, Gebärden, Miene, Stimme und Worte beurteilt. Z. B. Du stehst mir zu nahe, zu entfernt; du redest zu laut, zu leise; du sitzest oder stehest zu nachlässig; du mußt mich ansehen, aber nicht so unbescheiden; diese Verbeugung war überflüssig; nun durftest du dich nicht länger weigern, zu sitzen oder vorzugehen; du mußt den Namen der Person oder Würde zusetzen; du kehrst diesem den Rücken zu, stehst jenem im Lichte; du hättest dich entschuldigen müssen usw. usw.[931]

Neben diesen makrostrukturell sozialdisziplinierenden „*Gesprächs*"-Begriffen gab es, wie erwähnt, mikrostrukturell sozialdisziplinierende Facetten der Gesprächserziehung, vornehmlich bei jungen Schülern und „Einfältigen". Gemeint ist damit der Einsatz von Gesprächsnormen zur Sozialdisziplinierung innerhalb der mit der Lehre betrauten Institutionen. Insofern diese im 17. und 18. Jahrhundert zunehmend als „Veranstaltungen des Staats" begriffen wurden, griffen die makro- und mikrostrukturellen Reichweiten der Normen zusehends komplementär ineinander. Sie sind gleichwohl analytisch zu

---

[929] Thomasius 1707, 594; vgl. oben, III.3.1.
[930] Salzmann 1796, 427.
[931] Basedow 1785, II, 522f.

trennen, insofern mit ihnen zwei verschiedene „*Gesprächs*"-Begriffe verbunden waren, ein institutioneller im engeren Sinne und ein gesellschaftlicher (gleichsam ein institutioneller im weiteren Sinne). „Jede Ermahnung und Warnung des Lehrers", lautet beispielsweise eine mikrostrukturell funktionalisierte Handlungsnorm, „müssen sie [die Schüler, J.K.] mit Dank annehmen";[932] der Schüler antworte, besagt eine andere Handlungsnorm, „mit Bescheidenheit, mit Ehrerbietung und mit Nachdenken",[933] und schon in diesen Normen ist der Brückenschlag von der Schulzucht zur Gesellschaftsordnung zu erkennen.

Die mikrostrukturell sozialdisziplinierenden Normen, die dem Kind einen im engeren Sinne institutionalisierten „*Gesprächs*"-Begriff vermittelten, weisen sodann aber auch Elemente auf, die diesen Brückenschlag von der Schule in die Gesellschaft gerade nicht gestatteten und ausschließlich der Institution vorbehalten blieben. So erscheint das Gespräch zwar in beiden Dimensionen als streng reglementiertes Verhalten bzw. Handeln von Kindern und Jugendlichen, sowohl innerhalb wie außerhalb der Schule, innerhalb wie außerhalb des Kommunikationsbereichs der Lehre. Nur in Bezug auf die mikrostrukturell sozialdisziplinierenden Normen aber zeigt sich die in den voranstehenden Abschnitten beschriebene Öffnung des Gesprächs auch im Sinne der Vermittlung eines „*Gesprächs*"-Begriffs: Nur im mikrostrukturellen – und nicht auch im makrostrukturellen – Sinne nämlich öffneten die Aufklärer und Philanthropen das Gespräch, nur hier sollten die Schüler das Gespräch, zumal das natürliche, freiere Gespräch, auch als Mittel der kollektiven Erkenntnis schätzen lernen und einen entsprechend positiven „*Gesprächs*"-Begriff entwickeln. Außerhalb der Schulmauern sollte dieser offene „*Gesprächs*"-Begriff jedoch nicht gelten, sondern vielmehr der geschlossene, auf obrigkeitlicher Anrede und gehorsamer Erwiderung gestützte. Das sei am Beispiel des mikrostrukturell sozialdisziplinierenden Gebots zu schweigen illustriert.

Der nach Ratke nächste für die Geschichte und Entwicklung der zu lehrenden und lernenden Gesprächsnormen bedeutsame Pädagoge, Johann Amos Comenius, hatte bereits in seinen „Praecepta morum. In usum juventutis collecta" von 1653 einen Abschnitt über das angemessene Verhalten des Schülers im Gespräch untergebracht, in dem gleich die erste Handlungsnorm das Gespräch auf didaktische Zwecke festlegt: Man beginne ein Gespräch nur, „um zu lernen oder zu lehren; sonst ist es besser zu schweigen."[934] In

---

[932] [anonym] 1792, 98.
[933] „Schulgesezze, wie solche in den Schulen in dem Eichstädtischen alle Monate verlesen, erklärt und angewendet werden", in: Taschenbuch für teutsche Schulmeister, 10. Jg., 1795, 602–606, hier 603.
[934] Comenius/Pappenheim, II, 1898, 194f.

seiner „Didactica magna" aus dem Jahr 1657 fordert er sodann im Kapitel über die „Methode für die Sittenlehre", man möge „Vorschriften für den Umgang zusammenstellen und darauf mit Strenge halten, daß die Knaben mit Lehrern, Mitschülern, Eltern, der Dienerschaft und anderen sittsam verkehren und sich täglich über mannigfache Gegenstände unterhalten".[935] Hebt diese Forderung das Gespräch als besondere Lehr-Lern-Methode auch hervor, so gilt für Kinder und Heranwachsende gleichwohl als höchstes Gebot des Verhaltens im Gespräch das Gebot des Schweigens. Zu den zu vermittelnden „Tugenden" der Sittenlehre zählt Comenius nämlich:

> [...] sie [die Kinder, J.K.] mögen sich abgewöhnen, beständig zu schwatzen und alles, was ihnen auf die Zunge kommt, auszuplaudern, sondern sich gewöhnen, auch vernünftig zu schweigen, wenn es die Sache verlangt, z.B. wenn andere sprechen, wenn eine Respektsperson anwesend ist oder wenn die Sache selbst Stillschweigen erfordert.[936]

Dieses Gebot zu schweigen bildete, wie oben (III.3.1.) dargelegt, innerhalb der schulischen Institutionen die Richtschnur allen kommunikativen Handelns des Schülers; es eignet sich daher besonders gut als Beispiel für die Lockerung der mikrostrukturell sozialdisziplinierenden Gesprächsnormen. Im Rahmen eines Kanons von Wohlverhaltensnormen im Gespräch, zumal im Gespräch mit Erwachsenen, ist dieses Gebot zu schweigen überdies schon zu Comenius' Zeiten traditionell und sollte kaum verändert auch an die nächsten Jahrhunderte weitergereicht werden.[937] Es ist daher kaum bemerkenswert, wenn knapp einhundert Jahre nach Comenius der oben schon zitierte anonyme Autor dieselbe Schweige-Norm mit nur wenig anderen Worten anführt; viel interessanter ist, dass derselbe Anonymus seine Normen zur Gesprächserziehung im Sinne einer Gesprächsrhetorik für Schüler weiterführt und den Lehrern zeigt wie „sie ihnen [den Schülern, J.K.] wollen zu einer Fertigkeit verhelfen, sich beredt und gesprächig unter den Leuten zu zeigen."[938] Hier erfährt das Gespräch mikrostrukturell eine erste Öffnung. Man sei, fährt er fort, schon auf dem rechten Weg,

> [w]enn in Schulen (wo es auch zu Hause geschehen könnte, wäre es förderlicher) den Kindern zur rechter Zeit Erlaubnis, Materie, Anweisung und Aufmunterung gegeben würde, daß sie reden dürfen, wovon sie sprechen sollen, wie sie sich ausdrücken könnten, warum und wozu sie von Hertz und Mund unerschrocken mögten frey reden, fragen, antworten.

---

[935] Comenius [1657], 220.
[936] Comenius [1657], 265.
[937] Zur Tradition der Normen der Konversation vgl. z.B. Göttert 1991.
[938] [anonym] 1752, 494.

Das Gebot zu schweigen wird nicht nur mit ansteigendem Lebensalter der Kinder zunehmend gelockert und in Gebote von Formen des Sprechens im Gespräch überführt, sondern es findet im Verlauf des 18. Jahrhunderts auch ein Wechsel in den Einstellungen zum sprechenden Kind, und zwar auch dem kleinen und „einfältigen", statt, der der sukzessiven Öffnung des institutionellen *Lehrgesprächs* korrespondiert. Der Anonymus von 1752 deutet dies schon an, insofern er das Gespräch, das bei Ratke noch als „Konversieren" ganz entschieden „außerhalb der gewöhnlichen Stunden" stattzufinden hatte, als Lehr-Lern-Gegenstand in den Unterricht aufnimmt und schon dadurch den Schülern einen positiv besetzten „*Gesprächs*"-Begriff anbietet.

Die Philanthropen lockerten schließlich das Gebot zu schweigen und öffneten es institutionell zu einer pädagogisch-didaktischen Erlaubnis des – gelenkten bzw. beaufsichtigten – Sprechens im Lehrgespräch: Die Schüler dürfen und sollen Fragen stellen (erinnert sei etwa an Bruns' „Nun fragt mich einmal, ob ichs weiß?"), sie dürfen und sollen das Gespräch scheinbar selbst leiten (man denke an Salzmanns „Ich bin bloß Zuhörer") und sie sollen durch und in ihrem Sprechen Wissen erzeugen, sich selbst ablocken und es dem Lehrer ganz im Sinne des zeitgenössischen „Rede, daß ich dich sehe" zeigen.[939] Wie die Kinder jedoch diese Freiheit zu sprechen schöpferisch gestalten konnten, mussten sie induktiv dem Gespräch selbst ablauschen; gelehrt wurde dies nicht.[940] Und, wie erwähnt: Diese Öffnung des Gesprächs, diese Lockerung des Schweigeverbots galt nur als mikrostrukturell sozialdisziplinierende Norm für das *Lehrgespräch* – und selbst dort nicht allenthalben, sondern abhängig von pädagogischer Theorie und Praxis; sie galt aber in keinem Fall als makrostrukturell sozialdisziplinierende Norm für das Gespräch im gesellschaftlichen „Umgang" im Kommunikationsbereich des Alltags. Gesprächserziehung als Verhaltenslehre erstreckte sich deshalb auch bei den Philanthropen im Bereich der mikrostrukturell sozialdisziplinierenden Normen auf die Vermittlung restriktiver Normen. Das Gespräch, so darf man schließen, musste den Schülern des 17. und 18. Jahrhunderts sowohl mikrostrukturell wie makrostrukturell als Spiegel und Mittel der Herrschaftsform und Gesellschaftsordnung erscheinen, die sie innerhalb und außerhalb des Kommunikationsbereichs der Lehre umgab – und diese indexikalische, gar seismographische Funktion erfüllt das *Lehrgespräch* noch heute.

---

[939] Zu dieser „Sentenz der Gesprächskunst" vgl. Fauser 1991, 222ff.
[940] Dazu, dass das auch für die Gegenwart noch gilt, vgl. Fiehler 1998, 59ff.

IV. Erwiderung

Zwei Vorwürfe – im alten Wortsinne – hat die „Anrede" zu Beginn ins Zentrum der vorliegenden Untersuchungen zur historischen Dialogforschung gerückt: Es galt, einmal, der historischen Dialogforschung einen theoretischen und methodologischen Grund zu legen, indem gesprächsanalytische, dialoggrammatische und mentalitätsgeschichtliche Ansätze kritisch diskutiert, systematisch aufeinander abgestimmt und sodann an historische Gespräche herangetragen werden. Im Zusammenhang damit war zudem die Frage gestellt, ob die historische Dialogforschung den übrigen „Kulturwissenschaften" (im Sinne Hermann Pauls[1]), z.B. der Geschichtswissenschaft im engeren Sinne, der Literatur- oder eben auch der Erziehungswissenschaft, hilfswissenschaftliche Dienste leisten kann.

Und es sollte, zum anderen, die historische Dialogforschung als eine empirische sprachwissenschaftliche Disziplin im Konzert der „Kultur-" bzw. „Geschichtswissenschaften" mit ihren Mitteln und Methoden Erkenntnisse über das Zusammenspiel von Lehrgespräch und Sprachgeschichte in den für die Geschichte und Entwicklung der deutschen Sprache so bedeutsamen Jahrhunderten zwischen 1600 und 1800 zutage fördern. Das Gespräch, als Keimzelle des Sprachwandels in der Sprachtheorie unbestritten, war als Gegenstand und Faktor des Sprachwandels in der Sprachpraxis aufzusuchen. Die Theorien und Theoreme zur Herausbildung der neuhochdeutschen Standardsprache konnten und sollten dabei nicht überprüft werden; aber das Werden dieser Standardsprache war doch für einen Moment der Sprachgeschichte genauer zu beobachten: Das deutsche *Lehrgespräch* als Gegenstand des Sprachwandels erfuhr, ausgehend vom *examinierenden katechetischen Gespräch*, eine Öffnung und Sortenentfaltung, die über die institutionellen Zwecke der WISSENSVERMITTLUNG und WISSENSERZEUGUNG hinaus wirkten. Die offeneren didaktischen Gesprächssorten, ich erinnere vornehmlich an das *gelenkte* und das *freie Unterrichtsgespräch*, waren Proben für das außerschulische Gespräch in verschiedenen Kommunikationsbereichen und besonders in der entstehenden „Öffentlichkeit"; sie waren insofern in der Tat „gesellschaftsbildend" im Sinne Thomasius'. Und das *Lehrgespräch* wirkte als Faktor des Sprachwandels, insofern es als kommunikatives Scharnier zwischen den schriftsprachlichen Formungen der deutschen Standardsprache durch die Grammatiker und der Festigung des „Härtegrads" dieser Formungen im Wege des Sprechens fungierte.

Die einzelnen Teilantworten und Analyseergebnisse brauchen hier nicht wiederholend aufgezählt, gar „hergesagt" zu werden. Ich fasse die Ergebnisse

---

[1] Vgl. Paul 1909, 1ff.; Paul 1920.

der voranstehenden Untersuchungen vielmehr insgesamt in der Reihenfolge der Vorwürfe der „Anrede" als „Erwiderung" zusammen:

Als eine Erwiderung auf den ersten „Vorwurf" ist anzuführen, dass an der Anerkennung der Komplementarität gesprächsanalytischer und dialoggrammatischer Verfahren kein Zweifel mehr bestehen darf. Historische Dialogforschung bedarf, um der historischen Erkenntnis willen, die Ansätze der aus der Ethnomethodologie erwachsenen induktiven Gesprächsanalyse; und sie bedarf um der systematischen Klassifikation der Einzelergebnisse willen die Ansätze der aus der Sprechakttheorie erwachsenen Dialoggrammatik. Unzweifelhaft aber gilt: Aller Anfang der historischen Dialogforschung ist das historische Gespräch; Geschichte lässt sich nur empirisch entdecken. Der hermeneutische Zirkel setzt dann ein beim empirisch vorfindlichen, gesprächsanalytisch sondierten Kleinen und führt dieses zum typologisch interpretierten Großen und von dort wieder zurück. Die kultur- und sozial-, ideen- und mentalitätsgeschichtlichen Erkundungen schließlich liefern den Stoff, um die Ergebnisse dieser sprachwissenschaftlich außenperspektivischen Analyse- und Klassifikationsarbeit innenperspektivisch, das heißt mit dem Interaktionswissen der Zeitgenossen, zu deuten und zu verstehen.

Was schließlich hilfswissenschaftliche Funktionen der historischen Dialogforschung für andere kulturwissenschaftliche Disziplinen anbelangt, haben die voranstehenden Untersuchungen am Beispiel des deutschen *Lehrgesprächs* gezeigt, dass mit den Mitteln der historischen Dialogforschung auch anderen Geschichtswissenschaften zugearbeitet werden kann. Der – auch für die historische Erziehungswissenschaft wohl erbrachte – Erkenntnisgewinn der historischen Dialogforschung zum Gesprächstyp *Lehrgespräch* wird im Zusammenhang mit dem zweiten „Vorwurf" zu behandeln sein. Zwei Nachbardisziplinen der Sprachwissenschaft, die Geschichtswissenschaft und die Literaturwissenschaft, können aber ebenfalls als mögliche Abnehmer bzw. Anwendungsbereiche der historischen Dialogforschung genannt werden. Ein kurzer Seitenblick auf diese Disziplinen muss hier genügen.

Die jüngere germanistische Sprachgeschichtsforschung blickt, wie in der „Anrede" erwähnt, auf neuere Konzepte und Ansätze der Geschichtswissenschaft, wie sie beispielsweise unter den Benennungen „Mentalitätsgeschichte", „Sozialgeschichte", „Alltagsgeschichte" firmieren. Aber auch in umgekehrter Richtung gibt es, wenn auch erstaunlich wenige, Versuche, Ansätze der historischen Dialogforschung für geschichtswissenschaftliche Untersuchungen fruchtbar zu machen. So fordert die amerikanische Historikerin Nancy Struever eine Diskursanalyse als hilfswissenschaftliches Instrument in der Hand des Geschichtswissenschaftlers, wobei sie unter Diskursanalyse jedoch nicht Gesprächsanalyse im engeren Sinn versteht – wie es der anglo-amerikanische Terminus „*Discourse Analysis*" ebenfalls nahelegen könnte –, sondern die Analyse intertextuell verflochtener Sprachhandlungen relativ zu historischen Ereignissen, Epochen, Ideen, also etwa das, was nunmehr auch in den deutschsprachigen Geisteswissenschaften mit „Diskurs" gemeint ist.[2] Struevers Ansatz, der mit Gumbrechts Forderung nach einer „Historischen Textpragmatik" vergleichbar ist,[3] sieht in der Diskursanalyse „a technique of historical research" im Sinne eines heuristischen Mittels der Textinterpretation, das dem Historiker vergangene Lebenspraxis in ihrer Ganzheit zu präsentieren vermag:

> [Discourse analysis] functions as a tool of inquiry in the traditional task of interpretation of source, the exploitation of the archive of pertinent discourses that the historian uses to reconstruct the past. It is a formalist project that promises direct access to significant social process; the formal description of the functioning of a discursive practice is at once the description of the structures and processes of social action.[4]

Historische Dialogforschung kann, insofern sie dialogische Kommunikationsformen der Vergangenheit beschreibt und durch die soziopragmatische Interpretation vergangenes menschliches Handeln erklärt, der Geschichtswissenschaft also hilfswissenschaftliche Dienste leisten. Die Erkenntnisse beziehen sich dann zwar nicht im Kern auf das historische Ereignis an sich, wohl aber auf die sprachliche, mithin die sprachlich gebundene mentale Seite desselben, angefangen bei der schlichten Feststellung, dass das Ereignis kein Naturereignis war, sondern durch menschliches (Sprach)handeln hervorgerufen wurde, bis hin zu Erklärungen, warum ein historisches Ereignis so und nicht anders verlaufen ist.

Historische Dialogforschung vermag darüber hinaus hilfswissenschaftliche Aufgaben zu erfüllen, indem sie „Einsicht in den Kausalzusammenhang des Geschehens" eröffnet.[5] So können beispielsweise die in der gegenwartssprachlich-synchronischen bzw. panchronischen Gesprächsforschung ermittelten „Basisregeln" des Gesprächs mit Hilfe der Kategorien der historischen Sprachpragmatik in ihrer einzelsprachlich, kulturell und historisch je besonderen Ausprägung rekonstruiert und dann auch an ereignisgeschichtlich bedeutsame dialogische Interaktionen herangetragen werden. Diese zusätzliche Erklärungsmöglichkeit für die Geschichtsschreibung bestreitet Werner Enninger in einem Aufsatz über „Möglichkeiten und Grenzen historischer Diskursanalyse". Am Beispiel der Zweiten Zürcher Disputation 1523 will Enninger „die gesprächsstrukturierenden Verfahren rekonstruieren, mit denen die radikalen Reformer [...] aus ihrer unterprivilegierten Position in der

---

[2] Struever 1985; vgl. auch Burke 1993, 1ff.
[3] Gumbrecht 1977.
[4] Struever 1985, 250.
[5] Paul 1920, 15.

Disputation heraus ihren argumentativen Sieg erringen."[6] Enninger geht dabei der Frage nach, ob die Anwendung gesprächsanalytischer Verfahren dem Historiker Erkenntnisse über die Res gestae einträgt. Das Ergebnis seines Versuchs fasst er wie folgt zusammen:

> Die obige Skizze brachte kein Faktum ans Licht, das nicht bereits aus der bisherigen historischen und theologischen Literatur bekannt war.[7]

Und etwas später fügt er, wie erwähnt, hinzu, dass die

> Anwendung konversationsanalytischer Verfahren auf historische Dokumente [...] methodologisch nicht nur fragwürdig, sondern fahrlässig ist.[8]

Ich habe oben (II.3.) bereits darauf hingewiesen, dass Enningers Quellenkritik philologisch nicht haltbar ist. Aber auch, was die Rolle der historischen Dialogforschung im Rahmen geschichtswissenschaftlicher Forschungen anbelangt, ist Enninger zu widersprechen. Enninger übersieht nämlich, dass die historische Dialogforschung, als heuristisches Mittel angewandt, es durchaus ermöglicht, Geschichte nicht nur beschreibend als Ereignisgeschichte zu betreiben, sondern kultur- und sozial-, ideen- und mentalitätsgeschichtlich zu Erklärungen vorzudringen, im vorliegenden Fall etwa durch die Ermittlung von Herrschaftsstrukturen, die es den vermeintlich Schwächeren gestatteten, in dieser Form überhaupt sprachhandelnd zu agieren. Brigitte Schlieben-Lange hat dies in ihrem „Streitgespräch" mit Harald Weydt schon 1979 am Beispiel der Rede Mirabeaus gegenüber Ludwig XVI. angedeutet.[9] Und auch Enningers Analyse zeigt, dass es für die Benachteiligten sehr wohl möglich war, Themen zu initiieren, und dies mag letztlich auch für die Erklärung des Verlaufs der Ereignisgeschichte nicht unwesentlich sein. Enningers eigene Hypothesen über das sprachliche Folgeverhalten der Opponenten belegen zudem, dass die Anwendung gesprächsanalytischer Mittel zu einem Erkenntnisgewinn geführt hat. Dass sie am historischen Ereignis und seinem Verlauf nichts zu ändern vermag, wird man ihr kaum vorwerfen können.

Obgleich Ansätze der linguistischen Gesprächsanalyse in literaturwissenschaftlichen Arbeiten durchaus zur Kenntnis genommen werden, dürften immer noch die meisten Gesprächsanalysen literarischer Gespräche aus linguistischen Federn stammen – zumal die Analysen historischer literarischer Gespräche. Dabei vermag die historische Dialogforschung durchaus nicht nur sprachgeschichtliche, sondern auch literaturwissenschaftliche Er-

---

[6] Enninger 1990, 147.
[7] Enninger 1990, 157.
[8] Enninger 1990, 159.
[9] Vgl. Schlieben-Lange/Weydt 1979, 70f.

kenntnisinteressen zu befriedigen.[10] So hat, um im Bereich des 18. Jahrhunderts zu bleiben, Anne Betten ausführlich dargelegt, wie Lessing im Wege der literatursprachlichen Formung des Gesprächs in der Tat aus den Gottsched'schen „Maschinen" wieder „Menschen" machte. Die von Betten beschriebenen verschiedenen syntaktischen Formen der Wiederholung, die Lessing einsetzt, um die Gesprächsschritte miteinander zu verzahnen; die, wiederum systemlinguistisch formuliert: „elliptischen" Sätze, die doch erst das Gespräch zu einer situativ eingebetteten Sprachhandlung machen; und natürlich die Gesprächswörter, die dem geschriebenen Drama die Aura der Mündlichkeit verleihen, all dies sorgt dafür, dass Lessings „Figuren auf ihre Weise voll Esprit oder zumindest schlagfertig und mitteilsam" – und (fiktionale) Menschen – sind.[11]

Helmut Henne hat, um ein weiteres Beispiel anzuführen, in seiner Analyse des Gesprächs der Schwestern Mariane und Charlotte, das die „Soldaten" von Jakob Michael Reinhold Lenz eröffnet, gezeigt, dass dieses Gespräch nicht zufällig im Streit endet. Das Gespräch setzt ein mit einer literarischen Spiegelung der oben für die Lehrbücher Pöhlmanns festgestellten Buchstabiermethode: „Schwester, weißt du nicht, wie schreibt man Madam, M a Ma, t a m m tamm, m e me, [...]." Mariane möchte einen Brief schreiben, bittet um Hilfe und will diese dann doch nicht akzeptieren. Henne weist nach, dass die Gliederungspartikeln in den Gesprächsschritten der Schwestern als sprachliche Pfeile zu lesen sind, mit denen die Sprecherinnen ihre „turn"-Bogen bestücken und so das Gespräch von Anfang an auf den Weg zum Streit schicken.[12]

Ich komme damit zur Erwiderung auf den zweiten „Vorwurf". Die Untersuchung der ko- und kontextuellen, funktionalen und formal-strukturellen Dimensionen des Gesprächstyps *Lehrgespräch* in den Schulen der Gegenwart verläuft nach einer vielseitigen und ergebnisreichen Forschungstätigkeit seit einigen Jahren wieder in ruhigeren Bahnen, und zwar sowohl in der Erziehungs- wie in der Sprachwissenschaft. Erst in allerjüngster Zeit wird die Bedeutsamkeit des *Lehrgesprächs* für die Kommunikationsstrukturen einer Sprachgesellschaft seitens der Linguistik und Deutschdidaktik wieder stärker betont. Dementsprechend mehren sich die Zeichen für eine Wiederentdeckung desselben als Forschungsgegenstand – wiederum allerdings bis auf wenige Ausnahmen grundsätzlich synchronisch-gegenwartssprachlich ausgerichtet, wie der Blick auf einschlägige Arbeiten in Abschnitt I.2. gezeigt hat. Dies ist erstaunlich, vermag doch die historische Vertiefung der Erforschung dialogischen Handelns Antworten auf Fragen der Gegenwart zu bieten – ganz

---
[10] Vgl. Kilian 1999; Kilian 2001a; Kilian 2002b.
[11] Vgl. Betten 1985, 150ff.; vgl. auch Henne 1994.
[12] Vgl. Henne 1980.

abgesehen davon, dass der (Sprach)geschichte des deutschen *Lehrgesprächs* auch ohne diesen Bezug zur Gegenwart ein Eigenwert zukommt. Liest man beispielsweise die Beiträge in zwei dem *Lehrgespräch* gewidmeten Themenheften der Zeitschrift „Der Deutschunterricht" aus den Jahren 1995 und 1998, so offenbart sich nicht nur, dass die Wurzeln des deutschen *Lehrgesprächs* der Gegenwart im 17. und 18. Jahrhundert liegen, sondern auch, dass es gegenwärtig fast dieselben Fragestellungen und Probleme sind, die auch schon im 17. und 18. Jahrhundert nach Antworten und Lösungen strebten: Da wägen Erziehungs- und Sprachwissenschaftler Vor- und Nachteile von Gesprächssorten relativ zu Lernergruppen, Lehr-Lern-Gegenständen und gesellschaftlich geforderten Gesprächskompetenzen ab (s.o., I.2.); da weigern sich Schülerinnen und Schüler, im Unterricht Hochdeutsch zu sprechen und müssen mit pädagogisch-didaktisch geformtem Druck zur sprachenpolitisch gewünschten deutschen Standardsprache geführt werden;[13] da werden auch heute noch vornehmlich die restriktiven Gesprächsnormen gelehrt und gelernt – wenn das Gespräch überhaupt explizit Lehr-Lern-Gegenstand wird;[14] und da erscheint schließlich der Kreis der didaktischen Gesprächssorten selbst im Vergleich zum Tableau um 1800 zwar variiert, aber nicht grundlegend verändert – man denke beispielsweise an die didaktische Gesprächssorte *Diskussion*, die im *freien Unterrichtsgespräch* des 18. Jahrhunderts ihren Vorgänger findet.[15] Mit Bezug auf die in neueren Lehrplänen für die gymnasiale Lehre geforderten „Gesprächserziehung" widmet sich ein weiteres Heft dieser Zeitschrift jüngst der Gesprächskultur – und betont nun auch die Notwendigkeit der historischen Vergewisserung für den Erfolg der Gesprächserziehung der Gegenwart:

> Die Entwicklung eines dem aktuellen sozialen Wandel entsprechenden Konzepts von Gesprächskultur setzt eine Auseinandersetzung voraus sowohl mit ihren historischen Ausprägungsformen der höfischen Etikette und der bildungsbürgerlichen Konventionen einer ‚Kunst der Konversation' und mit jüngeren Entwicklungstendenzen der Reduktion auf eine ‚Technik der Gesprächsführung' im Rahmen einer wirkungsorientierten praktischen Rhetorik.[16]

Die voranstehenden Untersuchungen haben deutlich gemacht, dass das deutsche *Lehrgespräch* der Gegenwart „Traditionen des Sprechens" pflegt, deren Ursprünge in der Entfaltung des deutschen *Lehrgesprächs* im 17. und 18. Jahrhundert zu verorten sind: Die in nicht wenigen computergestützten Lehr-Lern-Programmen angebotenen Frage-Antwort-Sequenzen beispielsweise tradieren – wohl nicht wissentlich und zum Teil auch vom Medium erzwun-

---

[13] Vgl. z.B. Macha 1995; Werlen 1995.
[14] Vgl. z.B. Fiehler 1998.
[15] Vgl. Thiele 1981, 11ff.; Meyer 1987, II, 280ff.
[16] Neuland 2001, 2.

gen – Formen des geschlossenen *katechetischen Gesprächs*, insofern sie auf fest gefügte und beliebig wiederholbare Fragen fest gefügte Antworten erfordern. Bereits ein Tippfehler bei der Eingabe der Antwort löst eine Fehlermeldung aus, die funktional von der Lehrerkorrektur „Nein! nein! sieh, wie stehts im Buche?" nicht weit entfernt ist. Liest man dann wiederum das Protokoll eines Lehrgesprächs in einer Unterrichtsstunde einer dritten Klasse, das wie folgt einsetzt:

> L.: Bei wem steht denn zu Hause noch der Weihnachtsbaum? Wißt ihr denn vielleicht, was das für ein Baum ist oder die anderen, bei denen er schon weg ist, was es für ein Baum war? Johannes!
> Sch.: Eine Fichte.
> L.: Rainer!
> Sch.: Nadelbaum.
> L.: Ja, weißt du den Namen vielleicht? Na, Toni?
> Sch.: Eine Kiefer hatten wir. [...][17],

so wird man unweigerlich an das *gelenkte Unterrichtsgespräch* erinnert, das Kantor Bruns rund zweihundert Jahre zuvor mit seinen Reckahner Schülern über Gegenstände aus „Eisen" geführt hat. Holstein selbst vermutet, „daß die Geschichte des Unterrichtsgesprächs insgesamt die Elemente des Gesprächs im Unterricht aufzeigt, welche als sprachliche Elemente in gegenwärtig stattfindenden Unterrichtsgesprächen vorkommen."[18] Dies ist, in einem groben Verständnis von Sprachgeschichte als Archiv alles je sprachlich Gewesenen, zutreffend, doch blieb es bei Holstein Vermutung. Werner Hüllen, um ein weiteres Beispiel anzuführen, beschrieb es noch 1995 als „the great surprise of this analysis of an old text with the help of a modern analytical technique", als er herausfand, dass William Caxtons „Dialogues" von 1483 ähnliche Gesprächsstrukturen offenbaren wie sie 1975 von Sinclair und Coulthard für Lehrgespräche der Gegenwart beschrieben wurden.[19]

Die Kategorien der historischen Dialogforschung machen den Blick auf die Geschichte jedoch erst richtig sehend und offenbaren die systematische Ordnung der „Elemente" in einer „Geschichte des Unterrichtsgesprächs". Die voranstehenden Untersuchungen haben die Anfänge desselben erkundet und lassen die Gemeinsamkeiten, aber auch die Unterschiede zum *Lehrgespräch* der Gegenwart deutlich werden. Diese Entwicklungsgeschichte des deutschen *Lehrgesprächs* der Gegenwart selbst setzt als Teil der Geschichte der deutschen Gegenwartssprache überdies erst zu Beginn des 17. Jahrhunderts ein; rechnet man Luthers katechetische Gespräche hinzu, so mag man noch bis ins

---

[17] Zit. nach Holstein 1976, 106.
[18] Holstein 1976, 40; ähnlich Helmers 1970, 133.
[19] Hüllen 1995, 107.

16. Jahrhundert ausgreifen, doch weiter zurück verliert sich die sprachgeschichtliche Spur.

Diese sprachgeschichtliche Spur erweist sich aus aszendenter Perspektive als Institutionalisierung, Entfaltung und Umstrukturierung des deutschen *Lehrgesprächs*; wenn man einmal die häuslichen Lehrgespräche in der Familie beiseite lässt, dann darf man sogar von der Einrichtung eines neuen Gesprächsraums (d.h.: Gesprächsbereichs) im Haus der neuhochdeutschen Standardsprache sprechen, ein Raum, der auf dem Fundament der Tradition aufbaut, aber dann doch seine eigene Gestalt sucht und findet.

Als durchgehender Grundzug der Geschichte und Entwicklung des deutschen *Lehrgesprächs* im 17. und 18. Jahrhundert ist die gesellschaftspolitisch sowie, daraus abgeleitet, pädagogisch-didaktisch motivierte Öffnung des *Lehrgesprächs* festgestellt worden. Diese Öffnung des *Lehrgesprächs* korrespondierte einem gesellschaftlichen Wandel, den man als „Strukturwandel" (Habermas) beschreiben mag. Wichtiger für die sprachgeschichtliche Interpretation ist, dass diese Öffnung aus sprachgeschichtlicher Sicht eine fruchtbringende Symbiose mit der deutschen Sprache begründete: Die Öffnung des deutschen *Lehrgesprächs* bedurfte institutionell normativ sanktionierter dialogischer Handlungsformen für Schüler und Lehrer und einer gewissen Standardisierung, eines gewissen „Härtegrades", der deutschen Gesprächssprache für die Zwecke des Kommunikationsbereichs der Lehre. Die allenthalben von Sprachforschern dieser Zeit vorangetriebene Herausbildung der deutschen Hochsprache wiederum bedurfte eines Forums, auf dem diese Hochsprache im institutionell gesteuerten und doch zunehmend relativ natürlichen Gebrauch auch für die „gelehrten" Kommunikationsbereiche gehärtet werden konnte. Denn auch dies ist eine Folge der Öffnung des *Lehrgesprächs*, dass deutsche Hochsprache nicht mehr nur durch Vortrag und Lektüre der Schriftsprache und gegebenenfalls mündliche wörtliche Wiedergabe derselben gelehrt und gelernt werden sollte, sondern eben als gesprochene Sprache im Gespräch, die freilich auf den Normen der Schriftsprache aufruhte. Auf dem Weg des deutschen *Lehrgesprächs* sind schriftsprachlich statuierte Sprachnormen in subsistente Normen der gesprochenen wie der geschriebenen Hochsprache überführt worden, und diese Normen haben nicht nur den neuen Gesprächsraum im Kommunikationsbereich der Lehre gefüllt, sondern sind von da aus in andere Gesprächsräume des Deutschen getragen worden.

Gespräche haben keine Geschichte, sie machen Geschichte.

V. Quellen und Literatur

Quellen

(Zeitschriften sind unter dem ersten Titelsubstantiv alphabetisch eingeordnet)

[Adelung, Johann Christoph:] Unterweisung in den vornehmsten Künsten und Wissenschaften, Frankfurt, Leipzig 1771.

Adelung, Johann Christoph: Vollständige Anweisung zur Deutschen Orthographie, nebst einem kleinen Wörterbuche für die Aussprache, Orthographie, Biegung und Ableitung, Leipzig 1788.
- Umständliches Lehrgebäude der Deutschen Sprache, zur Erläuterung der Deutschen Sprachlehre für Schulen, 2 Bde., Leipzig 1782, Ndr. Hildesheim, New York 1972.
- Ueber den Deutschen Styl, 3 Theile in einem Band, Berlin 1785, Ndr. Hildesheim, New York: Olms 1974.
- Grammatisch-kritisches Wörterbuch der Hochdeutschen Mundart [...], 2., verm. u. verb. Aufl. Leipzig 1793–1801, Ndr. mit einer Einführung und Bibliographie von Helmut Henne, Hildesheim, New York 1970.

Agenda Scholastica. Oder Vorschläge, Lehrarten und Vortheile, welche sowol überhaupt zur Einrichtung und Erhaltung guter Schulanstalten; als auch besonders zur Beförderung und Erleichterung des Lehrens und Lernens abzielen. 10 Stücke in 3 Bdn., Berlin 1750–1752.

Aichinger, Carl Friedrich: Versuch einer teutschen Sprachlehre, anfänglich nur zu eignem Gebrauche unternommen, endlich aber, um den Gelehrten zu fernerer Untersuchung Anlaß zu geben, ans Liecht gestellet, Wienn 1754, Ndr. mit einem Vorwort von Monika Rössing-Hager, Hildesheim, New York 1972.

Alberti, Julius Gustav: Anleitung zum Gespräch Ueber die Religion, In kurzen Sätzen, Besonders Zur Unterweisung Der Jugend. Nebst Einem Anhange Von Schriftstellen, Welche diesen Sätzen, theils zur Erläuterung, theils Zur Bestättigung, dienen, Hamburg 1772.

Allgemeine Schulordnung für die deutschen Normal- Haupt- und Trivialschulen in sämmtlichen Kaiserl. Königl. Erbländern, Wien 1774, abgedruckt in Weiss 1896, 5–48.

ALR: Allgemeines Landrecht für die Preußischen Staaten von 1794. Textausgabe. Mit einer Einführung von Hans Hattenhauer [...] und einer Bibliographie von Günther Bernert [...]; Frankfurt/M., Berlin 1970.

[anonym] 1752: Fortsetzung von Einrichtung guter Schul=Anstalten, in: Agenda Scholastica, Bd. 3, 7. Stück, 1752, 469–523; [Forts.] 8. Stück, 1752, 565–618.

[anonym] 1782: Ueber die Verfassung der hisigen Landschulen, und über die Aufklärung des Landmans. Ein Schulbesuch in B*, im Januar 1782, in: Pädagogische Unterhandlungen, 5. Jg., 1782, 85–112.

[anonym] 1786a: Etwas über die Bildung angehender deutscher Schullehrer, in: Taschenbuch für teutsche Schulmeister, 1. Jg., 1786, 85–92.

[anonym] 1786b: Eine kurze Unterredung über den Eingang des Vater Unser, in: Taschenbuch für teutsche Schulmeister, 1. Jg. 1786, 96–98.

[anonym] 1786c/1787: Der Gebrauch des Kalenders in Gesprächen zwischen dem Schulmeister und seinen Kindern, in: Taschenbuch für teutsche Schulmeister, 1. Jg. 1786, 99–106; [Forts.], in: Taschenbuch für teutsche Schulmeister, 2. Jg. 1787, 231–285.

[anonym] 1789: Ueber die schlechte und fehlerhafte Aussprache, in: Taschenbuch für teutsche Schulmeister, 4. Jg. 1789, 613–615.

[anonym] 1792: Etwas über die Schulgesetze, besonders deren Bekanntmachung und Beobachtung, in: Taschenbuch für teutsche Schulmeister, 7. Jg. 1792, 92–109.

[anonym] 1793a: Wie können Schullehrer am besten auf den Verstand und auf das Herz der Kinder wirken?, in: Taschenbuch für teutsche Schulmeister, 8. Jg. 1793, 163–193.

[anonym] 1793b: Fehler vieler Schulmeister während der Lehrstunden in Absicht auf den Wohlstand, in: Taschenbuch für teutsche Schulmeister, 8. Jg., 1793, 213–223.

[anonym] 1794: [Rez.] Biblischer Katechismus, nebst den gewöhnlichen Hauptstücken der christlichen Lehre, von D. Georg Friedr. Seiler. Dritte verbesserte und vermehrte Auflage [...], in: Der deutsche Schulfreund, Bd. 8, 1794, 144ff.

[anonym] 1795a: Versuch einer Geschichte der wahren katechetischen Lehrart, in: Der deutsche Schulfreund, Bd. 10, 1795, 16–23.

[anonym] 1795b: Bei der Todesfeier einer Schülerin, den 4ten May 1794, in: Der deutsche Schulfreund, Bd. 10, 1795, 149–164.

[anonym] 1797: Von Industrieschulen in Dresden, in: Der deutsche Schulfreund, Bd. 17, 1797, 115–135.

[anonym] 1800a: Alte und neue Methode beym Religionsunterrichte in Beyspielen, in: Bibliothek der Pädagogischen Literatur, Bd. 2, 1800, 88–103.

[anonym] 1800b: Wie kann in den Dorfschulen die gesammte Jugend stets durch einen Lehrer beschäfftiget werden?, in: Bibliothek der Pädagogischen Literatur, Bd. 2, 1800, 193–205.

[anonym] 1802: Versuch einer catechetischen Fest=Betrachtung aufs Weihnachts=Fest, zum Gebrauche erleuchteter Hausväter und Schulbedienten, für Kinder von mehrerer Fähigkeit, abgefaßt von einem vieljährigen Catecheten [...], Wolfenbüttel o.J. [1802].

Anton, C. G.: Ueber das Fragen der Kinder, in: Bibliothek der Pädagogischen Literatur, Bd. 3, 1800, 221–225.

[Apinus, Sigismund Jac.:] Vernünftiges Studenten Leben, welches zeiget, Was sowol ein CANDIDATUS Academiae, als auch ein würcklicher STUDIOSUS, bey dem Anfang, Fortgang und Ende seiner Academischen Jahre zu thun und zu lassen hat, Jena 1726.

[Augustin, Christian Friedrich Bernhard:] Bemerkungen eines Akademikers über Halle und dessen Bewohner, in Briefen, nebst einem Anhange, enthaltend die Statuten und Gesetze der Friedrichsuniversität, ein Idiotikon der Burschensprache, und den sogenannten Burschenkomment, o.O. 1795.

Auszug aus dem Protokoll der Landschulkonferenz und der Verhandlung über die im Plane angegebene Beibringung der nöthigen Sprachkenntniß, in: Der deutsche Schulfreund, Bd. 5, 1793, 26–54.

A.W.: Katechetische Zergliederung einer kleinen Geschichte, in: Der deutsche Schulfreund, Bd. 14, 1796, 116–119.

Bahrdt, Carl Friedrich: Philanthropinischer Erziehungsplan oder vollständige Nachricht von dem ersten wirklichen Philanthropin zu Marschlins, Frankfurt am Mayn 1776.
Basedow, Johann Bernhard: Methodenbuch für Väter und Mütter der Familien und Völker [1. Aufl. 1770, 2. Aufl. 1771]. Mit Einleitung, Anmerkungen und Register hrsg. von Theodor Fritsch, Leipzig 1913.
– Des Elementarwerkes erster Band, zweiter Band, dritter Band, vierter Band. Ein geordneter Vorrath aller nöthigen Erkenntniß. Zum Unterrichte der Jugend, von Anfang, bis ins academische Alter. Zur Belehrung der Eltern, Schullehrer und Hofmeister. Zum Nutzen eines jeden Lesers, die Erkenntniß zu vervollkommnen. [...], Dessau 1774. [...] Kritische Bearbeitung [der „Zweiten sehr verbesserten Auflage" von 1785] in drei Bdn., hrsg. von Theodor Fritsch, Leipzig 1909.
Baur, Samuel: Charakteristik der Erziehungsschriftsteller Deutschlands. Ein Handbuch für Erzieher, Leipzig 1790. Ndr. Mit einer Einleitung von Gernot Koneffke, Vaduz/Liechtenstein 1981.
[Becker, Rudolph Zacharias:] Noth= und Hülfs=Büchlein für Bauersleute oder lehrreiche Freuden= und Trauer=Geschichte des Dorfs Mildheim. Für Junge und Alte beschrieben, 2 Bde., Gotha und Leipzig 1788 und 1798.
Berlinische Monatsschrift. Hrsg. von F. Gedike und J. E. Biester, 26 Bde., Berlin 1783–1796.
Bernhardi, A. F.: Zu der öffentlichen Prüfung der Zöglinge des Königl. Friedrich=Wilhelms=Gymnasiums und der Realschule [...], Berlin 1820, Ndr. in: Jäger 1977.
Blankertz, Herwig (Hrsg.): Bildung und Brauchbarkeit. Texte von Joachim Heinrich Campe und Peter Villaume zur Theorie utilitärer Erziehung, Braunschweig 1965.
Bödiker, Johann: Grundsäze der Teutschen Sprache. Mit dessen eigenen und Johann Leonhard Frischens vollständigen Anmerkungen. Durch neue Zusäze vermehret von Johann Jacob Wippel. Nebst nöthigen Registern, Berlin 1746, Ndr. Leipzig 1977.
[Bodmer, Johann Jakob:] Die Discourse der Mahlern. Zweyter Theil, Zürich 1722.
Bömer, A.: Die lateinischen Schülergespräche der Humanisten. Auszüge mit Einleitungen, Anmerkungen und Namen- und Sachregister. Erster Teil [...], Berlin 1897.
Bona-Meyer, Jürgen (Übers. und Hrsg.): Friedrich's des Großen Pädagogische Schriften und Äußerungen. Mit einer Abhandlung über Friedrich's des Großen Schulregiment nebst einer Sammlung der hauptsächlichsten Schul-Reglements, Reskripte und Erlasse, Langensalza 1885, Ndr. Königstein/Ts. 1978.
Bötticher, J. G.: Ein Beitrag zur Bildung der Schullehrer auf dem Lande, Königsberg 1788.
Böttiger, Carl August: Ueber den Misbrauch der Deutschen Lectüre auf Schulen und einigen Mitteln dagegen, Leipzig 1787, Ndr. in Jäger 1977.
[Bucher, Anton von:] Eine Kinderlehre auf dem Lande von einem Dorfpfarrer, Sammt einem Schreiben an den Verleger. Zweyte vermehrte Aufl. o.O. [München] 1781.
[Campe, Joachim Heinrich] Philosophische Gespräche über die unmittelbare Bekanntmachung der Religion und über einige unzulängliche Beweisarten derselben, Berlin 1773.
[Campe, Joachim Heinrich:] Wörtlich nachgeschriebenes Gespräch eines Vaters mit seinem dreyjährigen Kinde, in: Pädagogische Unterhandlungen, Bd. 1, 6. Stück, 1778, 582–584 [= 1778a].

C[ampe, Joachim Heinrich:] Schreiben eines Frauenzimmers an ihre Freundin, den Unterricht überhaupt betreffend. Nebst einer kleinen Kinderphilosophie, in: Pädagogische Unterhandlungen, Bd. 2, 9. Stück, 1778, 799–824 [= 1778b].

Campe, Joachim Heinrich: Robinson der Jüngere, zur angenehmen und nüzlichen Unterhaltung für Kinder, 2 Theile Hamburg 1779 und 1780, Ndr. hrsg. von Alwin Binder und Heinrich Richartz Stuttgart: Reclam 1981.

– Kleine Seelenlehre für Kinder, o.O. 1784.

– Ueber das Zweckmäßige und Unzweckmäßige in den Belohnungen und Strafen, in: Campe (Hrsg.) 1785–1792, 10. Theil 1788, 445–568.

– (Hrsg.): Allgemeine Revision des gesammten Schul= und Erziehungswesens von einer Gesellschaft praktischer Erzieher. Teile 1–16 Hamburg, Wolfenbüttel, Wien, Braunschweig 1785–1792. Ndr. mit einem Ergänzungsband von Ulrich Herrmann, Vaduz/Liechtenstein 1979.

– Wörterbuch zur Erklärung und Verdeutschung der unserer Sprache aufgedrungenen fremden Ausdrücke [...], 2 Bde., Braunschweig 1801.

– Wörterbuch der Deutschen Sprache [...], Braunschweig 1807–1811, Ndr. mit einer Einführung und Bibliographie von Helmut Henne, Hildesheim, New York 1969.

Cohrs, Ferdinand (Hrsg.): Die Evangelischen Katechismusversuche vor Luthers Enchiridion, 4 Bde., Berlin 1900–1907.

Comenius/Pappenheim: Comenius, Johann Amos. Bearbeitet und zu dessen 300stem Geburtstage (28. März 1892) hrsg. von Eugen Pappenheim. Teil 1: Lebensabriß, ferner die „Große Lehrkunst", aus dem Lateinischen übersetzt, Langensalza 1892. Teil 2: Lehrkunst (Didactica), zur Didaktik, Sittenlehre, Gesetze, konzentrischer Lehrgang, Informatorium der Mutter Schul, Volksschule, Orbis pictus, Langensalza 1898.

– Große Didaktik [1657]. Neubearbeitet und eingeleitet von Hans Ahrbeck, Berlin 1961.

– Orbis Sensualium Pictus [...] Die sichtbare Welt / Das ist /Aller vornemsten Welt=Dinge und Lebens=Verrichtungen Vorbildung und Benahmung, Nürnberg 1658. Ndr. mit einem Nachwort von Hellmut Rosenfeld, Osnabrück 1964.

[Dannenmayer, Matthias:] Gespräch zwischen den Herren Jung und Louis über die von den theologischen Facultäten zu Heidelberg und Strasburg ausgestellten Gutachten die Wiehrlischen Sätze betreffend, Constanz 1781.

DE: Deutsche Encyclopädie oder Allgemeines Real=Wörterbuch aller Künste und Wissenschaften von einer Gesellschaft Gelehrten, 23 Bde., Frankfurt am Mayn 1778–1804.

Dietrich, Theo/Klink, Job-Günter/Scheibe, Wolfgang: Zur Geschichte der Volksschule. Bd. 1: Volksschulordnungen 16. bis 18. Jahrhundert, hrsg. von Theo Dietrich und Job-Günter Klink, Bad Heilbrunn 1964. Bd. 2: Gesetze und Gesetzentwürfe, Berichte, Reformvorschläge und Beiträge zur Theorie der Volksschule im 19. und 20. Jahrhundert, hrsg. von Wolfgang Scheibe, Bad Heilbrunn 1965.

Dinter, Christian Friedrich: Die vorzüglichsten Regeln der Katechetik, als Leitfaden beym Unterrichte künftiger Lehrer in Bürger= und Landschulen, Neustadt 1800.

DWb: Deutsches Wörterbuch von Jacob Grimm und Wilhelm Grimm. 16 Bde. in 32 Teilbdn., Leipzig 1854–1960. Ndr. München 1984.

Eberhard, Johann August: Versuch einer allgemeinen deutschen Synonymik in einem kritisch=philosophischen Wörterbuche der sinnverwandten Wörter der hochdeutschen Mundart, 6 Bde., Halle und Leipzig 1795–1802.

Ehlers, Martin: Gedanken von den zur Verbesserung der Schulen nothwendigen Erfordernissen [Fortsetzung], in: Magazin für Schulen und die Erziehung überhaupt, 2. Bd., 1. Stück, 1767, 69–106.

Eisler, Tobias: Bedenken von der Kinderlehre, oder CATECHISATION, aufgesetzet und zum druck befördert, o.O. 1728.

– Kurze Vorbereitung zur Catechismus=Lehre, welche mit einigen der erwachsenen Schul=Kindern / die künftig zum erstenmal zum heiligen Abendmahl gehen wollen, gemachet, und hernach in einem einfältigen Gespräch abgefasset / und Ihnen / auch andern zu mehrern Erbauung / dem druck übergeben worden, o.O. 1733.

Elementarbuch für Kinder in deutschen Schulen. Zweyte verbeßerte und vermehrte Aufl. Blanckenburg o.J. [1777], Ndr. in Offermann 1990.

Engel, Johann Jakob: Über Handlung, Gespräch und Erzählung. Faksimiledruck der ersten Fassung von 1774 aus der >Neuen Bibliothek der schönen Wissenschaften und der freyen Künste<. Hrsg. und mit einem Nachwort versehen von Ernst Theodor Voss, Stuttgart 1964.

Erasmus von Rotterdam: Colloquia Familiaria [1533]. Vertraute Gespräche. Übersetzt, eingeleitet und mit Anmerkungen versehen von Werner Welzig, Darmstadt 1967 (= Ausgewählte Schriften, Bd. 6).

Ewald, J. L.: [Über die teutschen Schulen in der Grafschaft Lippe (Auszug)], in: Taschenbuch für teutsche Schulmeister, 7. Jg., 1792, 72–92.

[Feder:] Von den Mitteln, die Aufmerksamkeit der Jugend zu gewinnen, in: Pädagogische Unterhandlungen, Bd. 1, 2. Stück, 1777, 163–184.

Felbiger, Johann Ignaz von: General-Landschul-Reglement. Eigenschaften, Wissenschaften und Bezeigen rechtschaffener Schulleute. Methodenbuch. Besorgt von Julius Scheveling, Paderborn 1958.

– Methodenbuch für Lehrer der deutschen Schulen in den kaiserlich=königlichen Erbländern darin ausführlich gewiesen wird, wie die in der Schulordnung bestimmte Lehrart nicht allein überhaupt, sondern auch insbesondere, bei jedem Gegenstande, der zu lehren befohlen ist, soll beschaffen sein [...] Wien 1775. Mit einer geschichtlichen Einleitung über das deutsche Volksschulwesen vor Felbiger und über das Leben und Wirken Felbigers und seiner Zeitgenossen Ferdinand Kindermann und Alexius Vinzenz Parzizek. Bearb. und mit Erläuterungen versehen von Johann Panholzer, Freiburg i.B. 1892.

– Foderungen an Schulmeister und Lehrer der Trivialschulen, auf deren Erfüllung die bestellten Visitatoren zu sehen, und danach sie die Geschicklichkeit derer, welche die Jugend unterweisen, zu beurtheilen haben, Wien 1777, abgedruckt in: Weiss 1896, 49–79.

Fichte, Johann Gottlieb: Deducirter Plan einer zu Berlin zu errichtenden höhern Lehranstalt. Geschrieben im Jahre 1807, Stuttgart [sic] und Tübingen 1817.

Fontane, Theodor: Der Stechlin: Fontane, Theodor: Sämtliche Werke. Romane, Erzählungen, Gedichte. Hrsg. von Walter Keitel, Bd. 5, München 1966.

Francke, August Hermann: XXX. Reguln, Zu Bewahrung des Gewissens / und guter Ordnung in der Conversation, oder Gesellschaft, Leipzig 1690.

– Schrifftmäßige Lebens=Regeln / Wie man so wohl bey als auch ausser der Gesellschaft die Liebe und Freundligkeit gegen den Nächsten / die Freudigkeit eines guten Gewissens für GOTT bewahren und im Christenthum zunehmen soll. 5. Aufl. Leipzig 1706.

Frank, Heinrich August: Von Ratich und seiner Lehrart. Eine Einladungsschrift zur Anhörung einiger Reden bey dem Beschlusse des Michaelsexamens den 7ten October, 1789, Erfurt 1789.

Froese, Leonhard/Krawietz, Werner (Hrsg.): Deutsche Schulgesetzgebung. Bd. 1: Brandenburg, Preußen und Deutsches Reich bis 1945, Weinheim, Berlin, Basel 1968.

Galura, Bernhard: Grundsätze der Sokratischen Katechesirmethode. Eine Einleitung in den Katechismus nach Sokratischer Methode, für katholische Eltern und Lehrer, Augsburg 1793.

Gedike, Friedrich: Gesammlete Schulschriften. Bd. 1, Berlin 1789. Bd. 2, Berlin 1795.

– Einige Gedanken über deutsche Sprach= und Stilübungen auf Schulen [...], Berlin 1793, Ndr. in Jäger 1977.

– Ueber Du und Sie in der deutschen Sprache [...] (1794), in: Vermischte Schriften, Berlin 1801, 101–140.

Gellert, Christian Fürchtegott: Briefe, nebst einer praktischen Abhandlung von dem guten Geschmacke in Briefen, Leipzig 1751. Ndr. unter dem Titel: Die epistolographischen Schriften. Mit einem Nachwort von Reinhard M. G. Nickisch, Stuttgart 1971.

Gieseler: Ueber die Entwicklung der Begriffe beym Unterricht, in: Der deutsche Schulfreund, Bd. 6, 1793, 53–62.

– Ueber die Lehrart des moralischen Unterrichts; Beschluß, in: Der deutsche Schulfreund, Bd. 16, 1797, 3–20.

Glauber, Johann Rudolph: Libellus Dialogorum Oder Gespräch=Buchlein/Zwisschen einigen Lieb=habern der Hermetischen Medicin, Tincturam Universalem betreffend, Den wahren Liebhabern guther Medicin, zu gefallen beschrieben und an den Tag kommen lassen, Amsterdam: Jansson 1663.

[Göchhausen, Ersnst August von:] Natürliche Dialogen. Laut geplaudert, heimlich aufgeschrieben und öffentlich bekannt gemacht, o.O. 1772.

Goethe, Johann Wolfgang von: Werke. Hamburger Ausgabe in 14 Bdn., München 1988.

Goeze, Johann August Ephraim: Zeitvertreib und Unterricht für Kinder vom achten bis zwölften Jahre; in kleinen Geschichten und Gesprächen. Viertes Bändchen. Zweyte Auflage, Leipzig 1796.

Gottsched, Johann Christoph: Discurs des Übersetzers von Gesprächen überhaupt [= Vorrede zu: Gespräche Der Todten Und Plutons Urtheil uber dieselben von Bernard de Fontenelle], 1727, in: Johann Christoph Gottsched: Ausgewählte Werke. Hrsg. von P. M. Mitchell, Bd. 10, Teil 1: Kleinere Schriften, Berlin, New York 1980, 1–38.

– Das Gespräch von Rednern, oder Von den Ursachen der verfallenen Beredsamkeit, welches einige dem Tacitus, andere dem Quintilian zuschreiben, im 1728sten Jahre aus dem Lateinischen ins Deutsche übersetzt, in: Johann Christoph Gottsched: Ausgewählte Werke, hrsg. von P. M. Mitchell, Bd. VII, 1: Ausführliche Redekunst. Erster, allgemeiner Theil, bearb. von Rosemary Scholl, Berlin, New York 1975, 11–56.

– Beobachtungen über den Gebrauch und Misbrauch vieler deutscher Wörter und Redensarten, Strassburg und Leipzig 1758, Ndr. [im Rahmen der „Academisch Proefschrift" von Johannus Hubertus Slangen], Heerlen 1955.

- Vollständigere und Neuerläuterte Deutsche Sprachkunst. Nach den Mustern der besten Schriftsteller des vorigen und itzigen Jahrhunderts abgefasset, und bey dieser fünften Auflage merklich verbessert, Leipzig 1762, Ndr. Hildesheim, New York 1970.

Graf, M.: Der Höfliche Schüler/Wie er sich vor, in und nach der Schule/zu Hause/über Tische/in der Kirche, beym Besuch und in Gesellschaft [...] höflich und geschickt aufzuführen [...] hat. Der lieben Schul=Jugend zu Gefallen ehedessen zum bessern Behalt der mündlichen Anweisung zur Höflichkeit [...], 6. Aufl. Augspurg 1767.

Gräffe, Johann Friedrich Christoph: Grundriß der allgemeinen Katechetik nach Kantischen Grundsätzen nebst einem kurzen Abrisse der Geschichte der Katechetik von dem entferntesten Alterthume bis auf unsere Zeiten. Zum Gebrauche akademischer Vorlesungen, Göttingen 1796.

- Neuestes Katechetisches Magazin zur Beförderung des katechetischen Studiums. Erster Band. Zweite vermehrte Ausgabe Göttingen 1793; Zweiter Band. Zweite verbesserte und vermehrte Ausgabe Göttingen 1794; Dritter Band. Zweite verbesserte und vermehrte Ausgabe Göttingen 1796; Vierter Band. Göttingen 1801.

Grimmelshausen, Hans Jakob Christoffel von: Der Abentheuerliche Simplicissimus Teutsch und Continuatio des abentheuerlichen Simplicissimi (1668). Ndr. Hrsg. von Rolf Tarot, Tübingen 1967.

GutsMuths, Johann Christoph Friedrich (Hrsg.): Bibliothek der Pädagogischen Literatur verbunden mit einem Correspondenzblatte, welches Pädagogische Abhandlungen, Aufsätze, Anfragen, Nachrichten, Wünsche, Zweifel, Vorschläge etc. enthält, und einem Anzeiger, [Bd. 1, 1800 und Bd. 2, 1800].

[Hähn:] Berlinisches neu eingerichtetes A B C Buchstabir= und Lese=Büchlein, Berlin 1770.

Hallbauer, Andreas: Anweisung Zur Verbesserten Teutschen Oratorie. Nebst einer Vorrede von Den Mängeln Der Schul=Oratorie, Jena 1725, Ndr. Kronberg/Ts. 1974.

Harsdörffer, Georg Philipp: Frauenzimmer Gesprächspiele, 8 Bde., Nürnberg 1641–1649, Ndr. hrsg. von Irmgard Böttcher, Tübingen 1968/69.

Haun, Johann Ernst Christian: Allgemeiner Schul=Methodus oder praktische Anweisung für Aufseher und Lehrer niederer Schulen jeder Art, wie auch für Privat=Lehrer zur leichtern und nützlichern Führung ihres Amtes nach den mancherley Verrichtungen desselben, in Verbindung mit genau darstellenden Tabellen, Erfurt 1801.

Hedinger, Johann Reinhard: Christlich wohlgemeinte Erinnerungen die Unterrichtung der Jugend in der Lehre von der Gottseligkeit betreffend, wonach sich sowohl Kirchen- und Schullehrer, als auch fromme Eltern, Herren und Meister zu prüfen haben. Neu herausgegeben von Ludwig Friedrich Staib [...], Stuttgart 1863 [zuerst 1700].

[Heinzelmann/Voss:] Heinzelmann, Johann Christian Friedrich oder Voss, Christian Daniel: Sokratische Gespräche zur Einleitung und Erläuterung des Bahrdtschen Katechismus der natürlichen Religion. Ein Beitrag zur Beförderung eines vorurtheilsfreien Nachdenkens der Vernünftigen und Gebildeten, ohne Unterschied des Geschlechtes, des Alters und des Standes, Görlitz 1793.

Helck, Johann Christian: Gespräche von den Sonnen= und Mondfinsternißen. Verbeßerte Auflage Dresden und Leipzig 1753.

Helwig, Christoph/Junge, Joachim: Kurtzer Bericht Von der DIDACTICA, oder LehrKunst WOLFGANGI RATICHII, Darinnen er Anleitung gibt / wie die Sprachen / Künste vnd Wissenschafften / leichter / geschwinder / richtiger / gewisser vnd vollkömlicher / als bißhero geschehen / fort zupflantzen seynd [...], o.O. 1613.

Henke, Heinrich Philipp Conrad: Ueber Religionsbücher für Volksschulen in Absicht der Form; insbesondre ob dieselben in Fragen und Antworten abgefaßt seyn müssen, oder nicht?, in: Eusebia, Bd. 1, 1797, Erstes Stück, 150–175.

Herder, Johann Gottfried: Sämmtliche Werke. Hrsg. von Bernhard Suphan, Berlin 1877–1913: Bd. 5, 1891; Bd. 18, 1883; Bd. 30, 1889.

Hermbstädt, Sigismund Friedrich: Katechismus der Apothekerkunst; oder die ersten Grundsätze der Pharmacie für Anfänger, Berlin 1792.

Herzberg: Warum herrscht unter dem gemeinen Volk noch immer so viel Unwissenheit und Rohheit, und wie kann dieselbe durch einen praktischen Unterricht in Volksschulen und Volksschullehrer=Seminarien merklich vermindert werden?, in: Der deutsche Schulfreund, Bd. 2, 1791, 1–53.

Hübner, Johann: Kurtze Fragen aus der Genealogie, Nebst denen darzu gehörigen Tabellen, zur Erläuterung der Politischen Historie zusammen getragen Und bey dieser vierdten Auflage bis auf gegenwärtige Zeit continuiret, o.O. 1725.

– Kurtze Fragen aus der Politischen Historia bis auf gegenwärtige Zeit fortgesetzet Und mit einem vollständigen Register versehen. Erster Theil. Neue Auflage, o.O. 1749.

– Kurtze Fragen aus der Neuen und Alten Geographie [...], Regensburg 1754.

Jacobi: Fortgesetzte Nachricht von der Verbesserung der niedern Schulen, in den vereinigten Niederlanden, in: Der deutsche Schulfreund, Bd. 7, 1794, 66–100.

Jäger, Georg (Hrsg.): Der Deutschunterricht auf dem Gymnasium der Goethezeit. Eine Anthologie. Mit einer Einführung in den Problemkreis, Übersetzung der Zitate und biographischen Daten, Hildesheim 1977.

Jean Paul: Leben des vergnügten Schulmeisterlein Maria Wutz in Auenthal (1793), Stuttgart 1977.

Kaeselitz, Joh. Chr. Fr.: Nachricht von dem Zustande des Land=Schulwesens im Preußischen Vorpommern, in: Der deutsche Schulfreund, Bd. 16, 1797, 119–137.

Kant, Immanuel [Werke]: Kant's Gesammelte Schriften. Herausgegeben von der Preußischen Akademie der Wissenschaften, Berlin 1900ff.

– Die Metaphysik der Sitten (1797), in: Kant's gesammelte Schriften. Herausgegeben von der Preußischen Akademie der Wissenschaften, Abt. 1, Bd. 6, Berlin 1914, 203–549.

– Anthropologie in pragmatischer Hinsicht (1798), in: Kant's gesammelte Schriften. Herausgegeben von der Preußischen Akademie der Wissenschaften, Abt. 1, Bd. 7, Berlin 1917, 117–333.

– Was ist Aufklärung? (1784), in: Kant's gesammelte Schriften. Herausgegeben von der Preußischen Akademie der Wissenschaften, Abt. 1, Bd. 8, Berlin 1912, 33–42.

Knigge, Adolph Freiherr von: Über den Umgang mit Menschen, 3. Aufl. Hannover 1790. Hrsg. von Gert Ueding. Mit Illustrationen von Chodowiecki und anderen, 3. Aufl. Frankfurt/M. 1982.

Knittel, Franz Anton: Kunst zu catechetisiren. Zwote und sehr vermehrte Ausgabe, Braunschweig 1786.

Koldewey, Friedrich: Braunschweigische Schulordnungen von den ältesten Zeiten bis zum Jahre 1828 mit Einleitung, Anmerkungen, Glossar und Register. Bd. 1:

Schulordnungen der Stadt Braunschweig, Berlin 1886, Bd. 2: Schulordnungen des Herzogtums Braunschweig, Berlin 1890.
- Bericht des Generalschulinspektors Christoph Schrader über die im Jahre 1650 abgehaltene Visitation der höheren und mittleren Schulen des Herzogtums Braunschweig-Wolfenbüttel, in: Mitteilungen der Gesellschaft für deutsche Erziehungs- und Schulgeschichte 1, 1891, 153–168.

Krünitz, Johann Georg: Oekonomisch=technologische Encyklopädie, oder allgemeines System der Stats=Stadt=Haus= und Land=Wirthschaft, und der Kunst=Geschichte, in alphabetischer Ordnung, 242 Theile [...], Berlin 1773–1858.

L. B.: [Rez.]: Christian David Lenz: Kurzer Inbegriff der christlichen Glaubenslehren für Kinder und junge Leute [...], Königsberg 1769, in: Magazin für Schulen und Erziehung überhaupt, Bd. 5, 2. Stück, 1770, 214–227.

Lanossovich, Marian: Neue Einleitung zur Slavonischen Sprache, mit einem nützlichen Wörter= und Gesprächbuche, auch einem Anhange verschiedener deutscher und slavonischer Briefe und einem kleinen Titularbuche versehen [...], Esseck: Diwalt 1778.

Lenz, Jakob Michael Reinhold: Werke. Hrsg. von Friedrich Voit, Stuttgart 1998.

Lessing, Gotthold Ephraim: Werke, [...] hrsg. von Herbert G. Göpfert, Darmstadt 1996.

Lhotsky, Alphons: Ein Bericht über die Universität Göttingen für den Staatskanzler Fürsten Kaunitz-Rietberg (1772), in: Nachrichten der Akademie der Wissenschaften in Göttingen. I. Philologisch-Historische Klasse. Nr. 3, 1966, 41–68.

Lösecke, Christoph Albrecht: Zergliederter Catechismus, Worin der kleine Catechismus Lutheri in richtiger Ordnung von Wort zu Wort, auf eine leichte und deutliche Art, zergliedert wird; Der Jugend und andern Einfältigen zur Uebung des Verstandes und der Aufmercksamkeit; vornehmlich aber den Catecheten, Schulmeistern und Haus=Vätern zur Anleitung, wie sie den gantzen Catechismum ausfragen und Fragen machen lernen können; herausgegeben. Wobey die Worterklärung des Catechismi, und eine Anweisung, wie ein Schulmeister sein Amt recht nützlich verrichten soll, angehänget; auch bei dieser neuen Auflage mit Christ=erbaulichen Kinder=Fragen vermehret ist, Flensburg 1758.

Luther, Martin: Kritische Gesamtausgabe („Weimarer Ausgabe"). Hauptabt. I: Werke, Bd. 30. Erste Abteilung, Weimar 1910.

Mackensen, Wilhelm Friedrich August: Letztes Wort über Göttingen und seine Lehrer, Leipzig 1791. Ndr. mit einem Nachwort und Erläuterungen von Ulrich Joost Göttingen 1987.

Magazin für Schulen und die Erziehung überhaupt. Herausgegeben von Johann Friedrich Schöpperlin und Albrecht Friedrich Thilo. 6 Bde., Frankfurt, Leipzig 1766–1772.

Markus: Katechetische Unterredung über den hohen Werth christlicher religiöser Gefühle, in: Der deutsche Schulfreund, Bd. 19, 1798, 84–115.

Meyer: Ein sokratisches Gespräch über die Fürsehung Gottes, in: Der deutsche Schulfreund, Bd. 9, 1794, 3–30.

Michelsen, Johann Andreas Christian: Versuch in socratischen Gesprächen über die wichtigsten Gegenstände der ebenen Geometrie, Berlin 1781.
- Fortsetzung des Versuchs in socratischen Gesprächen über die wichtigsten Gegenstände der ebenen Geometrie, Berlin 1782.

Mirus: Ueber Dorfschulen und deren Lehrer, in: Braunschweigisches Magazin. 18. Stück, 1799, 273–288.

Moritz, Karl Philipp: Anton Reiser. Ein psychologischer Roman (1785). Hrsg. und mit einem Nachwort versehen von Horst Günther, Frankfurt/M., Leipzig 1998.

– Neues A.B.C. Buch, welches zugleich eine Anleitung zum Denken für Kinder enthält [...], 2. Aufl. Berlin 1794. Ndr. Frankfurt/M. 1980.

Moser, Christoph Ferdinand: Anweisung zum Katechisiren, in: Taschenbuch für teutsche Schulmeister, 2. Jg., 1787, 154–215.

Mosheim, Johann Lorenz von: Sitten=Lehre der Heiligen Schrift. Erster Theil. Andere und verbesserte Auflage, Helmstädt 1737. Siebenter Theil. Verfasset von Johann Peter Miller. Halle und Helmstädt 1765. Neunter und letzter Theil. Verfasset von Johann Peter Miller. Nebst einem Hauptregister über alle Neun Theile, Göttingen und Leipzig 1770.

Mühler: Zulassung deutscher Dissertationen und Disputationen bei den Promotionen an den Universitäten, in: Zentralblatt für die gesamte Unterrichtsverwaltung in Preußen 8, 1867, 268f.

Müller: Einrichtung der Landschule zu Stemmern, im Magdeburgischen, in: Der deutsche Schulfreund, Bd. 8, 1794, 113–135.

Müller: Ueber Erkenntniß überhaupt und Erkenntniß Gottes insbesondere; zwei Gespräche, in: Der deutsche Schulfreund, Bd. 19, 1798, 115–142.

Müller, Johannes: Quellenschriften und Geschichte des deutschsprachlichen Unterrichtes bis zur Mitte des 16. Jahrhunderts, Gotha 1882. Ndr. mit einer Einführung von Monika Rössing-Hager, Hildesheim, New York 1969.

Nicolai, Friedrich: Ueber meine gelehrte Bildung, über meine Kenntniß der kritischen Philosophie und meine Schriften dieselbe betreffend, und über die Herren Kant, J. B. Erhard, und Fichte, Berlin und Stettin 1799. Ndr. in: Friedrich Nicolai: Werke. Hrsg. von Bernhard Fabian u. Marie-Luise Spiekermann, Bd. 1,2, Hildesheim, Zürich, New York 1997.

Niemeyer, August Hermann: Grundsätze der Erziehung und des Unterrichts für Eltern, Hauslehrer und Erzieher, Halle 1796.

– Grundsätze der Erziehung und des Unterrichts für Eltern, Hauslehrer und Schulmänner. 3 Theile. 7., durchaus verbesserte und vermehrte Aufl. Halle 1818 (Bde. I u. II), 1819 (Bd. III).

Offermann, Josef (Hrsg.): ABC- und Buchstabierbücher des 18. Jahrhunderts vollständig oder in Auszügen. Nachdruck mit einer Einleitung, Köln, Wien 1990.

Pädagogische Unterhandlungen. Herausgegeben von J. B. Basedow und J. H. Campe. 1.–5. Jahrgang, Dessau 1777/78–1782.

Pestalozzi, Johann Heinrich: Über den Sinn des Gehörs in Hinsicht auf Menschenbildung durch Ton und Sprache (1804/1808), in: Johann Heinrich Pestalozzi: Ausgewählte Schriften. Hrsg. von Wilhelm Flitner, Frankfurt/M., Berlin, Wien 1983, 246–270.

– Wie Gertrud ihre Kinder lehrt; ein Versuch den Müttern Anleitung zu geben, ihre Kinder selbst zu unterrichten, in Briefen, Bern, Zürich 1801. Wieder abgedruckt in: Johann Heinrich Pestalozzi: Sämtliche Werke. Hrsg. von Arthur Buchmann, Eduard Spranger, Hans Stettbacher, Bd. 13: Schriften aus der Zeit von 1799–1801, bearb. von Herbert Schönebaum, Kurt Schreinert, Berlin, Leipzig 1932, 181–359.

[Pöhlmann, Johann Paul:] Versuch einer practischen Anweisung für Schullehrer, Hofmeister und Aeltern, welche die Verstandeskräfte ihrer Zöglinge und Kinder auf eine zweckmäßige Weise üben und schärfen wollen. Erstes Bändchen. Dritte verbesserte Aufl. Erlangen 1812.

Pöhlmann, J[ohann] P[aul]: Die ersten Anfangsgründe der Geometrie als Stoff zu Denk= und Sprechübungen benützt. Zum Gebrauche für ungeübte Lehrer in Bürgerschulen und den untern Classen der Gymnasien. Erstes Bändchen. Zweyte, von neuen durchgesehene Auflage Nürnberg 1818.

Pütter, Johann Stephan: Versuch einer academischen Gelehrten=Geschichte von der Georg=Augustus=Universität zu Göttingen, Göttingen 1765. Zweyter Theil von 1765 bis 1788, Göttingen 1788.

Raff, Georg Christian: Naturgeschichte für Kinder, Göttingen: Dieterich 1778.

Ratke/Ising: Erika Ising: Wolfgang Ratkes Schriften zur deutschen Grammatik (1612–1630). Teil I: Abhandlung, Teil II: Textausgabe, Berlin 1959. Darin:
- (1612): Memorial Welches zu Franckfurt Auff dem Wahltag Aõ 1612. den 7. Maij dem teutschen Reich vbergeben, Ndr. in Ising, I, 101–104.
- (1612–1615): Sprachkunst. Ndr. in Ising II, 7–22.
- (1619): Allgemeine Sprachlehr. Nach Der Lehrart RATICHII. Cöthen 1619. Ndr. in Ising II, 23–37.
- (um 1629): Die SchreibungsLehr Der Christlichen Schule [...] (um 1629), Ndr. in Ising 1959, II, 57–94.
- (um 1630): Die WortschickungsLehr Der Christlichen Schule [...] (um 1630), Ndr. in Ising II, 95–268.
- (nach 1630): Die WortbedeütungsLehr Der Christlichen Schule [...] (nach 1630), Ndr. in: Ising, II, 269–318.

Ratke/Hohendorf: Die neue Lehrart. Pädagogische Schriften Wolfgang Ratkes. Eingeleitet von Gerd Hohendorf, Berlin 1957.

Rehberg, A. W.: Ueber den Vortrag der Philosophie in Gesprächen, in: Berlinische Monatsschrift 6, 1785, 234–240.

Resewitz, Friedrich Gabriel: Die Erziehung des Bürgers zum Gebrauch des gesunden Verstandes, und zur gemeinnützigen Geschäfftigkeit, Nach der neuen verbesserten Aufl. Wien 1787. Ndr. mit einer Einleitung von Horst M. P. Krause, Glashütten im Taunus 1975.

Reuter: Einige deutsche Schulerfahrungen, in: Der deutsche Schulfreund, Bd. 7, 1794, 14–42.

[Reyher, Andres:] Special= vnd sonderbahrer Bericht / Wie nechst Göttlicher verleyhung / die Knaben vnd Mägdlein auff den Dorffschafften / vnd in den Städten die vnter dem vntersten Hauffen der SchuleJugend begriffene Kinder im Fürstenthumb Gotha / kurtz= vnd nützlich vnterrichtet werden können und sollen, Gotha 1642, Ndr. Leipzig 1970.

Riemann, Carl Friedrich: Versuch einer Beschreibung der Reckanschen Schuleinrichtung [...], Berlin und Stettin 1781.

Rist, J. C. F.: Anweisung für Schulmeister niederer Schulen zur pflichtmässigen Führung ihres Amts. Aus zwey gekrönten Preisschriften zusammengetragen und mit vielen Zusätzen herausgegeben. Zweyte sehr verbesserte Auflage, Hamburg und Kiel 1787.

Rochow, Friedrich Eberhard von: Versuch eines Schulbuches für Kinder der Landleute, oder zum Gebrauch in Dorfschulen, Berlin 1772, in: Friedrich Eberhard von Rochow: Schulbücher. Gesamtausgabe. Nachdruck mit einer Einleitung von Jürgen Bennack, Köln, Wien 1988.

- Der Kinderfreund. Ein Lesebuch zum Gebrauch in Landschulen. Frankfurt 1776. [= Rochow 1776a] Zweyter Theil Frankfurt 1779, in: Friedrich Eberhard von Rochow: Schulbücher. Gesamtausgabe. Nachdruck mit einer Einleitung von Jürgen Bennack, Köln, Wien 1988
- Versuch eines Schulbuchs für Kinder der Landleute oder Unterricht für Lehrer in niedern und Landschulen. Neue ganz umgearbeitete Auflage [...], Berlin 1776 [= Rochow 1776b].
- Authentische Nachricht von der zu Dessau auf dem Philanthropin den 13. – 15. May 1776 angestellten öffentlichen Prüfung. Mit Einleitung und Anmerkungen hrsg. von Albert Richter, Leipzig 1891 [= Rochow 1776c].
- Sämtliche pädagogische Schriften. Hrsg. von Fritz Jonas und Friedrich Wienecke, 4 Bde., Berlin 1907–1910.

Salzmann, Christian Gotthilf: Pädagogische Schriften. Mit einer Einführung über Salzmann's Leben und Pädagogik, sowie mit Einleitungen und Anmerkungen, hrsg. von Richard Bosse/Johannes Meyer, 2 Bde., Wien und Leipzig 1886 und 1888. Darin:
- 1784: Noch etwas über die Erziehung nebst Ankündigung einer Erziehungsanstalt, Leipzig 1784, Bd. 1, Wien und Leipzig 1886, 133–217.
- 1796: Conrad Kiefer, oder Anweisung zu einer vernünftigen Erziehung der Kinder. Ein Buch für's Volk, Schnepfenthal 1796, Bd. 1, Wien und Leipzig 1886, 354–508.
- 1806: Ameisenbüchlein, oder Anweisung zu einer vernünftigen Erziehung der Erzieher, Schnepfenthal 1806, Bd. 1, Wien und Leipzig 1886, 509–592.
- 1807a: Krebsbüchlein, oder Anweisung zu einer unvernünftigen Erziehung der Kinder, 4., rechtmäßige, umgearbeitete, vermehrte und durchaus verbesserte Auflage, Erfurt 1807 [zuerst 1780], Bd. 1, Wien und Leipzig 1886, 218–353.
- 1809: Über die wirksamsten Mittel Kindern Religion beizubringen. 3., verbesserte Aufl. Leipzig 1809 [zuerst 1780], Bd. 2, Wien und Leipzig 1888, 110–182.
- Conrad Kiefers ABC- und Lesebüchlein oder Anweisung auf die natürlichste Art das Lesen zu erlernen, Ulm 1799, Ndr. mit einer Einleitung in: Josef Offermann (Hrsg.): ABC- und Buchstabierbücher des 18. Jahrhunderts vollständig oder in Auszügen, Köln, Wien 1990.
- Heinrich Gottschalk in seiner Familie, oder erster Religionsunterricht für Kinder von 10 bis 12 Jahren. Wohlfeile, unveränderte Ausgabe, Schnepfenthal 1807. Ndr. in: Christian Gotthilf Salzmann: Religionsbücher [...]. Nachdrucke mit einer Einleitung, hrsg. von Rainer Lachmann, Köln, Weimar, Wien 1994 [= 1807b].

[Sarganeck, Georg:] Georg Sarganecks weyland Inspectoris Adiuncti des Paedagogii Regii zu Halle algemeine Vortheile bey Information der Jugend, in: Agenda Scholastica, 1. Stück, 1750, 71–96.

Schleiermacher, Friedrich: Gelegentliche Gedanken über Universitäten in deutschem Sinn (1808), in: Friedrich Schleiermacher: Pädagogische Schriften. Unter Mitwirkung von Theodor Schulze hrsg. von Erich Weniger. Bd. 2: Pädagogische Abhandlungen und Zeugnisse, Düsseldorf und München 1957, 81–139.

Schmahling, L. C.: Eine Anweisung zum katechisiren für einige Kandidaten des Schulamts unter den Schülern zu Osterwick, in: Der deutsche Schulfreund, Bd. 5, 1793, 55–63.

Schmeizel, Martin: Rechtschaffener Lehr= und Hoff= Meister, Oder Vernünfftige Anweisung Wie ein Privat- Informator die ihm anvertraute Kinder glücklich unterrichten, Und ein Hoff=Meister seine Untergebene auf Reisen und Universitäten, gebührend anführen solle, Jena 1722.

— Rechtschaffener ACADEMICVS, oder Gründliche Anleitung, Wie ein Academischer Student Seine Studien und Leben gehörig einzurichten habe, Zum Gebrauch Ordentlicher Lectionen entworffen [...], Halle 1738.

Schmid, Johann Daniel: Erklärung der gemeinsten Begebenheiten in der Luft, nach Physikalischen Gründen zu Unterredungen aufgesezt, Eßlingen o.J. [1766].

Schottelius, Justus Georg: Ausführliche Arbeit Von der Teutschen HaubtSprache [...], Braunschweig 1663, Ndr., hrsg. von Wolfgang Hecht, 2., unveränderte Aufl., Tübingen 1995.

Schrödter, Franz Adolph: Anleitung zu einem sokratischkatechetischen Unterricht über den schleswigholsteinischen Landeskatechismus in kurzen über die einzelne Sätze desselben ausgearbeiteten Entwürfen nebst einigen ausführlichen Fragentwürfen für Schullehrer zur Verbreitung und Erleichterung einer bessern Methode beym Religionsunterricht der Landjugend. Zweyte sehr verbesserte Aufl. Altona 1800.

Schuler, Philipp Heinrich: Geschichte des katechetischen Religionsunterrichts unter den Protestanten, von der Reformation bis auf die Berliner Preißaufgabe vom Jahr 1762, Halle 1802.

Der deutsche Schulfreund ein nützliches Hand= und Lesebuch für Lehrer in Bürger= und Landschulen. Hrsg. von Heinrich Gottlieb Zerrenner. 24 Bde., Erfurt 1791–1801. Microfiche-Edition.

Schummel, J. G.: Fritzeus Reise nach Dessau [...] (1776). Mit Einleitung und Anmerkungen hrsg. von Albert Richter, Leipzig 1891.

Seidel, Christoph Timotheus: Ordnung des Heils nach einer Catechetischen Methode Lehrenden und Lernenden zum Gebrauche entworfen. [Theil 1:] Halle 1754; Theil 2, Halle und Helmstädt 1754; Theil 3, Halle und Helmstädt 1756.

Spazier, Karl: Einige Bemerkungen über deutsche Schulen, besonders über das Erziehungs=Institut in Dessau, Leipzig 1786.

Spener, Philipp Jacob: PIA DESIDERIA: Oder Hertzliches Verlangen / Nach Gottgefälliger Besserung der wahren Evangelischen Kirchen / sampt einigen dahin einfältig abzweckenden Christlichen Vorschlägen [...], Franckfurt am Mayn 1680. Ndr. Eingeleitet von Erich Beyreuther und Dietrich Blaufuß. Mit einer Einführung von Dietrich Blaufuß: Zur Überlieferung von Speners Werken seit ca. 1700, Hildesheim, New York 1979 (= Philipp Jakob Spener: Schriften. Hrsg. von Erich Beyreuther. Erste Abt., Bd. 1), 123–548.

— Christliche Gespräche, in: Philipp Jacob Spener: Die Evangelische Lebens=Pflichten. In einem Jahrgang der Predigten Bey den Sonn= und Fest=Täglichen ordentlichen Evangelien [...], Franckfurt am Mayn 1692. Ndr., eingeleitet von Erich Beyreuther, Hildesheim, Zürich, New York 1992 (= Philipp Jakob Spener: Schriften. Hrsg. von Erich Beyreuther, Bd. III.2, Teilbd. 1), 515–534.

Stieler, Kaspar: Der Teutschen Sprache Stammbaum und Fortwachs / oder Teutscher Sprachschatz [...], 3 Bde., Nürnberg 1691, Ndr. mit einer Einführung und Bibliographie von Gerhard Ising, Hildesheim 1968.

Stosch, Ferdinandus: Etwas von der reinen deutschen Aussprache für die Schulmeister und Schüler des Landes, Lemgo 1776.

[Streithorst, J. W.:]: Ueber die Rekahnischen Schulanstalten; vom Herrn Domprediger Streithorst in Halberstadt, in: Journal für Prediger. Achtzehnten Bandes drittes Stück, Halle 1786, 290–304.

Streithorst, J. W.: Ueber die zweckmäßigere Einrichtung der Landschulen, in: Taschenbuch für teutsche Schulmeister, 4. Jg. 1789, 627–655.

Stresow, Conrad Friderich: Vollständiges Handbuch für Schulmeister, besonders auf dem Lande, die ihnen anvertraute Jugend fruchtbarlich zur Seligkeit zu unterweisen. Auch von christlichen Eltern, zur gesegneten Erziehung ihrer Kinder, und bei häuslicher Unterweisung, in vielen Stükken nüzlich zu gebrauchen, Halle: Waisenhaus 1765.

Stuve, J. J.: Nachricht von einer musterhaften Garnisonschule, in: Berlinische Monatsschrift 2, 1783, 254–264.

– Nachricht von der Ruppinischen Garnisonschule, in: Berlinische Monatsschrift 3, 1784, 442–430.

– Nachrichten von der Frankfurter Garnisonschule; nebst Vorschlägen über die Soldatenehen, in: Berlinische Monatsschrift 5, 1785, 213–225.

– Ueber die Rochowsche Schule zu Rekkahn, in: Berlinische Monatsschrift 10, 1787, 325–341.

– Ueber die Nothwendigkeit Kinder frühzeitig zu anschauender und lebendiger Erkenntniß zu verhelfen und über die Art wie man das anzufangen habe. Aus dem Revisionswerk abgedruckt und besonders herausgegeben von J.H. Campe, Braunschweig 1788.

Sulzer, Johann George: *Gespräch*, in: Johann George Sulzer: Allgemeine Theorie der Schönen Künste in einzeln, nach alphabetischer Ordnung der Kunstwörter auf einander folgenden, Artikeln abgehandelt. Erster Theil, Leipzig 1773, 632–637.

Taschenbuch für teutsche Schulmeister. Hrsg. von Christoph Ferdinand Moser. 12 Bde., 1786–1797 (MF-Edition).

[Thomasius, Christian:] Kurtzer Entwurff der Politischen Klugheit, sich selbst und andern in allen Menschlichen Gesellschaften wohl zu rathen, Und zu einer gescheiden Conduite zu gelangen; Allen Menschen, die sich klug zu seyn düncken, oder die noch klug werden wollen, zu höchstnöthiger Bedürffnis und ungemeinem Nutzen, Aus dem Lateinischen des Herrn THOMASII übersetzet. Nebst einem ausführlichen Register, Franckfurt und Leipzig 1713a.

Thomasius, Christian: [...] Welcher Gestalt man denen Frantzosen in gemeinem Leben und Wandel nachahmen solle? ein COLLEGIUM über des GRATIANS Grund=Reguln / Vernünfftig / klug und artig zu leben. o.O., o.J. [Nach den Ausgaben von 1687 und 1701]. Ndr. in: Deutsche Litteraturdenkmale des 18. und 19. Jahrhunderts. Hrsg. von August Sauer, Nr. 51, Stuttgart 1894, Ndr. Nendeln 1968.

– Auszübung Der Vernunfft=Lehre [...], Halle o.J. [1691], Ndr. mit einem Vorwort von Werner Schneiders, Hildesheim 1968.

– Von der Kunst Vernünfftig und Tugendhafft zu lieben. [...] Oder Einleitung zur Sittenlehre [...], Halle o. J. [1692], Ndr. mit einem Vorwort von Werner Schneiders, Hildesheim 1968.

– [Vom elenden Zustand der Studenten], in: Christian Thomasius: Allerhand bißher publicirte Kleine Teutsche Schrifften / Mit Fleiß colligiret und zusammen getra-

gen: Nebst etlichen Beylagen Und einer Vorrede. Zum andern mahl gedruckt, Halle 1707, 567–614.
- Höchstnöthige Cautelen Welche ein STUDIOSUS JURIS, Der sich zu Erlernung Der Rechts=Gelahrtheit Auff eine kluge und geschickte Weise vorbereiten will / zu beobachten hat [...], Halle 1713b.

Trapp, Ernst Christian: Unterredungen mit der Jugend, Hamburg und Kiel 1775.
- Versuch einer Pädagogik. Unveränderter Nachdruck der 1. Ausgabe, Berlin 1780. Mit Trapps hallischer Antrittsvorlesung Von der Notwendigkeit, Erziehen und Unterrichten als eigne Kunst zu studieren, Halle 1779. Besorgt von Ulrich Hermann, Paderborn 1977.
- Vom Unterricht überhaupt. Zweck und Gegenstände desselben für verschiedene Stände. Ob und wie fern man ihn zu erleichtern und angenehm zu machen suchen dürfe? Allgemeine Methoden und Grundsätze, in: Joachim Heinrich Campe (Hrsg.): Allgemeine Revision [...], 8. Theil, Wien und Wolfenbüttel 1787, 1–210.
- Debatten. Beobachtungen und Versuche. Erstes Stück, Braunschweig 1789.

Türk, Wilhelm C. C. von: Beiträge zur Kenntniß einiger deutschen Elementar=Schulanstalten, namentlich der zu Dessau, Leipzig, Heidelberg, Frankfurt am Mayn und Berlin, Leipzig 1806.

Uhse, Erdmann: Wohl=informirter Redner, worinnen die Oratorischen Kunst=Griffe vom kleinsten bis zum größten durch Kurtze Fragen und ausführliche Antwort vorgetragen werden. Die Fünffte Aufflage, an vielen Orten verbessert, Leipzig 1712, Ndr. Königstein /TS 1974.

Velthusen, Johann Caspar: Fragebuch für Eltern und Lehrer, oder Anleitung zu Fragen und Gesprächen über den Katechismus, mit Rücksicht auf die Verschiedenheit der Fähigkeiten und des Alters der Jugend, Leipzig 1787.

Vierthaler, Franz Michael: Geist der Sokratik (1793), in: ders.: Pädagogische Hauptschriften. 1. Geist der Sokratik, 2. Elemente der Methodik und Pädagogik und 3. Entwurf der Schulerziehungskunde. Hrsg. und mit einer Einleitung und Anmerkungen versehen von W. von der Fuhr, Paderborn 1904, 39–114.

Villaume: Kurzer und faßlicher Beweis von der Fürsehung. Ein sokratisches Gespräch
- Zum Gebrauch in den Schulen, in: Der deutsche Schulfreund, Erster Band, 1791, 91f.

Volckmarus Nicolaus: Viertzig Dialogi, Oder Nützliche Arten zu reden. Von allerhand gemeinen Sachen und Händeln, so täglich in Kauffmannschafft, Haußhaltung und andern Gewerben, daheim und auff Reisen fürfallen, für die liebe Jugend die Deutsche und Polnische Sprache mit Lust und bald zu lernen, mit sondern Fleiß geschrieben und zusammen gebracht, Dantzig 1729.

Vormbaum, Reinhold (Hrsg.): Die evangelischen Schulordnungen des achtzehnten Jahrhunderts, Gütersloh 1864 (= Evangelische Schulordnungen, Bd. 3).

Wagner, Andreas: Abfertigung Deß Lutherischen Anhangs weiterer Fragen vnd Beantwortungen: Oder Deß Gesprächbüchleins dessen Titul ist: Wilt du dich noch nit accomodieren [...], Augsburg 1631.

Walkhof: Einige Katechisationen über den Spruch Sirachs VII.1,2 [...], nebst kurzer Beurtheilung einiger derselben, in: Der deutsche Schulfreund, Bd. 12, 1795, 65–76.
- Kurze Anleitung zur Uebung des Nachdenkens der Kinder, bei den in Landschulen gewöhnlichsten Lektionen, in: Der deutsche Schulfreund, Bd. 17, 1797, 3–29.

Weiss, Anton (Hrsg.): Die Allgemeine Schulordnung der Kaiserin Maria Theresia und J.J. Felbigers Forderungen an Schulmeister und Lehrer, Leipzig 1896.

Weiße, Christian Felix (Hrsg.): Der Kinderfreund. Ein Wochenblatt. 23 Bde., Leipzig 1776–1781.

Wittich, M.: Wie kann ein Landschulmeister immer alle seine Kinder zwekmäßig beschäftigen, so, daß bei keinem eine Viertelstunde verlohren geht, wenn er sich gleich einer jeden Klasse besonders widmet?, in: Taschenbuch für teutsche Schulmeister, 8. Jg., 1793, 194–204.

Wohlfahrt, J. G.: Versuch einer Katechisation über die Gesundheit, in: Der deutsche Schulfreund, Bd. 13, 1796, 44–64.

Wünsch, Christian Ernst: Kosmologische Unterhaltungen für junge Freunde der Naturerkenntniß. Erster Band von den Himmelskörpern, 2. Aufl. Leipzig: Breitkopf 1791.

Zedler, Johann Heinrich: Grosses vollständiges UNIVERSAL LEXICON Aller Wissenschafften und Künste [...]. 64 Bde. u. 4 Suppl.-Bde., Halle, Leipzig 1732–1754.

Zedlitz, Freiherr von: Vorschläge zur Verbesserung des Schulwesens in den Königlichen Landen, in Berlinische Monatsschrift 10, 1787, 97–116.

Zeller, Carl August: Die Schulmeisterschule, oder Anleitung für Schullehrer zur geschicktern Verwaltung ihres Amtes, in Frage und Antwort, Gleichnissen, Geschichten und Gesprächen. 3., verbesserte Aufl. Königsberg 1817.

Zerrenner, Heinrich Gottlieb: Noch etwas über Rekan und die Schulanstalten des Herrn Domherrn von Rochow, in: Journal für Prediger Zwanzigsten Bandes erstes Stück, Halle 1788, 1–47.

– (Hrsg.): Der deutsche Schulfreund; ein nützliches Hand= und Lesebuch für Lehrer in Bürger= und Landschulen, 24 Bde., Erfurt 1791–1801.

– Allgemeine Nachricht von dem Zustande des deutschen Schulwesens im Fürstenthum Halberstadt, und besonders in der Derenburgischen Inspection, in: Der deutsche Schulfreund, Bd. 1, 1791, 21–56.

– Wie könnte man Kindern das Lernen und Schulgehen zur Freude machen?, in: Der deutsche Schulfreund, Bd. 3, 1792a, 30–49; [Forts.], in: Der deutsche Schulfreund, Bd. 4, 1792b, 28–40.

– Etwas über Sokratik und Katechetik; oder: Erinnerung an einige zwar bekannte, aber selten genug beobachtete Regeln, diese Kunst betreffend, in: Der deutsche Schulfreund, Bd. 6, 1793, 62–79; [Forts.], in: Der deutsche Schulfreund, Bd. 8, 1794, 3–27.

Zesen, Philipp von: Hooch=Deutsche Spraach=übung Oder unvorgreiffliches Bedenken Über die Hooch=deutsche Haupt=Spraache und derselben Schreibrichtigkeit; In unter=redung gestellter / und auff begehren und guthbefinden der Hochlöblichen Deutsch-Zunfft herfür=gegeben, Hamburg 1643, in: Philipp von Zesen: Sämtliche Werke. Unter Mitwirkung von Ulrich Maché und Volker Meid hrsg. von Ferdinand van Ingen, Bd. 11 [...], Berlin, New York 1974, 1–77.

– Rosen=mând: das ist in ein und dreissig gesprächen Eröfnete Wunderschacht zum unerschätzlichen Steine der Weisen [...], Hamburg 1651, in: Philipp von Zesen: Sämtliche Werke. Unter Mitwirkung von Ulrich Maché und Volker Meid hrsg. von Ferdinand van Ingen, Bd. 11 [...], Berlin, New York 1974, S.79–273.

Zinzendorf, Nicolai Ludwig von: Aufsatz von Christlichen Gesprächen, Mit verschiedenen Beylagen Alter und Neuer Zeugnisse, Züllichau 1735.

Sekundärliteratur

(Abkürzungen und Siglen sind alphabetisch eingeordnet)

Adamzik, Kirsten: Dialoganalyse: eine Disziplin auf der Suche nach ihrer Identität, in: Franz Hundnurscher/Edda Weigand (eds.) 1995, 35–77.

Adamzik, Kirsten: Dialogerträge. Vorschläge für eine mehrperspektivische Gesprächsanalyse, in: Zeitschrift für germanistische Linguistik 28, 2000a, 185–206.

Adamzik, Kirsten: Bezeichnungen für Dialogsorten im Deutschen, in: Susanne Beckmann/Peter-Paul König/Georg Wolf (Hrsg.): Sprachspiel und Bedeutung. Festschrift für Franz Hundnurscher zum 65. Geburtstag, Tübingen 2000b, 243–354.

Alt, Robert: Bilderatlas zur Schul- und Erziehungsgeschichte [...], 2 Bde., Berlin 1965 (II) und 1966 (I).

Althaus, Hans Peter/Henne, Helmut/Wiegand, Herbert Ernst (Hrsg.): Lexikon der Germanistischen Linguistik. 2., vollständig neu bearb. u. erw. Aufl. Tübingen 1980.

Asmuth, Bernhard: Die Unterweisung des Simplicius. Mit einem Hinweis auf Grimmelshausens Beziehung zu Wolframs „Parzival" und Chrétien de Troyes, in: Weigand/Hundsnurscher (Hrsg.) 1989, Bd. 2, 97–113.

Austin, John L.: Zur Theorie der Sprechakte (How to do Things with Words) [...] Stuttgart 1972 [zuerst engl. 1962].

Bauer, Gerhard: Zur Poetik des Dialogs. Leistung und Formen der Gesprächsführung in der neueren deutschen Literatur, Darmstadt 1977.

Baumann, Hans-Heinrich: Ein Kapitel aus der Kritischen Sprachhistorik. *Das Versprechen*, in: Osnabrücker Beiträge zur Sprachtheorie 33, 1986, 9–48.

Bax, Marcel: Die lebendige Dimension toter Sprachen. Zur pragmatischen Analyse von Sprachgebrauch in historischen Kontexten, in: Zeitschrift für germanistische Linguistik 11, 1983, 1–21.

– Historische Pragmatik. Eine Herausforderung für die Zukunft. Diachrone Untersuchungen zu pragmatischen Aspekten ritueller Herausforderungen in Texten mittelalterlicher Literatur, in: Dietrich Busse (Hrsg.): Diachrone Semantik und Pragmatik. Untersuchungen zur Erklärung und Beschreibung des Sprachwandels, Tübingen 1991, 197–215.

Becker-Mrotzek, Michael: Kommunikation und Sprache in Institutionen. Ein Forschungsbericht, in: Deutsche Sprache 18, 1990, 158–190 und 241–259; Deutsche Sprache 19, 1991, 270–288 und 350–372.

– Diskursforschung und Kommunikation in Institutionen, Heidelberg 1992; 2., verb. und erw. Aufl. u.d.T.: Diskursforschung und Kommunikation, Heidelberg 1999.

– Diskursforschung in der alten BRD, in: Konrad Ehlich (Hrsg.): Diskursanalyse in Europa, Frankfurt/M. 1994, 87–105.

Beetz, Manfred: Rhetorische Logik. Prämissen der deutschen Lyrik im Übergang vom 17. zum 18. Jahrhundert, Tübingen 1980.

– Frühmoderne Höflichkeit. Komplimentierkunst und Gesellschaftsrituale im altdeutschen Sprachraum, Stuttgart 1990.

Behme, Helma: Zur Theorie und Praxis des Gesprächs in der Schule – eine Bibliographie, Kastellaun 1977.

Bellack, Arno A. [u.a.]: Die Sprache im Klassenzimmer, Düsseldorf 1974.

Bentzinger, Rudolf: Die Wahrheit muß ans Licht! Dialoge aus der Zeit der Reformation. 2. Aufl. Leipzig 1988.
- Besonderheiten in der Syntax der Reformationsdialoge 1520–1525, in: Betten (Hrsg.) 1990, 196–204.
- Untersuchungen zur Syntax der Reformationsdialoge 1520–1525. Ein Beitrag zur Erklärung ihrer Wirksamkeit, Berlin 1992

Berg, Christa [u.a.] (Hrsg.). Handbuch der deutschen Bildungsgeschichte. Bd. 1: 15.–17. Jahrhundert [...]. Hrsg. von Notker Hammerstein [...], München 1996; Bd. 3: 1800–1870 [...]. Hrsg. von Karl-Ernst Jeismann und Peter Lundgreen, München 1987.

Bergmann, Jörg R.: Ethnomethodologische Konversationsanalyse, in: Peter Schröder/Hugo Steger (Hrsg.): Dialogforschung. Jahrbuch 1980 des Instituts für deutsche Sprache, Düsseldorf 1981,9–52.
- Ethnomethodologische Konversationsanalyse, in: Fritz/Hundsnurscher (Hrsg.) 1994, 3–16.

Besch, Werner/Reichmann, Oskar/Sonderegger, Stefan (Hrsg.): Sprachgeschichte. Ein Handbuch zur Geschichte der deutschen Sprache und ihrer Erforschung, 2 Halbbde., Berlin, New York 1984 und 1985.
- /Betten, Anne/Reichmann, Oskar/Sonderegger, Stefan (Hrsg.): Sprachgeschichte. Ein Handbuch zur Geschichte der deutschen Sprache und ihrer Erforschung. Erster Halbbd. 2., vollständig neu bearb. und erw. Aufl. Berlin, New York 1998.

Betten, Anne: Sprachrealismus im deutschen Drama der siebziger Jahre, Heidelberg 1985.
- (Hrsg.): Neuere Forschungen zur historischen Syntax des Deutschen [...], Tübingen 1990.
- Analyse literarischer Dialoge, in: Fritz/Hundsnurscher (Hrsg.) 1994, 519–544.

Biere, Bernd Ulrich: Verstehen und Beschreiben von Dialogen, in: Fritz/Hundsnurscher (Hrsg.) 1994, 155–175.

Bloch, Karl Heinz: Der Streit um die Lehrerfrage im Unterricht in der Pädagogik der Neuzeit. Problemgeschichtliche Untersuchungen (insbesondere zur Disputationsmethode Tuiskon Zillers), Wuppertal 1969.

Böhm, Benno: Sokrates im 18. Jahrhundert. Studien zum Werdegange des modernen Persönlichkeitsbewußtsein, 2. Aufl. Neumünster 1966.

Bollnow, Otto Friedrich: Sprache und Erziehung, Stuttgart [usw.] 1966.
- Erziehung zum Gespräch, in: Geert Lotzmann (Hrsg.): Das Gespräch in Erziehung und Behandlung, Heidelberg 1973, 8–22.
- Fragen – Voraussetzung des Gesprächs, in: Erwin Ringel/Gerhard Brandl (Hrsg.): Situationsbewältigung durch Fragen, Wien [usw.] 1977, 127–141.

Boshof, Eugen/Düwell, Kurt/Kloft, Hans: Grundlagen des Studiums der Geschichte. Eine Einführung, Köln 1973.

Brandt, Ahasver v.: Werkzeug des Historikers. Eine Einführung in die historischen Hilswissenschaften. 4., erw. Aufl. Stuttgart [usw.] 1966.

Breindl, Eva: DaF goes Internet! Neue Entwicklungen in Deutsch als Fremdsprache, in: Deutsche Sprache 26, 1998, 289–342.

Brinker, Klaus/Sager, Sven F.: Linguistische Gesprächsanalyse. Eine Einführung. 2., durchgesehene und ergänzte Aufl. Berlin 1996.

Brüggemann, Theodor/Brunken, Otto: Handbuch zur Kinder- und Jugendliteratur. Von 1570 bis 1750, Stuttgart 1991.

Brüggemann, Theodor/Ewers, Hans Heino: Handbuch zur Kinder- und Jugendliteratur. Von 1750 bis 1800, Stuttgart 1982.

Brunken, Otto/Hurrelmann, Bettina/Pech, Klaus-Ulrich: Handbuch zur Kinder- und Jugendliteratur. Von 1800 bis 1850, Stuttgart, Weimar 1998.

Brünner, Gisela: Instruktionen in der betrieblichen Ausbildung. Analyse typischer Probleme bei der kommunikativen Vermittlung fachlicher Kenntnisse und Fertigkeiten, in: Weigand/Hundsnurscher (Hrsg.) 1989, Bd. 1, 209–221.

Bublitz, Wolfram: Supportive Fellow-Speakers and Cooperatve Conversations. Discourse Topics and Topical Actions, Participiant Roles and ‚Recipient Action' in a Particular Type of Exeryday Conversation, Amsterdam, Philadelphia 1988.

Bucher, Hans-Jürgen: Frage – Antwort – Dialoge, in: Fritz/Hundsnurscher (Hrsg.) 1994, 239–258.

Buck, Günther: Das Lehrgespräch, in: Stierle/Warning (Hrsg.) 1984, 191–210.

Bühler, Karl: Sprachtheorie. Die Darstellungsfunktion der Sprache, Berlin 1934, Ndr. Frankfurt/M., Berlin, Wien 1978.

Burger, Harald: Interjektionen, in: Sitta (Hrsg.) 1980, 53–69.

Burke, Peter: The Art of Conversation, Cambridge 1993.

Burkhardt, Armin: Gesprächswörter. Ihre lexikologische Bestimmung und lexikographische Beschreibung, in: Wolfgang Mentrup (Hrsg.): Konzepte zur Lexikographie. Studien zur Bedeutungserklärung in einsprachigen Wörterbüchern, Tübingen 1982, 138–171.

– Soziale Akte, Sprechakte und Textillokutionen. A. Reinachs Rechtsphilosophie und die moderne Linguistik, Tübingen 1986a.

– Zur Phänomenologie, Typologie, Semasiologie und Onomasiologie der Frage, in: Deutsche Sprache 14, 1986, 23–57 [= 1986b].

– Die Beschreibung von Gesprächswörtern im allgemeinen einsprachigen Wörterbuch, in: Franz Josef Hausmann/Oskar Reichmann/Herbert Ernst Wiegand/Ladislav Zgusta (Hrsg.): Wörterbücher [...]. Ein internationales Handbuch zur Lexikographie [...], 1. Teilbd., Berlin, New York 1989, 822–830.

– /Henne, Helmut: Wie man einen Handlungsbegriff „sinnvoll" konstituiert [...], in: Zeitschrift für germanistische Linguistik 12, 1984, 332–351.

– /Kanth, Rolf: Dialogforschung. Bericht über die 15. Jahrestagung des Instituts für deutsche Sprache in Mannheim vom 4.–7. März 1980, in: Zeitschrift für germanistische Linguistik 8, 1980, 221–235.

Cherubim, Dieter: Einleitung, in: Dieter Cherubim (Hrsg.): Sprachwandel. Reader zur diachronischen Sprachwissenschaft, Berlin, New York 1975, 1–61.

– Zum Programm einer historischen Sprachpragmatik, in: Sitta (Hrsg.) 1980, 3–21.

– Trampelpfad zum Sprachwandel? [...], in: Zeitschrift für germanistische Linguistik 11, 1983, 65–71.

– Sprachgeschichte im Zeichen der linguistischen Pragmatik, in: Besch/Reichmann/Sonderegger 1984, 802–815; überarb. Fassung in: Besch/Betten/ Reichmann/Sonderegger (Hrsg.) 1998, 538–550.

Coseriu, Eugenio: Synchronie, Diachronie und Geschichte. Das Problem des Sprachwandels. Übersetzt von Helga Sohre, München 1974.

Dederding, Hans-Martin/Naumann, Bernd: Gesprächsinitiierende Steuerungsmittel in Prüfungsgesprächen, in: Hundsnurscher/Weigand (Hrsg.) 1986, 129–141.

Dietrich, Theo: Geschichte der Pädagogik in Beispielen aus Erziehung, Schule und Unterricht. 18.–20. Jahrhundert. 2., erweiterte und ergänzte Aufl. Bad Heilbrunn 1975.
- Zeit- und Grundfragen der Pädagogik. Eine Einführung in pädagogisches Denken. 6. Aufl. Bad Heilbrunn/Obb. 1991.

Dittmann, Jürgen: Was ist, zu welchem Zweck und wie betreiben wir Konversationsanalyse?, in: Jürgen Dittmann (Hrsg.): Arbeiten zur Konversationsanalyse, Tübingen 1979, 1–43.

Duden. Grammatik der deutschen Gegenwartssprache. 6., neu bearb. Aufl. [...], Mannheim [usw.] 1998.

DWb: Deutsches Wörterbuch von Jacob Grimm und Wilhelm Grimm, 16 Bde. in 32 Teilbdn., Leipzig 1854–1960, Ndr. München 1984.

Eggs, Ekkehard: Schriftlichkeit und Sprachgeschichte. Einige Probleme einer pragmatischen Sprachgeschichtsschreibung, in: Zeitschrift für französische Sprache und Literatur 98, 1988, 1–22.

Ehler, Karin: Konversation. Höfische Gesprächskultur als Modell für den Fremdsprachenunterricht, München 1996.

Ehlich, Konrad: Schulischer Diskurs als Dialog?, in: Peter Schröder/Hugo Steger (Hrsg.): Dialogforschung. Jahrbuch 1980 des Instituts für deutsche Sprache, Düsseldorf 1981, 334–369.
- Interjektionen, Tübingen 1986.
- Der Katechismus – eine Textart an der Schnittstelle von Mündlichkeit und Schriftlichkeit, in: Zeitschrift für Literaturwissenschaft und Linguistik 29, 1999, H. 116, 9–33.

Eichinger, Ludwig M.: Von der Heldensprache zur Bürgersprache. Wandel der Sprechweise über Sprache im 18. Jahrhundert, in: Wirkendes Wort 40, 1990, 74–94.
- /Lüsebrink, Claire: Gespräche über die Sprache, in: Schlieben-Lange (Hrsg.) 1989, 197–240.

Enninger, Werner: Zu Möglichkeiten und Grenzen historischer Diskursanalyse. Der Fall der Zweiten Züricher Disputation 1523, in: Zeitschrift für Germanistik 11, 1990, 147–161.

Erdmenger, Manfred: Medien im Fremdsprachenunterricht. Hardware, Software und Methodik, Braunschweig 1997.

Ewers, Hans Heino: Joachim Heinrich Campe als Kinderliterat und als Jugendschriftsteller, in: Visionäre Lebensklugheit. Joachim Heinrich Campe in seiner Zeit (1746–1818) [...], Wiesbaden 1996, 159–178.

Faber, Karl-Georg: Theorie der Geschichtswissenschaft, München 1971.

Fauser, Markus: Das Gespräch im 18. Jahrhundert. Rhetorik und Geselligkeit in Deutschland, Stuttgart 1991.

Fertig, Ludwig: Zeitgeist und Erziehungskunst. Eine Einführung in die Kulturgeschichte der Erziehung in Deutschland von 1600 bis 1900, Darmstadt 1984.

Fiehler, Reinhard: Bewertungen und Normen als Probleme bei der Förderung von Gesprächsfähigkeiten, in: Der Deutschunterricht 50, 1998, H. 1, 53–64.
- Über zwei Probleme bei der Untersuchung gesprochener Sprache, in: Sprache und Literatur in Wissenschaft und Unterricht 31, 2000, H. 85, 23–42.

Flaschendräger, Werner [u.a.]: Magister und Scholaren. Professoren und Studenten. Geschichte deutscher Universitäten und Hochschulen im Überblick, Leipzig, Jena, Berlin 1981.

Forster, Iris [u.a.]: Beiträge zum Deutschen Wörterbuch. Aus der Arbeit am ^{10}Paul, in: Zeitschrift für germanistische Linguistik 29, 2001, 219–241.

Frank, Horst Joachim: Geschichte des Deutschunterrichts. Von den Anfängen bis 1945, München 1973.

Franke, Wilhelm: Taxonomie der Dialogtypen. Eine Skizze, in: Hundsnurscher/Weigand (Hrsg.) 1986, 85–101.

– Elementare Dialogstrukturen. Darstellung, Analyse, Diskussion, Tübingen 1990.

Frenzel, Otto: Zur katechetischen Unterweisung im 17. und 18. Jahrhundert, Leipzig 1920.

Fritz, Gerd: Geschichte von Dialogformen, in: Fritz/Hundsnurscher (Hrsg.) 1994, 545–562.

Fritz, Gerd: Topics in the History of Dialogue Forms, in: Andreas H. Jucker (ed.) 1995, 469–498.

Fritz, Gerd: Remarks on the History of Dialogue Forms, in: Etienne Pietri (ed.) [...]: Dialoganalyse V [...], Tübingen 1997, 47–55.

– /Hundsnurscher, Franz (Hrsg.): Handbuch der Dialoganalyse, Tübingen 1994.

Froese, Leonhard/Krawietz, Werner (Hrsg.): Deutsche Schulgesetzgebung, Bd. 1 [...], Weinheim 1968.

Gabrielsson, Artur: Das Eindringen der hochdeutschen Sprache in die Schulen Niederdeutschlands im 16. und 17. Jahrhundert, in: Jahrbuch des Vereins für niederdeutsche Sprachforschung 58/59, 1932/33, 1–79

Gernentz, Hans Joachim: Die Bedeutung der Gesprächsbücher des Rußlandhandels im 17. Jahrhundert für die Entwicklung der Lexikographie, in: Kopenhagener Beiträge zur Germanistischen Linguistik 17, 1981, 63–93.

Gessinger, Joachim: Sprache und Bürgertum. Zur Sozialgeschichte sprachlicher Verkehrsformen im Deutschland des 18. Jahrhunderts, Stuttgart 1980.

Gierl, Martin: Pietismus und Aufklärung. Theologische Polemik und die Kommunikationsreform der Wissenschaft am Ende des 17. Jahrhunderts, Göttingen 1997.

Gilow, Hermann: Das Berliner Handelsschulwesen des 18. Jahrhunderts im Zusammenhange mit den pädagogischen Bestrebungen seiner Zeit dargestellt, Berlin 1906.

Gloning, Thomas: Sprachreflexive Textstellen als Quellen für die Geschichte von Kommunikationsformen, in: Heinrich Löffler (Hrsg.): Dialoganalyse IV [...], Teil 1, Tübingen 1993, 207–217.

Gloy, Klaus: Sprachnormierung und Sprachkritik in ihrer gesellschaftlichen Verflechtung, in: Besch/Reichmann/Sonderegger (Hrsg.) 1984, 281–289.

Göttert, Karl-Heinz: Rhetorik und Konversationstheorie. Eine Skizze ihrer Beziehung von der Antike bis zum 18. Jahrhundert, in: Rhetorik 10, 1991, 45–65.

Grice, H. Paul: Logic and Conversation, in: P. Cole/J. L. Morgan (eds.): Syntax and Semantics, Vol. 3: Speech Acts, New York, San Francisco, London 1975, 41–58.

Grimminger, Rolf (Hrsg.): Deutsche Aufklärung bis zur Französischen Revolution 1680–1789, München, Wien 1980.

Gumbrecht, Hans-Ulrich: Historische Textpragmatik als Grundlagenwissenschaft der Geschichtsschreibung, in: Lendemains 2, 1977, 125–135.

Gutenberg, Norbert: „Mit Fragen leiten". Gesprächsleiteraufgaben und Sprechakttypen. Ein Beitrag zur Einbeziehung der Sprechakttheorie in die Didaktik der Gesprächserziehung, in: Germanistische Linguistik 1–2/79, 1979, 55–125.
- Einige Anmerkungen (und Wiederholungen) zu Fragen der Methodologie von Kommunikationstypologie, in: Weigand/Hundsnurscher (Hrsg.) 1989, 33–41.

Habermas, Jürgen: Strukturwandel der Öffentlichkeit. Untersuchungen zu einer Kategorie der bürgerlichen Gesellschaft. 6. Aufl. Neuwied und Berlin 1974.

Hanke, Michael: Der maieutische Dialog. Kommunikationswissenschaftliche Untersuchungen zur Struktur und Anwendbarkeit eines Modells, Aachen 1986.
- Der maieutische Unterweisungsdialog, in: Weigand/Hundsnurscher (Hrsg.) 1989, Bd. 1, 223–236.
- maieutike techne. Zum Modell der sokratischen Gesprächstechnik, in: Dieter Flader (Hrsg.): Verbale Interaktion. Studien zur Empirie und Methodologie der Pragmatik, Stuttgart 1991, 50–91.

Hayn, Hugo: Die deutsche Räthsel-Litteratur. Versuch einer bibliographischen Uebersicht bis zur Neuzeit. Nebst einem Verzeichnisse deutscher Loos-, Tranchir- und Complimentir-Bücher, in: Centralblatt für Bibliothekswesen 7, 1890, 516–556.

Heinemann, Manfred: Die Schule im Vorfeld der Verwaltung. Die Entwicklung der preußischen Unterrichtsverwaltung von 1771–1800, Göttingen 1974.
- (Hrsg.). Titelsammlung zum Elementar- und Volksschulunterricht. Norddeutschland 1750–1890. Bearb. von Detlef Frohse, Hans Jürgen Loewenbrück, Michael Sauer, Hannover 1984.

Heinemann, Wolfgang/Viehweger, Dieter: Textlinguistik. Eine Einführung, Tübingen 1991.

Helmers, Hermann: Didaktik der deutschen Sprache. Einführung in die Theorie der muttersprachlichen und literarischen Bildung. 5., neu bearb. und erw. Aufl. Stuttgart 1970.

Henne, Helmut: Semantik und Lexikographie. Untersuchungen zur lexikalischen Kodifikation der deutschen Sprache, Berlin, New York 1972.
- Sprachpragmatik. Nachschrift einer Vorlesung, Tübingen 1975.
- Gesprächswörter, in: Helmut Henne/Wolfgang Mentrup/Dieter Möhn/Harald Weinrich (Hrsg.): Interdisziplinäres deutsches Wörterbuch in der Diskussion, Düsseldorf 1978, 42–47.
- Die Rolle des Hörers im Gespräch, in: Inger Rosengren (Hrsg.): Sprache und Pragmatik. Lunder Symposium 1978, Malmö 1979, 122–134.
- Probleme einer historischen Gesprächsanalyse. Zur Rekonstruktion gesprochener Sprache im 18. Jahrhundert, in: Sitta (Hrsg.) 1980, 89–102.
- Zur historischen und literarischen Dimension der Gesprächsforschung, in: Magdalena Bartha/Attila Péteri (Hrsg.): Textverstehen – Textarbeit – Textkompetenz, Budapest, 1994, 27–41.
- /Rehbock, Helmut: Einführung in die Gesprächsanalyse. 4., durchgesehene und bibliographisch ergänzte Aufl. Berlin, New York 2001.
- /Kilian, Jörg (Hrsg.): Hermann Paul: Sprachtheorie, Sprachgeschichte und Philologie. Reden, Abhandlungen und Biographie, Tübingen 1998.

Hermanns, Fritz: Sprachgeschichte als Mentalitätsgeschichte. Überlegungen zu Sinn und Form und Gegenstand historischer Semantik, in: Andreas Gardt/Klaus J. Mattheier/Oskar Reichmann (Hrsg.): Sprachgeschichte des Neuhochdeutschen. Gegenstände, Methoden, Theorien, Tübingen 1995, 69–101.

Herrlitz, Hans-Georg: Studium als Standesprivileg. Die Entstehung des Maturitätsproblems im 18. Jahrhundert. Lehrplan- und gesellschaftsgeschichtliche Untersuchungen, Frankfurt/M. 1973.
Herrmann, Ulrich (Hrsg.): „Die Bildung des Bürgers." Die Formierung der bürgerlichen Gesellschaft und die Gebildeten im 18. Jahrhundert, Weinheim, Basel 1982.
– Campes Pädagogik – oder: die Erziehung und Bildung des Menschen zum Menschen *und* Bürger, in: Visionäre Lebensklugheit. Joachim Heinrich Campe in seiner Zeit (1746–1818) [...], Wiesbaden 1996, 151–158.
Hess-Lüttich, Ernest W. B. (Hrsg.): Literatur und Konversation. Sprachsoziologie und Pragmatik in der Literaturwissenschaft, Wiesbaden 1980.
Heusler, Andreas: Der Dialog in der altgermanischen erzählenden Dichtung (1902). Wiederabgedruckt in: Andreas Heusler: Kleine Schriften, hrsg. von Stefan Sonderegger, Bd. 2, Berlin 1969, 611–689.
Hindelang, Götz: Einführung in die Sprechakttheorie, Tübingen 1983.
– Sprechakttheoretische Dialoganalyse, in: Fritz/Hundsnurscher 1994a, 95–112.
– Dialogue Grammar. A Linguistic Approach to the Analysis of Dialogue, in: Weigand (Hrsg.) 1994, 37–48 (= 1994b).
Hirzel, Rudolf: Der Dialog. Ein literarhistorischer Versuch, 2 Bde., Leipzig 1895. Ndr. Hildesheim 1963.
Hoffmann, Lothar/Kalverkämper, Hartwig/Wiegand, Herbert Ernst [...] (Hrsg.): Fachsprachen [...]. Ein internationales Handbuch zur Fachsprachenforschung und Terminologiewissenschaft [...], 1. Halbbd., Berlin, New York 1997.
Hoffmann, Walter: Probleme der Korpusbildung in der Sprachgeschichtsschreibung und Dokumentation vorhandener Korpora, in: Besch/Betten/Reichmann/Sonderegger (Hrsg.) 1998, 875–889.
Holly, Werner: Sprachhandlungen im Wörterbuch. Zur lexikographischen Beschreibung sprachhandlungsbezeichnender Ausdrücke, in: Germanistische Linguistik 1–3/83, 1983, 73–111.
– Die Beschreibung sprachhandlungsbezeichnender Ausdrücke im allgemeinen einsprachigen Wörterbuch, in: Franz Josef Hausmann/Oskar Reichmann/Herbert Ernst Wiegand/Ladislav Zgusta (Hrsg.): Wörterbücher [...] Ein internationales handbuch zur Lexikographie [...], 1. Teilbd., Berlin, New York 1989, 814–822.
– Holistische Dialoganalyse. Anmerkungen zur „Methode" pragmatischer Textanalyse, in: Sorin Stati/Edda Weigand (Hrsg.): Methodologie der Dialoganalyse, Tübingen 1992, 15–40.
Holstein, Hermann: Unterrichtsgespräch. Sprachgestalt und Lehrmethode, Kastellaun 1976.
Hoppe, Brigitte: Naturwissenschaftliche Fachgespräche zur Zeit der Aufklärung in Europa, in: Schlieben-Lange (Hrsg.) 1989, 115–167.
Horster, Detlef: Das Sokratische Gespräch in Theorie und Praxis, Opladen 1994.
Hübler, Axel: Zur ‚Konversation' in Hugo von Hofmannsthals *Der Schwierige*, in: Hess-Lüttich (Hrsg.) 1980, 115–142.
Hüllen, Werner: A Close Reading of William Caxton's *Dialogues* „...to lerne shortly frensch and englyssh", in: Jucker (ed.) 1995, 99–124.
Humboldt, Wilhelm von: Werke. Hrsg. von Andreas Flitner u. Klaus Giel, Bd. 3: Schriften zur Sprachphilosophie, 8. Aufl. Darmstadt 1996.

Hundsnurscher, Franz. Konversationsanalyse versus Dialoggrammatik, in: H. Rupp/H. G. Roloff (Hrsg.): Akten des VI. Internationalen Germanisten-Kongresses Basel 1980, Bd. 2, Bern 1980, 89–95.
- Dialogmuster und authentischer Text, in: Hundsnurscher/Weigand (Hrsg.) 1986, 35–49.
- Typologische Aspekte von Unterrichtsgesprächen, in: Weigand/Hundsnurscher (Hrsg.) 1989, Bd. 1, 237–256.
- Zur dialogischen Grundstruktur von Mehr-Personen-Gesprächen, in: Sorin Stati/ Edda Weigand/Franz Hundsnurscher (Hrsg.): Dialoganalyse III [...], Teil 1, Tübingen 1991, 149–161.
- Dialog-Typologie, in: Fritz/Hundsnurscher (Hrsg.) 1994, 203–238.
- Some Remarks on the Development of Dialogue Analysis, in: Hundsnurscher/ Weigand (eds.) 1995, 79–93.
- /Weigand, Edda (Hrsg.): Dialoganalyse [...], Tübingen 1986.
- /Weigand, Edda (eds.): Future Perspectives of Dialogue Analysis, Tübingen 1995.

HWbPh: Historisches Wörterbuch der Philosophie [...], hrsg. v. Joachim Ritter. Völlig neubearb. Ausg. des „Wörterbuchs der philosophischen Begriffe" von Rudolf Eisler, Darmstadt 1971ff.

HWbRh: Historisches Wörterbuch der Rhetorik. Hrsg. von Gert Ueding. Mitbegründet von Walter Jens, Tübingen 1992ff.

Jacobs, Andreas/Jucker, Andreas H.: The Historical Perspective in Pragmatics, in: Jucker 1995, 3–33.

Jellinek, Max Hermann: Geschichte der neuhochdeutschen Grammatik von den Anfängen bis auf Adelung, 2 Halbbde., Heidelberg 1913 und 1914, Ndr. Heidelberg 1968.

Jost, Wolfgang: zur spezifik der hörerrolle in institutionalisierten großgruppen: am beispiel des schulischen unterrichts, in: Jürgen Baurmann/Dieter Cherubim/Helmut Rehbock (Hrsg.) Neben-Kommunikation. Beobachtungen und Analysen zum nichtoffiziellen Schülerverhalten innerhalb und außerhalb des Unterrichts, Braunschweig 1981, 89–106.

Jucker, Andreas H. (ed.): Historical Pragmatics: Pragmatic Developments in the History of English, Amsterdam, Philadelphia 1995.
- /Fritz, Gerd/Lebsanft, Franz: Historical Dialogue Analysis: Roots and Traditions in the Study of the Romance Languages, German, and English, in: Andreas H. Jucker/Gerd Fritz/Franz Lebsanft (eds.): Historical Dialogue Analysis, Amsterdam, Philadelphia 1999, 1–33.

Kallmeyer, Werner/Schütze, Fritz: Konversationsanalyse, in: Studium Linguistik 1, 1976, 1–28.

Kalmbach, Gabriele: Der Dialog im Spannungsfeld von Schriftlichkeit und Mündlichkeit, Tübingen 1996.

Kalverkämper, Hartwig: Kolloquiale Vermittlung von Fachwissen im frühen 18. Jahrhundert. Gezeigt an den „Entretiens sur la Pluralité des Mondes" (1686) von Fontenelle, in: Schlieben-Lange (Hrsg.) 1989, 17–80.
- Die Kultur des literarischen wissenschaftlichen Dialogs – aufgezeigt an einem Beispiel aus der italienischen Renaissance (Galilei) und der französischen Aufklärung (Fontenelle), in: Hartwig Kalverkämper/Klaus-Dieter Baumann (Hrsg.): Fachliche Textsorten. Komponenten – Relationen – Strategien, Tübingen 1996, 683–743.

- Darstellungsformen und Leistungen schriftlicher Fachkommunikation, in: Lothar Hoffmann/Hartwig Kalverkämper/Herbert Ernst Wiegand (Hrsg.): Fachsprachen [...]. Ein internationales Handbuch zur Fachsprachenforschung und Terminologiewissenschaft [...], 1. Halbbd., Berlin, New York 1997, 60–92.

Kampe, Jürgen: Problem „Reformationsdialog". Untersuchungen zu einer Gattung im reformatorischen Medienwettstreit, Tübingen 1997.

Kanth, Rolf: Kommunikativ-pragmatische Gesprächsforschung: Neuere gesprächs- und konversationsanalytische Arbeiten, in: Zeitschrift für germanistische Linguistik 9, 1981, 202–222.

Kästner, Hannes: Mittelalterliche Lehrgespräche. Textlinguistische Analysen, Studien zur poetischen Funktion und pädagogischen Intention, Berlin 1978.

Kehrbach, Karl: Deutsche Sprache und Litteratur am Philanthropin in Dessau (1775–1793), in: Mitteilungen der Gesellschaft für deutsche Erziehungs- und Schulgeschichte 7, 1897, 333–359.

Keller, Rudi: Sprachwandel. Von der unsichtbaren Hand in der Sprache. 2., überarbeitete und erweiterte Aufl. Tübingen 1994.

Kilian, Jörg: Demokratische Sprache zwischen Tradition und Neuanfang. Am Beispiel des Grundrechte-Diskurses 1948/49, Tübingen 1997.

- Gespräche im Computer-Zeitalter – Kommunikation und Kultur?, in: Michael Zöller (Hrsg.): Informationsgesellschaft. Von der organisierten Geborgenheit zur unerwarteten Selbständigkeit?, Köln 1997a, 240–247.
- „Alles Plauderei"? Fontanes »Stechlin« im Blick der historischen Dialogforschung, in: Muttersprache 109, 1999, 338–357.
- Erinnerter Neuanfang. Zur Formung parlamentarisch-demokratischer Kommunikation im Parlamentarischen Rat, in: Armin Burkhardt/Cornelia Pape (Hrsg.): Sprache des deutschen Parlamentarismus. Studien zu 150 Jahren parlamentarischer Kommunikation, Wiesbaden 2000a, 172–192.
- Literarische Gespräche – online. Facetten des „dramatischen Dialogs" im Computer-Alltag, in: Zeitschrift für germanistische Linguistik 28, 2000b, 223–236.
- Entwicklungen der normativ orientierten Sprachforschung in Deutschland im 17. und 18. Jahrhundert, in: Sylvain Auroux/Konrad Koerner/Hans-Josef Niederehe/Kees Versteegh (Hrsg.): Geschichte der Sprachwissenschaften [...]. Ein internationales Handbuch zur Entwicklung der Sprachforschung von den Anfängen bis zur Gegenwart, Erster Teilband, Berlin, New York 2000c, 841–851.
- Private Gespräche im 19. Jahrhundert. Am Beispiel von Wilhelm Raabes »Pfisters Mühle«, in: Herbert Blume (Hrsg.): Von Wilhelm Raabe und anderen. Vorträge aus dem Braunschweiger Raabe-Haus, Bielefeld 2001a, 171–190.
- T@stentöne. Geschriebene Umgangssprache in computervermittelter Kommunikation. Historisch-kritische Ergänzungen zu einem neuen Feld der linguistischen Forschung, in: Michael Beißwenger (Hrsg.): Chat-Kommunikation. Sprache, Interaktion, Sozialität & Identität in synchroner computervermittelter Kommunikation. Perspektiven auf ein interdisziplinäres Forschungsfeld, Stuttgart 2001b, 55–78.
- Scherbengericht. Zu Quellenkunde und Quellenkritik der Sprachegeschichte. Am Beispiel des Sozialistengesetzes Bismarcks (1878–1890), in: Dieter Cherubim/Karlheinz Jakob/Angelika Linke (Hrsg.): Neue Deutsche Sprachgeschichte. Mentalitäts-, kultur- und sozialgeschichtliche Zusammenhänge, Berlin, New York 2002a [demnächst].

- Alkmenes Ach. Die Linguistik entdeckt die dialogische Sprache, in: Helmut Henne/Horst Sitta/Herbert Ernst Wiegand (Hrsg.): Germanistische Linguistik – Konturen eines Faches nach 1945, Tübingen 2002b [demnächst].
Kirchner, Joachim (Hrsg.): Bibliographie der Zeitschriften des deutschen Sprachgebietes bis 1900 in vier Bänden. Bd. 1: Die Zeitschriften des deutschen Sprachgebietes von den Anfängen bis 1830, bearbeitet von Joachim Kirchner. Mit einem Titelregister von Edith Chorherr, Stuttgart 1969.
Klafki, Wolfgang: Zur Frage nach der Pädagogischen Bedeutung des Sokratischen Gesprächs und neuerer Diskurstheorien. Bemerkungen zur Problemgeschichte und zur sokratischen Gesprächsführung, in: Detelf Horster/Dieter Krohn (Hrsg.): Vernunft, Ethik, Politik. Gustav Heckmann zum 85. Geburtstag, Hannover 1985, 277–287.
Klingberg, Lothar: Einführung in die allgemeine Didaktik. Vorlesungen, Berlin 1972.
Klotz, Volker: Geschlossene und offene Form im Drama, 11. Aufl. München 1985.
Koch, Peter/Oesterreicher, Wulf: Sprache der Nähe – Sprache der Distanz. Mündlichkeit und Schriftlichkeit im Spannungsfeld von Sprachtheorie und Sprachgeschichte, in: Romanistisches Jahrbuch 36, 1985, 15–43.
Kocka, Jürgen: Sozialgeschichte. Begriff – Entwicklung – Probleme. 2., erw. Aufl. Göttingen 1986.
Kohrt, Manfred: Dialoggrammatik und/oder Konversationsanalyse, in: Hundsnurscher/Weigand (Hrsg.) 1986, 69–82.
Koselleck, Reinhart: Einleitung, in: Geschichtliche Grundbegriffe. Historisches Lexikon zur politisch-sozialen Sprache in Deutschland, hrsg. von Otto Brunner, Werner Conze, Reinhart Koselleck, Bd. 1, Stuttgart 1972, XIII–XXVII.
Köstler, Silke: Natürliches Sprechen im belehrenden Schreiben. J. H. Campes *Robinson der Jüngere* in seiner Zeit. Staatsexamensarbeit Braunschweig 1999.
Kračala, Johannes: Die pädagogische Reform des Comenius in Deutschland bis zum Ausgange des XVII. Jahrhunderts, Bd. 1: Texte, Berlin 1903; Bd. 2: Historischer Überblick, Bibliographie, Namen- und Sachregister, Berlin 1904.
Krecher, Fritz: Die Entstehung der sokratischen Unterrichtsmethode. Ein Beitrag zur Geschichte der Didaktik, Kulmbach 1929.
Krohn, Dieter/Horster, Detlef/Heinen-Tenrich, Jürgen (Hrsg.): Das Sokratische Gespräch – Ein Symposion, Hamburg 1989.
Lachmann, Rainer: Der Religionsunterricht Christian Gotthilf Salzmanns. Ein Beitrag zur Religionspädagogik der Aufklärung, Frankfurt/M. 1974.
Lerchner, Gotthard: Zu Lessings Stellung in der sprachgeschichtlichen Entwicklung des 18. Jahrhunderts, in: Zeitschrift für Phonetik, Sprachwissenschaft und Kommunikationsforschung 33, 1980, 345–352.
- Der Diskurs im sprachgeschichtlichen Prozeß. Zur Rolle des Subjekts in einer pragmatischen Theorie des Sprachwandels, in: Zeitschrift für Phonetik, Sprachwissenschaft und Kommunikationsforschung 41, 1988, 279–292.
- „Denn zu jeder Rede gehören zwei..." Deutsche Kommunikationskultur des 18. Jahrhunderts aus der Sicht Wielands im „Teutschen Merkur", in: Zeitschrift für Phonetik, Sprachwissenschaft und Kommunikationsforschung 44, 1991, 52–60.
- Die historische Formierung von Sprachräumen individuellen Sprachverhaltens. Vom Aufstieg des Individuums in der Geschichte der deutschen Sprache, in: Beiträge zur Geschichte der deutschen Sprache und Literatur 114, 1992, 227–248.

– Kommunikationsmaximen im Kontext des 18. Jahrhunderts. Zum sprachhistoriographischen Interesse an Knigges „Über den Umgang mit Menschen", in: Peter Ernst/Franz Patocka (Hrsg.): Deutsche Sprache in Raum und Zeit. Festschrift für Peter Wiesinger zum 60. Geburtstag, Wien 1998, 585–592.

Leschinsky, Achim/Roeder, Peter Martin: Schule im historischen Prozeß. Zum Wechselverhältnis von institutioneller Erziehung und gesellschaftlicher Entwicklung, Frankfurt/M., Berlin, Wien 1983.

Linke, Angelika: Die Kunst der ‚guten Unterhaltung'. Bürgertum und Gesprächskultur im 19. Jahrhundert, in: Zeitschrift für germanistische Linguistik 16, 1988, 123–144.

– Zur Rekonstruktion sprachlicher Vergangenheit: Auf der Suche nach der bürgerlichen Sprachkultur im 19. Jahrhundert, in: Andreas Gardt/Klaus J. Mattheier/Oskar Reichmann (Hrsg.): Sprachgeschichte des Neuhochdeutschen. Gegenstände, Methoden, Theorien, Tübingen 1995, 369–397.

– Sprachkultur und Bürgertum. Zur Mentalitätsgeschichte des 19. Jahrhunderts, Stuttgart, Weimar 1996.

– Sprache, Gesellschaft und Geschichte. Überlegungen zur symbolischen Funktion kommunikativer Praktiken der Distanz, in: Zeitschrift für germanistische Linguistik 26, 1998, 135–154.

Loch, Werner: Beiträge zu einer Phänomenologie von Gespräch und Lehre, in: Bildung und Erziehung 15, 1962, 641–661.

Löffler, Heinrich: Soziolinguistische Kommunikationsanalyse, in: Fritz/Hundsnurscher (Hrsg.) 1994, 37–50.

Lötscher, Andreas: Zur Sprachgeschichte des Fluchens und Beschimpfens im Schweizerdeutschen, in: Zeitschrift für Dialektologie und Linguistik 48, 1981, 145–160.

Ludewig, Hans–Ulrich: Der Dichter als Historiker. Hermann Klenckes Romane als Quellen zur braunschweigischen Geschichte, in: Herbert Blume/Eberhard Rohse (Hrsg.): Literatur in Braunschweig zwischen Vormärz und Gründerzeit [...], Braunschweig 1993, 133–153.

Ludwig, Otto: Von rhetorischen Übungen zu deutschen Aufsätzen. Der Übergang von der Mündlichkeit zur Schriftlichkeit an den Schulen in Deutschland, in: Wolfgang Raible (Hrsg.): Zwischen Festtag und Alltag: 10 Beiträge zum Thema „Mündlichkeit und Schriftlichkeit", Tübingen 1988, 149–165. [= 1988a]

– Der Schulaufsatz. Seine Geschichte in Deutschland, Berlin, New York 1988 [=1988b].

Lüger, Heinz-Helmut: Höflichkeit und Lehrbuchdialog, in: Heinrich Löffler (Hrsg.): Dialoganalyse IV [...], Teil 1, Tübingen 1993, 233–240.

Lundgreen, Peter: Sozialgeschichte der deutschen Schule im Überblick, Teil 1: 1770–1918, Göttingen 1980.

Luttermann, Karin: Gesprächsanalytisches Integrationsmodell am Beispiel der Strafgerichtsbarkeit, Münster 1996.

– Linguistische Gesprächsanalyse. Integrationsmodell dialoggrammatischer und konversationsanalytischer Grundpositionen am Beispiel von Strafverhandlungen, in: Zeitschrift für germanistische Linguistik 25, 1997, 273–307.

Macha, Jürgen: Regionalsprachlichkeit und Korrektur in der Grundschule, in: Der Deutschunterricht 47, 1995, H. 1, 78–83.

Maskus, Rudi: Verstößt das Unterrichtsgespräch gegen das Gesetz der pädagogischen Ökonomie und bevorzugt es einseitig die gesprächigen Schüler? Eine Antwort auf

zwei kritische Einwände auf Grund von Unterrichtsanalysen und Prüfungsprotokollen, in: Lebendige Schule 19, 1964, 285–290.
- /Renard, Rudolf: Bibliographie zum Thema „Unterrichtsgespräch", in: Lebendige Schule 19, 1964, 291–294.

Mayer, Stefan/Weber, Michael: Bibliographie zur linguistischen Gesprächsforschung, Hildesheim, New York 1983 (= Germanistische Linguistik 1–2/81).

Mazeland, Harrie: Sprecherwechsel in der Schule, in: Konrad Ehlich/Jochen Rehbein (Hrsg.): Kommunikation in Schule und Hochschule. Linguistische und ethnomethodologische Analysen, Tübingen 1983, 77–101.

Meer, Dorothee: Der Prüfer ist nicht der König. Mündliche Abschlußprüfungen in der Hochschule, Tübingen 1998.

Mehan, Hugh: The Structure of Classroom Discourse, in: Teun A. van Dijk (ed.): Handbook of Discourse Analysis, Vol. 3: Discourse and Dialogue, London [usw.] 1985, 119–131.

Meyer, Hilbert: UnterrichtsMethoden. Bd. 1: Theorieband, Bd. 2: Praxisband, Frankfurt/M. 1987.

Michel, Gerhard: Der andere Ratke. Bemerkungen zur Rezeptionsgeschichte, zum Forschungsstand und zu Ratkes Theorie der Lehrer-Schüler-Beziehung. Zum diesjährigen 350. Todestag von Wolfgang Ratke, in: Pädagogische Rundschau 39, 1985, 439–450.

- Das Gespräch im Unterricht. Die Diskussion um Begriff, Funktion und Form des Unterrichtsgesprächs seit 1945, in: Rainald Merkert (Hrsg.): Wandlungen der Pädagogik in 30 Jahren. Festschrift für Gerhard Wehle zum 65. Geburtstag, Düsseldorf 1989, 124–152.

Michel, Paul: Mit Worten tjôstieren. Argumentationsanalyse des Dialogs zwischen dem Abt und Gregorius bei Hartmann von Aue, in: Germanistische Linguistik 1–2/79, 1979, 195–215.

Mittelstrass, Jürgen: Versuch über den sokratischen Dialog, in: Stierle/Warning (Hrsg.) 1984, 11–27.

Mommsen, Hans: Historische Methode, in: Waldemar Besson (Hrsg.): Fischer Lexikon Geschichte, Frankfurt/M. 1974, 78–91.

Müller, Rainer A.: Geschichte der Universität. Von der mittelalterlichen Universitas zur deutschen Hochschule, München 1990.

Narciß, Georg Adolf: Studien zu den FrauenzimmerGesprächspielen Georg Philipp Harsdörffers (1607–1658). Ein Beitrag zur deutschen Literaturgeschichte des 17. Jahrhunderts, Leipzig 1928.

Naumann, Bernd: Merkt euch dieses, meine Lieben. Der didaktische Dialog in Joachim Heinrich Campes *Robinson der Jüngere* (1779), in: Sorin Stati/Edda Weigand/Franz Hundsnurscher (Hrsg.): Dialoganalyse III [...], Teil 1, Tübingen 1991, 377–389.

Neuendorff, Dagmar: Discourse Analysis in a Historical Perspective. Some Notes on the Discourse Type ‚Advice', in: Papers from the 9th Scandinavian Conference of Linguistics, Stockholm 1986, 234–245.

- Das Gespräch zwischen Parzival und Trevrizent in IX. Buch von Wolframs Parzival. Eine diskursanalytische Untersuchung, in: Neophilologica Fennica [...], Helsinki 1987, 267–294.

Neuland, Eva: Gesprächskultur heute: Zur Einführung, in: Der Deutschunterricht 53, 2001, H. 6, 2–4.

Nürnberg, Gabriele: Das Unterrichtsgespräch als Textsorte und Methode. Klärung des Begriffs, Entwicklung und Erprobung eines kommunikationstheoretisch-didaktischen Modells zur Analyse von Unterrichtsgesprächen, Diss. (MicroFiche) Berlin 1998.

Paul, Hermann: Die Bedeutung der deutschen Philologie für das Leben der Gegenwart (1897), Ndr. in: Helmut Henne/Jörg Kilian (Hrsg.): Hermann Paul: Sprachtheorie, Sprachgeschichte, Philologie. Reden, Abhandlungen und Biographie, Tübingen 1998, 85–105.

– Prinzipien der Sprachgeschichte, 4. Aufl. Halle 1909.

– Aufgabe und Methode der Geschichtswissenschaften, Berlin, Leipzig 1920. Ndr. in: Helmut Henne/Jörg Kilian (Hrsg.): Hermann Paul: Sprachtheorie, Sprachgeschichte, Philologie. Reden, Abhandlungen und Biographie, Tübingen 1998, 193–250.

– Deutsches Wörterbuch. 9., vollständig neu bearb. Aufl. von Helmut Henne und Georg Objartel unter Mitarbeit von Heidrun Kämper-Jensen, Tübingen 1992.

– Deutsches Wörterbuch. Bedeutungsgeschichte und Aufbau unseres Wortschatzes. 10., überarbeitete und erweiterte Aufl. von Helmut Henne, Heidrun Kämper und Georg Objartel, Tübingen 2002.

Paulsen, Friedrich: Geschichte des gelehrten Unterrichts auf den deutschen Schulen und Universitäten vom Ausgang des Mittelalters bis zur Gegenwart. 2 Bde., 3. Aufl. Leipzig 1919.

Petrat, Gerhard: Historisches publizistisches Material im Kontext sozialgeschichtlicher Forschung unter erziehungswissenschaftlichem Aspekt. Zur Methodologie einer am Strukturbegriff ausgerichteten Koordination von Daten, in: Informationen zur erziehungs- und bildungshistorischen Forschung 3, 1975, 215–254.

– Schulunterricht. Seine Sozialgeschichte in Deutschland 1750–1850, München 1979.

– Didaktisches Fragen. Ein Beitrag zur Qualifikationsgeschichte von Lehrern, Rheinfelden, Berlin 1996.

Polenz, Peter von: Der Ausdruck von Sprachhandlungen in poetischen Dialogen des deutschen Mittelalters, in: Zeitschrift für germanistische Linguistik 9, 1981, 249–273.

– Deutsche Sprachgeschichte vom Spätmittelalter bis zur Gegenwart. Bd. 1: Einführung, Grundbegriffe, 14.–16. Jahrhundert. Berlin, New York 1991; 2., überarbeitete und ergänzte Aufl. Berlin, New York 2000. Bd. 2: 17. und 18. Jahrhundert, Berlin, New York 1994; Bd. 3: 19 und 20. Jahrhundert, Berlin, New York 1999.

Potthoff, Willy: Die Beeinflussung von Lernprozessen durch schulische Gesprächsformen, in: Willy Potthoff (Hrsg.): Schulpädagogik, Freiburg [usw.] 1975, 173–178.

Presch, Gunter: Zur begründung einer historischen pragmalinguistik, in: Josef Klein/ Gunter Presch (Hrsg.): Institutionen – Konflikte – Sprache. Arbeiten zur linguistischen Pragmatik, Tübingen 1981, 206–238.

Prowatke, Christa: Gesprächsbücher des 17. Jahrhunderts und ihre sprachwissenschaftliche Auswertung. Ein Beitrag zur Schreibung des Niederdeutschen, in: Beiträge zur Erforschung der deutschen Sprache 5, 1985, 66–79.

Rach, Alfred: Biographien zur deutschen Erziehungsgeschichte, Weinheim, Berlin 1968.

Radtke, Edgar: Gesprochenes Französisch und Sprachgeschichte. Zur Rekonstruktion der Gesprächskonstitution in Dialogen französischer Sprachlehrbücher des 17. Jahrhunderts unter besonderer Berücksichtigung der italienischen Adaption, Tübingen 1994.

Reble, Albert: Geschichte der Pädagogik. 4., abermals überarb. Aufl. Stuttgart 1959.

Redder, Angelika: Kommunikation in der Schule – Zum Forschungsstand seit Mitte der siebziger Jahre, in: Osnabrücker Beiträge zur Sprachtheorie 24, 1983, 118–144.

– Konjunktionen, Partikeln und Modalverben als Sequenzierungsmittel im Unterrichtsdiskurs, in: Weigand/Hundsnurscher (Hrsg.) 1989, Bd. 2, 393–407.

Rehbock, Helmut: Rhetorik, in: Althaus/Henne/Wiegand (Hrsg.) 1980, 293–303.

– Nebenkommunikation im unterricht: funktionen, wirkungen, wertungen, in: Jürgen Baurmann/Dieter Cherubim/Helmut Rehbock (Hrsg.): Neben-Kommunikationen. Beobachtungen und Analysen zum nichtoffiziellen Schülerverhalten innerhalb und außerhalb des Unterrichts, Braunschweig 1981, 35–88.

– Grammatik als tollkühne Metapher. Zu Edda Weigand: „Grammatik des Sprachgebrauchs", in: Zeitschrift für germanistische Linguistik 21, 1993, 205–214.

– Ansätze und Möglichkeiten einer historischen Gesprächsforschung, in: Gerd Antos/Klaus Brinker/Wolfgang Heinemann/Sven F. Sager (Hrsg.): Text- und Gesprächslinguistik. Ein internationales Handbuch zeitgenössischer Forschung, Zweiter Teilbd.: Gesprächslinguistik, Berlin, New York 2002 [demnächst].

Ritz-Fröhlich, Gertrud: Das Gespräch im Unterricht. Anleitung – Phasen – Verlaufsformen. 2., neubearb. Aufl., Bad Heilbrunn/Obb. 1982.

Rommel, Heinz: Das Schulbuch im 18. Jahrhundert, Wiesbaden-Dotzheim 1968.

Rössner, Lutz: Gespräch, Diskussion und Debatte im Unterricht der Grund- und Hauptschule, Frankfurt/M. [usw.] 1967.

Ruppert, Wolfgang: Volksaufklärung im späten 18. Jahrhundert, in: Grimminger (Hrsg.) 1980, 341–361.

Rüsen, Jörn: Geschichtsschreibung als Theorieproblem der Geschichtswissenschaft. Skizze zum historischen Hintergrund der gegenwärtigen Diskussion, in: Reinhart Koselleck/Heinrich Lutz/Jörn Rüsen (Hrsg.): Formen der Geschichtsschreibung, München 1982, 14–35.

Sauder, Gerhard: Christian Thomasius, in: Grimminger (Hrsg.) 1980, 239–251.

Saussure, Ferdinand de: Grundfragen der allgemeinen Sprachwissenschaft [...], 2. Aufl. [...], Berlin 1967; [zuerst frz. 1916].

Schank, Gerd: Ansätze zu einer Theorie des Sprachwandels auf der Grundlage von Textsorten, in: Besch/Reichmann/Sonderegger (Hrsg.) 1984, 761–768.

– /Schwitalla, Johannes: Gesprochene Sprache und Gesprächsanalyse, in: Althaus/Henne/Wiegand (Hrsg.). 1980, 313–322.

– /Schoenthal, Gisela: Gesprochene Sprache. Eine Einführung in Forschungsansätze und Analysemethoden. 2., durchgesehene Aufl. Tübingen 1983.

Schenker, Walter: Plädoyer für eine Sprachgeschichte als Textsortengeschichte, in: Deutsche Sprache 5, 1977, 141–148.

Schian, Martin: Die Sokratik im Zeitalter der Aufklärung. Ein Beitrag zur Geschichte des Religionsunterrichts, Breslau 1900.

Schiewe, Jürgen: Sprachenwechsel – Funktionswandel – Austausch der Denkstile. Die Universität Freiburg zwischen Latein und Deutsch, Tübingen 1996.

Schiffler, Horst/Winkeler, Rolf: Tausend Jahre Schule. Eine Kulturgeschichte des Lernens in Bildern, 3. Aufl. Stuttgart, Zürich 1991.

Schlieben-Lange, Brigitte: Für eine historische Analyse von Sprechakten, in: Heinrich Weber/Harald Weydt (Hrsg.): Sprachtheorie und Pragmatik [...], Tübingen 1976, 113–119.
- Ai las – Que planhs? Ein Versuch zur historischen Gesprächsanalyse am Flamenca-Roman, in: Romanistische Zeitschrift für Literaturgeschichte 2, 1979, 1–30.
- Vom Glück der Konversation. Bemerkungen zum Flamenca-Roman, zur Konversationsethik des 17. Jahrhunderts und zum Reduktionismus heutiger Gesprächsauffassung, in: Zeitschrift für Literaturwissenschaft und Linguistik 13, 1983, H. 50, 141–156 [=1983a].
- Traditionen des Sprechens. Elemente einer pragmatischen Sprachgeschichtsschreibung, Stuttgart [usw.] 1983 [=1983b].
- (Hrsg.): Fachgespräche in Aufklärung und Revolution, Tübingen 1989.
- Dialog und Aufklärung, in: Schlieben–Lange (Hrsg.) 1989, 1–16 [= 1989a].
- /Weydt, Harald: Streitgespräch zur Historizität von Sprechakten, in: Linguistische Berichte 60, 1979, 65–78.

Schmidt, Klaus: Index deutschsprachiger Zeitschriften 1750–1815 (MF-Ausgabe), Hildesheim 1989ff.

Schmölders, Claudia: Die Kunst des Gesprächs. Texte zur Geschichte der europäischen Konversationstheorie, München 1986.

Schorn, August: Geschichte der Pädagogik in Vorbildern und Bildern [...]. 28. Aufl., hrsg. von Wilhelm Ewerding, Berlin 1912.

Schulz, Wolfgang: Die Institutionalisierung der Katechetik an den deutschen Universitäten unter dem Einfluß der Sokratik – dargelegt am Beispiel J. F. C. Gräffe, Göttingen 1979.

Schumacher, Meinolf: Schriftliche Modelle vormoderner Gesprächskultur. Tischzuchten – Gesprächsspiele – Konversationsbüchlein, in: Der Deutschunterricht 53, 2001, H. 6, 8–15.

Schwarz, A.: Sprechaktgeschichte. Studien zu den Liebeserklärungen in mittelalterlichen und modernen Tristan-Dichtungen, Göppingen 1984.

Schwitalla, Johannes: Gesprochene Sprache – dialogisch gesehen, in: Fritz/Hundsnurscher 1994, 17–36 (= 1994a).

Schwitalla, Johannes: The Concept of Dialogue from an Ethnographic point of view, in: Weigand 1994, 15–35 (= 1994b).
- Gesprochenes Deutsch. Eine Einführung, Berlin 1997.

Searle, John R.: Sprechakte. Ein sprachphilosophischer Essay, Frankfurt/M. 1971 [zuerst engl. 1969].

Siebert, Ute: Das Sokratische Gespräch. Darstellung seiner Geschichte und Entwicklung, Kassel 1996.

Sitta, Horst (Hrsg.): Ansätze zu einer pragmatischen Sprachgeschichte. Zürcher Kolloquium 1978, Tübingen 1980.

Sökeland, Werner: Indirektheit von Sprechhandlungen. Eine linguistische Untersuchung, Tübingen 1980.

Sonderegger, Stefan: Grundzüge deutscher Sprachgeschichte. Diachronie des Sprachsystems, Bd. 1: Einführung – Genealogie – Konstanten, Berlin, New York 1979.
- Gesprochene Sprache im Althochdeutschen und ihre Vergleichbarkeit mit dem Neuhochdeutschen. Das Beispiel Notkers des Deutschen von St. Gallen, in: Sitta (Hrsg.) 1980, 71–88.

- Syntaktische Strukturen gesprochener Sprache im älteren Deutschen, in: Betten (Hrsg.) 1990, 310–323.
Spinner, Kaspar H.: Sokratisches Lehren und die Didaktik der Aufklärung. Zur Kritik des fragend-entwickelnden Unterrichtsgesprächs, in: Diskussion Deutsch 23, 1992, 309–321.
Steger, Hugo: Zur Frage einer Neukonzeption der Wortgeschichte der Neuzeit, in: P. v. Polenz/J. Erben/J. Goossens (Hrsg.): Sprachnormen: lösbare und unlösbare Probleme. Kontroversen um die neuere deutsche Sprachgeschichte. Dialektologie und Soziolinguistik: Die Kontroverse um die Mundartforschung [= Kontroversen, alte und neue, Bd. 4], Tübingen 1986, 202–209.
- Sprachgeschichte als Geschichte der Textsorten/Texttypen und ihrer kommunikativen Bezugsbereiche, in: Besch/Reichmann/Sonderegger (Hrsg.) 1984, 186–204.
Stetter, Christian: Text und Textur. Hat die Sprechakttheorie eine historische Dimension?, in: Dietrich Busse (Hrsg.): Diachrone Semantik und Pragmatik. Untersuchungen zur Erkundung und Beschreibung des Sprachwandels, Tübingen 1991, 67–81.
Stierle, Karlheinz/Warning, Rainer (Hrsg.): Das Gespräch, München 1984.
Stöcker, Karl: Neuzeitliche Unterrichtsgestaltung. 11. Aufl. München 1966.
Stoffer, H./Pöggeler, F./Salzmann, Chr.: *Gespräch*, in: Lexikon der Pädagogik. Neue Ausgabe, Bd. 2, Freiburg [usw.] 1970, 125–127.
Struever, Nancy: Historical Discourse, in: Teun A. van Dijk (ed.). Handbook of Discourse Analysis. Vol. 1: Disciplines of Discourse, London 1985, 249–271.
Takada, Hiroyuki: Grammatik und Sprachwirklichkeit von 1640–1700. Zur Rolle deutscher Grammatiker im schriftsprachlichen Ausgleichsprozeß, Tübingen 1998.
Techtmeier, Bärbel: Das Gespräch. Funktionen, Normen und Strukturen, Berlin 1984.
- Fachtextsorten der Wissenschaftssprachen VI: Diskussion(en) unter Wissenschaftlern, in: Hoffmann/Kalverkämper/Wiegand (Hrsg.) 1997a, 509–517.
- Fachtextsorten der Wissenschaftssprachen VII: das Prüfungsgespräch, in: Hoffmann/Kalverkämper/Wiegand (Hrsg.) 1997b, 517–521.
Thiele, Hartmut: Lehren und Lernen im Gespräch. Gesprächsführung im Unterricht, Bad Heilbrunn/Obb. 1981.
Tritschler, Artur: Zur Aussprache des Neuhochdeutschen im 18. Jahrhundert, in: Beiträge zur Geschichte der deutschen Sprache und Literatur 38, 1912/13, 373–458.
Tütken, Johannes: Höhere und mittlere Schulen des Herzogtums Braunschweig-Wolfenbüttel, der Herrschaft Dannenberg und der Grafschaft Blankenburg im Spiegel der Visitationsprotokolle des Generalschulinspektors Christoph Schrader (1650–1666), Wiesbaden 1997.
Ungeheuer, Gerold: Gesprächsanalyse an literarischen Texten (Lessing: Der Freigeist), in: Hess-Lüttich (Hrsg.) 1980, 43–71.
Vellusig, Robert: Schriftliche Gespräche. Briefkultur im 18. Jahrhundert, Wien, Köln, Weimar 2000.
Voge, Wilfried M.: The Pronunciation of German in the 18th Century, Hamburg 1978.
Wagner, Andreas: Wie sich Sprechakte historisch verändern. Vorstudien zu einer Typologie des historischen Wandels von Sprechakten am Beispiel von SEGNEN im Althebräischen und BEKENNEN im Deutschen, in: Dieter W. Halwachs/Irmgard Stütz (Hrsg.): Sprache – Sprechen – Handeln [...], Bd. 2, Tübingen 1994, 181–187.

Watzlawick, Paul/Beavin, Janet H./Jackson, Don D.: *Menschliche Kommunikation. Formen, Störungen, Paradoxien*, 2., unveränderte Aufl. Bern [usw.] 1969.

Wehler, Hans-Ulrich: Deutsche Gesellschaftsgeschichte. Erster Band: Vom Feudalismus des Alten Reichs bis zur Defensiven Modernisierung der Reformära 1700–1815. 2. Aufl. München 1989.

Weigand, Edda: Dialogisches Grundprinzip und Textklassifikation, in: Hundsnurscher/Weigand (Hrsg.) 1986, 115–125.

– Historische Sprachpragmatik am Beispiel: Gesprächsstrukturen im Nibelungenlied, in: Zeitschrift für deutsches Altertum und deutsche Literatur 117, 1988, 159–173.

– Grundzüge des Handlungsspiels Unterweisen, in: Weigand/Hundsnurscher (Hrsg.) 1989, 257–271.

– A case for an integrating procedure of theoretical reflection and empirical analysis, in: Sorin Stati/Edda Weigand (Hrsg.): Methodologie der Dialoganalyse, Tübingen 1992, 57–64.

– Dialoganalyse und Sprachunterricht, in: Fritz/Hundsnurscher (Hrsg.) 1994, 411–428 (= 1994a).

– Weigand, Edda (ed.): Concepts of Dialogue. Considered from the Perspective of Different Disciplines, Tübingen 1994b.

– Weigand, Edda: Discourse, Conversation, Dialogue, in: Weigand (ed.) 1994, 49–75 (= 1994c).

– Weigand, Edda: Looking for the Point of the Dialogic Turn, in: Hundsnurscher/Weigand (eds.) 1995, 95–120.

– /Hundsnurscher, Franz (Hrsg.): Dialoganalyse II [...], 2 Bde., Tübingen 1989.

Weinrich, Harald: Textgrammatik der deutschen Sprache [...], Mannheim [usw.] 1993.

Weithase, Irmgard: Zur Geschichte der gesprochenen deutschen Sprache, 2 Bde., Tübingen 1961.

Werlen, Erika: „Ich will nicht Hochdeutsch sprechen!" Überlegungen zur Vermittlung hochsprachlicher Kompetenzen, wenn die Hochsprache unbeliebt ist, in: Der Deutschunterricht 47, 1995, H. 1, 54–69.

Weydt, Harald: Streitsuche im Nibelungenlied: Die Kooperation der Feinde. Eine konversationsanalytische Studie, in: Hess-Lüttich (Hrsg.) 1980, 95–114.

Wichter, Sigurd: Gespräch, Diskurs und Stereotypie, in: Zeitschrift für germanistische Linguistik 27, 1999, 261–284.

Winter, Hans-Gerhard: Dialog und Dialogroman in der Aufklärung. Mit einer Analyse von J. J. Engels Gesprächstheorie, Darmstadt 1974.

Wodak, Ruth: Kommunikation in Institutionen, in: Ulrich Ammon/Norbert Dittmar/Klaus J. Mattheier (Hrsg.): Soziolinguistik [...], Erster Halbbd., Berlin, New York 1987, 799–820.

Wunderlich, Dieter: Unterrichten als Dialog, in: Sprache im technischen Zeitalter 32, 1969, 263–287.

Zimmer, Reinhold: Dramatischer Dialog und außersprachlicher Kontext. Dialogformen in deutschen Dramen des 17. bis 20. Jhs., Göttingen 1982.

VI. Sachregister

Das Sachregister konzentriert sich auf sprachwissenschaftliche sowie sprachgeschichtlichtlich bedeutsame „Sachen". Es verweist überdies nicht auf jede Nennung des Stichwortes im Text, sondern auf ausgewählte Fundstellen, an denen das Sachregisterstichwort selbst oder aber das mit ihm verknüpfte Konzept erläutert wird. Halbfett gesetzte Seitenzahlen verweisen auf besondere Erläuterungen.

abfragen 160, 163, 173, 177, 182, 188, 193, 262, 267, 273, 281, 301, 378, 394

ablocken 193, **204**, **221ff.**, 233, 239, 241, 294, 301, 304, 307, 312, **317ff.**, 378, 382, 394, **398ff.**, 402, 419f., 423f.

Abtönungspartikel s. Gesprächswort

Adjacency pair 45, **394f.**, 438

Anrede(formen) 277, 281, 288, 306, 308, **361f.**, 373, 377, **384ff.**

Anschauung s. Gespräch, zufälliges

antworten 45, 65, 160, 205, 259, 275f., 294, 310, 316, 322, **338f.**, 382, 389, 394, **395ff.**, **405ff.**, **407ff.**

antworten, nach Textvorlage 162, 184f., 261, 264f., 266, 274, 294, **408f.**

antworten, mit eigenen Worten 178, 338f., 406f.

Antwort, sprachrichtige 205, 274, 288, **407f.**, **445ff.**

Antwortpartikeln 406f.

Antwortpflicht 2, 258, 277, **336**

auffordern 31, 35, 304, 334, 377f., 383, **410ff.**, **414f.**

Aussprache s. gesprochene Sprache

auswendig lernen 164f., 173, 182, 185, 188, 193, 198, 200, 205, 241, 245f., 262f., 266, 269, 273f., 279, 283, 285f., 292, 295, 310, 332f., 363, 378, 401, 454f.

Authentizität s.a. Quellen 31, 37, 40, 46, 55, 64, 76, 94, **96**, 98ff., 235, 242, 261, 281, 291, 305, 372, 376, 427

Basisregeln 2, 69

befehlen 394, 410ff.

beschreiben 35

bewerten 276, 281, 293, 325, 338, 368, 374, 390

Begriffsbildung 191, 176, 287, 291, 293, 299f., **306f.**, 313, 320f., 331ff., **419f.**

Bewegwort s. Gesprächswort

Brief s. Korrespondenz

Deutsch (als Gesprächssprache in Wissenschaft und Unterricht) 119, 130, **140ff.**, 145ff., 148f., 151ff.

Dialog (s.a. Gespräch) 55ff., 62, **72ff., 80f.**, 229f.

Dialogakt s. Gesprächsakt

Dialogforschung (allgemein) 4ff., 28, 63, 230, 359

Dialogforschung, historische 4ff., 21ff., 25f., 27ff., 34, 63ff., 65ff., 90, 359, 439, **460ff.**

Dialogforschung, mentalitätsgeschichtliche 11ff., **46ff.**

Dialoggrammatik, historische 10f., 13f., 22, 29, **36ff.**, 41ff., 53f., 73, 76, 252, 254, 396

Dialogsorte s.a. Gesprächssorte 40, 61, 63, 73ff.

Diskurs 46, 53, 73, 173, 187, 193, 196, 207, 220, 299, 361, 415

Diskussion 336, 352

Disputation 51, 91f., 153, 174, 196, 209ff., 212f., 229, 256

Du(zen) **384ff.**

einwenden 214, 225, 323f., 335ff., 340, 394f., 407, **417ff.**

Einzelunterricht 125, 202, 267, 272, 278, 307f.

Elementarschule s.a. Schultypen 116, 125

Entscheidungsfrage 265, 273, 277, 284, 294, 297, 323, **397ff.**

Ergänzungsfrage 183f., 205, 265, 284, 294, **304**, 320, 323, 334, **398ff.**, 448

erklären 35, 133, 165, 275, 286, 293, 295, 392, 394, **417ff.**

ermahnen 263, 277, 281, 293, 357, 367, 414, 456

Fachgespräch 13, 51, **106f.**, 210, **213ff.**

Frage(technik), didaktische 14, 162, **173**, 226, 234, 258, 263, 265, 274f., 290f., 301f., 304, 314, **322ff., 332ff.**, 338f., 394, **395ff., 398ff., 403ff.**, 410

Frage, einflößende 163, 272, 281

Frage, examinierende 258f., 265, 283, 335, 338, 405

Frage, ironische 205, 234, 284, 334, 336, 339, 347, 398, 403, 421f.

fragen s. Frage

Geschichtswissenschaft 4, 26, 57, 90

Gespräch (s.a. Dialog) 1f., **30**, 43f., 55f., **72ff., 80f.**, 82, 229f., 452, 456

Gespräch, authentisches 31, 37, 40, 46, 55, 64, 76, 94, **96, 98ff.**, 326, 339f.

Gespräch(shandeln), beziehungsorientiertes 40, 210, **214**, 257, 315, 325, 341, **359f., 365ff.**, 371f., 374ff., 389, 392, 394, 406, 414

Gespräch, computervermitteltes 17, 156, 250, 464f.

Gespräch, darbietendes 218, 241, 250, **270ff.**

Gespräch, empraktisches 241, 254, **256**, 283, 346, 415f.

Gespräch, epagogisches 177f., 201, 245, 257, 260, 296, **298ff.**, 317, 398

Gespräch, erinnertes **100ff.**

Gespräch, examinierendes 49, 167, 169, 171f., 180, 187, 197f., 200f., 205, 209, 249, **260ff.**, 286, **317ff.**, 405, 425

Gespräch, fiktionales 10, 45, 67, **102ff.**, 261

Gespräch, fiktives 45, 67, 76, 103f., **107ff.**, 182, 287, 295, 305, 404

Gespräch, fragend-entwickelndes 15, 203f., 252, 304, **328ff.**

Gespräch, freies s.a. Unterrichtsgespräch, freies 226, 252, 297, 346

Gespräch(shandeln), gegenstandsorientiertes 40, 168, **214**, 257, 325, 336, 340, 352, **359f.**, 365ff., 371f., 374ff., 383, 389, **392ff.**, 412, 414f., 421

Gespräch, geschlossenes **157f.** s. Gespräch, katechetisches

Gespräch, inszeniertes 98, 103, 104, 106f., 218, 269, 362, 368

Gespräch, katechetisches 17, 49, 68, 82f., **157**, 159ff., **163**, 169, 174, 177, 181f., 185f., **188**, 193, **195ff.**, 200ff., **205f.**, **207ff.**, 223, 232, 235f., 240, 245f., **252ff.**, **256ff.**, 372f., 395f., 403, 418f., 438, 448, 454f.

Gespräch, literarisches 8ff., 13f., 51, 91, 175f., 191f., 226f., 462f.

Gespräch, maieutisches 83, 233, 236, 238, 298f., **317ff.**

Gespräch, mnemotechnisches s. Gespräch, fiktives

Gespräch, offenes **157f.** s. Gespräch, sokratisches

Gespräch, sokratisches 17, 49, 160f., 174, 181, 186, **188**, 193f., **195ff.**, **201f.**, **204ff.**, **207ff.**, **220ff.**, 222f., 225, 232f., 235f., 240, 243, 245f., **252ff.**, **256ff.**, 259, 296, **310ff.**, 373, 395f., 403, 414, 418f., 422, 438, 448, 454f.

Gespräch, zergliederndes 107, 111, **164f.**, 171, 180, 187, **192**, 195, **198ff.**, 203, 205, 236, 245, 250, 271, **284ff.**

Gespräch, zufälliges 231f., 239, 301, 314, 318, 328, 348, 362

Gesprächsakt 31, 38f., 64, 85, 283, 368, **393ff.**, 418f., **420f.**,

Gesprächsanalyse, historische 6, 8ff., 13f., 22, 28, **29ff.**, **33f.**, 53f., 73, 76f., 85, 92, 252, 254

Gesprächsbeendigung s. Gesprächseröffnung

Gesprächsbereich 30, 53, 63, **65ff.**, 81

Gesprächseröffnung 308, 318, 339, 347, **360ff.**,

Gesprächserziehung 153ff., 189f., 354, **425ff.**, **450ff.**, 464

Gesprächsforschung, erziehungswissenschaftliche 14ff., 20f.

Gesprächsforschung, historische 66

Gesprächsforschung, linguistische 4ff., 20f.

Gesprächshandlung 31f., 64, 257, **358ff.**

Gesprächsnormen 12f., 31, 45ff., 61f., 63f., **65ff.**, 68ff., **109ff.**, 155, 180, 252, 254, 381ff., 387, 396f., 402f., 413, 426ff., **429ff.**, 437ff., **450ff.**, **455ff.**

Gesprächspause 100, 112, 297, 427, **448f.**

Gesprächsrhetorik 13f., 64, **65ff.**, **70ff.**,, 180, 398

Gesprächsrolle s.a. Lehrer, Schüler 68, 317, 348, 360, 362, 374, 391f., **394**, 407, 421, 423

Gesprächsschritt 30, 64

Gesprächsschrittübergabe s. Sprecherwechsel

Gesprächssequenz 38, 45, 64

Gesprächssorte 4, 10, 19f., 23, 36, 42, 46, 60f., 64, 66ff., **73f.**, **75f.**, 81, 83, 155ff., 160, 194f., **249ff.**

Gesprächssprache 36, 52, 87, 94, 14f., 153, 191, 227, 315, 348, 434ff., 466

Gesprächssyntax 59, 205, 266, 288, 334, 368, 372, 383f., 408f., 411f., 440, **445ff.**

Gesprächstyp 4, 11, 23, 35, 41f., 65ff., **73ff.**, **75f.**, 81

Gesprächstypologie 14, 19, 30, 35f., 37f., 39ff., 43ff., 60, 72ff., 76, **250ff.**

Gesprächswort **88f.**, 227, 281, 287f., 298, 310, **371ff.**, 379f., **437ff.**, 444f.

Gesprochene Sprache 10, 14, 30, 35, 59f., 75, 80, 99f., 105f., 111, 144, 227, 230f., 266, 316, 359, 377, 388, 390, **425ff.**, **429ff.**, **445ff.**

Gestik s. Nonverbale Kommunikation

Gliederungspartikel s. Gesprächswort

Gymnasium s.a. Schultypen 120f., 131

Heckenausdrücke 87, 218, 339

herablassen 221, 233f., 271, 283, 346, 348, 363

herauslocken 3, **204**

hersagen 159, 163, 167, 182, 188, **263**, 266f., 301ff., 394, 397, 401, 454

Hochsprache 60, 140, 142ff., 145ff., 149f., 153, 159, 230f., 243, 315, 341, **429ff.**, **432ff.**

Impuls(frage) 173, 225, 314, 322, 348, 379, 391, 395f., **401f.**, 405, 412

Inventionshexameter 258, 314, 332, 397, 402

katechisieren 3, 159, **187**, 245

Katechisation s.a. Gespräch, katechetisches 51, 148, **159f.**, 183f., 194, 200, 208, 251, 290, 300

Kolloquium 217, **343ff.**, 346ff.

Kommunikationsbereich 2, 21, 34, 53, 61ff., **65f.**, 141

Konversation 12f., 49, 112, 153, **168**, 177, 196, 214f., 228,

247f., 349, 420, 450ff., 453ff., 458

Korrespondenz 62f., **73ff.**, 93, 227

korrigieren 276, 281, 293, 326, 371, 375

Lehrgespräch (als Gesprächstyp) 13, 15ff., 18, **20f.**, 23, 36, 40f., 42f., 48ff., 61, **67f.**, 119, 122, 129, 135, 138, 141, 145, **155ff.**, 162, 167, **172**, 178f., 183f., **190f.**, **195ff.**, 205, 219

Lehrer (Gesprächsrolle) 68, 166, 233ff., 257ff., 279, 281, 288, 302, 315, 324, 339, 341f., 346, 348, 351, 359, 365, 368f., 374, **391ff.**, **394f.**, 419

loben 276, 283, 293, 310, 325, 334, **366ff.**

Methodus analytica 193, 198, 286

Methodus erotematica 197, 395

Methodus socratica 198

Methodus synthetica 286

Mimik s. Nonverbale Kommunikation

Modell-Gespräch s. Gespräch, fiktives

motivieren 314, 335, 338, 367, 390

Multiple-Choice-Frage 293, **400f.**

Mundart s. Hochsprache

nachhaken 294, 303f., **323**, 335, **336**, **390f.**, 399, 412f., 447

nachfragen 171, 175, 202

Nachmachen s. Vormachen

Neben-Gespräch **355ff.**

Nebenkommunikation **355ff.**

Nonverbale Kommunikation 100, 233, 308, 342, 348, 366, 370f., 379, 383, 388, 427f.

Parasprachliche Merkmale s. Nonverbale Kommunikation

Partikeln s. Gesprächswort

Philanthropen, philanthropisch 69, 103f., 122, 138, 162, 172, 177, 185, 190, 206, **220ff.**, 224, 229, 232, 238, 375

plaudern 349, **355ff.**

Prüfungsgespräch 109, 131, 153, 177f., 209f., 225, 262

Quellen(kunde und Quellenkritik) 28, 31, 47f., 50f., 54, **90ff.**, 97, **111ff.**, 116, 188, 242, 350f., **426ff.**, 462

Performanzarchiv 52, 79, **94f.**, 105f., 113, 188, 290, 428

Performanzfragment 52, 79, **94f.**, 105f., 113, 188, 291, 341

Privaterziehungsanstalt 121f., 130f., 180, 224, 226, 232, 316, 341f.

Prügelstrafe 133, 259, 265, 270, 357, 367

Realschule s.a. Schultypen 120, 131, **135**, 189, 316, 425

Rederecht 131, 172, 257f., 277, 297, 307, 315

Rekonstruktion 10, 20, 30, **32**, 34, 47, 64, 79, 83, 96, 111, 155, 187, 251, 254, 377, 387, 426, 445, 449

Rückmeldung 376, **386ff.**, 424f.

Rückmeldungspartikel s. Gesprächswort

Rückversicherungssignal s. Gesprächswort

Sattelzeit 18, **24f.**, 60, 117, 131, 135, 369, 431

Schimpfnamen 373f.

Schule, gelehrte s.a. Gymnasium, Schultypen 121, 130f., 267, 269, 316, 341f.

Schule, gemeine s.a. Schultypen, Elementarschule 121, 130f., 137, 150, 199, 232, 242, 244, 259, 266, 271, 277, 298, 316, 373, 410, 425

Schüler (Gesprächsrolle) 68, 166, 233ff., 239, 259, 288, 302, 311, **336f.**, 341f., 348, 365, 368f., 387, 391f., **394f.**, 412f., 420

Schülerfrage 166, 170, 173, 175, 180, 200, 223, **238ff.**, 276f., 307, 311, 317, 325, 341, 351, 363, 389f., 414, 420

Schülergespräch 131, **343ff.**, 346, **349ff.**, 355

Schultypen 68, **115ff.**, **118ff.**, 129

schwätzen 131

schweigen 167, 261, 264, 320, 325, 339, **389**, 392, 405, **456ff.**

selbst(ständig) 300, 312f.

Selbstselektion s. Sprecherwechsel

Seminar 117, 121, 192, 212, 249

Sie(zen) **384ff.**

Sitzordnung 129f., **233**, 254, 267, 278, 308, 327f.

Sozialdisziplinierung 42, **139f.**, 169, 257, 271f., 278, 299, 332, **450ff.**, **455ff.**, 458

Sprachenwechsel 57, 131, 142f., 145ff., 148ff., 151, 154f., 158, 167f., 211, 214f., **429ff.**, **432ff.**

Spracherziehung 140, 145, 152f., 166

Sprachgeschichte, (sozio)pragmatische 5, 11f., 21ff., **27f.**, 85f., 155ff., 459ff.

Sprachhandlungsbegriff 31f., **77ff.**, 80, 85, 111, 251

Sprachlenkung 57

Sprachpragmatik, historische 5, 11, 22, 27, 32f., 55, 63, 84

Sprachtheorie, dialogische 7

Sprachwandel im Dialog 25, 27, 29, 41, **54ff.**, 64, 88, 143ff., 146, 194, 219, 229f., 249f., 409, 428, 431, 459

Sprechakt(theorie) 9, 27, 37ff., 45, 85f., 234, 367, 417

Sprechakt, indirekter 87, 234, 323f., 348, 357, 400f., 413

Sprecherwechsel 30, 83f., 159, 250, 254, 266, 278f., 284, 310, 315, **324f.**, **326f.**, 331f., 341f., 351, 364, **376ff.**, **380ff.**, 384

Standardsprache s. Hochsprache

Syntax s. Gesprächssyntax

tadeln 205, 258, 276, 293, 325, 334, 337, **366ff.**, **373ff.**, 431

Totengespräch 51f.

Tradition(squellen) s. Quellen

Überrest(quellen) s. Quellen

Universität s.a. Schultypen 121, 130f., 133, 135f., 147, 174ff., 209ff., 247ff.

Unterhaltung 138, 160

Unterredung 159, 172, 176, 189f., 248, 335

Unterrichtsgespräch (gelenktes) 2ff., 16ff., 19, 156, **157f.**, 178, 194, 203, 218, **220ff.**, 224, 226, 236ff., 244, 250, **328ff.**, 364f., 418, 423f.

Unterrichtsgespräch, freies s.a. Gespräch, freies 15, 332, **343ff.**, 346, 383, 405

verhören 126, 161f., 163, 167, 169, 177, 181, 191, 194f., 241, 249f., **260ff.**, 267, 356, 383, 393, 395, 398

Verstärkung s. *loben, tadeln*

Vorlesung 130, 133, 174, 247, 248f.

Vor-Nach-Struktur 35, 165f., 167, 204, **270, 277**, 282, **394f.**, 409, 413

Vortrag 44f., 130, 133, 169, 201, 211f., 216

vortragen 44, 182, 188

Wissenserzeugung 42, 170, 215, 225, 299, 304f., **310ff.**, 313, 317, 392, 398, 402ff., 413, 459

Wissensvermittlung 42, 142, 160, 169f., 225, 257, 270, 273, 299, 305f., 310, 317, 392, 398, 403f., 413, 418, 459

zergliedern 107, 183, 275, **284ff., 288ff.**, 301

Zugsequenz, triadische 276f., 368, 393

zuhören 133, 137, 167, 171, 392

Zusammenunterrichten 122, 125, 129, 179f., 242, 278, 283, 307f., 398

Zweck des Dialogs/Gesprächs 37f., 42f., 66f., 188, 215, 254, 263, 349, 392, 395f.